昆山年鉴

KUNSHAN ALMANAC

2015

昆山市地方志编纂委员会办公室 编

江苏凤凰科学技术出版社

图书在版编目（CIP）数据

昆山年鉴（2015）/昆山市地方志编纂委员会办公室编. --南京：江苏凤凰科学技术出版社，2015.11

ISBN 978-7-5537-5685-1

Ⅰ.①昆… Ⅱ.①昆… Ⅲ.①昆山市－2015－年鉴 Ⅳ.①Z525.34

中国版本图书馆 CIP 数据核字（2015）第 261198 号

昆山年鉴（2015）

编　　者　昆山市地方志编纂委员会办公室
责任编辑　孙荣洁
责任校对　郝慧华
责任监制　刘　钧

出版发行　凤凰出版传媒集团
凤凰出版传媒股份有限公司
江苏凤凰科学技术出版社
集团地址　南京市湖南路 1 号 A 楼，邮编 210009
集团网址　http：// www.ppm.cn
出版社地址　南京市湖南路 1 号 A 楼，邮编 210009
出版社网址　http：// www.pspress.cn
经　　销　凤凰出版传媒股份有限公司
照排印刷　昆山市亭林印刷有限责任公司

开　　本　889 × 1194 毫米　1/16
印　　张　24.25
插　　页　23
字　　数　1040 千字
版　　次　2015 年 11 月第 1 版
印　　次　2015 年 11 月第 1 次印刷

标准书号　ISBN 978-7-5537-5685-1
定　　价　180.00 元（精）

昆山市年鉴编纂委员会

名誉主任　徐惠民　杜小刚
顾　　问　张月林
主　　任　周　伟　管凤良
副 主 任　姚伟宏　张　峰
委　　员　陈辰扬　叶凤生　陈　刚
　　　　　朱元英　颜　安　顾　群
　　　　　江雪龙　钱建荣　蔡坤泉
　　　　　樊万朝　宋德强　陶林生
　　　　　褚志愿　李建英　周继春
　　　　　邬辛夷　金建鸿　陈青林
　　　　　顾向民　莫全明　徐秋明

《昆山年鉴（2015）》编审人员

主　　审　姚伟宏　张　峰
主　　编　蔡坤泉
副 主 编　郭秧全　徐秋明　沈　明
编　　辑　朱玉英　蒋静芳　马千里　管文茜

《昆山年鉴（1988～1993）》获江苏省地方志系统优秀成果三等奖

《昆山年鉴（2000）》获江苏省地方志系统优秀成果二等奖

《昆山年鉴（2003）》获首届中国地方志年鉴评比综合类一等奖

《昆山年鉴（2007）》获江苏省档案文化精品优秀奖

《昆山年鉴（2008）》获江苏省档案文化精品优秀奖

《昆山年鉴（2009）》获第四届全国年鉴编纂出版框架设计二等奖和综合二等奖

《昆山年鉴（2013）》获江苏省综合年鉴优秀框架设计和条目评选整体框架一等奖

《昆山年鉴（2014）》获第五届全国年鉴编纂出版质量评比地州区县组综合一等奖及框架设计、条目编写、装帧设计单项一等奖；第三届江苏省年鉴评选框架设计奖和综合二等奖

分目审稿人员

（按姓氏笔画排列）

王　鲸	王中民	王炳东	王雪坤	毛　伟	方雪华
田　野	冯小明	朱立新	朱民华	刘志平	汤志轩
许　征	许文漪	许玉连	严雪平	严雪康	杨　军
杨　悦	杨世伟	杨宏亮	李玉兰	李克通	李慰杰
吴　忠	吴　莺	吴　琳	吴小林	吴建明	沈友诚
沈跃新	张　峰	张　越	张大妹	张志清	张建中
张晓东	张崇伦	陆小丰	陆圣奇	陆　庆	陆迎芳
陆翔远	陈　刚	陈　强	陈　磊	陈春华	岳舒程
金　磊	金乃冰	金志刚	郑斌齐	经蓓娜	皇甫觉新
俞林达	姜　萍	钱　建	钱　玺	钱许东	钱燕华
徐　卫	徐　同	徐红生	徐秋明	殷珊奇	高　燕
郭　江	陶林生	梅幸华	管　华	翟　杰	潘兴其
潘雪琴	戴觉敏	魏　江			

编辑说明

一、《昆山年鉴》是由中共昆山市委、昆山市人民政府主办，昆山市年鉴编纂委员会承办，昆山市地方志办公室负责编纂的地方综合性资料年刊。

二、《昆山年鉴（2015）》为第19卷，它全面、翔实、系统记载2014年全市政治、经济、文化、社会、生态等诸方面的基本情况和各行各业的新成就、新特点、新经验，为领导决策提供依据，为中外人士了解和研究昆山提供资料，也为地方留下宝贵史料。

三、《昆山年鉴（2015）》采用分类法编辑，分类目、分目和条目三个主要层次。分目加蓝阴影，部分分目下设副分目。条目是记述主要载体，其标题用蓝色黑体字，外加【】；部分条目下设层次小标题，层次小标题用楷体字。《昆山年鉴（2015）》共设类目29个，下设分目226个、副分目13个、条目944个、表格110张、随文图片90张。

四、本卷年鉴公共彩页设“年度荣誉”“数据昆山”“城乡掠影”“大事要事”“区镇风采”“重点实事工程”6个专题，共计图片59张。

五、为突出时代特点、年度特色，本卷年鉴在继承传统基础上继续优化纲目，增设“区镇风采”“重点实事工程”公共彩页专题，增设“开放型经济”“科技人才”类目，对“中共昆山市委”“综合经济管理”“医疗卫生”“文化建设”“社会建设”等类目下设的分目作了调整。为增强资料性，本卷年鉴增加了“资料链接”和“附”的内容，作为正文内容的补充和延伸，方便读者利用。

六、本年鉴采用的稿件均由全市各区镇、各部门提供，并经单位领导审核。随文图片由各供稿单位提供，公共彩页图片由昆山日报社和昆山市委宣传部提供，不再注明出处。文中所列数据原则上依据《昆山统计年鉴（2015）》，有些由于统计口径不同而有差异，请读者在引用时加以注意。由于市经信委、统计局在统计经济数据时，将港澳台投资企业的经济数据一并归类为外资栏目，本年鉴所指外资均包括外商和港澳台投资。

七、根据行文实际需要，本年鉴对单位名称采用全称和简称并用的办法。

八、本年鉴卷首设有目录，卷末附有索引，全书所有信息资料皆可由目录、索引、书眉获得。

九、《昆山年鉴（2015）》有纸型版和光盘版两种版本，光盘版随纸型版年鉴赠送读者。

十、本年鉴编纂过程中得到全市各区镇、各部门的热情支持，在此深表谢意！由于编辑水平有限，不足之处恳请广大读者批评指正。

《昆山年鉴》编辑部

2015年10月

年度荣誉

- 2014年昆山实现台湾电电公会“大陆综合实力极力推荐城市”六连冠
- 2014年昆山连续六年排名福布斯中国大陆最佳县级城市第一

第三届中国城市公益慈善指数七星级城市

第二届旅游业融合与创新论坛
最美中国·生态旅游目的地城市

第三次全国经济普查先进集体

其他荣誉

省法治建设示范县（市、区）

省法治县（市、区）创建工作先进单位

省双拥模范城

省工会信息工作十强（县）市

省“无小耳朵社区”创建工作先进县（市、区）

2014年度昆山市主要数据

总面积：931.51平方千米
年末户籍人口：76.97万人
年末外来暂住人口：126.98万人
地区生产总值：3 001.02亿元
　第一产业增加值：28.76亿元
　第二产业增加值：1 687.75亿元
　第三产业增加值：1 284.51亿元
工业总产值：8 708.49亿元
全口径财政收入：661.11亿元
公共财政预算收入：263.66亿元
固定资产投资额：850.05亿元
社会消费品零售总额：650.09亿元
进出口总额：847.91亿美元
　出口总额：535.77亿美元
　进口总额：312.14亿美元
实际利用外资：12.8亿美元
接待国内外游客：1 926.8万人次
旅游收入：223.5亿元
居民车辆保有量：29.77万辆

货运量：2 173.4万吨
货物周转量：17.18亿吨·千米
电子计算机整机产量：5 663.6万台
数码相机产量：318.88万台
液晶显示屏产量：19 775万片
专利授权量：9 867件
万人发明专利拥有量：21.45件
医疗卫生机构：466所
病床位：6 516张
卫生技术人员：10 894人
全社会用电量：194.35亿千瓦时
金融机构本外币存款余额：3 210.79亿元
金融机构本外币贷款余额：2 257.18亿元
城镇常住居民人均可支配收入：46 920元
城镇常住居民人均生活消费支出：28 332元
农村常住居民人均纯收入：23 921元
农村常住居民人均生活消费支出：15 374元
城镇常住居民人均房屋建筑面积：47.6平方米
农村常住居民人均拥有住房面积：78.9平方米

东部新城

企业科技园

花桥国际商务城

淀山湖环湖大道音乐广场

中环高新区互通立交

南湖

阳澄湖水上公园

学雷锋志愿服务站

慧聚寺

牛湾泾河道景观带

陆家夏桥片区

2014年1月3～5日，昆山市第十六届人民代表大会第三次会议召开。

2014年1月3～5日，中国人民政治协商会议昆山市第十四届委员会第三次会议召开。

2014年2月14～16日，2014年昆山春季大型人才交流会举行。

2014年2月14日，元宵灯会在市文化艺术中心举行。

2014年2月19日，全市党的群众路线教育实践活动动员大会召开。

2014年4月23日，福伊特中国培训中心在昆山高新区落成，德国副总理西格玛尔·加布里尔（左三）参观培训中心。

2014年4月24～27日，2014昆山国际老字号精品展在花桥国际商务城博览中心举行。

2014年4月27日，2014中国·昆山国际文化旅游节开幕。

2014年5月10日，2014中国·昆山第八届国际徒步大会举行。

2014年5月14～17日，2014中国（昆山）品牌产品进口交易会举行。

2014年5月27～31日，第九届中国零售商大会暨展会在昆山举行。

2014年7月5～8日，第五届昆山电子电机暨设备博览会在花桥国际商务城博览中心举行。

2014年7月9日，昆山市与交通银行签署金融支持昆山深化两岸合作试验区合作协议。

2014年7月30日，中共昆山市委十二届七次全体（扩大）会议召开。

2014年8月20日，昆山杜克大学首届开学典礼举行。

2014年9月30日，昆山市首个烈士纪念日公祭活动在革命烈士陵园举行。

2014年10月10～12日，中国自行车文化节暨2014亚洲自行车精品博览会在昆山国际会展中心举行。

2014年10月14日，2014年度“昆山好人”颁奖仪式举行。

2014年10月16日，第六届中国金融外包峰会在花桥经济开发区举行。

2014年10月17日，全市党的群众路线教育实践活动总结大会召开。

2014年10月30日～11月2日，第二届全国电子竞技大赛（NEST）总决赛在昆山国际会展中心举行。

2014年11月19～22日，第八届国际发明展览会在花桥国际博览中心举行。

昆山开发区夏驾河景观带

昆山高新区机器人产业基地

花桥经济开发区天福生态园

张浦新城

淀山湖风光

周市新城

陆家夜景

巴城昆山软件园

千灯西班牙工业园

周庄水乡

锦溪明镜荡环湖生态廊道

中环快速化改造工程是昆山城市快速路体系的重要组成部分，开启了昆山“立体交通”的序幕。

2014年底，娄汀苑经济适用房交房工作启动，共827套保障房住户领到新居钥匙，实现安居梦。

昆山中学新校区参照江苏省五星级普通高中标准建设，复制昆山中学独特的文化氛围，融入水乡园林的元素，打造了教学区、运动区、生活区和景观区四个区域。

千灯镇歇马桥村随着古村落保护和环境综合整治工程的完成，村环境更为优雅清静，河道水清流畅，道路整洁便利，并保留了约5000平方米的明清建筑以及歇马桥、孝子牌坊、百年桂花树、百年黄杨等历史印记。

2014年，中医院作为全市首个试点医院推出一站式预约挂号缴费自助服务，在门诊、医技等楼层安置50部自助挂号缴费机，市民只要持身份证、市民卡、医保卡或农商银行卡就可以进行预约、挂号或缴费。

2014年，昆山对全市33个老小区、散住楼29栋，进行了翻建、市政、绿化、管线等综合整治改造。图为改造一新的宾晞苑小区。

2014年，昆山新建第三批10个“新昆山人文化俱乐部”，为在昆外来务工人员提供方便、健全的文化设施。图为新昆山人在巴城镇仁和新昆山人俱乐部锻炼身体。

2014年，昆山市新建改建公交候车亭100座、候车信息牌40座，在人民路、亭林路、前进路、古城路的29座公交候车亭建设电子站牌，市民通过LCD电子屏，可实时获取公交车运行状态、到站预测、到站提示和其他各类服务信息。

昆山水环境整治中不断推进，河流航道生态绿廊、阳澄湖环湖大道、生态湿地林带等“绿肺”工程建设，提升城市生态宜居水平。图为巴城湿地公园。

2014年，昆山市新建8家日间照料中心，至年底全市共有77家日间照料中心，为5 000多位老年人提供日间照料、助餐送餐及文化娱乐服务。图为高新区金谷园动迁小区的居民在新落成的日间照料中心用餐。

全长185米，桥宽42米的黄河路娄江桥建成通车，对改善老城区的交通状况，缓解娄江两岸和黄河路商业街的交通压力起到较大作用，并与娄江两岸观光带融为一体。

2015年昆山城区图
巴城出入口
清华科技园
留学生创业园
森林生态公园
体育馆
体育中心
昆山文化艺术中心
马鞍山西路广场
亭林园
玉峰山
沪宁铁路
京沪高速铁路
沪宁城际铁路
昆山南站
火车站
新客站
京沪高速公路
昆山出入口
航道管理处
高新区管委会
玉山镇
昆山高新技术产业开发区
S339
S5
G312
G2 G42
S224
图例
市政府驻地
管委会驻地
镇政府驻地
街道办
村委会、社区居委会
河流
桥梁
旅游景点
学校、医院
县级界
铁路
高速铁路
高速公路
国道、省道
高架中环
道路
规划道路
企事业单位
地图审查号：苏S（2012）126号
苏州图博地图应用开发中心
苏州数字地图网络科技有限公司
编制
责任编辑：王伟龙
电话：0512-57575000

政区概况

中共昆山市委员会

昆山市人大常务委员会

昆山市人民政府

政协昆山市委员会

民主党派·工商联

群众组织

政　法

军　事

开放型经济

昆台合作

科技人才

综合经济管理

产 业 体 系

旅游观光

城乡建设

交 通

信息邮电

教育学习

医疗卫生

体育健身

社会建设

文化建设

生态建设

各镇概况

人物·荣誉

大 事 记

附 录

索 引

封面图片 昆仑堂馆藏龚贤《溪山隐居图》

Main Contents

Mass Organization

Politics and Law

Military

Open economy

Cooperation between Kunshan and Taiwan

Science and technology talents

Comprehensive Economic Management

Industrial System

Travel & Tourism

Urban & Rural Construction

Transportation

Information, Post and Telecommunication

Education and Learning

Medical Treatment and Public Health

Sports and Physical Fitness

Social Construction

Cultural Construction

Ecological Construction

Overview of Towns

Figure·Honour

Chronicle of Events

Appendice

Index

政区概况

自然地理

【位置】 昆山市位于北纬31° 06′ 31″ ~31° 32′ 36″ 、东经120° 48′ 21″ ~121° 09′ 04″ 之间，地处江苏省东南部，属长江三角洲太湖平原。东至东北与太仓市、上海市嘉定区交界，西与吴江区、吴中区、相城区、苏州工业园区接壤，南至东南与吴江区、上海市青浦区为邻，北与常熟市相连。东西宽约33千米，南北长约48千米，区域总面积931.51平方千米。市人民政府驻地在前进中路108号，东距上海市52千米，西距苏州市40千米。

【地貌】 成陆概况 昆山属江南古陆地带。在地球新构造运动中，处于强烈震荡性下陷地区，地表不断被河流、湖泊和海洋的沉积物所覆盖，经历了从海湾到泻湖，进而沉积成陆的过程。经古地理研究证实，在新生代第四纪更新世(距今约300万年~200万年)，仍处于陆相沉积环境中。后经三次海浸(最后一次距今13万年~1.65万年)，成为大海。全新世(距今约1.53万年)之后，海退，脱离了海湾环境，又经流水冲积和沉积，成为浅洼平原。据1965年江苏省地质局水文地质普查，境内60~33米深度之内均为第四纪疏松堆积物所覆盖，成陆年代在距今6 000~4 200年之间。

地貌类型 全市地势平坦，自然坡度较小，由西南微向东北倾斜。地面高程2.8~6米(基准面:吴淞零点，下同)。可分为三种类型。北部低洼圩区位于阳澄湖以东，娄江以北，包括周市镇、巴城镇以及玉山镇北部的部分地区，通称阳澄湖低洼圩区。地面高程一般在3.2米以下，易受洪涝威胁，地下水位较高，土壤渍害严重。中部半高田地区位于市境中部吴淞江两岸，北至娄江，南到商秧湖，包括千灯镇、陆家镇、花桥镇以及玉山镇的南部地区和张浦镇的中北部地区。地势平坦，河港交错，地面高程多在3.2~4米之间。南部湖荡地区位于淀山湖、澄湖周围，包括周庄镇、锦溪镇、淀山湖镇以及张浦镇的南部地区。区内湖泊众多，陆地起伏较大，呈半岛状，地面高程在4~6米之间。

马鞍山 马鞍山在玉山镇西北隅，以形似马鞍得名。因所产"昆石"玲珑剔透如白玉，又有玉峰和玉山之称。主峰高程80.8米，投影面积0.16平方千米，呈东西走向。主峰在西部，多危岩险石，东部侧峰高30~50米。全山四周环水，峰峦嵌空，山径迂回，又有朝阳、长阳、栖霞、桃源、抱玉、留云等洞穴之奇，向有"真山似假山""百里平畴，一峰独秀"之誉。据考，约始于古生代寒武系(中统、杨柳岗组)，距今约5.5亿年~5亿年，为浅海环境沉积而成。地表出露部分由灰、灰白色巨厚层次石英岩和白云岩组成，下部为灰、深灰及黑色灰岩、深灰岩和粉岩组成，厚度大于261米。

(年鉴编辑部)

【河道】 昆山是著名的江南水乡，境内河道纵横交错，湖荡众多。全市分属太湖流域中苏州市域的阳澄和淀泖两个水系，以娄江和沪宁铁路为界，北部为阳澄水系，南部为淀泖水系。全市境内有大小河道约2 815条。流域性河道有吴淞江；区域性河道有娄江、浏河、七浦塘、杨林塘、张家港、青阳港、庙泾河等，其中娄江、浏河、七浦塘、杨林塘与常熟境内的常浒河、白茆塘一起，组成阳澄淀泖区域五大通江引排骨干河道；境内还有茆沙塘、雉城塘、枫塘河、新塘河、皇仓泾、金鸡河、汉浦塘、庙泾河、小虞河、南栈泾、夏驾河、界浦港、富丽塘、张华港、大直港、新开河、千灯浦、陈墓港、长牵路港等市级河道，形成昆北、昆中、昆南三大片骨干河网水系。

【湖泊】 昆山境内共有大小湖泊30个，其中列入省政府湖泊保护名录的湖泊有19个(跨县8个)，境内水面总面积68.2平方千米。其中：常年水面面积0.5平方千米~1平方千米的湖泊3个，为天花荡、雉城湖、阮白荡，境内水面面积2.03平方千米；常年水面面积1平方千米~10平方千米之间湖泊13个，为傀儡湖、白莲湖、长白荡、明镜荡、白蚬湖、商秧潭、汪洋荡、杨氏田湖、陈墓荡、鳗鲤湖、急水荡、巴城湖、万千湖，境内水面面积34.82平方千米；常年水面面积10平方千米~100平方千米之间湖泊2个，分别是澄湖和淀山湖，境内水面面积14.96平方千米；常年水面面积100平方千米~1 000平方千米之间湖泊1个，为阳澄湖，总水面面积119平方千米，境内水面面积为16.39平方千米。这些湖荡是天然滞洪、蓄洪区，对于

分削洪峰、调节水位、缓解区域防洪压力起重大作用。（水利局）

【气候】 2014年，全市气温正常偏高，降水正常略偏多，雨日偏多，日照正常略偏少。冬季气温偏高，光照较足；春季气温高，光照充足；夏季多阴雨天气，高温日数少；秋季气温偏高，降水分布较理想。全年影响昆山市的主要灾害性天气有：暴雨、强对流天气、台风、高温、霾和寒潮等，其中暴雨、强对流天气和台风对全市工农业生产和人们生活影响较明显。

气温　年平均气温17.1℃，比常年（1981～2010年30年平均值，下文同）偏高1.0℃。年极端最高气温36.0℃，出现在8月5日；年极端最低气温-3.9℃，出现在1月22日。大于等于35℃的高温日数7天，比常年偏少1.9天。

冬季（2013年12月～2014年2月，下文同）平均气温6.3℃，比常年偏高1.2℃。日平均气温低于0℃的日数为2天。春季（3～5月）平均气温16.6℃，比常年偏高1.8℃。终霜日出现在3月21日，比常年早6天。夏季（6～8月）平均气温26.0℃，比常年偏低0.7℃。33℃以上炎热天气日数为21天，比常年偏少5.3天。秋季（9～11月）平均气温19.6℃，比常年偏高1.6℃。初霜期出现在11月14日，比常年晚1天。

降水　年降水量1 266.7毫米，比常年偏多12.3%。月最大降水量在8月份为217.1毫米；月最小降水量在1月份为21.9毫米；日最大降水量在6月26日为63.9毫米。全年大于等于0.1毫米的雨日数为133天，比常年偏多9.8天；大于等于50毫米的暴雨日数为3天。最长连续无降水28天（10月1～28日），最长连续降水5天（10月29日～11月2日），过程降水量为33.4毫米。

冬季总降水量206.4毫米，比常年偏多34.3%。总雨日21天，比常年偏少5.8天。春季总降水量310.3毫米，比常年偏多16.4%。总雨日33天，比常年偏少2.1天。夏季总降水量582.8毫米，比常年偏多17.0%。总雨日50天，比常年偏多13.6天。6月20日入梅，比常年晚4天，7月7日出梅，比常年早3天，梅雨量187.2毫米，比常年偏少18.3%，梅长17天，比常年少5.5天。秋季总降水量为194.2毫米，比常年偏少7.1%。总雨日27天，比常年偏多2.1天。

日照　年日照时数为1 623.1小时，比常年偏少17.6%。月日照时数最大在10月为223.0小时，最小在2月为69.6小时。年阴天日数达164天，最多月在8月达21天，最少在10月为6天。

冬季总日照时数401.2小时，比常年偏多1.3%。最多旬出现在2013年12月下旬为68.8小时，比常年偏多139.8%，最少旬出现在2月上旬为16.0小时，比常年偏少65.7%，该旬阴天日数达8天。春季总日照时数为468.6小时，比常年偏少5.3%。最多旬出现在5月下旬为79.3小时，比常年偏多20.9%，最少旬出现在4月中旬为19.6小时，比常年偏少63.5%，该旬阴天日数达8天。夏季总日照时数为294.4小时，比常年偏少49.6%。最多旬出现在7月下旬为85.1小时，比常年偏少4.0%，最少旬出现在8月中旬为7.7小时，比常年偏少88.8%，该旬阴天日数达9天。秋季总日照时数为444.5小时，比常年偏少10.3%。最多旬出现在10月上旬为87.5小时，比常年偏多55.1%，最少旬出现在9月中旬为25.8小时，比常年偏少52.7%，该旬阴天日数达7天。

其它气象要素　年降雪日数7天，比常年偏多0.1天。年大雾日数22天，比常年偏少5.5天。年霾日数137天，比上年偏少37天。年雷暴日数15天，比常年偏少14.1天。年平均气压1 016.2百帕，比常年偏高0.1百帕。年平均相对湿度74%，比常年偏低4%。年最多风向为东北偏东风，年平均风速2.1米/秒，年极大风速17.6米/秒（8级西风），出现在9月2日。

【气象灾害】 暴雨　全年出现3次区域性暴雨天气过程。6月26日，受梅雨带影响，日雨量达63.9毫米。7月27日，受热带系统和西风槽共同影响，日降水量达59.5毫米。8月14日，受低槽东移影响，日降水量52.0毫米。另外全年还出现了10次局地性暴雨。短时强降水造成市区部分路段、小区出现短时内涝。

强对流天气　年内，全市出现14天强对流天气（雷雨大风、短时强降水）。7月15日6～7时，1小时雨量达30.5毫米。7月27日，极大风速为15.8米/秒（7级）。8月24日，受到飑线影响，全市普遍出现雷雨大风天气。全年因雷击出现灾情的有14天，主要出现在7月12日、7月27日、8月24日和9月2日。

台风　年内，全市先后受到3个热带气旋的影响，分别为：10号台风"麦德姆"、12号台风"娜基莉"和16号台风"凤凰"。16号台风"凤凰"影响较大，9月22～23日普遍出现6～7级东北大风和中等以上量级降水。

表1

2014年昆山市主要气象要素值

月份	平均温度(℃)	极端最高温度(℃)	极端最低温度(℃)	降水量(毫米)	降水日数(天)	日照时数(小时)
1	6.8	20.9	-3.9	21.9	5	168.2
2	5.9	24.1	-2.7	150.1	13	69.6
3	11.8	25.2	1.3	91.5	9	161.0
4	16.0	26.5	5.0	160.6	14	130.9
5	22.1	34.3	11.0	58.2	10	176.7
6	24.0	34.3	19.7	168.4	14	74.4

续表

月份	平均温度(℃)	极端最高温度(℃)	极端最低温度(℃)	降水量(毫米)	降水日数(天)	日照时数(小时)
7	27.8	35.8	21.8	197.3	17	145.0
8	26.3	36.0	20.4	217.1	19	75.0
9	24.2	31.7	17.9	125.4	12	93.8
10	20.1	29.9	10.6	32.7	3	223.0
11	14.4	23.1	5.0	36.1	12	127.7
12	5.6	16.0	–2.7	7.4	5	177.8
合计	—	—	—	1 266.7	133	1 623.1

（气象局）

历史沿革

【概况】 夏、商时期，昆山地属扬州。春秋战国时期，吴王建阖闾城为都，东有娄门，昆山在娄门之东，以出娄门东流入海的娄江为名，故称娄邑。相传吴王寿梦曾在此豢鹿狩猎，故又称鹿城。秦代改为娄县(或作疁县)，属会稽郡。汉王莽始建国年间(公元9~13年)，改县为治。东汉建武十一年(公元35年)，复称娄县，永建四年(129年)，分会稽郡置吴郡，娄县属吴郡。

梁天监六年(507年)，分娄县置信义县。大同二年(536年)，分信义县置昆山县，辖区远及嘉定、太仓以及松江区和青浦区部分地区。隋开皇九年(589年)，并入吴县，十八年(598年)，复置昆山县，属苏州。唐天宝十年(751年)，析昆山南境及嘉兴、海盐的东北境置华亭县。宋嘉定十年(1217年)，又析昆山东南境5乡置嘉定县。元元贞元年(1295年)，升为昆山州。明洪武二年(1369年)，降为昆山县。弘治十年(1497年)，析昆山县东北境及常熟、嘉定部分地区置太仓州。清雍正二年(1724年)，分昆山县西南、西北与东北境置新阳县，两县同城分治。

民国元年(1912年)，昆山、新阳两县合并为昆山县，属江苏省上海道。民国3年（1914年），属苏常道。民国16年(1927年)，直属江苏省。民国22年(1933年)起，先后属江苏省第三区、无锡区、第二区行政督察专员公署。民国26年(1937年)11月，昆山被日军占领，直属伪江苏省政府。民国34年(1945年)8月，抗日战争胜利，昆山先后属江苏省江南行署、第二区行政督察专员公署。

1949年5月13日，昆山解放，属苏州专区。1971年4月，属苏州地区。1983年3月1日，苏州地市合并，实行市管县体制，昆山县属苏州市管辖。1989年9月28日，昆山撤县设市，始称昆山市。2011年11月，省委、省政府确定昆山市为江苏省省直管县体制改革试点县(市)。2012年10月，按照省直管县体制运行。（年鉴编辑部）

行政区划

【概况】 2014年末，全市辖玉山、花桥、周市、张浦、陆家、巴城、千灯、淀山湖、周庄、锦溪10个镇，1个开发区，共有21个街道、151个村委会、165个社区居委会。

年内，经市政府批准，全市新设立正阳社区、杨林社区、南江社区、大渔社区、美丰社区、新溪社区、星辰社区、乐善社区、乐康社区、乐文社区、时代社区、锦溪花园社区、陆家社区、亲和社区、泗桥社区、陈巷社区、东塘社区、邹家角社区等18个居委会，调整娄江社区、红旗社区、夏驾社区、绿地社区、河东街社区、古镇社区、邵村社区等7个居委会区域，撤销西桥社区、正阳路社区、肃墅村、陆家社区、育才社区、南湾村等6个居委会(村委会)，小澞岸社区更名为玉山社区。（民政局）

表2 2014年昆山市各区镇所辖街道、村委会、社区居委会一览表

区镇名	街道数(个)	村委会数(个)	社区居委会数(个)	街道(办事处)、村委会、社区居委会名称
昆山经济技术开发区(含综合保税区)	5	10	28	街道：长江路、青阳、中华园、兵希、蓬朗 村委会：盛庄、新成、兵东、陆家泾、邵泾、马塘、通辉、小连、蓬朗、石林 社区居委会：西河、珠江、合兴、玉龙、樾城、西湾、司徒街、富华、美华、丽华、群益、孔巷、宝岭、蝶湖湾、兵希、平巷、夏驾、广志、乐和、乐善、乐康、乐文、蓬朗、蓬曦、蓬莱、蓬苑、蓬晨、蓬欣

续表

区镇名	街道数（个）	村委会数（个）	社区居委会数（个）	街道（办事处）、村委会、社区居委会名称
花桥经济开发区（含花桥镇，实行区镇合一）	2	3	12	街道：曹安、花桥 村委会：上岸、东泾、金城 社区居委会：花桥、新安、横漕、徐公桥、花安、花溪、星浜、集善、绿地、天福、聚福、时代
玉山镇	7	22	54	街道：亭林、朝阳、柏庐、城北、同心、枫景苑、娄江 村委会：共青、南渔、赵厍、庙灯、大公、江浦、新乐、广福、五联、杜桥、泾河、大渔、唐龙、新江、新生、马庄、群星、景村、南星渎、燕桥浜、姜巷、大众 社区居委会：红峰、玉峰、亭林、中山、仓基街、马鞍山、里厍、虹桥、星海、盆渎村、跃进路、朝阳门、正阳、五星、红旗、玉山（小澞岸）、朝阳新村、震川、新阳、柏庐、采莲、新昆、东星、高板桥、花园、海峰、萧林、火炬、力量、胜利、濂园、长荣、永盛、杨林、娄苑、同心、新北社、紫竹、清水港、紫藤、滨江、枫景苑、大同、青淞、新南、茗景苑、新城域、南江、大学园区、新江南、共青、泾河、娄江、大渔
巴城镇	2	22	6	街道：石牌、正仪 村委会：新开河、巴城湖、武神潭、茅沙塘、龙潭湖、红杨河、马料江、东阳澄湖、凤凰、联民、东岳、夏东、华社、方港、武城、西南、环湖、绰墩山、正仪、荣亭、阳澄湖、黄泥山 社区居委会：巴城、芙蓉、农场、并蒂莲、玉石、阳澄湖
周市镇	2	14	21	街道：新镇、陆杨 村委会：市北、东明、斜塘、朱家湾、平庄、永共、珠泾、东方、新镇、许家、小泾、陆桥、横泼、新塘 社区居委会：周市、新镇、阳光、桂冠、康泾湾、陆杨、白塘、中乐、金威、长泾、毛厍、睦和、鑫茂、华城美地、花都、天伦、春晖、嘉禾、白塔、丽德、迎宾
陆家镇		8	9	村委会：陈巷、陆家、神童泾、泗桥、夏桥、车塘、合丰、邹家角 社区居委会：陆家、邹家角、神童泾、夏桥、合丰、邵村、车塘、陈巷、泗桥
张浦镇	2	16	9	街道：大市、南港 村委会：金华、七桥、赵陵、新塘、三家、吴加、林庄、新龙、白米、安头、星金、尚明甸、姜杭、大市、南姚、南吉山 社区居委会：张浦、花园、振苏、大市、南港、新巷、新吴、大直、周巷
千灯镇	1	16	12	街道：石浦 村委会：西宿、支浦、前进、大唐、陆家桥、盛家埭、施家泾、大潭、吴桥、陶桥、石北、石浦、歇马桥、余项、中节、新泾 社区居委会：古镇、河东街、中宅新村、石浦、炎武、华强、美景园、锦景园、马路桥、庙外台、淞南、年沙
淀山湖镇		10	7	村委会：金家庄、永新、晟泰、双护、红星、安上、杨湘泾、民和、兴复、度城 社区居委会：淀山湖、利民、杨湘、石杨河、淀辉、度假区、淀湖
锦溪镇		20	4	村委会：虬泽、盛塘、红霞、张家厍、计家墩、马援庄、周家浜、联湖、陆泾、顾家浜、孟子浜、北管泾、阮家浜、长云、袁甸、南前、三联、卫星、朱浜、狭港 社区居委会：上塘、下塘、干家甸、锦溪花园
周庄镇		10	3	村委会：全旺、高勇、龙停、祁浜、云南、龙凤、东浜、南湖、复兴、双庙 社区居委会：全功路、贞丰里、蚬江
合计	21	151	165	

人口方言

【人口】 2014年末，全市总户数259 628户，户籍人口769 746人，其中男性382 293人、女性387 453人，60岁以上161 760人。人口出生率13.09‰，死亡率5.66‰，自然增长率7.43‰。

2014年末，全市流动人口1 269 812人，其中男性742 120人、女性527 692人。流动人口中，来自省内的有250 842人，来自省外的有1 018 970人，暂住时间在半年以下的有389 258人，半年至五年的有793 139人，五年以上的有87 415人。流动人口主要集中在昆山经济技术开发区和昆山高新区，分别为362 412人和338 093人。 （公安局）

【方言】 昆山属吴语地区。因地处江浙沪中心地带，昆山方言受到周边苏州话、上海话、浙江话等语音影响，具有同中有变、独具一格的特点。

昆山方言大多与汉语语法相同，但也有独特的语言规律。一是语字附加。如中心词前常附加前缀，常见的有附加“阿”字（如阿大、阿陆等）、附加“老”字（如老姜、老茄等）；也在中心词后附加后缀，常见的有附加“头”字（如领头、被头等）、附加“子”字（如扇子、袖子等）。二是语音重复。如单叠（如黄兮兮、湿嗒嗒等）、双叠（如交交关关、悉悉索索等）、间叠（如恶行恶状、勿三勿四等）。三是语序特殊。如“送样么事嫩”（送你一样东西）、“对嫩勿住”（对不起你）。

昆山方言除继承历史遗韵外，在不同历史时期产生新的方言。如“讲张”（闲谈），与元末明初张士诚的起义有关。昆山方言中还有一些与昆山地名、风物有关的方言，如“眼望陆家浜”“逃不过三里桥”等。

方言是地域文化的交流基础，是研究地方文化、民俗文化最可靠的资料和重要依据。2012 年，市文广新局编撰《昆山民族民间文化精粹·语言卷》。其中《昆山方言》记录方言中的语音、语法、语词；《昆山俗语》记录了方言中的谚语、成语、俚语、习惯语、歇后语等；《昆山歌谣》记录了各种方言歌谣，包括情歌、儿歌、风俗歌，将昆山方言的“原始说法”作了全方位的搜集和整理，汇总出版，可供后人参考。 （文广新局）

民族宗教

【民族】 昆山人口以汉族为主。年内，在昆山工作生活的少数民族人员约 4 万余人。其中拥有昆山户籍的常住人口近 5 千人，涉及 35 个少数民族，前 5 位分别是满族 954 人、回族 824 人、朝鲜族 656 人、壮族 578 人、土家族 550 人。长期在昆工作的少数民族流动人口有近 4 万人，涉及 54 个少数民族，主要是土家族、回族、满族、彝族、壮族。

【宗教】 年内，全市有佛教、道教、天主教、基督教等 4 个宗教团体，36 个活动场所。佛教有 10 个活动场所，教职人员 40 人，信教群众较多。道教有 10 个活动场所，教职人员 6 人，信教群众较多。天主教有 6 个活动场所，教职人员 7 人，信教群众约 7 000 人。基督教有 10 个活动场所，教职人员 9 人，信教群众约 1.8 万人。另有信仰伊斯兰教的群众约有 6 000 多人，主要是以回族、维吾尔族等为主。 （民族宗教局）

传统文化

【文物保护】 年内，昆山市扎实推进周庄、千灯、锦溪等“古镇申遗”工作，基本完成全国第一次可移动文物普查工作，积极开展考古发掘、古建维修和文物古籍征集工作，完成赵陵山遗址、敬业堂、玉燕堂等保护规划的研究编制。全国第一次可移动文物普查工作共计采集数据 6 000 多条，近 10 万个指标项，数据已上传至国家可移动文物信息登录平台。朱墓村遗址第二次考古发掘，出土器物 500 余件。年内，昆山文管所被命名为省古籍收藏单位。

【非物质文化遗产保护】 年内，市文广新局加大非物质文化遗产项目名录与传承人建设，开展锦溪宣卷数字化试点工作，开展第四批省级非遗项目的申报工作，成功申报王丽娟、刘锡安 2 人为省级非物质文化遗产代表性传承人，陆振良等 3 人为苏州市级非物质文化遗产代表性传承人。进一步传承传播昆曲艺术，积极开拓生产性传承保护新路径；开展丰富多彩的非遗“活态”活动，继续加强非遗资料整理、理论研究，出版《昆山民族民间文化精粹·民文卷》《昆山碑刻辑存》《文物在我身边——摄影征文优秀作品集》等书籍。年内，锦溪宣卷被列入国家非遗目录。

出版《昆山民族民间文化精粹·民文卷》 9 月，《昆山民族民间文化精粹·民文卷》出版发行。该书由《文曲星——人物故事》《傀儡湖——地标故事》《聚宝盆——事件故事》3 册组成，从非物质文化遗产保护传承角度出发，收集、整理、精选长期流传在昆山的民间传说、民间故事和神话，具有丰富的人文精神、教化思想、道德理念等，反映昆山人民的精神追求和优秀文化基因。该书对研究昆山本地民族文化、民俗文化，凸显地域文化个性具有重要的参考价值。

非遗首次亮相“三下乡”活动 2013 年 12 月 28 日～2014 年 2 月，昆山“三下乡”活动举行。为传承保护优秀传统文化，在“三下乡”活动期间，首次举办非物质文化遗产展览展示活动，活动主要有：非物质文化遗产图片展、传统手工技艺展和传统舞蹈表演等。展示了昆山市非物质文化遗产部分代表性项目，竹编、草编、竹雕、刺绣、微雕等传统手工技艺及进行舞龙、舞狮等传统舞蹈节目表演，吸引了不少市民前来观看。

王丽娟、刘锡安列入省级非遗传承人 年内，省文化厅印发《关于命名第四批江苏省非物质文化遗产代表性传承人的通知》，昆山市王丽娟、刘锡安 2 名传承人被命名为省级非遗代表性传承人。这填补了昆山市省级非遗传承人的空白。王丽娟的宣卷演出，说、表、唱、演功底扎实，同时积极参与市镇各类非遗保护的演出展示活动，为锦溪宣卷的活态传承和发展起到了积极的作用。刘锡安研究和改良奥灶面加工技艺，带出徒弟和学生400多人，并先后在江、浙、沪等地传授奥灶面制作工艺，开设加盟店30多家，极大地传承和传播奥灶面制作技艺项目。

【文化研究】 年内，市文广新局完成《关于筹建“十里文化长廊”的建议》《弘扬朱柏庐道德精神，建立昆山城市道德品牌》等文化建言4篇；推进《归有光全集》《朱柏庐全集》编撰工作，出版《昆山文化蓝皮书》《顾炎武研究文集》以及《昆山文化研究》杂志4期；开展《昆山传统文化典藏》丛书编撰工作。

（文广新局）

名胜古迹

【绰墩山遗址】 位于阳澄湖和傀儡湖之间，是一处靠近湖泊的土墩遗址。绰墩山原是高出地面仅6米左右的土墩。相传唐玄宗时宫廷艺人黄幡绰，死后葬在这里，故名绰墩。20世纪80年代初始，这里陆续出土了良渚文化时期的陶器、玉器、石器，良渚人住的木结构房子遗址和摆渡小船木块，经科学考古发现，证明绰墩是一处从马家浜到崧泽、良渚等文化序列完整的古文化遗址。和苏州市草鞋山遗址、上海市青浦区福泉山遗址的文化层迭压关系相同，为长江下游地区古文化序列提供了又一实例。

【赵陵山遗址】 位于张浦镇西南2.5千米处，原名赵灵山，又名景山。高约9米，面积10 000平方米，是太湖地区典型的土墩遗址。据史载，唐大中十年(856年)建兴福寺，后历经兴衰，南宋建炎年间，宋赵灵王卒于此，建赵王墓，为讳灵改称赵陵至今。自20世纪80年代起，在440平方米的范围内，陆续出土一批新石器时期的文物。1990年、1991年和1995年，经国务院批准，由南京博物馆、苏州博物馆和昆山市文管会联合进行3次考古发掘，其揭露面积1 000余平方米，发现良渚文化时期大型土筑高台，探明占地3 000余平方米，下层为崧泽文化遗址，考古学家们形象地称之为中国土筑金字塔；发现良渚时期大小墓葬83座。3次共出土文物600余件，有大量珍贵的玉器、石器、彩陶和水晶、玛瑙和象牙制品等，其中在77号大墓中发掘的大石钺是国内发现最大的一件，是近年来良渚文化考古的重要发现。1993年被国家文物局评为“1992年中国十大考古新发现之一”，1994年被批准为省重点文物保护单位。

【少卿山遗址】 位于千灯镇尚书浦东侧。根据史料记载，明代永乐时户部尚书夏元吉和少卿袁复，奉皇命疏浚吴淞江及千墩浦，他们将疏浚河道的淤泥，堆积复加在原有土墩之上，当地百姓为纪念他们的功绩，分别把千墩浦改为尚书浦，把土墩称作少卿山。其实，大理少卿的“复加”仅是几千年文化积淀的又一次堆积。经省、市文物部门的考古调查，少卿山原为一古文化遗址，最早的文化层为距今7 000多年的马家浜文化。继后有崧泽、良渚、商周、汉唐等各个时代的文化沉积。其中最有价值的，也是最丰富的当属良渚文化层。少卿山规模虽不大，但文化遗存极其丰富，文化序列完整，出土的文物多件被定为国家一、二级文物。

【太师淀遗址】 位于周庄镇北1.5千米处。相传是南宋太师贾似道的庄田，后淹没成湖泊，面积约5 000余亩。1977年1月围垦时，在湖东北部纵1千米、横0.5千米的范围内，有7处出土石器，3处有黑衣陶和几何印纹陶出土，6处出土木井。出土的飞禽纹黑陶贯耳壶表面陶衣黝黑闪亮，颈部和腹部浅刻67只飞禽图案，纵横排列成行，颇有韵律。经专家考证，该壶飞禽图纹是原始先民图腾崇拜的实物记录，被定为国家一级文物。出土的木井圈是特殊器形的遗物。经南京博物院考古专家认定，该遗址是一个从原始先民至宋代世代聚居的村落遗址。

【亭林园】 位于马鞍山东路1号，建于清光绪三十二年(1906年)，原名马鞍山公园，1936年为纪念顾炎武易名亭林公园。2000年，更名为亭林园。园内有玉峰山，因产玲珑剔透如玉的昆石得名，又形似马鞍，故俗名马鞍山。全山四周环水，峰峦雄伟，山径迂回，又有多处洞穴奇观，向有“真山似假山”之誉。主要景观有玉峰三宝(昆石、琼花、并蒂莲)、玉峰古文化遗址、西山风景区、文笔峰、玉宇琼台、一线天、九龙壁等。2005年创建成为国家AAAA级旅游景区。年内，亭林园接待游客135.18万人次，同比增长16.43%，门票收入1 392.8万元，同比增长10.9%。

【双桥】 指位于周庄镇的世德、永安两桥，始建于明万历年间（1573～1619年），两桥相连，桥面一横一竖，桥洞一方一圆，样子很像古时候人们使用的钥匙，所以当地人称之为“钥匙桥”。世德桥由里人徐松泉、徐竹溪出资建造，永安桥由里人徐正吾出资建造。至清乾隆三十年(1765年)两桥皆重修，清道光二十三年（1843年）又由里人捐资重建。1957年永安桥再次修缮。世德桥长16米，宽3米，跨度5.9米；永安桥长13.3米，宽2.4米，跨度3.5米。双桥中，世德桥为石拱桥，横跨南北市河，桥东端有石阶引桥，伸入街巷；永安桥为石梁桥，平架在银子浜口，桥洞仅能容小船通过，桥栏由麻条石建成。双桥因出现在旅美画家陈逸飞的油画《故乡的回忆》中而更受世人的关注。

【张厅】 位于周庄镇，原名怡顺堂，建于明代，俗称张厅。前后七进，房屋70余间，占地1 800多平方米，雕梁画栋，金碧辉煌。厅旁箬泾河穿屋而过。作为殷富人家的宅第，张厅历经500多年沧桑，气派依旧。走过沿街的门厅，面前是一个天井，绿意盎然，两侧是低矮的厢房楼。在漫长的岁月中遭到损害的砖雕门楼,坚实的石柱,细腻精良的雕饰,仍不难看出张厅昔日的风采。大厅轩敞明亮,一抱粗的庭柱下是罕见的木鼓墩(柱础),这是明代建筑的明显标志。厅堂内布置着明式红木家具,张灯结彩,迎送宾客。墙上悬挂着字画,一副对联尤其引人注目,上联是“轿从门前进”,下联是“船自家中过”。

【文昌阁】 位于锦溪镇,亦称文星阁、片云阁,供奉主宰文运、点派状元的魁星,又叫文曲星。高15.6米,四面三层,呈浮屠状,耸立于古莲池畔,是锦溪镇上保存完好的一处名胜古迹。

【华藏寺】 位于马鞍山南麓翠微阁西。寺院前有横跨在小溪上的伯生桥,寺院楼宇俱宋代建筑风貌,巍巍壮观。屋顶为金黄色的琉璃瓦,有天王殿、大雄宝殿、观音殿、地藏殿等,规模宏大。北宋宣和间(1119~1125年),由信法师将马鞍山东北麓之慧聚寺子院改建为十方贤者讲寺,并易名为“华藏讲寺”。明洪武十三年(1380年),僧大雅将“华藏讲寺”从马鞍山北麓移建于西山之巅。明万历二十二年(1594年)僧寂默重建山门和天王殿。民国26年(1937年),日侵华,山寺被炸,山被日军所占。胜利后僧人搭建平房3间,一直维持到1949年解放。1992年6月,昆山市政府批准重建华藏寺,用地面积5亩。1997年8月,华藏寺再次易地重建于马鞍山之南、马鞍山路之北、亭林公园西大门之东,建筑面积3 000平方米。2001年10月华藏寺竣工。

【秦峰塔】 位于千灯镇延福禅寺院内。始建于南朝梁天监二年(503年)。明洪武年间重修。该塔系砖木结构,高38.7米,横断平面为正方形,每边长4.88米,顶刹系铁铸,高7米。铁葫芦作顶,下焊八角环,每角立一紫铜小鸟,再下嵌4片白铜大耳形片,大耳片边有铁连接顶层4只翘角,每角檐下系铜铃,阵风吹过,铜铃叮当,令人心旷神怡。1956年被列为省级文物保护单位。

【顾炎武墓】 位于千灯镇南大街,占地面积50亩,与顾炎武故居及祠堂联成一体。展厅内陈列了众多顾炎武手迹、著作及国内外对顾炎武研究的成果,是昆山文化旅游的好去处和青少年爱国主义教育基地。顾炎武墓属省级文物保护单位。

【归有光墓】 位于震川西路与柏庐中路交叉口的震川桥西。归有光(1507~1571年),字熙甫,人称震川先生,昆山人。明代著名散文家。墓地占地5亩多,墓有二冢,东为其高祖南隐公暨配俞氏之墓,西为归有光暨配魏氏、王氏之墓,曾孙归庄墓附葬在西冢之次。原墓门在东,乾隆六年(1741年)县令丁元正封筑后,移至西冢之前。1934年重加修葺,将墓门改建,篆额“归震川先生墓”,墓穴用水泥浇成圆顶,并立“明太仆寺丞归震川先生墓碑”;墓左建御倭亭,纪念先生嘉靖年间入城御倭功绩。

【顾鼎臣祠堂】 位于亭林园玉峰山南侧。顾鼎臣(1473~1540年),字九和,昆山玉山人。弘治十八年(1505年)中进士第一名,授翰林院修撰。嘉靖七年(1528年),拜詹事府詹事兼翰林院学士。嘉靖十七年(1538年)八月以礼部尚书兼文渊阁大学士,入参机务。翌年三月,皇帝出巡,特命他留守京师,辅太子监国,即民间传说的“代朝三月”。他官至少保兼太子太傅、武英殿大学士。昆山本无坚固的城墙,顾鼎臣奏准筑砖城。后倭乱起,军民凭借坚固的城墙抗倭,百姓得以幸免于难,于嘉靖三十八年(1559年)建崇功祠以纪念他的功绩。

【陈妃水冢】 位于锦溪镇南五保湖中。相传宋孝宗携陈妃途经锦溪,因陈妃深爱此间乡土人情,恋不忍离,暂居此间。后在一次抗金战争中护驾身亡,遂于五保湖上筑水冢,埋葬其间。现湖畔有宋孝宗下旨建造的莲池禅院等名胜。

【莲池禅院】 位于锦溪镇,是“锦溪八景”中最负盛名的景点之一。相传陈妃葬于五保湖中后,建寺于傍近水冢的锦溪口菱荡湾南侧,派僧诵经护墓。寺边挖池栽荷,故寺名莲池禅院,又名古莲寺、古莲池。因寺内有天君王灵官的塑像,赤发紫须、红脸三眼、身穿盔甲、手托宝塔,故俗称灵官殿。 (旅游局)

风俗物产

【节庆风俗】 昆山在五千年文明的孕育中,形成了许多独具特色的节庆风俗。最重要的节日是春节。清明节扫墓、端午节吃粽子、中秋节吃糖芋头是昆山传统风俗中的主要活动。

年俗　春节俗称“过年”,一般从除夕开始。买鱼买肉办年货,蒸糕做酒贴春联,经过一番洗被掸尘的大扫除后,合家团聚吃年夜饭。年夜饭后,就开始彻夜长谈的守岁。初一是大拜年。先自家小辈向长辈拜年,除了表示孝敬外,还可得到长辈赏赐的“压岁钱”。然后,大人搀领小孩并携带吃用礼物出门,向亲戚家拜年。年初五的发财节,又称“请财神”。这一天的清晨就有人家开始鸣放鞭炮,特别是商铺和大户人家祈盼财神降临。元宵节是春节的高潮,也是春节的终止。除了吃汤圆象征团圆外,旧时昆山还有吃“烊粉粥”的习惯:就是把所有剩菜剩汤倒在一起,再加水烊粉,就成了具有什锦味的“烊粉粥”,吃了这顿“烊粉粥”,就意味着过年结束。集镇会举行民间文艺展演、元宵灯会。在农村,元宵节晚上有一项“打田财”的传统活动,就是村民手拿燃烧的稻草火把在田里狂奔,期盼来年丰收。

清明节　清明节有祭扫亡灵的习俗。与周边地区不同的是,昆山居民一般在清明节当日或节后扫墓,拔草、修坟，摆上青团子等祭物，烧香、焚纸、祈祷，也成了每年与亲人阴阳对话的机会。有的地方，清明的前一天还过“寒食节”，就是禁烟吃冷食，意思是与亡灵“同甘共苦”。

端午节　端午节吃粽子和赛龙舟是两项最古老的过节内容。昆山还有家门口挂艾叶，人身上挂雄黄香袋的习俗。小孩常穿“五毒衣”，用以吓唬“五毒”的骚扰。

中秋节　除了吃汤圆、月饼、糖粥、甜饭等传统习俗外，昆山还有在中秋节吃糖芋头的习惯。此时新鲜芋头上市，又有圆态、糯质，加入红糖、桂花，又甜又香又糯，象征着圆圆满满、甜甜蜜蜜的寓意。

【特色物产】 昆山历来是鱼米之乡、物产丰富。百姓不满足于吃饱，还追求吃得美味、有营养。昆山特产中知名度最高的是奥灶面，阳澄湖大闸蟹、正仪青团子、周市爊鸭、锦溪袜底酥、陆家浜糖枣、千灯小麻糕、周庄三味圆、张浦金华咸肉等都是昆山独具特色的佳肴名品。

奥灶面　奥灶面已有百年历史。面细、汤浓、“浇”鲜，是奥灶面的主要特色，红油爆鱼面、白汤卤鸭面最受欢迎。面汤制作选料考究，配方独特，口味别具一格，已成为国内驰名品牌。

阳澄湖大闸蟹　阳澄湖大闸蟹以“青背、白肚、金爪、黄毛”为特征，个体强壮厚实，煮后呈亮橘红色，口味鲜甜。每年西风响起，新蟹上市，来自全国各地的食客络绎不绝地涌向巴城阳澄湖畔一饱口福。昆山的阳澄湖大闸蟹不但满足周边百姓需求，还销往海内外。

青团子　青团子用“浆麦草”获取“青色”，用赤豆沙或枣泥做成甜馅，无论在色、香、味方面都有独树一帜的吸引力。以正仪青团子最为出名。

周市爊鸭　周市爊鸭采用丁香、玉桂、甘松、茴香等中草药烹制，调料别出心裁，使爊鸭清香扑鼻，脍炙人口。目前爊鸭色有红白之分，爊鸭味还有浓淡之别，使食客有更多的挑选余地。

锦溪袜底酥　锦溪袜底酥由原陈墓镇上的老字号“孙长隆”首创，做成了“袜托底”的形状和“多层式”的结构，采用“油酥”质地，将油面反复揉合，层层重叠，薄如蝉翼，再经过烘烤后，清香松脆，别有风味。

陆家浜糖枣　陆家浜糖枣是用糯米粉加水，然后搅和、发酵、捏制、爆熏，最后滚上白糖，就做成了一个个形似枣子的“糖枣”，看上去小巧玲珑，吃上去松脆香甜。常做成“包扎”，馈赠亲朋，受人喜欢。

千灯小麻糕　千灯小麻糕的制作工艺也别具一格，通过米粉加入蔗糖、香精的搅拌，揉合后压成适当厚度的大粉饼，然后撒上芝麻，再切成统一尺寸的小粉糕，最后经过烘烤，就做成了小麻糕，吃口香甜，别有风味。

周庄三味圆　周庄三味圆具有水乡特色，选用猪肉、鸡肉、虾肉切碎搅拌，略加香菇、木耳、野菜做成馅心，用面筋包成小圆形，放入鸡汤中烹制，就成为具有美味可口的“三味圆”。

张浦金华咸肉　张浦金华咸肉腌制中讲究工艺，加入花椒、茴香，通过多轮翻腌、浸润，使咸味“入骨”，再放到露天晾晒几次，待到不干不湿时就收藏起来，就做成了“金华咸肉”。（文广新局）

经济社会

【概况】 2014年，全市实现地区生产总值3 001.02亿元，按可比价计算，比上年增长7.7%。其中，第一产业增加值28.76亿元，增长3.4%；第二产业增加值1 687.75亿元，增长5.1%；第三产业增加值1 284.51亿元，增长11.8%，第三产业增加值占地区生产总值比重为42.8%，比上年提高1.6个百分点。按常住人口计算的人均地区生产总值达18.22万元。实现全口径财政收入661.11亿元，其中，公共财政预算收入263.66亿元，增长8.3%。工业总产值8 708.49亿元，比上年下降1.8%。全市实现进出口总额847.91亿美元，比上年下降4.7%。全市完成固定资产投资额850.05亿元，比上年增长1%。全社会消费品零售总额650.09亿元，比上年增长14.1%。城镇常住居民人均可支配收入46 920元，农村常住居民人均可支配收入23 921元，分别比上年增长8.7%和10.1%。实现台湾电电公会“大陆综合实力极力推荐城市”六连冠。连续六年排名福布斯中国大陆最佳县级城市第一。

（统计局）

综　述

年内,中共昆山市委员会组织带领全市各级党组织和广大党员群众,深入学习贯彻党的十八大和十八届三中、四中全会精神,以习近平总书记系列重要讲话精神为指导,不断增强"改革、开放、创新、责任、担当"意识,进一步振奋精神、主动作为,经济社会保持平稳健康发展。

年内,面对复杂多变的宏观形势和繁重艰巨的发展任务,昆山主动适应新常态,以深入开展党的群众路线教育实践活动为总抓手,协调推进经济建设、政治建设、文化建设、社会建设、生态文明建设和党的建设,各方面工作都取得了新的成绩。在市委十二届七次全会上,市委指出,以开展党的群众路线教育实践活动为动力,坚定信心、主动作为,求真务实、真抓实干,努力开创深化改革和现代化建设新局面。在市委十二届八次全会上,市委指出,以习近平总书记系列重要讲话精神为根本遵循,围绕提高全面建成小康社会质量水平和"迈上新台阶、建设新江苏"发展定位,全力推进转型升级,促进经济平稳健康发展与社会和谐稳定,推动"昆山之路"从头越。年内,市委坚持党委总揽全局,坚持问题导向,从破解制约昆山发展的深层次矛盾入手,紧紧抓住深化两岸产业合作试验区、苏南国家自主创新示范区、上海自由贸易试验区建设等叠加机遇,提振信心、主动作为,求真务实、奋勇拼搏,全面推进深化改革、全面推进转型升级、全面推进依法治国、全面推进从严治党,努力开创改革发展新局面。

重 要 会 议

【市委十二届七次全体(扩大)会议】 2014年7月30日,中共昆山市委召开十二届七次全体(扩大)会议。全会听取和审议了管爱国同志代表市委常委会所作的题为《求真务实抓改革,提质增效促转型,在践行群众路线中增创发展新优势》的工作报告。

全会指出,昆山正处于改革发展、转型升级的关键阶段。振奋精气神、改革再发力,是必然选择。全市上下要以时不我待的责任意识、舍我其谁的担当精神,大兴求真务实之风,聚焦、聚神、聚力抓落实,以实干精神推动发展,以务实态度深化改革,以质量意识推进转型,以群众满意作为追求,全力打造苏州发展的"精装本"和"浓缩版"。全会要求,坚持以质量效益为中心,在经济结构优化上求突破;坚持以试验区建设为重点,在深化改革开放上求突破;坚持以城乡发展一体化为导向,在新型城镇建设上求突破;坚持以和谐稳定安全为目标,在社会治理创新上求突破。突出"四治四兴",深入开展党的群众路线教育实践活动,全面加强党的执政能力建设、先进性和纯洁性建设,为改革发展提供坚强政治保证。

【市委十二届八次全体(扩大)会议】 2015年1月12日,中共昆山市委召开十二届八次全体会议。全会听取和审议了徐惠民同志代表市委常委会所作的题为《积极适应新常态,打造发展升级版,全力推动"昆山之路"从头越》的工作报告,以及杜小刚同志所作的题为《深化改革创新,加快转型升级,全力推动经济发展再上新台阶》的经济工作报告。

全会全面总结了2014年工作,一年里,深入开展党的群众路线教育实践活动,在促进经济平稳发展中加快转型升级,切实加强宣传思想工作和文化强市建设,扎实推进城乡发展一体化和新型城镇化建设,不断提升民生幸福水平,着力加强民主政治和社会治理,聚精会神抓好党的建设,各方面工作都取得了新的成绩。全会要求,以习近平总书记重要讲话精神为强大动力,凝聚干事创业精气神;保持合理增速,推动经济平稳健康发展;着力转变发展方式,加快经济转型升级;注重以人为本,加快提升城乡发展一体化水平;做优民生事业,提升群众幸福感受;强化法治思维,提升依法治市水平;加强宣传思想工作,深入推进文化昆山建设;落实全面从严治党新要求，构建良好的政治新常态。全会指出，要以改革的精神、创新的理念和科学的方法编制好“十三五”发展规划，努力使昆山“十三五”发展规划更加适应时代要求、符合市情实际、反映人民意愿。

重大决策

【学习贯彻习总书记系列重要讲话精神】 年内，中共昆山市委把学习贯彻习近平总书记系列重要讲话精神引向深入，从中获得强大的思想武器，更好地把握方向、应对挑战、开拓前进。深刻领会总书记对江苏提出的新要求，准确把握讲话蕴含的新思想新观点，切实以讲话精神统一思想和行动，使讲话精神成为昆山工作的根本遵循和行动指南，确保昆山走在建设“新江苏”的前列。

【开展党的群众路线教育实践活动】 年内，中共昆山市委紧扣“照镜子、正衣冠、洗洗澡、治治病”总要求，按照“三严三实”标准，聚焦反对“四风”，抓好“四治四兴”，扎实开展党的群众路线教育实践活动。通过教育实践活动，全市广大党员干部受到了深刻的思想政治洗礼，党性观念和宗旨意识明显增强，“四风”突出问题得到有效解决，群众感受到了作风新变化，党群干群关系更加密切。

【出台加快经济转型升级一系列政策措施】 年内，中共昆山市委加强经济分析研判，制定出台促进服务业发展、加快技术创新体系建设、工业经济转型发展等政策措施，以新兴产业培育和现代服务业发展为主攻方向，以科技进步和自主创新为动力，大力推进产业结构优化调整，在促进经济平稳发展中加快转型升级。

【深化各项改革】 年内，中共昆山市委积极推进昆山深化两岸产业合作试验区建设，第二次部省际联席会议新确定了25条改革措施。深化区镇联动发展，组织实施规划建设整合、产业项目融入、资源要素统筹、队伍共育共建、行政服务集成、公共服务共享“六项工程”。出台促进土地集约高效利用意见，深入推进已批未开发土地清理处置、加快转型升级腾出发展空间等行动计划。

【加强宣传思想工作和文化强市建设】 年内，中共昆山市委深入推进习近平总书记系列重要讲话精神学习宣传，广泛开展中国特色社会主义和中国梦宣传教育。把社会主义核心价值观贯穿于文明城市建设，引导市民形成爱国、敬业、诚信、友善等价值准则。牢牢把握正确舆论导向，加大正面宣传力度，稳妥应对敏感问题和突发事件。坚持文化惠民，完善公共文化设施网络，成功创建省公共文化服务体系示范区，《大美昆曲》荣获全国精神文明建设“五个一工程奖”。

【推进城乡发展一体化和新型城镇化建设】 年内，中共昆山市委开展新一轮城市总体规划、镇村布局规划修编。着力构建现代化城市路网体系，中环快速化改造工程即将竣工通车，沪宁高速昆山高新区互通等工程建设扎实推进。加快城市国际化步伐，昆山杜克大学顺利开学。智慧城市试点项目有序实施。全力开展城市环境综合整治“931”行动，着力推进老居住小区提标改造和美丽镇村建设。制定村级联合经济实体发展三年规划，深化农村“三大合作”组织改革，农村土地承包经营权确权登记和股权固化改革试点工作扎实推进。

【提升民生幸福水平】 年内，中共昆山市委坚持公共服务均衡优质发展，深入实施“五有”工程。着力提高就业质量，促进创业致富。统筹推进社会保障体系建设。加快教育资源配置步伐。全面推进公立医院综合改革，“单独两孩”政策全面平稳实施。完善养老服务体系，提升虚拟养老服务平台。出台保障性住房货币化补贴办法，推进公共租赁住房、经济适用住房、动迁安置房建设。

【加强民主政治和社会治理】 年内，中共昆山市委坚持党的领导、人民当家做主和依法治市的有机统一，支持人大加强改进监督工作、人民政协履行职能。稳步推进政府职能转变和机构改革工作。实施社会治理创新工程，推进社区“减负增能”，健全社会稳定风险评估制度，创新矛盾纠纷排查化解机制。深化平安法治建设，完善治安防控体系，严厉打击违法犯罪。年内，昆山经受了“8·2”特大事故的严峻考验，全市深刻总结反思，吸取惨痛教训，全面落实安全生产“党政同责、一岗双责”要求，建立健全安全生产责任体系，最大程度地消除不稳定因素和安全隐患，保护人民群众生命财产安全。

【加强党的建设】 年内，中共昆山市委推进党要管党、从严治党各项部署，落实党委抓党建工作的责任，统筹抓好各领域基层党建工作，开展区镇党(工)委书记基层党建工作述职评议考核，整顿软弱涣散基层党组织。按照“好干部”标准健全选人用人机制。建立不合格公职人员退出机制。严格落实“两个责任”，开展党风廉政建设和反腐败工作指标监测。加大惩治腐败力度，坚决查处违纪违法行为。 （顾全荣）

纪检监察

【概况】 年内，市纪委、监察局深入推进转职能转方式转作风，强化监督执纪问责，全面开展党风政风监督、信访举报处理、案件查处和监督管理、党风廉政宣传教育、纪检监察干部队伍建设等工作。年底，市纪委、监察局共有办公室、党风政风监督室、第一纪检监察室、第二纪检监察室、第三纪检监察室、宣传教育室、信访室、案件审理室、干部管理室、案件监督管理室、纪检监察干部监督室等11个职能室。向各开发区、各镇派驻6个基层纪检监察工作室。委局机关编制53个，工作人员47人。全市设有基层纪(工)委(纪检组)、监察(审计)室59个，其中：开发区纪工委、监察审计室3个，镇纪委、监察审计室8个，系统纪委和内设纪检组、监察(审计)室25个，派驻纪委(纪检组)、监察(审计)室11个，垂直部门纪委(纪检组)、监察室8个，企业纪委4个。全市共有专职纪检监察干部261人。

【重要会议】 2月17日，中共昆山市第十二届纪律检查委员会第四次全体(扩大)会议召开。市委书记管爱国出席会议并讲话。市委副书记、市长路军主持会议。市委常委、纪委书记曹萍作工作报告。市四套班子领导以及市人民法院、市人民检察院、各区镇部门、人民团体、直属单位党政主要负责人，市党风廉政、机关效能建设特约监督员，全市纪检监察干部等参加了会议。全会传达了习近平总书记在十八届中央纪委三次全会上的重要讲话和十八届中央纪委三次全会、十二届省纪委四次全会、十一届苏州市纪委四次全会精神，审议通过了工作报告和会议决议。

8月1日，全市纪检监察工作会议召开。市委常委、市纪委书记曹萍出席会议并作报告。会议指出，2014年上半年，全市各级纪检监察机关按照市委、市政府和上级纪委部署，转职能、转方式、转作风，明确职能定位，强化执纪监督，党风廉政建设和反腐败工作取得新进展。会议部署下半年工作任务，要求全市纪检监察机关对照深化改革和现代化建设的目标以及年初确定的各项任务，继续保持奋发有为的精神状态，突出主业主责，严肃查办违纪违法案件；强化责任担当，着力落实纪委监督责任；践行群众路线，持续反对四风；严格队伍管理，提高履职能力，推动党风廉政建设和反腐败工作向纵深发展，确保圆满完成全年各项任务。

2月17日，中共昆山市第十二届纪律检查委员会第四次全体会议召开。

【党风廉政建设】 党风廉政宣传教育 年内，市纪委、监察局依托昆山市廉洁文化展示馆开展廉政教育，全年共有87批次4 582名党员干部前往参观学习。4月，开展“鹿城清风”廉洁文化活动月活动，牵头推进廉洁文化“进机关、进学校、进社区、进农村、进企业、进家庭”等六进工作。4月至11月，开展“廉石之韵·鹿城清风”勤廉歌词歌曲创作征集活动，共征集到856首歌词和225首歌曲，评出十佳获奖歌词和十佳获奖歌曲。5月17日，举办全市廉政教育专题讲座，邀请清华大学公共管理学院教授、廉政研究中心主任程文浩作《廉政建设与预防腐败》专题辅导。上半年，结合全市基层党员干部冬训和党的群众路线教育实践活动，制作展播《鹿城清风拂面来》廉政歌曲MV，在市电视台、电台等媒体累计播出1 860余期次。年内，组织推荐优秀廉洁文化作品参加上级纪委征集评选活动，3幅廉政漫画作品入选中纪委网站，10件廉政书信作品入选苏州市纪委《以爱之名——100封优秀廉洁书信》。开展新提拔领导干部任职前廉洁从政和法律法规考试，共有2批40人顺利通过考试走上领导岗位。《新华日报》头版刊发《昆山开启“大数据反腐”新模式》《中国纪检监察报》先后刊发《昆山全面落实主体责任——扛在肩上　抓在手上　落到实处》《昆山发布“党风廉政建设和反腐败工作监测指标”探索“大数据反腐”新模式》《昆山：古韵新唱促勤廉》等新闻报道。

党风廉政建设责任制 年内，市纪委、监察局按照市委统一部署及委托，根据各区镇、各部门、各单位的工作特点，分解、落实党风廉政建设责任制重点工作任务，以重点工作任务为抓手，全面推进党风廉政责任制建设。在全市组织开展上年度党风廉政建设责任制检查考核工作，将结果向各单位进行意见反馈，对领导班子、领导班子成员、单位“一把手”测评得分靠后的进行重点反馈。

推进“三转” 年内，市纪委、监察局主动适应形势，深入推进“三转”工

4月9日，“廉石之韵·鹿城清风”勤廉歌词歌曲创作征集活动启动仪式现场。

作。坚持立行立改，按照中央、省委、苏州市委全面深化改革要求，在市委统一部署下，牵头组织开展全市党的纪律检查体制改革，落实各项改革措施。年内，完成委局机关内设机构两轮调整，纪检监察室增加到3个，实行委局机关内设科室人员与纪检监察工作室人员交叉任职，委局从事案件查办的人数达38人、占比81%。梳理委局原参与的173个议事协调机构，取消或不再参与155个，保留或继续参与18个。清理规范各区镇、部门、国有企业纪委书记、纪检组长的分工兼职，督促抓好主业主责。

推动落实“两个责任” 年内，市纪委、监察局贯彻落实苏州市委《关于落实党风廉政建设党委主体责任、纪委监督责任的实施意见(试行)》以及监督检查、责任追究、纪委约谈等配套制度。创新工作举措，研究制定昆山市党风廉政建设和反腐败工作四大类十项29条监测指标，开展指标监测工作。6月，出台《关于在全市开展党风廉政建设和反腐败工作监测的意见》，正式发布《昆山市党风廉政建设和反腐败工作监测指标》。7月，组织开展全市党风廉政建设和反腐败工作情况的第一次指标监测，系统全面地反映了全市党风廉政建设和反腐败工作现状。监测结果及时在媒体公布，使“两个责任”进一步具体化、可操作化。利用报纸、网站等媒体，通过约稿、访谈等形式，集中开展落实“两个责任”宣传报道。强化压力传导，约谈全市56名基层纪委书记、纪检组长，走访19个区镇、部门和国有企业的主要领导和纪委主要负责同志，督促落实“两个责任”。

惩治和预防腐败体系建设 年内，市纪委、监察局认真落实中央惩防体系《工作规划》和省委《实施办法》、苏州市委《实施意见》，结合实际开发运用惩防体系信息管理系统，通过指标采集、量化考评等手段，统筹推进惩防体系各项任务。

农村基层党风廉政建设 年内，全市加强农村基层党风廉政建设检查考核。对村(居)民委员会和村(社区)监督委员会的换届选举纪律进行监督检查，确保换届工作平稳、有序开展，上半年共有167个村(涉农社区)和145个社区顺利完成换届选举。开展村级“勤廉指数”测评工作，对上年度测评过程中收集到的185项村民建议整改落实情况进行监督检查。运用昆山市农村综合信息服务平台和昆山市农村集体“三资”信息化监管平台，开展对农村资产、资金、资源以及村务公开等相关情况的日常监督。

“四风”问题专项治理 年内，全市持续深入开展“清风行动”和党政机关干部收受购物卡问题专项整治，累计派出30个督查组，在元旦、中秋等重要节点开展专项督查。开展公款大吃大喝、违规公务接待、公款送礼、公款旅游等方面的9个专项治理行动，全市“三公”经费压缩4 043万元，减少因公临时出国（境)28批121人次，清理公务用车15辆，清理整改办公用房4.2万平方米，点名通报5起违反中央八项规定精神的典型案例。深入开展勤廉满意度第三方民调，畅通民生诉求渠道，着力纠正行业不正之风，查处损害群众利益行为，对8人进行问责。开展坚决制止党员干部违规收送礼金礼券专项工作，“5·10”廉政账户收到主动上缴款项共计190笔498.4万元。

【行政监察】 重大事项督查 8月，市纪委、监察局充分发挥监察机关的监督职能，加强对安全生产监管工作督查力度，会同相关部门连续开展“8·2”事故善后处置情况督查、“五大领域”安全生产检查整改专项行动、“四套班子”领导带队的整改专项行动督查、安全生产“五小企业”整治工作督查、三级挂牌重大隐患整改工作督查等一系列监督检查工作，对全市的安全生产现状进行全面排查，对存在的安全隐患及时督促相关单位落实整改。年内，积极参与安全生产事故的调查处理，坚决查处事故背后涉及的消极腐败问题，除“8·2”事故以外，共对全市发生的21起安全生产责任事故进行调查并对相关责任人员进行处罚。

机关作风和效能建设 2月，全市机关作风和效能建设工作会议召开，根据市委、市政府提出的“让人民的笑容更加灿烂”的作风效能建设主题、“以改革创新精神深入推进机关作风和效能建设”的新要求，组织各级各部门认真贯彻落实。委托第三方对全市各级行政服务中心及便民服务窗口进行暗访，形成专题片在作风效能建设大会上进行曝光，进一步提升各部门各窗口的服务意识。年内，修订完善《2014年度电子绩效评估考核实施细则》，新增服务民生方面的考核指标，突出政府为民服务的宗旨意识；调整监督考核、行政服务方面的可考核指标，使考核结果更加切合市委、市政府施政目标；修订《机关效能建设“创新奖”评选办法》，更好地发挥

“创新奖”评比争先创优作用。加快昆山市数字化领导决策支持平台建设。初步建设完成重大产业项目、重点工作、建设工程等多个决策分析平台，实现与综合行政电子监察平台、相关部门业务系统的实时对接，为领导决策提供数据、进度、趋势等全方位支撑。进一步完善“四位一体”诉求平台，完善投诉受理、交办督办、限时办结、回复回访等制度。年内，依托“苏州阳光便民·昆山网络平台”“民声110”“行风热线”“昆山纪检”政务微博等载体，不断拓展监督服务功能，解决群众关注的热点难点问题。“寒山闻钟”论坛全年受理意见反映帖3 258件，处办率达100%，获苏州市年度考核综合奖。

执法监察　年内，市监察局加强对建设工程招投标、政府采购、土地交易等要素市场的监督管理，督促相关职能部门依法履职、切实加强行业管理，对各类市场的投诉举报进行调查核实。会同市国土部门深入开展“已批未开发土地专项清理行动”，已清理涉及11个区镇的130宗已批未开发土地，面积7 268.97亩，对张浦镇土地卫片执法情况开展专项督查，形成专题督查报告。通过电子监察等手段，对全市1 356个建设工程招投标项目，607个政府采购项目，33宗挂牌出让国有土地进行监督检查。年内，加强对政府投资工程和政府采购行为的分析，以重点领域和重要环节为突破口，严肃查处贪污受贿等腐败行为，查处政府采购领域腐败案件1起，涉案4人。

政风行风监督　年内，市监察局进一步完善“四位一体”诉求平台，完善投诉受理、交办督办、限时办结、回复回访等制度；进一步畅通诉求渠道，及时解答、解决群众反映的问题。至年底，共开办户内直播48期，“行风热线”共接到群众来信、来电990件次，答复率为100%。

【信访举报和案件查处】　年内，市纪委、监察局共受理纪检监察信访举报403件次，比上年同期增加104件次，上升了34.8%。署名举报152件次，署名举报率为37.7%。对信访举报坚持实事求是，有错必纠，有案必查，失实澄清。共澄清问题99件次。坚持抓早抓小，对17人进行诫勉谈话和信访监督谈话，向2个乡镇发放信访参阅件，督促落实整改。

年内，市纪委、监察局严肃查处各类违纪违法案件，全年立案118件。其中，查处乡科级干部16人，24人被移送司法机关处理；通过查案和信访初核挽回经济损失2 396万元。全年共审结119件，其中党纪案件117件，政纪案件12件，党政纪双处分案件10件。审结的119件案件中，有119人受到党政纪处分，其中科级干部14人，其他人员105人。对违纪违法典型案例进行点名通报，以案明纪。年内，“昆山纪检”政务微博在第一时间首发本地案件信息8条。

（陆志鸿）

组织工作

【概况】　至2014年末，全市共有基层党组织4 459个，其中：党委88个、党总支250个、党支部4 121个；另有党工委21个；全市共有中共党员64 105人。全市有副主任科员（副科级）以上干部1 216人，其中女干部205人，占16.9%；非中共党员34人，占2.8%；大专以上学历1 193人，占98.1%。累计拥有国家“千人计划”人才89名，省“双创”人才69名，省“创新团队”9个，姑苏人才196名。

【党的群众路线教育实践活动】　年内，市委组织部加强全市面上活动的组织指导，紧扣“为民务实清廉”主题，按照“照镜子、正衣冠、洗洗澡、治治病”总要求，结合实际组织开展党的群众路线教育实践活动。市级领导班子、82家单位、94名县处级以上党员领导干部、1 199名乡科级以上党员领导干部、4 088个基层党组织、61 919名党员参加了活动。认真落实“规定动作”，精心开展“自选动作”，抓好村（社区）、非公企业、执法监管部门和窗口单位服务行业、离退休党员干部等各领域活动，深化“三访三解三促”“一把手在一线”“在职党员进社区”“在职党员统一服务日”等活动。深入查摆问题，以座谈交流、走访调研、驻点约谈等方式，广泛听取意见建议，累计召开座谈会270个，谈心谈话2.5万余人次，收集意见建议671条。坚持高标准、高质量召开各级领导班子专题民主生活会，周市镇市北村的基层组

7月19日，周市镇市北村党委召开村党委及下属支部组织生活会。

织生活会和民主评议党员试点成效得到中组部肯定。针对查摆出的“四风”问题，开展10项专项治理行动，持续抓好整改落实。建立健全作风建设长效机制，制定健全完善党员干部民主生活会和组织生活会、切实改进学风、党员干部直接联系群众、纠正损害群众利益不正之风督查督办等制度。

【领导班子和干部队伍建设】 年内，全市调整干部136人次，全委会无记名票决干部124人。学习贯彻干部选拔任用工作新条例，规范执行干部动议预报、干部选任全程纪实制度。改进民主推荐方式，将会议民主推荐与个别谈话推荐相结合。优化干部考察方法，加大经常性考察力度，加强对班子层次结构和干部岗位需求的综合研判。完成市公安局部分副科职岗位竞争上岗和各镇非领导职务晋升工作，指导市文联、总工会、红十字会等群团组织换届工作。加强年轻干部培养，召开年轻干部座谈会、进村(社区)工作大学生学习工作成果交流会，深化年轻干部走村串户“知民情、解民忧”活动。开展区镇干部队伍建设专项考核，以“政治品德和道德品行”为核心，突出遵守政治纪律、落实“八项规定”等重点，加强对干部“德”的专项考核。牵头制定《机关事业单位公职人员管理办法》，加大对“庸懒散奢”人员的整治力度。开展干部人事档案专项检查，抓好超职数配备领导干部专项治理、领导干部企业兼(任)职专项清理、整治选人用人不正之风专项检查、“带病提拔”倒查自查、退(离)休领导干部社会团体兼职清理规范等重点工作。组织开展领导干部个人事项集中报告工作，把拟提拔考察对象和省选调生纳入报告范围。严格落实“一报告两评议”“三责联审”、经济责任审计等制度。制定加强和改进干部教育培训、进一步加强党性教育等实施意见，建立“市—区镇—基层单位”三级培训联动机制。突出抓好党的十八届三中、四中全会和习近平总书记系列重要讲话精神学习培训，围绕经营管理、产业升级、金融创新、社会治理等重点内容，举办各类主体培训班。实施干部教育培训动态评估考核，实施重点管理、统一管理培训项目58个，参训人数超过1.5万人次。

千灯镇2014年正式投入使用的300平方米党建工作站

【基层组织建设和党员队伍建设】 年内，市委组织部严格落实基层党建责任制，开展全市各级党组织书记抓基层党建工作述职评议考核，建立健全“书记抓、抓书记”的基层党建责任机制。研究制定基层组织建设考核实施方案及工作细则，提升基层党建工作考核科学化水平。建立机关党群建设工作责任制，探索党工青妇等基层组织一体化推进基层服务型组织建设，指导机关党群基层组织和党群队伍广泛参与社会治理，推广组团式服务、“统一服务日”等服务新载体。推进区域化党建工作，对基层党建创新工作实行项目化管理。完善非公党建四级管理体系建设，加大规模以上工业企业独立建支力度。深入研究“村转社区”党建工作，培育炎武社区、淀山湖花园等“村转社区”党建示范点。组织实施新一轮农村“基石工程”，选派36名市镇两级机关干部驻点帮扶经济薄弱村。实施基层干部能力提升工程，举办村(社区)党组织书记和大学生村官培训班。评选表彰市级机关“十佳”基层党组织工作法，命名表彰第八批机关服务品牌13个、第五批星级服务品牌27个。出台党员干部直接联系群众、党员领导干部民主生活会和基层党组织组织生活会等制度。探索发展党员“全程纪实”，试行入党积极分子和发展对象党的基础知识统一机考制度。规范党员组织关系接转，试点开展村(社区)挂靠党员清理工作。拟定不合格党员处置办法，规范在昆流动党组织和党员的教育管理服务。开展党性意识教育提升“十个一”活动。开展党员关爱帮扶生活困难群众行动，发放关爱基金800万元。完成《区域治理现代化对党的建设制度改革提出的新任务新要求研究》《昆山市外商投资企业党的组织建设工作调查研究》两个中组部指定调研课题，前者获课题评审一等奖；《“红堡垒”与“金土地”的互动——推进外商投资企业党组织发挥“政治双作用”的实践与思考》获评全国非公企业党建主题征文评选二等奖。

【人才工作和人才队伍建设】 年内，市委组织部出台《关于进一步加快集聚高层次优秀人才的若干意见》，完善区镇人才科技工作目标责任制考核体系，强化人才发展指标动态监测。制定科技镇长团管理规定和目标责任制考核办法，新选派14名科技镇长团成员赴区镇挂职。举办苏州精英周昆山专场、“北京大学常青藤联盟创业团队江浙行”昆山站、中国商用飞机专家昆山行、江苏城市职业学院昆山行、“智汇邦—创业中国梦”专题沙龙等系列引才活动，组织参加“春晖杯”创业项目对接峰会，实现落户项目86项，注册资金超10亿元。召开互联网产业发展研讨会、高职教育服务昆山率先发展研讨对接会，与国家千人计划网合作，畅通线上线下招才引智渠道。加大高层次人才培养力度，组织企业参加千人计划创投中心“学在沙湖”系列活动，组织190名高层次人才和企业高管参加“创新创业领军人才和科技企业家培训班”。全年新增自主申报认定国家“千人计划”人才3人、科技部创新人才推进计划人才1人、省创新团队5个、省“双创”人才12人、省333工程资助项目4项、姑苏人才59人。开设昆山日报“聚焦高层次人才(团队)”栏目，启动昆视新闻“创新创业人才在昆山”系列宣传，《新华日报》《光明日报》《群众》杂志等主流媒体宣传报道了人才工作经验做法。昆山在2014全省县市人才综合竞争力排名中蝉联第一，获评2013年度“苏州市人才科技工作先进地区”。在福布斯发布的2014年中国大陆最佳商业城市排行榜中，昆山人才指数位居县级市第一。 (潘 瑛)

宣传工作

【概况】 年内，全市宣传思想战线坚持高举旗帜、围绕大局、服务人民、改革创新，深入学习宣传贯彻党的十八届三中、四中全会和全国、省、苏州宣传思想工作会议精神，以开展党的群众路线教育实践活动为契机，扎实推进党员干部理论武装、新闻舆论引导、精神文明建设和文化事业产业发展等各项工作，为推动“昆山之路”从头越凝聚了强大精神力量。

【理论学习】 年内，市委宣传部深入推进党的十八届三中、四中全会和习近平总书记系列重要讲话精神学习宣传，建立领导干部年终述学制度，完善党委中心组学习、旁听、考核制度，围绕党的群众路线、经济发展新常态等主题，组织市委中心组专题学习会9场，编印《中心组理论学习参考材料》9期。抓好党员干部集中学，开展党员干部冬训轮训，建立完善“一把手”上党课制度，组织“四新党员”专题学习培训，参学参训率达到98.5%以上，荣获“全省基层党员冬训工作示范县”称号。推动党员群众一起学，组织“基层党员教育十佳工作法”评选，涌现出“社区第一课”、非公企业“五点半党校”等一批基层党教活动载体，形成党员带动群众一起学习理论的生动局面。

【理论宣讲】 年内，市委宣传部广泛开展中国特色社会主义和中国梦宣传教育，组织“走群众路、圆中国梦”专题读书调研活动，学好用好《中国特色社会主义学习读本》《马克思主义哲学十讲(党员干部读本)》等教材。创新理论宣传载体，打造“微理论”手机平台，建立“昆山思辨”微信公众平台和“昆山发布”政务微博理论板块。充实市镇两级宣讲团，组建“践行价值观、共圆中国梦”领导干部宣讲团、草根宣讲团和大学生村官宣讲团，依托千场社科进基层、社科宣传普及周、日知讲坛等活动载体，组织宣讲进企业、进学校、进村、进社区900余场。日知讲坛被评为“2014年度苏州市社科普及品牌讲座”。

【理论研究】 年内，市委宣传部制定《关于进一步深化社会主义核心价值观区域化实践的实施方案》，完善社会主义核心价值观区域化实践测评体系，形成“1+4”的框架体系；编印《培育和践行社会主义核心价值观学习读本》和《我谈价值观》读本，大力阐释“三个倡导”。运用新媒体开展社科理论研究，成功改版昆山社科网站，开设社科工作微信平台。借助同济大学、苏州大学等高校理论研究优势，围绕昆山经济社会发展实际加强社科应用研究，全年社科应用研究课题共立项66项。组织全市第四届哲学社会科学优秀成果奖评选，集中交流展示一批社科研究成果。

【新闻宣传】 年内，市委宣传部围绕服务全市经济社会发展大局，加强正面宣传引导，深入宣传解读党的十八届三中、四中全会和市委十二届七次(全体)扩大会议精神，传播市委、市政府的声音，唱响发展主旋律。大力宣传全市“五位一体”推进转型升级的举措和成效，为深化改革、加快转型发展营造良好舆论氛围。抓住新中国成立65周年和昆山开发区自费开发30周年契机，策划开展“金秋时节区镇行”“新常态新亮点·区镇部门行”等大型新闻行动，推出一批重点报道和评论文章，展示全市经济社会发展成果，汇聚正能量。深入报道昆山市党的群众路线教育实践活动开展情况，大力实施“我从一线来”新闻宣传工作，推出服务在基层、温暖到基层、文化下基层、奋战在基层等民生发展系列报道，更好地反映老百姓的心声，营造良好舆论氛围。

【外宣工作】 年内，市委宣传部深化与人民日报、新华社、中央电视台等主流媒体合作交流，在新浪网、腾讯网、凤凰网等综合门户网站开展主题宣传，外宣渠道进一步拓展。抓住全国“两会”、品牌产品进口交易会、亚洲自行车精品博览会、国际文化旅游节等契机，举办“媒体看昆山”等采风活动，邀请主流媒体和网络媒体走进昆山，对昆山杜克大学、昆山试验区对接上海自贸区、机器人和电子产业发展等进行专题采访，传播展示昆山现代城市形象。全年在各级媒体发稿近4 000篇，在中央级媒体发稿400余篇，境外媒体30余篇。其中，中央电视台用稿超30篇(新闻联播5篇)，中央人民广播电台用稿63篇，《新闻和报纸摘要》用稿11条。制作城市形象微电影、《昆山有戏》口袋书等外宣精品，不断提升昆山知名度和美誉度。

【舆论引导】 年内，市委宣传部积极推进传统媒体和新兴媒体融合发展，探索构建以“微博+微信，平面+网络”的双核立体互动宣传新模式，开通“昆山发布”政务微信，设立网络问政平台——“网络议事厅”，首批36家单位进驻，发帖答复率达98%以上，网民满意率超95%。推出“掌上昆山”移动政务客户端，下载量近5万次。“@昆山发布”获评“2014年全国十佳快速响应微博”第一名，昆山日报“现代昆山”APP获得“全省新媒体创新奖”。加强网络舆论引导，建立完善舆情分级预警处置、舆情警报发布、网民回访、考核追究等制度，组建网络舆情引导队伍，编写网情《专报》6期、《快报》13期、《周报》45期（共131期），为市委、市政府提供决策参考。协调清理“8·2”事故不实信息和敏感舆情，编辑上报《舆情专报》45期。构建和谐网络文化，举办昆山市首届网络文化节，成立昆山网友俱乐部，组织网友参加食品安全、“蓝天工程”专题市民恳谈会，开展网友走进区镇、部门体验活动共63次，线上活动95次。

【公共文化服务】 年内，市委宣传部完成省级公共文化服务体系示范区创建，新建改建一批新昆山人文化俱乐部、农村（社区）文化场馆，周市野马渡文体中心成为全省唯一获评“全国优秀文化站”的镇级文体站。推动全民阅读，新增图书馆分馆3家、流通点14个，举办第九届阅读节，流动图书车开展服务112次，荣获省、苏州“全民阅读先进单位”称号。围绕新中国成立65周年，组织庆祝国庆广场升旗仪式、爱国歌曲大家唱、市民看昆山等活动，广泛开展“欢乐文明百村行”、广场文艺周周演等活动，全年举办各类群众文化活动2 023场，书场演出超3 000场。推动精品文艺创作，开展“中国梦”主题文艺创作，在省级以上发表入展入选各类获奖文艺作品近900件。作家杨守松长篇报告文学《大美昆曲》荣获中宣部第十三届精神文明建设“五个一工程奖”，电视剧《叶问》获省第九届精神文明建设“五个一工程”优秀作品奖。

【弘扬优秀传统文化】 年内，市委宣传部弘扬昆曲文化，继续办好昆曲《牡丹亭》园林实景版演出，组织“昆曲回故乡”、戏曲节等活动，加大小梅花艺术团、小昆班培养和宣传力度，丰富“昆曲昆山”品牌内涵。弘扬先贤思想，组织“3·14”祖冲之纪念日活动，推进《归有光全集》出版，启动《朱柏庐全集》编撰工作。深化对台文化交流，联合海协会书画交流分会、台湾画院举办2014“墨韵昆山·梦缘两岸”诗书画摄影交流活动，活动期间共征集展示各类作品240件。加大文化遗产保护，组织申报第四批江苏省级非遗项目，推进锦溪宣卷、闵氏伤科申报国家级项目，陆振良等3人被确定为苏州市级第四批非遗传承人。出版发行《2014昆山文化发展蓝皮书》。

【发展文化产业】 年内，市委宣传部加大政策引导和向上争取力度，制定《昆山市文化产业人才计划实施细则》《全市文化产业发展目标任务》，文化艺术中心等5个项目获中央文化专项引导扶持资金1 680万元，“智慧昆山”等7个项目获省文化产业引导资金390万元。加强对外宣传推介，成功举办“2014第十三届昆山印刷包装工业展览会”，参展上海国际印刷周、第三届苏州创博会。大力提升产业发展质量，积极组织各类文化产业项目申报，2部原创动漫获中国国际动漫节“金猴奖”，4部作品获优秀文化成果奖励，3部原创影视作品获苏州影视文艺金茉莉奖，智谷创意产业园和周庄台湾老街荣获长三角文化创意产业金鼎奖和“优秀园区奖”。全市完成文化产业增加值207.5亿元，占地区生产总值比重达6.9%。

（张紫屏）

统战工作

【概况】 年内，全市统战系统深化统战工作改革创新，大力践行“同心思想”，构建和谐的政党关系、民族关系、宗教关系、阶层关系、海内外同胞关系“五大关系”，凝聚各界力量，为昆山深化改革、转型发展大局作出积极贡献。年内，市委统战部进一步探索建立党外人士关爱服务机制，2月25日，成立昆山市党外人士文化服务团，6月24日，成立昆山市党外人士爱心服务团。年内，市委统战部采取多种形式组织党员干部开展党的群众路线教育实践活动，共召开各类座谈会4次，走访基层商会、行业协会15家，联系沟通政协委员、党外人士46人次，发放、寄送征求意见函500余份，共梳理征集到各类意见建议48条，先后制定了《党外代表人士教育培训实施意见》《市委统战部领导干部下基层走访调研制度》《市委统战部关于进一步完善与党外人士联系交友的制度》等五项制度。

【教育培训】 4月下旬，市委统战部组织50多名民主党派、无党派知识分子联谊会领导班子成员、委员、理事及副科职以上党外干部，赴上海交通大学继续教育学院进行为期6天的学习，深化对习近平总书记系列重要讲话精神和多党合作理论的认识。5月下旬，面向全体民主党派、无党派知识分子联谊会成员，在市委党校举办“同心圆·中国梦”专题讲座，邀请同济大学马克思主义理论学科专业委员会主任、博士生导师李占才教授就“中国梦”的内涵以及实现思考进行专题讲解。11月上旬，邀请苏州市委统战部副部长钱培华在市委党校为党外代表人士讲授“基层党派组织负责人政治责任和素质提升”，受到各民主党派成员和无党派人士的一致好评。

【民主党派工作】 年内，市委统战部做好协调工作，支持党派组织建设，新发展民主党派成员25人，无党派知识分子联谊会新发展会员4人。年初完成市十四届政协委员调整工作，保证三次会议的顺利召开。在市十四届政协三次会议上，各民主党派和无党派知识分子联谊会积极建言献策，共提交大会发言24篇，集体提案25个，个人提案116个，联名提案5个，九三学社昆山市基层委员会的集体提案《加大社会组织培育扶持力度,加快构建政社互动的社会治理格局》被列为市政协1号提案。认真组织市委情况通报会,并创新形式,在通报会结束后,组织各民主党派、无党派知识分子联谊会代表与通报情况的相关部门领导面对面座谈,提出建议意见,现场解答,收到良好效果。分别组织召开各民主党派骨干成员调研务虚会,谋划党派自身建设和参政议政的抓手。深入开展"三服务"行动,民盟市委与市司法局联合开展"黄丝带"牵手回归帮教活动,组建四个特色"帮教工作组",为社区矫正和安置帮教人员开展关爱、帮教与感化工作;民建市委赴千灯镇石浦街道石浦小学,举办"情意暖石小,爱心促成长"助学捐赠活动;九三学社基层委员会、农工党总支部联合在市银桂山庄敬老院开展义诊活动;民革支部以"随手环保"垃圾分类、资源回收为抓手,以麒麟新村为实践基地,积极参与生态文明建设。

【开展统战文化和党外人士关爱活动】年内,市委统战部聚集各民主党派和无党派知识分子联谊会的相关人员,为广大党外人士及社会各界提供文化艺术和爱心慈善方面的服务。2月底,市党外人士文化服务团走进市福利院,为福利院的老人和孩子送去精彩文艺节目,更送去了温暖和关爱。5月24日,市党外人士法律服务团成员走进康居新江南社区,开展以"未成年人和青少年的保护"为主题的法律讲座,并围绕与群众生活密切相关的领域为社区群众提供法律咨询,发放宣传资料,受到了社区群众的一致好评。6月24日,市党外人士爱心服务团走进市福利院,为福利院的孩子送上一份份精美的礼物,并启动面向29名失去双亲青少年的爱心奉献行动。9月29日,由市委统战部主办,市党外人士文化服务团承办的昆山市党外人士迎国庆书画摄影作品展在市图书馆开展,展出党外人士的书法、绘画、摄影作品,吸引众多市民慕名观赏。年内,市委统战部会同各民主党派组织实施以"汇聚正能量、同心共圆梦"为主题的统战系列文化活动,分别举办庆"三·八"才艺展示、首届"同心杯"乒乓球邀请赛、"中国梦·我的梦"征文等6项活动。 (陈洪祥)

政法工作

【概况】 年内,市委政法委深化平安法治建设,夯实综治基层基础,为昆山经济社会发展营造良好的社会环境。3月开始,深入开展党的群众路线教育实践活动,深入查摆"四风"突出问题、关系群众切身利益的问题,成功解决30个群众反响突出的平安法治问题。在全市范围内开展"打击有组织赌博违法犯罪"专项行动,净化社会环境。4月开始,在全市政法部门推进"规范执法、公正司法"专项行动,着力查找整改群众反映的热点难点问题,不断提高群众对政法工作的认同感和满意度。年内,完善社会矛盾纠纷分析排查、预警研判、分流督办、会商会办机制,圆满完成进口商品交易会、上海亚信峰会、十八届四中全会等重大活动期间的和谐稳定工作。成功争创"崇法善治"三级服务品牌,拓展服务范围,提升服务水平。开展法治镇(街道)、民主法治示范村(社区)、诚信守法企业等创建活动,获评省法治建设示范县(市、区)和省法治县(市、区)创建工作先进单位。

【综合治理工作】 年初,市委政法委确定"传承枫桥经验化解物业纠纷""善立方公益生态圈建设""安全社区促进项目"等8个市级社会治理创新项目。年内,针对群众反响较为强烈、党委政府高度关注的涉赌问题,深入开展"打击有组织赌博违法犯罪"专项行动,全市共破获刑事案件29起,刑事拘留83人,查处治安案件145起851人(赌博机案件33起118人),其中行政拘留694人,打掉赌黑合流的团伙8个48人,净化社会环境。梳理排查出28个社会治安重点地区,采取定期清查、住商分离、拆除违建、改造基础设施、增建停车等功能区域、加强警力巡防等各项措施,扎实推进整治工作。定期开展校园安全隐患大检查,发现68个学校隐患问题并整改到位。开展"群租房"专项治理行动,按照"条块结合、以块为主、属地管理"原则,健全市、区镇、社区(村)三级"群租房"治理工作体系,强化区镇和职能部门责任双落实。开展省综治信息系统建设,进一步完善接访、调解、研判、协调处置等核心功能,首批开通16个账号,并完成首期11个区镇及市综治、教育、民政、卫生、团委等5个部门近30余人的业务培训。年底,市社会管理服务中心完成易地改造,整合了综

3月28日,全市集中打击赌博违法犯罪专项行动动员大会召开。

治、涉法涉诉信访、矛调中心集中办公。

【法治昆山建设】 年内，市委政法委严格执行重大决策公众参与、专家论证、风险评估、合法性审查、集体讨论等五项制度，制定出台《昆山市重大行政决策程序规定》《关于进一步推动参与式行政程序建设的实施意见》。开展“关爱民生法治行”活动，组织实施“公正司法阳光工程”“1530公共法律服务圈”“特色法治学校”等10个法治实事项目。其中法治学校建设项目中，21家司法机关、行政执法单位结对法治学校建设，形成环保、安全、禁毒、卫生、交通安全、知识产权等特色普法主题。推行党委中心组集体学法、政府常务会议每月学法、学法用法述法测评，开展区镇、部门领导班子学法旁听工作。坚持新提拔中层干部任前法律法规知识考试制度，共计95名中层干部参加了法律知识闭卷机考测试。在政法部门开展“规范执法、公正司法”专项提升活动，以“阳光工程”促公开、以规范执法促公正、以优质服务促公平。法院积极推进审判权运行机制改革，探索团队审判模式，法官人均结案同比上升10.2%，审理期限同比缩短6.8%。检察院建立检察为民服务中心，在全省首推终结性法律文书公开，率先实行公开约见检察官制度，不断提升检务为民服务效能。公安局专项打击治理“两盗一骗”赌博等问题，开展“迎青奥、剿毒患”等专项行动，取得了良好成效。司法局通过公共法律服务中心实现一站式解决群众基本法律需求，接待解答群众来电来访1.2万人次，建成村（社区）公共法律服务站253个，开展“让爱流动以援扬法”法律援助活动，邀请尚法大使搭建农民工法律援助“双桥汇”，法律服务质效不断提升。专题研究法治满意度提升工作，以《法治江苏建设纲要》颁布实施十周年为契机，组织开展为期3个月的法治昆山建设巡礼宣传八大系列活动，共印刷张贴法治公益招贴画5 200余份，统一制作集中反映昆山市法治建设成果的宣传展板49套共686块，发放宣传册和宣传品2万多份，在省2014年度法治建设满意度测评情况中，昆山市法治建设满意度达97.1分，位居省各县市之首。

10月，振华实验学校学生在校园安全体验馆体验。

【维护社会稳定】 年内，市委政法委规范稳评程序，完善重大项目前置评估机制，引进专业稳评、咨询机构等智力外援和专业合作平台，开发使用稳评信息系统及配套服务网站，全面提升服务经济社会发展能力和稳评工作质效。全年召开群众座谈会200余次，专家论证会95次，发放调查问卷6 400余份，全市已经报备完成稳评项目286件，提前发现和化解了一批矛盾隐患。持续推进矛盾纠纷排解化解，依托社会矛盾纠纷信息系统，实现纠纷信息实时采集、分析研判和及时处置。全年组织排查1 901次，受理纠纷12 361件，调解成功12 341件，防止激化22起。不断完善矛盾纠纷专业调解，劳动争议、物业纠纷、医患纠纷、交通事故赔偿、环境纠纷等各类专业调解组织功能有效发挥，“以事定费，购买服务”的专业调解模式从劳动争议调解延伸运用到各类专业调解。 （王　栋、陆　花、周　琴）

党校教育

【概况】 年内，市委党校坚持以邓小平理论、“三个代表”重要思想和科学发展观为指导，认真学习贯彻落实党的十八大和十八届三中、四中全会以及习近平总书记系列讲话精神，以开展党的群众路线教育实践活动为契机，按照《2013-2017年全国干部教育培训规划》要求，进一步发挥党校干部教育培训主渠道主阵地作用，在新常态下推进党校事业，取得了新发展。

【干部教育培训】 年内，市委党校培训工作通过从严治校逐渐走上了高效规范有序的轨道，开放办学深入全面开展。党校充分依托省委党校昆山分校、中国浦东干部学院昆山分院品牌效应，全年共举办各级各类培训班、会议321期，培训各级各类干部达4万多人次。其中：中浦院昆山分院16期，培训人数605人；省委党校昆山分校14期，培训人数1 030人；昆山市干部培训86期，培训人数14 314人；与外省市合作办班96期，培训人数5 558人。重要班次有：中浦院—省部级干部拓宽国际视野、深化改革开放专题研讨班、中浦院—商务部2014年非洲英语国家基础设施规划

5 月 10 日，中浦院—省部级干部拓宽国际视野、深化改革开放专题研讨班。

与建设研修班、全省非公有制企业出资人培训班等各类专题班次。还有来自全国各地包括新疆、西藏、内蒙古等少数民族地区干部培训班。

【现场教学】 市委党校现场教学特色明显，形成了品牌。年内，市委党校依托昆山乃至整个长三角新的实践资源，进一步拓展现场教学课堂，开发了昆山淀山湖花园、常熟波司登集团、无锡红豆集团等新的现场教学点。组织骨干教师进行现场教学点资料汇编工作并编订成册，不断更新和丰富现场教学教材体系。不断优化壮大现场教学师资队伍。

【菜单选学】 年内，市委党校组织开展菜单选学，构建昆山干部学习长效机制。紧扣发展主题主线，联合昆山市其他部门邀请了清华大学、中国国防大学、上海市社会主义学院、省委党校等知名教授来校授课，设置了《践行群众路线，提升新形势下做好群众工作的能力》《廉政建设与预防腐败》《十八届四中全会精神解读》等多个专题。年内，市委党校共举办“菜单式”选学 15 场，培训人数达 14 099 人次，为昆山市各级各类干部提升能力素质提供了重要平台。

【送教上门】 年内，市委党校以基层干部实际需求为导向，采取送教上门的形式，广泛开展宣讲活动。成立宣讲小组，精心备课。制定党校宣讲“总菜单”供广大基层干部选择。充分利用中浦院分院和省委党校分校的资源优势，组织骨干教师参加多专题师资培训，组织青年教师讲课竞赛，不断提升学校教师的讲课能力水平。做好分类工作，按需施教。党校把送教上门服务对象认真分类，无论是讲课专题还是宣讲内容，都准确把握基层干部特点，真正做到因人制宜、分类培训，不断增强宣讲的针对性和实效性。精选宣讲内容，突出重点。在做好党的十八大、十八届三中、四中全会精神、新《党章》及习近平总书记系列讲话精神宣讲的同时，从加强基层党员干部的理想信念出发，大力加强党性党风党纪和党史国史教育，并紧密联系昆山改革发展，设置科学发展在昆山相关专题。年内，市委党校共开展送教上门活动 86 次，受教人员 10 150 人次。

【教学科研】 年内，市委党校组织青年教师开展试讲活动。青年教师精心准备教案，运用多种教学方式进行试讲，点评老师为青年教师指出不足和具体改进的方法。活动为青年教师提升讲课水平提供了平台，促使他们尽快成长，为走上讲台积累经验，打好基础。围绕现场教学，开展研讨交流活动。活动中，大家针对现场教学的六大环节，进行了深入研究交流，为进一步打响现场教学品牌，规范现场教学流程，完善学校现场教学工作提出了很多实在有效的建议。年内，市委党校围绕市委市政府重点工作，加大了重点课题的申报。年内，市委党校成功申报了中国浦东干部学院长三角改革发展研究课题《昆山开放型经济转型升级研究》；申报了一项省市合作核心课题《昆山深化两岸产业合作实验区建设的实践与探索》和一项市级重点课题《探索区镇联动新机制》。市委党校借助中国浦东干部学院、省委党校和苏州市委党校等上级院校的科研优势，联合党委政府各部门，组织骨干教师队伍广泛开展调研活动，为课题的顺利结项打下坚实基础。

【学风建设】 年内，市委党校认真贯彻中央从严治党精神，落实“从严治校、从严治教、从严治学”要求。加强教师管

3 月 29 日，举办昆山市领导干部“菜单式”选学系列讲座。

理，严把选师关。严明政治纪律，倡导和坚持学术研究无禁区、课堂讲授有纪律的原则。在外聘老师专家上课时，把好选师关；党校老师上课，严格执行教师试讲制度，培养教师严谨教风。按照“三严三实”的要求，加强学员管理，严肃培训纪律，严守“八项规定”，按照中共中央组织部印发的《关于在干部教育培训中进一步加强学员管理的规定》有关精神，坚决执行干部在校培训期间的各项规定，同时组织学员积极开展丰富的文体活动，让在校期间的学习培训张弛有度。年内，市委党校加强制度建设，制定出台《中共昆山市委党校制度汇编》，修订完善了“干部教育培训项目化管理制度”“谈心谈话制度”“关于深入基层调查研究广泛听取意见的办法”等51项具体管理制度。（市委党校）

机关党的建设

【概况】 年内，市级机关工委以开展党的群众路线教育实践活动为总抓手，努力在抓基层打基础、抓规范促落实、抓典型树标杆、抓创新增活力上狠下工夫，全面推进机关党的建设。全年有15个基层党组织进行了支部委员的调整，21个基层党组织完成了换届选举工作。年内，市级机关工委先后荣获“2014年苏州市机关党建工作创新创优项目三等奖”“昆山市第五届未成年人思想道德建设工作创新案例一等奖”“2013–2014年昆山市志愿服务工作先进集体”等荣誉。

【机关党的思想建设】 年内，市级机关工委深入贯彻学习习近平总书记系列重要讲话精神，抓好机关思想政治工作。通过理论学习辅导报告、微型党课、党员冬训等形式，发动领导干部和普通党员走上讲台，形成学习宣传热潮，推动党的理论知识入脑入心。同时，加大教育培训力度，对市级机关入党积极分子、党务干部、中层干部和普通党员、科员四个对象进行立体式、全覆盖培训，全年共举办各类理论培训140余课时，培训人数达5 000余人次，撰写心得体会2 400余篇。每年举办一场以“新形势、新思维、新形象、新知识、新技能”为主要内容的青年党员“五新”论坛，2014年的论坛中，文广新局贺晓敏以《严守底线正衣冠》获得第一名。

【机关组织建设】 年内，市级机关工委以贯彻落实《中国共产党党和国家机关基层组织工作条例》以及省委、苏州市委《意见》为契机，分工挂钩联络基层、分片调研正式形成制度。同时，组织机关党组织书记集中述职；建立机关党委与三个开发区机关党委的联席会议制度；按照新修订的发展党员《细则》，严把入口关；出台《关于建立健全谈心谈话制度的意见》，及时了解基层工作动态，加强对基层党组织的工作指导；强化党组织班子领导建设，对换届中基层党组织负责人候选人选，及时与市纪委通报后方可确定，力求选准配优书记。年内，建立党务后备干部选拔机制，形成年轻党务后备干部数据库，选出首批年轻党务后备干部50名。年内，组织开展机关党组织工作法总结和评选活动，并在《昆山日报》等媒体开设“市级机关基层党组织工作法巡礼”专栏，对市级机关多个部门的优秀党组织工作法进行了刊登宣传。评选出市委宣传部的“三服务”推动“三提升”党支部工作法等市级机关“十佳党组织工作法”和市公安局“接、解、送”蓝盾真情暖民心党委工作法等“优秀党组织工作法”各10个。

【机关作风和反腐倡廉建设】 年内，市级机关工委贯彻落实中央、省、苏州和昆山市委改进工作作风、密切联系群众的相关规定，组织观看《焦裕禄》等影片，开展中国共产党经典名篇学习交流，引导党员干部进一步加强党性修养、牢记宗旨、坚定信念。积极利用参观廉洁文化基地、举办微型党课、道德课堂等载体开展党风廉政宣传教育，通过党建会议、集中学习、党支部活动等形式，向机关党员干部宣传通报各地具有代表性、警示教育意义强的案件，以案说法，以案明纪，利用正反两方面典型教育督促机关党员严格遵规守纪。年内，市级机关纪工委查处了7起党员违纪违法案件，并组织开展对执法监管部门、窗口单位和服务行业专项治理行动，纠正了一批慵懒散、不作为、乱作为现象，树立机关党员干部的良好形象。

【党的群众路线教育实践活动】 年内，市级机关工委根据市委的统一部署，认真学习习近平总书记系列重要讲话，紧

3月5日，市级机关党的群众路线教育实践活动动员大会召开。

7月1日,“机关服务品牌”十周年图片展举办。

扣“为民务实清廉”教育主题,按照“照镜子、正衣冠、洗洗澡、治治病”总要求,聚焦“四风”,以作风建设为突破口,切实解决人民群众反映强烈的实际问题、制约改革发展的突出问题。为助推活动的扎实开展,制作学习光盘、编印特色教材,开展警示教育,分类指导基层,有效地推动了问题的查摆、脉搏的号准、整改的落实。活动开展以来,市级机关158个基层党支部2 600余名党员参加教育实践活动,实现了预期效果。

【“机关服务品牌”创建10周年活动】 7月1日,市级机关工委配合市委组织召开纪念中国共产党成立93周年暨昆山市“机关服务品牌”创建10周年大会,回顾总结“机关服务品牌”创建10年来的发展、完善、创新、提升历程等实践和探索。同时,举办昆山“机关服务品牌”创建十周年图片展,以“服务改革”“服务发展”“服务民生”“服务群众”“服务党员”五大篇章,展出图片300多幅,并制作《十年磨一剑,砺得梅花香》电视专题片,全面展示“机关服务品牌”创建成果。在第三届全国县级机关党建工作研讨会上,昆山“机关服务品牌”作为全国机关党建优秀案例在会上进行了交流。年内,住建局的“绿色城建 宜居昆山”、人力资源市场的“聚人聚力汇资源 连才连智通天下”、淀山湖镇的“社区第一课”、第一人民医院的“昆山市一院 健康常相伴”以及中医院的“金杏健康”等14家单位成功创建年度机关服务品牌,财政局通过深化“科学理财 服务发展”、昆山海关通过深化“金钥匙”等品牌成功升级为五星级服务品牌,其他16家创建单位通过对各自工作的不断创新突破,也顺利获得相应的星级称号。

【“机关‘三进’社区”活动】 2014年起,市级机关工委开展“践行群众路线,机关‘三进’社区”活动,即:机关党组织进社区,征集意见共建解难;机关服务品牌进社区,助建校外辅导站;机关在职党员进社区,结对帮困接受教育。残联通过开展以“帮扶到人、岗位到手、政策到位、服务到家”为主题的就业援助活动,与人社局联合增办助残专场招聘会,帮助社区解决残疾人就业问题。科技局与关工委共同开展“科学昆山人”助建校外辅导站活动,资助长江路街道玉龙社区、枫景苑街道和曹安街道新安社区开展青少年假期科普活动,并深入社区开展“科技三下乡”来践行群众路线。工商局通过整合“12315”、民声110,网络舆情和人民来信来访等与业务相关的民声服务渠道,强化服务民生平台建设,全力打造“民生工商”品牌,提升群众的办事满意度。年内,87家市级机关单位与165个社区结对走访,共征集各类意见建议2 000余条,慰问困难群众及困难党员家庭550余户,解决群众实际困难142件。

【党员志愿服务】 年内,市级机关工委通过整合资源,建成了一支市级机关党员志愿者服务队,开展“在职党员统一服务日”等活动,组织市级机关党组织和窗口服务单位开展各类专项志愿服务活动130余场次。机关部门的党政主要领导积极参加活动,征求意见和建议。特别是在“8·2”事故发生后,市级机关党员干部志愿者和团员青年志愿者第一时间投入救助安抚工作,共计出动2 200余人次投入到善后工作中,在抢救伤员、义务献血、安抚家属等方面,冲锋在前、团结协作、日夜奋战,发挥了积极的作用。

【“底线教育”系列活动】 年内,市级机关工委贯彻落实习近平总书记关于“干部廉洁自律的关键在于守住底线”的重要论述,围绕“干部清正、政府清廉、政治清明”的要求,组织开展“底线教育”讲座、“底线故事人人谈”“底线故事征集”等系列活动。卫生局等部门在系统内举办“底线故事”大家讲的演讲比赛,并将挑选出来的优秀讲稿报送给机关工委。年内,市级机关党员干部2 700余人次受到教育,200余人走上讲台,分享学习感悟,收集各类底线故事400余篇,精选80篇编印成册进行发放。

(李 勤)

机构编制工作

【行政审批制度改革】 年内，昆山市根据实际，推进行政审批制度改革，建立由市长任总召集人的行政审批制度改革联席会议，办公室设在政务服务管理办公室。昆山开发区、昆山高新区、花桥经济开发区、旅游度假区承接部分市级部门的相关审批权限。昆山经济技术开发区被纳入省开发区行政审批制度改革试点，拟定了《在经济技术开发区开展行政审批制度改革试点工作实施意见》并上报省编办。

【事业单位改革】 年内，市编办按照积极稳妥、分步实施、上下衔接、左右平衡的改革思路，会同组织、财政、人社等部门通过初审，共向54个部门单位、11个区镇发出事业单位分类结果情况"预告函"。经报市编委会研究同意，确定为暂列公益一类事业单位56个、公益一类356个、公益二类99个、暂划公益二类1个。基本摸清了事业单位人员编制资源配置情况，以构建基本服务优先、布局结构合理的公共服务供给体系的教、科、文、卫事业机构的结构分布相对比较合理。

【经济发达镇改革试点】 年内，市编办继续完善经济发达镇改革试点工作。1月，根据张浦镇的实际需要和承接能力，市政府下放了第二批79项权限，其中审批类权限35项，综合执法权限44项。同时建立了权力放收相济机制，自2014年10月1日起，停止张浦镇人民政府行使因不具备执法技术、执法能力等条件无法有效承接的191项综合执法职权。同月，张浦镇《经济发达镇行政改革与流程再造》荣获第七届"中国地方政府创新奖"优胜奖。4月30日，国务委员、国务院秘书长杨晶对张浦经济发达镇改革试点工作给予了高度评价，并作出重要批示："昆山市张浦镇行政体制改革的做法，值得总结。"

【理顺管理体制机制】 年内，市编办调整海关协管员管理体制。贯彻国务院"约法三章"精神，按照《关于市政府办公室〔2013〕昆字540号办文单相关事项协调会议纪要》精神，将原隶属海关的昆山出口加工区协助海关监管队调整为隶属昆山经济技术开发区管委会，同时更名为昆山综合保税区协助海关监管队。调整政务服务管理体制。为深化政务公开、加强政务服务，构建政府公共服务平台，提供高效便民服务，将市便民服务中心（"民声110"城市服务中心）由原隶属住建局，改为隶属行政服务中心。调整畜禽屠宰监管体制。根据中央编办和省编委关于畜禽屠宰行业监督管理职责调整的规定，为提高行政效率，确保畜禽产品质量安全，将市商务局的生猪屠宰监督管理职责划入市农委，在市农委增设畜禽屠宰管理科，将市商务局市场秩序科挂牌的市生猪定点屠宰办公室调整为在市农委畜禽屠宰管理科挂牌，从市商务综合执法大队划出4名编制给市农业行政综合执法大队。坚持一件事情原则上由一个部门负责，整合撤销市第二殡仪馆，设立市居民家庭经济状况核对中心，强化低保规范化管理问题。

【"省直管县"权限承接统计】 年内，市编办继续做好下放权限的承接工作。至年底，各单位承接的权限共1 081项，办件量达11.3万余件次。通过承接省级权限，产生了办理时限缩短等直接效应，政策信息传递更快速，队伍素质整体得到提高，行政效率显著提升。

【调整机构编制】 年内，市编办为缓解就医难、入学难等问题，批准卫生局2014年使用事业编制数680名招聘卫技人员和教育局使用事业编制数1 418名招聘教师，批准18所幼儿园单独设置，同时新建3所中小学、4所幼儿园。根据部门工作需要，调整了法院、公安局、财政局、纪检委、水利局、环保局、行政服务中心等单位部分内设机构。调整市企业投诉处理中心、建设工程质量监督站、建筑工程管理处、国信公证处、正信公证处的事业编制。按照事业单位分类要求整合事业单位职能，撤销国际交流中心。按照"撤一建一"的要求，组建市居民家庭经济状况核对中心，负责全市收入认定工作的组织和实施。为稳步推进行政审批制度改革工作，对行政许可、审批及其他服务类审批职能由多个科室承担的部门，按照"多撤少建"的原则，独立设置行政服务科，完成了对发改委、交通运输局、商务局、规划局、民政局5家单位行政服务科的机构设置和职能明确，将分散在各个科室的审批职能集中整合至行政服务科，行政服务科整体进驻行政服务中心，提高了审批的行政效率。

【事业单位登记管理】 年内，市编办根据《江苏省事业单位登记管理办法》的规定，全面检查事业单位法人登记事项、机构设置、业务范围、开办资金等情况，2014年需年检事业单位518家全部通过网上年审。依据事业单位登记管理政策法规，认真审查，严格把好材料审核、登记项目和程序关口。全年共办理各类变更登记82家，设立登记24家，注销登记2家，证书补领5家。

【机构编制督查】 年内，市编办贯彻落实省市"三责联审"工作要求，会同组织部、审计局联合发文《关于对沈立新等同志进行"三责联审"的通知》，参加了水利局、住建局"三责联审"进点动员大会，切实发挥"三责联审"的"诊断"作用，以此作为机构编制监督管理的重要依据。根据《中央机构编制委员会关于深入开展地方机构和人员编制核查全面推行机构编制实名制管理的通知》的精神，深入开展机构和人员编制情况核查，全面推行机构编制实名制管理。对系统进行更新升级，采取学习部署、组织培训等方法，借力现有实名制系统做好数据录入工作，与组织、人社、财政等部门进行联合审查，完成73家机关、513家事业单位的数据审核、公示、入库工作，为导入中编办实名制系统和每月上报数据打下坚实基础。 （刘向东）

老干部工作

【概况】 年内,全市老干部工作坚持探索实践,改进老干部政治待遇落实方式;坚持以人为本,保障老干部共享改革发展成果;坚持细化管理,促进老干部活动阵地建设;坚持服务品牌化方向,努力打造"五好"老干部工作队伍。年末,全市有离休干部220人(含异地安置在昆17人,部省属单位18人),其中享受地市级待遇7人,享受县处级待遇(含地市级医疗、乘车待遇)108人,享受乡科级待遇105人;有副科级以上退休干部750人,其中享受县处级及以上待遇55人,享受乡科级待遇695人。服务对象总人数比上年增加22人。

【落实政治待遇】 年内,市委老干部局每季组织一次四套班子老干部专题咨询会,由市委确定议题,分批邀请老领导参加,建言献策更具针对性、可行性。1月和7月,分别召开全市老干部情况通报会,向老干部通报全市经济社会发展情况及市委市政府重大决策、举措,针对行动不便未能赴会人员,采取送稿上门,传达会议精神。继续为老干部征订《新华日报》《老年周报》《银潮》《铁军》《老干部之友》等报刊,每季为全市54个离退休党支部提供《老干部党支部建设之友》,方便老干部就近就地参加理论学习,保持思想常新。年内,为四套班子老干部开通凤凰卫视频道、中国移动通信网络服务平台,借助现代化传媒,做好信息服务工作。

【落实生活待遇】 年初,市委老干部局根据《关于规范县级公立医院价格综合改革试点地区医保费用支付的通知》精神,报销离休干部市公立医院价格改革后的门诊费用。3月,为全市离休干部调整了生活性补贴。4月,向符合规定的38名离休干部发放2013年度医疗节支奖。5月,组织离休干部150人次参加市一院及中医院健康检查。春节、重阳节和高温期间,对全市离休干部及家属(遗属)进行走访,共计慰问620余人次。

【活动阵地建设】 年初,市委老干部局在原服务对象基础上,经市委同意,向离休干部遗属、陪护人员及组织部和人事局89年明确享受副科级工资待遇的退休干部发放活动卡,深入推进老干部活动资源的社会共享。2月,组织老干部书法爱好者赴各区镇开展"文化三下乡—义务送春联"活动。5月,承办沪虞昆"金三角"老干部桌球赛。6月,协助苏州市级机关老干部台协、昆山体育总会承办"华东六省一市老干部斯诺克团体赛"。7月,组织纪念建党93周年"圆梦路上的赞歌"演讲比赛。8月,组织全市老干部书画作品展。9月,组织全市80周岁离休干部集体祝寿活动。10月,组织老干部才艺大赛,丰富老干部日常文化娱乐活动。 (朱晓峰)

7月31日,全市老干部情况通报会举行。

表3

2014年市委重要文件目录

文号	文件名称
昆委〔2014〕22号	关于进一步促进服务业发展的若干意见(试行)
昆委〔2014〕23号	关于进一步加快技术创新体系建设的若干意见(试行)
昆委〔2014〕24号	关于进一步加快集聚高层次优秀人才的若干意见(试行)
昆委〔2014〕25号	关于进一步加快工业经济转型发展的若干意见(试行)
昆办发〔2014〕30号	关于印发2014年度昆山市绩效评估考核实施细则的通知
昆办发〔2014〕34号	印发《关于全面深化改革进一步提升城乡发展一体化水平的意见》工作任务分解方案的通知
昆办发〔2014〕57号	关于进一步增强安全生产意识落实安全生产责任的通知
昆办发〔2014〕66号	关于印发《关于进一步改进调查研究广泛听取群众意见的办法》的通知
昆办发〔2014〕67号	关于印发《关于进一步改进文风会风严格检查评比活动的意见》的通知
昆办发〔2014〕95号	关于落实昆山试验区部省际联席会议第二次会议议定事项的通知
昆办发〔2014〕100号	关于印发《关于新形势下进一步完善党员干部直接联系群众制度的实施办法》的通知

(顾全荣)

综　　述

年内，市人民代表大会及其常委会依法履职，较好地完成了市十六届人大三次会议确定的各项目标任务，为推动全市经济社会平稳发展和民主法治建设作出了积极贡献。全年共召开常委会会议7次，主任会议4次，听取、审议各项工作报告31项，作出决议、决定16项，开展执法检查3次，组织视察和专项督查8次。年内，市人大聚焦经济转型升级的重点领域和关键环节，着力为创新驱动、转型发展提供法制保障和动力支持；密切关注民生，坚持为民履职，推动解决群众关注的难点热点问题；改进代表工作，密切与代表的联系，保障代表依法行使职权；高度重视代表议案和建议的办理工作，积极推动生态文明建设三年行动计划的实施；坚持党管干部和人大依法任免相统一原则，先后任免国家机关工作人员143人次；加强作风建设，强化学习调研，完善工作机制，常委会及机关履职能力和服务水平有了新的提高。

【纪念人民代表大会制度建立60周年座谈会】　10月17日，市委、市人大常委会召开庆祝昆山市人民代表大会成立60周年座谈会，认真学习贯彻习近平总书记重要讲话精神，回顾总结市人民代表大会制度走过的光辉历程，要求全市各级人大进一步坚定坚持和完善人民代表大会制度的信心和决心，增强做好新时期人大工作的责任感、使命感，提升依法履行代表职责的水平，在宪法和法律的框架下，不断推动全市人大工作与时俱进。

重要会议

【市十六届人大三次会议】　1月3～5日，市十六届人大三次会议在市文化艺术中心召开。会议听取和审议了市长路军所作的政府工作报告，听取和审议了市人大常委会主任沈黎明所作的市人大常委会工作报告以及市人民法院、市人民检察院的工作报告，审议了昆山市2013年财政预算执行情况和2014年财政预算草案的报告，经过审议，大会批准了政府工作报告和其他报告，作出了相关决议，确定了2014年全市经济社会发展的主要目标和任务。在昆的省、苏州市人大代表和市委、市政府有关部门领导列席会议。

大会期间，共收到代表议案和书面建议115件，其中代表10人以上联名提出的议案6件。由朱兴农等代表提出的“关于加快构建绿色便捷畅通的现代交通体系的议案”作为一号议案列入市人大常委会议程，其余议案改作书面建议、批评和意见处理。

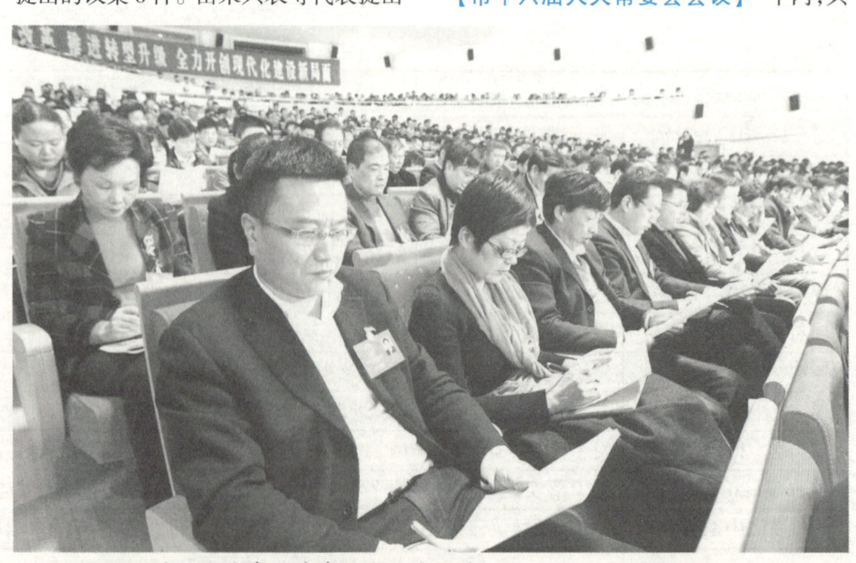

1月3日，市人大代表认真审议市政府工作报告。

【市十六届人大常委会会议】　年内，共

召开常委会会议7次。

第十五次会议　1月22日召开。会议审议通过了市人大常委会2014年工作要点，听取和审议了全市保障性安居工程建设、旧城区改建房屋征收项目纳入2014年国民经济和社会发展年度计划的报告，作出了相应决定。

第十六次会议　3月31日召开。会议听取和审议了副市长江皓关于加快构建绿色便捷畅通的现代交通体系议案实施意见的汇报，通过了有关人事任免。

第十七次会议　5月15日召开。会议听取和审议了副市长汤土云关于全市农业“四个十万亩”规划落实情况的汇报，通过了有关人事任免。

第十八次会议　9月3日召开。会议听取和审议了市长路军关于2014年以来全市经济社会发展情况的报告、市财政局局长李建英关于2013年财政决算和2014年上半年财政预算执行情况的报告以及市审计局局长钱许东关于昆山市2013年度财政预算执行情况和其他财政收支情况的审计工作报告。会议以投票表决方式任命叶绪江为昆山市人民政府副市长（挂职），通过了其他有关人事任免。以举手表决方式，通过了《关于批准昆山市2013年财政决算的决议》。

第十九次会议　10月10日召开。会议听取和审议了市政府关于第九批“昆山之友”、第二十批“昆山市荣誉市民”的有关事项，对市司法局、城管局、审计局、粮食局进行了工作评议，审议通过了市人大常委会相关工作制度，审议通过了将每年的8月2日定为昆山市安全生产警示日的决定，通过了有关人事任免事项。

第二十次会议　11月13日召开。会议听取和审议了市政府关于市十六届人大三次会议代表书面建议办理工作情况的汇报、市公安局关于应急反应体系建设情况的汇报、市检察院关于提请蔡涛等同志职务任免的报告，审议并通过了陈国洪辞去市十六届人民代表大会代表职务的辞职申请，审议确认了主任会议许可对任雪元、谈义良立案并采取强制措施的报告，作出了相应的决定。

第二十一次会议　12月8日召开。会议听取和审议了市政府关于建议调整2014年全市部分经济指标预期目标的报告、市财政局关于2014年度财政预算调整情况的报告，审议并通过了任雪元、谈义良辞去市十六届人民代表大会代表职务的辞职申请，审议确认了主任会议许可对李玉娥立案并采取强制措施的报告，作出了相应决定。

依法监督

【概况】　年内，市人大常委会依法履行监督职能，加强工作监督和法律监督，共听取和审议“一府两院”专项工作报告31项，开展执法检查3次，组织视察和专项督查8次。

【关注深化改革创新发展】　市人大常委会高度重视昆山试验区建设，连续三年进行跟踪监督。9月11日，常委会再次听取了深化两岸产业合作试验区建设情况的汇报，要求加强战略定位研究、完善体制机制、推进重大项目建设、加快制度创新和功能突破，努力把试验区的“品牌”资源和“政策”红利转化为昆山经济社会发展的新优势，并向省人大常委会呈送了关于加快推进试验区建设的请示。11月13日，主任会议专题听取区镇联动发展情况汇报，共同分析推进过程中存在的瓶颈问题，督促有关区镇进一步统一思想，加快规划、项目、资源、服务等领域的功能对接，不断提升区镇联动发展的综合效应。

【关注经济转型产业升级】　9月3日，市人大常委会听取和审议了2014年以来全市经济社会发展情况、2013年财政决算及同级财政审计情况和2014年上半年财政预算执行情况的报告，作出了决议和决定。10月16日，主任会议听取了工业经济提质增效情况的汇报，针对全市工业经济转型发展现状，建议要坚持创新驱动、增强发展动力，坚持集约发展、提高发展质量，不断深化内涵、提升发展效益，持续优化服务、强化要素保障，全力打造昆山经济发展升级版。12月8日，针对外需市场持续低迷、有效投入有所减缓、消费市场不振、区域竞争日益加剧的宏观环境和财政的实际收支情况，市人大常委会审议通过了全市部分经济指标预期目标的调整和

5月8日，市人大常委会视察“四个十万亩”规划实施情况。

财政预算的调整，作出了相应的决议。

【关注生态文明绿色发展】 10月30日，市人大常委会以推动吴淞江流域水环境综合整治为切入点，组织对2013年“关于生态文明建设三年行动计划”议案实施进展情况进行视察。在肯定成绩的同时，建议各级各部门要进一步强化绿色发展理念，加大水环境整治力度，严格环境执法监管，营造治水工作氛围，促进全市水环境的根本好转。为进一步保护农业生态资源，5月15日，市人大常委会专题听取和审议了全市农业“四个十万亩”规划落实情况的汇报，要求各区镇牢固树立生态红线意识，加快推进数据上图后的落地工作，研究制定“四个十万亩”长效管理办法，着力推进农业现代化建设。

【加强民生工作监督】 2014年是“推进教育高水平现代化建设”议案实施的最后一年。为确保议案各项目标任务落实到位，市人大常委会组织对议案实施情况进行视察，并就进一步加快学校项目建设、促进基础教育均衡发展、优化教师队伍等工作提出了建议。市人大常委会高度重视医疗卫生服务体系建设，专题听取了市西部医疗中心建设情况的汇报，督促政府要尽快开工建设，努力保障群众看病需求。食品安全关系人民群众的身体健康，9月19日，市人大常委会对全市食品安全监管工作进行视察，建议政府要进一步完善监管体系、强化专项整治、加强宣传引导、落实生产经营者主体责任，保障群众“舌尖上的安全”。2月27日，主任会议听取了全市基本养老和医疗保险基金使用监管情况的汇报，针对存在问题，要求完善保障制度、加大征缴力度、强化基金监管、深化便民措施，切实管好用好百姓的养老钱、救命钱。

【开展专项执法检查】 3月27日，市人大常委会组织对全市贯彻实施《全民健身条例》情况进行检查，要求进一步强化条例实施保障，优化体育设施布局，丰富群众体育活动，促进全民健身事业均衡协调发展。6月18日，市人大常委会组织对《归侨侨眷权益保护法》及《实施办法》在全市的贯彻实施情况进行检查，强调要优化侨务服务，加强侨乡保护，支持侨港资企业做大做强。10月14日，市人大常委会组织对全市贯彻实施《旅游法》情况进行检查，建议要提升旅游业层次，理顺发展机制，强化市场管理，加强法律宣传，努力为昆山经济社会发展创造良好的法治环境。

【加强司法工作监督】 市人大常委会专题听取市法院、市检察院的工作情况汇报，组织代表旁听法庭庭审，推动“两院”严格依法办案，提升庭审能力。9月11日，主任会议听取了市法院关于人民陪审员管理情况的汇报，提出了意见建议。为提升应对处置突发性事件的能力，常委会听取和审议了市公安局关于应急反应体系建设情况的汇报，并就进一步提升队伍素质、提升保障水平、提升应急效率、提升一体化程度提出了审议意见。

决定重大事项

【概况】 年内，市人大常委会在听取审议市政府相关工作报告和作相关人事任免时，依法作出各类决议决定16项。1月22日，作出关于同意市人民政府《关于将保障性安居工程建设、旧城区改建房屋征收项目纳入2014年国民经济和社会发展年度计划》的决定、关于确认主任会议许可对陈国洪立案并采取强制措施的决定。5月28日，作出关于批准朝阳路改造项目涉及部分地块征收项目及其项目性质调整的决定。9月3日，作出关于叶绪江同志任昆山市人民政府副市长（挂职）的决定、关于批准昆山市2013年财政决算的决议。10月10日，作出关于授予彭力信等6名客商和友人“昆山之友”称号的决定、关于授予陈捷等25名客商和友人“昆山市荣誉市民”称号的决定、关于将每年的8月2日定为昆山市安全生产警示日的决定。11月13日，作出关于接受陈国洪辞去市十六届人民代表大会代表职务请求的决定、关于确认主任会议许可对任雪元立案并采取强制措施的决定、关于确认主任会议许可对谈义良立案并采取强制措施的决定。12月8日，作出关于批准调整2014年全市部分经济指标预期目标的决定、关于调整昆山市2014年财政预算的决定、关于接受任雪元辞去市十六届人民代表大会代表职务请求的决定、关于接受谈义良辞去市十六届人民代表大会代表职务请求的决定、关于确认主任会议许可对李玉娥立案并采取强制措施的决定。

人 事 任 免

【概况】 年内，市人大常委会共通过143人次的人事任免事项，其中任免常委会工作人员2人次，市政府组成人员1人次，任免市人民法院工作人员125人次，市人民检察院工作人员15人次。

3月31日，市十六届人大常委会第十六次会议任命包刚为市人民法院审判员、审判委员会委员、副院长（挂职一年）；任命姜永康为市人民法院民事审判第一庭庭长、审判委员会委员，免去其市人民法院民事审判第一庭副庭长职务；任命徐丹为市人民法院少年审判庭庭长、审判委员会委员，免去其市人民法院少年审判庭副庭长职务；任命徐福灿为市人民法院民事审判第一庭副庭长、审判委员会委员，免去其市人民法院民事审判第三庭副庭长职务；任命崇海燕为人民法院审判委员会委员；任命居惠林为人民法院花桥人民法庭庭长，免去其市人民法院花桥人民法庭副庭长职务；任命徐琰为市人民法院民事审判第三庭副庭长，免去其市人民法院民事审判第一庭副庭长职务；任命郑羚为市人民法院审判员、民事审判第一庭副庭长；任命洪魏为市人民法院民事审判第二庭副庭长；任命潘丽莉、张亚东为市人民法院张浦人民法庭副庭长；任命金忠为市人民法院周市人民法庭副庭长，免去其市人民法院张浦人民法庭副庭长职务；任命王甜甜、程海港、黄福玲、苏军伟、邹军为市人民法院审判员；免去金颖、彭雪元市人民法院刑事审判庭副庭长职务；免去徐伟市人民法院民事审判第一庭副庭长、审判员职务；免去朱伟根市人民法院审判员职务；任命邢丽华、孙晓燕、胡菊、吴建萍、曾双梅、张桃英、殷惠娟、刘云、陈俊、刘文、柴叶红、孙娟、钱晓红、杨正道、高霞、王洲、陆圣奇、孙邦贤、柯长昌、贾青君、刘建明、周红芳、高洁、罗雁文、汤宝钏、钱晓洁、陈菊英、林亚慧、朱湘黎、张蕾、杨金珍、王雅萍、徐惠娟、朱霞萍、智慧、吴智勇、黄代其、王海林、陈惠芬、沈玲、张林、夏冰、贾忠明、吴英、朱亚斌、骆世华、庄军、章斌、饶明路、熊鲲、高建林、蔡燕、伍永峰、阮志娟、胡升东、刘光毅、朱健、彭晖、李洁敏、崔君华、周春华、许军民、王晓东、张振芳、吴煜、苏爽、高剑阳、甘天斌、张生华、周萍、陆丽亚、金秀、毛红娟、杨芬、孙林玉、陶红、龚佳英、蒋瑞、冯德华、吴兰娟、张嫣嫣、柴强、程晋梁、俞惠珍、陆娟、陆珍、李培建、张晓娟、方静丽、马春雷、徐千、刘沁芳为市人民法院人民陪审员。

5月15日，市十六届人大常委会第十七次会议任命斯拉木江·吾斯曼为人民检察院检察员、检察委员会委员、副检察长（挂职三个月）；免去金伟明、邹盛喆市人民检察院检察员职务。

9月3日，市十六届人大常委会第十八次会议任命叶绪江为昆山市人民政府副市长（挂职二年）；任命杨雪平为市人大常委会外事民宗侨台工委副主任；免去刘苏荣市人民法院审判员职务；免去唐莉雅市人民法院人民陪审员职务。

10月10日，市十六届人大常委会第十九次会议任命孙红芳、蔡志荣、季丽、谢丽君、张婷、沈建军、顾海霞、许家塑为市人民法院人民陪审员；免去张雪莲市人民法院周市人民法庭副庭长职务；免去倪厚淳市人民法院审判员职务。

11月13日，市十六届人大常委会第二十次会议任命蔡涛、陈勇红为市人民检察院检察委员会委员；任命张为志、莫君、徐忠义、钟俊杰、张杰、吴雄军、汪丽娜、朱佳敏为人民检察院检察员；免去卞振华、蒋玉马市人民检察院检察员职务。

12月8日，市十六届人大常委会第二十一次会议决定接受任雪元辞去市十六届人大代表职务的请求，其市人大常委会副主任职务自动终止。

代表工作

【优化代表履职保障】 市人大常委会充分尊重代表主体地位，积极发挥代表在参与管理地方国家事务中的作用，支持和保障代表依法履职。年内，市人大常委会加强代表集中培训，组织代表参加各类培训活动，全市近300名市人大代表参加了培训。加强代表网上学习，推动代表网上学习平台向镇人大代表开放，实现了学习资源市镇两级人大代表共享。代表全年在线学习超过4.3万人次。加强代表小组活动，组织代表参加全市重要会议、向代表通报市人大常委会和“一府两院”工作情况，进一步畅通代表知情知政渠道。同时，适度扩大代表在市人大常委会活动中的参与面。代表全年参与市人大常委会活动达139人次。

【优化代表工作机制】 年内，市人大常委会加强代表与群众联系，实现常委会组成人员联系市人大代表、市人大代表联系群众两个“全覆盖”。依托“人大代表之家”，积极开展代表联系接待选民、代表向选民述职活动。至年底，市镇两级人大代表向选民述职面达到70%；人大代表接待、走访联系的选民达1 172人次，收集意见建议523件。首次开展人大代表统一接待日活动，在46个接待点，全市近400名四级人大代表，接待选民553人，收集意见建议568件，活动后进行了交办。一些普遍性的意见建议，作为代表提出议案建议、审议各项报告的参考。

议案建议办理

【督办人代会一号议案】 3月份，市人大常委会会议听取和审议了市政府关于“构建绿色便捷畅通的现代交通体系”议案实施意见的汇报，确定了三年行动计划，提出了规划引领城市空间布局、大幅提升交通管理水平、贯彻落实公交优先理念等7项重点工作；确定了2014年行动计划，提出了强化规划引领、完善交通管理、落实公交优先、加强交通建设、开展全民宣传五大行动。为使议案办好办实，市人大常委会深入基层开展调研、督查，专题听取汇报，及时了解情况，提出意见建议，大力推动议案实施。实施过程中，市人大常委会领导及相关工委多次到有关单位进行督查，市人大常委会先后两次组织对议案实施进展情况进行视察，提出意见建议。在市委的重视下，在市政府、各区镇、各有关单位的努力下，年内五大行动49个项目全面开工建设，其中3个项目已经完成，13个建设项目完成年度任务的70%以上，议案实施取得了较好的阶段性成果。

【督办代表批评意见建议】 市十六届人大三次会议期间，共收到代表议案和书面建议115件。市人大常委会认真抓好建议督办工作，强化办前、办中、办后的督促指导，对重点建议由市人大常委会领导牵头督办，取得了较好成效。如通过督办“关于加快南部四镇旅游融合”和“关于加快旅游度假区规划”等建议，有力推进了南部四镇旅游资源的有序开发和优化配置。在各承办单位的努力下，所有建议都在规定期限内办理答复完毕，年内解决率达55.3%，比2013年提高了1.6个百分点，满意率为99.1%。

表4

市十六届人大三次会议代表建议目录

一、经济科技 （9件）

序号	代表姓名	建议内容	序号	代表姓名	建议内容
1	姚友生	关于解决中小企业融资难的建议	6	戴新泉	关于加强电动三轮车销售点管理的建议
2	任永东	关于加快南部四镇旅游融合推进旅游度假区建设的建议	7	夏　艳	关于建立完善财政预拨公交各项补贴资金机制，减少公交企业贷款成本负担的建议
3	刘金山	关于简化工商、质监、税务登记相关手续的建议	8	陶　林	关于出台规范废旧物资回收政策的建议
4	刘金山	关于促进小微企业发展的建议	113	蒋　红	关于政府办协调各部门做好4G基站建设的建议
5	顾继英	关于加强地理标志保护的建议			

二、农业农村（7件）

序号	代表姓名	建　议　内　容	序号	代表姓名	建　议　内　容
9	周雪根	关于加强农村禁赌工作的建议	13	翁雪康	关于实施绿化防治农药价格补贴、保护人民生命安全和生态环境安全的建议
10	张惠元	关于完善和改进机械耕作方式，确保秸秆还田顺利进行的建议	14	朱喜华	关于加大保留村庄基础设施建设资金补贴力度的建议
11	叶　明	关于加强昆山地产蔬菜种植管理的建议	15	平建明	关于为美陆佳园小区规划建设室外生态休闲活动场所的建议
12	丁雪华	关于加快庙灯村房屋整体拆迁的建议			

三、道路交通 （37件）

序号	代表姓名	建议内容	序号	代表姓名	建议内容
16	唐金龙	关于加强环卫垃圾运输车辆管理的建议	26	张雨清	关于将登云路、金澄路延伸工程列入市重点实事工程的议案
17	唐永兴	关于在昆山开发区兵希区域增设绿色公共自行车的建议	27	汤仁青	关于加强对非机动车管理的建议
18	陈玉龙	关于在长江路（青淞段）架设人行天桥或隧道的建议	28	唐仁舟 俞惠林	关于合理调整同丰西路隔离栏设置的建议
19	胡　刚 袁运康	关于加强电动三轮车管理的建议	29	吴艺明	关于完善昆山高铁站方便旅客接送的建议
20	张　明	关于尽快落实淀山湖镇曙光路南北两端延伸、新乐路东延两项工程的建议	30	沈志华	关于加强城北大道交通安全管理的建议
21	龚惠强	关于更好地完善公共自行车网点布设及相关管理的建议	31	凌雪芬	关于公交车停靠站合理停靠的建议
22	龚惠强	关于完善张浦公交出行的建议	32	沈根福	关于进一步完善我市“人非共板”车道设置的建议
23	谢道林	关于对长江南路（新支浦－锦溪镇段）道路拓宽改造的建议	33	樊高峰	关于加强整治蓬朗地区非法运营车辆的建议
24	朱惠平	关于加强摩托车、非机动车和行人交通安全管理的建议	34	孙烨娴	关于规范公交车英语报站的建议
25	高　峰	关于健全完善昆山公共自行车管理体系的建议	35	丁以强	关于在综保区内和区外围增设公共自行车投放点的建议

续表

序号	代表姓名	建议内容	序号	代表姓名	建议内容
36	丁立峰	关于在综保区第二大道出口处增加一条机动车道的建议	45	夏　艳	关于加强公交场站合理规划的建议
37	朱　剑	关于推进道路停车收费智能化管理和立体停车场建设的建议	46	朱关根 於家金	关于规划建设殡仪馆北部道路的建议
38	金建方	关于完善公交设施和公交线路的建议	47	蒋　峰	关于全线安装同周线路灯的建议
39	毛杏英	关于增设昆山至石牌(沿祖冲之路)公交路线的建议	48	张雪芳	关于加大南部片区基础设施建设投入力度的建议
40	戴新泉	关于加大夜间娱乐场所"黑车"打击力度的建议	49	袁洪涛	关于加大交警投入,提高道路通行能力
41	龚惠强	关于尽快开工，实现元丰路与绿地大道贯通的议案	50	平建明	关于在恒盛路和鑫茂路建造桥梁的建议
42	王耀华	关于加强对五联路段违停车辆管理的建议	51	傅惠民 苏秋生 丁以强 丁立峰	关于妥善解决蝶湖湾小学学校门前行人安全问题的建议
43	钟振华	关于加强公共自行车维护，提高运行车辆完好率的建议	60	程志明	关于加强动迁房规划建设管理的建议
44	钟振华	关于前进西路柏庐路至南北后街下塘段增设中央隔离的建议			

四、城市建设(12 件)

序号	代表姓名	建议内容	序号	代表姓名	建议内容
52	周玉宇	关于减免弱势群体家庭天然气初装费的建议	58	唐小娥	关于调整农民动迁别墅安装天然气开户费的建议
53	庄丽燕	关于加快圆明新村拆迁的建议	59	王耀华	关于在北门路建造公共厕所的建议
54	庄丽燕	关于调整在长江南路与圆明路口交界处加气站选址的建议	61	钟振华	关于有效利用闲置地块美化环境的建议
55	陈国荣	关于统筹完善轻轨 11 线花桥站配套建设的建议	62	李修昌	关于加强居住小区违章建筑管控的建议
56	龚建英	关于进一步完善社区用房和公益设施配套机制的建议	63	金　伟	关于加快旅游度假区规划,加强基础设施建设的建议
57	黄永芹	关于将汉浦新村小区列入改造计划的建议	64	任永东	关于对民居古建筑维修实施专项补贴的建议

五、文教卫体(9 件)

序号	代表姓名	建议内容	序号	代表姓名	建议内容
65	王婴萍	关于整治我市看病秩序的建议	70	周李玉	关于将花桥国际商务城中等专业学校经费纳入市财政统筹的议案
66	沈　涛	关于稳步实施公立医院综合改革的建议	71	周海艳	关于加强昆山城市文化氛围营造的建议
67	张　廷	关于进一步加强和完善我市教师轮岗制度的建议	72	于宗良	关于加强院前急救队伍建设,提升救急保障功能的建议
68	贺跃洪	关于持之以恒加强昆山文化艺术中心剧场管理的建议	112	公冶玉坤	关于成立社区文化服务中心的建议
69	蔡建芳	关于减轻小学生过重课业负担的建议			

六、社会保障(6 件)

序号	代表姓名	建议内容	序号	代表姓名	建议内容
73	杨向国	关于要求昆山籍铁路职工享受市民卡待遇的建议	74	赵坚敏	关于改革医疗机构医保费用控制方式的建议

续表

序号	代表姓名	建议内容	序号	代表姓名	建议内容
75	金　清	关于将昆山户籍儿童纳入城市职工医疗保障系统的建议	77	刘香元	关于尽早实行昆山医保卡与上海各医院“一卡通”的建议
76	姚建清	关于进一步扩大免费体检覆盖面的建议	78	朱雪青	关于出台农民工技能补贴政策的建议

七、社会治理（19件）

序号	代表姓名	建议内容	序号	代表姓名	建议内容
79	唐明生	关于加强黄浦江部分路段小商贩管理的建议	89	朱永芳	关于加强黑色小广告整治力度的建议
80	陈阿明	关于整治城乡牛皮癣、铲除丑恶滋生点的建议	90	唐小娥	关于完善住宅小区业主缴纳物业管理费机制的建议
81	赵　娟	关于加快智能化社区建设，提高居民幸福指数的建议	91	叶　嫵	关于强化物业管理，健全物业的监管制度，规范物业管理活动，维护业主的合法权益的建议
82	孙文琴	关于筹集高层（小高层）住宅楼电梯更新维修资金的建议	92	韦　炜	关于进一步加强人民调解工作的建议
83	田　红	关于提升“民声110”办结率的建议	93	席大牛	关于在昆山建立夜市的建议
84	李成霞	关于进一步规范小区物业管理的建议	94	张玉静	关于对物业管理的小区加强监管和扶持力度的建议
85	傅瑞花	关于正阳路社区辖区人员密集场所消防安全整治的建议	95	夏　艳	关于对进入城市街心花园的车辆加强整治的建议
86	王　浩	关于加强周市镇新镇街道周边环境卫生综合治理的建议	96	孙烨娴	关于建立“大宣传模型”紧密联系群众的建议
87	朱叶华	关于加快推进我市家政服务业发展的建议	97	顾建国	关于进一步加强和完善常住人口居住与户籍管理的建议
88	朱　剑	关于加强“群租房”整治的建议			

八、生态环境（10件）

序号	代表姓名	建议内容	序号	代表姓名	建议内容
98	钟爱明	关于加大对淀山湖镇环湖区域进行生态保护、生态文明建设、造福昆山人民的议案	103	王　浩	关于保护生态环境，改善空气质量的建议
99	李　进	关于加强对河道整治和水质治理的建议	104	袁彩萍	关于开发城隍潭湿地公园的建议
100	王雪明	关于加强昆山市鹿城垃圾发电厂二次污染监管的议案	105	王光荣	关于保护生态环境，加强扬尘污染防治管理的建议
101	傅瑞花	关于朝阳地区水系进行全面治理的建议	106	张　杰	关于实施生活垃圾分类的建议
102	沈志华	关于加大环境保护执法力度的建议	107	张小英	关于加大对水面及湿地生态补偿力度的建议

九、其他（5件）

序号	代表姓名	建议内容	序号	代表姓名	建议内容
108	夏嘉良	关于规范行政审批公开合法便民的意见	111	桂燕英	关于引进水利专技“蓝领”人才的建议
109	孙烨娴	关于激励代表履职、紧密与群众联系的建议	114	陈阿明	关于进一步规范农民创业小额贷款的建议
110	袁彩萍	关于加强大学生村官培训的建议			

（宗晓星）

综　　述

年内，在中共昆山市委的正确领导下，全市上下深入贯彻党的十八大和十八届三中、四中全会，以及习近平总书记系列重要讲话精神，深入开展党的群众路线教育实践活动，大力弘扬"敢于争第一、勇于创唯一"的新昆山精神，协调推进经济、政治、文化、社会、生态文明建设，较好完成了市十六届人大第三次会议确定的各项目标任务。实现台湾电电公会"大陆综合实力极力推荐城市"六连冠。连续六年排名福布斯中国大陆最佳县级城市第一。

重要会议

【市政府全体(扩大)会议】 4月19日，市政府召开第五次全体(扩大)会议，回顾总结一季度情况，分析研判当前形势，谋划部署下阶段工作，努力实现各项年度目标任务的时间过半、任务过半，为奋力开创现代化建设新局面增创更多发展优势。市委副书记、市长路军在会上讲话。市委常委、常务副市长夏小良主持会议。副市长管凤良、沈晓明、汤土云、江皓、金铭、何苏华、党建兵、葛家胜、王荣才出席会议。市人大常委会副主任沈保明、市政协副主席金乃冰应邀参加会议。

9月18日，市政府召开第六次(全体)扩大会议，深入学习贯彻党的十八大、十八届三中全会和习近平总书记系列重要讲话精神，按照省政府全体(扩大)会议和市委十二届七次(全体)扩大会议的各项部署要求，回顾总结2014年以来全市经济社会发展情况，分析研判当前形势，部署四季度重点工作。市委副书记、市长路军动员全市上下提振精气神，奋战100天，确保全年各项目标任务的完成，同时做好下年一季度开局各项准备工作。市委常委、常务副市长夏小良主持会议。副市长管凤良、沈晓明、汤土云、江皓、金铭、何苏华、党建兵、陈荣凯、葛家胜、叶绪江出席会议。市人大常委会副主任张伟刚、市政协副主席周雪荣应邀参加会议。

【市政府常务会议】 1月15日，市委副书记、市长路军主持召开市政府第26次常务会议，审议和讨论《昆山市重大行政决策程序规定》《2014年度环境问题挂牌督办项目》《2014年度昆山市生态文明建设行动计划》《昆山市居民生活用自来水阶梯式水价实施方案》《昆山市国有粮食企业改革重组实施方案》《昆山市餐厨废弃物管理办法》等文件。

2月19日，市委副书记、市长路军主持召开市政府第27次常务会议，讨论《关于进一步提升城乡一体化发展水平的意见》《关于对部分重大火灾隐患单位开展挂牌督办整改的报告》等文件，听取全市安全生产工作情况汇报，学习《中华人民共和国旅游法》。

3月14日，市委副书记、市长路军主持召开市政府第28次常务会议，讨论《关于加快构建绿色、便捷、畅通的现代交通体系的实施意见》及今后三年和2014年度行动计划、《关于2014年昆山市级重大事故隐患挂牌督办整改工作方案的报告》《关于进一步完善最低生活保障措施的意见》等文件，听取关于探索农村土地承包经营权确权确股确利登记制度、全市第三次经济普查工作进展、调整养老保险基金预算管理方式相关情况汇报，学习《中华人民共和国特种设备安全法》。

3月25日，市委副书记、市长路军主持召开市政府第29次常务会议，讨论《关于进一步加快工业经济转型发展的若干意见（试行）》《关于进一步加快服务业发展的若干意见（试行）》《关于进一步加快技术创新体系建设的若干意见（试行）》《关于进一步加快集聚高层次优秀人才的若干意见（试行）》《昆山市市级产业发展财政专项资金使用管理暂行办法》《昆山市国有监管企业负责人年度经营业绩考核及薪酬管理的实施意见》等文件。

4月16日，市委副书记、市长路军

主持召开市政府第30次常务会议，讨论和审议《昆山市安全生产重点领域网格化监管工作指导意见》《2014年度总量减排目标任务》《关于加强保留村庄自建房建设管理的意见》《昆山市政府性债务管理暂行办法》《昆山市消火栓管理办法（试行）》《昆山市“12345”政府公共服务平台的实施方案》《昆山市市民公共服务平台实施方案》《昆山市自然灾害应急预案（修订稿）》等文件，听取全市已批未开发土地清理处置、2011～2013年昆山市劳动模范评选、昆山市实施单独两孩政策、退还和暂缓交纳动迁安置房专项维修资金、调整全市犬类管理区域等相关工作情况汇报，学习《中华人民共和国消费者权益保护法》。

5月19日，市委副书记、市长路军主持召开市政府第31次常务会议，讨论和审议《昆山市重污染天气应急预案》《关于进一步推进农业现代化建设的意见》《关于全面推进农村土地承包经营权登记试点工作的实施意见》《关于推进农村社区股份专业合作社股权固化改革的实施意见》《关于加快全市土地利用管理方式改革促进土地集约高效利用的意见》《关于进一步深化全市公调对接工作的实施意见》《关于支持工研院改革发展的若干意见（试行）》《关于进一步加强见义勇为人员权益保护的实施意见》《昆山市社会医疗保险定点护理院管理暂行办法》《昆山市四类社会组织直接登记管理暂行规定》《进一步推进居家养老服务工作的补充意见》《关于规范公务员特殊岗位津贴补贴的建议》《关于对老城区商业性质办公用房征收实行货币补偿奖励办法的意见》《昆山市老城区定销商品房建设销售管理办法》《江苏省海外高层次人才个人所得税奖励政策操作办法》等文件，学习《社会保险费申报缴纳管理规定》。

6月16日，市委副书记、市长路军主持召开市政府第32次常务会议，传达国务院稳增长促改革调结构惠民生政策措施落实情况督查动员电视电话会议精神，审议《昆山市水利工程建设以奖代补管理考核暂行办法》《昆山市农村公路管理办法》等文件，听取全市加快转型升级腾出发展空间工作、昆山对口支援和南北挂钩工作、昆山宏观经济数据库建设、全市信访稳定工作等情况汇报，学习《城镇排水和污水处理条例》。

7月21日，市委副书记、市长路军主持召开市政府第33次常务会议，审议和讨论《关于进一步加强普通高等学校毕业生就业创业工作意见》《关于建立全市河道管理河流断面长制的意见》《昆山市大气污染防治行动方案》《关于深入推进市级预决算公开工作的意见》《关于调整居民生活用天然气销售价格并实行阶梯式气价的报告》等文件，讨论关于调整养老保险后延缴费政策和调整住房保障收入认定标准等事项，学习《江苏省水土保持条例》。

8月23日，市委副书记、市长路军主持召开市政府第34次常务会议，审议和讨论《昆山市城市地下管线管理办法（试行）》《昆山市促进融资性担保行业健康发展的若干意见》《昆山市公益广告管理暂行办法》《昆山市外来工子弟学校教育发展专项资金使用管理办法（修订）》《昆山市民办学前教育发展专项资金管理办法》等文件，听取市十六届人大三次会议代表建议和市政协十四届三次会议委员提案办理工作情况汇报，学习《中华人民共和国环境保护法》。

9月19日，市委副书记、市长路军主持召开市政府第35次常务会议，讨论《昆山市2014年改革工作要点》《昆山市劳动模范评选管理办法》《2014年度昆山市科技计划项目立项情况报告》等文件，听取市政府规范性文件清理情况汇报，讨论关于张浦镇停止行使相关市级部门下放的部分行政处罚权限报告、限制危险化学品运输车辆通行通告、昆山市第20批荣誉市民、第9批昆山之友、2013年度昆山市十佳转型升级企业、十大外资纳税企业、十大内资纳税企业、十佳绿色发展企业、十佳关爱员工企业、诚信服务优良单位名单，学习《江苏省统计条例》。

10月20日，市委副书记、市长路军主持召开市政府第36次常务会议，讨论和审议《昆山市保障性住房政府货币化补贴与管理暂行办法》《昆山市城乡居民大病补助暂行办法》《昆山市小型农田水利工程管理办法》《昆山市生产安全事故调查组工作规范（试行）》《关于调整社会保险缴费基数下限的报告》《关于调整居民社会养老保险政策的报告》《关于调整居民医保政策的报告》《关于调整居民生活用天然气销售价格并实行阶梯式气价的报告》《关于调整非居民用天然气销售价格的报告》《昆山市基层社会救助服务窗口工作实施细则》等文件，学习《中华人民共和国安全生产法》。

11月14日，市委副书记、市长路军主持召开市政府第37次常务会议，讨论《关于进一步提高经济发展质量和效益的意见》《昆山市重污染天气大气污染源强制性减排方案》《关于昆山市镇村布局规划编制情况的报告》《昆山市河道长效管理办法（试行）》《关于开展2014年度企业住房公积金缴存基数调整工作的报告》《昆山市物业服务收费管理实施细则》等文件，学习《中华人民共和国预算法》。

11月26日，市委副书记、市长路军主持召开市政府第38次常务会议，讨论《关于进一步加强教师队伍建设的意见》《昆山市政府向社会购买服务实施办法》《2015年重点实事工程计划安排》《昆山市征地补偿和被征地农民社会保障办法》等文件，学习《国务院关于发布政府核准的投资项目目录（2014年本）的通知》《事业单位人事管理条例》。

12月18日，市委副书记、市长路军主持召开市政府第39次常务会议，讨论《昆山市实行最严格水资源管理制度考核办法（试行）》《关于进一步深化殡葬改革工作的实施办法》《昆山市生态红线区域保护规划》《昆山市生态红线区域保护实施方案》《昆山市生态红线区域保护监督管理考核暂行办法》《昆山市政府职能转变和机构改革方案》《关于公布昆山市行政审批事项目录清单的报告》《2014年度市级产业扶持资金审核及使用情况汇报》《关于公布昆山市行政权力清单的报告》等文件，听取关于推荐昆山杜克大学教育发展基金会昆山方理事有关情况的汇报，讨论《关于扩大失业保险基金支出范围试点政策的报告》《2014 年昆山市财政计划草案》和 300 万元以上项目经费追加情况报告，学习国务院《社会救助暂行办法》。

重要政事

【构建绿色便捷畅通的现代交通体系】 4 月 3 日，市政府印发《关于加快构建绿色便捷畅通的现代交通体系的实施意见》和《关于加快构建绿色便捷畅通的现代交通体系的三年行动计划》。文件明确，充分发挥政府在城市发展中的主导作用，科学配置交通资源，统筹城市交通发展，构建与土地利用相结合、各种交通方式协调发展、富有江南水乡特色的现代交通体系，适应不断增长的交通需求，引导城市可持续发展，全面提升城市综合竞争力。主要内容包括：构建“绿色的交通”，建立以公共交通为主体的绿色交通体系；构建“便捷的交通”，全面融入上海国际大都市圈，构建结构合理、规模适当、多方式协调发展的区域交通体系；构建“畅通的交通”，建立“市域整合与中心强化”的畅达交通体系。力争到 2016 年，市域范围平均 15 分钟上高速，各区镇平均 30 分钟内到达市中心，平均 40 分钟内互达，核心城区内部平均 30 分钟内任两点互达；快速路平均车速不低于 50 千米 / 小时，核心城区主干道平均车速不低于 25 千米 / 小时，次干道平均车速不低于 20 千米 / 小时；中心城区核心区公交分担率达到 30%以上，市域公交准点率达到 80%以上；慢行交通分担率不低于 25%，机动车排污总量较现状减少 15%。

【推进农业现代化】 5 月 28 日，市政府印发《关于进一步推进农业现代化建设的意见》。文件明确，进一步强化主要农产品生产保供能力，进一步强化农业经营服务体系建设，进一步强化农业支持保护，进一步强化农业可持续发展，力争到 2015 年底，全市高标准农田、标准化池塘、蔬果标准园，分别达到 75%、30%、30%，主要农作物机械化作业水平达 95%。

【获得 2016 年“汤尤杯”羽毛球赛举办权】 5 月 28 日，昆山在印度新德里进行的 2016“汤尤杯”举办权竞争中击败印尼雅加达，获得这一羽毛球团体顶级赛事的举办权。两年一届的“汤尤杯”是“汤姆斯杯”和“尤伯杯”的合称，分别代表着世界羽坛最高水平的男子和女子团体赛。这将是“汤尤杯”第三次落户中国大陆，此前广州和武汉分别在 2002 年和 2012 年举办“汤尤杯”。

【促进土地集约高效利用】 6 月 6 日，市政府印发《关于加快全市土地利用管理方式改革促进土地集约高效利用的意见》。文件明确，为规范各类用地行为，促进土地集约高效利用，将深化耕地资源保护机制、项目供地管理机制、依法依规用地机制、存量土地盘活机制、土地市场建设机制、土地储备管理机制等六类机制，进一步提高土地利用效益，保障经济社会可持续发展。

【举办第八届国际发明展】 11 月 19 日，由中国发明协会、发明者协会国际联合会（IFIA）主办的第八届国际发明展览会在昆山市拉开帷幕。此次展会以“相聚美丽昆山，放飞发明梦想”为主题，为期 4 天，展览面积超过 2 万平方米，展位 1 000 多个，参展项目总数近 3 000 项。国内各省市、自治区及有关行业协会、解放军等组团参展，美国、德国、韩国、瑞典、俄罗斯、匈牙利、菲律宾、波兰、泰国等 30 个国家和地区，亚太技术转移中心等 5 个国际组织派团参展。与往届相比，除了集中展示一大批新发明新技术，此次展会还新辟了国际创客专区和萃智（TRIZ）专区，中国发明协会还与省政府、昆山市政府共同组织寻找技术发明项目的企业、风险投资商，与发明人举行项目洽谈对接专场，并组织专利技术拍卖交易等活动。

1 月 18 日，中环快速路初现雄姿。

【落实安全生产工作责任】 12月8日，市政府印发《关于进一步落实安全生产工作责任的意见》。文件明确，为进一步提升全社会安全生产责任意识，推动责任落实，要切实增强做好安全生产工作的责任意识，进一步强化和落实生产经营单位安全生产主体责任，进一步强化和落实政府（管委会）对安全生产工作的领导责任，进一步落实部门安全生产监督管理责任，进一步落实全社会安全生产宣传教育责任，全力构建安全生产各司其职、各负其责、齐抓共管的良好局面，防止和减少生产安全事故，保障人民群众生命和财产安全，促进全市经济社会持续健康发展。 （陈智超）

法制建设

【依法行政】 年初，昆山市召开依法行政工作会议，研究部署年度依法行政工作。印发《2014年昆山市依法行政工作要点》，明确工作任务，落实工作责任。出台《昆山市重大行政决策程序规定》，规范重大行政决策行为，推进科学民主依法决策。制定《关于进一步推动参与式行政程序建设的实施意见》，加强参与式行政程序建设，保障公众知情权、参与权、表达权、监督权。加大依法行政示范点培育力度，张浦镇、昆山工商局、财政局、计生委等4家单位被确认为2014～2015年苏州市依法行政示范单位。推行行政权力清单制度，完成40个市级部门6 222项行政权力清单编制，并通过“中国昆山”政府门户网站对外公布。制定学法计划，编写学法资料，组织市政府常务会议专题学法12次。全年编发政府法制信息21期、法制办工作月报12期。

【文件备案审查】 年内，昆山市加强规范性文件管理，编制市政府规范性文件制订计划，严格落实文件起草、审查、批准和发布程序，将合法性审查作为政府制度建设必经程序，严格制定文件备案报告、制定说明及依据，按时向省政府、市人大常委会报送市政府规范性文件备案材料，做好区镇、部门规范性文件备案审查工作，每季度通报备案结果。年内，制定市政府规范性文件13件，审查区镇、部门报送备案的规范性文件12件，组织对410件市政府规范性文件进行清理，决定保留306件、废止81件、修改23件，并向社会公布清理结果。

【执法监督】 年内，昆山市坚持持证上岗、亮证执法制度，组织新申领执法证人员参加执法资格培训考试，370人考试成绩合格取得执法资格，按时完成执法证年检注册工作。严格落实行政执法责任制，全面建立行政执法程序、行政裁量权基准、执法案件法制审核、重大行政决定备案等一系列制度，有效规范政府行政行为。对重点执法单位开展行政执法现场指导，解决执法难题，促进严格规范公正文明执法，预防和减少行政风险发生。采取单位自查和重点单位抽查相结合的方式，组织开展行政执法案卷评查，及时通报评查结果，反馈整改意见，提高部门行政执法水平。建立“两法衔接”工作联席会议制度，突出关键领域和法定程序，完善涉嫌犯罪案件移送标准和形式，实现行政处罚和刑事处罚无缝对接。

【行政复议和行政应诉】 年内，昆山市畅通行政复议案件受理渠道，规范行政复议工作办理流程，推行说理式行政复议决定书，建立行政复议决定市领导签发机制。积极开展疑难复杂案件听证，加大行政复议案件审查力度，坚决纠正违法行政行为，定期通报行政复议案件审理情况。不断提高行政复议规范化建设水平，提高行政复议案件办理质量，市政府法制办被确认为省行政复议工作规范化建设合格单位。全年共收到向市政府提出的行政复议申请84件，受理82件，经审查，维持66件、终止10件、驳回5件、撤销1件。严格落实行政机关负责人参与案件办理和出庭应诉制度，行政机关负责人出庭应诉率达100%。组织参加行政复议应诉人员业务培训，召开全市行政审判与行政复议工作座谈会，提高行政复议与行政应诉工作水平。 （李卫星）

外事工作

【外事礼宾】 年内，市外事办共组织接待外宾团组67批973人次。其中，接待重要党宾代表团1批20人次，为中浦院－莫桑比克解放阵线党高级干部考察团；国宾代表团1批108人次，为德国联邦副总理、德国联邦经济及能源部长西格玛尔·加布里尔一行；部长级政府代表团5批61人次；各国使领馆官员代表团7批18人次；世界500强高管18批177人次；外国记者到昆团组3批10人次以及民间友好交流32批579人次。年内，配合做好亚信峰会文艺晚会在昆彩排事宜的沟通协调、2016年第29届汤姆斯杯和尤伯杯羽毛球赛的申办以及2014中国（昆山）品牌产品进口交易会、2014年世界女子水球联赛总决赛、第八届国际发明展览会等大型涉外活动的接待组织及翻译保障工作。年内，市外事办荣获“《江苏外事》通联工作先进单位”称号。

【友好城市交往】 5月，澳大利亚彭里斯市市长代表团到昆参加2014中国（昆山）品牌产品进口交易会，昆山市总商会与彭里斯市商业联盟签署《合作备忘录》。6月，应芬兰海芬卡市邀请，昆山市选送90幅少年书画作品参加在芬举办的"第十五届海芬卡市国际少年儿童艺术展",其中15幅作品获奖。8月,由韩国济州市赠送的"石头爷爷"落户昆山,并于10月22日在昆山夏驾河公园举办揭幕仪式。12月,彭里斯市派遣第四批2名实习生到通力电梯有限公司开展为期6周的暑期实习。

【因公出国(境)管理】 年初,昆山市制定"2014年全市因公出国(境)年度计划"。严格执行"行前公示团组信息、签订出国告知书和团组承诺书,回国10日内向市委、市政府主要领导和分管领导及外办上报团组总结报告"的出访规定,实现全年因公出访"零违纪"。9月,完成省外办首批授权采集指纹生物信息单位的软硬件建设,实现指纹信息联网采集。10月,昆山市委外事领导小组工作会议召开,重点审议2015年全市因公出国(境)管理的相关制度及工作计划。年内,全市因公出国(境)实际成行团组46批170人次。

【服务经济】 2014年起,昆山市实行"APEC商务旅行卡自行保管制度",由市外事办与持卡人所在企业签订《APEC商务旅行卡管理及使用责任书》。年内,市外事办赴各区镇及有关企业举行专场推介会并现场答疑。全年共办理APEC商务旅行卡15批30人次。5月,市外事办协助昆山国显光电有限公司解决工程技术员工赴韩签证办理事宜。6月,赴周庄镇实地踏勘23家民宿客栈的软硬件设施及接待能力,并就外宾接待礼仪及相关注意事项进行业务指导。8月,联系市发改委协调昆山开发区某外企油改气申请处理事宜。同月,联系市规划局解答周市镇某外企厂房扩建受限事宜。年内,共办理邀请外国人来华签证函610批701人次,人员主要来自美、德、法、日等49个国家和地区,以经贸访问、工作或教育培训为主。

【涉外管理】 年内,市外事办联合市公安局、应急办在全市范围内执行"重大涉外案(事)件发生后第一时间互通信息,24小时内向上汇报"的工作制度。7月,调整完善"昆山市处理涉外案(事)件管理联席会议和通报制度"。11月,召开"昆山市涉外案(事)件处置专题会议"。全年共协调处理涉外案(事)件19起,其中行政案件6起、劳资纠纷2起、交通事故5起、其他6起。 (丁晓超)

港澳台侨事务

【港澳事务】 4月,昆山市代表团赴香港开展经贸活动。代表团一行先后拜访了蓝月亮国际集团、保利协鑫能源控股有限公司、世茂集团和华润集团等著名企业,就加快推进相关项目合作事宜进行座谈交流,并重点推介了新获国批的昆山深化两岸产业合作试验区。年内,全市新增注册港资项目44个,投资总额12.66亿美元,注册外资4.79亿美元;澳门投资昆山项目1个,投资总额0.39亿美元,注册外资0.13亿美元。

【对台工作】 (详见P98"昆台合作"类目)

【侨务工作】 年内,市侨办调查研究侨情和侨务工作情况;开展对海外侨胞及其社团的团结友好工作,促进海外侨胞在经济、科技、文化、教育等方面与昆山市的合作交流;依法保护归侨、侨眷的合法权益和海外侨胞在昆山的合法权益等;广泛凝聚侨界力量为昆山经济社会发展服务。年内,市侨办撰写了多篇材料,在国侨办《侨情》《侨务工作研究》《江苏侨务通讯》等国、省侨务系统的核心杂志上刊登了近10篇文章,在全国范围内引起了强烈反响。尤其是《深化侨台融合,助推昆山经济转型升级》《2014海峡两岸青少年夏令营首届昆山营取得圆满成功》《激情促突破 服务展魅力 创新聚能量》被国侨办内刊《侨情》《侨务工作研究》录用。

7月11日,国侨办在昆召开海归专业人士及侨办座谈会。

国侨办在昆召开海归专业人士及侨办座谈会 7月11日,国务院侨办、昆山市侨办在昆山宾馆琼花厅召开海归专业人士及侨办座谈会。国务院侨办主任裘援平,国务院侨办政法司司长董传杰,省侨办主任王华,苏州市副市长徐明,昆山市委副书记张雪纯、昆山市委常委、组织部部长杨军,昆山市副市长沈晓明,昆山市人大、政协等领导及13位海归专业人士出席了座谈会。会上,昆山市侨办主任谢全林汇报了昆山侨务引智引资工作。随后,在场的13位海归专业人士依次发言,介绍了个人经历、企业基本情况以及当前面临的主要问题。此外，海归专家们还在身份认定、国籍户籍、子女入学、创新服务方式、关心支持及全方位保护等方面提出了相关意见建议。最后，裘援平强调，海外华侨华人是国家发展的主力军，各级侨办不能仅仅只用一般性的服务方式来满足其需要，而应建立起创新创优的服务机制，让华侨华人无后顾之忧。针对各位海归专业人士提出的意见建议，将着力解决，并建立起主要问题的联系跟踪计划。裘援平表示，国侨办是各地方侨办及海归专家们的"娘家"，同时，希望各地方侨办都能充分发挥才能，更好地为侨服务。

海外华侨华人嘉宾到昆考察　6月27日，参加2014"海外华侨华人高层次人才江苏行"的11位嘉宾走进昆山，在昆进行为期两天的参观考察与项目洽谈。在昆期间，嘉宾们考察了昆山创新创业环境，并与高新区、花桥经济开发区、淀山湖镇、巴城镇等区镇招商负责人进行了深入地交流与洽谈，对接了有关项目。

与清华大学华商研究中心建立合作关系　4月，昆山市侨办、侨联与清华大学华商研究中心确定合作意向和项目，并签订合作协议。在合作中，市侨办、侨联借助清华大学的学术研究力量，提升合作的国际性、前沿性与学术高度，充分发挥其品牌优势、资源优势和在国际华商中的影响力。成立清华大学华商研究中心昆山研究基地，清华大学博士后、博士生、硕士生、本科生将在昆山进行实地调研、经济学教学实习，包括以昆山经济研究作为学位论文，博士后报告及与市侨办合作课题研究。由昆山市推荐国际知名华商(包括侨商与台商)，做客"华商领袖　清华讲堂"。清华国际华商到昆考察、开展商贸活动并进行学术活动。

借助海外华文媒体扩大对外宣传　年内，在《环球华报》刊登了"深化两岸产业合作试验区"专版；在《欧洲时报》刊登了"昆山开发区""昆山旅游度假区""张浦"专版；在《南美侨报》刊登了"陆家"专版；在《非洲时报》刊登了"千灯"专版；在《华盛顿邮报》刊登了昆山专版。通过昆山专版，向全世界宣扬了昆山改革创新的精神和注重生态建设的理念，进一步提升了昆山的国际知名度和美誉度。

承办2014"海峡两岸青少年夏令营"　7月9日，由国侨办主办、昆山市侨办承办的2014"海峡两岸青少年夏令营"开营，7月24日顺利闭营。夏令营为期16天，共有近100名台湾青少年参加。他们在南京、扬州、昆山、枣庄、曲阜、济南等地与近1 000名海外华裔青少年展开学习交流活动。夏令营得到了营员和家长们的认可，他们认为此次夏令营行程紧凑、有意义，侨办工作细致、有实效。山东段近千人的开幕式上，昆山营三个节目的演出得到了国侨办副主任任启亮的赞扬。"海峡两岸青少年夏令营"作为全国侨办系统的华文教育的精品工程，一般均由省、市一级侨办承办，由昆山这一县级市承办尚属首次。夏令营期间，全方位的新闻报道，提升了昆山的国际知名度和美誉度。

(市侨办)

7月9日，2014"海峡两岸青少年夏令营"开营。

区域经济合作

【概况】　年内，全市援疆、援藏、援青、援贵等对口工作扎实推进，南北挂钩合作成效显著，国内合作不断深化，圆满完成各项任务，援助项目48个，共落实对口帮扶资金33 165.4万元。其中，援建新疆阿图什市项目28个，资金27 534.4万元；西藏林周县项目2个，资金1 782万元；青海项目1个，资金1 012万元；贵州铜仁碧江区项目2个，资金105万元；陕西清涧县项目1个，资金150万元；重庆云阳县项目2个，资金42万元；沭阳县项目6个，资金为2 040万元；灌云县项目6个，资金为500万元。年内，昆山市内联共完成项目个数为161家，投资总额为149.3亿元，注册资本为108.17亿元，实际到账207.08亿元。

【援疆工作】　年内，昆山市援建新疆28个项目，投资总额27 534.4万元，取得积极成效。以改善民生为重点，全面实施援疆项目。昆山市始终把改善民生作为援疆工作的重点，70%以上的援疆资金直接用于民生项目，由昆山援疆工作组负责主体实施的18个援建项目全部完成年度建设任务，4个采购项目已完成并投入使用。由阿图什市负责主体实施，工作组负责补差的6个项目均已完工。教育及人才培训、未就业大学生培训2个项目已完成。阿图什市人才公寓、克州教师培训中心2个州直项目是跨年度工程，按计划实施建设。以扩大就业为根本，深入推进产业援疆。昆山市充分发挥产业发展的优势，全力帮助受援地增强经济发展的"造血"功能，加快发展优势产业和特色产业。推进昆山产业园基础及配套设施建设，21栋近6万平方米的厂房正在抓紧建设，园区邻里中心等设施均已完工，水、电、气等基础设施项目均在加紧完善中。加大园区招商引资力度，积极开展园区企业服务，工作组设立了300万元的产业园援疆产业、就业引导专项资金，制定了鼓励扶持阿图什市昆山产业园企业入园的优惠政策。以契合受援地发展需要为目标，全面加大人才智力援助力度。科学谋划2014年干部人才援疆工作，从构建人才优先发展的新格局、明确人才工作的重点任务、深化干部人才援疆、强化保障措施四个方面提出2014年干部人才援疆6条工作制度。研究确立2014年干部、人才、教育3类共12个干部人才援疆项目，落实援疆资金不低于5%的比例要求，列支了援疆干部人才资金1 319万元。年内，选派阿图什市256名乡（镇）、街道（社区、村）基层干部赴昆山学习培训或挂职锻炼。

【援贵工作】 年内，昆山市援助碧江区帮扶资金100万元，昆山市红十字会资助100名贫困大学生助学金5万元。7月，昆山市党政代表团赴碧江区考察，并签订了两地对口帮扶框架协议。10月，昆山市教育局与碧江区教育局签订《学校对口帮扶协议》，至年底，已有10位碧江区教育系统的干部人才到昆挂职锻炼。

【南北挂钩】 年内，昆山市在南北挂钩方面投入援建资金2 540万元。其中，援助沭阳县资金2 040万元，主要用于昆沭工业园和村民服务中心建设，充当贫困学生助学金和产业帮扶资金等。援助灌云县资金500万元，主要用于石涧村村部、幼儿园和农业项目建设。

【园区共建】 年内，昆山沭阳工业园共落户项目91个，其中投产项目55个，在建项目36个。总投资321.5亿元，其中，外资企业15家，总投资94 180万美元，内资企业76家，总投资260.28亿元。

年内，昆山经济技术开发区连云港工业园基础设施投入额累计2.13亿元，项目注册资金额累计19.7亿元，实际到账注册外资额累计5 299万美元。产业转移项目累计10个，投资总额合计15.93亿元。累计注册项目14个。新建成投产项目1个，累计达9个。

年内，昆山高新区淮安工业园投入各类基础设施建设资金2.64亿元，园区新开工项目3个，计划总投资2.8亿元，固定资产投入6.4亿元。实现业务总收入70.1亿元，实现工业产品开票销售收入52.95亿元，规模以上工业销售收入67.04亿元，工业增加值16.62亿元。实际利用外资12 110万美元，进出口总额22 000万美元，新增就业3万人。

【对口支援】 年内，昆山市支援陕西清涧县150万元，用于建设清涧县路遥纪念馆中的路遥书苑。昆山市援建重庆云阳县42万元，其中22万为苏州统筹资金，20万用于云阳县杏家湾小学塑胶操场建设。 （徐文虎）

6月25～26日，省委书记罗志军带领省党政代表团赴阿图什市考察援疆工作。

行政服务

【概况】 年内，市行政服务中心各进驻部门窗口受理办结各类办件 50.11 万件，较上年增长 5.17%。11 个区镇行政（便民）服务中心办结 477.68 万件，较上年增长 42%。住建、国土、地税、公安、人社、人行（外汇管理）、公积金、检验检疫、海关等 9 个行政服务分中心办结 507 万件，较上年增长 10%。重大项目绿色通道办件 15 657 件，为上年 2.26 倍。牵头全市建设工程联合竣工验收 538 家，较上年增长 26%，验收总面积 1 227.28 万平方米，为上年 2 倍。网上审批办件率同比增长 10.03%，达 65.82%。企业投诉处理中心走访 11 个区镇 112 家企业，协调反映并帮助解决问题 52 个。年内，市编办分别发文调整交运局、发改委、商务局、规划局、民政局五部门内设机构，单独设立行政服务科并整建制进驻中心。

【出台行政审批事项目录清单】 年内，按照部门梳理、审核确认、权力库录入、部门公开公示的步骤，至年底形成全市市级部门行政审批事项目录清单，共有 724 项行政审批事项。其中将住建局等 19 个部门的 143 个行政审批事项（子项）列入“非常用行政权力”暂停行使。取消水利局等 15 个部门 51 项行政审批事项。

【服务提速】 年初，进驻市行政服务中心 31 个部门 241 个项目进行提速，总计压缩承诺时间 1 649 个工作日，压缩比例为 34.40%。承诺期超过 7 天以上的项目仅剩 22 个。即办件项目占比达 20%。指导 6 个部门 14 项审批事项作备案管理。

【完善“12345”平台】 1 月，市便民服务中心主管部门由市住建局转为市行政服务中心；3 月，市行政服务中心正式与市住建局进行交接工作。5 月，“12345”政府公共服务平台实施方案经市委常委会、市政府常务会议通过并正式下发，确定采取服务外包形式由昆山市电信进行专业化运营管理。10 月 15 日平台新系统正式上线，共有 110 个成员单位使用该系统，并为 6 个区镇、部门开通二级功能，与张浦、纪委、公安等系统完成对接。平台还对“8·2”事故的寻亲和咨询进行登记和回复，最多时日话务量比原来增加 1.5 倍。8 月，市委、市政府将全市安全生产和环境举报电话也纳入“12345”平台，共受理安全生产事故隐患来电 68 件、环境违法行为举报 159 件。全年共受理 160 617 件，办结 136 125 件，及时处办率 99.84%，满意率 94.28%。在苏州市市级机关作风建设领导小组办公室组织的“寒山闻钟”论坛处办情况考核中，昆山获得“综合奖”与单项“及时关注奖”。

【完成智慧政务服务平台一期建设】 年内，建立审批事项目录清单管理功能。在同行政权力库融合的基础上，初步建立审批事项目录清单的实体化管理功能，并保持动态更新。建立基础资源库。主要包括行政权力库、企业法人库、项目库、证照库等，通过审批信息集成融合加强资源的开放共享，提高审批操作效率。建立统一政务服务网上办事大厅功能。实现网上申报、投诉咨询、信息公示等功能全程在线处理。建立纵向集成、横向协调的平台管理架构。支持市、区镇、村（社区）多级服务体系功能，同 12 个外部系统进行对接，进行了工商先照后证、智能排队叫号等辅助功能建设。

【权限下放】 4 月，市行政服务中心出台建立权限下放工作联络员制度，主要通过电话、走访等相关形式联系各开发区，及时掌握各开发区权限承接情况及各开发区行政服务中心筹建进度。召开区镇联动权限下放承接工作座谈会。参照张浦镇承接运行的涉及 16 个部门的 170 个许可审批类权限项目，昆山开发区承接 7 个市级部门的相关审批权限 55 项。花桥开发区承接 4 个市级部门相关审批权限 22 项。高新区新承接 8 项规划审批权、19 项建设审批权。旅游度假区通过市规划局、住建局委托授权的方式承接了 8 项规划审批权、17 个项目建设审批权限，计 25 项。人社分中心进一步扩大下放区镇办理的社保业务范围，转外就医登记和单笔 2 万元以下医疗费用报销可在区镇直接受理。

年内，张浦镇作为全国经济发达镇行政管理体制改革试点之一，率先推出“四张清单”明晰政府权力；“企业投资建设与生产经营一口式”服务全覆盖；推出“1+25”便民服务提升工程，36 项民生类业务延伸到村社区，房产、税务、证照等业务做到全程代办。

【出台领导挂钩联系企业制度】 年内，市行政服务中心从新设立的项目中选取 10 个项目作为领导挂钩项目，类型涵盖工业企业、服务业企业、政府投资类项目。中心每名领导班子成员挂钩两个项目，定期了解项目报批报建的各个环节，找出项目审批中耗时长、流程复杂的环节，分析问题产生的原因，协调项目报批报建中遇到的各类问题，优化项目报批报建的流程。（史海瑛）

机关事务

【概况】 年内，市级机关事务管理中心认真履行“管理、保障、服务”职能，健全执行一系列新机制，完成了管理保障服务各项职能工作，获评苏州市2013–2014年度节约用水先进单位，成功创成三星级机关服务品牌。认真落实快速通报、快速劝离工作机制，配合市公安局、信访局等部门认真做好全国“两会”、青奥会、十八届四中全会等重要时段的安全保卫工作；认真落实安全工作责任制，会同市消防大队、住建局等部门，扎实开展安全生产隐患排查、整改工作；认真贯彻上级关于改进会风的新要求，高标准、零差错做好市“两会”、市委全体扩大会议、苏州市深化城乡发展一体化现场会、第八届国际发明展览会等会务保障工作。全年共保障各类会议和大型活动255场次、31 225人次，其中，中央、省级电视电话会议66场次。

【资产管理】 年内，市级机关事务管理中心认真做好市级经营性房地资产集中管理工作，公开拍租率、租金收缴率实现两个100%。全年收取房租1 130.65万元，合同租金净增额38.7万元。联合产权单位对经营性房地资产承租户开展安全生产大检查。理顺市级经营性房地资产管理新机制，经市委、市政府批准同意后，将全市120处经营性房地资产整体移交给城投公司运作，为群众办理清房3套。

【办公用房管理】 年内，市级机关事务管理中心先后开展2次“回头看”检查，对市公安局、法院、检察院等重点单位的办公用房清理整改工作进行督查，及时做好办公用房建设新旧标准衔接，召开专题会议部署新一轮办公用房清理整改工作及办公用房信息统计、汇总工作，全市办公用房现有使用面积369 866.2平方米，实际腾退20 479.57平方米。建立健全全市党政机关、事业单位办公用房数据库，逐步完善办公用房调配、审批、备案等长效管理机制。

【公务用车管理】 年内，市级机关事务管理中心为一般公务用车推广安装ETC，对59辆公车试行定车加油卡，严格落实定点保险制度和大额维修审批制度，全年公车运行总费用较上年下降31%。开展春节、中秋、国庆等7次公务用车专项督查，依托网络平台及时调处5起公务用车违章、违规使用问题，并建立处置备案机制。根据苏州统一部署，召开公车制度改革信息统计专题工作会议，完成全市149家党政机关、参公单位信息统计、上报工作，440家事业单位的信息汇总审核工作。

【公共机构节能管理】 年内，市级机关事务管理中心利用“智慧昆山”、昆山日报数字报、手机微信平台等新媒体拓展节能宣传载体，举办“随手环保”进机关及能源紧缺体验活动，得到昆山日报社、昆山电视台等媒体报道。开展第二批低碳机关创建工作，成功评选出市科技局、住建局等8家低碳机关；指导、推荐昆山开发区时代大厦成功创建省级节水型示范单位和省级节约型公共机构示范单位，并申报创建国家级公共机构节约型示范单位。实施市级机关大院景观照明节能改造，中央空调溴化锂机组节能改造溶液再生工作，市级机关大楼综合能耗同比下降3.19%；认真开展公共机构节能考核评估，全市被考评党政机关综合能耗较上年同比下降6.76%。 （季 玥）

重点实事工程

【概况】 年内，全市共确定重点实事工程132项，包括8大类32项实事工程，4大类51项重点工程新建项目，4大类49项重点工程续建项目，总投资估算956亿元，当年预计投资331亿元。年内，全市重点实事工程建设以“城市升级引领转型发展”为理念，统筹规划、系统推进城市建设、营运管理、综合服务等各项工作。

年内，实施柏盛园、新城天地、茗景苑、心泊家园、锦溪花园等安置房建设，开工建设万和苑保障房，完成周厅弄、后塘新村、教师新村、紫竹公寓等老居住小区改造，为老居住小区加装简易抓拍系统等电子监控设施等，进一步提升安居宜居品质。年内，居民社会养老保险金、基本医疗保险筹资水平不断提高，为困难群众发放基本生活救助资金，为500户低保低收入住房困难家庭发放租赁补贴，建设市福利院分院、日间照料中心等，民生保障和服务水平持续提升。年内，完成老城区横街、采莲街、西塘街、白马泾路等城市街道环境改造，建成市粮食储备分库、营运车辆检测中心，实施智慧昆山、档案馆新馆、康复医院、前进中路综合广场等项目，进一步提升城市能级，促进城市经济转型升级。年内，中环快速路高架桥基本建成，有效推动中心城区空间合理布局和优化发展；实施中华园路、马鞍山路、S224南段改建等，建成东城大道绿地大道全互通扩建等工程，进一步提升城市交通承载能力；新增150辆公交车，建设江南春堤公交首末站、周庄客运站、淀山湖客运站，不断提升城市居民公共交通出行分担率。年内，建成昆山中学、昆山杜克大学，建设一批中小学及幼儿园，稳步提升教育硬件水平；开工建设昆山自行车展示及运动中心，建成一批新昆山人文化俱乐部，新增公共图书8.4万册、图书流通点12个，不断

中环快速路陆家立交

推进文化建设水平；建成“10分钟体育健身圈”，开工建设开发区体育公园，持续完善强身健民设施。年内，以吴淞江流域水环境综合整治为重点，实施阳澄湖生态优化工程，对24条河道进行整治，创建3个美丽城镇及10个美丽村庄，实施江浦南路南延绿化、沪宁高速花桥、陆家出入口景观整治，铺设污水管网44千米，改扩建北区污水处理厂、吴淞江污水处理厂等，城区人居环境不断优化。

【实事工程】 安居宜居工程 年内，开工建设区镇动迁安置房83.86万平方米，竣工298.86万平方米。推进市级安置房柏盛园建设，总建筑面积10.27万平方米、632套；推进金熹园、朝阳天地、金盛园、虹桥路地块方案及施工图设计；开工建设康居新江南夏苑，总建筑面积30.8万平方米、1 844套。推进万和苑保障房建设，总建筑面积32.58万平方米，规划户数3 134户。12月，完成对566户低保低收入住房困难家庭发放租赁补贴329万元。年内，完成周厅弄、察院前东西区、合兴路776号、后塘新村、后塘花园等6个小区，火车站15-1、震川西路90、97号、月城湾33号、晒谷场10、11、14号、南下塘38、45号等9栋散住楼改造；对娄邑新村1个小区，黄河北路15栋散住楼实施改造；完成教师新村、紫竹公寓、桃园新村3个小区改造；启动宾唏苑4号楼、8号楼原地重建项目，完成居民搬迁工作。全年投资约1 064 008万元。实施单位：农办、住建局、城投公司、粮食局、相关区镇。

社会保障工程 12月，全市居民养老年度缴费标准调整到2 400元，居民社会养老保险养老金发放标准提高60元/月，居民基本医疗保险筹资水平提高到700元，门诊统筹报销比例统一提高5%。年内，按照上年度城镇人均可支配收入的20%调整最低生活保障标准，惠及困难群众14 000人，为低保、五保、低保边缘、重度残疾人、特殊残疾人发放基本生活救助资金6 200万元。年内，推进市福利院分院、开发区福利院改扩建、千灯善老服务中心项目建设；完成高新区福利院建设；建成老年人日间照料中心（助餐点）8家，其中昆山高新区2家、周市镇1家、陆家镇1家、巴城镇1家、淀山湖1家、周庄镇1家、锦溪镇1家。年内，推进殡葬设施完善工程，启动菜篮子工程建设。全年投资约93 816万元。实施单位：人社局、民政局、城投公司、农委、相关区镇。

教育惠民工程 8月，建成江苏省昆山中学，9月份正式投入使用。年内，建成中小学7所、幼儿园6所，包括蓬曦小学、富春江幼儿园、水秀幼儿园、天福幼儿园、周泾幼儿园（二期）、新镇中学、华城美地小学、新镇中心校、邵村小学、夏桥小学、夏桥幼儿园、石牌中心校、新城幼儿园；推进11所中小学、8所幼儿园建设，包括中华园小学、晨曦小学、绣衣幼儿园、同心小学（二期）、

江苏省昆山中学校园

集善小学、徐公桥小学、集善幼儿园、大市中心校、大市幼儿园、春晖小学、白塔幼儿园、鑫茂东区幼儿园、陆家中学(二期)、陈巷幼儿园、巴城中心校分校、石浦中学、淞南小学、石浦中心幼儿园、环湖区幼儿园建设。全年投资约 125 846 万元。实施单位:教育局、城投公司、相关区镇。

交通畅行工程　年内,推进马鞍山路东延工程建设,完成桩基、承台及墩柱等下部结构的施工,进行主桥及引桥上部结构施工。年内,完成昆山市县道桥梁维修加固工程,其中交通局完成 8 座县道桥梁加固维修,淀山湖镇完成 3 座桥梁加固。完成崂山路公交保养场及配套道路建设。推进东部公交保养场建设。开工建设新乐、新生、大学城公交首末站、西部中心公交枢纽站,建成江南春堤、金茂工业园、光电产业园 3 个公交首末站,周庄、淀山湖 2 个客运站。新增 150 辆公交车,对 15 个公交停靠站进行港湾式改造,新建改建公交候车亭 100 座、候车信息牌 40 座。全年投资约 37 810 万元。实施单位:住建局、交通局、淀山湖镇、交发公司。

强身健民工程　年内,推进西部医疗中心设计及动迁工作,推进“10 分钟体育健身圈”建设,包括器材采购安装和场地建设,推进开发区体育公园建设。全年投资约 30 333 万元。实施单位:卫生局、体育局、昆山开发区。

环境改善工程　年内,完成阳澄湖生态优化工程建设,共涉及当年 17 个项目,完成投资 3.1 亿元。推进吴淞江流域断面整治工程建设,共涉及 63 个项目,完成投资 10.35 亿元。年内,新建、改扩建污水处理 8 座(锦溪污水处理厂Ⅱ区、北区污水处理厂、吴淞江污水处理厂、开发区蓬朗污水处理厂、花桥污水处理厂、张浦污水处理厂、石牌污水处理厂、铁南污水处理厂)。铺设污水管网 46.3 千米。蓬朗污水处理厂配套污水管网、吴淞江污水处理厂配套污水管网完成方案设计。对昆山开发区、昆山高新区、张浦镇、周市镇范围内 24 条、34.34 千米河道进行整治,当年完成 11 条、21 千米河道整治。全年投资约 204 914 万元。实施单位:发改委、住建局、环保局、阳澄湖科技园、水利局、相关区镇。

文化建设工程　年内,开工建设昆山市未成年素质教育校外实践基地主题馆布馆工程。11 月,开工建设昆山自行车展示及运动中心。年内,新建改建新昆山人文化俱乐部 10 家。年内,新增公共图书 8.4 万册、图书流通点 13 个,完成少儿图书射频识别技术改造项目。举办群众文化活动 2 334 场,书场演出 4 196 场。流动数字放映场次累计 3 621 场。全年投资约 13 096 万元。实施单位:教育局、文广新局、相关区镇。

平安和谐工程　10 月,完成对改造的老居住小区(朝阳、柏庐街道)加装简易抓拍系统等电子监控设施;对老小区门卫监控进行补贴。年内,推进公安局战训基地建设,推进昆山开发区光电产业园消防特勤站建设,完成周庄镇消防站建设。实施消防进社区工程,分布推进家庭无线感烟火灾探测器安全工程,并统一安装主机平台,连接到每一个社区的警务站监控中心。8 月,开工建设机动车驾驶考试中心。全年投资约 15 145 万元。实施单位:公安局、昆山开发区、消防大队、昆山高新区、周市镇、周庄镇。

【部分重点工程】震川西路公铁立交改扩建　10 月开工。工程范围为通澄路以东 300 米至十五甸互通,全长约 0.91 千米,双向 4 车道布置。项目总投资 15 000 万元。实施单位:交发公司。

迎宾路改扩建(二期)　5 月开工。工程范围为西城大道至玉山交界处,全长约 4.6 千米,双向 4 车道布置。项目总投资 18 200 万元。实施单位:交发公司。

南部水乡岸线综合整治工程(三期)　12 月开工。工程实施范围主要位于红心联圩岸线,东起晨霞路南延,北至锦角公路。主要涉及明镜荡北岸线、长牵路港北岸线、澄湖岸线,岸线合计 10.1 千米。工程内容包括新建生态挡墙 5.1 千米,防汛抢险道 10.1 千米,沿线河口口门控制建筑物工程 11 座,路堤绿化工程面积约 20 万平方米,河道综合整治 12.3 千米。项目总投资 14 745 万元。实施单位:水利局。

沪宁高速昆山高新区互通　6 月开工。江浦路西侧增设沪宁高速单喇叭互通一处,四进十出,连接线 700 米,双向四车道。项目总投资 39 000 万元。实施单位:交发公司。

东城大道、绿地大道全互通扩建　2013 年 4 月开工,2014 年 11 月完工。项目采用全苜蓿叶方案,东城大道匝道桥梁 1 297 米,匝道路长 1 661 米,辅道总长 2 591 米,被交路绿地大道改造 1 100 米。项目总投资 16 000 万元。实施单位:交发公司。

S224 南段改建(跨吴淞江大桥)　2010 年 9 月开工。项目北起 312 互通南延线,南至展艺路,全长 1.6 千米,双向 6 车道布置,包括跨吴淞江大桥一座和台玻路简易互通一座及永记路辅道。项目总投资 26 000 万元。实施单位:交发公司。

南部水乡岸线(明镜荡)综合整治工程　2013 年 6 月开工。工程范围北起老锦周公路,南至锦周公路,长约 4 千米。工程内容包括新建生态挡墙、防汛抢险道路、沿线口门建筑物、绿化工程等。项目总投资 6 426 万元。实施单位:水利局。

档案馆新馆　2013 年 10 月开工。位于祖冲之路以东,思常路以西,震川路西北侧,娄江实验学校南侧。新馆建筑面积 3.78 万平方米。项目总投资 30 000 万元。实施单位:档案馆。

昆山杜克大学　2010 年 6 月开工。项目一期占地面积 220 亩,建筑面积 68 580 平方米,包括学术楼、会议中心、创新中心、教师宿舍、学生宿舍和服务楼六幢建筑。一期建成后将开展管理学硕士、全球健康理学硕士和医学物理硕士三个硕士学位以及若干本科非学位项目人才的培养工作。同时,还将启动建设全球健康研究中心。项目一期总投资133 400 万元。实施单位:阳澄湖科技园。

虹祺路商业街　2 月开工。项目位于前进西路北侧、虹祺路东侧、马鞍山路南侧,占地约 50 亩,总建筑面积约 9.3 万平方米,地上建筑面积约 6 万平方米。项目总投资 50 000 万元。实施单位:昆山高新区。　(黄　庆)

表 5

2014 年市政府重要文件目录

文号	文件名称
昆政发〔2014〕3 号	市政府关于印发昆山市重大行政决策程序规定的通知
昆政发〔2014〕15 号	市政府关于评选 2011-2013 年度昆山市劳动模范的实施意见
昆政发〔2014〕19 号	市政府印发关于加快构建绿色便捷畅通的现代交通体系的实施意见
昆政发〔2014〕20 号	市政府印发关于加快构建绿色便捷畅通的现代交通体系的三年行动计划
昆政发〔2014〕21 号	市政府印发关于昆山市国有监管企业负责人年度经营业绩考核及薪酬管理的实施意见
昆政发〔2014〕22 号	市政府关于昆山市市级产业发展财政专项资金使用管理暂行办法
昆政发〔2014〕23 号	市政府关于印发昆山市安全生产重点领域网格化监管工作指导意见的通知
昆政发〔2014〕25 号	市政府关于表彰 2011-2013 年度昆山市劳动模范的决定
昆政发〔2014〕26 号	市政府关于昆山市政府性债务管理暂行办法
昆政发〔2014〕35 号	市政府印发关于进一步推进农业现代化建设的意见的通知
昆政发〔2014〕37 号	市政府印发关于加快全市土地利用管理方式改革促进土地集约高效利用的意见
昆政发〔2014〕44 号	市政府关于建立全市河流断面长制的通知
昆政发〔2014〕47 号	市政府关于印发昆山市促进融资性担保行业健康发展的若干意见的通知
昆政发〔2014〕59 号	市政府关于印发昆山市生产安全事故调查组工作规范(试行)的通知
昆政发〔2014〕63 号	市政府关于印发昆山市危险房屋安全管理实施意见的通知
昆政发〔2014〕64 号	市政府关于印发昆山市政府向社会购买服务实施办法的通知
昆政发〔2014〕65 号	市政府关于印发昆山市河道长效管理办法(试行)的通知
昆政发〔2014〕66 号	市政府印发关于进一步落实安全生产工作责任的意见的通知
昆政发〔2014〕69 号	市政府印发关于加快转变政府职能建设服务型政府的意见的通知
昆政发〔2014〕71 号	市政府印发关于进一步提高经济发展质量和效益的意见的通知

(陈智超)

政协昆山市委员会

综　　述

年内，政协昆山市委员会围绕全市工作大局，履职工作务实创新、富有成效，委员建言凝聚智慧、前瞻有用，政协声音响亮多元、和谐畅通，充分发挥了政协在协商民主中的重要渠道作用。全年共举行全体会议1次，常委会议3次，主席会议3次，组织委员视察3次，召开民主议政会1次。年内，政协昆山市委员会共有19个界别、17个委员小组，301名政协委员。其中：中国共产党组20人，民盟、民建组18人，无党派代表人士组16人，工商联组23人，工青妇组20人，文化艺术、体育、新闻、出版组15人，科学技术组18人，教育组18人，医药卫生组19人，经济一组22人，经济二组20人，农业和农村组18人，社会福利和社会保障组20人，侨联、台联组15人，少数民族、宗教组15人，特邀一组13人，特邀二组11人。

重要会议

【市政协十四届三次会议】　1月3～5日，政协昆山市第十四届委员会第三次会议召开。市委书记管爱国在开幕时讲话。会议听取市政协主席毛纯漪代表市政协十四届常委会所作的工作报告，审议并通过市政协副主席朱玉明就市政协十四届委员会二次会议以来的提案工作情况报告。市政协十四届三次会议期间，共收到提案245件，经提案委审查，立案191件，作并案处理21件，作人民来信处理33件。政协委员大会发言共收到发言稿42篇，8位委员代表分别就社会组织培育扶持、旅游度假区功能建设、企业知识产权促进产业升级、急救医疗服务体系建设、随手环保、民营科技企业发展、建设工程扬尘污染和公共文化服务建设等内容进行交流。市政协主席毛纯漪作闭幕讲话。会议期间，全体委员列席市十六届人大三次会议，听取和讨论市政府工作报告和其他报告。在昆的省、苏州市政协委员列席此次会议。

11月4日，市政协十四届十二次常委会议召开。

【庆祝人民政协成立65周年座谈会】　10月15日，市委、市政协举行庆祝人民政协成立65周年座谈会，认真学习贯彻习近平总书记在庆祝中国人民政治协商会议成立65周年大会上的重要讲话精神，以及省委书记罗志军在省委、省政协庆祝座谈会上的讲话精神，回顾昆山市政协走过的光辉历程，总结政协事业发展的宝贵经验。市委书记管爱国到会并讲话。部分委员就如何积极参政议政、民主协商，推动人民政协工作再上新台阶分别发言。座谈会后，市委下发了《关于进一步加强和改进人民政协工作的意见》，对下一阶段的政协工作提出了新的要求。

【政协常委会议】 年内，市政协共召开常委会议3次。

6月24日，十四届十次常委会议听取市政府关于全面推进区镇联动发展，高效统筹资源要素情况通报并协商。会议建议通过提高认识，强化责任担当，营造良好氛围，提高联动的紧密性；突出规划建设整合，突出资源要素整合，突出社会资源整合，提高联动的整体性；理顺工作关系，明确审批主体，突出区镇特色，提高联动有效性。

7月25日，十四届十一次常委会议听取市政府关于优化土地供给，提升发展水平情况通报并协商。会议建议要切实转变用地理念，完善用地总体规划，加大用地结构调整；要加大闲置存量土地清理力度，提升园区用地集约化水平，妥善利用零星土地；要强化土地出让合同管控，加强用地项目管控，加强土地执法管控，提高利用效率。

11月4日，十四届十二次常委会议听取市政府关于加大社会组织培育扶持力度，构建政社互动的社会治理格局情况通报并协商。会议建议深化认识，更新观念，加快转变政府职能；突出重点，分类管理，加大培育扶持力度；改进管理，加强监督，营造社会组织发展的良好环境。

协商议政

【主席会议】 3月14日，市政协召开十四届九次主席会议，听取市经信委关于昆山市发展壮大品牌经济情况通报并协商。会议建议要发挥转型升级早的优势，加快培育自主品牌；要发挥产业集聚优势，着力引进大品牌；要发挥载体优势，做强服务业品牌；要发挥组织优势，形成发展合力；要发挥服务优势，推动全社会参与。5月9日，市政协召开十四届十次主席会议，听取市教育局关于全市统筹城乡义务教育资源均衡配置情况通报并协商。会议建议要推动义务教育资源总量有序健康增长，促进城乡师资力量优质均衡提升，营造义务教育发展的良好社会环境。10月13日，市政协召开十四届十一次主席会议，听取市政府办公室通报市政协十四届三次会议以来提案办理情况并进行协商。会议建议要科学交办，强化办理责任；真诚沟通，深化办理协商；加强督办，提高办理实效。

【委员咨情会】 政协委员咨情会是市政协改进委员咨情问政方式的一项创新举措。年内，市政协共举行委员咨情会2次，《人民政协报》对活动进行了专题报道。2月28日，邀请市公安局、卫生局进行有关工作情况通报，委员们围绕交通拥堵如何缓解，120急救系统建设，社区健康咨询，传染病防控，平安社区建设等进行咨询和建议。5月26日，邀请市住建局、规划局进行有关工作情况通报，委员们围绕未来10年城市规划、城市功能设定和城中村房屋拆迁等城市规划建设中的民生热点问题进行沟通交流并提出意见建议。

5月26日，市政协举行委员咨情会。

民主监督

【委员视察】 年内，市政协共组织委员视察3次。6月16日，就全市警务现代化建设情况进行视察。委员们实地视察了特警大队、青阳派出所和互联网监控中心，听取市公安局关于全市公安工作的情况通报并座谈协商。9月23日，就特色商业街区建设情况进行视察。委员们实地视察了港龙喜临门建材家居广场、阳光昆城茶叶街、中茵世贸广场等商业项目，听取了市商务局的情况通报并进行协商。10月24日，就全市黑臭河道治理情况进行视察。委员们实地视察了水源涵养中心、望山河和牛湾泾等黑臭河道改造工程，听取市水利局的情况通报并进行座谈。

【听取情况通报】 9月3日，市政协召开年度经济和社会发展情况通报会，市委副书记、市长路军向全体政协委员通报昆山2014年上半年国民经济和社会

10 月 24 日,市政协委员视察黑臭河道治理情况。

发展情况。在昆的省、苏州市政协委员以及各民主党派、工商联、无党派知识分子联谊会部分成员也应邀列席会议。通过听取情况通报,使政协委员和各民主党派、团体对于全市经济社会发展状况加深了解,有利于委员知情问政,更好地履行民主监督、参政议政职能。

【民主议政会】 4 月 22 日,市政协就加强全市住宅小区物业管理召开民主议政会。在听取市住建局关于市住宅小区物业管理的情况通报后,与会的政协委员、居民代表、行业协会及企业代表就完善业委会监督和议事程序、规范公共维修基金归集使用、完善物业服务企业诚信管理体系、改革物业服务费收缴制度等与相关部门进行面对面交流。与会的委员和代表建议通过规范物业管理服务企业的设立,严格物业管理服务企业的监管和强化物业管理从业人员培训,着力提高物业管理服务行业整体水平;通过加强小区内行政执法力度,依法规范公共维修资金的归集、使用和管理,加大法治宣传力度,努力提升物业管理市场综合环境;通过创新物业费用收缴办法,建立完善业主自治制度,健全业委会工作机制,全力破解物业管理工作难点问题。

【社情民意】 年初,市政协召开反映社情民意信息工作会议,回顾总结 2013 年社情民意信息工作情况,并对赵月芳等 12 名社情民意信息员进行了表彰。年内,市政协扩大社情民意信息员覆盖面,畅通社情民意信息反映渠道,全年征集社情民意信息 29 条,编发报送 10 期。进一步完善社情民意信息跟踪督办机制,强化社情民意信息的跟踪问效,《关于雾霾污染天气条件下如何选择中小学及幼儿园学生户外活动时间的建议》《关于加大劳务派遣用工监察力度的建议》等多期信息得到有效的解决落实。

4 月 22 日,市政协召开民主议政会。

提 案 办 理

【概况】 市政协十四届三次会议期间,共收到提案 245 件,经提案委员会审查后立案 191 件。在这些提案中,有关社会治理的 32 件,占 16.8%;有关经济科技方面的 23 件,占 12%;有关农业农村的 11 件,占 5.8%;有关城市建设的 21 件,占 11%;有关道路交通方面的 31 件,占 16.2%;有关文教卫体的 38 件,占 19.9%;有关社会保障的 12 件,占 6.3%;有关生态文明的 14 件,占 7.3%;其他方面的 9 件,占 4.7%。作并案处理的 21 件,作人民来信处理的 33 件。

3 月 5 日,市人大常委会、市政府和市政协联合召开建议提案交办工作会议。经过 68 个承办单位共同努力,所有提案全部办复,其中当年已解决 105 件,逐步解决 64 件,作解释 22 件,当年解决率为 55%。委员对提案办理表示满意的 189 件,表示基本满意的 2 件,满意率为 99%。此外,33 件作人民来信处理的提案,也都在规定时间内作出书面答复。其中,九三学社昆山市基层委员会提交的“关于加大社会组织培育扶持力度，加快构建政社互动的社会治理格局的建议”被列为政协一号提案。市政府专门成立推进社会组织健康发展工作领导小组，出台《关于加快推进全市社会组织健康发展的意见》及《行动计划》，实施社会组织直接登记试点，放宽行业协会登记条件，建立社会组织三级培训基地，全市社会组织注册数超800家，位列全省首位。同时，市政府还出台了《昆山市政府购买社会服务实施办法》，引导社会组织参与社会治理，逐步形成政社功能互补互动的社会治理格局。一号提案的各项建议均得到很好地落实。

年内，重点提案督办协商机制进一步完善。提案办理工作列入市政府常务会议议程，市政府领导领办督办重点提案。开展“提案质量年”活动，出台《关于进一步加强和改进提案工作的意见》，组织召开各民主党派、团体集体提案办理协商座谈会，提案者与承办部门开展面对面协商。

委组工作

【专门委员会及委员小组工作】 年内，各专委会以集体学习、专题视察、课题调研等形式，先后组织开展各类委员活动50余次。除完成相关常委会议、主席会议议题和视察等相关调研工作，各专委会还积极开展委组专题活动。社会事业委员会组织部分政协委员开展食品安全专项视察，调研暑期青少年文化教育活动开展情况，并对全市部分养老设施建设运行情况进行走访。经济科技委员会组织经济一组全体政协委员赴市工商局开展委员小组活动，听取企业注册相关政策变化情况介绍，赴江苏远洋数据股份有限公司听取企业家委员关于昆山市服务外包行业发展情况介绍，确定将“对全市服务外包发展现状的思考与建议”作为委员小组重点调研课题；组织经济二组全体政协委员赴陆家科望快速印务有限公司参观企业生产情况。城乡建设委员会分别组织政协委员赴昆山开发区、昆山高新区社会事业管理局就小区物业管理进行专题调研，听取小区物业管理情况介绍和居民代表的意见建议，并和与会政协委员进行了交流座谈。港澳台侨(民族宗教)委员会组织侨联、台联组政协委员开展“侨台企业融合发展，助推昆山经济转型升级”专题调研活动，实地调研了研华科技、昆山市工研院、亚超特工业有限公司、昆山塔米机器人有限公司等单位和企业，围绕如何促进侨台企业融合发展，发挥侨台企业在助推昆山经济转型升级中的作用进行交流座谈，同时加强与少数民族和宗教界人士联系，加强同各阶层、各领域代表人士的联系，大力推进社会和谐、民族团结、宗教和睦。学习和文史委扎实开展文史资料的征集整理工作，完成8期《诗画昆山》电视文史专题片的制作播出，并荣获第30届省金凤凰奖电视文艺(文学)专题片三等奖，编纂印发《昆山文史》第26辑，搜集整理9篇“口述历史”资料，推动新四军抗战陈列暨周达明烈士纪念馆、胡石予故居纪念馆的规划保护工作，参与周庄杏花村等自然村落保护前期工作。各委员小组还分别围绕依法治市、转型升级等20多个课题，开展具有界别特色的调研视察和座谈活动。委员们积极参加政协组织的“服务人民、联系群众”委员“三个一”主题活动，积极参与扶贫帮困、捐资助学、义务诊疗等公益活动。

【区镇政协工作】 年内，区镇政协积极组织委员和特邀成员，紧紧围绕区域经济社会发展难点热点问题开展建言，在协助地方党委政府解决民生问题、促进社会和谐等方面发挥了重要作用。花桥政协工委组织工委成员开展“法治花桥”执法检查活动，听取了曹安派出所、花桥法庭工作情况汇报，对具体工作提出了相关问题及意见建议，特别是针对如何优化审判方式、合理安排警力，如何加强处罚、审判执行力问题进行了交流讨论。工委成员还视察了花桥天福湿地公园建设情况并进行座谈，为商务城的发展建言献策。巴城镇政协工委组织部分政协委员视察农村水利工程建设项目以及防汛准备工作，委员们实地视察黄泥生产河、古澄西河、斗门泾分级闸、大黄泥娄和黄金站闸施工现场，并听取水利部门关于2014年水利工程及防汛相关工作情况的介绍。工委还组织部分委员视察生态环境保护工作，实地察看高效渔业循环水养殖、阳澄湖湿地公园、北家厍自然村和巴城水质净化有限公司，并听取镇环保办及美绿公司的工作汇报。千灯镇政协工委组织在千灯的市政协委员和镇政协特邀委员进行学习和座谈。全体委员认真学习了党的十八届三中全会精神，进一步加深了对深化改革的重要性和必要性的认识，明确提出政协委员要树立大局意识和责任意识。座谈中，委员们就千灯镇的动迁房建设、公共服务、社会管理、环境卫生、社会治安等发表了意见和建议。淀山湖镇政协工委参加由镇人大组织的市、镇两级人大代表视察政府民生工程、实事工程活动，听取镇政府上半年在提质增效、城镇建设、民生建设、社会治理等方面所做的工作情况汇报，学习市委十二届七次全会扩大会议精神。委员表示要充分发挥政协工会成员的桥梁纽带作用，团结带领全镇人民，牢牢抓住全面深化改革的重大机遇，为建设“尚美淀山湖”作出更大贡献。(张　宇)

表 6

市政协十四届三次会议委员提案目录

一、社会治理 32 件（立案 32 件，并案 0 件）

案号	提案者	案　　由	主办单位	会办单位
1	九三学社昆山市基层委员会	关于加大社会组织培育扶持力度，加快构建政社互动社会治理格局的建议	民政局	
2	民盟昆山市委	关于发挥城乡社区在社会管理中的基础作用的建议	民政局	
3	民盟昆山市委	关于加快培育慈善公益社会组织，促进社会治理创新的建议	民政局	财政局、地税局
4	民建昆山市委	关于加强新型农村社区管理的建议	民政局	
5	农工民主党昆山总支部	关于多管齐下，大力整治油烟噪声，创造良好居住环境的建议	城管办	环保局
6	特邀一组	关于发挥社区公约作用，提升基层自治能力的建议	民政局	财政局
7	社会福利和社会保障组	关于加快设立各区镇物业社会化管理办公室的建议	住建局	
8	周　奇、吕建坤、张　翼、秦珊珊	关于理顺机制，强化监管，全面提升我市住宅小区物业管理水平的若干建议	住建局	
9	徐小艾	关于完善昆山市多元化解物业纠纷机制的建议	住建局	
10	何　英	关于加强房屋维修资金增值保值工作的建议	财政局	住建局
11	金建鸿	关于进一步加强社区人才队伍建设的建议	民政局	人社局、财政局
12	金建鸿	关于加大社区综合管理力度、提升社区治理能力的建议	民政局	住建局
13	陈向荣	关于加快提升街道社区能级，适应现代化国际化城市建设需要的建议	民政局	
14	陈瑞虎	关于尽快建立昆山个人诚信道德档案的建议	经信委	宣传部、公安局、外管办
15	杨彩花	关于构建昆山市家政服务人员信用评价体系和信息服务平台的建议	商务局	民政局、人社局、总工会、妇联
16	陆陈军	关干建设现代新型农副产品物流中心的建议	政府办	规划局、农委、商务局、工商局
17	邱美娣	关于在昆山市公共场所及办公场所开展全面禁烟的建议	城乡卫生指导中心	
18	蒋巧芬	关于加强昆山市门牌号码设置规范管理的建议	公安局	
19	蒋剑灵	关于对周市镇春晖路、白塘路地区综合治理的建议	周市镇	
20	陈庆越	关于整治合兴西路二手车马路市场的建议	政府办	规划局、城管局、公安局、高新区
21	钱晶晶	关于整治人民南路商铺无证无照餐饮店油烟扰民问题的建议	工商局	环保局
22	郜继成	关于加强老居民小区安全隐患整治的建议	开发区	
23	陈　斌	关于防止因空调室外机支架锈蚀造成安全隐患的建议	城管局	住建局
24	王伟明	关于加强乡镇工业区周边社区和乡村市容及消防管理的建议	城管局	公安局、城乡卫生指导中心
25	田佳禾	关于提升古镇消防安全的建议	旅游度假区	千灯镇、周庄镇、锦溪镇
26	沈昆岚	关于对流动摊贩进行管理的建议	城管办	
27	徐小艾	关于加快建立全市执行联动机制的建议	政法委	
28	杨　宁	关于严惩放高利贷提供赌资者，切实维护社会和谐的建议	公安局	
29	葛霞青	关于加大对青年律师培养力度的几点建议	司法局	
30	于水沁	关于建立“社区废品银行“的建议	城管局	财政局、供销总社
31	高伟强	关于进一步规范对中介机构监管的建议	政府办	民政局、住建局、工商局
32	刘锦芳	关于在公共场所设置“亲情陪伴厕所”的建议	城管局	

二、经济科技 25 件(立案 23 件,并案 2 件)

案号	提案者	案　　由	主办单位	会办单位
33	民盟昆山市委	关于进一步细化我市旅游度假区规划，加强生态环境保护的建议	旅游度假区	
34	民盟昆山市委	关于进一步发挥我市旅游度假区功能作用的建议	旅游度假区	
35	民建昆山市委	关于推动我市企业知识产权促进产业升级的建议	科技局	
36	民建昆山市委	关于昆山高新技术企业税收优惠政策实施效果分析及建议	科技局	高新局、国税局、地税局
37	市工商联	关于加快扶持我市民营科技企业发展的建议	经信委	科技局
38	市工商联	关于进一步促进我市融资担保机构健康发展的建议	经信委	
39	科学技术组	关于优化人才创业环境,加快人才企业成长的建议	组织部	科技局
40	经济二组	关于昆山经济升级版更需要“大品牌”的建议	工商局	商务局
41	叶志远	关于承办 TEDx 活动和 TED Global 大会,增强昆山城市影响力的建议	文广新局	
42	王新兴	关于进一步增强自主创新能力,推进创新型城市建设的建议	科技局	
43	刘锦芳	关于引进企业可持续发展性的价值评估机制建议	发改委	
44	彭　晖	关于进一步增强金融服务的建议	人民银行	发改委
45	王建华	关于改善我市民营中小企业发展软环境的建议	经信委	
46	吴昌琳	关于构建昆山特色对高科技人才企业的融资平台和制定配套政策的设想和建议	科技局	
47	须建明	关于进一步加强我市企业文化建设的建议	工商联	
48	何　燕、秦珊珊	关于加快发展我市电子商务产业的建议	商务局	发改委、财政局、商务局、经信委
49	童小钢	关于加强为出口企业提供技术服务与支持的建议	检验检疫局	
50	黄　波	关于发展我市消费性服务业的建议	商务局	发改委
51	陶建宏	关于加快推进我市二手车市场规范发展的建议	市府办	公安局、城管局、商务局、工商局
52	王伟明	关于打造我市蓝领竞争力的几点建议	人社局	
53	陆丽梅	关于昆山有特色的移动应用可以共享昆山公共信息的建议	发改委	文广新局
*53	黄　波	关于整合移动应用平台，形成昆山移动互联网产业发展特色的建议	发改委	文广新局
54	梅拥军	关于增强中国移动信号的建议	移动公司	
*54	邱美娣	关于规范移动公司营业厅服务范围的建议	移动公司	
55	王伟明	关于推进昆山美食与旅游联动的建议	商务局	旅游局、旅游度假区

三、农业农村 12 件(立案 11 件,并案 1 件)

案号	提案者	案　　由	主办单位	会办单位
56	杜维嘉	关于以人为核心进一步提升新型城镇化建设水平的建议	农办	住建局、文广新局、人社局、司法局
57	丁建伟	关于切实做好“四个十万亩”规划落地,提升我市农业现代化水平的建议	农委	
58	民革昆山支部	关于进一步提升我市农业特色园区发展水平的建议	农委	科技局
59	严雪林	关于促进农民增收问题的建议	农办	人社局农委
60	罗敖生	关于加快我市农业科技人才队伍建设的建议	农委	组织部、人社局
61	朱锦南	关于加大农村动拆迁后原宅基地复耕力度的建议	国土局	农办、住建局、规划局

续表

案号	提案者	案由	主办单位	会办单位
62	徐 怿	关于有条件审批村中个体经营的建议	政府办	住建局、卫生局、环保局、工商局
63	冯小明	关于放宽条件,降低门槛,做好机电排灌维修保养人员招聘工作的建议	人社局	财政局
64	陈 斌	关于石牌西南村东南村乡村道路建设的建议	巴城镇	
65	庄 吉	关于全面保护周庄镇杏村的建议	周庄镇	文广新局
66	钱呈兴	关于对电触鱼现象加强管理的建议	农委	公安局
*66	杨昌生	关于加大对电触鱼行为惩治力度的建议	农委	公安局

四、城市建设 25 件(立案 21 件,并案 4 件)

案号	提案者	案由	主办单位	会办单位
67	无党派知识分子联谊会	关于加强地下管网规划建设与管理的建议	规划局	发改委、文广新局、住建局、城管局、电信局
68	严凤良	关于完善我市社区商业发展,满足居民综合需求的建议	商务局	发改委、规划局
69	金凤珍	关于对老城区尚未改造的老居住小区实施整体改造的建议	住建局	开发区、高新区、规划局
*69	范文胜	关于昆山老小区下水管道改造的建议	住建局	规划局、开发区、高新区
*69	林 洁	关于加强老小区改造长效管理的建议	住建局	
70	王晓伟	关于拆迁征收中让市民更多享受改革发展红利的建议	住建局	规划局
71	周 奇	关于综合治理昆北路(娄苑路—萧林路段)及茶业街等周边区域环境的建议	高新区	
72	顾 明	关于建设台湾公园的建议	住建局	台办
73	曹忠礼	关于加强昆山公共租赁房规划建设和管理的建议	住建局	
74	荣 建	关于"白塘路改造思路转变"的建议	周市镇	
75	荣 建	关于"规范、监管非开挖管道施工"的建议	住建局	
76	荣 建	关于改进住宅小区雨污水管建设施工验收方法的建议	住建局	
77	荣 建	关于建设高压线绿化景观走廊的建议	住建局	
78	蒋巧芬	关于加强城北地区公共卫生间建设的建议	高新区	
79	吴月娥	关于在市民文化广场新建公共厕所的建议	城投公司	
80	傅茂英	关于推进智慧城市建设,加快 WIFI 全覆盖的建议	发改委	经信委
*80	王晓伟	实现公共无线上网全覆盖,提升"智慧城市"新内涵的建议	发改委	
81	颜丙海	关于推广普及 LED 照明并统一管理的建议	城管局	发改委、财政局、规划局
82	颜丙海	关于建设智慧昆山重要公共场所紧急救援呼叫网络的建议	发改委	文广新局
83	陶建忠	关于为我市老旧电梯建立"养老基金"的建议	住建局	质监局
*83	童小钢	关于加强电梯施工建设及使用过程中安全监督的建议	质监局	住建局
84	陈 勃	关于加强国有投资项目建设工程估算、概算、标底编制管理的建议	财政局	审计局
85	顾 明	关于恢复和保护正仪古镇风貌的建议	巴城镇	文广新局
86	顾彩芳	关于加快古玩街建设的建议	文广新局	开发区
87	王加萍	关于规范装修市场的建议	住建局	

五、道路交通 36 件(立案 31 件,并案 5 件)

案号	提案者	案　由	主办单位	会办单位
88	市无党派知识分子联谊会	关于完善水上应急体系,打造水运安全环境的建议	编办	财政局规划局
89	特邀一组	关于明确权责加快《昆山停车场建设规划》等各项交通规划落实进度的建议	交通局	公安局、住建局、规划局、城管局、交发公司
90	宋建华	关于昆山发展现代有轨电车的建议	规划局	
91	田佳禾	关于开通周边城镇旅游专线的建议	交通局	交发公司
92	田佳禾	关于充分发挥客运站旅游服务功能的建议	交发公司	
93	童小钢	关于进一步完善市内公交车首末站规划建设管理的建议	交发公司	
94	赵生根	关于开行城东轨道交通 11 号线花桥站至城西阳澄湖渔家灯火站公交快线的建议	交通局	交发公司
95	黄　波	关于提升市区公交人性化服务质量的建议	交发公司	
96	刘　黎	关于震川西路 590 号（集爱之家）门前公共汽车站台修建的建议	交发公司	
97	江飞霞	关于设立公交快速交通专用道,引导市民绿色出行的建议	交通局	环保局、交发公司
98	杨雪华	关于出租车取消 5 分钟免费等候的建议	交通局	
99	陆丽梅	关于加强公共自行车管理的建议	城管局	规划局
*99	颜祥山	关于在我市部分公共自行车遮阳棚上开辟公益性的“宣传和阅读”栏的建议	城管局	宣传部
*99	王伟明	关于让公共自行车对来昆游客商客开放的建议	城管局	财政局
100	邱美娣	关于优化骑车环境的建议	住建局	城管局
101	王小琴	关于进一步加强电动车管理的建议	公安局	工商局、质监局
102	陆　健	关于缓解市区学校门前交通拥堵的几点建议	教育局	
*102	陆艳青	关于缓解私家车围堵校门现象的建议	教育局	公安局、规划局、交发公司
*102	钱燕华	关于治理柏庐实验小学周边交通拥堵的建议	教育局	公安局、住建局、城管局
103	吴小麟	关于我市研究开发网上停车信息查询系统的建议	发改委	公安局、城管局、文广新局
104	果　量	关于进一步加强城市交通秩序管理的建议	公安局	交通局交发公司
105	王玉鹏	关于对我市非机动车交通状况的思考和建议	公安局	
106	黄　波	关于昆山市区上下班时段缓解交通拥堵现象的建议	规划局	公安局、住建局、城管局
107	蒋　奕	关于整治我市观光河沿岸人行道违章乱停车占道现象的几点建议	城管局	公安局
108	颜祥山	关于在道口增加或设置对挤占公交道的非公交车抓拍设施的建议	公安局	
109	张　群	关于消除东城大道交通隐患的建议	交通局	公安局、开发区
110	金凤珍	关于加强对工程运输车辆整治与管理的几点建议	交通局	公安局
111	贺朝晖	关于拓宽长江北路与昆太路交界桥面的建议	规划局	开发区
112	陈进良	关于加快打通玉山环庆路与周市新纬路，改善汉浦塘两岸交通出行的建议	规划局	高新区、周市镇
113	顾彩芳	关于增加前进中路人行通道的建议	公安局	
114	高　云	关于打通柏庐路南段,缓解长江南路交通压力的建议	规划局	
115	沈冬宝	关于昆北公路皇仓泾河路段改造的建议	交通局	交发公司、周市镇
116	张国渠	关于对昆北路改造的建议	交通局	交发公司、高新区、周市镇
*116	张君武	关于对昆北路改造的建议	交通局	交发公司、高新区、周市镇

续表

案号	提案者	案　　由	主办单位	会办单位
117	钱呈兴	关于完善马鞍山西路非机动车道修缮的建议	住建局	
118	王乐天	关于加快建设康居路东延至体育场路之间路桥的建议	规划局	

六、文教卫体 41 件(立案 38 件,并案 3 件)

案号	提案者	案　　由	主办单位	会办单位
119	民盟昆山市委	关于优化文化创意规划布局,促进产业集聚的建议	文广新局	
120	民革昆山支部	关于加强昆台文化创意产业合作发展的建议	文广新局	
121	经济一组	关于加快发展昆山影视文化产业的建议	文广新局	
122	文体新组	关于强化我市基层文化人才队伍建设的建议	文广新局	人社局、编办
123	陈　森	关于组织编写"昆山好人"故事,及时传播社会正能量的建议	宣传部	文联
124	杨大明	关于出台《推进学习型城市建设意见》的建议	教育局	
125	何翠英	关于开设台湾元素特色旅游专线,丰富和提升打造台商大陆"精神家园"内涵和知名度的建议	交通局	旅游局
126	刘凤琴	关于推进"邻里文化建设年"活动的建议	文广新局	民政局
*126	严雪林	关于注重邻里文化建设的建议	宣传部	教育局、民政局
127	庄　吉	关于把胡石予故居建成爱国主义教育基地的建议	开发区	
128	唐晓兵	关于加强青少年公共教育,打造现代城市文化的建议	教育局	文广新局
129	教育组	关于优化教师队伍素质　促进教育均衡发展的建议	教育局	
130	侨联台联组	关于从小抓起,着力提高昆山市民素质整体水平的建议	宣传部	教育局
131	于水沁	关于我市率先在义务教育阶段设计实行教师轮岗制的建议	教育局	
132	潘卫国	关于促进中学教师心理健康的建议	教育局	
133	钱燕华	关于设立昆山"方言体验馆"的建议	文广新局	教育局
134	王迎春	关于在中小学开展书法课教学以弘扬中华文化的建议	教育局	
135	曹忠礼	关于减轻中小学生课业负担的建议	教育局	
136	邹婉萍	关于在昆山推广建设校园优质健康直饮水系统的建议	教育局	
137	沈素珍	关于幼儿园安装监控的建议	教育局	
138	张帼英	关于在昆山震川高级中学兴建科技楼的建议	教育局	
139	陈　琰	关于切实加强学校图书馆建设的建议	教育局	财政局
140	邹　萍	关于改建或扩建昆山市实验小学食堂的建议	教育局	
141	农工民主党昆山总支部	关于进一步完善我市急救医疗服务体系的建议	卫生局	
142	农工民主党昆山总支部	关于进一步提升我市社区卫生服务功能的几点建议	卫生局	人社局
143	民盟昆山市委	关于加大力度普及食品安全知识的建议	卫生局	
144	九三学社昆山市基层委员会	关于加强我市集体用餐配送食品安全的建议	卫生局	
145	张家文	关于加大监管措施,保障电商食品安全的建议	卫生局	检验检疫局
146	李永先	关于加强对我市食品小作坊监管,提升食品行业诚信的建议	卫生局	
147	宋建华	关于加强学校周边食品安全的建议	卫生局	
148	陆　健	关于在张浦镇区范围内设立院前急救分站的建议	卫生局	
*148	顾　明	关于在开发区及张浦增设医疗急救分站的建议	卫生局	开发区

续表

案号	提案者	案　　由	主办单位	会办单位
149	叶建明	关于尿毒症患者优先推行免费居家透析的建议	卫生局	人社局
150	马洪爱	关于尽快成立职业病诊断机构，完善我市健康服务业的建议	卫生局	
*150	朱巧根	关于进一步重视职业病的预防和处置的建议	安监局	卫生局
151	钱晶晶	关于为我市医务人员营造更好工作环境的建议	卫生局	司法局
152	沈亚林	关于完善药品配送车辆特殊管理的建议	交通局	公安局
153	李秋萍	关于昆山建立家庭医生制服务　签约医生上门诊断的建议	卫生局	
154	陆美萍	关于开展关爱女性健康，送体育技能培训的建议	体育局	妇联
155	朱　纯	关于加强我市体育设施建设的建议	体育局	住建局、规划局
156	陈胜平	关于昆山举办马拉松赛事的建议	体育局	

七、社会保障 14 件（立案 12 件，并案 2 件）

案号	提案者	案　　由	主办单位	会办单位
157	民建昆山市委	关于完善我市社区居家养老服务体系的建议	民政局	
*157	杨建坤	关于在乡镇进一步推广建设日间照料中心（助餐点）的建议	民政局	卫生局
*157	陈建平	关于有效解决老年人养老问题的建议	民政局	
158	张国渠	建议为昆山居家养老的患病老人开设家庭病床	卫生局	民政局
159	戴　昱、刘　玮、林　洁、邹　萍、王　清	关于正仪社区卫生服务中心部分病房改建为老年护理病房的建议	巴城镇	
160	陈黎明	关于银桂山庄敬老院打造五星级专业服务的建议	民政局	卫生局
161	农业农村组	关于提升劳动力素质，实现经济转型居民收入倍增的建议	人社局	
162	高　峰	关于设立公共突发事件善后处置专项基金的建议	财政局	
163	蒋剑灵	关于雾霾天气下对我市户外工作人员特殊关爱的建议	卫生局	环保局
164	沈亚林	关于提高中药饮片单次处方医保额的建议	人社局	
165	马洪爱	关于培养“手语”翻译，给聋哑人提供生活帮助的建议	残联	
166	叶志远	关于加强普法扩面，规范服务性行业用工单位劳动保障行为的建议	人社局	
167	高　云	关于开通市民卡游园功能，惠及昆山市民的建议	住建局	发改委、旅游局
168	单俊炜	关于有关部门对平抑我市总体物价水平应有所作为的建议	物价局	

八、生态文明 18 件（立案 14 件，并案 4 件）

案号	提案者	案　　由	主办单位	会办单位
169	九三学社昆山市基层委员会	关于加快绿化建设步伐，打造生态园林城市的建议	住建局	
170	民革昆山支部	关于将“随手环保”公益行动作为文化和精神文明建设实践项目的建议	宣传部	环保局
171	市无党派知识分子联谊会	关于加强协调，严格监控，有效治理建设工程扬尘污染的建议	住建局	交通局、城管局、环保局
172	经济二组	关于进一步加强对企业污染综合治理的建议	环保局	
173	陆陈军	关于加强废弃油脂资源化利用、推进昆山循环经济建设的建议	城管局	发改委、交通局、环保局
174	李　斌	关于切实加强城市空气污染治理的建议	环保局	
*174	蔡惠芳	关于制定大气污染应急预案应对雾霾天气的建议	环保局	
*174	王　芳	关于从点滴做起，营造洁净生活环境的建议	环保局	住建局

续表

案号	提案者	案　　由	主办单位	会办单位
175	单新荣	关于我市城市绿化应多多效法自然的建议	住建局	
176	何　英	关于大力发展绿色建筑,加快建设美丽昆山的建议	住建局	
177	王　松	关于城区河道治理的建议	水利局	
178	凌　勇	关于增加危废回收资质单位的建议	环保局	
179	张陆飞	关于在我市安装城市噪声显示器，加强生活噪声投诉处置的建议	环保局	公安局
180	叶志远	关于推广使用食物垃圾处理器，促进餐厨垃圾减量和生活垃圾分类的建议	城管局	住建局
181	陈继稳、李志勤	关于实施居民生活垃圾分类管理的建议	城管局	宣传部
*181	王新兴	关于提升垃圾分类回收水平,促进绿色昆山建设的建议	城管局	宣传部、供销总社、环保局
*181	林　洁	关于加快我市小区生活垃圾分类处理的建议	城管局	宣传部、住建局
182	陈继稳、何智勇	关于加强废旧手机回收管理的建议	商务局	环保局

九、其他 9 件(立案 9 件,并案 0 件)

案号	提案者	案　　由	主办单位	会办单位
183	市工商联	关于进一步发挥我市行业商会(协会)作用的建议	市府办	经信委、民政局、工商联、工商局
184	蒋剑灵	关于重视民营企业接班人问题的建议	工商联	
185	严雪林	关于加快政府职能转移、推动政府购买公共服务的建议	财政局	人社局
186	范志龙	关于搭建微信群平台,以进一步提高“12345”热线运行水平的建议	行政服务中心	
187	潘雪琴	关于加快推进部门信息系统共建共享的建议	发改委	
188	梅拥军	关于提高农村老干部相关福利的建议	组织部	农办、人社局
189	王迎春、陆丽梅	关于逐步落实民办学校教师退休待遇的提案	人社局	教育局
190	吕向东	关于调整物业公共服务费指导价的建议	物价局	住建局
191	张洁晨	关于建造昆山市基督教国际礼拜堂的建议	民宗局	开发区

附:市政协十四届一次会议不立案作人民来信处理目录表(33 件)

案号	提案者	案　　由	主办单位	会办单位
信 1	张　敏	关于提高“六五”普法针对性的建议	司法局	
信 2	朱巧根	关于加强保昆公寓小区管理的建议	开发区	
信 3	吴月娥	关于提高小区环境卫生管理水平的建议	城管办	规划局
信 4	邵玉芳	关于提高物业公司管理小区的水平及质量的建议	住建局	
信 5	邵玉芳	关于小区地下车库(位)民防工程对小区业主开放的建议	民防局	
信 6	贺朝晖	关于尽早将东需浦小区管理权整体移交给开发区街道办事处的建议	开发区	经信委
信 7	花　波	关于净化昆山小区环境、提高人民群众居住质量的建议	工商局	住建局城管局
信 8	黄　波	关于纠正花桥国际商务区绿地 21 世纪城违章搭建、擅改建筑立面现象的建议	花桥开发区	
信 9	叶志远	关于目前昆山律师调查取证存在的问题及需重视解决的建议	司法局	公安局、民政局、住建局、工商局
信 10	严雪林	关于对吸毒病残体治疗康复及融入社会的建议	公安局	财政局、人社局、卫生局
信 11	沈　丽	关于推进我市中小微企业发展的建议	经信委	

续表

案号	提案者	案　　由	主办单位	会办单位
信 12	徐开盛	关于昆山对接上海自贸区，吸附溢出效应的建议	商务局	发改委、工商局、开发区、高新区
信 13	独道存	关于加快在城区合理规划建设市民休闲活动公园场所的建议	住建局	
信 14	张文忠	关于完善昆山“城、镇、区”界域标识的建议	规划局	
信 15	蔡惠芳	关于爱河小区疏通改造雨水排水设施的建议	住建局	
信 16	沈玉峰	关于“设立城市人行道座椅”的建议	城管局	
信 17	卿　胜	关于加快轨道交通向周庄延伸的建议	规划局	
信 18	沈小燕	关于在震川西路部分路段设置路灯的建议	交发公司	高新区巴城镇
信 19	童雅雯	关于增设城区停车点，缓解停车难矛盾的建议	城管局	
信 20	徐玲芳	关于昆山市柏庐幼儿园重建或异地新建的建议	教育局	规划局
信 21	钱燕华	关于将锦溪中学恢复In亭中学校名的建议	锦溪镇	
信 22	刘锦芳、何智勇、陆陈军	关于实行全市中小学生早晨 8 点以后上课的建议	教育局	
信 23	刘　文、王　丽、严雪林、邵玉芳、葛霞青	关于在全市中小学配齐副课教师的建议	教育局	
信 24	范文胜	关于加强学校师德师风建设的建议	教育局	
信 25	童雅雯	关于给中学生多一点自我调节空间的建议	教育局	
信 26	陈　琰	关于加强我市各医院候诊叫号管理，改善诊疗环境的建议		
信 27	周　萍	关于昆山医院实施智能挂号的建议	卫生局	
信 28	吴　坚	关于进一步加大我市养老服务体系建设的建议	卫生局	
信 29	彭曙冬	关于提高医保报销比例的建议	人社局	
信 30	刘召贵	关于加快昆山环境治理，迁离重污染企业的建议	环保局	经信委
信 31	屠焕坤	关于对昆山鼎鑫电子有限的严重污染企业进行搬迁或撤离昆山的建议	高新区	环保局
信 32	江飞霞	关于开发“昆山政协提案系统”手机客户端的建议	政协办	
信 33	时凤英	关于建立城市机动车停车场管理制度的建议	城管局	公安局、规划局

（张　宇）

中国民主同盟昆山市委员会

【概况】 年内，中国民主同盟昆山市委员会（以下简称“民盟昆山市委”）共有基层支部11个，盟员190人，平均年龄48.65岁。其中，教育界104人，科技界25人，文化界4人，医卫界30人，法律界4人，非公经济界10人，金融界1人。盟员中，具有高级职称的96人，中级职称的73人，分别占50.5%和38.4%。盟员中，有省人大代表1人，苏州市政协委员2人（政协常委1人），苏州市人大代表1人，昆山市政协委员29人（政协常委6人），昆山市人大代表2人（人大常委2人）。

【参政议政】 在市政协十四届三次会议期间，民盟昆山市委共提交集体提案7件，大会发言1篇、大会交流6篇，28名盟员政协委员共提交24份提案，共占此届政协总提案的14.9%。其中《关于进一步发挥旅游度假区功能作用的建议》获优秀集体提案。在市委统战部组织的“我为昆山发展献一策”活动中，有3名盟员获“金点子奖”。在做好两会建议和提案工作的同时，民盟昆山市委还开展其他各类参政议政工作，组织盟员参加市政府的全体扩大会议、专题电视电话会议和有关食品安全等方面的市民恳谈会；参加市政协的主席会议，听取市经信委和市教育局的工作情况通报，并进行协商；参加市政协的委员座谈会、民主议政会和民主建议协调会。还开展参政议政和社情民意专题讲座。民盟昆山市委领导班子参加市政协党组班子专题民主生活会情况通报会，并参加了市委市政府和市政协召开的庆祝中国人民政治协商会议成立65周年座谈会。

全年民盟市委制定五大重点课题，各支部结对成立调研组，深入基层开展调研。5月16日，组织盟员参加“疾控开放日”活动。5月27日，派员参加省盟第二届江苏城镇化建设研讨会并建言。有3名盟员的论文在“第五届江苏教育发展论坛”上被录用。7月1日，参加市政协“深化两岸产业合作试验区”建设的调研座谈会，组建课题组就昆山两岸产业合作试验区扶持小微企业、产业升级、金融开放、引进高端行业等方面开展讨论研究。

【服务社会】 年内，民盟昆山市委继续开展“项目化组团式服务”，并依托“昆山烛光社区公益服务中心”开展社会慈善公益活动。上述两项社会服务工作均获2013年度民主党派工作“创新奖”。1月28日，参加市共青团“关爱暖冬”爱心结对助学活动，被授予“爱心单位”称号，募集4 200元善款发放给结对助学的6名学生。全年，烛光公益中心组织盟员和发动志愿者慰问高新区福利院，捐赠价值20万元的贝婴美奶粉，为留守儿童捐购“四季平安盒”，开展“联手贵州施秉捐赠活动”，向贫困地区学生捐赠衣物近900件。此外，烛光公益中心继续开展“树美丽生态公益理念，促社区文明邻里情谊”活动。选派8位盟员参与党外人士文化服务团和爱心服务团的组建工作。10月23日，组织13名医学专家前往高新区姜巷村开展义诊活动，共接诊村民200余人次。11月3日，又为130多名离退休老干部举行主题为“秋季心血管疾病的防治”的健康关爱知识讲座。12月底，积极响应民盟苏州市委倡议的“我为毕节学生捐本书”活动，发动盟员捐赠5 450元的捐书款，交民盟苏州市委统一购置图书。

（民盟昆山市委）

中国民主建国会昆山市委员会

【概况】 年内，中国民主建国会昆山市委员会（以下简称“民建昆山市委”）共有会员192名，其中基层支部8个，专门委员会7个。在职会员147人，不在职会员45人，分别占76.5%和23.4%。会员中，有高级职称的40人，中级职称的92人，分别占20.8%和47.9%。会员中，中国民主建国会第十次全国代表1人，苏州市人大代表3人，苏州市政协委员3人，苏州市工会代表1人，苏州市妇女代表1人，昆山市人大代表3

人，其中2人为人大常委，昆山市政协委员28人，其中政协常委7人。

【组织建设】 年内，民建昆山市委召开主委会3次、市委(扩大)会议4次、支部单月活动6次。通过召开主题鲜明的交流会、学习会、座谈会，以会代训，对全体会员进行政治形势、政党制度和民建优良传统学习教育。全年新入会的9名会员中硕士3名、本科5名，平均年龄37岁，为组织增加了新的活力。市委会、专委会、各支部都开展了丰富多彩的活动，增强了组织活力和凝聚力。编演幽默剧《统一行动》参加市政协举办的庆祝“三八”国际妇女节活动。组织会员参加市委统战部举办的统战系统系列文化活动之一的首届“同心杯”乒乓球比赛。妇委会举办“庆三八”健康讲座，提高女会员的健康保健意识。老龄委在民建昆山市委小会议室举行集体祝寿活动，激励老会员安享晚年、老有所为、老有所乐；重阳节组织全体老会员举行茶话会，并参加会员企业一醉集团纪念集团成立20周年举行的“九九重阳节”慈善宴会。会员撰写的《践行群众路线提升履职能力》和《和谐社区管理模式选择的实证研究》分别刊登在民建中央期刊《民讯》和国家级刊物《经济界》。

【参政议政】 年内，民建昆山市委邀请昆山市政协提案委员会主任晋林根、老领导吴小麟作调研报告的撰写和参政议政相关知识的培训，提高会员的洞察力、调研力和撰写能力、履职能力。共形成《关于全力加快昆山试验区改革突破的建议》《关于规范和加强昆山劳动力市场的建议》《关于进一步加强我市公厕建设与管理的建议》《关于推进我市节约型绿化建设的建议》《加快发展电子商务，推动经济转型升级步伐》《关于昆山规模以上制造业经济分析及发展建议》6篇调研报告；由妇委会调研的《关于对昆山失独家庭进一步关怀与扶持的建议》调研报告提交省民建妇委会。在市“两会”召开期间，民建昆山市委作了题为《关于全力加快昆山试验区改革突破的建议》大会交流发言，民建人大代表、政协委员分别向“两会”提交个人提案27件，个人议案2件。

【社会服务】 民建昆山市委综合支部从2013年起与昆山开放大学签订爱心助学协议，每年扶持5名品学兼优的贫困学生完成学业，并号召企业家会员为开放大学学生提供就业岗位。年内，综合支部还赴千灯镇石浦小学举办“情意暖石小，爱心促成长”的助学捐赠活动，向6名困难家庭的学生赠送学习用品及精美图书。会员企业江苏恒联国际物流有限公司自2005年起与中国扶贫基金会《新长城项目》合作，资助特困高中生、大学生顺利完成学业，十年累计资助430人次，近90万元，其中，2014年共捐资14万元，助学70人次。春节前夕，会员企业一醉集团皇冠国际会展酒店摆出18桌宴席招待来自昆山福利院、玉山敬老院的老人和孩子们，并向每人派发了红包。一醉集团自1998年以来长期关爱扶持福利院的老人、孩子，福利院专门向董事长张伯生赠送了“共举善事，奉献爱心”的锦旗。端午节期间，会员企业昆山经济技术开发区建筑安装工程有限公司董事长左永杰带领公司10多名员工到玉山敬老院和老人们一起过佳期节，为他们送上端午节礼物，让老人们感受到社会的关爱和亲人般的温暖。玉山镇第一支部坚持每年向里库社区孤寡老人捐资捐物。此外，统战部党外人士服务团的团员们不仅慷慨解囊捐资捐物，还利用休息时间参加各种志愿服务活动。

（民建昆山市委）

九三学社昆山市基层委员会

【概况】 年末，九三学社昆山市基层委员会共有基层支社3个，社员54名，其中在职32人，退休22人，平均年龄57.41岁。大学本科以上学历50人，其中研究生学历10人。正高职称15人，副高职称29人，中级职称10人。社员中有苏州人大代表2人，昆山市人大代表3人，昆山市政协委员9人。年内，九三学社昆山市基层委员会被九三学社苏州市委评为组织建设工作先进集体，第三支社被九三学社苏州市委评为宣传工作先进集体，社员戴新泉被九三学社江苏省委评为社会服务工作先进个人，社员宋建华被九三学社省委评为思想宣传工作先进个人，社员朱剑被九三学社江苏省委评为组织工作先进个人。

【社会服务】 6月10日，九三学社昆山市基层委员会与农工民主党昆山总支部委员会联合在市福利院进行联合义诊，为孤寡老人和孤残儿童送去温暖和爱心，受益人数100余人次。社员还参与关爱帮扶困难群众和助学的慈善募捐活动，年内共募捐6 500元。

【参政议政】 年内，九三学社昆山市基层委员会在市“两会”上共提交4篇政协大会集体发言、3件集体提案、16件个人提案及4件人大建议，其中1件集体提案被列为市政协一号提案及市政府、市政协领导重点督办件。集体提案《加大社会组织培育扶持力度，加快构建政社互动的社会治理格局》被市政协评为优秀提案。年内，九三学社昆山市基层委员会积极组织安排各支社的调研课题，为提交下次“两会”的大会集体发言和提案作准备。

4月，参加九三学社苏州市委组织的调研课题招标活动，课题《加大社会组织培育扶持力度，加快构建政社互动的社会治理格局》中标并完成。还组织社员向政协委员、人大代表提供提案、建议线索，发动广大社员参政议政，以不断提高组织整体的参政议政能力。

【组织活动】 年内，九三学社昆山市基

层委员会组织社员进行社史教育，组织社员参观南湖革命纪念馆及九三元老褚辅成事迹陈列馆。组织社员参加中共昆山市委、政协、市委统战部的各种通报会和报告会。组织社员中的人大代表、政协委员向全体社员进行"述职"，汇报各自在"两会"上参政议政情况，以不断提高代表、委员的责任感和参政议政能力。组织选派社内骨干参加中共苏州市委组织部、统战部、中共昆山市委统战部培训。（毛积荣）

农工民主党昆山总支部委员会

【概况】 农工民主党昆山总支部委员会是中国农工民主党在昆山市的一个基层组织。总支部委员会领导班子成员5人，主委1人，副主委2人，组织委员和宣传委员各1人。下设3个支部，分别是医卫一支部、医卫二支部和综合支部。至年末，共有党员49人，在职38人，退休11人。平均年龄47.7岁。本科以上学历40人，占81.6%，其中硕士4人，博士1人。医药卫生界党员33人，占67.3%。党员中市、县两级人大代表4人，政协委员9人，担任副局级以上领导3人。

【自身建设】 农工民主党昆山总支部委员会全年组织党员学习习近平总书记在庆祝人民政协成立65周年大会上的重要讲话等系列讲话精神；学习贯彻全国两会精神，针对两会关注的"深化改革""养老并轨""医患矛盾""向污染宣战"等民生热词进行了讨论；学习中共十八届四中全会重要文件——《中共中央关于全面推进依法治国若干重大问题的决定》；传达贯彻中共昆山市委十二届七次、八次全体（扩大）会议精神。组织党员参加统战部举办的"昆山市惩治和预防职务犯罪""昆山市人力资源和社会保障""昆山市科技创新与知识产权保护"等情况通报会。党派负责人参加市政府全体（扩大）会议，参加市政协主席会议、民主议政会、学习会、庆祝中华人民共和国成立65周年和人民政协成立65周年座谈会等，参加市委统战部举办的"昆山城市公共交通建设""昆山养老体系建设""昆山生态文明建设"等情况通报会。年内，10余名党员参加各级各类培训班。通过学习，提高了全体农工党员的政治共识，增强了党派成员为推动"昆山之路"从头越的责任感和使命感。年内，总支部委员会发展新党员2名，均是单位的业务骨干，具有本科以上学历。

【参政议政】 年初市"两会"期间，农工民主党昆山总支部委员会提交集体提案3件，个人提案13件，人大代表建议2件。其中集体提案"关于进一步完善昆山市急救医疗服务体系的建议"得到市政府高度重视，年底该提案被市政协评为优秀提案。两会闭会期间，党员们关注民生及社会管理，写了多份社情民意信息，通过市政协报送市领导并转交相关部门办理，取得了良好的社会效果。党员们积极参加统战部组织的"我为昆山发展献一策"活动，有5名党员提交的"献一策"被市委统战部评为"金点子奖"，献一策总量及获奖数量在全市各民主党派中均最多。年内，党派完成了调研报告4篇，分别是：《关于加强医院护工队伍管理的建议》《关于消除高层建筑消防隐患的建议》《关于进一步提升昆山城市河道品质的建议》《夯实城市软实力，提升文化新品味——关于在柴王弄打造文化一条街的建议》。对党派的最后一条建议，市政府专门召开了会议进行讨论研究。

【社会服务】 6月，农工民主党昆山总支部委员会与九三学社昆山基层委员会到市福利院联合义诊，总支部委员会有13名党员参加，携带了便携式B超机、心电图机、血糖仪、血压计、听诊器等医疗设备，为福利院60多位老人、30多名儿童、30多名护工进行义诊服务，并赠送党派编印的《现场急救常识》《常见传染病防治》等健康读物，社会反响很好。总支部连续7年资助四川地震灾区的贫困学生，其中一位女学生2014年已读大三。（马洪爱）

6月10日，农工民主党医生为福利院老人义诊。

中国国民党革命委员会昆山市支部委员会

【概况】 年内，中国国民党革命委员会昆山市支部委员会（以下简称“民革昆山支部”）共有党员15人，其中6人担任苏州及昆山市人大代表政协委员。支部在《团结报》《江苏民革》等各类报刊发表信息文章20篇。加强党派自身建设，组织参加各类学习活动。组织党员赴常熟就组织建设和党务工作等进行交流。接待民革中央副主席修福金一行到昆考察。配合安排省民革妇委会议在昆山召开。民革昆山支部发起倡导的“随手环保”文明行动被写进市政府工作报告。持续深入推进“垃圾分类资源回收”实做项目进社区、企业、机关。

【参政议政】 年内，民革昆山支部围绕两岸健康产业园建设和公共文化治理工作，组织党员赴华东康桥国际学校、昆山旅游度假区和无锡新区图书馆开展调研。形成并提交三篇调研提案：《关于将“随手环保”公益行动作为文化和精神文明建设实践项目的建议》《关于进一步提升我市农业特色园区发展水平的建议》和《关于加强昆台文化创意产业合作发展的建议》，获市长和市政协主席督办提案。

【推进垃圾分类回收】 年内，民革昆山支部在持续推进昆山市麒麟小区环保同时，将此实做项目推进到市政协机关大楼和民革党员的企业柯瑞机电公司。麒麟小区开展每周二次环保实做活动，从未间断。通过组织开展一系列环保宣传活动，如社区环保讲座、组织居民参观、实做以及举办广场宣传活动等，参与环保实践的居民扩展到周边的几个小区，发展形成了一支拥有近20名居民的环保志愿者队伍。 （王晓阳）

昆山市无党派知识分子联谊会

【概况】 年内，市无党派知识分子联谊会共有会员86人，其中具有高级职称16人，硕士学位12人，博士学位1人。联谊会下设教育、医卫科技、经济城建、文化法制等界别组4个。会员中现有昆山市政协委员28人，人大代表1人；苏州市人大代表2人，政协委员1人。

在昆山市政协第十四届三次会议期间，市无党派知识分子联谊会共提交大会发言材料和集体提案各3件，委员个人提案24件。市无党派知识分子联谊会集体提案《加强协调，严格监控，有效治理建设工程扬尘污染》被市政协列为年度主席督办提案，《关于完善城市地下管网的规划、建设和管理的建议》被评为年度优秀提案。 （陆建中）

昆山市工商业联合会

【概况】 年内，全市共有区镇（街道）商会15家，异地商会7家，行业商会7家；共有会员企业3 750多家。全年编发会刊《昆山商会》4期、工商联简讯7期，宣传材料汇编1册。市工商联积极加强载体建设，充分利用《昆山日报》《昆山商会》《税企视窗》和工商联（总商会）网站，宣传民营企业转型升级和民营企业（企业家）健康成长。年内，总商会“开设昆山日报周日版‘商会专版’”工作被苏州市工商联评为十大亮点工作首位。

【组织建设】 年内，昆山市湖北商会和昆山市汽车流通行业商会相继成立，为湖北籍企业发展以及汽车流通行业发展搭建平台。指导石牌、花桥、陆杨、台州、促进会等商会成功换届。年内，市工商联发展会员企业163家。召开全市异地商会工作推进会，为全市异地商会加强组织建设，促进转型升级，搭建活动平台，强化责任、奉献、团队、经济、创新意识，提升商会统筹协调、公众形象、合作共赢、服务会员、机制体制水平奠定了基础。同时，市工商联进一步加强行业商会建设，在充分发挥行业商会自律作用的同时，指导行业商会通过搭建网络平台、实体平台、展会平台、招聘平台、培训平台、对接平台等增强行业的竞争力和会员的凝聚力。

【服务基层】 年内，市工商联以改革创新的精神，着力打造服务经济工作品牌，不断提高工商联工作科学化水平。驻会领导问需于民营企业，在走访商会企业中针对经营压力大、融资困难多、同业竞争缺引导、技术人才留不住等问题，通过多种方式将小微企业情况和变化及时反映给政府，以便更好地为企业提供信息服务和政策服务。通过组建乡镇街道小微企业合作社，举行银企对接、融资推介会等，积极为企业搭建融资平台，在提升服务能力、密切银企合作基础上，积极营造社会通力协作的氛围。与市农村商业银行召开银企合作座谈会，为中小微企业融资提供帮助。据不完全统计，2014年以来各基层（行业、异地）商会为会员企业融资10亿余元。组织举办最新助推企业发展政策宣讲会。邀请市发改委、经信委、科技局、人才办等四部门领导进行系统讲解，让更多的企业了解、把握、领会、运用各项政策。与市经信委联合举办“转型升级管理创新系列讲座”，为壮大昆山实体经济，突出创新驱动、转型升级，不断完善现代企业培育体系发挥基础性作用。加强对外交流合作，与澳大利亚彭里斯市商业联盟签订合作备忘录，召开座谈会，为进一步建立友好合作关系，推动双方工业与商业的发展和昆山民营企业“走出去”发展开辟了新的渠道。

年内，市工商联主办2014中国·昆山“江南名姚杯”长三角厨艺观摩邀请赛暨餐饮酒店名优产品食材展，吸引来自长三角地区的78家团体、108位个人、11家团膳组织共同演绎“舌尖上的对决”。主办“2014昆山第26届国际工业装备博览会”，展会有来自全国各地及港台地区的近350家机械五金行业知名企业参展。年内，市工商联举办2015年首届昆山品牌产品工厂直销展暨昆山汽车流通行业商会首届车展；组织15支代表队参加苏州市首届民营企业运动会，由高新区商会组队参加的羽毛球队荣获团体冠军。

【光彩事业】 年内，江西财经大学工商管理学院与昆山市江西商会举行校企合作签约，设立“昆山市江西商会赣点公益助学金”用于每年奖励品学兼优的贫困生，建立实习就业基地，每年定期择优推荐毕业生前往昆山市江西商会的企业实习。民营企业家花桥经济开发区商会会员、昆山博伟家具饰品有限公司董事长潘志伟牵手残奥冠军张淼设立全国助残“淼基金”。市光彩事业慈善专项基金为民办前景学校、民办珠江学校、民办力量小学3所民工子女学校和民办东方巴城幼儿园各捐赠10万元，主要用于添置教育设施，改善教学条件。举办昆山光彩事业慈善义拍和义卖活动，所得款项的30%和50%将汇入市光彩事业慈善专项基金。安徽、江西、湖北等异地商会第一时间参与做好本籍员工和家属的帮扶工作。据不完全统计，全市各基层（行业、异地）商会慰问敬老院8所、资助贫困家庭62户和贫困学生120多名，共计捐款200多万元、捐物50多万元。 （周幸生）

群众组织

昆山市总工会

【概况】 年末，全市共有经济技术开发区总工会、高新区总工会、花桥经济开发区总工会3个区总工会，张浦镇总工会等8个镇（总）工会，市级机关工会等18个局（系统）工会，供电公司工会等13个直属单位工会。年内，全市组建各类单独基层工会组织3 809家。累计建立基层工会组织17 490家，会员总数达623 006名，全市工会组建率达95%以上，世界500强在昆投资企业建会率保持100%。

【组织建设】 健全工会组织 年内，市总工会加强基层工会组织建设，重点推进百人以上企业工会组建工作。不断强化对基层工会的动态管理，开展25人以上未建会企业摸底调查，做到了基本情况清，未建会原因清，推进建会进度清。扎实推进区镇（总）工会规范化建设，不断完善"小三级"管理网络。面向基层，督促指导基层工会召开会员（职工）代表大会，促进企业工会各项工作的常态化开展。2月27日，顺利召开工会第十六次代表大会，选举产生新一届委员会领导班子。

职工之家建设 年内，市总工会坚持按照"会、站、家"一体化建设的思路，进一步推动"职工之家"建设。继续以"整合资源、扎口牵头、分类指导、丰富内容"的要求，始终坚持面向基层、诚心服务，通过聘请专家授课，组织观摩学习，指导基层单位提高标准、合理规范、丰富内容，全力推动职工之家示范点建设，成功创建职工之家示范点36家。

干部队伍建设 年内，市总工会累计调训工会干部32人，其中，省总干部学校培训20人；苏州市总干部学校培训12人。举办各类培训班10期，培训基层工会干部1 500多人次。进一步完善"非公企业工会主席岗位津贴和荣誉奖励办法"和"非公有制企业工会主席退休荣誉补贴制度"，推动非公企业工会干部专业化、职业化进程。

【维护保障】 推进工资集体协商 年内，市总工会实施工资集体协商三年提质增效计划，组织工资集体协商指导员培训班，提高工资协商指导员服务能力，提高工资协商质量。单独建会企业新（续）签集体合同728家，单独建会企业已新（续）签工资协议2 513份，签订村、区域工资协议210份，行业工资协议23份，覆盖企业14 381家。荣获省工资集体协商工作考评一等奖，被推荐为全国工会贯彻落实《集体协商工作三年规划》先进集体。

构建和谐劳动关系 年内，市总工会以"十个规范"为主要内容，推进企业职代会规范化建设，培育选树先进典型，全年新建职代会173家，表彰市劳动关系和谐企业24家，和谐园区1家。积极构建法律监督体系，新建工会劳动法律监督委员会206家，新增工会劳动法律监督员1 390人。健全工会干部走访联系制度，组织开展劳动争议隐患排查和整改督查，开展农民工工资支付专项检查，强化工资保证金的收缴、管理，全面加强预警预报工作，维权机制得到进一步完善。

优化劳动用工风险评估 年内，市总工会进一步优化企业劳动用工风险评估现有工作体系，建立《企业劳动用工风险评估规范》，成功立项省服务业标准化试点项目和省地方标准项目。着手完善评估操作手册，制订项目实施的具体方案和工作时间表，开展动员和培训，全面推进各项工作。计划用两年时间，完成企业劳动用工风险评估标准和标准化建设。

【群众性经济技术创新】 开展职工建功立业活动 年内，市总工会围绕推动重点区域、重点行业、重点工程、重点项目建设，组织发动职工全面开展劳动竞赛，全年区镇以上开展劳动竞赛活动88项。广泛开展岗位练兵，技能比武等活动，提高职工技能水平，提升职工总体素质。开展"我为节能减排献一计"专项合理化建议活动，收到推荐项目200余项，入围140个项目，产生了良好的经济和社会效益。

规范劳动模范管理 年内，市总工会顺利完成2011–2013年度市劳模评选表彰工作，评选出市劳动模范100名。推动市政府制订出台《市劳动模范评选和管理办法》。组织劳模典型代表，走进校园，以"颂品格、扬精神、聚正能"为主题，开展宣讲活动，弘扬时代劳模精神，教育引导学生确立"劳动光荣、劳动伟大"的观念。鼓励劳模充分发挥示范作用,带动更多职工开展技术创新活动,新增劳模创新工作室8家。

强化劳动保护　年内,市总工会制定《市总工会重、特大职工伤亡事故应急处置预案》,积极开展百场安全生产宣传培训进企业活动、"安全生产月"活动、"安康杯"竞赛等活动,工会劳动保护工作扎实推进。聘请专业师资成立讲师团,举办各类培训活动,在新上岗工会干部培训中,开设劳动保护课程,增强工会干部安全生产意识。推行工会劳动保护监督检查员片区服务站建设,不断延伸安全监督触角。

【职工文化宣教】 完善宣教机制　年内,市总工会完善工会宣传员队伍建设,建立宣教系统即时联系渠道,打造工会宣传"绿色通道"。制定《工会新闻稿件录用考核暂行办法》,举办培训班、专题讲座,进一步提高全市各级工会通讯员的综合素质和业务水平,以展示职工风采和介绍工会工作为主要内容,编印《工人》季度内刊,赠发全市基层工会,通过《江苏工人报》等主流媒体报道昆山市工会工作成果,扩大社会影响。

提升职工素质　年内,市总工会以社会主义核心价值体系引领职工提升素质工程建设,举办"励志成才、塑我人生"职工大讲坛,开展"畅游书海,成就梦想"职工读书系列活动,创建标准职工书屋。完成新建职工读书活动示范点19家,职工书屋19家,开发区职工活动中心,市水利局河道管理处,分别荣获全国"职工书屋"和省"职工书屋"称号。

【送温暖　再就业】 长效帮扶　年内,全市帮扶特困职工家庭131户,累计发放补贴资金144.9万元。实施《关爱环卫工人行动五年计划》,"四送活动"共慰问一线环卫工人1 746人次,组织环卫工人游览水乡,为他们送上夏令防暑降温用品,组织进行健康体检,累计投入资金达50余万元,较好地关爱了环卫工人的生产生活。

延伸服务职工网络　元旦、春节期间,全市共慰问困难职工、困难劳模等2 356人,发放款物425.34万元。实施"三送"各项活动,走访企业和工地412家,发放防暑降温用品212.75万元,全市各级工会共结对困难学生155名,发放助学金12.07万元。

推进互助保障服务　年内,全市新增职工互助福利基金会员13 500人,实时帮扶遭遇突发性困难职工37人,发放补助金8万元;新增参保女职工10 500人,向10名患病参保女职工支付互助医疗保障金10万元。举办招聘专场,帮助实现再就业256人。

(郭智贤)

共青团昆山市委员会

【概况】 年末,全市共有团(工)委102个,团总支91个,团支部3 057个,非公企业团组织1 515家,在册团员158 592人。共有96个少先队大队,少先队员99 972人,少先队辅导员2 126人。全年共发展团员5 324人,推优入党206人,新增省五四红旗团委1家、团支部1家、省青年文明号1家、苏州市五四红旗团委2家、团支部2家、苏州市级青年文明号6家。《微志愿、爱传递》等4部微电影分获第三届"为了明天——关爱青少年彩虹行动"微电影大奖赛二、三等奖和网络人气奖。年内,团市委先后获得"三动三合"区域化团建工作全省共青团系统创新案例二等奖和苏州市共青团系统创新案例一等奖;获得苏州市共青团工作先进单位标兵称号;在效能考核中获优秀单位称号。

【基层团组织建设】 年内,团市委开展党的十八大,十八届三中、四中全会和团的十七大会议精神专题学习会,通过印发学习材料、采购辅导读本、制作专题网页等形式,组织全市直属团干部举办学习会、交流会。举办全市共青团系统能力提升和作风建设主题学习日活动,邀请老团干讲述奋斗历程,激励团干部弘扬艰苦奋斗的工作作风。

年内,团市委落实党建带团建要求,全市新建非公团组织200家。持续推进乡镇"大团委"建设,探索区域化团建、集宿区团建、产业链团建模式。新成立市商务局、保利剧院2家直属团组织,组建全市金融系统团组织QQ群。筹建青少年社会组织团工委,加强联系全市16家从事青少年事务的社会组织。制定实施非公企业创优达标计划,创建达标创优团组织231家。承办全国性会议即国家级经济技术开发区团组织负责人示范培训班和全国非公企业团建"活力工程"推进会,接待团中央书记处书记汪鸿雁到昆视察捷安特团建点和团员服务中心。

年内,团市委召开2014年度全市共青团系统效能建设工作会议,全市51家直属团组织递交《市共青团作风和效能建设责任书》。举办新上岗团干部培训班、非公企业团干部(浙大)培训班,350余名团干部参加培训。举办鹿城风采志愿者培训班、市青年文明号培训班,召开非公团干部培训班成果分享会。组织全市20名新上岗团干部参加苏州市新上岗团干部培训班,2个省"五四红旗团委"创建单位团组织负责人参加苏州市优秀团干部和青年人才培训班。青联、青企协等组织坚持定期开展主题论坛、青年沙龙等活动。

年内,团市委结合党的群众路线实践活动,制定结对挂钩机制,团市委书记室成员结对挂钩直属团组织,直属团组织班子成员联系蹲点基层团组织,持续开展共青团"大走访、微调研"活动,制作专题网页,征集微学习、微收获等"微言微行"材料1 000余份,收集基层青年各类意见建议200余条,答复落实58件,形成走访调研文章43篇,编写专题简报13期。

【青年志愿服务】 年内,团市委启动"汤尤杯"羽毛球赛志愿者招募和宣传工作,有质量地发展鹿城风采志愿者队伍，积极做好2014年中国品牌产品进口交易会等全市大型展会志愿服务工作，组织青年志愿者800余人次，累计服务时间5 000多小时。继续开展学雷锋广场志愿服务、“地球一小时”“保护母亲河”等志愿服务活动。“8·2”事故发生后，全市共青团组织第一时间响应，组建应急志愿服务队、献血志愿服务队、家属安抚志愿服务队，进入家属安抚点进行服务，全市40多位直属团组织书记作为应急小组成员进入工作组进行驻点服务，并有1 000多人次志愿者参与家属接待和安抚工作。花桥唐春弟获全国优秀志愿者称号。

【服务社会管理创新】 年内，团市委继续推进青少年综合服务工作，解答青少年咨询32次。青商会持续开展“春蚕行动”和“圆梦行动”，为民办困难教师、暂困学生献爱心、送温暖。花桥心源社会工作发展服务中心逐步成熟，全年承接各类青少年事务6项。周市桂冠社区青少年社区笑果1号店，辐射周边6个社区，全年推出“亲子、康乐、融入”等6大主题活动50多场，累计授课1 000多人次。淀山湖青春家园、陆家四点半学校、高新区希望来吧等一批社区青少年服务阵地持续活跃。

【服务城乡一体化建设】 年内，团市委加强社区青春家园建设，开设青年社区学校，提供心理咨询、权益维权、暂困帮扶等服务项目，努力实现社区团工作、社区志愿者、社区工作者“三社合一”。持续加强新型青年职业农民培育力度，联合开展农业专家行、农技青年培训、生产实践等专题活动，为青年农民提供专业知识学习、专业技能培训和专业平台锻炼。整合各区镇农服中心以及三维园艺农业技术超市等技术、资金、政策资源，为农村青年搭建助推职业发展的孵化器，促进农村青年走上职业化、专业化道路。

【主题教育引导】 年内，团市委举办新时期青年精神征集活动，收集新青年精神320多条，诗词和散文作品20多篇。开展“十大杰出青年基层行”之“四进五谈”活动，邀请“十杰”走进社区、农村、企业、学校，与一线员工、农村青年、网络青年、少先队员共谈“中国梦”、共议新时期青年精神，累计举办十杰“四进五谈”微聚会10场，参与青年2 000多人次。建立青年剧场、青年书屋等11个青年汇阵地，举办台湾知名学者薛仁明签名售书会等“阅动青春”系列活动14场，编印《鹿城青春梦》之“青春铸就未来”中国梦特刊2期，发放2 000余册。

【新媒体宣教】 年内，团市委制定并下发《2014年度共青团宣传思想文化工作考核细则》，推进全市各级团组织开设团属微博、微信公共平台。全市各级团组织共建立“团青汇”三级微信群300余个，团属微信微博461个，拥有粉丝6万余人，累计推送信息2 000多条。改版团市委微信“青春”，持续创新栏目设置，新设“青春在一线”“话题热议”“小编推荐”等多个基层互动栏目，全年共推送图文信息157期874条，累计阅读次数达8万次。组建以直属团组织书记为核心，团委班子成员为骨干的共青团网宣员队伍。220人的网宣员队伍全部开通新浪微博、微信以及百度贴吧账号，先后参加“勿忘国耻，青春同祭”“关注青奥”等活动。高新区微漫画“小高小新”多次被团中央、团省委官微转发。

【开展品牌活动】 年内，团市委举办“春风送岗”青年专场招聘活动，34家青商会会员企业提供岗位1 500余个，近5 000名青年应聘。开展青工技能竞赛12场，评选青年岗位能手100多名。创新“青年文明号”争创形式，开展亮身份、亮口号、亮承诺，比作风、比服务、比技能“三亮三比”活动，开设青年文明号专题微博、微信，鼓励创建单位通过新媒体展示青年风采。启动寻访“我们身边的好青年”活动，上报苏州好青年80名。积极参与寻访“全国乡村好青年”活动，淀山湖青年张俭成功入选。

【青年文体活动】 年内，团市委举办“最青春·正能量”市纪念“五四”运动95周年暨第十二届十大杰出青年颁奖活动，开展叉车、交通指挥、急救急护等青工技能情况竞赛。筹备成立“青年汇”青年社会组织，建立摄影、阅读、艺术等专业小组，组织开展“发现·爱上这座城”手机微拍“五度”活动。开展交友联谊、户外拓展等“非公六进”系列活动30余场。市文广新局团委承办第二届青年羽毛球赛暨首届昆台青年羽毛球赛，市住建局团委承办青年乒乓球赛等十大文体活动。以两岸青年创业园筹备设立为契机，联合举办昆台青年创业分享会、昆台青年“1314”(一生一世)跨年晚会、第二届昆台青年成人礼骑行、昆台青年羽毛球交流赛等文体活动，以文化交流促进融合。

【倡导公益活动】 年内，团市委开展“阳光四季”工程，推进“公益春天、多彩夏日、圆梦金秋、关爱暖冬”品牌建设，开展免费观影、情暖孤障、家书传情、爱心义卖等10余项活动，累计关爱青少年700余人次。定期开展课业辅导、亲情陪护、爱心助学等“关爱新人子女”五大行动，累计帮扶民办学校学生340余人次。发放“青教、宏大、纬创、商厦”奖助学金30余万元，结对帮助新疆阿图什、四川阿坝州等地区困难学生1 000余名，累计募集“手拉手”爱心款10余万元。

【青少年权益工作】 年内，昆山市通过全国重点青少年群体服务管理和未成年人预防犯罪工作督查。召开市预防青少年违法犯罪工作领导小组（扩大）会议暨重点青少年群体服务管理推进会，发起“奉献微爱心·关注流浪乞讨青少年”活动，教育劝导流浪青少年18批次。

【少先队工作】 年内，团市委推进“团队一体化”建设。巴城费俊龙中学设立中学团队角。组织全市少先队员开展“从小立志中国梦，行动践行价值观”集中入队仪式，举办“红领巾寻访最美人”“红领巾相约中国梦”案例征集、“小手拉大手，共倡廉洁风”手绘廉洁卡、阳光少年“七彩夏日”主题夏令营、第八届少先队鼓号队风采大赛、红领巾阅读微课堂等少先队活动,引导广大青少年培育和践行社会主义核心价值观。正仪中心校获苏州市少先队鼓乐展示大赛特等奖,培本小学马沁宜同学被评为第六届苏州市少先队员形象大使。创新开展"学子会"工作,通过向外籍学子宣传创就业、人才引进等方面的政策信息,鼓励学子影响更多高校优秀人才参与城市建设。 (团市委)

昆山市妇女联合会

【概况】 年末,全市有区镇妇联11个,机关事业单位妇委会(妇工委)22个,街道妇联12个,行政村妇代会144个,社区妇联134个。年内,市妇联紧紧围绕全市经济社会发展大局,以"巾帼建功现代化"为主题,以"两个率先·芬芳工程"为统揽,以推进妇女事业发展先行区、妇女权益保障示范区、妇联工作创新发展实践区"三区"目标建设为主线,创新思路、主动作为,各项工作取得了新的进步和发展。全国妇联书记处书记焦扬到昆考察调研妇女工作并给予充分肯定,市妇联被评为省巾帼建功先进集体。《人民日报》、新华社、《光明日报》《中国妇女报》等8家中央主流媒体对妇女工作经验典型进行宣传报道。

【家庭文明建设】 年内,全市各级妇联以寻找"最美家庭"活动为载体,积极探索家庭文明建设创新之路。全年,通过全方位动员、多层次寻找、立体式宣传,发动超过13万户家庭通过"说家风家训""讲家庭故事""赞家庭美德""荐家庭典型"等多种形式在参与和分享中感悟提高、接受教育。综合运用报纸、电视、网络以及微信、微电影等全媒体手段立体宣传。活动开展以来在社区广场显示屏、宣传橱窗、妇儿之家共晒出家风家训739条、家庭照片4 455幅,评选各级"最美家庭"3 287户。11月,成功举办市文明和谐家庭表彰大会暨"最美家庭"风采展示活动,评选表彰了200户市级文明和谐家庭及20户市最美家庭,通过榜样的力量,激励更多的家庭崇德向善、见贤思齐。全国妇联书记处书记焦扬对昆山市开展"最美家庭"寻访活动给予充分肯定。不断创新家庭文化建设载体,市、镇妇联联动开展"家庭文化艺术节",启动实施鹿城家庭自行车环保公益骑行等5项主题活动,家庭亲子趣味运动会等8项系列活动。开展"文明幸福家庭秀"大型公益全家福拍摄活动,为全市5 000户家庭免费拍摄全家福。大力宣传科学家教,开展"和谐家教社区行"青少年家庭成长项目26场,针对社区不同需求安排专题讲座和心理工作坊,提升家长科学家教的意识和能力,800多名学生和家长从中受益。以昆山市美德少年故事为原型,精心编排家庭教育情景剧,展演2场,500多名家长与孩子观看演出。7月,特邀省妇联、省文明办"文明礼仪进万家"巡讲活动的专家面向全市中小学生家长宣讲家庭文明礼仪,积极推广家庭亲子阅读理念,和社会组织联合实施"陪伴阅读共成长"项目。各区镇广泛开展青少年"七彩夏日"系列活动、少儿文化艺术节、家庭读书会、国学经典朗诵比赛、青少年书法大赛等各类少年儿童素质养成活动。

【妇女发展】 3月,市妇联联合市人力资源市场、市总工会举办"三八"大型女性专场招聘会,邀请160多家企业参会,征集岗位3 623个,2 000多名女性前来应聘,是历年来规模最大的一次。全年,市、镇两级共组织女性招聘专场50场,服务女性人数13 390多名,达成就业意向2 979名。7月,启动"女大学生就业导航公益行动",通过宣传引导、职业规划、导师结对、资金协调、招聘送岗,为女大学生创业就业提质增能。继续加强女性技能培训,10月,联合市教育局开展农村妇女"网上行"基础技能培训工作,印发工作实施办法,首批培训农村妇女227人,城乡联动累计举办各类女性实用技术、职业技能、创业技能培训114期,培训妇女4 959人次。大力推进妇女创业小额贷款政策的落实,全年共有955名女性获得小额贷款12 544万元。3月,积极争取市委下发《关于进一步加强和改进新形势下妇女工作的意见》,明确提出女干部配备的量化指标和刚性要求,为女干部培养选拔提供政策保障。3月,与市委组织部联合举办第三届全市优秀青年女干部培训班,组织41名优秀女干部赴浙江大学脱产学习。全年,推荐11名女干部参加省、苏州市各类女干部培训班,有效提升女干部综合素质。5月,联合市人才办、科技局等部门召开女性科技人才工作座谈会,举办女性科技人才沙龙,进一步加强对女性科技人才的凝聚和服务。9月,召开全市"巾帼建功"事迹报告和活动推进会,激励女性岗位建功。

【妇女维权】 10月,市妇联与市农委办联合转发省农委、省妇联《关于在农村土地承包经营权确权登记颁证工作中保护好农村妇女土地权益的意见》的通知。主动加强与市法院、司法局的联系合作,在广泛调研、反复论证的基础上,7月,共同出台《关于婚姻家庭纠纷诉调对接工作实施细则》,建立联席会议工作制度,组建诉调对接志愿者队伍并进行专题培训,提高婚调委在处理婚姻家庭纠纷中的权威性。深化平安家庭建设,探索建立反家庭暴力社会支持体系,多次深入基层派出所调研反家暴告诫制度落实情况,推动建立长效机制。全年发放家庭暴力告诫宣传材料2 000多份,公安机关开具家庭暴力告诫书26份,对施暴者形成一定的威慑,降低家庭暴力的发生率。真情关爱服务广大外来务工妇女,委托高校暑期社会实践团深入开展外来女性城市融入调研探索。市镇联动,在全市外来妇女相对集中的重点企业、集宿区挂牌成立20家"阳光女工学堂"。围绕权益保障、婚恋指导、心理疏导、融入等主题开展培训、讲座18期,发放《阳光女工手册》1 400多册。深入开展"三八"维权周活动和"11·25"国际反家暴日活动，走进电台进行反家暴专题直播，拍摄《法治》宣传片在电视台循环播出，各级妇联开展法治维权宣传讲座 55 次，开展广场法治咨询、宣传 87 场，发放各类宣传资料 43 000 多份，有效增强了妇女学法、懂法、守法意识。不断拓展妇女诉求表达渠道，充分运用 12338 维权热线以及 QQ 群、微信等网络平台，市妇联信访窗口共接待妇女来信来访 85 例 175 人次，调处率达 100%。

【妇儿民生】 年内，市妇联开展妇女儿童规划实施情况中期评估工作，多次与妇儿工委成员单位沟通，系统深入梳理重点指标和 13 项重点事实项目进展情况。4 月，顺利完成“十二五”妇女儿童发展规划省级中期评估督导抽检工作，进一步促进各成员单位对规划的实施。全年，共为 110 名单亲母亲、困难妇女提供了“一对一”心理咨询、健康体检、职业规划等方面的服务。联合女企业家协会实施“真情守望——‘两癌’贫困妇女救助项目”，首次为 22 名农村贫困“两癌”妇女发放救助金和慰问品共计 11 万元。不断细化困境儿童关爱工作，努力营造关爱儿童发展的社会氛围。针对本地孤困儿童，5 月，策划举办“社会妈妈”牵手孤困儿童活动，累计招募“社会妈妈”累计超过 400 人。9 月，启动关爱孤困儿童“向日葵”阳光之旅项目。11 月，联合市慈善总会发起“全城织爱”温暖行动，招募发动 700 多名社会爱心人士为全市孤困儿童编织爱心毛衣。针对流动儿童，7 月，成功举办第四届“小候鸟”夏令营，市镇联动开展各类“小候鸟”关爱活动 40 次，1 500 多名“小候鸟”受益。针对外来务工人员在昆就读子女，9 月，评选表彰家境贫困、品学兼优的“蒲公英”好少年 100 名，筹集发放助学金 10 万元。深入开展“蒲公英圆梦”行动，从学业帮助、心理援助、家教指导、平安守护四个方面为外来工子女增能助力，活动入选 2014 年度“家在苏州”主体品牌优秀项目。

【巾帼建功行动】 年内，市妇联层层组织开展“巾帼勇担当·共筑中国梦”主题教育活动。3 月 8 日，举办全市各界妇女纪念“三八”国际劳动妇女节 104 周年大会，激励广大妇女姐妹敢于追梦、自强不息，生动展现了女性的时代风采。善用女性视角诠释社会主义核心价值观，使社会主义核心价值观学习教育活动入脑入心。各级妇联通过开展征文、微话题讨论及拍摄微电影、设计制作动漫宣传品等形式，引导广大妇女形成共同的理想追求、精神支柱和思想道德。大力培树各类女性先进楷模，弘扬“四自”精神、释放女性创造活力。深入开展第二届“十大新女性”评选表彰活动，挖掘一批在昆山市全面深化改革进程中取得显著成绩和作出突出贡献的新巾帼领军人物。各级妇联通过评选“梦想之星”、开展“巾帼圆梦”行动等方式，点燃社会各界的爱心和助梦激情，共征集完成 210 多个妇女儿童在实现价值、就业创业、亲情陪伴等方面的心愿梦想，将巾帼志愿服务做得更实在，更有影响。5 月，精心策划市第六届女性公益创意集市。6 月，举办“秀两岸风情·展姐妹风华”昆台两岸女性公益嘉年华活动，大力传播志愿服务精神和公益理念，搭建昆台两岸女性义工文化、慈善文化的交流平台。市妇联舒欣家庭心理咨询中心荣获省巾帼志愿服务示范基地、市践行社会主义核心价值体系先进集体。

【女性社会组织培育】 年内，市妇联推进女性社会组织发展，构建以妇联组织为核心、以各类女性社会组织为依托的枢纽型妇女组织模式，不断扩大服务妇女儿童家庭的工作力量。2014 年新指导成立女性社会组织 5 家，市妇联主管的女性社会组织累计已达 19 家。全年，扎实推动“新家人——外来务工家庭融入服务”等第二届公益创投 7 个项目的实施，累计举办各类活动 161 场，直接服务对象近 4 200 人次。指导女性社会组织参与第三届公益创投，“职场女性减压增能”等 8 个服务项目中标，占项目总数的 20%，获得项目资金 79 万元。设计、策划各类妇女儿童及家庭民生公共服务项目，积极争取将服务妇女儿童和家庭的内容列入政府购买项目。11 月，外来务工家庭增能服务、困境儿童帮扶、新婚家庭生活指导服务等四项妇儿民生需求成功纳入第二届市社区公益服务购买项目，获得项目资金 73 万元。11 月，发起成立全市首家公益类社会组织合作公共体——市妇女儿童公益联盟，25 家服务于妇女儿童公益事业的社会组织成为首批成员，进一步强化了妇联的核心和枢纽服务功能。11 月，全国妇联组织中央主流媒体对昆山市的经验做法进行专题采访报道。

【妇联组织建设】 3 月，全市妇女工作会议召开，出台《关于进一步加强和改进新形势下妇女工作的意见》，从政策层面为今后一个时期妇女工作创新发展提供了多重保障。经协调争取，区镇妇女工作经费全部达标并实现 100%纳入同级财政预算，区镇妇联 100%配备了 2 名专、兼职妇联干部。进一步巩固加强村、社区妇女儿童之家和区镇妇女儿童活动中心两级阵地建设，新增省级、苏州市级示范妇女儿童之家 6 家，周市镇(陆杨)妇女儿童活动中心被评为省级示范乡镇妇女儿童活动中心。11 月，精心组织开展全市首届妇女儿童之家优秀工作项目评比活动，评选表彰工作项目 50 个，以奖代补发放资金 13.7 万元。开展党的群众路线教育实践活动，不断改进工作作风，切实把联系和服务妇女群众的要求落到实处。注重重心下移，完善常态化联系妇女群众制度，3 月，启动妇联干部“进百村(社区)、访百企、走百家”活动，全市各级妇联干部开展调研 168 次，走访调研妇女群众 856 人，广泛了解妇情民意，掌握基层实际情况，增强服务针对性和工作实效性。切实加大妇联干部队伍能力建设，10 月，举办基层妇联干部社会工作专题培训班，组织赴苏州公益园、姑苏区桂花公益坊参观学习。组织区镇主席参加苏州市妇联干部实务培训班，系统学习项目设计、申报和营销，提升基层妇联干部社会化工作的意识和理念；动员鼓励妇联干部报名参加社工、心理、法律等专业学习和职业资格考试，努力提高妇联干部做好党的群众工作的能力和水平。

6月6日，全国妇联书记处书记焦扬到昆山调研。

【女企业家协会建设】 年内，市妇联充分发挥女企业家协会平台作用。1月，成功举办2013年度会员大会，全体会员和顾问及市企业家联谊会、台协妇慈会的代表共140余人参加会议。同月，市妇联携手女企业家，分成10个小组，赴全市11个区镇走访慰问了50位单亲贫困母亲，发放慰问金4万元，油、米、被慰问品约2万元。5月，与市国税局联办税企对话座谈会，组织女企协会员赴浙江金华参观学习。11月，邀请福卡经济预测研究所所长、中国经济体制改革委员会副会长王德培教授到昆举办大型金融专题讲座——《新经济形势下的商业模式》。12月，承办沪昆两地女企业家大型交流活动，召开2014年度会员大会，市女企业家协会对创业女性的凝聚力、影响力进一步提升。 （刘 珺）

昆山市残疾人联合会

【概况】 年内，市残联以残疾人“两个体系”建设为核心，以残疾人服务中心建成启用为契机，悉心构筑“集爱之家”，残疾人服务平台实现历史性突破；悉心培育社会组织，助残扶残实务能力和工作氛围明显提升；悉心实施“三应三尽”扶贫帮困行动计划，残疾人幸福工程向纵深推进。11月3日，入驻“集爱之家”的“中国残疾人高端康复辅具技术中心”正式开业运行。至12月底全市持证残疾人14 500人，年内新增720人。

【社会保障】 年内，市残联为1 835名全年无固定收入重度残疾人发放生活救助金共计1 125万元；为621名低保家庭中重度残疾人发放生活补贴共计84.5万元；为194名特殊困难残疾人发放生活救助金共计96万元；为289名无业精神（智力）三四级残疾人发放生活救助金共计137.4万元；为200名残疾学生发放助学金共计55万元，为44人减免学费共计30万元；全年发放专项救助金1 330.6万元；残疾人团体人身意外伤害保险7 659人，年补助30.6万元；残疾人免费乘车8 624人，全年234.4万元。年内79名残疾人申请残疾人代步车辆购置补助，补助金额19.25万元；在区镇分设7个残疾人代步车辆服务点正式使用。

【康复服务】 全年全市发放各类康复补助273人494.03万元；实施白内障复明手术补助2 340例202.4万元；重度听障儿童人工耳蜗植入补助7名42万元；肢体残疾人假肢矫形器装配93名26.2万元；贫困精神病患者实施免费服药救助1 552名109.8万元。建成启用的“集爱之家”，引入3家特色康复服务社会组织，分别针对脑瘫、肢残、智障、运动发育落后、听力言语障碍、自闭症等残障儿童开展康复训练与教育服务，100余个残疾儿童家庭选择就地康复。举办针对性公益讲座4场，累计培训230人次。联合西门子助听器服务中心和11个区镇，组织10场听力筛查和免费助听器验配等宣传活动，累计筛查听力残疾人720名，免费验配助听器314台。

【教育就业】 年内，全市发放各类教育补助金27.6万元，补助对象328人次。全市持证就业年龄段的残疾人有7 289人，全年实名制就业250人；开展就业援助月专项活动，走访残疾人家庭111户，登记失业残疾人73人，成功实现就业23人，享受专项扶持8人；举办助残招聘专场，达成就业意向53人。全市92家福利企业超比例安置残疾人4 015名，发放补贴资金199.84万元。完成盲人保健按摩机构年审2家、申报扶持1家，并获省补资金8 000元。制定“2014年市残疾人职业技能培训实施方案”，累计职业技能培训250人次。有13位残疾人自主创业，申报补贴资金4.3万元。年内办理2家盲人按摩机构许可证。加大残疾人保障金集中征缴力度，共完成征收任务3 766万元。

【维权服务】 年内，市残联宣传《残疾人保障法》《信访条例》等有关法律法规，增强残疾人法律意识，已为5位有需要的残疾人提供法律帮助。在电视节目加配字幕、手语等无障碍服务。妥善处理来信来访23件，答复政协提案1件。

【托养服务】 年内，市残联围绕“托养服务机构建设标准化、托养服务管理规范化、托养服务发展城乡一体化”的“三化”要求，全市托养服务总人数445人次，其中全日制44人，日间照料44人，居家服务355人，发放护理费258.7

万元。

【康复服务“四进”家庭活动】 年内，市残联结合“七彩梦行动计划”活动，为30名脑瘫儿童适配脑瘫儿童轮椅、助行器、站立架、坐姿矫正椅等辅助器具88件，向区镇免费配发28类残疾人康复辅助器具5 750件。为802户残疾人家庭进行了坡道、门铃、扶手等无障碍改造，培训并敦促社区康复协调员定期上门对残疾人进行康复指导和康复知识普及。 （朱 虹）

昆山市哲学社会科学界联合会

【社科理论研究】 年内，市社科联把研究阐释社会主义核心价值观作为社科工作主题，提高理论研究的针对性。年内，市社科联基本完成核心价值观实践测评指标体系的研制工作。近年来，社会主义核心价值观区域化工作持续推进，年内基本完成核心价值观实践测评指标体系。测评指标体系形成“1＋4”的框架体系。“1”是社会主义核心价值观区域化实践基准指标，由传播力建设、组织化程度、政府践行度、企业践行度、公民践行度五个一级指标组成。一级指标下，设有15个二级和30个三级指标，体现测评指标的导向性、科学性、前瞻性和操作性。“4”是按照“突出重点、分类测评、试点示范、稳步推进”的原则，在全市区镇、机关单位、企业和未成年人群体中，按步骤有序开展指标测评工作。

年内，市社科联广泛开展价值观宣讲阐释，搭建宣传载体，加强舆论引导。“我谈价值观”征文活动开展以来，通过广泛征集，共收到来稿100多篇。

【社科应用研究】 年内，市社科联以应用研究为社科研究重点，提高服务大局服务社会的能力。年内，市社科联推出一批重点调研课题。社科应用研究课题向应用、对策和前瞻性研究拓展，实行“1+5+60”的结构形式。1项重大课题为“探索制度创新，全面深化两岸产业合作，承接上海自贸区溢出效应，打造经济升级版”；5项为市级重点课题；60项为全市各区镇和部门自报课题。

年内，市社科联组织市第四届社科优秀成果奖评奖工作。共接受申报成果112项，经专家组评审，评出一等奖3项，二等奖5项，三等奖10项，提名奖20项。其中秋石的《精神上不能缺钙》和张树成的《在推进现代化中努力实现农民收入“倍增”计划的调查与研究》、顾向民的《对外贸易结构分析》分别获苏州市第十二次哲学社会科学优秀成果二、三等奖。

【社科普及宣传】 年内，市社科联以“日知讲坛”为社科普及主阵地，提高公众社科人文素养。年内，市社科联创办社科讲座“日知讲坛”。定位“弘扬日知文化，做社科耕耘者”，在全市区镇开展顾炎武和《日知录》、祖冲之的“科学精神”等11场讲座，形成了三个特点：巡回宣讲常态化，讲坛延伸到全市各区镇、街道、村（社区）现场一线；师资队伍本土化，主要由昆山市一批坚守社科研究阵地、以研究先贤思想为代表的文化行家专家担当；形成一套规范讲课的标准和流程。讲课录像视频经整理后在社科网播放。一年来，讲坛受到欢迎和好评，成为传承和弘扬优秀传统文化的平台，培育和践行社会主义核心价值观的载体。被苏州市委宣传部、苏州市社科联评为2014年度苏州市社科普及品牌讲座。

年内，市社科联深入开展“践行价值观，共圆昆山梦”主题宣讲活动，把宣讲活动与“千场社科讲座进基层”活动结合起来，成立了由全市82名社科工作者组成的讲师团，进机关、区镇、街道、学校、企事业单位宣讲。举办第九届社科普及宣传周活动，期间，各学会（协会、研究会）和区镇开展社科普及活动共38项。现有1家省级社科普及示范基地、2家苏州市社科普及示范基地、3家苏州市社科普及基地和32家市级社科普及基地，发挥各自特色，开展社科普及活动。 （徐 穹）

昆山市红十字会

【概况】 年末，市红十字会共发展会员2 865人。年内，市红十字会制定《市红十字会领导班子整改方案》，修订、补充和完善10多项管理制度。举办“博爱送万家”慰问、“3·5”学雷锋红十字志愿服务、“5·8”世界红十字日、“5·12”防灾减灾日、“世界急救日”等主题日活动。全年在门户网站、微博、微信和电台、电视台及上级红十字报上发表宣传报道1 168篇、新闻24篇、节目12次。在中国红十字会成立110周年之际，新华网、《江苏工人报》《经济日报》《江南时报》和江苏城市频道等16家中央及地方媒体联合采访了造血干细胞捐献志愿者团队，并发表采访报道。每月进区镇、社区开展健康知识普及。组织开展“红十字青少年迎六一”文艺汇演、红十字青少年暑期夏令营、红十字青少年急救知识培训、第二届“博爱杯”红十字青少年书法比赛等有意义的青少年活动。在淀山湖中心校、石浦中心校、柏庐实验小学建设红十字展厅或展廊。为55所各级红十字示范校建设了红十字博爱班。柏庐实验小学红十字会开展向患骨肉瘤的陈炜杰同学捐款活动，共筹得救助款474 788.7元。陆家中学红十字会组织学生进行爱心义卖，将义卖所得资助贫困学生。年内，玉山小学成立红十字会。定期向社会公开捐赠账户收支情况，在门户网站、《昆山日报》及娄江论坛公告捐赠明细。规范募捐箱管理制度，撤销全市40多个多媒体募捐箱。12位社会监督员对红十字会各项工作全年进行监督，及时反映社情民意和社会关切。邀请捐赠人、志愿者和社会监督员参与救助活动，在汶川地震6周年、雅安地震1周年之际，邀请捐赠代表赴绵竹、雅安实地查看援建项目进展，每季主动与雅安红十字会联系，跟踪项目进展情况，并及时向捐赠企业反馈，做到捐赠款使用公开透明。制定出台《红十字志愿者队伍管理制度》，推进志愿服务工作规范化、专业化，5位志愿者获"江苏省优秀红十字志愿者"称号。与张家港等兄弟县市红十字会进行交流学习。与市社科联合作，推动红十字理论和实践研究向纵深发展。与开发区合兴社区、高新区新昆社区、巴城镇荣亭村继续做好结对共建工作。4月18日，召开昆山市红十字会第五次会员代表大会。

【救助救济】 年内，市红十字会依托市民政备灾救灾中心设立市红十字会备灾救灾中心。积极应对可能发生的各类自然灾害，第一时间组织红十字志愿者参与"8·2"事故志愿服务，及时制定爱心企业捐赠医疗器械及药品操作流程，并接受救治伤员急需药品捐赠。积极参加"5·12"防灾减灾演练，指导轨道交通地铁站、福伊特造纸服务(中国)有限公司等单位开展应急救护演练。积极响应总会募捐号召，有序开展向云南鲁甸地震灾区捐款捐物工作，及时将方氏塑业捐赠的价值20多万元的净水设备和吉世得户外用品有限公司捐赠的价值4.5万元的帐篷运往地震灾区。"世界急救日"期间，各医疗机构红十字会、周市长泾社区、淀山湖中学、周庄小学等社区、学校分别组织开展急救演练及竞赛，普及急救知识，提升居民、学生自救互救能力。发放车用急救包1 234个，实现全市公交车、校车急救包全覆盖。结合实际修订《市红十字会救助实施办法》和《市红十字会彩票公益金使用试行办法》。在11个区镇增设救助咨询登记点等便民措施。根据救助对象实际需求，积极开展形式多样的社会救助活动，发放救助款126.96万元，物资135.32万元，其中救灾款物220.29万元；扶贫救助款24.90万元，惠及2 035人次；发放助学款17.09万元，救助本地、四川隆昌等185名贫困学生。

【救护培训】 年内，市红十字会圆满完成省政府、苏州市政府实事工程——"公益性应急救护培训"项目，制定出台《2014年公益性应急救护培训项目实施方案》，救护培训进机关、进社区、进农村、进学校、进企业"五进"活动开展顺利。全年共完成普及性培训34 612人，初级救护员培训1 443人，其中公益性培训31 615人(普及培训30 459人、初级培训1 156人)。建成并启用市红十字救护培训中心，每月开办"救护培训讲堂"。推广使用"掌上急救课堂"手机APP软件，向市民发送急救动漫短信，发放各类宣传资料6万余册，将急救知识送到市民身边。在医院、社区等输液区滚动播放救护知识，在全市所有预防保健所放置婴幼儿救护知识宣传图片。在小学五年级、初中二年级及高中新生中全面开展救护知识普及，初步形成了全市救护培训的梯队层次。组织社会群众参加苏州市红十字会"全民学急救知识竞赛"，共有74人获奖。

【无偿献血、捐髓和捐遗工作】 年内，全市共有19 828人参加无偿献血，其中献全血人数为18 040人，献血小板人数为1 788人。采集全血26 641.5单位，采集血小板1 929人份。临床用血100%来自于自愿无偿献血。79人获得苏州市无偿献血奉献金奖。全年共有295人加入中华骨髓库，成功实现捐献6例(累计37例)，捐献总数占苏州的五分之二、全省的十分之一。13位造血干细胞成功捐献志愿者获苏州市无偿捐献造血干细胞奉献奖，5位获"好人"称号。组织遗体、器官捐献者家属参加苏州市第八届遗体、器官捐献集体悼念仪式。遗体捐献新增报名登记24人，实现捐献2人。眼角膜捐献报名登记27人，实现捐献5人10枚，使10名患者重见光明。器官捐献报名登记28人，实现捐献4人(占苏州的五分之二)；捐出大器官12个(约占苏州的二分之一)，其中肝脏4个(占苏州的五分之二)、肾脏8个(约占苏州的二分之一)，使12名重病患者重获新生。市中医院被评为苏州市人体器官捐献工作优秀单位。

(红十字会)

昆山市归国华侨联合会

【概况】 市侨联是市委领导下的人民团体，是市委、市政府联系广大归侨侨眷、海外华侨华人的桥梁和纽带。至年底，市侨联有主席1名、副主席4名(2名不驻会)、秘书长1名，侨联委员23名，顾问1名、海外顾问3名。全市共有归国华侨15人，海外籍华侨华人、港澳同胞2 900余人，在昆华侨华人5 000多人、侨眷8 000多人，累计注册的侨港资企业2 500多家。3月29日，中国侨联党组书记、主席林军，中国侨联副主席、上海市侨联主席沈敏一行4人到昆调研侨联工作。年内，市侨联举行"侨界看""关爱侨界义诊""侨联成立30周年座谈会""侨界爱心助学"、采编"侨联故事回忆录""画册"等系列活动，庆祝市侨联成立30周年。

【中国(上海)自由贸易试验区侨界论坛嘉宾到昆考察】 3月28～29日，中国侨联、中国(上海)自由贸易试验区管委会、上海市侨联在上海联合主办名为"相聚在浦江，共圆中国梦"——中国(上海)自由贸易试验区侨界论坛的活动。通过主动对接上海自贸区，与中国侨联、上海市侨联积极沟通争取，昆山市侨联邀请到参加活动的100余名海内外华侨华人专业人士、重点侨商侨领，重要商会、社团、侨界青年联合会到昆考察。在昆期间，嘉宾们参观了改革开放成果展、开发区规划馆、深化两岸产业合作试验区规划展示馆及千灯古镇，并与各区镇、有关单位招商负责人友好交流，形成了良好的互动。

（侨　联）

昆山市侨商投资企业协会

【政企沟通】 年内，市侨商投资企业协会（以下简称“市侨商会”）定期联络各部委办，召开座谈会，定期走访侨资企业，加强政企交流，加深相互印象，使相关部门获得侨商一线意见和建议，会员企业了解最新政策。市侨商会先后积极参加了国侨办“海归专业人士及侨办座谈会”、侨企座谈会、科技人才沙龙、省侨商会秘书长会议等活动，并积极参加“相聚在浦江，共圆中国梦”——中国（上海）自由贸易试验区侨界论坛嘉宾行、“海外华侨华人高层次人才行”等全市重大活动，与海外高层次人才加强互动推荐，为昆山市招才引智工作作积极贡献。加强横向联系，积极交流、资源共享、互利共赢。年内，海门市侨商总会、上海华商会、上海杨浦区侨商会到昆参观考察，与市侨商会增加互动交流，共谋发展大计。主动为侨商拓展合作渠道，搭建合作平台。年内，推荐副会长张涛为苏州市侨界青年委员会委员，组织会员单位参加2014重庆“内陆开放与华商责任”经济研讨会等。成功推荐副会长徐小平入选第20批“市荣誉市民”。

【企业服务】 市侨商会推出从报名、体检到协调考试、代领驾照的侨商更换国内驾照一条龙服务。年内，联系卫生局，共为近20位在昆创业的侨界高层次人才办理医疗绿卡，提供高端的医疗和健康服务。针对侨企实际需求，先后举办《优势谈判》讲座、《了解CQC的认证与第一手之国家政策及无限商机》讲座、《魅力领导与销售》讲座、《如何有效落实“工业安全”的预防与维护》培训课程等近20场次培训讲座、参加培训人员近1 000人次。

年内，市侨商会还配合市侨办组织侨商子女参加海外华裔青少年夏令营活动，促进海内外华裔青少年的交流。既在生产经营上关心侨企，更在日常生活中关心侨商，真正起到侨商娘家的作用。通过不断打造为会员的个性服务，建设侨商精神家园，获得华侨华人和广大侨企侨商深层次的归属感。

（侨　办）

社会团体

【概况】 年内，全市新增社会团体40家，其中行业性9家、商会1家，联合性15家，学术性1家，专业性14家。

表7　2014年全市新增法人社会团体

序号	名称	登记时间	法人代表	业务主管部门
1	高新区社会体育指导员协会	2014.1.6	顾颖妍	体育局
2	花桥经济开发区体育总会	2014.1.13	王学明	体育局
3	花桥经济开发区社会体育指导员协会	2014.1.13	唐伏达	体育局
4	湖北商会	2014.1.15	周中华	工商联
5	市张浦镇体育总会	2014.1.15	周林生	体育局
6	市张浦镇社会体育指导员协会	2014.1.15	周金依	体育局
7	市巴城镇钓鱼协会	2014.1.19	祝俊峰	体育局
8	市周市体育舞蹈运动协会	2014.1.19	马作诗	体育局
9	市华夏收藏艺术研究学会	2014.1.19	辛树伟	文广局
10	制造业采购协会	2014.1.24	胡　刚	经信委
11	市张浦镇足球协会	2014.1.21	刘东海	体育局
12	市环境保护公益联合会	2014.1.29	王　琦	环保局
13	市作家协会	2014.2.18	沈　明	文联
14	市女书法家协会	2014.3.21	陈凤珍	妇联
15	市张浦镇老年人体育协会	2014.3.20	朱桂荣	体育局

续表

序号	名称	登记时间	法人代表	业务主管部门
16	市保龄球协会	2014.4.8	高国林	体育局
17	市花桥摄影协会	2014.4.16	沈雪龙	文联
18	塑料行业协会	2014.4.24	肖卫永	工商联
19	市自主创业者联谊会	2014.4.25	孙　刚	人社局
20	汽车流通行业商会	2014.4.27	杨叶清	工商联
21	市节能低碳产业协会	2014.7.1	潘敬根	经信委
22	市戏剧曲艺家协会	2014.8.20	戴学平	文联
23	市千灯镇门球协会	2014.8.21	陈见文	体育局
24	市千灯镇老年人体育协会	2014.8.21	王品良	体育局
25	市巴城镇体育总会	2014.9.9	薛敏文	体育局
26	市电子竞技运动协会	2014.9.11	姚坤民	体育局
27	市巴城镇老年人体育协会	2014.10.27	吴海荣	体育局
28	高新区老年人体育协会	2014.10.30	陈伏珍	体育局
29	市陆家镇乒乓球协会	2014.10.27	李　忠	体育局
30	市劳务派遣行业协会	2014.11.5	罗　琴	人社局
31	市陆家镇羽毛球协会	2014.11.10	祁月明	体育局
32	开发区柔力球协会	2014.11.17	康云谱	体育局
33	市易制毒化学品行业协会	2014.11.28	吴建良	（直接登记）
34	市巴城镇足球协会	2014.11.20	钱　超	体育局
35	机械零部件加工行业协会	2014.12.1	周　斌	（直接登记）
36	市混凝土行业协会	2014.12.8	李守国	住建局
37	经济技术开发区安全生产与环境保护协会	2014.12.16	朱晟杰	开发区管委会
38	高新区体育总会	2014.12.16	戴红卫	体育局
39	市淀山湖镇体育舞蹈协会	2014.12.16	谭艳秋	体育局
40	市张浦镇门球协会	2014.12.23	姚则生	体育局

民办非企业单位

【概况】 年内，全市新增民办非企业单位54家。至年底，全市累计注册登记民办非企业单位454家，有公益服务类230家，教育培训类147家，体育娱乐类39家，文化艺术类22家，经济服务类12家，科学研究类4家。另有备案的社区社会组织809个。

表8　2014年全市新增民办非企业

序号	名称	成立日期	法人代表	业务主管单位
1	市立言社会工作发展中心	2014.1.24	王秋月	民政局
2	市爱佳弱势社群关爱中心	2014.1.29	何沁华	民政局
3	吉的堡英语培训中心	2014.2.11	徐　平	教育局
4	勉飞教育培训中心	2014.3.10	姚建林	教育局
5	市顺通职业培训学校	2014.3.10	陈金潮	人社局

续表

序号	名称	成立日期	法人代表	业务主管单位
6	市花桥横漕社区民生综合服务中心	2014.3.17	张亚琴	民政局
7	市花桥天福社区民生综合服务中心	2014.3.17	王惠珍	民政局
8	市花桥星浜社区民生综合服务中心	2014.3.17	韩　红	民政局
9	市花桥聚福社区民生综合服务中心	2014.3.17	孙　建	民政局
10	乐惠居养老服务中心	2014.3.20	王　雷	民政局
11	市农林科教实验示范园	2014.3.25	叶凤山	农委
12	添彩形象礼仪咨询服务中心	2014.3.25	林　义	妇联
13	市添福家庭公益服务中心	2014.3.25	朱清清	妇联
14	市陆家镇芬芳家庭综合服务中心	2014.3.25	朱清清	妇联
15	开发区兵希社区民生综合服务中心	2014.3.20	张　良	民政局
16	开发区平巷社区民生综合服务中心	2014.3.20	唐志贤	民政局
17	开发区夏驾社区民生综合服务中心	2014.3.20	金建华	民政局
18	市周市镇尉城公益服务中心	2014.3.28	杨　静	民政局
19	市同舟关爱服务中心	2014.4.2	夏　飞	民政局
20	市鹿城助老服务社	2014.4.8	刘昆堂	民政局
21	市周市镇鑫茂社区民生综合服务中心	2014.4.13	许建华	民政局
22	康桥学校	2014.5.19	丁　强	教育局
23	市欣新职工关爱中心	2014.5.2	杨秀华	总工会
24	高新区同心就业创业辅导中心	2014.5.20	许建忠	人社局
25	市汇爱残疾人综合服务中心	2014.6.17	许　刚	残联
26	市金色摇篮儿童健康发展服务中心	2014.6.17	朱艳梅	民政局
27	东方骐骥培训中心	2014.6.30	孙　波	张浦镇人民政府
28	市百花羽毛球俱乐部	2014.7.15	胡跃竞	体育局
29	市职工服务中心	2014.7.28	程　清	总工会
30	市中创软件职业培训学校	2014.7.29	陈　新	人社局
31	夏恩英语培训中心	2014.7.31	蒋敏伟	教育局
32	市企业投融资服务中心	2014.7.29	吴燕萍	人民银行昆山支行
33	市交运职业技能培训学校	2014.8.4	陆山银	人社局
34	创胜棒垒球俱乐部	2014.8.4	张小婷	体育局
35	市芭宝丽美容美发职业培训学校	2014.8.4	李　晨	人社局
36	市乐益新人服务中心	2014.8.6	范世红	直登
37	市泰合康健老年服务中心	2014.8.18	姜初兵	民政局
38	市千灯镇石浦社区民生综合服务中心	2014.9.2	吴彩红	民政局
39	康威教育培训中心	2014.9.2	孔建忠	教育局
40	网友俱乐部	2014.9.9	石小林	宣传部
41	市启元青少年服务中心	2014.9.15	王俊超	民政局
42	市青少年羽毛球俱乐部	2014.9.23	段异鸣	体育局
43	诺贝儿教育培训中心	2014.9.25	成　萍	教育局

续表

序号	名称	成立日期	法人代表	业务主管单位
44	知新美术文化教育培训中心	2014.9.29	张　宪	教育局
45	市张浦镇新昆幼儿园	2014.9.30	吕　锐	张浦镇人民政府
46	市张浦镇大直社区民生综合服务中心	2014.10.9	徐亚明	民政局
47	市柏庐街道留香志愿服务社	2014.11.4	张继松	直登
48	茜茜艺术培训中心	2014.11.10	骆　岚	教育局
49	燕园港澳台侨联考培训中心	2014.12.1	李祥春	教育局
50	市康柏老年服务社	2014.12.1	林文兄	民政局
51	市水之梦书画院	2014.12.1	张小冬	文联
52	市陆家镇夏桥幼儿园	2014.12.10	李　丰	教育局
53	光华创业服务中心	2014.12.17	雷昌标	民政局
54	琼花单车骑行俱乐部	2014.12.29	高　涛	体育局

基　金　会

【概况】 年内，全市新增基金会2个。至年底，全市有基金会10个。其中公募基金会3个：市慈善基金会、市见义勇为基金会、市党员关爱暨帮困基金会；非公募基金会为7个：秉龙基金会、陈李香梅基金会、祥和基金会、中大基金会、捷安特文体基金会、昱庭公益基金会、慧聚慈善基金会。

9月27日，昆山慈善捐助义卖中心开业。

表9　2014年全市新增基金会

序号	名称	登记时间	法人代表	业务主管单位
1	昱庭公益基金会	2014.4.2	陈爱萍	民政局
2	慧聚慈善基金会	2014.4.8	夏梁鑫	文化广电新闻出版局

村(居)民自治组织

【概况】 年内，市民政局继续开展社区"减负增能"工程，在《市基层群众自治组织依法履行职责事项表》和《市基层群众自治组织协助政府工作事项表》"两份清单"的基础上，增加编制《市级部门(单位)开展服务管理需社区盖章事项》《市级部门面向社区开展达标评比表彰活动事项》"两份清单"，以"四份清单"确保社区减负落到实处。制定《社区减负增能双向履约评估指导意见》，编印《市社区概况及公益服务需求指引》等"四个指引"文件，推进政社互动。全市村、社区以基层党组织、村(居)委会换届选举为契机，修订和完善《村民自治章程》《村规民约》《居民公约》及民意听证会等系列制度。全市145个社区成立监督委员会，138个村进行村务监督委员会换届选举。年内，以"鹿城e家"品牌为统领，建立社区服务项目化管理机制，运用项目化管理方法，培育社区服务品牌。全年共收到各社区、村申报的项目83个，最终确定38个项目。5月，举办以"相约邻里守望，共建和谐社区"为主题的2014社区邻里文化节暨首届社工节活动，提升社区居民参与社区自治、社区服务的能力，为政社互动凝聚活力，受益群众超10万人。

（民政局）

政 法

综 述

年内，全市政法系统深入推进平安昆山、法治昆山、过硬队伍建设，不断深化“崇法善治”三级服务品牌，全力为昆山经济发展创造和谐稳定的社会环境。年内，以诚信守法企业、特色平安法治学校、新昆山人普法示范点、平安各类系列创建等为抓手，加大综治法治基层示范点培育力度，通过75个平安法治示范点以点带面提升整体平安法治水平。开展“关爱民生法治行”活动，组织实施10个法治实事项目和8个社会治理创新项目。市社会管理服务中心完成易地改造，整合综治、涉法涉诉信访、矛调中心集中办公，加快省综治信息系统建设，完善接访、调解、研判、协调处置等核心功能。在全市范围内开展“打击有组织赌博违法犯罪”“规范执法、公正司法”专项行动，深入开展党的群众路线教育实践活动，深入查摆“四风”突出问题、关系群众切身利益的问题，成功解决30个群众反响突出的平安法治问题。制定下发《关于加强对政法干警“八小时”以外管理的实施意见》，加强监督检查力度，重点预防政法干警发生“八小时”以外违法违纪问题。加强政法干部培训工作，举办2014年度全市政法干部培训班并组织部分参训人员赴浙江枫桥街道和南通等地实地考察学习平安法治建设先进经验。举办昆山市第三期平安法治建设培训班，全市50名综治法治干部赴浙江大学脱产培训，系统学习平安法治业务知识。年内，开展法治镇(街道)、民主法治示范村(社区)、诚信守法企业等创建活动，获评省法治建设示范县(市、区)和省法治县(市、区)创建工作先进单位。

社会管理综合治理

年初，昆山市确定“传承枫桥经验化解物业纠纷”“善立方公益生态圈建设”“安全社区促进项目”等8个市级社会治理创新项目。年内，全市政法系统针对群众反响较为强烈、党委政府高度关注的涉赌问题，深入开展“打击有组织赌博违法犯罪”专项行动，全市共破获刑事案件29起，刑事拘留83人，查处治安案件145起851人(赌博机案件33起118人)，其中行政拘留694人，打掉赌黑合流的团伙8个48人，净化了社会空气。梳理排查出28个社会治安重点地区，采取定期清查、住商分离、拆除违建、改造基础设施、增建停车场等功能区域，加强警力巡防等各项措施，扎实推进整治工作。定期开展校园安全隐患大检查，发现68个学校隐患问题并整改到位。开展“群租房”专项治理行动，按照“条块结合、以块为主、属地管理”原则，健全市、区镇、社区(村)三级“群租房”治理工作体系，强化区镇和职能部门责任双落实。开展省综治信息系统建设，进一步完善接访、调解、研判、协调处置等核心功能，首批开通16个账号，并完成首期11个区镇及市综治、教育、民政、卫生、团委等5个部门近30余人的业务培训。年底，市社会管理服务中心完成了易地改造，整合了综治、涉法涉诉信访、矛调中心集中办公。

依法治理

【概况】 年内，昆山市严格执行重大决策公众参与、专家论证、风险评估、合法性审查、集体讨论等五项制度，制定出台《昆山市重大行政决策程序规定》《关于进一步推动参与式行政程序建设的实施意见》。开展“关爱民生法治行”活动，组织实施“公正司法阳光工程”“1530公共法律服务圈”“特色法治学校”等10个法治实事项目。其中法治学校建设，21家司法机关、行政执法单位结对法治学校建设，形成环保、安全、禁毒、卫生、交通安全、知识产权等特色普法主题。推行党委中心组集体学法、政府常务会议每月学法、学法用法述法测评，开展区镇、部门领导班子学法旁听工作。坚持新提拔中层干部任前法律法规知识考试制度，共计95名中层干部参加了法律知识闭卷机考测试。在政法部门开展“规范执法、公正司法”专项提升活动，以“阳光工程”促公开、以规范执法促公正、以优质服务促公平。法院积极推进审判权运行机制改革，探索团队审判模式，法官人均结案同比上升10.2%，审理期限同比缩短6.8%。检察院建立检察为民服务中心，在全省首推终结性法律文书公开，率先实行公开约见检察官制度，不断提升检务为民服务效能。公安局专项打击治理“两盗一骗”赌博等问题，开展“迎青奥、剿毒患”等专项行动，取得了良好成效。司法局通过公共法律服务中心实现一站式解决群众基本法律需求，接待解答群众来电来访1.2万人次，建成村（社区）公共法律服务站253个，开展“让爱流动以援扬法”法律援助活动，邀请尚法大使搭建农民工法律援助“双桥汇”，法律服务质效不断提升。专题研究法治满意度提升工作，以《法治江苏建设纲要》颁布实施十周年为契机，组织开展为期3个月的法治昆山建设巡礼宣传八大系列活动，共印刷张贴法治公益招贴画5 200余份，统一制作集中反映昆山市法治建设成果的宣传展板49套共686块，发放宣传册和宣传品2万多份，在省2014年度法治建设满意度测评情况，昆山市法治建设满意度达97.1分，位居省各县市之首。

【维护社会稳定】 年内，规范稳评程序，完善重大项目前置评估机制，引进专业稳评、咨询机构等智力外援和专业合作平台，开发使用稳评信息系统及配套服务网站，全面提升服务经济社会发展能力和稳评工作质效。全年召开群众座谈会200余次，专家论证会95次，发放调查问卷6 400余份，全市已经报备完成稳评项目286件，提前发现和化解了一批矛盾隐患。持续推进矛盾纠纷排解化解，依托社会矛盾纠纷信息系统，实现纠纷信息实时采集、分析研判和及时处置。全年组织排查1 901次，受理纠纷12 361件，调解成功12 341件，防止激化22起。不断完善矛盾纠纷专业调解，劳动争议、物业纠纷、医患纠纷、交通事故赔偿、环境纠纷等各类专业调解组织功能有效发挥，“以事定费，购买服务”的专业调解模式从劳动争议调解延伸运用到各类专业调解。 （政法委）

公 安

【概况】 年内，市公安局围绕深化警务改革和警务现代化建设总目标，全力推进“七项工程”建设，有效维护社会治安大局持续平稳。全年全局86个次集体和454人次受市级以上表彰奖励，其中一等功1人，郭喜明被授予全国特级优秀人民警察称号。微电影《新警日记》、纪律条令学习读本被评为公安部全国优秀廉政文化作品。交警大队车管所被公安部评为“全国优秀县级车辆管理所”。市公安局被授予全省公安机关“210工程”建设示范单位称号。

【治安管理】 年内，市公安局重拳治理社会丑恶现象，查处娼赌案件499起1 921人，端掉地下赌场33个，娼赌警情同比下降64%。组织扫黄打非，取缔非法出版物经营点57家。配合黑网吧“断网行动”，取缔黑网吧、黑中介、黑旅馆、黑诊所327家。挂牌整治重点小区28个。开展打击传销、假币等专项行动，健全经济案件追逃挽损长效机制，破获经济案件113起，挽回经济损失9 680万元。组织“迎青奥、剿毒患”禁毒会战等专项行动，抓获吸贩毒人员1 040人，缴获毒品折合海洛因14.1千克。建立打击网络违法犯罪快速反应机制，破获涉网案件56起。成立环境与食品药品安全管理专业中队，开展打假、打击食品药品环境犯罪深化年行动，破获污染环境案5起，捣毁制假售假窝点10处。指导组建公交车专（兼）职安全员队伍，加强高峰时段公安跟车巡检。调整内保治安重点单位338家，指导企事业单位制定处置治安突发事件预案237个。深化护校安园行动，组织校园保安集训，排查整改校园安全隐患347处。开展防范电信网络诈骗犯罪集中宣传月活动，组织银行对公账号专题宣传，设立全省首个个人防电信诈骗示范岗，警银联动防范电信诈骗221起，挽回经济损失425.8万元。落实每天上路巡车、警力报备制度，制定社会面武装巡逻规范，规范6个公安检查站、57个水陆治安卡口、48个查报站分级值守管理，整合建成周庄、阳澄湖、淀山湖水上警务室，巡防设卡抓获违法犯罪嫌疑人943名。组织户口登记管理、出租房屋信息采集、群租房专项治理，加强流动人口信息倒查监管。成立易制毒化学品行业协会，整改危化品单位安全隐患249处。落实场所行业PGIS等级化评估标注，在30家娱乐场所推行服务经理双选定岗制，整合接入79家重点场所关键部位视频,协同验收1家民用射击场并纳入管理。开展二手交易场所、金银首饰加工及机动车维修业阵地管控专项整治,取缔违法经营点16个。

【交通管理】 年内,市公安局建成交通管理勤务平台,完善信号灯配时自适应系统。市区通往乡镇主干道信号灯全部联控,启用违法车辆扣押管理系统,新增电子警察112套,主干道、黄网格违停抓拍及测速抓拍102套,新装道路隔离设施2 452米。筹建交警高架中队,制定高架道路管理办法。组织机动车乱停乱放、"三小车"等专项整治,建立重点车辆"户籍化"管理及驾驶人资质审查联控机制,增建停车泊位1 651个,查处交通违法98.4万起。

【消防管理】 年内,昆山市新改建消防站3座。试点建设社区好管家平台,加强消火栓信息化管理,消火栓完好率97%,消防安全网格化达标率95%。组织劳动密集型企业火灾隐患整治,督察整改火灾隐患2 659处,临时查封278家,责令"三停"72家,整改政府挂牌督办重大火灾隐患单位17家。举办首届消防运动会。

【快速反应】 建强专业队伍 年内,市公安局重组路面巡防力量,建强巡特警机动队、突击队、冲锋队,推行派出所巡面、巡特警控重点的巡防模式。年内,全市确定高铁站等重要点位44个,每天落实5辆巡特警机动队巡车,在中心城区4个片区及高铁站、城市中心广场等区域武装巡逻,其他点位都有1支派出所武装巡逻力量负责,在提高快速反应能力的同时,路面控制力得到提升。

规范联合指挥 年内,市公安局选出11名实战大队教导员作为市局联合指挥长,与局领导"结对"排班,负责联指日常运作及重大、敏感警情指挥处置;派出所设立勤务指挥长,由值班所领导担任,及时处置辖区突发警情,对接市局联指汇报情况。同时,将巡特警队伍定位成联指直接领导下的处置力量,确保一旦有突发警情,除属地派出所外,这支尖刀力量能迅速跟进、有效处置。

推行区域合成处置 年内,市公安局加强邻近派出所间区域合作,每个派出所对应确定周边4个所为增援单位,一旦发生需增援事件,在市局联指指令下,周边单位作为第一梯队力量,10~15分钟内到达现场,接受事发地派出所长现场统一指挥。根据事态发展,市局联指再调动巡特警及其他派出所特勤警力增援处置。

【智能管理】 年内,市公安局在场所行业领域,建立PGIS场所行业信息管理模块,动态标注更新场所行业基础信息,根据软硬件情况设定不同分值,自动积分预警,据此分等级跟进落实检查、处罚措施。交通领域,研发交通勤务综合管理平台,对接省厅大平台、移动警务平台、PGIS等,设置GPS单兵定位、交通设施巡检报修、交通隐患排查上报、基础信息采集等11个功能模块,一线执勤交警应用新型移动警务终端接收、反馈工作。建成主干道、黄网格违停抓拍系统144套,对机动车违停行为不间断抓拍取证,有效震慑乱停乱放问题,进一步提升道路通畅度。消防领域,狠抓消火栓信息化管理,将全市市政消火栓地理位置标示录入PGIS系统和消防指挥平台(FGIS),社区民警发现损坏后通过PGIS系统及时报修,灭火救援通过FGIS查找就近水源;对社会单位、企业内部消火栓和箱式消防器材,借助昆山数字城管系统,纳入外包范围,系统生成排查情况后流转责任单位限期修复。

【流程控制】 年内,市公安局在严格警务流程再造的基础上,有针对性地制定安全生产责任事故案件办理、醉酒驾驶案件办理、大型活动审批等流程规范,提高依法办案和依法管理能力。年内,刑事处理重大安全生产事故责任人25人、移送起诉危险驾驶人员455名。针对群租房、二房东问题,因地制宜建设老小区出租屋超市、商住小区物业中介、动迁小区房屋租赁服务中心293个。特别是在陆家镇试点建设的房屋租赁中心,在收集房源时就介入提供简装服务,对乱搭乱隔的,全部按要求整改后再对外租赁,规范房源采集流程,消除安全隐患。固化入户走访为社区民警常态勤务模式,结合社区巡逻、案件回访、信息采集等日常工作,组织社区民警深入家庭、单位、社区,开展"带情式"走访,全市273名社区民警全年走访群众33.4万户,社区民警知晓率提升至94.6%。

【特色义警】 年内,市公安局招募一支6 092人的义警队伍,总人数列苏州大市第一。职能定位上,突破只参与治安

5月16日,市公安局招募义警队伍执行巡逻。

巡逻的局限性，创新设立“译通社”“支付保”等特色义警工作站34个。“译通社”由32名涉外企业单位工作人员组成，遇有涉外翻译业务量较大或节假日时间，挑选成员至出入境窗口提供帮助；“支付保”由96名银行大堂经理、柜台工作人员、保安组成，协助公安机关常态开展电信网络诈骗宣传。队员招募上，突破只以个人为招募对象，将128家企业单位、社会组织、行业协会等纳作团体型义警。如邀请富士康公司内部78585（寓意“请帮我帮我”）专业心理咨询小队组团加入义警队伍，协助调处化解厂企员工纠纷46起。激励引导上，突破只是物质层面的奖励，注重从精神层面引导和激励。如联合中国农业银行昆山分行对防范电信网络诈骗案件成绩突出的蓬朗支行保安陈永明进行表彰，并设立全省首个以其个人名字命名的防电信网络诈骗示范岗，起到了良好示范效应。

【社会治安】 年内，市公安局相继组织开展“六打六治”打非治违、社会治安综合整治、打击治理“两盗一骗”、赌博违法犯罪、打击传销假币等专项工作，破获侵财类案件3 143起、经济案件113起、涉恶案件315起、涉网案件56起，全年逮捕1 245人、直诉1 188人，提起公诉2 748人，抓获网上逃犯549人，提起公诉、追逃总量位列苏州五市区局第一。建强机动队、冲锋队、突击队，推行派出所巡面、巡特警控重点、卡口查报站分级值守的防控模式，按照火车站地区“1分钟处置”、其他重点部位“1分钟反应、3分钟出击、5分钟解决战斗”标准，组织武装巡逻。全市万人违法犯罪警情较前三年平均数下降1.77个万分点。建成智能指挥调度平台，升级110接警系统，加载报警手机定位、移车警情处置等特色应用，配套改造110接警大厅。编制常见警情接警、指挥调度流程，快速堵控抓获违法犯罪嫌疑人21名，截获嫌疑车辆95辆。新建高清监控566个、道路抓拍53套、社会面简易抓拍47套，改造视频专网，接入政府部门公共区域视频监控538个，在PGIS采集标注社会面自建监控信息1 500个，完成16万平方米老小区技防改造。

（公安局）

检　察

【概况】 年内，市检察院坚持“服务率先、同步率先”的工作目标，为保障和促进全市经济社会健康发展发挥了积极作用。全年受理公安机关提请批准（决定）逮捕案件1 183件1 619人，同比分别下降4.21%和13.56%，审查后批准（决定）逮捕950件1 283人；受理侦查机关（部门）提请审查起诉案件2 046件2 649人，同比分别上升3.59%和0.04%，审查后向法院提起公诉1 841件2 340人。全年共查处职务犯罪案件22件22人，其中贪污贿赂案件16件16人，渎职案件6件6人，副科级以上干部4人。依法开展立案监督、刑事抗诉和纠正违法工作，追加逮捕3人，追加起诉18人，向法院发出再审建议2份。年内，市检察院干警27人次获得“全省检察机关先进工作者”“省‘三八’红旗手”“昆山市劳动模范”等荣誉称号和表彰奖励。4月，被最高人民检察院授予“全国检察机关先进集体”，荣立“集体一等功”。

【刑事检察】 年内，市检察院共受理提请批准（决定）逮捕案件1 183件1 619人，同比分别下降4.21%和13.56%，其中批准（决定）逮捕950件1 283人，批捕率为78.57%。所有案件均在法定期限内审结，没有错捕、漏捕，没有捕后判决无罪、捕后绝对不诉、存疑不诉、捕后撤案情况，捕后相对不诉241件350人，没有不捕后复议复核改变原决定情况，纠正漏捕案件——吉足石体抢劫案被评为全省“十大精品侦查监督案件”。

年内，市检察院共受理审查起诉案件2 045件2 645人，其中院自侦部门移送20件21人，公安机关移送2 025件2 624人，共审结案件2 091件2 735人，结案率为97.31%。

【查处和预防职务犯罪检察】 查处职务犯罪　年内，市检察院共查处工程建设、医疗卫生、安全生产等领域的职务犯罪案件22件22人，其中贪污贿赂案件16件16人，渎职案件6件6人，副科级以上干部4人，单位主要负责人6人。

预防职务犯罪　年内，市检察院坚持从个案入手，加强案发原因剖析，狠抓制度执行缺陷，先后帮助多个单位推出《公章管理使用制度》《工程款支付信息公开制度》《在建工程施工管理办法》《昆山市老城区定销商品房建设销售管理办法》等11项制度。切实抓好重大工程专项预防工作，将海峡两岸（昆山）商贸示范区建设工程确定为“年度重点预防项目”，进行全程跟踪预防。积极推进“检察长讲坛”“检察官话预防”等品牌项目，全年深入各区镇、部门开展警示教育15次，努力营造风清气正的社会氛围。

【法律监督检察】 民事检察　年内，市检察院共办理各类民事行政案件97件，向法院发出再审检察建议2份、违法类检察建议4份14件、执行监督检察建议1份27件；移送公安机关犯罪线索4人，通过再审检察建议为当事人挽回经济损失近8 000余万元，其中3件案件入选苏州市防范和查处虚假诉讼“十大典型案例”。

控申检察　年内，市检察院共受理各类信访185件，其中受理举报类信访66件，控告类信访47件，民事申诉20件，刑事申诉类52件。在185件信访中，来信140件，占75.68%；来访27件，占14.59%，来电7件，占3.78%，网络11件，占5.95%。办理的韩静刚刑事申诉案被省院评为“十大精品案件”，并被省院推荐为全国“十大精品案件”候选案件。共完成救助审批 16 件,已发放救助金 18 万元。

监所检察　年内,市检察院共检察收押各类在押人员 3 048 名; 检察释放各类在押人员 3 080 名; 组织集体帮教 16 次,受教育三千余人,进行个别帮教谈话教育 560 人次;办理羁押必要性审查案件 6 件 6 人, 监督执行财产刑 5 件,在监室内安装智能“检察官信箱”50 个;建议对 6 名无羁押必要的犯罪嫌疑人变更强制措施,均得到采纳;对 2 名长期保外就医、暂予监外执行的罪犯监督收监。年内,市检察院驻看守所检察室再次被最高人民检察院授予“全国一级规范化检察室”称号。

【建立综治检察平台】 年内,市检察院联合市人社局、司法局在部分外来务工人员密集的大型企业探索建立刑事犯罪预防基地,对企业入职人员开展专项法治培训。牵头与市公安局、民政局、司法局会签《困难刑满释放人员应急综合救助办法》, 从源头预防和减少影响社会和谐安定的问题发生。倾力开展“灯塔工程·护苗行动”,深入市二中、炎武小学、长江街道司徒社区等开展“播种法治萌芽”“暑期法制学校” 等活动,加强对未成年人的法治教育。积极回应人民群众对生态文明、公共安全的新期盼,在苏州检察机关中率先探索环境保护公益诉讼,首次以原告身份就一起环境污染犯罪案件,向苏州市中级人民法院提起民事公益诉讼,要求被告承担停止侵害、民事赔偿等法律责任。结合办案,撰写了环境污染案件查处“四难”、危险废物异地倾倒等风险研判报告,辅助党委、政府决策。

【设立“检察为民服务中心”】 年内,市检察院在办公大楼正厅设立“检察为民服务中心”。对群众上门办理的事项进行梳理,将相关职能从业务部门剥离整合至窗口部门, 并通过设置听证室、会见室、阅卷室、评议室等,“一站式”满足群众诉讼咨询、举报控告申诉、提交各类申请、办理取保候审以及公安案件移送、律师查询阅卷、企业行贿犯罪档案查询等多方面需求。通过从来访者的诉求中发现涉法涉诉信访线索, 主动作为、提前预防,及时处置矛盾纠纷、防止发酵升级。成立以来,共受理各类信访 185 件,开展检调对接 21 次,均得到妥善处理。

【案件信息公开】 年内,市检察院作为全省终结性法律文书公开试点单位,全年共公开公布法律文书 1 115 份, 是全省在 “人民检察院案件信息公开网”上发布法律文书最早、最多的单位。5 月, 最高人民检察院检察长曹建明在江苏召开检务公开工作座谈会,市检察院参会并作专题汇报。积极顺应新媒体时代的发展形势, 成立 “昆山检察发布中心”, 以官方微信微博发布重大刑事案件、职务犯罪案件以及食药安全、环境污染等民生类案件信息 204 条;实行律师阅卷“三个一分钟”制度,保障律师依法执业; 搭建案件信息自助查询平台, 努力提供个性化服务。4 月,最高人民检察院召开“检察机关案件信息公开需求论证会”, 对市检察院的做法予以充分的肯定和支持。

【检察官公开约见制度】 年内,市检察院为满足案件当事人及其近亲属、诉讼参与人的诉讼需求,制定出台《公开预约会见检察官规则》, 对公开约见的申请主体、操作流程及日常管理和禁止条款等作出明确规定。“公开约见检察官制度”强调从“指尖上”的公开到“面对面”的公开,敞足公开约见的正门、堵死私自会见的后门,对于遏制“司法黄牛”非法介入司法活动,规范检察官的执法行为具有重要意义。制度实行至今已办理公开约见申请 28 次, 其做法相继在苏州、江苏《检察情况反映》上刊登,苏州检察机关全面推广。　　(王爱莉)

审　判

【概况】 年内,市法院牢牢坚持司法为民公正司法,依法履行审判职责。全年共受理案件 29 067 件, 审执结案件 23 465 件, 同比分别上升 9.8% 和 13.8%,解决争议金额 67.89 亿元。其中,审结刑事案件 1 889 件,判处罪犯 2 425 人; 民商事案件 16 184 件; 行政案件 135 件,非诉执行案件 37 件;执结执行案件 5 227 件,执结标的 8.44 亿元。全年有 8 个集体、15 名个人受到市级以上表彰。

【案件审判】 刑事审判　年内,市法院共审结刑事案件 1 889 件, 判处罪犯 2 425 人。依法惩处盗窃、抢劫等多发性侵财犯罪,审结两类案件 726 件。依法惩治破坏社会主义市场经济秩序犯罪,审结涉中川、邦家等公司非法吸收公众存款、合同诈骗等犯罪案件 9 件,判处罪犯 17 人,挽回经济损失 5 亿元。依法惩治职务犯罪,审结贪污贿赂、渎职犯罪案件 10 件,判处罪犯 10 人。加强刑事司法领域人权司法保障, 为 39 名符合条件的被告人指定辩护人。

民商事审判　年内,市法院共审结民商事案件 16 184 件, 涉案金额 58.77 亿元。通过制裁违约失信行为,规范市场秩序,审结合同类案件 8 976 件。高度重视企业因资金链断裂引发的案件,妥善审结企业借贷、票据、保险等案件 364 件。支持新型产业发展和传统产业改造升级,审理企业改制、股权转让、公司清算、破产重整等案件 68 件。关注房地产市场变化,审结房屋买卖、建设工程案件 1 234 件。注重保护妇女、儿童和老年人合法权益,审结婚姻家庭、赡养类案件 1 339 件,其中调解、撤诉 718 件。充分发挥知识产权保护主导作用,审结知识产权案件 373 件。

行政审判　年内,市法院共审结行政案件 135 件, 审查非诉行政案件 37

件。积极探索行政案件异地集中管辖，市法院成为苏州大市范围内跨行政区域审理行政案件的三家基层法院之一，管辖范围覆盖姑苏、太仓和张家港三区市。强化参与职责，受邀参加制定《昆山市未开发土地处置实施方案》《昆山市农村土地承包经营权确权方案》等地方规范性文件31件。

执行工作　年内，市法院共执结案件5 227件，实现债权8.44亿元。加大对失信当事人的惩戒力度，294名被执行人被纳入最高法院失信系统黑名单，299名老赖在法院外网、微博及闹市区电子显示屏被公开曝光，司法拘留26人，限制出境42人，移送公安机关追究刑事责任2人。在淘宝网设立司法拍卖平台，公开强制拍卖被执行人财产9.31亿元，全部实现零佣金。开展涉金融案件专项活动，执结案件633件，挽回损失6.34亿元。

【司法公开】　年内，市法院抓好审判流程公开、裁判文书公开、执行信息公开"三大平台"建设，通过在互联网公布裁判文书、公开审判流程节点等措施，全面落实司法公开要求。积极探索文书上网流程新模式，文书上网率达92.1%，相关工作经验被省高院推广。抓好庭审"三同步"、典型案例庭审互联网直播工作，庭审"三同步"率达99.9%，年内直播庭审20次。建立法院官方微博微信平台，在线发布信息843条。设立专职新闻发言人，召开3场新闻发布会。开通"民意直通车"论坛，回复咨询事项297条。开展"国家宪法日"等主题开放日活动，增进社会公众对法院工作的了解和信任。

【司法为民】　年内，市法院在全国首创执行案件微信立案平台，全年共立案79件。深化诉讼服务中心建设，推出导诉导访、首案负责、远程咨询等十项举措，设立居住证信息、工商登记信息、失信被执行人信息自助查询平台，全年提供"一站式"查询服务2 438人次。加大司法救助力度，依法向确有困难的62名当事人缓减免诉讼费19.7万元，发放救助资金160.2万元，让涉诉群众感受到司法的关怀。

9月11日，市法院召开环境保护案件审判情况新闻发布会。

【和谐共建】　年内，市法院共组织法官76人到基层排查化解矛盾216起，举办法制讲座18场，接受群众咨询2 683人次。联合相关部门推进和谐社区建设，成功化解昆山锦绣嘉园等18个小区的物业纠纷1 682起，年内物业纠纷案件同比下降14.3%，该源头化解物业纠纷的综合治理模式被评为"苏州市创新社会治理优秀项目"。与市妇联建立婚姻家庭纠纷联动调处机制，调解纠纷13起，被省委政法委、省妇联等单位联合评为省"平安家庭"创建活动先进集体。

【司法改革】　年内，市法院积极推进审判权运行机制改革，建立24个以法官为核心、以法官助理和书记员为辅助的专业审判团队。法官负责事实的认定和法律适用，法官助理负责庭前调解和文书草拟等辅助性工作，让法官腾出更多精力从事案件审理。改革试行以来，市法院法官人均结案同比上升24.8%。制定审判权力运行清单，推行"合议庭—部门法官会议—院法官会议"为基本架构的定案把关机制，厘清法官、合议庭成员、院庭长的职权，全面落实审判质量终身负责制。

【助推生态文明建设】　年内，市法院加大对破坏生态环境行为的打击力度，公开宣判苏州首起污染环境刑事案件，3名被告人被判处4年以上有期徒刑。发挥惩防并举作用，联合环保执法部门惩治违法行为，对两家超标排污企业分别发出全国首例大气污染"执行令"和苏州首例污水排放"禁止令"，相关做法在第四届全国"环境司法论坛"上作了经验介绍。将涉及资源环境类行政、刑事、民事及非诉执行审查案件交由专业合议庭审理，建立法官联力、庭室联动、上下联合、部门联席的"四联合一"审判模式，全年审结环保案件8件，审查非诉行政执行案件5件。

【未成年人犯罪预防和帮教】　年内，市法院扎实开展延伸帮教，以"少年法庭励志学校"为平台，对93名在押未成年人进行法制辅导、技能培训、心理疏导，相关工作被中央综治办和团中央评为《未成年人健康成长法制保障优秀事例》。联合武警昆山中队建立"励志学校教育实践基地"，开展"法为成长护航"系列活动，该活动被评为2014年度全市十大宣传思想文化工作"创新成果奖"。举办"走进法院，感受法律，健康成长"未成年人主题开放日活动，编印发放校园伤害案件典型案例警示手册30 000余份，在全市各类教育机构开展法制专题讲座20余次。　（法　院）

司　法

【概况】 年内，市司法局坚持“人民满意的实战服务型司法行政机关”目标引领，扎实推进“四个全覆盖”和“五大建设”，为全市深化改革、开创现代化建设新局面营造良好的法治环境。市司法局获评“全省司法行政系统先进集体”“全省司法行政系统信息工作先进集体”“全省社区矫正工作先进集体”“全省普法中期先进集体”称号；花桥镇司法所获评“全省社区矫正工作先进集体”；千灯镇司法所所长陆庆荣获“全省最满意的政法干警”称号，淀山湖镇司法所所长单振春荣获“全省刑满释放人员安置帮教工作先进个人”称号，法制宣传教育科科长徐超、周庄镇司法所所长李斌荣获“全省普法中期先进个人”。在2014年市人大部门评议工作中，司法行政各项工作得到十六届人大常委会的充分肯定，满意率达到92.8%。

【法律服务】 年底，全市有律师事务所37家，其中合伙所23家、个人所3家、外地律所在昆设立的分所11家，共有执业律师377人，实习律师77人；公证处2家，分别为昆山市国信公证处和昆山市正信公证处；法律援助中心1家；基层法律服务所11家，共有基层法律工作者48名。全市律师担任机关和企事业单位法律顾问2 927家，法律服务业创收1.72亿元，增幅47.8%。建立服务“两区”建设、“国际健康产业园”建设、“三农”等专业法律服务团队；律师协会新设金融法律专业委员会、知识产权法律专业委员会，举办和承办昆山试验区知识产权热点问题研讨沙龙、法治政府与行政诉讼实务讲座、省律协“涉外仲裁江苏行”活动，法律服务的专业性和针对性日益提高。公证机构办理公证13 504件，其中涉港澳台1 276件。市法律援助中心开展“让爱流动、以援扬法”等法律援助宣传活动，邀请尚法大使搭建农民工法律援助“双桥汇”，法律援助知晓率、覆盖面全面提升。办理法律援助案件3 059件，创历年新高。法律服务均等化覆盖面进一步扩大，建成市级公共法律服务中心以及区镇公共法律服务中心9个，村(社区)公共法律服务站253个，半小时公共法律服务圈基本形成。12348公共服务平台投入运行，“公证、法律援助开放日”活动常态化开展，组织“律师进社区”3.2万人次；周市镇推出首批“面授课堂、专题讲法、律师坐镇、纠纷实录”4项农村公共法律服务产品。

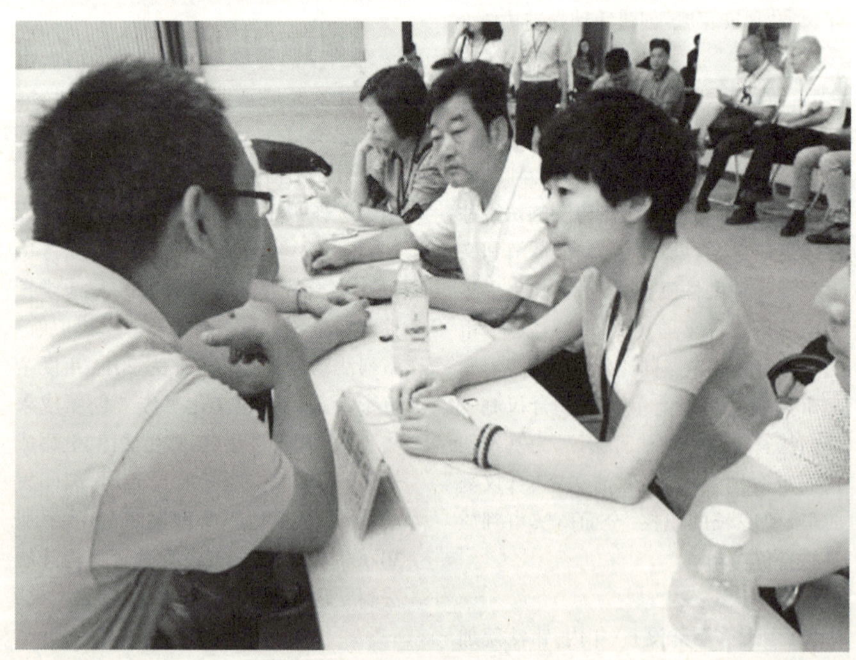
律师志愿者为“8·2”事故遇难者家属提供法律咨询

昆山“8·2”事故发生后，司法系统反应迅速，调配派遣全系统工作人员、志愿律师、法律工作者1 500余人次，代拟法律文书800余份，为善后赔付提供专业法律服务和法律建议，全系统实战模式在突发事件应对中得到检验，受到肯定。市律协被苏州市司法局、律师协会授予特殊贡献奖。

【人民调解】 年内，各级各类人民调解组织共排查矛盾纠纷隐患2 329次，调解矛盾纠纷14 977件，劝阻群体性上访36件1 030人次。组织开展规范化调委会创建活动，苏州市级以上规范化调委会创建率达到95%。新建安徽商会、金融系统等专业性行业性人民调解组织，人民调解工作领域逐步扩大。10月，第三方医患纠纷人民调解委员会实现独立运作，并向江苏博事达律师事务所购买专业法律服务，参与医患纠纷人民调解工作。继续加强公调、诉调对接机制，规范公调对接工作室32个，建立“两所一庭一室”矛盾纠纷联动配合机制，全年工作室共调解纠纷4 852件，人民调解在社会矛盾纠纷化解中的基础性作用得到显现。

【社区矫正和安置帮教】 年内，共接收社区服刑人员77名，解矫70名，在册431名，实施警示教育143人次，警告处分29人次，收监3人。启动社区矫正“五环工程”，出台执法规范性文件4个，建立飞行检查制度，落实衔接管控责任，电子腕带、手机定位技术等信息化监控率达到92%，确保不发生脱漏管情况；与监狱、戒毒所开展“互帮共建”活动，荣获全省“互帮共建”先进集体；建成市安置帮教过渡中心。循证矫正工作稳步推进，社会力量参与社区矫正取得新进展，顺利完成“未成年人环境净化工程”，获评昆山市优秀公益创投项目。

【法制宣传】 年内，市司法局开发领导

干部、企业经营管理人员在线普法测试系统和题库,组织开展"小记者"和"小候鸟"结对交流活动、法润江苏春风行动、国家宪法日等专项普法活动,重点对象普法教育进一步深入。"三微"普法模式日趋成熟,培育一批草根普法"微明星",热心人士闫峰当选全省普法"达人";成立"微司法"创意工作室,成功策划"舌尖上的普法""追剧学法律""尚法案例""微直播"等话题,单条微博最高阅读量达7万次,单个话题最高阅读量超700万次,"尚法昆山"微信进入全国政法微信前十强。第二届法治微电影创作大赛共征集微故事作品514部,平面和影视微电影作品52部。法治微电影创作大赛获评全省首批法治江苏建设优秀实践案例。"尚法昆山"法治文化品牌日臻丰富,影响日益扩大。聘请优秀农民工代表担任尚法大使,尚法园地、研创中心、讲堂、微影俱乐部共组织开展互动活动20多场,研发尚法产品和法治文化作品581个;举办尚法网络文化艺术节,近30万人通过互联网和新媒体参与,法治宣传的创新性、参与性、互动性、服务性得到进一步提升。

（司法局）

人民武装

【概况】 年内，市人武部以举旗铸魂为根本，以军事斗争准备为龙头，以推动军民融合深度发展为途径，大抓群众路线教育实践，大抓实战化训练，以问题倒逼、时间倒计方式，紧扣重点、纵深进击，确保如期形成作战能力，确保国防后备力量建设与昆山经济社会发展同步率先、持续领先。先后被省军区、军分区评为军事训练先进单位、部所挂钩先进单位，被军分区政治部评为对台宣传工作和新闻报道工作先进单位。

【基层民兵党组织建设】 3月，市人武部组建11个基干民兵营党委、16个委办局厂基干民兵连党支部、31个基干民兵连预设党支部、14个普通民兵营党委、217个普通民兵连党支部。结合民兵整组请各区镇党委书记、民兵营教导员为民兵预备役人员进行《着眼实现强军目标、塑造好“军队的样子”》辅导授课，用强军目标凝聚军心意志。6月20日，邀请南京政治学院仲彬和张军2名教授为全市500多名专武干部和基层民兵党组织书记、副书记开展《牢记强军目标、献身强军实践》和《如何当好民兵营（连）党委（支部）书记》专题讲座，学习国防后备力量建设的方针原则和政策法规，提高全体人员能力素质。

【民兵组织整顿】 年内，市人武部按照省军区和军分区民兵整组规定，结合昆山经济社会发展实际，创新工作模式、调整组织布局、突出建设重点、优化力量编组、理顺组建秩序，区分计划准备、组织实施、总结验收三个阶段严密组织实施，初步探索一条以基层人民武装委员会为依托、以村（社区）为基础、以新型经济组织为骨干编组路子，较好实现重点队伍精干、潜力储备精确、编组分类精准目标。编组民兵应急队伍退伍军人比例达86%，党团员占94%，高中以上文化程度达100%，综合性民兵应急连整组点验模式被苏州推广。

【国防动员支前保障演练】 10月24日，市国防动员委员会举行国防动员支前保障演练。演练以进入一级战备为背景，设置兵员集结、装备运输、道路抢修等演练课目，调动市省级装备动员中心以及民兵力量，全面检验民兵专业保障分队动员集结、装备运输、支前保障能力。市发改委、卫生局和三一重机有限公司、亚东朗升国际物流有限公司、西马克动力机械有限公司等企业民兵50余人及20余台各型装备参加演练。

【实案化训练演练】 3月24日～4月4日，市人武部设置人员集结输送、点名询问和实战演练3个科目，对全市11个区镇民兵应急分队进行实案化拉动演练，着力解决应急分队“人册不相符、服装不统一、装备不配套、动作不规范、官兵不相识”五个方面问题。最大限度练指挥、练协同、练机动，确保应急分队急时应急、战时应战作用发挥。5月份，会同市水利局、武警中队、消防中队和120急救中心等单位，组织全市民兵应急和专业分队骨干进行为期15天多课题综合训练演练，重点突出反恐维稳、抗洪抢险、灭火救灾、防化救援等课目内容，民兵应急意识和专业技能得到提高，经验做法被苏州军分区转发。

【兵员征集提质】 年内，市人武部紧密联系征兵调整改革实际，研究建立高校征兵机制，提高大学生兵员征集比例，紧贴兵员征集任务要求，紧扣征集过程关键环节，紧盯廉洁征兵措施规定，落实优抚安置政策，以提升兵员征集质量为根本，以征集高学历、高技能、高素质青年为重点，深入挖掘潜力、创新宣传手段、规范征集流程、强化组织管理、严格倒查机制，圆满完成新兵征集任务。征集兵员中，高中以上文化程度达到100%，大专以上文化程度达61.5%，本科生应征青年征集比例有新突破，实现征集过程不出问题，新兵入营无退兵目标。

【学生军事技能基地化训练】 年内，高一新生军事技能基地化训练从7月14日～9月19日，全市5 961名高一新生分14批在市国防园和千灯未成年人素质校外教育基地进行集中训练。每批每期训练一周，军训内容主要包括国防法规、共同条令等理论知识，队列动作、轻武器射击、单兵战术等军事技能，战伤救护、消防、抗震、防疫和人防等避险技能知识。 （宋鸿根）

武　警

【概况】 年内，武警昆山市中队按照“驻守一地，平安一方”的总要求，以“对外联创”为载体，着力推进“六种力量”建设，参与驻地平安村、平安社区、平安学校、平安企事业单位的创建与管理，加强警地双方联动，密切协同配合，努力为部队驻地又好又快发展营造平安稳定的社会环境，全体官兵拼搏进取，团结协助，确保以执勤和处突为中心的各项任务的圆满完成。年内，武警昆山市中队圆满完成上海亚信峰会备勤任务、第二届青年奥林匹克运动会（青奥会）安保任务。年内，武警昆山市中队完成临时性押解勤务 72 起，押送犯人 1 326 人次，行程约 3.2 万千米。年内，武警昆山市中队 1 人荣立三等功，9 名战士被评为优秀士兵。

【警地、警民共建】 年内，武警昆山市中队坚持开展警地、警民共建活动，定期参加市政府组织的公共文明服务日活动，积极参与参加市级机关党员干部祭扫革命烈士活动等。每逢春节、“3.15”学雷锋日、重阳节等传统节日，中队有组织、有计划地与驻地兵希街道联系开展扶贫帮困、照顾孤寡老人、为残疾人送温暖等小型多样的经常性拥政爱民活动。年内，武警昆山市中队出动兵力 60 余人次为昆山电视大学、昆山国际学校、昆山周市中队及设置在昆山看守所内针对未成年犯建立的“励志学校”等共建单位进行军事训练和国防爱国主义教育。 （武警昆山市中队）

人民防空

【民防宣教】 年内，市民防局进一步推进综合减灾能力建设，加强对全民进行宣传教育。参与由市应急办组织的“5·12”防震减灾大型综合演练，通过演练加强宣传教育，提高防灾减灾、自救互救能力，从而提高全社会风险防范意识和避险自救水平。7～9 月，在中学生开展军训期间，市民防局请到专业教师分别前往市国防园和千灯军训基地为中学生讲授课程，同时还配发了民防知识教材，丰富了中学生对民防知识的了解。为进一步丰富宣传教育方式，在电视台特定时段进行民防知识普及，内容涉及民防法律法规等方面，并指定专人负责内容持续跟进更新，用市民喜闻乐见的方式更生动地进行民防知识宣传。

【应急指挥体系建设】 人防专业队组训　2 月 26 日，市民防局制定《昆山市 2014 年度人防专业队整组实施方案》。3 月 4 日，结合全市国防后备力量组织整顿工作任务部署会，与人武部一起进行整组部署动员，于 4 月底圆满完成全市人防专业队整组工作目标任务。6 月 11～13 日，依托市人武部国防园对参训的 78 名队员进行为期 3 天的封闭式训练。训练期间，组织开展队列训练、消防知识讲座、自救互救知识讲座、心理知识讲座等科目的学习，严密组织了一次消防训练演习，取得预期效果。

通信警报体系建设　4 月 28 日，市民防局制定《关于做好 2014 年度警报系统维护管理工作的通知》。5 月 7 日，召开 2014 年度全市防空警报建设管理暨警报协管员会议。年内，全市新增 2 台固定警报和 1 台多媒体警报并完成警报器的巡检和维护，确保警报器处于良好的运作状态。报经市政府同意，于 5 月 12 日（全国防灾减灾日）在全市范围内鸣放防空警报，鸣响率达 100%，圆满完成了该年度警报鸣放工作任务。

【民防行政审批】 6 月初，市民防局制定《昆山市民防局简政放权监督管理规定》，进一步落实简政放权。要求各区镇重视民防下放的行政审批事权，并指定分管领导及责任科室专门负责下放的民防行政审批事权的运行管理工作，严格落实定岗定位定人的要求，按照“谁审批，谁负责”的原则，确保民防行政审批事权的权责一致。要求各区镇相关部门认真学习民防下放的行政审批事权的相关法律法规、政策规定，严格依据

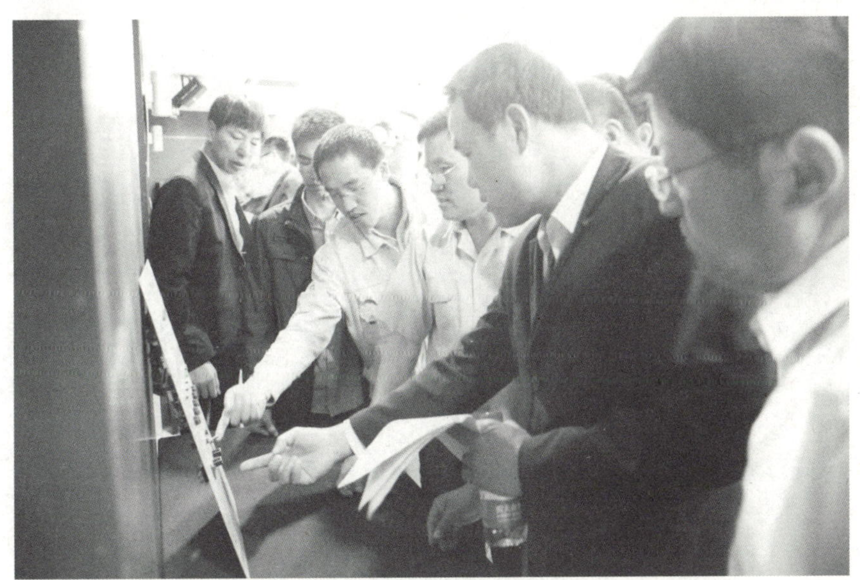

5 月 7 日，全市防空警报建设管理暨警报协管员工作会议召开。

全市统一的民防建设标准、审批流程、办理要求,统一、规范地行使下放的民防行政审批事权,确保民防行政审批事权的依法规范实施。建立定期统计汇报及沟通协调制度,强化对民防事权的办理情况的信息汇总及档案管理。

【民防工程维护管理】 民防工程管理 3月,市民防局制定《民防工程建设管理工作挂钩联系机制》,按照"区镇联动"工作总体部署为原则,以区镇民防办、民防工作站为单位开展民防工程建设管理工作。4月1日,组织召开2014年度民防工程建设管理工作会议,总结上年度的工作,并从民防工程建设管理系统的正式运行、开展年度民防设施维护、强化检测制度落实以及区镇联动、简政放权、改进工作作风等六个方面,对2014年度民防工程建设与使用管理工作进行部署。

民防工程年度防汛 年内,市民防局根据2014年度全市民防工程建设管理工作会议部署和年度民防建设安全生产工作的要求,制定《2014年度民防工程汛期安全使用检查实施方案》。在各使用单位自查自纠的同时,人防工程管理站分为五个小组,重点对防汛器材的配置、应急预案的修订完善、存在问题的整改落实等方面,对全市232个民防工程进行了全程指导、监督、检查。

民防工程安全生产大检查 年内,市民防局建立重大安全生产工作督查协调机制,结合防汛检查,对全市已投入使用的232个民防工程、在建的49个民防工程进行大排查。在严格落实民防工程安全生产的建设单位主体责任制度和物业管理单位现场责任制度的同时,重点对民防工程内消防设施缺失不全、人员住宿、堆放易燃易爆物品、供配电设施老化、电线私拉乱接以及违规改造、违章搭建等现象进行专项检查。按照民防工程安全使用分级分类管理要求,实行严重隐患工程重点监控、一般隐患工程定期督查、正常使用工程例行检查的分类督查管理模式,突出监管重心下移、关口前置;同时对检查中发现存在重大安全隐患的27个工程,以通报形式将存在重大安全隐患分别通报各区镇政府(管委会)和市消防大队。

(谢玲丽)

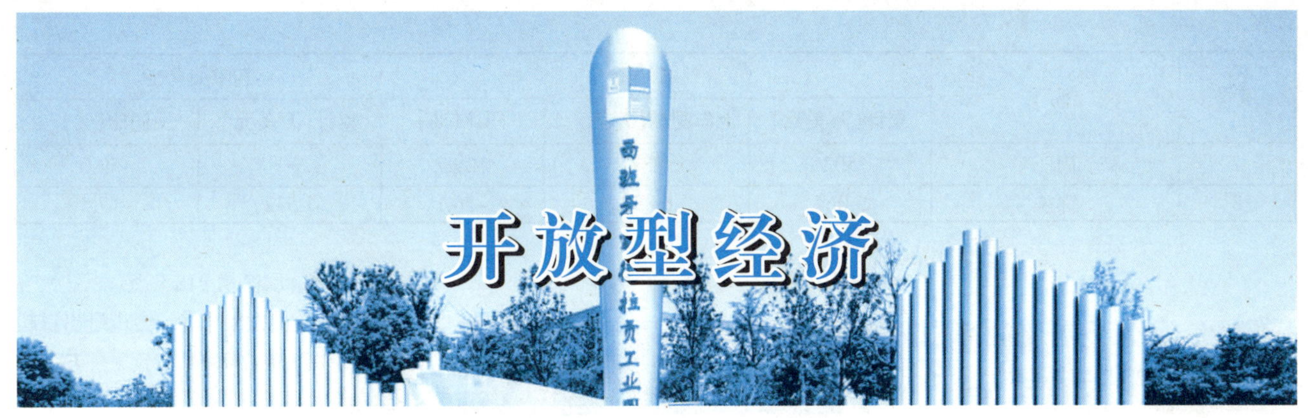

综　述

2014年对以开放型经济为主要特征的昆山来说，无论从国内形势和国际形势来看，都是非常严峻的一年。昆山努力在抢抓机遇中赢得发展先机，在主动作为中增创发展优势，外向型经济发展保持平稳态势。至年底，昆山聚集了56个国家和地区的7 500多个外资项目，吸引47个世界500强企业投资103个项目，在昆外资项目累计投资总额超过853亿美元，注册外资超过388亿美元。年内，昆山积极主动地调整开放式战略，通过建立完善的互利共赢、多元平衡和安全高效的开放型经济体系，为保障对外经济的发展奠定了制度保障。昆山的企业纷纷开拓新的市场，突出产业融合，更大力度推进外贸转型升级和结构优化，不断增强转型发展竞争力，内外市场融合的步伐明显加快。

利用境外资金

【概况】 年内，全市批准注册外资13.5亿美元，实际利用外资12.8亿美元，下降26.8%。至年底，全市累计实际利用外资247.9亿美元。年内产业层次进一步提升。大力发展新兴产业，深入实施“3515”计划，批准新兴产业项目36个，投资总额9.03亿美元，注册外资增加3.39亿美元，占新增注册外资的25.11%。战略性新兴产业和高技术项目实际利用外资6.3亿美元，增长2.3%。服务业实际利用外资4.7亿美元，下降32.6%。昆山富港投资有限公司等3家企业获得省级跨国公司地区总部和功能性机构认定，总数达到17家，数量居同类城市之首。

表10　2014年昆山市到账外资情况表

序号	部门	到账外资			其中服务业	
		累计（万美元）	上年同期（万美元）	同比（%）	累计（万美元）	同比（%）
全市		128 012	175 445	-27.0	45 657	-34.2
其中	昆山开发区	56 296	73 432	-23.3	16 835	-39.8
	昆山高新区	17 939	26 547	-32.4	3 372	-48.6
	花桥开发区	13 236	16 438	-19.5	12 543	-24.2
	乡镇	40 541	59 028	-31.3	12 907	-29.6
1	张浦	8 013	10 651	-24.8	1 645	-27.1
2	周市	7 890	11 058	-28.6	3 395	-22.0
3	陆家	2 403	3 788	-36.6	850	-37.1
4	巴城	2 370	6 851	-65.4	100	-47.9
5	千灯（含沿沪）	9 113	12 336	-26.1	2 347	-46.0
6	淀山湖	5 186	6 659	-22.1	3 008	-23.4

续表

序号	部门	到账外资			其中服务业	
		累计(万美元)	上年同期(万美元)	同比(%)	累计(万美元)	同比(%)
7	周庄	502	833	-39.7	30	-50.0
8	锦溪	5 064	6 852	-26.1	1 532	-17.5

对外贸易

【概况】 年内，全市累计实现进出口847.9亿美元，下降4.7%。其中出口535.8亿美元,下降2%;进口312.1亿美元,下降9%。

一般贸易稳步增长。一般贸易是昆山市第三大贸易方式,2010～2014年增幅均超出苏州全市。年内,一般贸易完成进出口141.1亿美元,增长11.1%,占比提高2.3个百分点,达16.6%。

内外融合步伐加快。外企内销份额继续提升,外资企业国内销售占比从上年的36.3%上升至39%。年内,全市共有4 604家外资企业开展内销业务,数量比上年同期净增268家,实现内销金额2 281亿元,净增218亿元。

重点企业发展平稳。全市进出口超亿美元生产企业75家，较上年增加1家，进出口总额409.4亿美元，增长6.8%。其中,沛丰网络(84.3%)、先创电子(81.6%)、环鸿电子(55.2%)、乐金电子(42%)等企业增长较大。

表11　2014年昆山市进出口情况统计表

地域	进出口			
	累计(亿美元)	同比(%)	昆山占比(%)	上年同期昆山占比(%)
全国	43 030.38	3.4	2.0	2.1
江苏	5 637.62	2.4	15.0	16.2
苏州	3 113.06	0.6	272.0	28.8
昆山	8 47.91	-4.7	—	—

表12　2014年昆山市外商投资企业进出口前20名一览表

序号	企业名称	进出口(万美元)	同比(%)	出口(万美元)	同比(%)	进口(万美元)	同比(%)
1	仁宝信息技术(昆山)有限公司	563 718	35.28	499 675	41.71	64 044	-0.08
2	仁宝资讯工业(昆山)有限公司	423 277	146.37	403 593	184.70	19 684	-34.48
3	昆山飞力仓储服务有限公司	328 037	-22.43	81 877	-20.69	246 160	-22.99
4	仁宝电子科技(昆山)有限公司	254 123	-54.91	238 453	-55.55	15 670	-42.30
5	纬创资通(昆山)有限公司	208 565	-24.27	168 997	-28.30	39 569	-0.39
6	牧田(昆山)有限公司	139 544	4.60	121 223	4.05	18 321	8.33
7	四海电子(昆山)有限公司	127 474	22.78	70 211	31.41	57 263	13.64
8	纬新资通(昆山)有限公司	124 187	-1.88	81 143	-27.17	43 044	184.22
9	世硕电子(昆山)有限公司	113 939	-	102 576	-	11 362	-
10	微盟电子(昆山)有限公司	91 472	22.79	70 942	20.35	20 531	32.01
11	纬视晶光电(昆山)有限公司	65 753	861.41	3 601	541.72	62 152	889.99
12	彩晶光电科技(昆山)有限公司	63 228	2.79	32 437	-0.02	30 791	5.92
13	仁宝网路资讯(昆山)有限公司	62 519	-6.19	38 358	-8.93	24 160	-1.49
14	昆山扬皓光电有限公司	62 127	11.00	38 769	8.47	23 358	15.47
15	启新通讯(昆山)有限公司	60 992	-19.24	32 890	-20.89	28 103	-17.21
16	启佳通讯(昆山)有限公司	54 881	63.49	32 345	53.95	22 536	79.47
17	凯博电脑(昆山)有限公司	50 931	8.64	32 438	-1.07	18 494	31.21
18	牧田(中国)有限公司	50 768	20.15	44 082	20.10	6 687	20.52

续表

序号	企业名称	进出口（万美元）	同比（%）	出口（万美元）	同比（%）	进口（万美元）	同比（%）
19	通力电梯有限公司	49 764	10.10	40 424	6.06	9 340	31.84
20	日月光半导体(昆山)有限公司	45 633	23.18	21 898	12.43	23 735	35.09

表 13

2014 年昆山市外贸流通企业进出口前 20 名一览表

序号	企业名称	进出口（万美元）	同比（%）	出口（万美元）	同比（%）	进口（万美元）	同比（%）
1	仁宝信息技术(昆山)有限公司	563 718	35.28	499 675	41.71	64 044	-0.08
2	昆山世远物流有限公司	428 866	-14.81	302 097	-12.81	126 769	-19.21
3	仁宝资讯工业(昆山)有限公司	423 277	146.37	403 593	184.70	19 684	-34.48
4	苏州达冠物流有限公司	352 331	-9.13	164 329	-6.92	188 001	-10.98
5	昆山金汇通供应链管理有限公司	349 198	52.67	177 001	73.74	172 196	35.75
6	昆山飞力仓储服务有限公司	328 037	-22.43	81 877	-20.69	246 160	-22.99
7	昆山正天物流有限公司	260 588	-28.29	139 313	-24.45	121 275	-32.25
8	江苏安普供应链管理有限公司	258 497	-22.55	132 280	-27.80	126 217	-16.16
9	仁宝电子科技(昆山)有限公司	254 123	-54.91	238 453	-55.55	15 670	-42.30
10	纬创资通(昆山)有限公司	208 565	-24.27	168 997	-28.30	39 569	-0.39
11	昆山环宏供应链有限公司	168 680	65.89	126 851	143.28	41 829	-15.56
12	昆山环宇物流有限公司	156 735	-56.77	117173	-33.48	39 562	-78.78
13	牧田(昆山)有限公司	139 544	4.60	121 223	4.05	18 321	8.33
14	四海电子(昆山)有限公司	127 474	22.78	70 211	31.41	57 263	13.64
15	纬新资通(昆山)有限公司	124 187	-1.88	81 143	-27.17	43 044	184.22
16	世硕电子(昆山)有限公司	113 939	–	102 576	–	11 362	–
17	昆山叶水福物流有限公司	106 138	9.44	30 624	162.45	75 514	-11.49
18	纬智资通(昆山)有限公司	96 042	-56.94	90 232	-56.94	5 810	-56.97
19	乐金电子(昆山)电脑有限公司	94 262	41.96	41 849	53.52	52 413	33.91
20	仁宝光电科技(昆山)有限公司	93 498	44.95	74 170	49.22	19 328	30.62

表 14

2014 年昆山市自营进出口企业进出口前 20 名一览表

序号	企业名称	进出口（万美元）	同比（%）	出口（万美元）	同比（%）	进口（万美元）	同比（%）
1	昆山世远物流有限公司	428 866	-14.81	302 097	-12.81	126 769	-19.21
2	苏州达冠物流有限公司	352 331	-9.13	164 329	-6.92	188 001	-10.98
3	昆山金汇通供应链管理有限公司	349 198	52.67	177 001	73.74	172 196	35.75
4	昆山正天物流有限公司	260 588	-28.29	139 313	-24.45	121 275	-32.25
5	江苏安普供应链管理有限公司	258 497	-22.55	132 280	-27.80	126 217	-16.16
6	昆山环宏供应链有限公司	168 680	65.89	126 851	143.28	41 829	-15.56
7	昆山环宇物流有限公司	156 735	-56.77	117 173	-33.48	39 562	-78.78
8	昆山叶水福物流有限公司	106 138	9.44	30 624	162.45	75 514	-11.49
9	高新区保税物流中心有限公司	56 385	75.89	16	-99.13	56 370	86.28
10	昆山新宁物流有限公司	55 924	18.35	5 342	13.14	50 582	18.93

续表

序号	企业名称	进出口（万美元）	同比（%）	出口（万美元）	同比（%）	进口（万美元）	同比（%）
11	环鸿电子(昆山)有限公司	42 331	55.18	19 834	61.18	22 496	50.25
12	苏州联耀物流有限公司	41 269	–	18 589	–	22 680	–
13	昆山国显光电有限公司	26 165	1 805 016.46	1	–	26 164	1 804 953.12
14	江苏飞力达现代物流有限公司	16 000	113.21	9 354	41.38	6 646	648.73
15	昆山安凯物流有限公司	14 643	30.22	5 726	78.21	8 916	11.01
16	昆山沪利微电有限公司	12 885	7.10	11 253	11.73	1 631	–16.68
17	江苏易智供应链管理有限公司	9 744	–16.71	6 387	–0.60	3 356	–36.35
18	昆山恒莱亦禾供应链管理有限公司	8 274	–97.16	3 585	–97.54	4 688	–96.78
19	苏州荣兴豪国际贸易有限公司	7 314	68.48	–	–	7 314	68.48
20	昆山市张浦彩印厂	6 741	711.57	–	–	6 741	711.57

对外经济技术合作

【概况】 年内，昆山市批准境外投资项目 18 个，其中增资 5 个，完成中方境外协议投资额 3 297.7 万美元。年内，苏州中材新签 8 个合同，其中 3 个是超亿美元的大合同，新签合同额 7.07 亿美元，同比增长 84.36%，创历史单年度最高，完成营业额 2.3 亿美元，同比增长 5.35%。年内，昆山市新签合同额居苏州第一，占苏州全市 52.51%，完成营业额居苏州第二。年内，昆山市新增一家境外承包工程资质企业“宏大建设集团有限公司”。（马　维）

昆山深化两岸产业合作试验区

【概况】 昆山深化两岸产业合作试验区(以下简称“昆山试验区”)获批以来，各项改革措施相继落地，重大项目和载体建设全面推进，昆台产业合作不断深化。年内，昆山市全方位推动昆山试验区平台、功能、政策、机制、项目等实现新突破。年内，昆山试验区部省际联席会议第二次会议召开。两岸企业家峰会对昆山试验区建设给予高度重视，建立沟通对接工作机制。在金融合作小组的协调推动下，银监会、证监会、保监会均提出了支持试验区金融创新的新措施。海协会破例将昆山市列入理事单位。省委省政府领导高度重视，多次到昆专题调研昆山试验区建设发展情况，并明确要求制定省政府进一步支持昆山试验区改革创新的意见。

【争取政策措施】 年内，各项政策措施逐步落实，部分已取得积极成效。商务部将昆山列为两岸冷链物流产业合作第二批试点城市，并批准开展商业保理试点。人民银行在批复同意昆山试验区开展跨境人民币业务试点的基础上，又专门批复同意进一步拓展台资企业集团认定范围，对现行货币金融政策进行了诸多创新突破。海关总署批复同意在昆山综保区开展内销产品返区维修业务。中国银行总行、交通银行总行分别与昆山市签订合作协议，给予昆山试验区金融创新合作先行先试、两岸产业合作重大项目建设等多方面的支持。

【试点任务】 年内，昆山试验区在两岸产业深度对接、两岸服务业和金融业合作三大领域取得丰硕成果。

年内，两岸产业加速深度融合。两岸在显示技术领域的深化合作实现重大突破。友达光电投资建设 6 代低温多晶硅面板生产线，全球最高世代低温多晶硅面板线。奇美新材料投资 10 亿美元建设偏光片生产研发基地，填补了高端偏光片领域的空白。日月光公司扩大投资和大尺寸半导体芯片项目有序推进。

年内，服务业开放领域进一步扩大。一批新型业态项目相继签约落地，如富邦金控金融中心和合资全牌照证券项目、中租控股金融租赁项目、永丰金控项目、台北控股和天雄商业保理项目等已注册成立或正在抓紧筹备中。统一、正崴、建昌、正新、荣成等 50 余家台资企业在昆设立投资、采购、销售和运营总部，此外南亚、昆达、华科、奇景光电等一批总部项目正在洽谈中。

年内，金融创新率先突破。国务院赋予昆山试验区政策，允许台资企业集团内部开展人民币跨境双向借款业务。至年底，累计有 240 多家台资企业集团开设人民币双向借款账户，双向借款规模 111.2 亿元。

【载体建设】 年内，昆山开发区全力推进海峡两岸人才特区、海峡两岸金融创新合作园、海峡两岸创意设计合作园和海峡两岸平板显示产业合作园等五大载体建设，进一步深化对台产业、资金、技术、人才、市场对接。昆山综保区内销便利化、全球维修中心、无水港建设等功能逐步完善，进口酒类、有色金属、进口食品三大平台加快发展。昆山高新区获批省级科技金融合作创新示范区，南淞湖 2.5 产业科技园加快建设。商贸示范区已建、在建载体面积超 160 万平方米，保税仓库获批并投入使用，贸易便利化综合服务平台不断完善，累计引进各类企业超 120 家。两岸(昆山)国际健康产业园、两岸青年创业园等载体建设取得突破。

【部省际联席会议第二次会议】 12 月 4 日，国家发改委在北京召开昆山试验区部省际联席会议第二次会议。联席会议召集人、国家发改委主任徐绍史出席会议，并就新形势下推进昆山试验区建设作重要讲话。联席会议副召集人、国家发改委副主任胡祖才主持会议并进行会议总结。科技部、工信部、财政部、商务部、人民银行、海关总署、国台办等联席会议成员单位及卫计委、食药监总局、中国邮政集团公司等有关负责人参加会议，并对相关协商事项进行讨论研究。江苏省常务副省长李云峰、省发改委主任陈震宁、苏州市市长周乃翔等出席会议。12 月 12 日，国家发改委印发《昆山深化两岸产业合作试验区部省际联席会议第二次会议纪要》，明确了推动昆山综合保税区转型发展、开展两岸电子商务合作试点、深化两岸金融创新合作试点、建设海峡两岸(昆山)国际健康产业园、建设台湾中小企业商品交易中心、开展两岸青年创业就业工作等六个方面改革创新举措。 (周元鹏)

12 月 4 日，昆山试验区部省际联席会议第二次会议在京召开。

昆山经济技术开发区

【概况】 昆山经济技术开发区(以下简称“昆山开发区”)，位于昆山市东部，西至环城河、娄江、需浦河、铁路、小澞河一线，北至太仓塘，东至太仓、上海市界，南至 312 国道、青阳港、吴淞江、黄浦江路、铁路一线。辖区(含代管区)面积为 115 平方千米。至年底，共建有省部共建昆山留学人员创业园、昆山光电产业园、昆山综合保税区、昆山企业科技园、昆山金融街、东部新城、中央商贸区、中华商务区等一批特色功能区和产业载体，是昆山深化两岸产业合作试验区的主要平台和载体。年内，昆山推行“区镇联动”，昆山开发区与北邻的周市镇实行招商、规划、建设等事项统筹发展，周市镇划出 20 平方千米的区域列为省(昆山)光电产业园的拓展区。至年底，昆山开发区党工委共设立党委 18 个，其中，直属党委 7 个，街道党工委 5 个，社区党委 2 个，企业党委 4 个，下辖党支部(党总支)767 个。年内，昆山开发区管委会增设昆山开发区科技局、昆山开发区台商投资服务办公室两个内设机构正式挂牌运作，正科级建制。

【区域经济】 年内，全区引进国际投资持续增加，整体经济增速趋缓，产业结构和经济发展质量有效提升。全年引进外资项目 103 个，投资总额 15.03 亿美元，同比增长 45.03%，合同利用外资 6.9 亿美元。至年底，全区集聚 47 个国家或地区的 2 106 个外资项目，以外资为主要支撑的电子信息、光电显示、装备制造、精密机械、民生轻工等五大传统优势产业和支柱产业，基础地位相对稳固。其中，光电显示、精密机械和民生轻工三大主导产业的发展质量和规模持续提增，电子信息产业中的代工制造部分产能向中西部地区转移。在此产业结构性调整和全球经济增长波动的总体趋势下，全区全年实现地区生产总值 1 495.4 亿元，同比下降 0.06%；工业总产值 5 078.34 亿元，同比下降 4.86%，高新技术企业工业产值 1 110.63 亿元；进出口总额 686.61 亿美元，同比下降 4.79%，其中出口总额 446.66 亿美元，同比下降 1.23%。全区全口径财政收入 226.83 亿元，同比增长 6.93%；公共财政预算收入 86.79 亿元，同比增长 8.38%。服务业投资和产出及在经济增长中的贡献，呈高幅增长态势，年内，全区内资服务业企业注册资本 69.41 亿元，同比增长 46.85%，三资(含港澳台资)服务业

2月19日，摩缇马帝汽车科技(昆山)有限公司奠基。

企业注册资本3.62亿美元，同比增长247.31%，服务业增加值390.4亿元，同比增长6.98%，在GDP中的占比提高了2个百分点。大项目带动效应显著，战略性新兴产业和现代服务业高位发展趋势强劲，企业增资扩产和技术改造稳步推进。在大项目带动方面，仁宝、纬创等IT龙头企业调整代工产品结构，智能手机、平板电脑等新型产品快速增长，彩晶、昆达、纬视晶等骨干企业新产品布局初步形成，技术含量和盈利能力不断提升。全力协调重大项目推进，世硕电子、三星芯片载板两个总投资超10亿美元的龙头项目开业投产，蓝月亮、鼎镁新材料、摩缇马帝等大项目开工建设，为全区经济结构优化和平稳增长奠定了基础，增添了动力。在现代服务业方面，新引进建大环宇、统实、神达等6家投资性总部项目，宝成、纬创、南宝等总部企业进入试运行；一批重点服务业项目顺利推进，北京数字电视国家工程实验室签约；江苏首个外资基金公司华创毅达（昆山）股权投资管理有限公司落户；日资三井住友银行开业。成功举办2014中国(昆山)品牌产品进口交易会、亚洲自行车精品博览会和一年二次的昆山汽车文化节等各类会展活动，会展业呈现蓬勃发展态势。

【城市建设和管理】 年内，昆山开发区按照“高水平规划、高标准建设、高效能管理”的要求，有序推进重点区域、重点项目的城市化和功能建设。积极承接中国（上海）自由贸易试验区在产业、政策、运行机制的溢出和带动效应，推动昆山深化两岸产业合作试验区的政策落地，有效推进昆山综合保税区、昆山光电产业园、昆山金融街、省部共建昆山留学人员创业园的载体建设和功能建设、20个昆山市政府重点实事工程建设。全年涉及城市和园区基础建设的开工量14.9亿元，包括市政道路维修改造，项目配套，绿化及养护、民房和企业征收工作等，建设工程新开工面积242.8万平方米，竣工208万平方米，在建1 129万平方米，新增绿化面积90万平方米。完成盛晞路、金沙江路、蓬莱路等5项续建改造维修工程；完成太湖路、黑龙江路、娄东路、珠海路、欧美工业园人行道改造工程等6项新开工道路改造维修项目，其中，前进路非机动车道改造出于交通压力的考量，根据交警部门要求比计划开工日延后了3个月启动。推进房地产建设项目45个(在建39个)，在建面积580万平方米，累计完成投资51.4亿元；服务业在建项目26个，在建面积351万平方米，累计完成投资19亿元。年内，昆山市政府对开发区下达了搬迁民房200户、企业10家的任务，前9个月拆迁民房104户，完成市计划的52%，第四季度启动3个村31户的拆迁征用和蓬朗旧城区改建河东街一期项目109户民房的征收，全年完成市计划130%。总投资43亿元的政府重点实事工程中，实事工程14项，重点工程4项，续建工程2项，其中，开发区体育公园完成土方施工和绿化景观建设，黑龙江路改造、娄江码头提前竣工，涉及三大小区的动迁安置房建设共36.8万平方米，年内竣工35.2万平方米，小虞河生态景观工程、金鹰一期、金融街二期和中国影视大楼3个服务业项目按计划有序推进。

【招商引资】 年内，昆山开发区围绕“努力突破大项目招商，促进主导产业更加集聚，争取一批重大项目落户”的重点工作目标，积极开展精细招商、产业链招商，引进国际投资、内资项目的培育和引进持续增加。全年新引进外资项目103个，投资总额15.03亿美元，同比增长45.03%，另有在批、待批外资项目16个，其中超亿美元项目7个；在谈外资项目35个，其中超亿美元项目6个；在谈民资项目19个，其中超亿元项目9个。引进和培育内资项目2 434个，注册资本114.34亿元，同比增长1.6%，其中，注册资本金超过500万元的项目263个，同比增长124.79%。大项目进入和对主导产业集聚效应的支撑作用进一步提升，总投资达10亿美元、一期总投资1.47亿美元的世硕电子项目和一期投资2.98亿美元的奇美偏光片项目正式获批；新批总投资超1亿美元的厚声光电LED陶瓷散热基板项目、增加总投资超1亿美元的意力电路、嘉联益电子增资项目在批；一期总投资1.5亿美元的茂迪太阳能项目顺利落户，未来总投资将达到7亿美元。围绕“加快龙头项目谈判进度，完善汽车零部件产业链”的招商重点，汽车装备制造项目进一步聚集，正国新能源汽车电池项目、库博汽车标准件增资项目、斯沃博达汽车电子增资项目顺利获批；摩缇马帝、丰田电装、六和机械正式开工；天纳克排放系统顺利竣工投产。另有总投资近亿美元的建大全钢轮胎项目在批，采埃孚（汽车变速箱）、丰田纺（汽车内饰件）、法雷奥(汽车雨刮器)等多家知名汽车零部件项目在谈。大力引进总部经济项目，全力推进服务业剥离发展，现代服务业发展实现多项突破，戴铂新材料总部项目落户开发区,北京数字电视国家工程实验室顺利签约并完成注册;直升机项目有序推进,拟先行设立租赁公司;冠信影视传媒公司顺利签约,将投资建设大型文化产业传媒信息基地;宝成、统一、纬创等销售总部进入试运行阶段,建大环宇投资总部、再兴教育总部、南宝研发总部、杜邦财务总部相继设立;在金融业方面,江苏首个外资基金公司——华创毅达(昆山)股权投资管理有限公司落户开发区;中科孵化(昆山)创新投资有限公司正在报批中;日资三井住友银行顺利开业,全区外资银行结构进一步优化。区镇联动的统筹招商实现重大突破,在开发区推动下,注册资本1亿元、总投资3亿元的畅联物流落户周市镇,该项目拟在昆设立区域运营中心;经开发区引荐在谈项目5个,其中戴姆勒中央物流中心、台湾天心工业2个外资项目合同外资2.12亿美元,总投资4亿美元;上海燕龙、天海星工业园、复合式纳米相变蒸发器3个内资项目注册资本3.5亿元,总投资10亿元。同时,利用商务部权力下放,授予国家级开发区更大审批权限的有利条件协助周市审批外资项目3个,合同外资2 744.88万美元。

【科技创新】 年内,昆山开发区实施"企业创新主体培育工程",有效推进区域转型升级。高新技术产业快速增长,全年新增认定高新技术企业31家、民营科技企业20家;认定高新技术产品121只;高新技术产业产值占规模以上工业产值比重达47.7%。企业重大科技专项获得突破,华天科技入选国家科技02重大专项及国家863计划。研发平台建设稳步推进,工研院平板显示技术中心的柔性显示技术研发平台获省级前瞻性研究专项资金2 000万元;新增研究生工作站3家;认定各级各类研发机构66家。产学研合作向纵深推进,与工研院、史太白技术转移中心达成合作;举办光电产业技术创新创业合作沙龙活动;全年申报产学研合作项目26个。实施"高层次创新创业人才集聚工程",全年入选国家"千人计划"1人,三一动力陈振雷成为第十批国家"千人计划"企业创新人才苏州唯一入选者,柔性引进"千人计划"2人;创通微电子杨磊入选青年拔尖人才支持计划;新增省创新团队1个,昆山市级以上"双创"人才17人。实施"知识产权示范创建工程",企业知识产权创造、运用能力不断增强,全年新增专利零突破企业60家;完成发明专利申请2 220件,发明专利授权237件,万人发明专利拥有量达26件;版权登记量超1 200件;澳昆获国家发明专利优秀奖;攀特电陶在"新三板"挂牌上市。

【社会事业与文化建设】 年内,昆山开发区围绕"壮大全区集体经济实力、加快区内教育事业基础设施建设、打造更加宜居的小区环境、积极推进三大工程建设"四项重点有序推进民生社会事业建设。壮大全区集体经济实力,年内,区富民合作总公司所属一期82 383平方米公寓楼竣工并交付使用,全区集体经济总收入完成1.48亿元,同比增长10%。教育事业基础设施建设稳步推进,区内幼儿园、小学的布局得到调整优化,富春江幼儿园(年内更名为石予幼儿园)和蓬曦小学(年内更名石予小学)投用。小区环境建设得到改善,完成富华东村的雨污分流、三线入地、天然气改造、外立面粉刷、道路拓宽、停车位改造、屋顶维修、绿化工程;组织实施"动迁农民市民化工程""外来建设者融入工程"和"公共服务均等化工程",进一步完善"富民、便民、乐民、安民"的社会保障体系,全面优质均衡提供公共服务,不断完善创新社会管理,促进社会民生事业进一步发展。年内,与周市镇联动形成并落实《昆山开发区、周市镇关于推进"三大工程"建设三年实施方案(2014–2016)》,在"动迁农民市民化工程"方面,完善社会保障机制,提升动迁农民就业能力;加强教育引导,全面提升动迁农民文明素质;开展动迁小区全面治理工程;开展文体活动,丰富动迁农民业余生活。在"外来建设者融入工程"方面,探索积分制公共服务;营造社区关爱环境,促进新昆山人社会融合;畅通诉求表达通道,吸纳新昆山人社区参与。在公共服务均等化工程方面,拓展公共服务内容,促进公共服务均等化;创新公共服务方式,提升公共服务绩效。着力加强政府服务和社会自治,通过转变政府职能、完善社区自治架构,创新社区管理体制,积极培育社会组织,引入社会工作制度,加强社区人才队伍建设等举措,加强和改进自身的服务质量和水平。

【赴台推介昆山试验区】 3月20日,以"产业融合、互利双赢"为主题的昆山深化两岸产业合作试验区推介活动在台北市举行,省委副书记、省长李学勇,副省长傅自应出席活动。昆山市和昆山开发区主要负责人参加。经贸交流活动期间,昆山市代表团拜访仁宝集团、纬创集团、台塑集团、奇美材料、统一集团、茂迪新能源、裕隆集团、日月光集团和PCHOME等一批知名企业,推动在昆投资项目继续加码,加快转型升级、创新发展步伐,设立制造中心、贸易中心、总部结算中心、物流分拨中心、研发中心、售后服务中心等"六大中心"。同时,代表团分别与富邦金控、中租控股等金融机构成功签约,合作发起设立合资全牌照证券公司、金融租赁公司等,推动昆山试验区成为台资企业集团和金融机构立足长三角的重要平台和示范基地。

【金鹰国际试运营】 年内,金鹰国际购物中心投入试运营,中央商贸区功能建设进入收获期。其中,昆山金鹰天地广场占地面积29万平方米,总建筑面积约100万平方米,共分为3个区域,A地块集金鹰国际购物中心、五星级酒店、甲级写字楼、商铺、高端住宅于一体,五星级酒店更是以251.8米的高度打造城市新地标;B地块规划为主题商业街、时尚SOHO、主题商业广场、特色专业市场、商业步行街等多种物业形态;D地块规划为精装平层大宅,在城市中心打造一处精英人士的安居之所。

表 15

2014 年昆山经济技术开发区基本情况

项 目	数 量	项 目	数 量
区域面积(平方千米)	115	在园人数(人)	9 310
行政区划		职校(所)	0
街道(个)	5	在校学生(人)	0
居民委员会(个)	25	**文化**	
村民委员会(个)	10	图书馆、室(家)	32
人口		文化馆、站(家)	6
户籍人口(万人)	13.93	影剧院、场(家)	2
户数(万户)	4.6	**卫生**	
人口密度(人/平方千米)	1 211	预防保健所及社区医疗站(所)	21
人口自然增长率(‰)	6.35	公立医院(所)	1
教育		公立医院及社区医疗站床位数(张)	98(编制 30)
中学(所)	8	公立医院及社区医疗站医疗卫生技术人员(人)	279
在校学生(人)	8 710	公立医院及社区医疗站执业医师(含社区)(人)	88
小学(所)	12	**体育**	
在校学生(人)	20 123	体育场馆及经营性健身房(家)	10
幼儿园(所)	23	健身点(个)	92

表 16

2014 年昆山经济技术开发区国民经济主要指标

指标名称	单位	完成数	比上年增长(%)
地区生产总值	亿元	1 495.40	-0.06
第一产业	亿元	0.85	0
第二产业	亿元	1 103.74	-2.35
工业	亿元	1 076.82	-2.78
第三产业	亿元	390.40	6.98
全社会固定资产投资完成额	亿元	266.93	-7.50
财政收入	亿元	226.83	6.93
公共财政预算收入	亿元	86.80	8.38
财政支出	亿元	53.50	-31.7
出口总额	亿美元	446.66	-1.23
批准利用外资项目数	个	103	66.13
注册外资(非到账)	亿美元	6.90	82.78
农业总产值	亿元	1.64	10.4
工业总产值	亿元	5 078.34	-4.86
住宅竣工面积	万平方米	(动迁房 10.69 商住 112.51)	不专项测算
社会消费品零售总额	亿元	不专项核算	不单独核算

(昆山开发区)

昆山高新技术产业开发区

【概况】 昆山高新技术产业开发区(以下简称“昆山高新区”),位于昆山市中部,东与昆山经济技术开发区相连,南与昆山市张浦镇相望,西与苏州工业园区、昆山市巴城镇相邻,北与昆山市周市镇相接。区域面积117.42平方千米,境内沪宁高速公路铁路、城际铁路和吴淞江、娄江、张家港航道横贯东西。区域内有庙墩和朱墓墩等良渚文化遗址,亭林公园和森林公园等休闲公园,文化艺术中心和体育中心等文体场所。全区辖有7个街道办事处、53个社区居委会、22个村委会,户籍总户数72 779户,总人口21.57万人,流动人口46.68万人。昆山高新区园区分设阳澄湖科技园、吴淞江产业园、新城北产业园“三大产业板块”;园区管委会位于昆山市北门路757号。年内,昆山高新区以“建设国内一流高新技术产业园区”为总目标,围绕“创新驱动,战略提升”的总要求,全面实施“520工程”,推动“五位一体”协调发展,园区成功入围苏南国家自主创新示范区。年内园区先后荣获“2013年度全国火炬统计工作先进单位”“2014年度江苏省信息化与工业化融合示范区”“2011~2014年全省社会治安综合治理先进集体”等荣誉称号。

【区域经济】 年内,全区农业、工业、服务业、财税金融、资产投资等区域经济协调发展,全面增长。全区地区生产总值630.1亿元,增长3.3%。其中,第一产业产值2.1亿元,增长7.8%;第二产业产值306.8亿元,增长3.4%;第三产业产值321.2亿元,增长3.1%。三次产业比重分别为0.33%、48.7%、50.97%。

农业 年内全区农林牧渔业总产值48 358万元,其中,农业产值29 082万元,牧业产值519.4万元,渔业产值18 306万元;全区耕地种植、养殖面积21 198亩,其中农作物种植面积15 588亩,鱼类养殖面积5 610亩;全年作物总产量12 696.2吨,蔬菜总产量16 400吨,鱼类总产量1 873.9吨。

工业 年内全区有工业企业2 806家,其中,规模以上工业企业294家;全年完成工业总产值1 260亿元,增长0.8%,其中,规模以上企业完成产值1 155亿元,占比91.7%,增长4.1%;新兴产业完成产值721亿元,占比57%,增长14.7%;全区高新技术产业和新兴产业产值占规模以上工业总产值比重分别达67%和57%;全年完成工业产品销售收入1 207.6亿元,增长0.2%,实现利润总额69亿元,增长23.2%;全年引进新批外资企业37家,新增外资注册资本23 760万美元,实际到账外资16 019万美元;全年新批内资企业3 796家,新增注册资本45.4亿元;全年完成进出口总额63.7亿美元,其中,出口额32.2亿美元。

服务业 年内全区新增服务业项目中的天环冷链、虹祺路商业街、中航城及华润综合体等重要项目建设提速,全区服务业增加值增速加快、占比提升,全年实现服务业增加值321亿元,服务业增加值占地区生产总值比重达51%。

财税金融 年内全区公共财政预算收入56.67亿元,增长7.9%;国税入库收入19.6亿元,增长12.3%;地税入库收入30.5亿元,增长15.6%;区内银行、证券、保险等金融网点全覆盖,年内新增金融网点8家,其中,银行3家、证券3家、保险2家。

资产投资 年内全区固定资产投资154.5亿元,增长7.5%,其中,工业投资55.2亿元,服务业投资99.3亿元。

【城乡建设】 年内,全区城乡建设投资大幅增加,建设统筹推进。年内全区社会公共事业和市政基础设施建设总投入达33.6亿元,其中社会公共事业建设投入14.9亿元,市政基础设施建设投入18.7亿元;海创大楼、财富广场、加拿大国际学校、北部邻里中心、中华园西路邻里中心、吴淞江区域配套服务中心等项目建设全面推进,全区报建面积317万平方米,在建面积近1 000万平方米,住宅竣工面积124.23万平方米,增长26.3%;全区搬迁企业15家,征收农宅401户,征收面积近20万平方米;全区组织开展“931”环境综合整治和村庄田园环境整治行动,完成市下达的8条道路、3个市场和城中村、城乡结合部、背街小巷等区域、地段环境整治以及5个联圩水体水质整治任务;全区完成新建改造新城南路等14条道路、修复路面4.08万平方米,铺设污水管网8.5千米,新建垃圾中转站3座、公共厕所3座,新增绿地53万平方米。

【社会民生】 年内,全区科技人才、国民教育、医疗卫生、文化体育、就业安居、社会保障等社会民生事业统筹推进,全面发展。

科技人才 年内新获得认定的火炬项目5个,新增高新技术企业48家,高新技术产品164个,研发机构66家,产学研联合体65项;全区年内申请专利6 000件,授权2 300件,其中发明专利300件;全区新增国家“千人计划”人才3名、“创新人才推进计划”人才1名、省市“双创”人才和团队30个、高级技能人才1 500名。

国民教育 年内全区教育新增投入2.95亿元,全区新建改建扩建中小学、幼儿园11所,当年有9所学校投入使用;全区有3所幼儿园成功创建成省级优秀幼儿园、1所幼儿园成功创建成苏州市级优秀幼儿园;全区有中学、成校、小学和幼儿园64所,在校(园)学生(儿童)44 206人。

医疗卫生 年内启动西部医疗中心、市中医院南星渎院区规划;市第三人民医院病房大楼完成主体封顶,大学城社区卫生服务站投入使用。全区有市二级医院2家,区预防保健所、动物防疫站各1所,社区(村)医疗服务站31所,全区医院床位845张,医技、医务人员1 120人,执业医师479人。

文化体育 年内完成高新区文体活动中心和图书馆建设,大公、柏庐新昆山人文化俱乐部建成并投入使用;全区有区文体站1家、街道文体站7家和区图书馆1家、社区(村)图书室75家;区图书馆年内新增图书5 000册，总藏书量达6.4万册;全区“10分钟体育健身圈”进一步完善,全区有篮球、门球等体育场地51片、晨晚练健身点244个、室外健身器材1 300余套;全区有文化娱乐业余团队128支、体育健身业余团队85支，全年举办第六届龙舟赛等文体活动800余场(次)。

就业创业　年内全区发放创业贷款2 335万元;组织举办各类劳动技能培训班47期，培训人数达3 000人次，新增安置就业人数400人;受理调解处理劳动纠纷案件1 788件，调解成功919件,调解率达51.4%,结案率100%,高新区获批省劳动关系和谐园区。

安居工程　年内全区完成10个老小区、15栋散住楼、200户农村平（楼)危房改造;全区开工建设安置房172万平方米,交付安置32万平方米;成立南星渎小镇管理委员会、大渔社区居委会和杨林社区居委会，加强动迁小区管理、构筑安居宜居环境。

社会保障　年内全区新增居民社会养老保险人数3 613人，参保率达99%;新增居民社会保险人数3 268人,参保率达99%;成立区居家养老管理中心和养老护理中心;新增采莲、杨林2个日间照料中心和共青村助餐点,年内全部投入运行;全区共建成日间照料中心10家,7个街道居家养老服务站实现全覆盖;全区全年发放土地补偿款5 197.4万元,人均1 032元;全区富民、土地股份和社区股份合作社全年按股分红金额达2 662.9万元,增长27.75%,人均红利1 196元,增长73.26%;全区城镇居民年人均收入46 920元，增长8.7%，农村居民年人均纯收入31 170元,增长9%。

【发展特色】　年内,昆山高新区以成功入围苏南国家自主创新示范区为契机，全力推进创新驱动和转型发展。年初，昆山高新区制定出台“一区一战略产业”发展实施意见,年内全区呈现出转型升级步伐加快,创新驱动成效显著的发展特色。年内全区引进超亿美元的外资项目1个，超亿元的内资项目3个，科技产业化项目11个;全区列入昆山市级的重大产业项目全部开工,区内的乙盛机械、瑞钢钢板等近20家企业全部完成增资,劳士领、华测生物等6个新兴产业项目全部投产,新增技改投资11亿元;完成省级机器人大学科技园申报和华恒焊接、研华科技、领创激光等企业的省级成果转化联合招标立项;凯宫高效能精梳机关键技术及其产业化应用项目获国家科技进步二等奖,小核酸研究所获批省级千人计划研究院和博士后创新实践基地,天瑞仪器获评省级院士工作站,福伊特中国培训中心正式投入运行,并引进德国“双元制”职业教育模式;园区科技金融服务体系不断完善,信息化与工业化不断融合,园区获评省科技金融合作创新示范区和省信息化与工业化融合示范区。

【创新成果】　年内,昆山高新区大力实施创新驱动发展战略,加快科技创新载体建设,努力提升自主创新能力,全区结出了科技金融合作、环保新能源、职业技能培训、高端机器人制造和劳动关系和谐等一批创新成果。

两企业挂牌“新三板”　1月24日,昆山高新区江苏正佰电气股份有限公司和昆山三景科技股份有限公司正式挂牌“新三板”市场,股票代码分别为430450、430393。江苏正佰电气股份有限公司于2006年12月在昆山市高新区注册成立，主要从事系列配电设备、母线槽、箱式变电站和智能化系统电子电气设备的研发、制造、销售以及电子电气设备安装及售后技术服务。公司与广发证券等中介机构签订协议，并于2012年4月24日完成股份制改造。昆山三景科技股份有限公司于2006年5月在昆山高新区注册成立,专业从事精密模具设计,模具、五金冲压件生产、销售,光电组建的销售业务。公司与东吴证券股份有限公司等中介机构签订了协议，并于2012年11月14日完成股份制改造。

丘钛科技在港交所上市　12月2日,位于昆山高新区的昆山丘钛微电子科技有限公司(通过在开曼群岛设立的控股公司“丘钛科技(集团)有限公司”)以间接上市方式在香港联合交易所主板正式挂牌上市,股票简称:丘钛科技,股票代码:1478,成为昆山市第19家上市挂牌企业。丘钛科技成立于2007年,产品定位在中高端摄像头模组市场,目前是中国本土能大规模制造分辨率为800万像素或以上摄像头模组的四大制造商之一,成为中国绝大部分主流智能手机品牌公司的核心供应商。丘钛科技此次上市发行新股2.5亿股，扣除发行费用后,募集资金净额约7.6亿港元,折合人民币约6亿元,发行后总股本为10亿股。

协鑫集团获全球新能源杰出贡献奖　11月6日,2013全球新能源企业500强在京发布，协鑫集团进入全球新能源企业排名前20位，成为入围全球20强的三家中国新能源企业之一。协鑫集团同时还获得“2013全球新能源杰出贡献奖”，国家能源专家咨询委员会主任、原国家能源局局长张国宝为协鑫集团颁奖。位于昆山高新区的昆山鑫源环保热电有限公司由协鑫集团自2002年投资成立，该集团是全球规模最大、品质最优、成本最低、能耗最少、技术领先、市场份额最大的多晶硅及硅片生产与研发企业,同时是中国最大的非国有电力控股企业。协鑫集团积极响应中国政府提出的“中国梦”倡议,利用各种新能源、新技术、新设备,致力打造分布式能源示范区。

福伊特中国培训中心落成　4月23日,全球领先的技术与工业服务供应商德国福伊特集团位于昆山高新区的中国培训中心正式落成。该培训中心是福伊特在德国本土之外建立的最大培训中心,旨在培养具有专业技能和多元化管理能力的本土人才。福伊特中国培训中心由福伊特和昆山市政府共同出资建成,总投资7 300万元。其中,福伊特出资5 800万元，昆山市政府出资1 500万元。中心将引入德国先进的双元制职业教育模式，装备总投资达3 200万元的先进设备，并配备强大的师资力量,旨在促进整个长三角地区技术人才的培养。

昆山高新技术创业服务中心入选

4月23日，福伊特中国培训中心落成典礼。

国家级“高校学生科技创业实习基地” 10月24日，2013年度国家级“高校学生科技创业实习基地”名单出炉，经教育部、科技部认定，全国共有12家单位入选，昆山高新技术创业服务中心跻身其中，实现高新区在国家级科技产业平台上的新突破。此次评选中，昆山高新技术创业服务中心经过评选的层层筛选，从100多家申报单位中脱颖而出。评审专家认为，昆山高新技术创业服务中心有效培养了大学生创新创业精神和能力，切实发挥了以“双实”带动“双业”，以“创业”促进“就业”的作用。

机器人“赛车”下线 5月23日，全球三大机器人生产制造商之一柯马第一款供应全球客户的机器人在昆山高新区机器人特色产业基地下线。这款机器人取名为“赛车”，其负载7千克、最大工作半径为1 400毫米，在全球范围内6千克~7千克级别小型机器人中工作速度位列前茅。在发布会现场，“赛车”作了工作展现，它的工作速度体现在焊点与焊点、焊缝与焊缝间工作过渡的速率上。除了速度快，这款“赛车”机器人还具备其它性能优势，比如尺寸更小、精益设计、性能稳健。外观红黑涂装酷似柯马所属的菲亚特集团控股的另一以速度见长的跑车品牌“法拉利”。“赛车”机器人可被广泛用于物料运输、机床上下料、焊接等领域，并以快速之长来提高生产效率。柯马隶属于意大利菲亚特集团，成立于1978年。在机器人领域，柯马与ABB、KUKA并列全球三大机器人生产制造商，研发出了全系列机器人产品，产品负载范围最小可至6千克，最大可达800千克。柯马2011年落户昆山高新区，建立柯昆(昆山)自动化有限公司，积极开拓机器人设计制造、加工中心制造、自动化系统制造、技术支持、销售及相关服务等业务，落户次年，柯昆第二工厂投入使用。年内，柯昆(昆山)自动化有限公司是柯马机器人事业的全球两大制造基地之一、全球三大研发中心之一。

机器人产业园亮相CIROS 2014 2014年中国国际机器人展览会(CIROS2014)于7月9~11日在上海新国际博览中心举办，昆山高新区机器人产业园组团赴上海参展。在此次展会上，园区组织华恒焊接、塔米机器人、永年激光、艾博、华斯雷奇等10余家企业参展，向全世界100余家国内外自动化企业和媒体介绍昆山高新区机器人产业的发展现状和前景。昆山高新区机器人产业园成立于2008年，位于昆山国家高新区内，是昆山重点发展的十大特色产业基地之一。2012年9月获批国家火炬计划昆山机器人特色产业基地。年内已吸引华恒、柯昆、徕斯、高晟等多家国内外机器人领域的高端企业。机器人产业成为昆山高新区产业升级的主力军和新引擎。

昆山高新区获评省模范劳动关系和谐工业园区 7月21日，昆山高新技术产业开发区被省协调劳动关系三方委员会命名为省模范劳动关系和谐工业园区。这是继高新区获得苏州市劳动关系和谐工业园区后的又一殊荣。昆山高新区通过建立企业“五清”工作台账，把“完善劳动用工管理机制”作为构建和谐劳动关系工作的重中之重，不断提高劳动合同签订率、履行率，加强劳动监察，减少违法解除、终止劳动合同的发生，劳动合同签订实现全覆盖。园区内各类企业全员签订书面劳动合同，依法参加社会保险，连续三年社保征缴率达100%，劳动保障书面定期审查通过率达100%。同时，昆山高新区普遍推行“工资集体协商”制度，全区签订集体合同、工资专项合同447份，涵盖868家法人单位，区内建会企业集体合同、工资专项合同签订率达100%。

表17

2014年昆山高新区基本情况

项　目	数　量	项　目	数　量
区域面积(平方千米)	117.41	户籍人口(万人)	21.57
行政区划		户数(万户)	7.28
街道(个)	7	人口密度(人/平方千米)	1 837
镇(个)	1	人口自然增长率(‰)	8.23
居民委员会(个)	53	**教育**	
村委会(个)	22	中学(所)	1
人口		在校学生(人)	2 586

续表

项　目	数　量	项　目	数　量
九年一贯制(所)	1	**医疗卫生**	
在校学生(人)	1 969	市二级医院(家)	2
小学(所)	22	医疗服务机构(所)	31
在校学生(人)	26 752	医院床位数(张)	845
幼儿园(所)	39	医技、医务人员(人)	1 120
在校儿童(人)	12 899	执业医师(人)	479
职校(所)	1	**体育**	
文化		体育场地(片)	51
图书馆、室(家)	76	晨晚练健身点(个)	244
文体馆、站(家)	8	晨晚练健身点(个)	244

表18

2014年昆山高新区国民经济主要指标

项目	单位	完成数	比上年增长(%)	项目	单位	完成数	比上年增长(%)
地区生产总值(GDP)	亿元	630.1	3.3	外贸出口总额	亿美元	32.2	-17.3
第一产业	亿元	2.1	7.8	新批外资项目	个	37	-16.9
第二产业	亿元	306	3.4	新增注册外资金额	亿美元	2.37	-25.4
第三产业	亿元	321.2	3.1	农业总产值	亿元	2.91	0.28
固定资产投资额	亿元	154.5	7.5	工业总产值	亿元	1 260	0.8
公共财政预算收入	亿元	56.67	7.9	住宅竣工面积	万平方米	124.23	26.3
公共财政预算支出	亿元	23.5	0.29	限上企业法人社会消费品零售额	亿元	50.7	0.2

（王　莉）

花桥经济开发区

【概况】 花桥经济开发区位于苏沪交界处，西邻昆山开发区，距昆山市中心16千米，东依上海安亭国际汽车城，距上海市中心不到25千米，区域面积52.3平方千米。上海轨道交通11号线花桥延伸段通车，京沪高铁和沪宁城铁穿城而过，312国道东西向穿越全境，沪宁高速公路、同三高速公路在此交汇，并有互通出入，沿沪大道、东城大道、绿地大道等主要交通干道与周边地区相连。区内主干河道有小瓦浦河、徐公河、大瓦浦河、象猛泾、漕塘河、鸡鸣塘等。区内建有服务外包区、总部经济区、海峡两岸商贸示范区等特色产业园区，以及基金产业园、游站文化创意产业园、阿里巴巴电子商务大厦、宁以远服务业产业园等功能载体。区内主要古迹有天福庵古集镇，聚福桥、万寿桥、永清桥等古桥，瓦城遗址、姜家墩汉墓等。文体休闲场所有花溪公园、中央公园、天福湿地公园、青年文体活动中心、中影国际影城等。区管委会地址：兆丰路8号。

【区域经济】 年内，花桥经济开发区完成地区生产总值192.6亿元，同比增长14.6%，其中第一产业增加值5 588万元，第二产业增加值39.56亿元，第三产业增加值152.45亿元，第三产业占地区生产总值比重79.2%；实现公共财政预算收入28.28亿元，同比增长18.6%；到账外资1.3亿美元，注册民资28亿元。全年新增规模型现代服务业项目72个，其中5亿元项目1个，1亿元以上项目3个。上海证券交易所第二总部、香港惠农资本投资总部、怡球贸易采购销售中心、新型社区电商平台江苏社区集网络科技，以及省内首家台资商业保理公司天雄商业保理等重点项目完成注册，人民银行“三中心”项目进入装修方案设计阶段，全市首家获许经营的医学独立实验室——昆山迪安医学检验所揭牌投运，恩斯克投资等重点纳税企业以及华拓数码、中银商务等重点服务外包企业发展迅速，博富科技成功新三板挂牌上市。全区实现服务业增加值152亿元，同比增长24.6%，其中，服务外包产业完成接包合同额4.8亿美元、离岸执行额 8 567 万美元，实现增加值 22.1 亿元，同比增长 46.9%；总部经济实现增加值 35.6 亿元，同比增长 27.6%。

【城市建设】 年内，花桥经济开发区新开工建筑面积 275 万平方米，竣工 97 万平方米，完成全社会固定资产投资 110.2 亿元。新开工产业面积 56.7 万平方米，台湾中小企业商品交易中心、两岸青年创业园等新型产业平台启动建设，中国科技开发院花桥创新服务业基地、梦世界电影文化博览园等产业载体加快建设，16 万平方米台湾商品交易中心 2 号馆和商务办公项目、6.5 万平方米花桥国际博览中心等一批仓库、展馆、交易中心竣工交付。年内功能性项目竣工 11.5 万平方米，华东康桥国际学校正式投运，11 万平方米动迁安置房竣工交付。全年新增绿化面积 35 万平方米，新开工绿色建筑面积 146 万平方米，国家绿色生态城区争创项目通过国家住建部初步评审，国际金融服务外包区获批省绿色建筑和生态城区区域集成示范。建成智慧城市企业化运作平台，完成省住建厅数字房屋信息平台试点及建筑工程 BIM 建模工作，“智慧花桥规划建设一体化综合平台”荣获 2014 中国地理信息产业优秀工程金奖。加大环境综合整治力度，加强河道圩区长效管理，完成鸡鸣塘、虬江河、横塘河等内河整治和天福湿地公园两铁间河道水系梳理、植被修复、水质净化等工程。

【民生事业】 年内，花桥经济开发区拓展富民增收途径，高效运作强村富民公司。全年新增经营性收入 1 178 万元，不断优化集体经济运作，量化集体资产 11 723 万元，三大合作社经营性收入增加 650 万元，全年村级集体经济可支配收入达 10 300 万元，城乡居民可支配收入达 32 476 元。鼓励创业、支持就业，开展各类劳动技能和就业培训，发放小额贷款 3 115 万元，推荐居民就业 1 725 人。加大社会救助力度，新投运社区慈善工作站 4 个，年内发放各类救助金 331.46 万元，全区 5 家慈善超市共救助 223 人，救助金额 6.68 万元。公共服务资源不断丰富，完成社区停车位改造、天然气管道铺设等工程，巷浦农贸市场等便民设施即将投运，5 所学校建设加快推进，新投运日间照料中心 1 个，新建社区卫生服务站 2 个，星级社区老年活动室实现全覆盖。文体事业持续发展，开展第九届群众文化艺术节、千人徒步大会、“全民健身日”“全面健身大课堂”等各类群众性文化活动 165 场次；以“道德讲堂”“乐仁学院”为平台，开展各类社会公德教育、法律法规知识讲座等活动，公共文明水平全面提升。社区管理模式创新，全面推广“三道门”经验，实现“一社区 民警一警务室”全覆盖；各类社会组织在社区管理服务等方面的作用进一步发挥，入选市公益创投活动项目 10 个，获评市社区服务特色品牌项目 3 个。全力维护社会和谐稳定，集中开展以“六打六治”为重点的打非治违专项行动和“三小车”、群租房为重点的专项行动，完善勤务巡防机制，细化网格化防控体系，全年未发生惊扰全局的重大、恶性案件，社会治安总体平稳。

【综合环境】 年内，花桥经济开发区加快区镇联动发展，启动花桥陆家区镇联动总体规划修编，形成产业项目选址、用地沟通协调机制，推动苏宁以及软通动力、IBM 合作的物流信息平台等核心项目进行合作，区域资源整合、协同发展。现代服务业综合试点工作持续开展，上年度试点项目深入推进，花桥基金产业园主体建设完工，冰智云、极限在线、通讯系统测试服务平台和体育用品检测服务平台等项目陆续加快投资进入试运营阶段，年内试点项目完成申报。人才定制培养合作深化，举办大学生职业生涯规划大赛、第四届高校教师暑期训练营等人才品牌活动，凯捷与齐齐哈尔大学“商务城订制培养班”获评国家级。全年培训产业人才 10 018 人，引进产业人才 23 046 人，累计人才保有量 41 507 人，其中千人计划人才 12 人，省双创人才 11 人，省双创团队 1 个。科技创新平台日趋完善，认定省级民营科技企业 8 家，入库苏州市新兴产业企业 1 家，苏州市级、昆山市级企业技术中心各 1 家，昆山市级信息化示范项目 2 家，专利申请 462 件、授权 292 件。贸易便利化综合服务平台功能不断强化，综合通关速度比同类型地区提升 30%。投融资平台更加规范，融资能力、资产管理水平不断提高。

花桥商务城便捷的交通体系

【第五届昆山电子电机暨设备博览会】 7月5～8日，以"先进制造·智慧生活·开创未来"为主题的第五届昆山电子电机暨设备博览会在花桥举办。此届博览会由昆山市政府、台湾区电机电子工业同业公会联合主办，开设四大专业展区、八大交流论坛和十五大主题馆，举办新产品发表会、推介会、企业对接会等多项活动，共有参展企业536家、专业买家7 220人次，现场成交额达6亿美元。

【第六届中国金融外包峰会】 10月16～17日，以"新金融·智服务"为主题的第六届中国金融外包峰会在花桥举办。此届峰会由中国服务外包研究中心、昆山市政府主办，花桥国际商务城、昆山市服务外包企业协会、花桥金融外包研究中心承办，金融咨询网、《服务外包》杂志协办。峰会深刻探讨了新金融背景下金融外包企业如何打造智慧服务的核心能力、金融机构和金融外包企业如何嫁接互联网思维等问题。峰会期间，海峡两岸关系协会会长陈德铭，中欧国际工商学院院长、中国服务外包研究中心名誉主任朱晓明，清华大学法学院教授，杜克大学校董、法学院教授高西庆等作主题演讲，中国服务外包研究中心发布了《2014中国服务外包发展报告》。

表19

2014年花桥经济开发区基本情况

项　目	数　量	项　目	数　量
区域面积(平方千米)	50.11	在园人数(人)	2 957
行政区划		职校(所)	2
街道(个)	2	在校学生(人)	7 276
居民委员会(个)	12	**文化**	
村民委员会(个)	3	图书馆、室(家)	12
人口		文化馆、站(家)	1
户籍人口(万人)	3.65	影剧院、场(家)	3
户数(万户)	1.08	**卫生**	
人口密度(人/平方千米)	728	预防保健所及社区医疗站(所)	10
人口自然增长率(‰)	5.8	公立医院(所)	1
教育		公立医院及社区医疗站床位数(张)	178
中学(所)	1	公立医院及社区医疗站医疗卫生技术人员(人)	294
在校学生(人)	1 319	公立医院及社区医疗站执业医师(含社区)(人)	95
小学(所)	4	**体育**	
在校学生(人)	5 425	体育场馆及经营性健身房(家)	6
幼儿园(所)	9	健身点(个)	34

表20

2014年花桥经济开发区国民经济主要指标

项　目	完成数	比上年增长(%)
增加值	192.57亿元	14.6
第一产业	0.56亿元	0.3
第二产业	39.56亿元	-10.2
工业	31.78亿元	-12.6
第三产业	152.45亿元	23.5
固定资产投资额	110.25亿元	0.2
财政收入	66.46亿元	-21.3
地方财政收入	28.28亿元	18.6
地方财政支出	40.98亿元	-31.7
外贸出口总额	6.26亿美元	7.4

续表

项 目	完成数	比上年增长(%)
直接利用外资签订合同项目数	35 个	67
直接利用外资签订合同金额	9988 万美元	-46
农业总产值	0.95 亿元	0.4
工业总产值	140.25 亿元	-8.0
住宅竣工面积	22.4 万平方米	-72.0
社会消费品零售总额	54.28 亿元	24.6

（周丽琼）

昆山旅游度假区

【概况】 昆山旅游度假区由千灯镇、淀山湖镇、周庄镇、锦溪镇和巴城镇阳澄湖旅游度假中心组成，规划面积约 330 平方千米，其中水域面积 80 余平方千米、岸线 200 多千米。年内，昆山旅游度假区有 1 个国家 5A 级景区（周庄）、2 个国家 4A 级景区（锦溪、千灯）、1 个国家 3A 级景区（巴城阳澄湖旅游度假中心）、1 个国家级水利风景区（锦溪明镜荡水利风景区），度假区与“四镇一中心”实施“区镇联动、统分结合”。管委会位于锦溪镇邵甸港路 18 号。年内，完成全社会旅游收入 168 亿元，同比增长 12.6%；实现旅游业增加值 75.6 亿元，占服务业增加值比重达 33%；接待游客 1 381 万人，同比增长 6.5%；散客比例由 58%提高到 66%，“十一”国庆黄金周期间超过 80%。游客人均消费 1 218 元，平均停留时间 1.3 天。期末旅游从业人员比期初增加近 1 000 人。累计安排旅游发展专项资金 8 575 万元，鼓励支持旅游基础设施和功能配套建设，完成旅游业固定资产投资 20.1 亿元，同比增长 67.5%。实施旅游安全生产专项检查行动，全年无旅游安全生产事故发生。研究出台《度假区景区（点）质量管理办法》，组织开展旅游从业人员专项培训，启动建立酒店、餐饮、民宿等行业协会组织。建立健全旅游数据统计体系，形成重点项目领导挂钩服务等工作制度。

【规划建设】 年内，昆山市根据《苏州市主体功能区实施意见》修改调整《昆山旅游度假区总体规划》。完成国际健康产业园产业规划和概念规划，完成“东方湖区”旅游综合体、“五谷丰灯”千灯古镇古村落旅游圈策划，及生态水网与水环境保护、生态廊道与生态湿地等一批专项规划。邀请美国杜克大学专家委员会开展国际健康产业园建设咨询研究，研究落实昆山深化两岸产业合作试验区部省际联席会议明确的六项政策措施。确定“东方湖区”旅游综合体一期建设方案，实施项目建设前期筹备工作，明镜荡景观绿化工程进入公开招投标程序。度假区报建中心承接市规划局、市住建局授权的 28 项行政审批权限，建立健全“首问告知制”“限时办结制”“责任追究制”，探索实践“1234”工作法，审批提速 25%以上。全年办结各类审批事项 1 503 件，报建工程量 205.8 万平方米，占全市总报建量的 13.3%，较好履行南部四镇基本建设项目审批服务职能。

【营销推广】 年内，昆山旅游度假区完成整体品牌策划。以“百戏之祖”昆曲为文化特征，以江南水乡古镇为核心元素，推出“玩入戏、活出味”品牌形象，确立“游园惊梦”产品营销体系，即逸游古镇、拾趣田园、惊艳味觉和湖畔寻梦。实施整体营销推广。整合四镇一中心核心景区景点和旅游服务设施，集约利用营销资源，合作共享客源市场，初步形成联合宣传、抱团推广态势。探索建立旅游项目区镇联动洽谈、联合评审和专题例会工作制，牵头四镇一中心服务业招商力量，赴德国、瑞士、中国台湾、北京等地开展集中推介活动，与德国医疗基金会、国维财富、上海景域等一批知名旅游企业达成初步合作意向。强化游客与群众参与、线上线下互动，首次以区为主体成功举办 2014 昆山文化旅游节、“阳澄风开心大本营” 等节庆活动。利用展会平台、电视媒体、户外媒体、平面媒体、网络媒体等实施全方位、立体化营销宣传。构筑智慧营销平台。制定“智慧旅游” 总体发展规划和三年行动计划，实施一期工程建设，基本实现 A 级景区无线网络全覆盖和电子票务系统全面运营。度假区政务网、旅游网、官方微信、微博建成投用。微信消息送达总数 425 万次，总阅读量 150 万次，单条最高阅读量 8.23 万次。 （吴永慧）

昆台合作

综　述

年内，昆山对台工作牢牢把握两岸关系和平发展主题，秉持“两岸一家亲”的理念，团结协作，主动作为，有力推进昆台各领域交流合作蓬勃发展，富有成效地完成各项任务，对台工作取得显著成绩。各部门努力提升服务效能，营造良好投资环境；加快各类载体建设，积极引领台资企业转型发展；注重合作交流，扩大昆山深化两岸产业合作试验区影响力；加强文化互动，为台商大陆“精神家园”建设添砖加瓦；充分发挥服务职能，解决在昆台商工作生活后顾之忧。

年内，昆山紧紧围绕国务院批复明确的“三大定位”，努力推进昆山试验区在两岸产业深度对接、两岸服务业合作、两岸金融业创新合作等方面实现新突破，形成新亮点，构建新机制。4月底，海协会将昆山市政府吸收为成员理事单位，为昆山试验区纳入结合《海峡两岸经济合作框架协议》(简称：ECFA)后续商谈，研究在昆山试验区先行先试对台合作政策措施，打下良好基础。昆山试验区开展跨境人民币业务试点成效显著，尤其是台资企业集团内部人民币跨境双向借款业务，开展一年以来，已有248家台资企业集团开设人民币双向借款账户，双向借款规模达137.8亿元。友达光电6代低温多晶硅面板生产线，为全球最高世代低温多晶硅面板线；奇美新材料投资10亿美元建设偏光片生产研发基地，填补高端偏光片领域的空白。作为试验区核心区域的海峡两岸(昆山)商贸示范区正积极打造台湾商品进入“第一平台”，借助昆博会、老字号精品展等活动的成功举办，进一步做大商贸合作区贸易量，探索把商贸区建成名品展成交商品发货集散地。结合昆山试验区总体定位，发挥台商投资密集区和两岸经贸文化交流重镇优势，进一步加强对台湾中小企业、中南部地区、中低收入阶层和广大青年即“三中一青”工作的探索，加快规划建设台湾品牌商品直销中心和昆山两岸青年创业园，搭建双方交流融合、创新共赢的平台。年内，昆山市还正式成为两岸冷链物流产业合作试点城市，开启了探索两岸冷链物流产业合作之路。全年全市新批台资企业146家，增资项目68个，新增投资总额14.59亿美元，新增注册台资7.53亿美元。至年底，全市累计批准台资企业4 483家，增资项目2 152个，总投资额551.70亿美元，注册台资278.13亿美元。根据台湾《天下》杂志公布的台湾2013年度制造业企业排行榜，在综合排名50强中，鸿海精密、奇美实业、正新橡胶等19家企业均在昆投资兴办企业，占比近四成。在台湾区电机电子同业公会公布的2014年中国大陆地区投资环境与风险调查评选中，昆山连续第六次综合实力位居榜首，成功摘得极力推荐城市“六连冠”，为推动昆台合作在新平台上迈向深度融合打下了坚实基础，也为昆山深化经济转型升级、加快“昆山之路”从头越提供了强大动力。　　（台　办）

经济合作

【概况】 年内，全市新批台资项目129个，注册台资6.1亿美元。被商务部、国台办明确为两岸冷链物流产业合作试点城市，成为两批试点城市中唯一一个非副省级以上城市。冷链物流是昆山市首个获批开展两岸经济合作试点的产业，更是推进昆山深化两岸产业合作试验区建设的重要突破之一，有利于提升昆山市冷链物流服务水平，促进两岸贸易繁荣发展；被明确为海峡两岸电子商务经济合作实验区，推动实现两岸电子商务信息流、物流、资金流的“新三通”，以及市场准入放开、经营主体互认、商品质量和标准互认、消费者权益互认的“一放三互认”。　　（马　维）

文化交流

【昆山昆曲献演台湾元宵灯会】 2月15～17日，由昆山市组织的昆曲专场演出在台湾灯会南舞台连演三天，献上《牡丹亭·惊梦》《牡丹亭·寻梦》《虎囊弹·山门》《西厢记·游殿》等四场昆曲经典折子戏，表演者均为著名昆剧表演艺术家。艺术家们以细腻的表演，优美宛转的唱腔充分展现了昆曲的艺术魅力，也展示昆山的文化魅力。

2月15日，昆山昆曲献演台湾元宵灯会。

【昆台诗书画摄影交流活动】 10月11～15日，昆山市举办2014“墨韵昆山·梦缘两岸”诗书画摄影交流活动，期间有诗书画展、书画笔会、学术座谈交流、写生创作行和昆台摄影家采风观摩展。10月12日，由海协会书画交流分会、台湾画院、昆山旅游度假区共同主办的2014“墨韵昆山·梦缘两岸”诗书画展在侯北人美术馆开展。海协会顾问、书画交流分会理事长陈云林宣布诗书画展开展。台湾中山学术文化基金会董事长许水德，台湾画院、昆台联合画院荣誉院长欧豪年，海协会书画交流分会副理事长李炳才，省台办副主任张为，昆山市委书记管爱国，市领导杭颖、金铭、陈荣凯以及来自海峡两岸的56名艺术家出席开幕式。 （文广新局）

海峡两岸(昆山)商贸示范区

【设施建设】 海峡两岸(昆山)商贸示范区总规划用地4.4平方千米，建设规模超400万平方米，重点建设台湾商品交易中心、台湾商品展示中心、台湾商品分拨配送中心、综合服务配套中心和创意科技中心，全力打造集台湾产品交易、展览展示、商务办公、金融服务、创新研发、文化旅游等功能于一体的现代化商贸示范区。年内，道路框架基本成型，海翔路等主要干道竣工通车，配套绿化、亮化、美化等公共设施工程按序时推进。已建、在建载体160万平方米，其中，16万平方米台湾商品交易中心2号馆和商务办公项目、6.5万平方米花桥国际博览中心等一批仓库、展馆、交易中心竣工交付；6万平方米的花桥国际博览中心二期、13.8万平方米的台湾文化博览汇板块、13.5万平方米的台湾国际名品城项目已全面开工。

【招商引资】 年内，海峡两岸(昆山)商贸示范区与台北市进出口商业同业公会、电电公会、工研院等一批台湾商协会和企业达成合作协议，联动开展冷链物流配送、电子商务等业务，累计引进各类企业120多家。与台北市进出口商业同业公会合作，举办首届昆山国际老字号精品展，使用展位426个，观展人数3.5万人次，现场成交额超千万元，预期年内成交量将达1.5亿元。与电电公会合作，举办第五届昆山电子电机暨设备博览会，设立展台1 405个，观展人数6.27万人次，现场成交6亿美元，预计一年内辐射交易额20亿美元。

【发展环境】 年内，海峡两岸(昆山)商贸示范区围绕昆山深化两岸产业合作试验区国批政策内容，对商贸类企业落地需求的财税、金融、贸易便利化、检验检疫准入等政策的实施细则和企业落地路径开展专题研究，在产业政策、人才制度、金融创新等方面先行先试，建立产业发展保障机制。建成以宝湾物流5号库为主体，集保税仓储、进口食品快速通关、质监标准化服务等功能于一体的贸易便利化综合服务平台，总建筑面积1.3万平方米，年内共进口食品24个批次310个品项，合计报关货值30万美元，综合通关速度比其他同类区域提升30%。 （周丽琼）

台商精神家园

【概况】 年内,随着昆山打造台商大陆"精神家园"建设的不断推进,昆台两岸以文化为纽带,两岸文化交流活动日益频繁,交流形式也丰富多彩。2月,市旅游局、文广新局组团赴台湾南投县参加一年一度的元宵灯会,昆山主灯及现场昆曲表演赢得了台湾同胞的一致赞誉。2月14日元宵佳节,市领导与广大台商一起猜灯谜,欣赏音乐会,既传承中华民族传统习俗又不失现代都市的高雅。3月14日,昆山市召开推进台商大陆"精神家园"建设座谈会,部分单位及台商代表结合实际,从不同侧面、不同角度畅谈打造台商大陆"精神家园"的新思路、新举措,为加快建设台商大陆"精神家园" 提供有益的借鉴和启示。4月22日,在国家体育总局和台湾中华慢垒联盟的鼎力支持下,举办2014"周市杯"昆山慢垒大奖赛,吸引了海内外20多支球队参赛,同期省台商慢垒联盟正式在昆山挂牌成立,成为各地台商交流情谊的又一个平台。5月23日,来自台湾的清新音乐剧《Miss Taiwan 2014》登陆昆山,多媒体展示台湾风貌的影像同时,加强昆台两地青年文化交流。6月26~29日,在昆台两地盛大举行赠送"漆器妈祖"暨昆山"慧聚妈祖"回娘家活动,不仅给台商带来了精神上的慰藉,也通过文化共融推进了两岸和平发展和文化交流。9~10月,"昆台一家亲、圆梦大中华"歌咏会、"昆台家园"手机摄影大赛巡展、"一样的月光"华语音乐人李寿全创作分享会、"墨韵昆山 梦缘两岸"诗书画摄影展演活动等一系列多层次、多方位、多形式的海峡两岸(昆台)文化交流月活动,进一步扩大昆台两地文化交流的渠道,推动昆台两地文化交流实现融合发展,成为展示台商大陆"精神家园"的重要窗口。

昆山台协会

【概况】 年内,昆山台协会充分发挥协调力,展现桥梁纽带作用,不断加强与政府互动;发挥服务力,认真倾听会员心声,积极服务广大会员;发挥助推力,全力配合相关举措,大力协助企业转型升级;发挥影响力,积极推动各方交流,提升昆山和台协会形象;发挥凝聚力,精心组织各项活动,积极投身"精神家园"建设。年内,台协会在促进台企健康发展,引导协会关爱弱势群体,奉献社会公益事业等方面做了大量的工作。与海关、人社、科技、旅游、安监、环保、质监、消防等部门进行各种形式的交流活动近10场,协助台企解决实际问题。继续与交警大队车管所合作,协助近570名台籍人士更换驾驶证。积极与市教育局和相关学校沟通、协商并联合召开座谈会,帮助近200位台商子女有效解决在昆就学问题。组织台商为昆山学校捐资、赴敬老院慰问、举办台商助学参会,为构建和谐社会营造了良好的氛围。

(台 办)

综　述

年内,昆山市全社会研发投入占地区生产总值比重达2.9%,高新技术产业产值占规模以上工业产值比重达49.1%,万人发明专利拥有量达到21.45件。全年新增国家级科技项目54个、省级科技项目171个、苏州市级科技项目87个,其中国家863计划4个、国家科技重大专项3个、国家科技支撑计划1个、国家国际科技合作项目1个、科技型中小企业技术创新基金项目2个、国家星火计划重点项目1个、国家中小企业专项资金科技创新项目5个,争取上级科技经费20 589.02万元。培育认定国家火炬计划重点高新技术企业2家、高新技术企业196家、省民营科技企业182家、省高新技术产品639只。昆山软件园获批国家级科技企业孵化器,千灯西班牙工业园获批国家国际科技合作基地,小核酸基地获批国家创新型产业集群试点,娄江街道新江南社区被评为国家级科普示范社区,锦溪镇、淀山湖镇获批第四批省创新型试点乡镇,昆山智谷文创科技产业孵化中心、昆山高新区皓康科技创业服务中心获得省级科技企业孵化器认定,昆山高新技术创业服务中心获批苏州市海智基地。新增省院士工作站1家、省重点企业研发机构29家、省工程技术研究中心24家、省外资研发机构19家、省研究生工作站23家、苏州市企业研究院1家、苏州市工程技术研究中心63家。新增自主申报认定国家"千人计划"3人(公示)、省"双创人才"11人、"双创博士"2人、姑苏人才15人、昆山双创人才52人。天瑞仪器刘召贵入选科技部创新人才推进计划。苏州能讯张乃千团队、弗尔赛顾荣鑫团队、迅力光能邓勋明团队3个团队入选省科技类"双创团队",千人计划(昆山)生物医药产业研究院为省千人计划研究院类"双创团队"。成功举办第八届国际发明展览会、2014年小核酸领域优势研究室高级研讨会等活动。新增产学研联合体141个,产学研联合项目180个。全年新增专利申请18 302件,其中发明专利申请7 790件,新增专利授权9 867件,其中发明专利授权870件。

研发机构

9月26日,2014年小核酸领域优势研究室高级研讨会在昆山召开。

【概况】 1月,昆山工研院平板显示技术中心有限公司的"江苏省柔性显示技术研发平台建设"项目,获得省科技厅省级前瞻性研究专项2 000万元的资金支持。江苏天瑞仪器股份有限公司认定为江苏省企业院士工作站,获得省级经费100万元。年内新增省工程技术研究中心24家、苏州市级工程技术研究中心63家,5家企业获得省重点企业研发机构绩效评估优秀。新增省重点企业研发机构29家、省外资研发机构19家、昆山市研发机构178家。新增省企业研究生工作站23家。昆山康佳电子有限公司的超高清智能电视企业研究院被认定为苏州市企业研究院。全市建立大中型企业研发机构550家,建成率92.4%。

表 21

2014 年昆山市列入省工程技术研究中心名单

序号	项目名称	承担单位
1	江苏省高性能铜基合金粉体新材料工程技术研究中心	昆山德泰新材料科技有限公司
2	江苏省智能数字化生产制造设备工程技术研究中心	昆山市佰奥自动化设备科技有限公司
3	江苏省挠性通讯电路板工程技术研究中心	昆山市线路板厂
4	江苏省数字化智能电梯工程技术研究中心	苏州巨立电梯有限公司
5	江苏省高性能激光加工设备工程技术研究中心	苏州领创激光科技有限公司
6	江苏省铝合金熔铸及新材料工程技术研究中心	昆山捷安特轻合金科技有限公司
7	江苏省电子线束工程技术研究中心	昆山爱光电子有限公司
8	江苏省防爆柴油运输设备工程技术研究中心	昆山晋桦豹胶轮车制造有限公司
9	江苏省中性墨水和笔头多工位机装备工程技术研究中心	真彩文具股份有限公司
10	江苏省绿色包装制品工程技术研究中心	苏州裕同印刷有限公司
11	江苏省聚碳酸脂合金料工程技术研究中心	大河宝利材料科技(苏州)有限公司
12	江苏省功能性针织材料工程技术研究中心	江苏 AB 股份有限公司
13	江苏省物流信息工程技术研究中心	昆山华东信息科技有限公司
14	江苏省微型磁悬浮散热系统工程技术研究中心	昆山广兴电子有限公司
15	江苏省高效光伏电池印刷网版工程技术研究中心	昆山良品丝印器材有限公司
16	江苏省声光电功能陶瓷材料工程技术研究中心	苏州攀特电陶科技股份有限公司
17	江苏复合式土压平衡盾构机工程技术研究中心	江苏凯宫隧道机械有限公司
18	江苏省智能舒适型童车工程技术研究中心	昆山小小恐龙儿童用品有限公司
19	江苏省高速数据传输及无线充电工程技术研究中心	昆山联滔电子有限公司
20	江苏省 MEMS 技术压力传感器工程技术研究中心	苏州中鉴传感股份有限公司
21	江苏省精密电子连接器工程技术研究中心	昆山德力康电子科技有限公司
22	江苏省汽车电线电缆工程技术研究中心	昆山欧普电子科技有限公司
23	江苏省高精密内嵌数字式印制电路板工程技术研究中心	江苏普诺威电子股份有限公司
24	江苏省高精密多层电路板先进制造工程技术研究中心	昆山华晨电子有限公司

表 22

2014 年昆山市列入省重点企业研发机构绩效评估优秀名单

序号	项目名称	承担单位
1	江苏省高性能挖掘机械工程技术研究中心	三一重机有限公司
2	江苏省焊接自动化装备高技术研究重点实验室	昆山华恒焊接股份有限公司
3	江苏省(龙腾)平板显示技术研究院	昆山龙腾光电有限公司
4	江苏省光谱分析仪器工程技术研究中心	江苏天瑞仪器股份有限公司
5	江苏省(古鳌)智能高速现金处理设备工程技术研究中心	昆山古鳌电子机械有限公司

表 23

2014 年昆山市列入苏州工程技术研究中心名单

序号	项目名称	承担单位
1	苏州市博俊高精密汽车冲压模具工程技术研究中心	江苏博俊工业科技股份有限公司
2	苏州市东威节能型环保电镀设备工程技术研究中心	昆山东威电镀设备技术有限公司
3	苏州市三景大尺寸平板显示器模具工程技术研究中心	昆山三景科技股份有限公司
4	苏州市三一矿用汽车工程技术研究中心	三一矿机有限公司
5	苏州市全角度 LED 照明工程技术研究中心	江苏华英光宝科技股份有限公司
6	苏州市南铸精密铸件工程技术研究中心	江苏南铸科技股份有限公司

续表

序号	项目名称	承担单位
7	苏州高效纳米导电浆料工程技术研究中心	江苏欧耐尔新型材料有限公司
8	苏州市智能电网数字变压配电装置工程技术研究中心	江苏正佰电气股份有限公司
9	苏州市自动化节能圆柱型磨浆机工程技术研究中心	昆山飞宇精密科技股份有限公司
10	苏州市金属基碳复合导热材料工程技术研究中心	昆山汉品电子有限公司
11	苏州市杰顺通高精密多功能电连接器工程技术研究中心	昆山杰顺通精密组件有限公司
12	苏州市龙梦高精密电连接器工程技术研究中心	昆山龙梦电子科技有限公司
13	苏州市圣泰电梯控制系统工程技术研究中心	昆山圣泰机电制造有限公司
14	苏州慧谷楼宇智能化工程技术中心	昆山市慧谷信息工程有限公司
15	苏州市维信诺 OLED 显示工程技术研究中心	昆山维信诺科技有限公司
16	苏州市汽车软内饰成型冲切一体化模具工程技术研究中心	苏州宏阳宇模具有限公司
17	苏州市泽恩轻量化汽车精密模具工程技术研究中心	江苏泽恩汽机车部品制造有限公司
18	苏州市汽车减震免撞安全结构零部件工程技术研究中心	昆山达亚汽车零部件有限公司
19	苏州市 CNC 高效率精密数控加工工程技术研究中心	昆山全特精密机械有限公司
20	苏州市昌坚精密铸造工艺工程技术研究中心	昆山市昌坚铸造有限公司
21	苏州市高效智能低频无极灯工程技术中心	苏州久荣光照明电器有限公司
22	苏州市高性能精密数控伺服电机工程技术研究中心	腾禾精密电机(昆山)有限公司
23	苏州市射频同轴电缆工程技术研究中心	昆山安胜达微波科技有限公司
24	苏州市聚乙烯薄膜工程技术研究中心	昆山金盟塑料薄膜有限公司
25	苏州市白光 LED 单晶荧光材料工程技术研究中心	昆山开威电子有限公司
26	苏州智能电网配电设备工程技术研究中心	苏州科陆东自电气有限公司
27	苏州市旭川聚氨酯树脂工程技术研究中心	旭川化学(昆山)有限公司
28	苏州市智能温室装备工程技术研究中心	昆山市永宏温室有限公司
29	苏州市宝锦激光拼焊工程技术研究中心	昆山宝锦激光拼焊有限公司
30	苏州市新鸿自动化冲压汽车零部件工程技术研究中心	昆山新鸿企业机械制造有限公司
31	苏州市医用抽吸机工程技术研究中心	江苏岱洛医疗科技有限公司
32	苏州市聚酯纤维椰棕板工程技术研究中心	昆山吉美川纤维科技有限公司
33	苏州市全 3D 模具集成制造工程技术研究中心	昆山钰立金属制品有限公司
34	苏州市保银高速数控机床工程技术研究中心	江苏保银数控设备制造有限公司
35	苏州市金鹏高精密电路板工程技术研究中心	昆山金鹏电子有限公司
36	苏州市现代生物育种工程技术研究中心	昆山科腾生物科技有限公司
37	苏州市高档儿童推车工程技术研究中心	昆山市贝尔儿童用品有限公司
38	苏州市充气式塑胶制品工程技术研究中心	昆山市欣欣塑胶制品有限公司
39	苏州市特种印制电路板工程技术研究中心	苏州艾迪亚电子科技有限公司
40	苏州市超低温固定球阀工程技术研究中心	沃泰工业阀门(中国)有限公司
41	苏州表面 3D 图形塑胶模具工程技术研究中心	苏州春秋电子科技有限公司
42	苏州市高精密微型板对板电连接器工程技术研究中心	昆山长盈精密技术有限公司
43	苏州市超群自动铸造金属制品工程技术研究中心	昆山市超群金属制品有限公司
44	苏州市轻质高强自行车零部件工程技术研究中心	昆山市友森精密机械有限公司
45	苏州市高弹性无痕内衣工程技术研究中心	昆山腾飞内衣有限公司
46	苏州市智能电网管理工程技术研究中心	江苏贝豪控股集团有限公司

续表

序号	项目名称	承担单位
47	苏州市 PLC 可编程汽车窗控智能检测工程技术研究中心	江苏正通电子有限公司
48	苏州市昆峰新型电动葫芦工程技术研究中心	昆峰重工(苏州)有限公司
49	苏州市高精密涂布机工程技术研究中心	昆山大阳机电设备制造有限公司
50	苏州市热压机工程技术研究中心	昆山市大昌机械制造有限公司
51	苏州市汽车零部件模块化柔性装配线工程技术研究中心	昆山市烽禾升精密机械有限公司
52	苏州市宏盛功能性热处理装备工程技术中心	昆山市宏盛散热器制造有限公司
53	苏州市旭虹精密汽车零件冲压模具工程技术研究中心	昆山旭虹精密零组件有限公司
54	苏州市新型高效轿车子午胎成型设备工程技术研究中心	萨驰华辰机械(苏州)有限公司
55	苏州市热模锻工程技术研究中心	苏州昆仑重型装备制造有限公司
56	苏州市高洁净不锈钢管道管件工程技术研究中心	宝莱不锈钢科技(昆山)有限公司
57	苏州市中恒铝材挤压成型工程技术研究中心	昆山中恒铝业有限公司
58	苏州市汇杰油气分析仪器工程技术研究中心	江苏汇杰电气有限公司
59	苏州市 USB 连接器工程技术研究中心	昆山国技电子有限公司
60	苏州市光伏系统用电缆工程技术研究中心	昆山勃盛电子有限公司
61	苏州市汽车功能性复合装饰新材料工程技术研究中心	昆山同昌汽车新材料有限公司
62	苏州市汽车车身模具工程技术研究中心	江苏合润汽车车身模具有限公司
63	苏州市电气化轨道接触网零部件工程技术研究中心	江苏安荣电气设备有限公司

表 24

2014 年昆山市列入省重点企业研发机构名单

序号	机构名称	单位名称
1	江苏省高性能挖掘机械工程技术研究中心	三一重机有限公司
2	江苏省焊接自动化装备高技术研究重点实验室	昆山华恒焊接股份有限公司
3	江苏省(龙腾)平板显示技术研究院	昆山龙腾光电有限公司
4	昆山捷安特轻合金科技有限公司研发中心	昆山捷安特轻合金科技有限公司
5	江苏省光谱分析仪器工程技术研究中心	江苏天瑞仪器股份有限公司
6	江苏省有机发光显示器工程技术研究中心	昆山维信诺显示技术有限公司
7	通力电梯亚洲及中国研发中心	通力电梯有限公司
8	江苏省汽车电路系统关键部件工程技术研究中心	昆山沪光汽车电器有限公司
9	艾利亚太区研发中心	艾利(中国)有限公司
10	沪士电子股份有限公司技术研发中心	沪士电子股份有限公司
11	江苏龙灯化学有限公司研发中心	江苏龙灯化学有限公司
12	樱花卫厨(中国)股份有限公司研发中心	樱花卫厨(中国)股份有限公司
13	昆山广兴电子有限公司研发中心	昆山广兴电子有限公司
14	江苏省(古鳌)智能高速现金处理设备工程技术研究中心	昆山古鳌电子机械有限公司
15	捷安特(中国)有限公司研发中心	捷安特(中国)有限公司
16	竞陆电子(昆山)有限公司研发中心	竞陆电子(昆山)有限公司
17	江苏省液晶显示模组与电视工程技术研究中心	昆山康佳电子有限公司
18	江苏省微创手术器械工程技术研究中心	昆山科森科技有限公司
19	研华科技(中国)有限公司研发中心	研华科技(中国)有限公司
20	昆山乙盛机械工业有限公司研发中心	昆山乙盛机械工业有限公司

续表

序号	机构名称	单位名称
21	江苏省汽车检具工程技术研究中心	昆山若宇检具工业有限公司
22	江苏省印制电路板工程技术研究中心	昆山市华新电路板公司
23	江苏省水基颜料分散体工程技术研究中心	苏州世名科技股份有限公司
24	圣美精密工业(昆山)有限公司研发中心	圣美精密工业(昆山)有限公司
25	正新橡胶(中国)有限公司研发中心	正新橡胶(中国)有限公司
26	昆山新莱洁净应用材料股份有限公司研发中心	昆山新莱洁净应用材料股份有限公司
27	江苏省物流信息工程技术研究中心	昆山华东信息科技有限公司
28	江苏省高分子软包装材料工程技术研究中心	江苏彩华包装集团－昆山市张浦彩印厂
29	江苏省工业品超市物联网综合集成高技术研究重点实验室	江苏飞力达国际物流股份有限公司

表 25 2014 年昆山市列入省外资研发机构名单

序号	机构名称	单位名称
1	艾通电磁技术(昆山)有限公司研发中心	艾通电磁技术(昆山)有限公司
2	耐落螺丝(昆山)有限公司研发中心	耐落螺丝(昆山)有限公司
3	镒胜电子科技(昆山)有限公司研发中心	镒胜电子科技(昆山)有限公司
4	昆山正国能源科技有限公司研发中心	昆山正国能源科技有限公司
5	宾科精密组件(中国)有限公司研发中心	宾科精密组件(中国)有限公司
6	长兴化学工业(中国)有限公司研发中心	长兴化学工业(中国)有限公司
7	卡罗比亚釉料(昆山)有限公司研发中心	卡罗比亚釉料(昆山)有限公司
8	昆山拓可机械有限公司研发中心	昆山拓可机械有限公司
9	昆山通祐电梯有限公司研发中心	昆山通祐电梯有限公司
10	越峰电子(昆山)有限公司研发中心	越峰电子(昆山)有限公司
11	膳魔师(中国)家庭制品有限公司研发中心	膳魔师(中国)家庭制品有限公司
12	福新电子科技(昆山)有限公司研发中心	福新电子科技(昆山)有限公司
13	油机机械工业(中国)有限公司研发中心	油机机械工业(中国)有限公司
14	宏芳香料(昆山)有限公司研发中心	宏芳香料(昆山)有限公司
15	天宇通讯科技(昆山)有限公司研发中心	天宇通讯科技(昆山)有限公司
16	昆山皇田汽车配件工业有限公司研发中心	昆山皇田汽车配件工业有限公司
17	昆山日皓焊切器材有限公司研发中心	昆山日皓焊切器材有限公司
18	福立旺精密机电(中国)有限公司研发中心	福立旺精密机电(中国)有限公司
19	泰德兴精密电子(昆山)有限公司研发中心	泰德兴精密电子(昆山)有限公司

表 26 2014 年昆山市列入省企业研究生工作站名单

序号	项目名称	承担单位
1	江苏省企业研究生工作站	昆山工研院新型平板显示技术中心有限公司
2	江苏省企业研究生工作站	三一矿机有限公司
3	江苏省企业研究生工作站	昆山德泰新材料科技有限公司
4	江苏省企业研究生工作站	江苏森源电气股份有限公司
5	江苏省企业研究生工作站	昆山施耐特机械有限公司
6	江苏省企业研究生工作站	昆山市建设工程质量检测中心
7	江苏省企业研究生工作站	瑞鼎机电科技(昆山)有限公司

续表

序号	项目名称	承担单位
8	江苏省企业研究生工作站	昆山雷驰电子有限公司
9	江苏省企业研究生工作站	昆山博益鑫成高分子材料有限公司
10	江苏省企业研究生工作站	江苏汇杰电气有限公司
11	江苏省企业研究生工作站	苏州恒知传感科技有限公司
12	江苏省企业研究生工作站	江苏欧耐尔新型材料有限公司
13	江苏省企业研究生工作站	昆山良品丝印器材有限公司
14	江苏省企业研究生工作站	苏州昆仑重型装备制造有限公司
15	江苏省企业研究生工作站	昆山同日工业自动化有限公司
16	江苏省企业研究生工作站	萨驰华辰机械(苏州)有限公司
17	江苏省企业研究生工作站	昆山小小恐龙儿童用品有限公司
18	江苏省企业研究生工作站	若宇汽车装备工业(昆山)有限公司
19	江苏省企业研究生工作站	玫瑰塑胶(昆山)有限公司
20	江苏省企业研究生工作站	昆山昆士广告传播有限公司
21	江苏省企业研究生工作站	昆山巨林科教实业有限公司
22	江苏省企业研究生工作站	江苏贝豪控股集团有限公司
23	江苏省企业研究生工作站	昆山市体育中心发展有限公司

科研队伍

【概况】 年内,苏州格拉斯通绿色建材科技有限公司的金伟华、昆山瑞泰智能科技有限公司的张建伟、昆山睿翔讯通通信技术有限公司袁涛3人自主申报国家“千人计划”人才已获得公示。年内,江苏天瑞仪器股份有限公司的刘召贵入选科技部创新人才推进计划。年内,苏州能讯张乃千团队、弗尔赛顾荣鑫团队、迅力光能邓勋明团队3个团队入选省科技类“双创团队”,千人计划(昆山)生物医药产业研究院入选省千人计划研究院类“双创团队”。年内,全市共列入省“双创人才”11人,江苏天瑞仪器股份有限公司的黄土琛、昆山京昆油田化学科技开发公司的李博2人被列入省“双创博士”(企业创新类)人才。年内,全市共列入姑苏创新创业领军人才计划15人,共评选出昆山市创新创业人才52人,其中领军型创业人才14人、高层次创新创业人才38人。

表27 2014年昆山市列入省双创人才计划名单

序号	姓名	单位名称	序号	姓名	单位名称
1	陈振雷	昆山三一动力有限公司	7	童水光	苏州新华软智能装备有限公司
2	吕兴龙	昆山仰越机械技术有限公司	8	吴钰淳	苏州易能微电子科技有限公司
3	童小林	昆山思雷电子科技有限公司	9	严　伟	苏州云芯微电子科技有限公司
4	门洪达	苏州天微工业技术有限公司	10	彭一峰	苏州卓凯生物技术有限公司
5	袁　涛	昆山睿翔讯通通信技术有限公司	11	赵志浩	昆山捷安特轻合金科技有限公司
6	傅建中	苏州紫金港智能制造装备有限公司			

表28 2014年昆山市列入姑苏创新创业领军人才名单

序号	姓名	单位名称	序号	姓名	单位名称
1	王　栋	昆山汇维新材料有限公司	3	周振东	江苏东迈重工机械有限公司
2	朱峥嵘	昆山胜泽光电科技有限公司	4	刘鸿达	昆山超绿光电有限公司

续表

序号	姓名	单位名称	序号	姓名	单位名称
5	袁　涛	昆山睿翔讯通通信技术有限公司	11	史玉升	江苏九钰机械有限公司
6	童水光	苏州新华软智能装备有限公司	12	张　帆	昆山高联机器人有限公司
7	童小林	昆山思雷电子科技有限公司	13	谭方平	昆山创驰电子科技有限公司
8	徐　岩	花桥华拓数码科技(昆山)有限公司	14	张后启	中驰车福电子商务(昆山)有限公司
9	门洪达	苏州天微工业技术有限公司	15	翁潽一	苏州联辰生物技术有限公司
10	林政德	昆山合谷数码科技有限公司			

表 29

2014 年昆山市领军型创业人才名单

序号	姓名	单位名称	序号	姓名	单位名称
1	史玉升	江苏九钰机械有限公司	8	季　琦	华住酒店管理有限公司
2	翁潽一	苏州联辰生物技术有限公司	9	张　帆	昆山高联机器人有限公司
3	纪国章	昆山安泰美科金属材料有限公司	10	谭方平	昆山创驰电子科技有限公司
4	张飞飞	江苏邦融微电子有限公司	11	张后启	中驰车福电子商务(昆山)有限公司
5	赵华炜	江苏麦格思频仪器有限公司	12	朱　捷	昆山圣赛诺尔传感技术有限公司
6	侯晓华	苏州易美新思新能源科技有限公司	13	沈俊苗	昆山金蟹动漫科技有限公司
7	刘鸿达	昆山超绿光电有限公司	14	饶陆华	苏州科陆东自电气有限公司

表 30

2014 年昆山市高层次创新创业人才名单

序号	姓名	单位名称	序号	姓名	单位名称
1	付彦伟	苏州德沃智能系统有限公司	20	陈　洪	禧屋家居科技(昆山)有限公司
2	肖智轶	华天科技(昆山)电子有限公司	21	苏厚军	花桥华拓数码科技(昆山)有限公司
3	曾爱军	昆山安亚特光电有限公司	22	薛革文	苏州春秋电子科技有限公司
4	赵利林	江苏爱科赛尔云数据科技有限公司	23	黄建中	苏州德迈科电气有限公司
5	夏发平	昆山允可精密工业技术有限公司	24	潘海蓉	苏州骏申环保科技有限公司
6	李成应	江苏龙灯化学有限公司	25	萧俊彦	台玻长江玻璃有限公司
7	林　斌	苏州江奥光电科技有限公司	26	白军火	天力叉车集团有限公司
8	刘俊杰	苏州加古尔微电子科技有限公司	27	李　洵	苏州市昆士莱照明科技有限公司
9	杨　晶	江苏欧耐尔新型材料有限公司	28	颜怀玮	一统光电(江苏)有限公司
10	蔡雄辉	昆山西微美晶电子新材料科技有限公司	29	张少梅	昆山协多利金属有限公司
11	徐立微	昆山迅立光电设备有限公司	30	唐　明	昆山金鸣光电科技有限公司
12	郭　朝	昆山美莱来工业设备有限公司	31	张　彤	昆山鸿鹄信息技术服务有限公司
13	李豫珍	昆山博益鑫成高分子材料有限公司	32	谭和平	江苏天童文化发展有限公司
14	张定军	江苏永年激光成形技术有限公司	33	匡煜峰	苏州威尔森电梯有限公司
15	俞小淙	昆山金振生物科技有限公司	34	刘　君	江苏三维园艺有限公司
16	陆婉英	江苏博昆生物科技有限公司	35	王建会	昆山古鳌电子机械有限公司
17	李　元	苏州能讯高能半导体有限公司	36	姚万里	昆山同日工业自动化有限公司
18	杜文会	迅力光能(昆山)有限公司	37	张　春	昆山仁源生物科技有限公司
19	袁一卿	昆山德拉特兰传动科技有限公司	38	吴海卫	昆山普东流体设备有限公司

科技投入

【概况】 年内，全市全社会研发投入87.03亿元，占地区生产总值比重为2.9%。全面落实高新技术企业税收减免、技术先进型服务企业税收优惠、企业技术研发费用加计扣除等一系列科技创新政策，共减免企业税收16.43亿元。

科技活动

【科技服务】 年内，全市新增昆山市工业技术研究院有限责任公司、浙江大学昆山创新中心两家科技服务机构。全市累计45家科技服务机构，科技服务业收入9.9亿元。昆山技术市场和昆山市工业技术研究院有限责任公司获苏州市技术转移机构服务能力建设专项，下达奖励经费26万元。

【企业技术和科技成果转化交易】 年内，全市认定企业技术交易合同244项，技术交易金额7.17亿元。全年累计认定苏州市科技成果转化专项计划项目8项，技术交易额2 606.9万元，下达奖励经费61.2万元。

【科技交流】 年内，昆山市积极组织举办、参加各类科技交流合作活动20余场。4月1日，组织安排葡萄牙模具企业至荣腾模具、博骏精密、苏州隆得施模具等企业进行实地考察和交流对接，双方达成进一步交流合作意向。4月10～13日，组织苏州求是真空电子、荣腾模具两位企业负责人参加创新领袖训练营培训班。4月13～16日，组织参加“科技行走进东北”活动。5月14～16日，组织参加“科技行走进华北电力”活动。9月23日、10月10日协助西电昆山研究院、浙大昆山创新中心举办产学研专场对接活动，共有120家企业参加，有效发挥产学研载体对地方产业的支撑作用。11月6日，组织10家企业20人参加第四届产学研洽谈会暨跨国技术转移大会，与外方洽谈项目8项，其中宝立无纺与以色列企业签订了合作协议。采取规模小型化、目的具体化的形式，组织有合作意向企业赴东北高校面对面交流。走访了哈工大、吉林大学、东北大学等高校，宣传昆山市科技创新政策，洽谈科技合作、人才创新创业支持等合作事宜。加强与东北大学共建防爆技术实验室的对接，推动腾禾精密电机与哈工大就合作共建研发机构相关事宜进行对接交流。积极深入企业，了解技术需求，助推校企产学研对接活动，共征集企业有效技术需求近150项。利用技术服务机构及掌握的科技资源，积极为企业解决技术需求100项。积极组织第三批教授博士柔性进企业活动，共对接成功208个岗位，涉及66个高校、119家企业。协助镇长团做好岗位考核工作，对核实的200个岗位下发了首批补助资金，完成第二、三批资金下达及优秀岗位考核工作。

【全民科学素质工程】 1月，昆山市召开全民科学素质工作领导小组会议暨科协全委会，全面总结2013年全民科学素质与科普宣传工作，研究部署2014年全民科学素质工作计划。3月，召开全民科学素质联络员工作会议，对2014年全民科学素质工作进行具体部署。年内，开展以“节约能源资源、保护生态环境、保障安全健康、促进创新创造”为主题的系列科普宣传活动。市委宣传部、市科技局、市科协等单位联合组织开展文化卫生科技三下乡、科普宣传周、全国科普日、社科普及宣传周等全市性科普活动。

【社区科普益民计划】 年内，昆山市新增23个市级社区科普惠民服务站（社区科普大学教学班），市级社区科普惠民服务站达到社区总数的80%，建有社区科普大学教学班44个，学员2 100多名。市科协与市文明办联合表彰了市社区科普大学第一期优秀学员180名。依托市老科技工作者协会组建昆山市科普讲师团，制定2014年社区科普大学课程计划，实施全年科普讲座100多场。与市关工委共同开展“科学昆山人”服务品牌进社区助建校外辅导站活动，资助长江路街道玉龙社区、枫景苑街道和曹安街道新安社区开展青少年假期科普活动。娄江街道新江南社区被评为全国科普示范社区。巴城镇、千灯镇被命名为省级科普示范镇，张浦姜杭村、巴城武神潭村、花桥集善社区、城北花园社区被命名为省级科普示范村。积极实施“科普流星雨”计划，组织“流动科技馆”“流动科普影院”“流动科普大讲坛”等赴各区镇社区、学校巡展15场次，着力推动科普资源城乡一体化共享。

【兴农富民工程】 年内，市科技局与市农委紧密合作，共同推进市水果育种农业科普示范基地建设。引进和培育150多种新果树品种，建设了科普画廊、农产品知识介绍展示牌、培训教室等设施，将科普展示、产品推广、技术培训集中在一起，向果农示范推广日本甜柿等新品种14个，推广面积8 000多亩，培训农户1 500多人次，取得了良好效果。巴城镇阳澄湖蟹业协会、市果蔬协会被评为2014年省科普惠农兴村先进单位。市科协实施“兴农富民工程”结对资助重点项目8项，创建市级科普惠农服务站7个。巴城镇巴城湖村被命名为省级科普惠农服务站。按照市文明委的要求，广泛组织农业技术专家、科普志愿者走进农村、社区和企业，开展各类科技三下乡活动30多场（次），发放科普宣传资料2万多份。

【青少年科技教育】 3月，在省青少年科技创新大赛上，昆山荣获一等奖8项、二等奖3项、三等奖8项，位列全省县级市首位。8月，在全国青少年科技创新大赛上，昆山中学学生沈达荣获二等奖1项，并被授予清华大学环境友好青少年科技创新奖，是苏州地区唯一获得全国三等奖以上的学生。9月，在第八届亚洲机器人锦标赛中，获金、银、铜奖各1项，并获世锦赛参赛资格。9月，在苏州市第二届青少年科技创新市长奖评选活动中，昆山有2名学生荣获市长奖，3名学生获提名奖（获奖学生数量占苏州全市的四分之一），2名老师获耕耘奖，2所学校获摇篮奖。11月，在第八届国际发明展上，昆山市青少年揽获85个奖项，其中金奖17项，银奖32项，铜奖32项，4位同学荣获此次展会的最高奖——“宝钢青少年发明专项奖”，列全国县级市榜首。完成全市科技教师技能培训和竞赛1 000多人次。石浦中学被命名为江苏省科学教育特色学校。资助建设千灯中心校创新工作室、柏庐实验小学比特实验室、振华实验小学创意模型实验室等6个青少年校园工作室，与上海科技发展基金会共同建设市青少年宫、裕元实小、淀山湖中心校“科普智慧墙”。

【科普活动】 5月20日，昆山市开展第26届科普宣传周活动。9月24日，开展2014年全国科普日系列主题活动。活动期间共组织各类科普活动200多场（次），受益人数达30多万人次，展出宣传展板近700块，赠送科技书籍7 000册，发放宣传资料15万份，全市宣传报道总计400多条。从上海科技发展基金会引进优秀科普电视节目300多集，在昆山电视台开播“科普新说”电视栏目，每天播放一集。在昆山电台交广频道播出“科普之声”广播栏目，在昆山日报增设周末科普专版，广泛宣传昆山杰出科技人才、优秀科普人物、高新企业、学协会和科技科普活动。完成了中华园街道孔巷社区科普馆建设，由企业投资2.2亿元、面积7 500平方米、拥有1 000多件生物塑化标本的生命奥秘博物馆在周庄正式落成。新江南社区被评为全国科普示范社区。昆山市东部科普馆——陆家镇科普馆正在建设过程中。周庄生命奥秘博物馆、昆山高新区苏州机器人科普馆被评为省级科普教育基地。

5月20日，昆山市26届科普宣传周开幕式在世贸广场举行。

【学会·协会】 至年底，全市共有市级学（协）会37个，企业科协64家，院校科协1家，市级街道科协12家。今年新增学协会1家，企业科协14家。有4家学（协）会、3家企业科协进行了换届选举。

【学术交流】 年内，全市各级学（协）会、企业科协共举办学术活动145次、13 500人次，举办昆山市第五届学术年会，承办、协办省级学术活动10次，全国性学术活动2次，国际性学术活动2次。9月24日，以“创新驱动转型发展·促进产业升级提速”为主题的昆山市科协第五届学术年会暨全国科普日启动仪式在市图书馆二楼报告厅举行，约200余人参加了开幕式。

【学术活动资助项目】 年内，共资助19个重点学术活动项目。4月18日，龙腾光电隆重召开2014国际平板显示前沿技术发展高峰论坛。4月29日，昆山市电子信息服务和集成电路行业协会承办的昆山北斗卫星导航与信息安全技术学术研讨会在昆山市委党校召开。8月30～31日，第三届2014年中国nG之路高峰论坛在昆山通信测试中心召开。10月22日，昆山市模具协会主办的第七届东方模具产业论坛在昆山国际皇冠酒店召开，此届论坛的主题是“解码云制造，探索模具发展新未来”。12月19日，2014年国际LED照明设计与发展论坛在昆山隆祺建国饭店报告厅举办，来自美国科税、苏州昆士莱照明等国内外150多家企业参会。12月21日，海峡两岸金融外包人才培养论坛在硅湖职业技术学院举办，来自海峡两岸金融人才围绕“新常态下海峡两岸金融外包与人才培养”的主题进行了广泛交流和深入研讨。

【自然科学论文评选】 2月中旬，2012-2013年度自然科学优秀学术论文启动。至3月底，共征集论文707篇，选送苏州市级优秀论文478篇，评选出获奖论文150篇。

【厂会协作项目评选】 年内，市科技局会同市经信委以“转型升级与企业发展”为主题启动2014年度的“厂会协作”活动。9月底，对取得显著社会经济效益的《新型高速条并卷联合机的研发》等17个项目授予优秀项目奖，同时授予高新区科协等3家单位昆山市“厂会协作”活动优秀组织奖。

科技项目与管理

【科技规划与项目】 年内,全市列入国家级科技项目54项、省级科技项目171项、苏州市级科技项目87项,争取上级科技经费20 589.02万元。

表31

2014年昆山市列入国家级科技项目名单

序号	级别	计划类别	项目名称	承担单位
1	国家	国家"千人计划"	彭跃南	亚超特工业有限公司
2	国家	国家"千人计划"	王广欣	昆山海普电子材料有限公司
3	国家	国家"千人计划"	陈振雷	昆山三一动力有限公司
4	国家	国家科技重大专项(02)	高分辨率影像芯片和影像陈列芯片的三位封装以及模块集成与测试	华天科技(昆山)电子有限公司
5	国家	国家"重大新药创制"科技重大专项	国家抗突发病毒传染病小核酸创新药物应急平台	昆山市工业技术研究院小核酸生物技术研究所有限责任公司
6	国家	国家"重大新药创制"科技重大专项	抗青光眼与抗肝癌小核酸药物临床研究为先导的小核酸制药平台建设与核心技术研究——抗青光眼小核酸药物研发	苏州瑞博生物技术有限公司
7	国家	国家科技支撑计划	邮政物流车纯电驱动动力平台与燃料电池增程器系统的研发	昆山弗尔赛能源有限公司
8	国家	国家863计划	基于宽禁带电力电子器件的新型高效光伏逆变器研制及示范应用	苏州能讯高能半导体有限公司
9	国家	国家863计划	空间环境预报保障技术研发	昆山数字城市信息技术有限公司
10	国家	国家863计划	大尺寸硅衬底氮化镓基电力电子材料生长技术研究	苏州能讯高能半导体有限公司
11	国家	国家863计划	锂离子储能电池和燃料电池备用电源安全性设计及性能评价研究	昆山弗尔赛能源有限公司
12	国家	国家科技合作项目	大气重金属在线监管系统合作研究	江苏天瑞仪器股份有限公司
13	国家	科技型中小企业创业投资引导基金项目	昆山美好新能源科技有限公司	昆山市国科创业投资有限公司
14	国家	科技型中小企业创业投资引导基金项目	昆山瑞博夸克医药科技有限公司	昆山红土创业投资管理有限公司
15	国家	国家星火计划重点项目	国家一类新兽药在家畜生态健康养殖中的示范推广	昆山博青生物科技有限公司
16	国家	国家中小企业专项资金科技创新项目	智能移动起升特种车	江苏东迈重工机械有限公司
17	国家	国家中小企业专项资金科技创新项目	金属零件注射成形技术在医疗、汽车及消费电子行业的开发应用	昆山安泰美科金属材料有限公司
18	国家	国家中小企业专项资金科技创新项目	基于PLC的智能水平式卷膜制袋食品高速包装线研发及产业化	昆山尚威包装科技有限公司
19	国家	国家中小企业专项资金科技创新项目	电动汽车用无位置传感器永磁同步电机控制系统	昆山悦利电气有限公司
20	国家	国家中小企业专项资金科技创新项目	基于激光诱导击穿光谱的火电厂飞灰含碳量在线监测系统	江苏汇杰电气有限公司
21	国家	科技部创新人才推进计划	刘召贵	江苏天瑞仪器股份有限公司
22	国家	国家火炬计划	USB3.0超高速数据传输连接器产业化	立讯精密工业(昆山)有限公司
23	国家	国家火炬计划	平面度可调(0.08mm)手机支架件	昆山鑫泰利精密模具有限公司
24	国家	国家火炬计划	全国地名空间文化数据库服务平台	神州图骥地名信息技术股份有限公司
25	国家	国家火炬计划	中创软件协同办公移动平台系统	昆山中创软件工程有限责任公司

续表

序号	级别	计划类别	项目名称	承担单位
26	国家	国家火炬计划	面向地理国情监测的遥感信息检索应用系统	昆山鸿鹄信息技术服务有限公司
27	国家	国家火炬计划	GW-CF 低残渣压裂液体系	昆山京昆油田化学科技开发公司
28	国家	国家火炬计划	管道智能焊接车间	昆山华恒焊接股份有限公司
29	国家	国家火炬计划	CJ 系列磁控溅射真空镀膜机	昆山浦力金属工业有限公司
30	国家	国家火炬计划	4 吨防爆柴油铲运车(WJ-4FB)产业化	昆山晋桦豹胶轮车制造有限公司
31	国家	国家火炬计划	LEAD α -3015 悬臂式数控激光切割机	苏州领创激光科技有限公司
32	国家	国家火炬计划	双列高速超硬圆点叠铆铁芯级进模具	江苏泽恩汽机车部品制造有限公司
33	国家	国家火炬计划	昆山工研院公共技术服务体系建设	昆山市工业技术研究院有限责任公司
34	国家	国家重点新产品计划	一体化双冷高效冷水机组(RSW-YD)	昆山台佳机电有限公司
35	国家	国家重点新产品计划	液态奶高速智能分拣与包装成套设备——AKR-GMZX4	苏州澳昆智能机器人技术有限公司
36	国家	国家重点新产品计划	气相色谱质谱联用仪 GC-MS 6800	江苏天瑞仪器股份有限公司
37	国家	星火计划	非热超高压杀菌技术在淡水产品加工中的应用	昆山市周庄绿尔康食品有限公司
38	国家	星火计划	昆山渔业园区智能技术应用推广	昆山市澄湖水产良种有限公司
39	国家	星火计划	果蔬产地冷藏配送技术的示范与应用	昆山益谊现代农业科技有限公司
40	国家	星火计划	苏南地区优质哈密瓜新品种筛选及高效栽培技术	昆山市花桥镇天福蔬菜专业合作社
41	国家	星火计划	新优蓝莓品种标准化生产示范与推广	昆山虹越花卉有限公司
42	国家	星火计划	超软高弹控球型门球专用鞋	昆山多威体育用品有限公司
43	国家	星火计划	樱花新品种引进及产业化推广	昆山市海光绿化发展有限公司
44	国家	星火计划	可降解稻草纤维	昆山华阳复合材料科技有限公司
45	国家	星火计划	精量机直播水稻优质高产安全栽培技术的示范推广	昆山再创农业科技发展有限公司
46	国家	星火计划	新型生态农业“生物链”系统循环模式的技术集成	昆山三丰农业科技发展有限公司
47	国家	星火计划	长三角地区蓝莓等小浆果生态种植技术集成与示范	昆山姜杭生态农业科技开发有限公司
48	国家	星火计划	高产优质双倍叶穗玉米新品种的研发与应用	昆山科腾生物科技有限公司
49	国家	星火计划	设施蔬菜秸秆生物反应堆技术应用与示范	昆山市城区农副产品实业有限公司
50	国家	星火计划	苏南地区双季高产高效养殖南美白对虾新技术应用与推广	昆山市周市镇德胜水产专业合作社
51	国家	星火计划	新型安全高效绿色乳猪饲料源的研制及产业化	昆山贝瑞康生物科技有限公司
52	国家	向国外申请专利(国家级)专项资助	向国外申请专利(国家级)专项资助	向国外申请专利(国家级)专项资助
53	国家	中国专利奖优秀奖	昆山三一重机有限公司	昆山三一重机有限公司
54	国家	中国专利奖优秀奖	捷奥比电动车有限公司	捷奥比电动车有限公司

表 32

2014 年昆山市列入省级科技项目名单

序号	级别	计划类别	项目名称	承担单位
1	省级	国家科技重大专项项目省级配套经费	国家抗突发病毒传染病小核酸创新药物应急平台	昆山市工业技术研究院小核酸生物技术研究所有限责任公司
2	省级	国家科技重大专项项目省级配套经费	高分辨率影像芯片和影像陈列芯片的三位封装以及模块集成与测试	华天科技(昆山)电子有限公司
3	省级	国家科技重大专项项目省级配套经费	高频中功率射频 LDMOS 产品研发和产业化	昆山华太电子技术有限公司

续表

序号	级别	计划类别	项目名称	承担单位
4	省级	基础研究计划(自然科学基金)	基于敏化太阳能电池应用的过渡金属酰亚胺类络合物光敏材料的设计与合成	南京大学昆山创新研究院
5	省级	基础研究计划(自然科学基金)	LiMnPO4/Li3V2(PO4)3-CNFs 复合纳米纤维材料的可控制备及储锂性能优化	苏州大学应用技术学院
6	省级	基础研究计划(自然科学基金)	体 Bragg 光栅的衍射特性与应用研究	苏州大学应用技术学院
7	省级	基础研究计划(自然科学基金)	14 比特 2500 兆数字模拟转换器芯片关键技术研究	苏州云芯微电子科技有限公司
8	省级	基础研究计划(自然科学基金)	用于环境化学污染事故应急监测的便携式质谱仪	昆山禾信质谱技术有限公司
9	省级	基础研究计划(自然科学基金)	气溶胶光学性质多参数同步检测系统的研制与应用	昆山禾信质谱技术有限公司
10	省级	江苏省博士计划	黄土琛	江苏天瑞仪器股份有限公司
11	省级	江苏省博士计划	李博	昆山京昆油田化学科技开发公司
12	省级	江苏省创新团队	千人计划研究院	昆山市工业技术研究院小核酸生物技术研究所有限责任公司
13	省级	江苏省创新团队	顾荣鑫团队	昆山弗尔赛能源有限公司
14	省级	江苏省创新团队	邓勋明团队	迅力光能(昆山)有限公司
15	省级	江苏省创新团队	张乃千团队	苏州能讯高能半导体有限公司
16	省级	江苏省高层次创新创业人才引进计划	陈振雷	昆山三一动力有限公司
17	省级	江苏省高层次创新创业人才引进计划	吕兴龙	昆山仰越机械技术有限公司
18	省级	江苏省高层次创新创业人才引进计划	童小林	昆山思雷电子科技有限公司
19	省级	江苏省高层次创新创业人才引进计划	门洪达	苏州天微工业技术有限公司
20	省级	江苏省高层次创新创业人才引进计划	袁涛	昆山睿翔讯通通信技术有限公司
21	省级	江苏省高层次创新创业人才引进计划	傅建中	苏州紫金港智能制造装备有限公司
22	省级	江苏省高层次创新创业人才引进计划	童水光	苏州新华软智能装备有限公司
23	省级	江苏省高层次创新创业人才引进计划	吴钰淳	苏州易能微电子科技有限公司
24	省级	江苏省高层次创新创业人才引进计划	严伟	苏州云芯微电子科技有限公司
25	省级	江苏省高层次创新创业人才引进计划	赵志浩	昆山捷安特轻合金科技有限公司
26	省级	江苏省高层次创新创业人才引进计划	彭一峰	苏州卓凯生物技术有限公司
27	省级	江苏省农业科技社会化服务易购奖补资金	江苏省农业科技社会化服务易购奖补资金	江苏三维园艺有限公司、昆山虹越花卉有限公司
28	省级	科技支撑计划(农业)	白芨与野生黄花白芨远缘杂交新品种选育及组培苗工厂化生产与示范	昆山虹越花卉有限公司
29	省级	科技支撑计划(农业)	大棚哈密瓜高效栽培技术集成与示范推广	昆山市花桥镇天福蔬菜专业合作社
30	省级	科技支撑计划(社会发展)	多功能智能护理床的研制	昆山安明泰机电科技有限公司
31	省级	科技支撑计划(社会发展)	重组人凝血酶的研究开发	苏州泽璟生物制药有限公司

续表

序号	级别	计划类别	项目名称	承担单位
32	省级	科技支撑计划(社会发展)	集善社区三新科技社区建设	江苏昆山花桥经济开发区花桥街道办事处
33	省级	科技支撑计划(社会发展)	小型智能化自动腹膜透析治疗仪的研发与产业化	昆山韦睿医疗科技有限公司
34	省级	临床医学科技专项	腹腔镜术中发光导管实时标识管腔器官图文软件的开发及其临床推广应用研究	昆山市第一人民医院
35	省级	软科学研究计划	产学研载体协同创新模式与绩效评估体系的研究	浙江大学昆山创新中心
36	省级	软科学研究计划	江苏科技企业孵化器和风险投资的融合体系与政策研究	苏州大学应用技术学院
37	省级	涉外知识产权维权援助专项资金		好孩子儿童用品有限公司
38	省级	涉外专利资助专项		71 个专利
39	省级	省基础设施建设项目	江苏省企业院士工作站	江苏天瑞仪器股份有限公司
40	省级	省基础设施建设项目	江苏省企业研究生工作站	昆山工研院新型平板显示技术中心有限公司
41	省级	省基础设施建设项目	江苏省企业研究生工作站	三一矿机有限公司
42	省级	省基础设施建设项目	江苏省企业研究生工作站	昆山德泰新材料科技有限公司
43	省级	省基础设施建设项目	江苏省企业研究生工作站	江苏森源电气股份有限公司
44	省级	省基础设施建设项目	江苏省企业研究生工作站	苏州福纳文化科技股份有限公司
45	省级	省基础设施建设项目	江苏省企业研究生工作站	昆山施耐特机械有限公司
46	省级	省基础设施建设项目	江苏省企业研究生工作站	昆山市建设工程质量检测中心
47	省级	省基础设施建设项目	江苏省企业研究生工作站	瑞鼎机电科技(昆山)有限公司
48	省级	省基础设施建设项目	江苏省企业研究生工作站	昆山雷驰电子有限公司
49	省级	省基础设施建设项目	江苏省企业研究生工作站	昆山博谷鑫成高分子材料有限公司
50	省级	省基础设施建设项目	江苏省企业研究生工作站	江苏汇杰电气有限公司
51	省级	省基础设施建设项目	江苏省企业研究生工作站	苏州恒知传感科技有限公司
52	省级	省基础设施建设项目	江苏省企业研究生工作站	江苏欧耐尔新型材料有限公司
53	省级	省基础设施建设项目	江苏省企业研究生工作站	昆山良品丝印器材有限公司
54	省级	省基础设施建设项目	江苏省企业研究生工作站	苏州昆仑重型装备制造有限公司
55	省级	省基础设施建设项目	江苏省企业研究生工作站	昆山同日工业自动化有限公司
56	省级	省基础设施建设项目	江苏省企业研究生工作站	萨驰华辰机械(苏州)有限公司
57	省级	省基础设施建设项目	江苏省企业研究生工作站	昆山小小恐龙儿童用品有限公司
58	省级	省基础设施建设项目	江苏省企业研究生工作站	若宇汽车装备工业(昆山)有限公司
59	省级	省基础设施建设项目	江苏省企业研究生工作站	玫瑰塑胶(昆山)有限公司
60	省级	省基础设施建设项目	江苏省企业研究生工作站	昆山昆士广告传播有限公司
61	省级	省基础设施建设项目	江苏省企业研究生工作站	昆山巨林科教实业有限公司
62	省级	省基础设施建设项目	江苏省企业研究生工作站	江苏贝豪控股集团有限公司
63	省级	省基础设施建设项目	江苏省企业研究生工作站	昆山市体育中心发展有限公司
64	省级	省级前瞻性研究专项资金	江苏省柔性显示技术研发平台建设	昆山工研院平板显示技术中心有限公司
65	省级	省科技成果转化专项资金项目	用于 4G 移动通讯的高性能射频功率放大管的研发及产业化	苏州能讯高能半导体有限公司

续表

序号	级别	计划类别	项目名称	承担单位
66	省级	省科技成果转化专项资金项目	基于高性能纳米电催化剂材料的氢燃料电池膜电极的研发及产业化	昆山桑莱特新能源科技有限公司
67	省级	省科技成果转化专项资金项目	基于金融物联网技术的货币流通智能管理系统、设备与关键技术研发及产业化	昆山古鳌电子机械有限公司
68	省级	省科技成果转化专项资金项目	超大幅面多功能高速智能数控激光切割机研发及产业化	苏州领创激光科技有限公司
69	省级	省科技成果转化专项资金项目	基于装配和搬运移动机器人的自动化车间(仓库)关键技术研发及产业化	昆山华恒工程技术中心有限公司
70	省级	省科技成果转化专项资金项目	工业自动化设备核心控制工控机的研发及产业化	研华科技(中国)有限公司
71	省级	省科技型企业技术创新资金项目	气相沉积(CVD)在线低辐射(Low-E)玻璃镀膜膜厚颜色测量设备	昆山胜泽光电科技有限公司
72	省级	省科技型企业技术创新资金项目	1.1 类抗肿瘤化学新药 ZG0128 的开发	苏州泽璟生物制药有限公司
73	省级	省科技型企业技术创新资金项目	氧化锌压敏陶瓷磁控溅射无铅金属化关键技术研发	苏州求是真空电子有限公司
74	省级	省科技型企业技术创新资金项目	基于云存储的跨平台多功能可扩展翼笔记	苏州安答软件有限公司
75	省级	省科技型企业技术创新资金项目	基于柔性驱动的上肢康复机器人	昆山美莱来工业设备有限公司
76	省级	省科技型企业技术创新资金项目	数字化制造系统中的零件质量在机检测云终端研发	苏州紫金港智能制造装备有限公司
77	省级	省科技型企业技术创新资金项目	用于信息安全的指纹识别芯片的关键技术研究	昆山锐微芯盛微电子科技有限公司
78	省级	省科技型企业技术创新资金项目	可用于云计算高速、智能化心内 / 脑外科动态医疗影像网络管理系统	苏州皓琪信息科技有限公司
79	省级	省科技型企业技术创新资金项目	基于云计算的 IDC 工程可追溯系统研发	苏州爱卓易信息技术有限公司
80	省级	省科技型中小企业创业投资引导资金项目	省科技型中小企业创业投资引导资金项目	昆山市国科创业投资有限公司
81	省级	省科技型中小企业创业投资引导资金项目	省科技型中小企业创业投资引导资金项目	昆山市昆鹏创业投资合伙企业（有限合伙）
82	省级	省科技型中小企业创业投资引导资金项目	省科技型中小企业创业投资引导资金项目	红塔创新(昆山)创业投资有限公司
83	省级	省科技型中小企业创业投资引导资金项目	省科技型中小企业创业投资引导资金项目	昆山市工研院创业投资有限公司
84	省级	省科技支撑计划（工业)项目 – 标准项目	重大装备电梯制造与安装安全技术和标准制定研发	昆山通佑电梯有限公司
85	省级	省科技支撑计划（工业)项目 – 面上项目	高端空芯杯直流伺服电机生产自动化装备开发	昆山库克自动化科技有限公司
86	省级	省科技支撑计划（工业)项目 – 面上项目	面向复杂零部件模具制造的增材 / 减材复合成形技术	江苏九钰机械有限公司
87	省级	省科技支撑计划（工业)项目 – 面上项目	高端发动机数字化样机研发与精益制造专家系统	昆山三一动力有限公司
88	省级	省科技支撑计划（工业)项目 – 面上项目	面向机器视觉的高分辨率实时三维智能相机的研制	苏州江奥光电科技有限公司
89	省级	省科技支撑计划（工业)项目 – 面上项目	新颖集成 TVS 的高速接口芯片研发	江苏艾伦摩尔微电子科技有限公司
90	省级	省科技支撑计划（工业)项目 – 面上项目	基于 LiBr-ORC 耦合系统的低温余热回收技术及其装备研发	苏州新华软智能装备有限公司
91	省级	省科技支撑计划（工业)项目 – 面上项目	高精高效 PLC 可编程汽车窗控智能检测系统研发	江苏正通电子有限公司

续表

序号	级别	计划类别	项目名称	承担单位
92	省级	省科技支撑计划（工业)项目－上市培育	PLZT-PVDF 基高 d33 复合压电材料的制备及应用关键技术研究	昆山攀特电陶科技有限公司
93	省级	省科技支撑计划（工业)项目－上市培育	移动电子产品屏幕感应智能化功能测试设备	昆山迈致治具科技有限公司
94	省级	省科技支撑计划（工业)项目－上市培育	高精密乘用车整车匹配主模型检具研发	昆山若宇检具工业有限公司
95	省级	省专利资助专项	604 个专利	604 个专利
96	省级	江苏省企业知识产权战略推进计划项目	昆山华恒焊接股份有限公司	昆山华恒焊接股份有限公司
97	省级	江苏省企业知识产权战略推进计划项目	好孩子儿童用品有限公司	好孩子儿童用品有限公司
98	省级	江苏省专利实施计划项目申报	江苏龙灯化学有限公司	江苏龙灯化学有限公司
99	省级	江苏省大型科学仪器设备共享服务	苏州市昆士莱照明科技有限公司	苏州市昆士莱照明科技有限公司
100	省级	工程技术研究中心	江苏省高性能铜基合金粉体新材料工程技术研究中心	昆山德泰新材料科技有限公司
101	省级	工程技术研究中心	江苏省智能数字化生产制造设备工程技术研究中心	昆山市佰奥自动化设备科技有限公司
102	省级	工程技术研究中心	江苏省挠性通讯电路板工程技术研究中心	昆山市线路板厂
103	省级	工程技术研究中心	江苏省数字化智能电梯工程技术研究中心	苏州巨立电梯有限公司
104	省级	工程技术研究中心	江苏省高性能激光加工设备工程技术研究中心	苏州领创激光科技有限公司
105	省级	工程技术研究中心	江苏省铝合金熔铸及新材料工程技术研究中心	昆山捷安特轻合金科技有限公司
106	省级	工程技术研究中心	江苏省电子线束工程技术研究中心	昆山爱光电子有限公司
107	省级	工程技术研究中心	江苏省防爆柴油运输设备工程技术研究中心	昆山晋桦豹胶轮车制造有限公司
108	省级	工程技术研究中心	江苏省中性墨水和笔头多工位机装备工程技术研究中心	真彩文具股份有限公司
109	省级	工程技术研究中心	江苏省绿色包装制品工程技术研究中心	苏州裕同印刷有限公司
110	省级	工程技术研究中心	江苏省聚碳酸脂合金料工程技术研究中心	大河宝利材料科技(苏州)有限公司
111	省级	工程技术研究中心	江苏省功能性针织材料工程技术研究中心	江苏 AB 股份有限公司
112	省级	工程技术研究中心	江苏省物流信息工程技术研究中心	昆山华东信息科技有限公司
113	省级	工程技术研究中心	江苏省微型磁悬浮散热系统工程技术研究中心	昆山广兴电子有限公司
114	省级	工程技术研究中心	江苏省高效光伏电池印刷网版工程技术研究中心	昆山良品丝印器材有限公司
115	省级	工程技术研究中心	江苏省声光电功能陶瓷材料工程技术研究中心	昆山攀特电陶科技有限公司
116	省级	工程技术研究中心	江苏复合式土压平衡盾构机工程技术研究中心	江苏凯宫隧道机械有限公司
117	省级	工程技术研究中心	江苏省智能舒适型童车工程技术研究中心	昆山小小恐龙儿童用品有限公司
118	省级	工程技术研究中心	江苏省高速数据传输及无线充电工程技术研究中心	昆山联滔电子有限公司
119	省级	工程技术研究中心	江苏省 MEMS 技术压力传感器工程技术研究中心	苏州中盏传感股份有限公司
120	省级	工程技术研究中心	江苏省精密电子连接器工程技术研究中心	昆山德力康电子科技有限公司
121	省级	工程技术研究中心	江苏省汽车电线电缆工程技术研究中心	昆山欧普电子科技有限公司
122	省级	工程技术研究中心	江苏省高精密内嵌数字式印制电路板工程技术研究中心	江苏普诺威电子股份有限公司
123	省级	工程技术研究中心	江苏省高精密多层电路板先进制造工程技术研究中心	昆山华晨电子有限公司

续表

序号	级别	计划类别	项目名称	承担单位
124	省级	重点企业研发机构	江苏省高性能挖掘机械工程技术研究中心	三一重机有限公司
125	省级	重点企业研发机构	江苏省焊接自动化装备高技术研究重点实验室	昆山华恒焊接股份有限公司
126	省级	重点企业研发机构	江苏省(龙腾)平板显示技术研究院	昆山龙腾光电有限公司
127	省级	重点企业研发机构	昆山捷安特轻合金科技有限公司研发中心	昆山捷安特轻合金科技有限公司
128	省级	重点企业研发机构	江苏省光谱分析仪器工程技术研究中心	江苏天瑞仪器股份有限公司
129	省级	重点企业研发机构	江苏省有机发光显示器工程技术研究中心	昆山维信诺显示技术有限公司
130	省级	重点企业研发机构	通力电梯亚洲及中国研发中心	通力电梯有限公司
131	省级	重点企业研发机构	江苏省汽车电路系统关键部件工程技术研究中心	昆山沪光汽车电器有限公司
132	省级	重点企业研发机构	艾利亚太区研发中心	艾利(中国)有限公司
133	省级	重点企业研发机构	沪士电子股份有限公司技术研发中心	沪士电子股份有限公司
134	省级	重点企业研发机构	江苏龙灯化学有限公司研发中心	江苏龙灯化学有限公司
135	省级	重点企业研发机构	樱花卫厨(中国)股份有限公司研发中心	樱花卫厨(中国)股份有限公司
136	省级	重点企业研发机构	昆山广兴电子有限公司研发中心	昆山广兴电子有限公司
137	省级	重点企业研发机构	江苏省(古鳌)智能高速现金处理设备工程技术研究中心	昆山古鳌电子机械有限公司
138	省级	重点企业研发机构	昆山康佳电子有限公司	昆山康佳电子有限公司
139	省级	重点企业研发机构	昆山科森科技有限公司	昆山科森科技有限公司
140	省级	重点企业研发机构	苏州世名科技股份有限公司	苏州世名科技股份有限公司
141	省级	重点企业研发机构	正新橡胶(中国)有限公司	正新橡胶(中国)有限公司
142	省级	重点企业研发机构	昆山乙盛机械工业有限公司	昆山乙盛机械工业有限公司
143	省级	重点企业研发机构	昆山若宇检具工业有限公司	昆山若宇检具工业有限公司
144	省级	重点企业研发机构	昆山新莱洁净应用材料股份有限公司	昆山新莱洁净应用材料股份有限公司
145	省级	重点企业研发机构	捷安特(中国)有限公司	捷安特(中国)有限公司
146	省级	重点企业研发机构	昆山华东信息科技有限公司	昆山华东信息科技有限公司
147	省级	重点企业研发机构	昆山市华新电路板公司	昆山市华新电路板公司
148	省级	重点企业研发机构	研华科技(中国)有限公司	研华科技(中国)有限公司
149	省级	重点企业研发机构	江苏彩华包装集团－昆山市张浦彩印厂	江苏彩华包装集团－昆山市张浦彩印厂
150	省级	重点企业研发机构	竞陆电子(昆山)有限公司	竞陆电子(昆山)有限公司
151	省级	重点企业研发机构	圣美精密工业(昆山)有限公司	圣美精密工业(昆山)有限公司
152	省级	重点企业研发机构	江苏飞力达国际物流股份有限公司	江苏飞力达国际物流股份有限公司
153	省级	外资研发机构	艾通电磁技术(昆山)有限公司研发中心	艾通电磁技术(昆山)有限公司
154	省级	外资研发机构	耐落螺丝(昆山)有限公司研发中心	耐落螺丝(昆山)有限公司
155	省级	外资研发机构	镒胜电子科技(昆山)有限公司研发中心	镒胜电子科技(昆山)有限公司
156	省级	外资研发机构	昆山正国能源科技有限公司研发中心	昆山正国能源科技有限公司
157	省级	外资研发机构	宾科精密组件(中国)有限公司研发中心	宾科精密组件(中国)有限公司
158	省级	外资研发机构	长兴化学工业(中国)有限公司研发中心	长兴化学工业(中国)有限公司
159	省级	外资研发机构	卡罗比亚釉料(昆山)有限公司研发中心	卡罗比亚釉料(昆山)有限公司
160	省级	外资研发机构	昆山拓可机械有限公司研发中心	昆山拓可机械有限公司
161	省级	外资研发机构	昆山通祐电梯有限公司研发中心	昆山通祐电梯有限公司

续表

序号	级别	计划类别	项目名称	承担单位
162	省级	外资研发机构	越峰电子(昆山)有限公司研发中心	越峰电子(昆山)有限公司
163	省级	外资研发机构	膳魔师(中国)家庭制品有限公司研发中心	膳魔师(中国)家庭制品有限公司
164	省级	外资研发机构	福新电子科技(昆山)有限公司研发中心	福新电子科技(昆山)有限公司
165	省级	外资研发机构	油机机械工业(中国)有限公司研发中心	油机机械工业(中国)有限公司
166	省级	外资研发机构	宏芳香料(昆山)有限公司研发中心	宏芳香料(昆山)有限公司
167	省级	外资研发机构	天宇通讯科技(昆山)有限公司研发中心	天宇通讯科技(昆山)有限公司
168	省级	外资研发机构	昆山皇田汽车配件工业有限公司研发中心	昆山皇田汽车配件工业有限公司
169	省级	外资研发机构	昆山日皓焊切器材有限公司研发中心	昆山日皓焊切器材有限公司
170	省级	外资研发机构	福立旺精密机电(中国)有限公司研发中心	福立旺精密机电(中国)有限公司
171	省级	外资研发机构	泰德兴精密电子(昆山)有限公司研发中心	泰德兴精密电子(昆山)有限公司

【科技型企业技术创新资金项目】 年内,全市共立项科技型企业技术创新资金项目30项,下达经费600万元。

表33 **2014年昆山市科技型企业技术创新资金项目名单**

序号	项目名称	承担单位
1	网进科技政法信息共享平台系统软件项目研发	网进科技(昆山)有限公司
2	物联网用激光蚀刻二维码高精度扫描识别设备	苏州德沃智能系统有限公司
3	大尺寸LED平板显示器背板冲压模具的研究及产业化	昆山三景科技股份有限公司
4	自动化节能圆柱型磨浆机	苏州飞宇精密科技股份有限公司
5	植入可吸收止血修复器械的产业化	苏州博创同康生物工程有限公司
6	多模多频北斗二代导航射频芯片的研发	昆山启达微电子有限公司
7	冰智云计算多租户托管式大数据平台	苏州冰智信息技术有限公司
8	高精密多点接触挂台式板对板电连接器的研发	昆山长盈精密技术有限公司
9	新型汽车关键零部件-制动钳、支架A68项目加工	昆山恒源机械制造有限公司
10	3D打印用高性能成型铜及铜合金粉末	昆山德泰新材料科技有限公司
11	MKT8420高精度数控轧辊磨床	昆山华辰重机有限公司
12	汽车内外饰件环保轻量化机构及材料的研究	昆山誉球模塑有限公司
13	基于选择性敏感的宽域氧传感器及其制备技术的研发	昆山圣赛诺尔传感技术有限公司
14	新一代航天智能避雷技术用避雷球项目的研发	昆山彰盛奈米科技有限公司
15	基于云环境的信息安全审计服务系统的研发	海大恒网络科技(昆山)有限公司
16	HDI型刚挠结合印制电路板研发	昆山苏杭电路板有限公司
17	可以分析32种元素(Li-Ce)的油料光谱仪	昆山书豪仪器科技有限公司
18	耐高温大功率低损耗射频电缆研制	昆山安胜达微波科技有限公司
19	新型三维模塑互联无线通讯天线研发及产业化	昆山联滔电子有限公司
20	两片式阀座锻造上装式固定球阀	昆山维萨阀门有限公司
21	基于云计算的家庭健康监护系统的研发及产业化项目	昆山华东宏运电子科技有限公司
22	平板显示器组装生产在线信号测试系统	昆山精讯电子技术有限公司
23	AEM智能材料传感器健康监测系统研发	江苏三川智能科技有限公司
24	正面银电极浆料	江苏欧耐尔新型材料有限公司
25	基于光电技术环境自动监测系统研发及产业化	苏州奥特福环境科技有限公司

续表

序号	项目名称	承担单位
26	洁净室系统装备的研发	昆山协多利金属有限公司
27	铝合金汽车结构冲压件模具关键制造技术	江苏泽恩汽机车部品制造有限公司
28	面向电力电力系统应用的新型智能化、信息集成化ZH-GCS低压开关柜研发及产业化	昆山振宏电子机械有限公司
29	新一代I多touch wall大屏幕触控墙开发与中试	苏州海盛翔和光显科技有限公司
30	非特异性扩增和多点取样荧光定量PCR食品微生物检测试剂盒	苏州博泰安生物科技有限公司

【机器人发展计划科技专项】 年内，全市共立机器人发展计划科技专项15项，下达经费450万元。

表34 2014年昆山市机器人发展计划科技专项项目名单

序号	项目名称	承担单位
1	应用于电饭锅喷涂的工业智能机器人	昆山市圣吉川工业自动化设备有限公司
2	机器人弹性自动化生产设备	汉达精密电子(昆山)有限公司
3	服务于压机自动化生产的智能机器人	昆山市三众模具制造有限公司
4	高度集成式柔性装夹机器人自动化系统设备	昆山艾博机器人系统工程有限公司
5	智能家庭服务机器人系统研制和产业化	昆山瑞泰智能科技有限公司
6	激光三维轮廓视觉技术在机器人搬运中的应用	昆山广达科技设备有限公司
7	塔米TM316型可产业化生产的助老机器人	昆山塔米机器人有限公司
8	机器人腕力传感系统研制及产业化	昆山冠品优精密机械有限公司
9	工业机器人系统集成研究与设计	昆山诺克科技汽车装备制造有限公司
10	开线中心线筒转运AGV系统的集成运用	昆山沪光汽车电器有限公司
11	PUSH PULL SIM卡多自由度智能自动装配机器人研发项目	昆山市力格自动化设备有限公司
12	高精度带防撞机器人焊枪组关键技术的研究及产业化	昆山日皓焊切器材有限公司
13	面向医疗康复用可穿戴外骨骼机器人系统的研究	布法罗机器人科技(苏州)有限公司
14	车架横管冲压工业机器人生产线研制	昆山小小恐龙儿童用品有限公司
15	伺服机器人焊钳	昆山华焊君代机电有限公司

【台资企业转型升级科技专项】 年内，全市共立项台资企业转型升级科技专项40项，下达经费800万元。

表35 2014年台资企业转型升级科技专项清单

序号	项目名称	承担单位
1	无线充电模组技术的产业化	竞陆电子(昆山)有限公司
2	可携式电子装置之散热系统	昆山广兴电子有限公司
3	专业智慧型平板电脑	昆山研达电脑科技有限公司
4	msi高速大容量宽屏游戏笔记本计算机	微盟电子(昆山)有限公司
5	新型的高阶柔性电路板转型升级项目	嘉联益电子(昆山)有限公司
6	通用数码机械相结合防盗全车锁芯产品转型升级项目	显亮(昆山)汽车配件有限公司
7	双向同步抱刹自行车拖车的研发	荣邦机械(昆山)有限公司
8	环保型生质热塑性聚氨酯弹性体的研究开发	高鼎精细化工(昆山)有限公司
9	超薄笔记本电脑显示屏镁合金面框的研发	昆山长运电子工业有限公司
10	高强度6千系变形铝合金G608	昆山捷安特轻合金科技有限公司

续表

序号	项目名称	承担单位
11	绿色环保生质材料开发	苏州汉扬精密电子有限公司
12	新型柔性印刷线路板及生产线转型升级项目	淳华科技(昆山)有限公司
13	陶瓷超高精度低能耗稳压二极管的开发	丽智电子(昆山)有限公司
14	车载长距离盲区探测雷达系统	同致电子科技(昆山)有限公司
15	高端多功能电子产品环形焊接自动化技术的研发	勤钦精密工业(昆山)有限公司
16	便装式智能安全云端绿色机柜	昆山力盟机械工业有限公司
17	太阳能在工业热能系统的综合应用	大震锅炉工业(昆山)有限公司
18	高纯钛铝合金溅射镀膜靶材	昆山全亚冠环保科技有限公司
19	移动物流信息整合平台	昆山福产流通科技有限公司
20	超小间距高频板上式极薄型多功能卡缘连接器的研发	昆山宏泽电子有限公司
21	新型多功能高频数据传输线	今皓光电(昆山)有限公司
22	三维全自由度车载卫星定位系统固定系统的研发	昆山新至升塑胶电子有限公司
23	低损耗高速高韧性无卤环保电子材料的研发	台光电子材料(昆山)有限公司
24	32 英寸 4K2K 超高清液晶显示器	圣美精密工业(昆山)有限公司
25	高精度节能伺服双色注塑机的研发	琮伟机械(昆山)有限公司
26	多功能高速链式全自动包装机	佳源机电工业(昆山)有限公司
27	数控机床主轴打刀缸的研发与制造	冠亿精密工业(昆山)有限公司
28	高光泽立体绚丽多角度金属图纹印刷技术研发	昆山华冠商标印刷有限公司
29	大气低温等离子体对原液着色纺织品表面改质技术开发	渤扬复合面料科技(昆山)有限公司
30	基于热熔填充胶囊制剂技术的新药“盐酸万古霉素液体胶囊”	永信药品工业(昆山)有限公司
31	新型二次电池温度控制防爆保护装置	铂翔超精密模具科技(昆山)有限公司
32	长寿命高精密防卡死异形模具件的研发	昆山铭广精密模具有限公司
33	复合式双面软性铜箔基板	松扬电子材料(昆山)有限公司
34	全自动玻璃盘光学影像筛选机的研发	昆山全盈自动化设备有限公司
35	汽车油管连接支架研发	昆山昌禾精密电子有限公司
36	FNC 系列飞剪式钢板整平裁剪机的研发	昆山国置精密机械有限公司
37	低成本高稳定性精密涡卷弹簧的开发	福立旺精密机电(中国)有限公司
38	高精密高电阻碳膜 PCB	昆山福烨电子有限公司
39	超薄型液晶显示器组件的研发	昆山嘉升精密电子工业有限公司
40	自动化点焊喷漆设备的研发	兴威电脑(昆山)有限公司

【科技服务业发展专项】 年内,全市立项科技服务业发展专项 5 项,下达经费 100 万元。

表 36 2014 年昆山市科技服务业发展专项项目名单

序号	项目名称	承担单位
1	企业科技能力调研诊断与咨询综合服务平台建设	昆山市科技服务行业协会
2	通信系统及高端芯片设计与测试公共服务平台	昆山花桥国际商务城电子信息系统服务有限公司
3	昆山联滔电子有限公司华东检测中心	昆山联滔电子有限公司
4	模拟极冷极热情况下产品的可靠性能设计与研发	苏州佳世德检测技术有限公司
5	儿童用品实验检测科技公共服务平台	江苏亿科检测技术服务有限公司

【科技合作协同创新项目】 年内，全市共立项科技合作协同创新项目12项，下达经费140万元。

表37

2014年度昆山市科技合作协同创新项目名单

序号	项目名称	承担单位
1	高效双面太阳电池的产业化开发	苏州润阳光伏科技有限公司
2	大吨位矿车专用车架疲劳试验台合作开发	三一矿机有限公司
3	新型抗凝血药硫化水蛭素的硫酯化修饰技术	苏州鲲鹏生物技术有限公司
4	复合式土压平衡盾构机研发平台建设及相关技术研究	江苏凯宫隧道机械有限公司
5	环境净化装置及环境监测系统关键技术研发及产业化	浙江大学昆山创新中心
6	低速微型氢燃料电池汽车用电源系统的开发与应用	南京大学昆山创新研究院
7	车用高精度连接器的工艺及自动化组装设备研发	金成社工业科技(昆山)有限公司
8	纺织品用环保纳米颜料色浆协同创新项目	苏州世名科技股份有限公司
9	高性能碳纤维纺织布	昆山盛夏复合材料科技有限公司
10	ABS-PC工程塑料基材表面涂装用新型紫外光固化涂料技术开发	江苏中瀛涂料有限公司
11	运动自行车下叉冲压工业机器人生产线	昆山吉纳尔运动器材有限公司
12	TOLL样受体2(TLR2)在LPS诱导的脓毒症性急性肾损伤小鼠肾脏的表达及机制研究	昆山市第一人民医院

【产学研合作】 年内，全市共立项产学研联合项目180项，其中新增联合体141个，下达经费180万元。

表38

2014年度昆山市产学研联合项目名单

序号	项目名称	承担单位	合作院校
1	基于氮化硅薄膜的光谱效应合作	太极能源科技(昆山)有限公司	安徽建筑大学
2	基于氧化物半导体背板技术的AMOLED显示技术的研发	昆山工研院新型平板显示技术中心有限公司	苏州大学
3	基于视觉图像传感系统的GTAW自动焊机的关键技术研发	昆山市华正电子科技有限公司	厦门大学
4	选配合适添加剂、加速常规镍珠在硫酸中溶解速度的研究	金柯有色金属有限公司	南昌航空大学
5	用于6200锂电池的隔膜新型产品	江苏龙灯博士摩包装材料有限公司	湖南工业大学
6	高精度密集型集成电路功能测试治具的研发技术服务及咨询	大西电子仪器(昆山)有限公司	东南大学苏州研究院
7	液晶电视模组、整机设计及制造自动化技术服务及咨询	昆山康佳电子有限公司	东南大学苏州研究院
8	高强铝合金薄板轧制工艺与装备开发	昆山亨利金属科技有限公司	东北大学
9	G608\6000系\超高强G759和G705S铝钪合金量产及工艺开发	昆山捷安特轻合金科技有限公司	东北大学
10	矿车三自由度运动仿真系统研制	三一矿机有限公司	上海交通大学
11	HAT8560自动变速箱开发	三一矿机有限公司	北京理工大学
12	精密高速数控高压水射流切割机的研发	昆山乾坤机器制造有限公司	江苏科技大学
13	高精度主轴的研究研发	迪特思电子有限公司	苏州市职业大学
14	奥贝球铁等温淬火(ADI)热处理技术的开发及应用	通富热处理(昆山)有限公司	上海大学
15	热处理微渗碳技术的研究	滨中元川金属制品(昆山)有限公司	陕西科技大学
16	带振动压电扬声器的设计与应用研究	昆山攀特电陶科技有限公司	江苏大学
17	智能自行走剪叉式高空作业平台	江苏东迈重工机械有限公司	东北大学
18	高效双面太阳电池的产业化开发	苏州润阳光伏科技有限公司	中山大学

续表

序号	项目名称	承担单位	合作院校
19	电子商务平台项目研发	苏州博瑞可网络科技有限公司	南京理工大学
20	大芯径激光传能光纤的研发和产业化	江苏先品光子科技有限公司	中科院上海光学精密机械研究所
21	中国第一款 DPM 二维码扫描器的研发与推广	苏州德沃智能系统有限公司	南京理工大学
22	机器视觉的产业化应用	苏州比特速浪电子科技有限公司	西安电子科技大学
23	玻璃应力自动化检测系统	苏州精创光学仪器有限公司	曲阜师范大学
24	防 PM2.5 颗粒口罩的纳米纤维膜滤材及具备杀菌除臭功能口罩的设计与开发	昆山汇维新材料有限公司	武汉纺织大学
25	基于肿瘤诊断与分析的异机定位融合系统	昆山云锦信息技术发展有限公司	中国科学院上海临床研究中心
26	光纤插芯专用氧化锆纳米粉体技术	苏州中锆新材料科技有限公司	上海交通大学
27	基于物联网技术的智能家居系统平台	昆山鑫盛盟创科技有限公司	同济大学
28	无线体域网核心技术研发与产业化	苏州摩多物联科技有限公司	中科院微电子研究所昆山分所
29	动力传动系统及软件	昆山中慈工控科技开发有限公司	北京航空航天大学
30	基于 O2O 的华东农产品统一订货平台	印象茶画(昆山)电子商务有限公司	西北农林科技大学
31	基于热变温高光无痕注塑成型技术的汽车大型复杂外饰件模具的研究	昆山鸿永盛模具有限公司	成都工业学院
32	基于坐标元数据的电网接线图打印系统	苏州安答软件有限公司	苏州大学
33	新型网络直播与点播系统的构建与实验	苏州八百里网络科技有限公司	南京邮电大学
34	健康米系列产品研究开发	博赢(昆山)生物科技有限公司	浙江大学
35	低功耗电子模块研究	江苏普华力拓电器股份有限公司	温州大学瓯江学院
36	精密微小模具设计及成型工艺的研发	昆山市鸿利精密五金有限公司	苏州大学
37	大功率激光熔覆 - 熔化 - 烧结 3D 打印成形平台	江苏永年激光成形技术有限公司	清华大学
38	环保节能型一体化太阳能后备电源	昆山金鑫新能源科技有限公司	北京大学软件与微电子学院无锡产学研合作教育基地
39	机器人研发	昆山穿山甲机器人有限公司	南京工业职业技术学院
40	基于 CAE 的凸轮机构数字化开发技术	昆山倚信精密工业有限公司	常州工学院
41	自来水水质检测高端光电仪器研发	苏州奥特福环境科技有限公司	浙江大学
42	脱硫脱硝光电检测设备的研发	苏州奥德克光电有限公司	浙江大学
43	基于荧光光谱成像的早期龋病多方位智能诊断设备研制及产业化	苏州江奥光电科技有限公司	浙江大学国家光学仪器工程技术研究中心
44	基于 LiBr—ORC 耦合系统的低温余热回收装备的研发	苏州新华软智能装备有限公司	浙江大学机械系
45	端盖类零件高效自动化制造专用装备及产业化	苏州紫金港智能制造装备有限公司	浙江大学机械工程学系
46	磁控溅射生产线智能控制系统	苏州求是真空电子有限公司	浙江科技学院
47	集成电路芯片 ESD 防护技术	江苏艾伦摩尔微电子科技有限公司	浙江大学信息与电子工程学系
48	快速充电钛酸锂电池电动公交车电池管理系统	苏州易美新思新能源科技有限公司	浙江大学信息与电子工程学系
49	高速高清芯片的低电容高级别 ESD 输出结构的技术研究	苏州加古尔微电子科技有限公司	成都电子科技大学
50	多通道 CCD 模拟前端信号处理系统芯片	昆山启达微电子有限公司	西安电子科技大学
51	质子交换膜燃料电池嵌入式控制软件测试关键技术研究	昆山桑莱特新能源科技有限公司	南京大学

续表

序号	项目名称	承担单位	合作院校
52	新一代高速精梳机与自动络筒机关键技术	江苏凯宫机械股份有限公司	江南大学
53	复合式土压平衡盾构机研发平台建设及相关技术研究	江苏凯宫隧道机械有限公司	中国矿业大学
54	无极性U形纳米陶瓷高效节能灯管的升级研发	昆山市圣光新能源科技有限公司	北京大学技术开发部
55	多功能汽车应急点火移动电源的开发	昆山博文照明科技有限公司	北京大学技术开发部
56	有机光电材料与印刷电子器件的封装技术	苏州柔印光电科技有限公司	中国科学院苏州纳米技术与纳米仿生研究所
57	基于XFACE的联汇通宝移动金融终端应用	昆山科大宏威软件科技有限公司	电子科技大学嵌入式软件工程中心
58	基于北斗和移动互联网的突发事件监测设备研发与应用	江苏北斗星宇电子科技有限公司	西安电子科技大学
59	成品纸自动装箱机及堆栈机	亚龙纸制品(昆山)有限公司	西安电子科技大学物理与光电工程学院
60	LTE及LTE-Advanced研发产业化	昆山睿翔讯通通信技术有限公司	西安电子科技大学
61	针对禽重大病毒性传染病小核酸药的研发	昆山彭济凯丰生物科技有限公司	吉林大学
62	一种新型动力传达机构的有限元分析及结构优化	昆山荣星动力传动有限公司	浙江大学昆山创新中心
63	苏南地区特色叶菜新品种优质安全高效生产技术集成创新	昆山益群农产品有限公司	南京农业大学
64	直流空心杯伺服电机线圈研究	昆山库克自动化科技有限公司	中国电子科技集团公司第二十一研究所
65	陶瓷插芯原料的研发	昆山迎翔光电科技有限公司	西安电子科技大学物理与光电工程学院
66	新型光纤连接器的研发	昆山新誉通光电科技有限公司	西安电子科技大学物理与光电工程学院
67	印刷油墨干燥时间延长技术研发	昆山濡鑫光电科技有限公司	西安电子科技大学物理与光电工程学院
68	应变式薄膜压力网版研究与开发项目	昆山良品丝印器材有取公司	吉林大学
69	正面银电极浆料研究与开发项目	江苏欧耐尔新型材料有限公司	吉林大学
70	无公害鸡蛋的高效利用研究与开发项目	昆山尚品食品有限公司	吉林大学
71	安全检测与重大危险源监控技术研究与开发项目	昆山安品安全环境科技有限公司	南京工业大学
72	一种涂层机	昆山无名机械有限公司	江苏城市职业学院
73	一种自动绕线机	苏州弗迈特精密机械有限公司	华东理工大学
74	环境检测数据数组分析与计算、预警系统	昆山鼎联网络科技有限公司	苏州科技学院
75	重型机械零件再制造修复智能设备	昆山广达科技设备有限公司	辽宁工程技术大学
76	天然防腐剂T2NW、T4N等对食源腐败菌和致病菌最底抑菌浓度实验	苏州闻达食品配料有限公司	南京农业大学
77	精密笔记本组件及其成型技术服务咨询	景鑫精密组件(昆山)有限公司	东南大学苏州研究院
78	基于柔性驱动的上肢康复机器人系统	昆山美莱来工业设备有限公司	同济大学
79	环境在线监测管理系统	昆山信德佳电气科技有限公司	苏州大学
80	感应等离子喷涂法制备X-射线靶研发及产业化项目	苏州艾默特材料技术有限公司	西安交通大学材料科学与工程学院
81	智能切割控制系统及其关键技术的研究	苏州领创激光科技有限公司	苏州大学
82	微电子封装材料研发	昆山西微美晶电子新材料科技有限公司	武汉工业学院
83	系片式电阻用无钯电极料的开发项目	丽智电子(昆山)有限公司	西北大学

续表

序号	项目名称	承担单位	合作院校
84	基于机器人的自动成套装置	徕斯机器人(昆山)有限公司	中国科学技术大学苏州研究院
85	快速水钻装饰画装贴设备的开发与研究	苏州安杰瑞电子科技发展有限公司	西安电子科技大学
86	快速成型人偶模型 3D 打印机的开发与研究	江苏易印信息科技有限公司	西安电子科技大学
87	激光专用干膜的研究技术服务及咨询	大东科技材料(昆山)有限公司	苏州大学
88	冰智信息云计算综合服务平台	苏州冰智信息技术有限公司	复旦大学
89	智能家居系统及产品研发	苏州中德宏泰电子科技有限公司	蚌埠学院
90	金融市场高频数据的研究	苏州阿尔法数据技术有限公司	上海财经大学
91	金融服务外包流程工业化信息安全平台	花桥华拓数码科技(昆山)有限公司	哈尔滨工业大学
92	可变数据处理输出处理的防伪技术的研发	江苏实达迪美数据处理有限公司	江苏大学
93	简柏特大学合作项目	简柏特（苏州）信息技术服务有限公司	南京林业大学
94	同频同时全双工组网技术研发	昆山美博通讯科技有限公司	中国电子科技集团 / 南京邮电大学
95	新能源汽车用一体化动力总成控制单元的研究与开发	昆山力久新能源汽车技术有限公司	清华大学
96	三维打印用高性能成型材料的研发	昆山德泰新材料科技有限公司	南京理工大学
97	BX13 系列缸体项目	昆山恒源机械制造有限公司	江苏大学
98	物流营运信息管理系统	江苏新宁供应链管理有限公司	沈阳建筑大学
99	新型电子用材料及其加工工艺技术咨询	昆山上艺电子有限公司	苏州大学
100	LED 应急照明	凤冠电机(昆山)有限公司	上海大学
101	LED 平面灯导光板制造与检测关键技术的研究	昆山市诚泰电气股份有限公司	河北工业大学
102	矿用人车平顺性改进	昆山晋桦豹胶轮车制造有限公司	北京理工大学
103	不锈钢球头铣刀	昆山欧思克精密工具有限公司	苏州科技学院
104	用于印刷电路板的胶内缩补强板	昆山龙仕达电子材料有限公司	贵州大学
105	纺织机械用精密高温轴承座	博莱恩机械(昆山)有限公司	贵州大学
106	机场行李输送用旋转传输系统的可伸缩式传动装置	斯德姆物流设备(昆山)有限公司	贵州大学
107	PA66GF50LS 激光镭雕材料研发	柏力开米复合塑料(昆山)有限公司	华东理工大学
108	新型车用线缆及通信用线缆结构、工艺优化的研究	昆山广颖电线有限公司	西安电子科技大学昆山创新研究院
109	大型柴油机曲轴全纤维整体模锻成型	苏州昆仑重型装备制造有限公司	燕山大学
110	全自动子午胎一次法成型机研发	萨驰华辰机械(苏州)有限公司	南京工程学院
111	一种模压热压机	昆山市大昌机械制造有限公司	江苏城市职业学院
112	汽车轮毂的侧模具	昆山杰德模具有限公司	江苏城市职业学院
113	一种汽车配件模具的液压钻床夹具	昆山康雄精密模具有限公司	江苏城市职业学院
114	一种新型蝶式刹车在起重葫芦中的应用	昆峰重工(苏州)有限公司	江苏城市职业学院
115	EU6 非标汽车连接器自动组装线	昆山市力格自动化设备有限公司	上海大学
116	新型复合聚丙烯 / 聚氯乙烯等高分子材料的研究开发	玫瑰塑胶(昆山)有限公司	江南大学
117	液压加载及试验检测装置的研究开发	昆山民生机械有限公司	安徽工业大学
118	线路板酸性含铜蚀刻废液在线循环再生系统工业化生产的研发	昆山美源达环保科技有限公司	江南大学

续表

序号	项目名称	承担单位	合作院校
119	基于新型光能分解氧化及光能复核粒子技术的烟气净化设备产业化应用的研究	苏州朗逸环保科技有限公司	浙江大学昆山创新中心
120	全自动精密层绕仪的开发	昆山川普自动化科技有限公司	桂林电子科技大学
121	焊丝送丝性测试仪的开发	苏州金品线材科技有限公司	桂林电子科技大学
122	单丝快速镀铜生产设备系统的开发	昆山惠诚鑫自动化科技有限公司	桂林电子科技大学
123	智能电网集成技术研发	江苏贝豪控股集团有限公司	西安电子科技大学
124	数码变频便携式柴油发电机组	昆山西马克动力机械有限公司	江苏大学
125	贱金属小型化单层瓷介电容器用电极片	昆山万丰电子有限公司	中船重工第712研究所
126	精密金属注射成型的研发	昆山思瑞奕电子有限公司	东南大学苏州研究院
127	农业物联网在果园生产上的应用和推广	昆山天禾农业发展有限公司	南京农业大学
128	水基颜料分散体的研究与开发	苏州世名科技股份有限公司	江南大学
129	燃煤电厂SCR尿素(法)热解炉一次风节能技术	昆山市三维换热器有限公司	长沙理工大学
130	西安电子科技大学吉美川功能床垫联合实验室	昆山吉美川纤维科技有限公司	西安电子科技大学
131	热流道系统用关键材料技术的研发	马斯特模具(昆山)有限公司	江苏科技大学
132	多功能泵阀测试系统开发项目	昆山新莱洁净应用材料股份有限公司	浙江大学
133	集装箱系固装置标准研究	昆山吉海实业公司	中国船舶重工集团第704研究所
134	企业研究生工作站项目合作协议	昆山吉海实业公司	武汉理工大学
135	一种用手机加工的护手装置	冠亿精密工业(昆山)有限公司	昆山登云科技职业学院
136	不锈钢薄板拉伸工艺的改进	膳魔师(中国)家庭制品有限公司	南京大学南通材料工程技术研究院
137	医用抽吸机的变频控制系统和医用(静音)无油空气压缩机的控制系统的研发	江苏岱洛医疗科技有限公司	东华大学
138	具有选择性敏感宽域氧传感器的研发	昆山圣赛诺尔传感技术有限公司	华中科技大学
139	具有选择性敏感宽域氧传感器的研发	昆山圣赛诺尔传感技术有限公司	清华大学苏州汽车研究院
140	8英寸3D-Wafer晶元硅通孔介质层的研发	昆山彰盛奈米科技有限公司	上海交通大学
141	MFD180全自动水平式包装机	昆山尚威包装科技有限公司	武汉理工大学
142	给予3D的模具设计与只在关键技术的研究	昆山钰立金属制品有限公司	南京工程学院
143	铝合金汽车结构冲压件模具的研发	江苏泽恩汽机车部品制造有限公司	成都工业学院
144	刀具磨床加工软件开发	昆山艾思迪机械科技有限公司	清华大学
145	滴水系列VT调试器软件开发	昆山滴水信息技术有限公司	华东师范大学
146	基于计算机图形图像技术的检验管理系统软件	昆山飞虎软件科技有限公司	东北林业大学
147	机器人腕力传感系统研制及产业化应用	昆山冠品优精密机械有限公司	南京航空航天大学
148	高节能智能抽油机关键技术攻关与产业化课题研究	昆山航天林泉电机有限公司	贵州大学
149	软件开发技术交流项目	昆山杰普软件科技有限公司	内蒙古工业大学
150	机器人应用及自动化技术的研发	昆山开信机械制造有限公司	江苏大学
151	微型高密度高传输速度LVDS笔记本内部连接器	昆山雷驰电子有限公司	江南大学
152	乔布斯高校学生健康追溯管理平台	昆山乔布斯教育科技有限公司	南昌大学
153	高精度带防撞机器人焊枪组关键技术的研究	昆山日皓焊切器材有限公司	中国科学技术大学苏州研究院

续表

序号	项目名称	承担单位	合作院校
154	基于多源感知融合的汽车轮廓测量机	昆山市佰奥自动化设备科技有限公司	江苏大学
155	高准精度扭矩计量标准装置	昆山市创新科技检测仪器有限公司	上海市质量监督检验技术研究院
156	火花机系统研发	昆山舜天数码有限公司	上海电机学院
157	智慧农业物联网平台	昆山思达软件集成有限公司	东华大学
158	盈硕智慧政法效能倍增管理平台	昆山盈硕软件科技有限公司	西南政法大学
159	数字会议汇接操作系统 V2.0 和智能家居系统 V2.1 的研发	苏州金沃智能技术有限公司	华东师范大学
160	新型智能防爆灯	苏州久荣光照明电器有限公司	西北工业大学
161	类 B2C 电子商务模式的大闸蟹同行拆借平台	苏州易蟹信息科技有限公司	华东师范大学
162	智能型的复杂运动系统动态控制器的研发	苏州中微科达软件有限公司	南通大学
163	基于云计算的客户关系智慧管理平台	苏州卓然软件科技有限公司	荆州理工职业学院
164	智能型童车数字化设计与制造集成系统	昆山小小恐龙儿童用品有限公司	江南大学
165	可以分析 32 种元素(Li-Ce)的油料光谱仪	昆山书豪仪器科技有限公司	太仓光电技术研究所
166	江苏省现代生物育种工程技术研究中心	昆山科腾生物科技有限公司	扬州大学
167	具有超高硬度的铣刀涂层	艾瑞森表面技术(苏州)有限公司	贵州大学
168	ABS-PC 工程塑料基材表面涂装用新型紫外光固化涂料技术开发	江苏中瀛涂料有限公司	北京化工大学
169	精密弹簧结构和一次成型磨具的开发设计	福立旺精密机电(中国)有限公司	东南大学苏州研究学院
170	勋章菊新品种选育及高效繁育技术示范推广	江苏三维园艺有限公司	苏州大学
171	茵芋新品种选育及高效繁育技术集成创新与示范	江苏三维园艺有限公司	扬州大学
172	高羊茅 HSF 基因应答高温胁迫的分子调控机理	江苏三维园艺有限公司	南京农业大学
173	感应报警连接线束	昆山爱光电子有限公司	苏州大学应用技术学院
174	高频电源开关适配器	昆山荣科钣金科技有限公司	苏州大学应用技术学院
175	开关电源变压器矽钢片冲压送料工业机器人应用可行性分析	尼赛拉三和电器(苏州)有限公司	哈尔滨工业大学
176	基于操作系统内核的包过滤驱动局域网交换系统	苏州九州安华信息安全技术有限公司	北京交通大学
177	低成本手势遥控核心技术研发	鲲鹏通讯(昆山)有限公司	西安电子科技大学
178	新型扩展坞连接器的研发技术服务及咨询	德朋电子科技有限公司	南通大学
179	超高韧度水泥基复合材料(UHTCC)的研发	阿博建材(昆山)有限公司	同济大学
180	医院智能轨道物流系统	昆山同日工业自动化有限公司	南京邮电大学

【社会发展计划】 年内,全市共立项社会发展科技计划项目 63 项(其中"可持续发展实验区建设"科技专项 4 项),下达经费 232 万元。

【软科学研究】 年内,全市立项软科学研究指导性项目 25 项。

【农业科技计划】 年内,全市共立项农业科技计划项目 31 项 (其中 "生态农业" 科技专项 4 项), 下达经费 498 万元。

表 39　2014 年昆山市社会发展科技计划项目名单

序号	项目名称	承担单位
1	靶向微 RNA 的小核酸筛药库的建立及应用	昆山彭济凯丰生物科技有限公司
2	新型农村低碳、健康和和谐社区的建设	周市镇市北村村民委员会

续表

序号	项目名称	承担单位
3	新型油烟气体治理的智能装备关键技术研究	苏州朗逸环保科技有限公司
4	屋顶绿化的推广与应用	昆山市乐居综合开发有限公司
5	基于KAP角度对开发区实施基本公共卫生服务项目的可行性研究	昆山经济技术开发区预防保健所
6	社交焦虑儿童退缩行为的矫治与疗效研究	昆山经济技术开发区预防保健所
7	食源性病原微生物细胞快速检测的产业化应用	昆山爱达斯工业设计有限公司
8	“节能环保,倡导绿色健康生活”新科技产品的实际应用	昆山市兵希街道平巷社区居委会
9	全人源广谱流感抗体药物的研发	昆山金振生物科技有限公司
10	溃结1方保留灌肠治疗溃疡性结直肠炎的临床观察及其对血清TNP-α的影响	昆山市花桥人民医院
11	药物干预阳虚质COPD的临床观察	昆山市第六人民医院
12	新农村太阳能技术应用科技示范	张浦镇姜杭村
13	口腔肌肉定位治疗结合传统语言治疗在儿童言语和语言发育障碍中的运用	昆山市康复医院
14	长期使用电脑人群颈椎生物力学变化与康复方法的研究	昆山市康复医院
15	医院—社区—家庭健康综合干预模式对胰岛素治疗患者依从性影响研究	昆山市第四人民医院
16	慢性心力衰竭患者的远程管理	昆山市巴城人民医院
17	社区糖尿病患者康复专科-全科联合管理模式研究	昆山市千灯镇预防保健所
18	STAT3,SOCS3,VEGF在乳腺癌中的表达及临床意义	昆山市淀山湖人民医院
19	米非司酮联合米索前列醇终止过期流产的可行性研究	昆山市周庄人民医院
20	苏南发达地区农村老年骨质疏松流行病学调查	昆山市锦溪人民医院
21	发达地区农村老年女性妇女病疾病谱种类及相关性调查	昆山市锦溪人民医院
22	C6神经酰胺增敏白花丹素诱导的肠癌细胞凋亡的机制研究	昆山市第一人民医院
23	肝癌中MAGE-A9的表达与临床特征的相关性研究	昆山市第一人民医院
24	SPARCL1基因在肝癌中的表达及功能学研究	昆山市第一人民医院
25	基于心电信息管理及呼叫系统的区域协同治疗急性心肌梗死的模式研究	昆山市第一人民医院
26	低管电压CT低剂量尿路成像图像研究及其临床应用	昆山市第一人民医院
27	TOB1在胃癌分子靶向治疗中的作用	昆山市第一人民医院
28	循环miRNA检测在急性冠脉综合征的诊断及预后判断中的意义	昆山市第一人民医院
29	细胞骨架蛋白Actin在结核分枝杆菌感染巨噬细胞后的功能机制初步研究	昆山市第一人民医院
30	姜黄素对人乳腺癌细胞自噬的影响及其机制研究	昆山市第一人民医院
31	SWI在急性缺血性脑血管病出血转化中的应用	昆山市第一人民医院
32	非酒精性脂肪肝在肝癌发病中作用及机制的研究	昆山市第一人民医院
33	预防和处理失禁相关性皮炎的循证护理实践问题与对策的研究	昆山市第一人民医院
34	肝素联合阿司匹林在预防及治疗早发型重度子痫前期中的效果评价	昆山市第一人民医院
35	RSK2对结直肠癌生物学特征的影响及机制研究	昆山市第一人民医院
36	MTHFR C677T基因多态性与先天性心脏病发病风险的关联性研究	昆山市第一人民医院
37	预警评分在急诊危重病人转运中的应用	昆山市第一人民医院
38	口腔定位疗法治疗脑卒中后吞咽障碍的临床研究	昆山市中医医院

续表

序号	项目名称	承担单位
39	体检人群非酒精性脂肪性肝病患者中医证型与代谢综合征不同组分的关联性研究	昆山市中医医院
40	从 Cajal 间质细胞表达途径研究胃炎Ⅰ号方治疗功能性消化不良的作用机制	昆山市中医医院
41	穴位敷贴治疗功能性便秘对胃肠调节肽分泌影响的研究	昆山市中医医院
42	基于 Bcl-2/Bax,Dn-5 研究承气汤合大柴胡汤恢复重症胰腺炎肠粘膜屏障的作用机制	昆山市中医医院
43	脂联素及其受体与肥胖、IR 及 PCOS 相关性及应用研究	昆山市中医医院
44	腰硬联合麻醉和全麻对老年全髋置换手术患者肠道粘膜通透性的影响	昆山市中医医院
45	薄荷漱口液用于改良式口腔护理方法对经口气管插管机械通气患者口腔护理的效果研究	昆山市中医医院
46	血浆 1-3-β-D 葡聚糖检测在真菌性鼻窦炎诊断中的临床价值	昆山市中医医院
47	散清消通法治疗急性乳腺炎初期的疗效评价	昆山市中医医院
48	尿液 PCA3 联合血清 PSA 检测早期诊断前列腺癌的临床研究	昆山市中医医院
49	叶酸代谢基因遗传多样性与乳腺癌的风险及临床应用研究	昆山市中医医院
50	系统化培训提高基层医院低年资护士心电图运用能力的研究	昆山市第二人民医院
51	急性髓系白血病患者治疗前后血清 IP10、Ang-1、MIP-1α 的表达及意义	昆山市第三人民医院
52	腰椎前凸角度及骶角倾斜角度的观测对慢性下腰痛患者的临床价值评价	昆山市第三人民医院
53	食品药品安全探索性实验的开发及其推广应用	昆山市药品监督检验所
54	昆山市学校饮用水安全状况评估与干预	昆山市卫生监督所
55	昆山市医务人员健康素养水平现况调查及干预方法研究	昆山市健康促进中心
56	基于 ARIMA-GRNN 组合模型和 GIS 的时空双序列及环境风险分析在肺结核防控中的应用研究	昆山市疾病预防控制中心
57	昆山市游泳池水中氰尿酸含量调查及其对氯化消毒效果的影响研究	昆山市疾病预防控制中心
58	孕期心理干预对产后抑郁的影响及产后抑郁干预模式的探索	昆山市妇幼保健所
59	Corin 蛋白与妊娠期高血压的回顾性巢氏病例对照研究	昆山市妇幼保健所
60	河岸格宾网挡墙中植物生态系统的构建	昆山市水利工程质量安全监督和水利技术推广站
61	纺织品甲醛快速测试技术研究及其应用	中华人民共和国昆山出入境检验检疫局
62	昆山重点区域环境空气质量预警系统示范与应用	昆山市环境监测站
63	昆山地区灰霾发生规律及其与气象、环境条件关系的研究	昆山市气象局

表 40　2014 年昆山市软科学研究指导性项目名单

序号	项目名称	承担单位
1	借助商贸合作载体推进昆山产业结构向服务业转化的思路与政策建议	昆山产业创新研究院
2	昆山市推进新型城镇化与农业现代化协调发展研究	昆山产业创新研究院
3	产学研平台运行机制的评估方法的研究	浙江大学昆山创新中心
4	区域经济发展中的地方政府创新实践——花桥科技公共服务平台建设与思考	昆山花桥国际商务城电子信息系统服务有限公司
5	上海自贸区对昆山深化两岸产业合作试验区的影响及对策研究	南京财经大学(昆山)花桥现代服务业研究院
6	昆山深化两岸产业合作试验区发展路径思考	昆山市发展和改革委员会

续表

序号	项目名称	承担单位
7	区镇联动新机制的探索研究	昆山市发展和改革委员会
8	昆山市工业机器人发展状况与对策	昆山市第六批科技镇长团
9	昆山深化两岸产业合作试验区金融竞争力体系发展探讨	昆山市发展和改革委员会
10	公众参与食品安全监管能力、意愿和行为及影响因素研究	昆山市疾病预防控制中心
11	提升城乡经济社会发展一体化水平的研究	昆山市农村经济研究会
12	昆山市稻麦技术推广区域服务站建设的研究	昆山市农学会
13	公共图书馆面向流动儿童的阅读推广研究	昆山市图书馆
14	昆山市居民医疗卫生服务满意度现状及对策研究	昆山市卫生局
15	促进昆山市民文化消费的对策研究	昆山市文化发展研究中心
16	关于我市种植业家庭农场的现状调查与发展对策研究	昆山市无公害粮油协会
17	从昆山实际出发，探索现代物流信息化渐进的路径	昆山市物流协会
18	产学研协同创新体系建设的探索与思考	昆山市政府办公室
19	昆山市民办教育发展现状及对策建议	昆山市政府办公室
20	昆山传统产业转型升级研究分析	昆山统计局
21	昆山高技术服务业发展研究	昆山统计局
22	完善优质均衡公共服务体系推进民生幸福“五有”工程的研究	昆山统计局
23	昆山劳动力市场动态均衡的实证研究	中国民主建国会昆山市委员会
24	网络时代昆山电子商务研究	中国民主建国会昆山市委员会
25	两岸产业合作实验区进口食品检验监管体系研究	中华人民共和国昆山出入境检验检疫局

表41　　2014年昆山市农业科技计划项目名单

序号	项目名称	承担单位
1	新型三沼一体化生态农业模式集成与示范	昆山市城区农副产品实业有限公司
2	水耕区自然净化系统研究与示范	昆山台湾鲷生物科技有限公司
3	勋章菊新品种及其配套栽培技术创新与应用	江苏三维园艺有限公司
4	适合机械化收获的优质高产转基因抗病虫抗除草剂棉花新品种选育	昆山科腾生物科技有限公司
5	优良乡土树种保护及产业化开发	昆山市海光绿化发展有限公司
6	苏南地区优质、抗逆蔬菜配套设施高效栽培技术示范	昆山市万家喜绿色蔬菜有限公司
7	基于湖泊水面分级养殖鲢鳙鱼的技术研究及应用	昆山杨氏甸生态渔业基地有限公司
8	优质高产“玉香1号”芹菜新品种选育	昆山百乐丰农副产品专业合作社
9	蔬菜基地与流通环节质量安全追溯技术应用	昆山益群农产品有限公司
10	大棚哈密瓜高效栽培技术集成与示范推广	昆山市花桥镇天福蔬菜专业合作社
11	新型屋顶全开窗工厂化蔬菜育苗智能温室的研发	昆山市永宏温室有限公司
12	基于物联网的农业智能化示范	江苏神骥感知农场农业有限公司
13	杏鲍菇生产的光照影响应用研究与示范	昆山市正兴食用菌有限公司
14	γ-生物氮肥	昆山博尔日生物科技有限公司
15	细鳞斜颌鲴高效养殖技术研究及推广	昆山市周市镇陆杨特种水产养殖示范基地
16	农业物联网在果园生产的应用和推广	昆山天禾农业发展有限公司
17	无公害葡萄种植技术集成与示范	昆山市巴城镇新开河村富民合作社

续表

序号	项目名称	承担单位
18	营养调控提高夏天高温季节蛋鸡产蛋性能和蛋品质的新技术集成研究	昆山星期九休闲生态农庄有限公司
19	设施农业生物质炭固氮持磷技术研发与应用	昆山市绿苑农副产品实业有限公司
20	松茸菌种快繁及规模化生产技术研究与应用	神卉农业生物科技(昆山)有限公司
21	四大家鱼与仿生态鳖混套养技术	昆山淀山湖永兴虾蟹养殖农民专业合作社
22	瓜类蔬菜新品种引进及其有机型高效栽培技术集成创新	昆山鼎丰农业科技发展有限公司
23	“万三蹄”食品深加工质量安全技术规范及应用	昆山市周庄镇万三食品有限公司
24	昆山麻鸭种质性能测定与分析研究	昆山麻鸭原种场
25	甜柿优质安全生态栽培技术集成	昆山市果蔬协会
26	蔬菜斜纹夜蛾和甜菜夜蛾发生规律及综防技术研究与推广	昆山市农技推广中心(植保植检站)
27	昆山市新型职业农民培训培育模式的研究与应用	昆山市农林科教实验示范园
28	大棚瓜果越夏长季节栽培技术示范	昆山市农业技术推广中心(经作站)
29	昆山市机插杂交粳稻(超)高产精确定量栽培技术集成与示范	昆山市农业技术推广中心(粮作站)
30	昆山市稻田汞污染控制研究	昆山市农业技术推广中心(土肥站)
31	优、特质稻米系列品种引进保存与推广应用	昆山市种子管理站

【省重大科技成果转化项目】 年内,苏州能讯高能半导体有限公司的“用于4G移动通讯的高性能射频功率放大管的研发及产业化”、昆山桑莱特新能源科技有限公司的“基于高性能纳米电催化剂材料的氢燃料电池膜电极的研发及产业化”、昆山古鳌电子机械有限公司的“基于金融物联网技术的货币流通智能管理系统、设备与关键技术研发及产业化”3个项目入选省重大科技成果转化面上项目,苏州领创激光科技有限公司的“超大幅面多功能高速智能数控激光切割机研发及产业化”、昆山华恒工程技术中心有限公司“基于装配和搬运移动机器人的自动化车间(仓库)关键技术研发及产业化”、研华科技(中国)有限公司的“工业自动化设备核心控制工控机的研发及产业化”3个项目为昆山市首次获得的产业联合招标项目,6个项目共获资金支持4 500万元。

【科技型中小企业贷款担保】 年内,全市新增贷款担保企业2家,担保金额800万元。累计服务企业44家,办理贷款担保项目110项,担保金额6.14亿元。

【科技型中小企业贷款风险补偿资金】 年内,全市累计为昆山麦格思频仪器有限公司等20家企业办理科技型中小企业贷款风险补偿资金项目,新增贷款金额14 689万元。

【科技企业、产品认定】 年内,全市认定国家火炬计划重点高新技术企业2家、省高新技术企业196家,复审认定高新技术企业69家、省民营科技企业182家、省农业科技型企业2家(昆山益群农产品有限公司和鲜活果汁工业有限公司)、苏州创新先锋企业4家、苏州创新先锋培育企业8家、苏州雏鹰计划企业129家。年内,全市共有639个产品被认定为省高新技术产品,涉及电子信息、新材料、医药、机械、光机电一体化等技术领域。

表42 2014年昆山市列入国家火炬计划重点高新技术企业名单

序号	企业名称	区镇	序号	企业名称	区镇
1	昆山良品丝印器材有限公司	高新区	2	昆山古鳌电子机械有限公司	淀山湖

表43 2014年昆山市新增省高新技术企业名单

序号	企业名称	序号	企业名称
1	太极能源科技(昆山)有限公司	5	嘉联益电子(昆山)有限公司
2	江苏博俊工业科技股份有限公司	6	昆山市曙光照明器材有限公司
3	昆山乐凯锦富光电科技有限公司	7	昆山盛英电气有限公司
4	施密特钢轨技术(昆山)有限公司	8	江苏欧耐尔新型材料有限公司

续表

序号	企业名称	序号	企业名称
9	昆山全亚冠环保科技有限公司	48	昆山新力精密五金有限公司
10	宾科汽车紧固件(昆山)有限公司	49	福立旺精密机电(中国)有限公司
11	昆山钰恒电子衡量器有限公司	50	昆山市板明电子科技有限公司
12	昆山鼎联网络科技有限公司	51	昆山勇翔精密机械有限公司
13	昆山威胜达环保设备有限公司	52	中荣印刷(昆山)有限公司
14	江苏普华力拓摩擦材料有限公司	53	昆山和光照明科技有限公司
15	昆山旭发电子有限公司	54	昆山莱捷有色金属有限公司
16	关西金属网科技(昆山)有限公司	55	昆山双桥传感器测控技术有限公司
17	昆山高晟精密机电有限公司	56	昆山嘉升精密电子工业有限公司
18	昆山特酷电脑科技有限公司	57	昆山德朋电子科技有限公司
19	苏州立刻电子商务有限公司	58	昆山龙腾光电有限公司
20	力福建材(昆山)有限公司	59	江苏三棱科技发展有限公司
21	研华科技(中国)有限公司	60	江苏龙灯化学有限公司
22	景鑫精密组件(昆山)有限公司	61	昆山华东信息科技有限公司
23	昆山宝莱特机械有限公司	62	三一重机有限公司
24	昆山美博通讯科技有限公司	63	网进科技(昆山)有限公司
25	昆山颠峰软件有限公司	64	梅塞尔切割焊接(中国)有限公司
26	良特电子(昆山)有限公司	65	爱思恩梯大宇汽车部件(有限)公司
27	聪缙电子(昆山)有限公司	66	昆山市圣吉川工业自动化设备有限公司
28	昆山市烽禾升精密机械有限公司	67	江苏合润汽车车身模具有限公司
29	江苏正通电子有限公司	68	百利盖(昆山)有限公司
30	苏州徕卡节能电气技术有限公司	69	大西电子仪器(昆山)有限公司
31	苏州昆仑重型装备制造有限公司	70	苏州东福来机电科技有限公司
32	昆山京昆油田化学科技开发公司	71	昆山鸿福泰环保科技有限公司
33	昆山市大昌机械制造有限公司	72	科络普线束技术(昆山)有限公司
34	昆山健博密封件科技有限公司	73	江苏普华力拓电器股份有限公司
35	昆山加迪豪铝业有限公司	74	昆山维信诺科技有限公司
36	江苏岱洛医疗科技有限公司	75	昆山伟拓压铸机械有限公司
37	昆山吉美川纤维科技有限公司	76	坂崎雕刻模具(昆山)有限公司
38	昆山海和五金制造有限公司	77	富士康(昆山)电脑接插件有限公司
39	昆山威凯儿童用品有限公司	78	鸿准精密模具(昆山)有限公司
40	江苏泽恩汽机车部品制造有限公司	79	江苏天瑞仪器股份有限公司
41	苏州久荣光照明电器有限公司	80	大东科技材料(昆山)有限公司
42	昆山开信机械制造有限公司	81	昆山西诺巴精密模具有限公司
43	昆山力固机电工业有限公司	82	昆山市和博电子科技有限公司
44	昆山维金五金制品有限公司	83	昆山百润科技有限公司
45	昆山苏杭电路板有限公司	84	福尔斯通电子(昆山)有限公司
46	昆山国置精密机械有限公司	85	英科·卡乐油墨(苏州)有限公司
47	昆山万正电路板有限公司	86	昆山市鸿毅达精密模具有限公司

续表

序号	企业名称	序号	企业名称
87	江苏新宁供应链管理有限公司	126	昆山大庚汽车配件有限公司
88	昆山广颖电线有限公司	127	江苏雷特电机股份有限公司
89	昆山格雷斯环保节能有限公司	128	昆山振昆纳米科技有限公司
90	苏州德迈科电气有限公司	129	江苏金发科技新材料有限公司
91	昆山荣仕杰自动焊接设备有限公司	130	昆山云太基精密机械有限公司
92	昆山明讯电子科技有限公司	131	华一精密机械(昆山)有限公司
93	苏州世名科技股份有限公司	132	昆山精讯电子技术有限公司
94	昆山宏致电子有限公司	133	丽智电子(昆山)有限公司
95	昆山铭佳利电子制品有限公司	134	苏州弗迈特精密机械有限公司
96	昆山市周市金昆印刷机械厂	135	昆山海为自动化有限公司
97	苏州华清京昆新能源科技有限公司	136	昆山瑞泰智能科技有限公司
98	昆山拓安塑料制品有限公司	137	苏州能讯高能半导体有限公司
99	昆山庆声电子科技有限公司	138	苏州艾默特材料技术有限公司
100	中信博新能源科技(苏州)有限公司	139	昆山桑莱特新能源科技有限公司
101	昆山成利焊锡制造有限公司	140	苏州安杰瑞电子科技发展有限公司
102	好孩子儿童用品有限公司	141	江苏凯宫机械股份有限公司
103	昆山江锦机械有限公司	142	昆山利特自动化设备有限公司
104	立华彩印(昆山)有限公司	143	昆山龙梦电子科技有限公司
105	松扬电子材料(昆山)有限公司	144	昆山美连德电子科技有限公司
106	昆山勃盛电子有限公司	145	昆山立特纳米电子科技有限公司
107	昆山盈硕软件科技有限公司	146	昆山聚达电子有限公司
108	昆山华德宝通力扶梯设备有限公司	147	昆山睿翔讯通通信技术有限公司
109	苏州金沃智能技术有限公司	148	昆山富利瑞电子科技有限公司
110	江苏鸿云翔橡塑机械有限公司	149	图腾电子设备(昆山)有限公司
111	昆山通塑机械制造有限公司	150	通力电梯有限公司
112	昆山市圣翰锡业有限公司	151	昆山市卓航精密模具有限公司
113	艾瑞森表面技术(苏州)有限公司	152	昆山市海特塑胶颜料有限公司
114	昆山先捷精密电子有限公司	153	昆山康沃内燃机动力有限公司
115	町洋机电(中国)有限公司	154	江苏宅生活信息科技有限公司
116	昆山同日工业自动化有限公司	155	昆山能捷科技服务有限公司
117	威猛工业自动化系统(昆山)有限公司	156	昆山博智永达互动营销有限公司
118	尼赛拉三和电器(苏州)有限公司	157	昆山龙仕达电子材料有限公司
119	富士能电子(昆山)有限公司	158	苏州春秋电子科技有限公司
120	沃泰工业阀门(中国)有限公司	159	斯德姆物流设备(昆山)有限公司
121	江苏艾锐博精密金属科技有限公司	160	博莱恩机械(昆山)有限公司
122	昆山科一升电子有限公司	161	昆山腾飞内衣有限公司
123	苏州乐美智能物联技术股份有限公司	162	凤冠电机(昆山)有限公司
124	通富热处理(昆山)有限公司	163	昆山瑞华电器有限公司
125	昆山华恒焊接股份有限公司	164	苏州市昆士莱照明科技有限公司

续表

序号	企业名称	序号	企业名称
165	昆山旭虹精密零组件有限公司	181	昆山科顺防水材料有限公司
166	昆山富磊高分子材料有限公司	182	江苏国网自控科技股份有限公司
167	昆山福尔瑞精密模具有限公司	183	昆山久庆塑胶有限公司
168	昆山地博光电材料有限公司	184	昆山明软科技软件有限公司
169	昆山新浦瑞金属材料有限公司	185	吉麒净水科技(昆山)有限公司
170	昆山恒盛电子有限公司	186	米克斯光电(昆山)有限公司
171	一统光电(江苏)有限公司	187	昆山均瑞电子科技有限公司
172	昆山钰立金属制品有限公司	188	昆山雷克斯电子科技有限公司
173	昆山尚威包装科技有限公司	189	苏州科陆东自电气有限公司
174	昆山新莱洁净应用材料股份有限公司	190	昆山凯尔光电科技有限公司
175	江苏AB股份有限公司	191	江苏云联科技有限公司
176	昆山中创软件工程有限责任公司	192	昆山宝锦激光拼焊有限公司
177	昆山品田电子科技有限公司	193	维尔斯电子(昆山)有限公司
178	华德宝机械(昆山)有限公司	194	昆山新鸿企业机械制造有限公司
179	昆山永翔光电科技有限公司	195	昆山攀特电陶科技有限公司
180	昆山博思达自动化设备科技有限公司	196	昆山咏联电子塑胶有限公司

表44　2014年昆山市复审认定省高新技术企业名单

序号	企业名称	序号	企业名称
1	昆山元茂电子科技有限公司	21	昆山市诚泰电气股份有限公司
2	昆山美微电子科技有限公司	22	昆山思创耐火材料有限公司
3	贸联电子(昆山)有限公司	23	昆山晋桦豹胶轮车制造有限公司
4	昆山美和机械有限公司	24	今皓光电(昆山)有限公司
5	昆山康佳电子有限公司	25	依利安达电子(昆山)有限公司
6	苏州恩爱思软件有限公司	26	苏州爱知电机有限公司
7	康斐尔过滤设备(昆山)有限公司	27	台龙电子(昆山)有限公司
8	昆山泓杰电子有限公司	28	昆山誉球模塑有限公司
9	昆山正大新成精密锻造有限公司	29	星光树脂制品(昆山)有限公司
10	苏州鸿本机械制造有限公司	30	耀登电通科技(昆山)有限公司
11	优德精密工业(昆山)股份有限公司	31	琮伟机械(昆山)有限公司
12	昆山乙盛机械工业有限公司	32	昆山合济机械有限公司
13	昆山弗尔赛能源有限公司	33	永信药品工业(昆山)有限公司
14	昆山鑫泰利精密模具有限公司	34	昆山京都电梯有限公司
15	昆山易昌泰电子有限公司	35	富泰净化科技(昆山)有限公司
16	昆山台佳机电有限公司	36	昆山兼房高科技刀具有限公司
17	赫得纳米科技(昆山)有限公司	37	昆山市三建模具机械有限公司
18	五力机电科技(昆山)有限公司	38	昆山京群焊材科技有限公司
19	昆山信昌电线电缆有限公司	39	昆山日皓焊切器材有限公司
20	昆山爱尔福机械仪表有限公司	40	富甲电子(昆山)有限公司

续表

序号	企业名称	序号	企业名称
41	昆山德力康电子科技有限公司	56	永胜机械工业(昆山)有限公司
42	昆山维萨阀门有限公司	57	连展科技电子(昆山)有限公司
43	昆山联滔电子有限公司	58	昆山市张浦彩印厂
44	昆山爱光电子有限公司	59	江苏森源电气股份有限公司
45	苏州澳昆智能机器人技术有限公司	60	台光电子材料(昆山)有限公司
46	宜特科技(昆山)电子有限公司	61	昆山吉海实业公司
47	昆山博益鑫成高分子材料有限公司	62	天宇通讯科技(昆山)有限公司
48	同致电子科技(昆山)有限公司	63	九豪精密陶瓷(昆山)有限公司
49	昆山捷讯腾精密电子科技有限公司	64	苏州巨立电梯有限公司
50	太平洋电子(昆山)有限公司	65	昆山市华升电路板有限公司
51	苏州飞宇精密科技股份有限公司	66	昆山晶科微电子材料有限公司
52	茂迪(苏州)新能源有限公司	67	苏州裕同印刷有限公司
53	日佳力机电工业(昆山)有限公司	68	海悦涂料(昆山)有限公司
54	江苏远洋数据股份有限公司	69	昆山市超声仪器有限公司
55	昆山上艺电子有限公司		

表 45　2014 年昆山市列入省民营科技企业名单

序号	单位名称	区镇	序号	单位名称	区镇
1	昆山乔布斯教育科技有限公司	巴城	22	昆山美淼环保科技有限公司	巴城
2	昆山旭展橡塑有限公司	巴城	23	江苏科沁光电科技有限公司	巴城
3	昆山国技电子有限公司	巴城	24	昆山金蟹动漫科技有限公司	巴城
4	昆山冠品优精密机械有限公司	巴城	25	昆山通塑机械制造有限公司	巴城
5	昆山市宏建机械有限公司	巴城	26	昆山金盟塑料薄膜有限公司	淀山湖
6	苏州久荣光照明电器有限公司	巴城	27	维亚通用机电(昆山)有限公司	淀山湖
7	立华彩印(昆山)有限公司	巴城	28	苏州科陆东自电气有限公司	淀山湖
8	苏州恒铭达电子科技有限公司	巴城	29	昆山睿翔讯通通信技术有限公司	高新区
9	昆山富日精密机械有限公司	巴城	30	昆山启业检测校准技术有限公司	高新区
10	昆山达亚汽车零部件有限公司	巴城	31	昆山鸿永盛模具有限公司	高新区
11	昆山凯洲环保机械有限公司	巴城	32	昆山嘉华电子有限公司	高新区
12	苏州鸿博斯特超净科技有限公司	巴城	33	昆山宝良恒精密模具有限公司	高新区
13	昆山飞虎软件科技有限公司	巴城	34	昆山杨恒旺节能科技有限公司	高新区
14	昆山勃盛电子有限公司	巴城	35	苏州歌德尔自动化有限公司	高新区
15	昆山市七浦电刷线有限公司	巴城	36	苏州立刻电子商务有限公司	高新区
16	海大恒网络科技(昆山)有限公司	巴城	37	苏州聂嘉高新材料有限公司	高新区
17	昆山博瑞达新材料科技发展有限公司	巴城	38	苏州弗迈特精密机械有限公司	高新区
18	苏州领焰电子科技股份有限公司	巴城	39	昆山龙途信息科技有限公司	高新区
19	昆山合谷数码科技有限公司	巴城	40	昆山恒盛金属科技有限公司	高新区
20	昆山金鸣光电科技有限公司	巴城	41	苏州鲲鹏生物技术有限公司	高新区
21	苏州福纳文化科技股份有限公司	巴城	42	昆山瑞钧机械设备有限公司	高新区

续表

序号	单位名称	区镇	序号	单位名称	区镇
43	昆山永邦自动化设备有限公司	高新区	82	昆山联承精密机械有限公司	高新区
44	苏州求是真空电子有限公司	高新区	83	苏州八百里网络科技有限公司	高新区
45	昆山无名机械有限公司	高新区	84	昆山朗威工控有限公司	花桥
46	昆山煜肸传感器科技有限公司	高新区	85	江苏天听信息技术有限公司	花桥
47	昆山科海模具有限公司	高新区	86	金成社工业科技(昆山)有限公司	花桥
48	昆山久锦精密模具有限公司	高新区	87	恩科(苏州)通风系统有限公司	花桥
49	昆山龙梦电子科技有限公司	高新区	88	昆山卡带数字娱乐有限公司	花桥
50	昆山旭龙精密机械有限公司	高新区	89	苏州天微工业技术有限公司	花桥
51	江苏三川智能科技有限公司	高新区	90	昆山博智永达互动营销有限公司	花桥
52	昆山博文照明科技有限公司	高新区	91	苏州丽年网络科技有限公司	花桥
53	江苏艾伦摩尔微电子科技有限公司	高新区	92	昆山中士设备工业有限公司	锦溪
54	昆山瀚潮环保科技有限公司	高新区	93	汇通金诚精密金属制造(昆山)有限公司	锦溪
55	昆山锦悦电子有限公司	高新区	94	昆山优力电能运动科技有限公司	锦溪
56	昆山汉品电子有限公司	高新区	95	昆山立讯精密模具有限公司	锦溪
57	昆山科源节能照明有限公司	高新区	96	昆山瑞仕莱斯高新材料科技有限公司	开发区
58	昆山百福丰成自动化科技有限公司	高新区	97	苏州润阳光伏科技有限公司	开发区
59	江苏盛世天娱数码科技有限公司	高新区	98	昆山工研院新型平板显示技术中心有限公司	开发区
60	昆山和协荣威精密机械有限公司	高新区	99	江苏三棱科技发展有限公司	开发区
61	昆山西微美晶电子新材料科技有限公司	高新区	100	苏州悦安医疗电子有限公司	开发区
62	昆山南邮智能科技有限公司	高新区	101	昆山华东信息科技有限公司	开发区
63	昆山亿业嘉精密机械有限公司	高新区	102	昆山恒广仪器有限公司	开发区
64	苏州新华软智能装备有限公司	高新区	103	昆山昊凯金属制品有限公司	开发区
65	昆山三友医药原料有限公司	高新区	104	昆山精讯电子技术有限公司	开发区
66	江苏三意楼宇科技有限公司	高新区	105	昆山振兴精密模具有限公司	开发区
67	江苏百弘视听科技有限公司	高新区	106	昆山市海光绿化发展有限公司	开发区
68	昆山美莱来工业设备有限公司	高新区	107	苏州格拉斯通绿色建材科技有限公司	开发区
69	昆山钰恒电子衡量器有限公司	高新区	108	昆山威尔舜电子科技有限公司	开发区
70	昆山市致高远精密模具有限公司	高新区	109	昆山东威电镀设备技术有限公司	开发区
71	昆山安拓达自动化技术有限公司	高新区	110	昆山杰升精密五金有限公司	开发区
72	昆山赢屹新能源设备有限公司	高新区	111	苏州东福来机电科技有限公司	开发区
73	苏州爱可姆机械有限公司	高新区	112	苏州宝瑞园林建设工程有限公司	开发区
74	昆山市宏越精密机械有限公司	高新区	113	昆山三一动力有限公司	开发区
75	昆山信德佳电气科技有限公司	高新区	114	昆山四方专利事务所	开发区
76	昆山佳仕德自动化设备有限公司	高新区	115	仰邦(江苏)光电实业有限公司	开发区
77	昆山康菁精密模具有限公司	高新区	116	江苏合润汽车车身模具有限公司	开发区
78	昆山市卓航精密模具有限公司	高新区	117	昆山远飞软件信息科技有限公司	开发区
79	江苏欧耐尔新型材料有限公司	高新区	118	苏州德沃智能系统有限公司	开发区
80	昆山鸿志犀自动化机电设备有限公司	高新区	119	昆山欧立别墅电梯有限公司	开发区
81	苏州闻达食品配料有限公司	高新区	120	昆山万维通建筑系统科技有限公司	开发区

续表

序号	单位名称	区镇	序号	单位名称	区镇
121	江苏博俊工业科技股份有限公司	开发区	152	昆山同济精密模具有限公司	张浦
122	昆山视杰维光电科技有限公司	开发区	153	昆山市超群金属制品有限公司	张浦
123	昆山市诚意包装用品有限公司	陆家	154	昆山帆牧欣数控科技有限公司	张浦
124	昆山市模联五金有限公司	陆家	155	华威盛精密金属工业(昆山)有限公司	张浦
125	昆山惠龙包装制品有限公司	陆家	156	昆山日日先精密机械有限公司	张浦
126	昆山维康电子有限公司	千灯	157	江苏正通电子有限公司	周市
127	昆山市千灯百花香料厂	千灯	158	昆峰重工(苏州)有限公司	周市
128	昆山金城试剂有限公司	千灯	159	昆山名瑞电子科技有限公司	周市
129	昆山市亚明磊电子科技有限公司	千灯	160	萨驰华辰机械(苏州)有限公司	周市
130	苏州辉龙净化过滤有限公司	千灯	161	苏州问鼎环保科技有限公司	周市
131	昆山市华新电路板有限公司	千灯	162	昆山友斯克模塑有限公司	周市
132	昆山市云涌电子科技有限公司	千灯	163	昆山杰德模具有限公司	周市
133	环鸿电子(昆山)有限公司	千灯	164	昆山拓卡自动化设备制造有限公司	周市
134	昆山市鑫盛再生物资回收有限公司	千灯	165	昆山大阳机电设备制造有限公司	周市
135	江苏华神电子有限公司	千灯	166	昆山鑫宏达电子科技有限公司	周市
136	昆山新仁昌机械制造有限公司	千灯	167	昆山地博光电材料有限公司	周市
137	真彩文具股份有限公司	千灯	168	昆山华德尔复合肥有限公司	周市
138	江苏安荣电气设备有限公司	千灯	169	昆山市铭丰包装用品有限公司	周市
139	苏州赛冠电机有限公司	张浦	170	昆山市宏盛散热器制造有限公司	周市
140	昆山鸣朋纸业有限公司	张浦	171	昆山零格金属密封有限公司	周市
141	昆山市苏冀无功补偿成套设备有限责任公司	张浦	172	昆山市周市太和爊鸭食品厂	周市
142	昆山市汉特苏纸制品有限公司	张浦	173	苏州昆仑重型装备制造有限公司	周市
143	江苏新宁供应链管理有限公司	张浦	174	江苏捷明乐工业设备有限公司	周市
144	昆山松田工业自动化设备有限公司	张浦	175	苏州博泰安生物科技有限公司	周庄
145	昆山市鸿毅达精密模具有限公司	张浦	176	昆山阿旺特家具有限公司	周庄
146	苏州春秋电子科技有限公司	张浦	177	苏州海盛翔和光显科技有限公司	周庄
147	昆山合智电子科技有限公司	张浦	178	昆山市新智成电子科技有限公司	周庄
148	昆山佰生优生物科技有限公司	张浦	179	江苏汇杰电气有限公司	周庄
149	昆山欧思克精密工具有限公司	张浦	180	昆山市大昌机械制造有限公司	周市
150	昆山康普恩包装有限公司	张浦	181	苏州朗逸环保科技有限公司	周市
151	昆山康菲顿机电制造科技有限公司	张浦	182	昆山固牧机械有限公司	周市

表 46　　2014 年昆山市列入苏州市创新先锋企业认定(培育)名单

序号	单位名称	类别	区镇
1	江苏金发科技新材料有限公司	认定	开发区
2	昆山三景科技股份有限公司	认定	高新区
3	苏州飞宇精密科技股份有限公司	认定	高新区
4	昆山若宇检具工业有限公司	认定	张浦
5	昆山博益鑫成高分子材料有限公司	培育	高新区

续表

序号	单位名称	类别	区镇
6	昆山良品丝印器材有限公司	培育	高新区
7	昆山丘钛微电子科技有限公司	培育	高新区
8	昆山市诚泰电气股份有限公司	培育	张浦
9	昆山恒源机械制造有限公司	培育	张浦
10	萨驰华辰机械(苏州)有限公司	培育	周市
11	昆山苏杭电路板有限公司	培育	千灯
12	昆山联滔电子有限公司	培育	锦溪

科技成果与奖励

【概况】 年内,江苏凯宫机械股份有限公司的"高效能棉纺精梳关键技术及其产业化应用"获国家科技进步奖二等奖,三一重机有限公司的"挖掘机核心技术及新能源挖掘机"等3个项目获省科技进步奖二等奖,昆山双桥传感器测控技术有限公司的"特种/极端环境高动态MEMS压力传感器研发及产业化"获省科技进步奖三等奖,江苏天瑞仪器股份有限公司获省企业技术创新奖。昆山杜克大学副校长Mary Brown Bullock(玛丽·布朗·布洛克)获苏州市合作贡献奖,昆山龙腾光电有限公司的"高性能智能手机液晶显示面板"等6个项目获苏州市科技进步二等奖,昆山康佳电子有限公司的"4K超高清智能液晶电视"等15个项目获苏州市科技进步奖三等奖。研华科技(中国)有限公司的"智能嵌入式工业自动化工控机"等8个项目获昆山市科技进步奖一等奖,昆山市城区农副产品实业有限公司"蔬菜工厂化育苗关键技术研究与产业化开发"等18个项目获昆山市科技进步奖二等奖,昆山云芯微电子科技有限公司"14比特2 500兆高速高精度数模转换器芯片"等37个项目获昆山市科技进步奖三等奖;通富热处理(昆山)有限公司的"氮碳共渗汽车刹车盘热处理技术及产业化"等10个项目获昆山市科学技术合作和科技成果产业化奖。

表47　2014年昆山市列入省科技进步奖名单

序号	项目名称	主要完成单位	等级
1	挖掘机核心技术及新能源挖掘机械创新与应用	三一重机有限公司	二等奖
2	高性能智能手机液晶显示面板的产业化	昆山龙腾光电有限公司	二等奖
3	国家一类新兽药重组溶葡萄球菌酶粉的技术开发与产业化	昆山博青生物科技有限公司	二等奖
4	特种/极端环境高动态MEMS压力传感器研发及产业化	昆山双桥传感器测控技术有限公司	三等奖
5	江苏省企业技术创新奖	江苏天瑞仪器股份有限公司	

表48　2014年昆山市列入苏州市科学技术进步奖名单

序号	项目名称	主要完成单位	等级
1	Mary Brown Bullock(玛丽–布朗–布洛克)	昆山杜克大学	合作贡献奖
2	高性能智能手机液晶显示面板	昆山龙腾光电有限公司	二等奖
3	智能嵌入式工业自动化工控机	研华科技(中国)有限公司	二等奖
4	MKT8420高精度数控轧辊磨床	昆山华辰重机有限公司	二等奖
5	北美地区高温致密油层速溶压裂增稠剂	昆山京昆油田化学科技有限公司	二等奖
6	城市污水处理厂强化脱氮除磷与优化运行	昆山建邦环境投资有限公司、河海大学	二等奖
7	直驱永磁同步伺服电机	昆山森力玛电机有限公司	二等奖
8	4K超高清智能液晶电视	昆山康佳电子有限公司	三等奖

续表

序号	项目名称	主要完成单位	等级
9	用于影像传感器的 TSV 产品	华天科技(昆山)电子有限公司	三等奖
10	非机械制造业轻小型高速低成本智能机器人	苏州澳昆智能机器人技术有限公司	三等奖
11	JSFA588 型精梳机	江苏凯宫机械股份有限公司	三等奖
12	LEADⅡ-12025 型超大幅面多功能高速数控激光切割机	苏州领创激光科技有限公司	三等奖
13	高性能金属纳米粉体高效制备技术	密友集团有限公司	三等奖
14	汽车刹车系统卡钳和支架的加工项目	昆山恒源机械制造有限公司	三等奖
15	高精密乘用车整车匹配主模型检具研发	昆山若宇检具工业有限公司	三等奖
16	HDI 型刚挠结合印制板	昆山苏杭电路板有限公司	三等奖
17	极细高精密带转轴视频传输线缆	昆山联滔电子有限公司	三等奖
18	小康型乡镇卫生院技术集成综合示范	昆山市锦溪人民医院	三等奖
19	静脉营养液在住院早产儿中的个体化应用	昆山市第一人民医院	三等奖
20	冠脉 CT 造影对冠心病高危患者斑块特点的分层研究及其图像质量控制	昆山市第一人民医院	三等奖
21	蔬菜工厂化育苗关键技术研究与产业化开发	昆山市城区农副产品实业有限公司、昆山市农业技术推广中心、苏州市农业技术推广中心	三等奖
22	燃料电池双极板一体化密封成型装置	昆山希盟自动化科技有限公司	三等奖

表 49　　2014 年昆山市科学技术进步奖名单

序号	项目名称	主要完成单位	等级
1	高性能智能手机液晶显示面板	昆山龙腾光电有限公司	一等奖
2	挖掘机核心技术及新能源挖掘机创新与应用	三一重机有限公司	一等奖
3	智能嵌入式工业自动化工控机	研华科技(中国)有限公司	一等奖
4	城市污水强化脱氮除磷技术	昆山建邦环境投资有限公司	一等奖
5	北美地区高温致密油层速溶压裂增稠剂	昆山京昆油田化学科技开发公司	一等奖
6	MKT8420 高精度数控轧辊磨床	昆山华辰重机有限公司	一等奖
7	直驱永磁同步伺服电机	昆山森力玛电机有限公司	一等奖
8	特种 / 极端环境高动态 MEMS 压力传感器	昆山双桥传感器测控技术有限公司	一等奖
9	蔬菜工厂化育苗关键技术研究与产业化开发	昆山市城区农副产品实业有限公司	二等奖
10	用于影像传感器的 TSV 产品	华天科技(昆山)电子有限公司	二等奖
11	非机械制造业轻小型高速低成本智能机器人	苏州澳昆智能机器人技术有限公司	二等奖
12	4K 超高清智能液晶电视	昆山康佳电子有限公司	二等奖
13	基于 SiC 衬底的氮化镓功率器件	苏州能讯高能半导体有限公司	二等奖
14	LEADⅡ-12025 型超大幅面多功能高速数控激光切割机	苏州领创激光科技有限公司	二等奖
15	燃料电池双极板一体化密封成型装置	昆山希盟自动化科技有限公司	二等奖
16	JSFA588 型精梳机	江苏凯宫机械股份有限公司	二等奖
17	高性能金属纳米粉体高效制备技术	密友集团有限公司	二等奖
18	高精密乘用车整车匹配主模型检具研发	昆山若宇检具工业有限公司	二等奖
19	S161/2 汽车刹车卡钳和支架产品加工项目	昆山恒源机械制造有限公司	二等奖
20	HDI 型刚挠结合印制板	昆山苏杭电路板有限公司	二等奖
21	程控型垂直缠绕机器人	苏州昆仑重型装备制造有限公司	二等奖

续表

序号	项目名称	主要完成单位	等级
22	极细高精密带转轴视频传输线缆	昆山联滔电子有限公司	二等奖
23	自动化汽车冲压件生产线	昆山新鸿企业机械制造有限公司	二等奖
24	静脉营养液在住院早产儿中的个体化应用	昆山市第一人民医院	二等奖
25	冠脉CT造影对冠心病高危患者斑块特点的分层研究及其图像质量控制	昆山市第一人民医院	二等奖
26	骨巨细胞瘤中Skp2、p27及E2F-1基因蛋白的表达及意义的研究	昆山市第一人民医院	二等奖
27	T3G通信网移动多媒体接收软件引擎及其支撑平台	苏州德仕勤微电子有限公司	三等奖
28	具有防风透汽蓄热保暖功效的纳米咖啡碳机能膜	昆山华阳复合材料科技有限公司	三等奖
29	无线高清视频传输芯片	昆山创通微电子有限公司	三等奖
30	视觉导航微创胸腹外科机器人	昆山市工业技术研究院有限责任公司	三等奖
31	薄膜柔性非晶硅网版设计及使用安全优化	昆山良品丝印器材有限公司	三等奖
32	汽车用聚氯乙烯人造革标准	昆山阿基里斯人造皮有限公司	三等奖
33	非对称双坡形连栋玻璃温室	昆山市永宏温室有限公司	三等奖
34	14比特2500兆高速高精度数模转换器芯片	苏州云芯微电子科技有限公司	三等奖
35	金融服务外包海量数据及图文材料超高速切片技术处理平台	花桥华拓数码科技(昆山)有限公司	三等奖
36	淀粉基生物降解日本麦当劳专用购物袋	苏州汉丰新材料有限公司	三等奖
37	CMS集中管控平台	苏州中德宏泰电子科技有限公司	三等奖
38	超薄节能LED平面灯	昆山市诚泰电气股份有限公司	三等奖
39	船用集装箱堆场桥码	昆山吉海实业公司	三等奖
40	排气阀机构	昆山江锦机械有限公司	三等奖
41	水生花卉新品种及其对湿地生态修复栽培配套技术集成与示范	江苏三维园艺有限公司	三等奖
42	HC608多功能儿童推车	昆山小小恐龙儿童用品有限公司	三等奖
43	火花直读光谱仪(AES998)	昆山市书豪仪器科技有限公司	三等奖
44	高精密支架激光切割机	昆山思拓机器有限公司	三等奖
45	AP1000核岛主设备用不锈钢焊接材料	昆山京群焊材科技有限公司	三等奖
46	功能性亲水无纺布关键技术研究与产业化	昆山市宝立无纺布有限公司	三等奖
47	在线挥发性有机物质谱仪	昆山禾信质谱技术有限公司	三等奖
48	OLED蒸镀用高精密掩模板研发	昆山允升吉光电科技有限公司	三等奖
49	高阻尼环保橡胶材料	昆山力普电子橡胶有限公司	三等奖
50	高可靠性变频柴油发电机组	昆山西马克动力机械有限公司	三等奖
51	功能性聚氨酯薄膜	昆山华富合成皮革有限公司	三等奖
52	半导体设计与故障热分析红外显微镜	昆山光微电子有限公司	三等奖
53	采用电源管理系统软件控制技术的智能化ZH-GCS型电力机柜	昆山振宏电子机械有限公司	三等奖
54	托吡酯与拉莫三嗪治疗双相抑郁对照研究	昆山市第三人民医院	三等奖
55	食管癌三维适形放疗提高靶区剂量和对危及器官保护的研究	昆山市中医医院	三等奖
56	喹硫平单药治疗躯体形式障碍临床对照研究	昆山市第三人民医院	三等奖
57	曲尼司特对肾小管上皮细胞转分化的作用机制的研究	昆山市第一人民医院	三等奖

续表

序号	项目名称	主要完成单位	等级
58	“郑氏妇科”治疗不孕症的学术思想和临床经验研究	昆山市中医医院	三等奖
59	复方降脂方治疗脂肪肝的临床研究	昆山市第二人民医院	三等奖
60	奎纳克林抑制人胃癌细胞株 SGC-7901 细胞增殖并诱导细胞凋亡的应用	昆山市第一人民医院	三等奖
61	集中空调通风系统清洗消毒评价体系应用研究	昆山市卫生监督所	三等奖
62	加味生肌白玉散促进宫颈高频电刀环切术后创面恢复的临床研究	昆山市中医医院	三等奖
63	丹参酮 IIA 磺酸钠对血吸虫肝病肝纤维化的影响	昆山市第三人民医院	三等奖

表 50 2014 年昆山市科学技术合作和科技成果产业化奖名单

序号	项目名称	主要完成单位
1	氮碳共渗汽车刹车盘热处理技术及产业化	通富热处理(昆山)有限公司
2	多体位动态 MRI 肢体成像系统的产业化	江苏麦格思频仪器有限公司
3	大型全断面隧道掘进机的研发及产业化	江苏凯宫隧道机械有限公司
4	CIMS 激光三维打印制造 - 修复平台	江苏永年激光成形技术有限公司
5	KXS-2220P 数控喷丸机的产业化	昆山开信机械制造有限公司
6	水性纳米包覆颜料色浆产业化生产及应用中的关键技术	苏州世名科技股份有限公司
7	GW-FHG 苏里格“工厂化”广谱压裂液体系及产业化	昆山京昆油田化学科技开发公司
8	基于 APG 浇注工艺真空断路器的研发及产业化	江苏森源电气股份有限公司
9	全自动半钢子午胎一次法成型机研发及产业化	萨驰华辰机械(苏州)有限公司
10	环保共挤出功能性印刷基材	昆山市张浦彩印厂

知识产权

【专利管理】 年内,市知识产权局依托昆山市知识产权保护协会平台,规范引导培养优质服务机构,围绕专利政策宣讲等开展知识产权咨询管理服务工作。全年新增专利申请 18 320 件,其中发明专利申请 7 790 件,新增专利授权 9 867 件,其中发明专利授权 870 件。至年底,全市万人发明专利拥有量达到21.45 件。

【国家知识产权示范城市】 年内,市知识产权局按照示范城市工作方案的总体部署,强化知识产权政策体系建设,加强各类公共服务提供,印发《昆山国家知识产权示范城市工作方案》,组织开展专利分析(初级)实战班、专利布局(初级)实战班。积极开展知识产权标准化创建工作,试行梯度培育。加强执法维权宣传工作,积极配合省、苏州专利执法工作,做好大型展会知识产权保护、假冒专利查处、专利纠纷咨询处理等工作。加强与优质专利服务机构的合作,提升全市知识产权工作水平。建设完善昆山知识产权公共服务平台、12345 便民服务中心等,整合资源、提高效率、服务社会。继续推动小核酸产业基地知识产权集群化管理试点工作。做好专利许可、专利权质押登记前期服务工作。

【知识产权百强优势企业】 年内,江苏龙灯化学有限公司等 6 家企业被认定为昆山市知识产权优势企业(知识产权密集型企业),昆山科森科技有限公司等 20 家企业被认定为昆山市知识产权优势培育企业。

表 51 2014 年昆山市知识产权优势企业(知识产权密集型企业明细表)

序号	企业名称	所在区镇	序号	企业名称	所在区镇
1	江苏龙灯化学有限公司	开发区	4	昆山迈致治具科技有限公司	高新区
2	三一矿机有限公司	开发区	5	昆山京群焊材科技有限公司	巴城
3	昆山华阳复合材料科技有限公司	开发区	6	真彩文具股份有限公司	千灯

表 52

2014 年昆山市知识产权优势培育企业明细表

序号	企业名称	所在区镇	序号	企业名称	所在区镇
1	昆山科森科技股份有限公司	开发区	11	昆山市诚泰电气股份有限公司	张浦
2	昆山康佳电子有限公司	开发区	12	连展科技电子(昆山)有限公司	张浦
3	昆山长运电子工业有限公司	开发区	13	台光电子材料(昆山)有限公司	周市
4	显亮(昆山)汽车配件有限公司	开发区	14	昆山京昆油田化学科技开发公司	周市
5	苏州领创激光科技有限公司	高新区	15	昆山协多利金属有限公司	陆家
6	优德精密工业(昆山)股份有限公司	高新区	16	昆山京都电梯有限公司	陆家
7	昆山杰顺通精密组件有限公司	高新区	17	昆山市佰奥自动化设备科技有限公司	巴城
8	昆山艾博机器人系统工程有限公司	高新区	18	昆山广禾电子科技有限公司	千灯
9	昆山市圣光新能源科技有限公司	高新区	19	昆山爱光电子有限公司	周庄
10	昆山联德精密机械有限公司	张浦	20	昆山维萨阀门有限公司	锦溪

【知识产权宣传和培训】 11 月 19～22 日,昆山市成功举办第八届国际发明展览会,来自韩国、瑞典、俄罗斯、匈牙利等近 40 个国家和地区的近 3 000 个项目在昆届展会进行集中展示,展览规模 2 万平方米,共设标准展位 553 个、特装展位 11 个,进馆人数近 3 万人次。发明家协会国际联合会、世界知识产权组织、联合国亚太经社会、国际萃智(TRIZ)协会等多个国际组织也参加了国际发明展的展示、交易、洽谈、培训和论坛等活动。开展"4.26 世界知识产权日"系列宣传活动,为国家知识产权局专利审查员(昆山)实践基地的实践点企业授予铜牌,利用微博发布知识产权宣传内容,在广播电台录制知识产权科普节目,发放宣传手册,举办知识产权知识竞赛,编辑出版第六期《知识产权保护专刊》,与张浦第二中心小学共建知识产权特色学校。各区镇、部门也结合自身实际,开展广场咨询、专场培训等贴近实际、内容丰富的宣传活动,增强社会的知识产权保护意识。

11 月 19 日,第八届国际发明展览会在昆山举行。

【企业知识产权创新能力】 年内,市知识产权局设立昆山市专利技术成果产业化专项,重点扶持具有技术创新能力的中小微企业专利技术转化。深入开展知识产权优势企业培育工程,培育和认定一批具有较好知识产权管理规范和较强自主创新能力的企业。积极申报苏州市级以上专利项目,为企业争取政策支持。昆山双桥传感器测控技术有限公司的"压阻式高频高温动态压力传感器"等 4 件专利获中国专利奖优秀奖。三一矿机有限公司的"大吨位矿用自卸车开发"被列入苏州市重大专利技术推广运用指导性计划,昆山吉海实业公司等 5 家单位被列入苏州市知识产权密集型企业培育指导性计划。昆山龙腾光电有限公司的"液晶面板、液晶显示装置及液晶面板的驱动装置"等 8 件专利获省百件优质发明专利。昆山四方专利事务所代理的 4 件专利被评为省百件优秀发明专利申请文件。

【特色工作】 年内,市知识产权局进一步完善国家知识产权局专利审查员(昆山)实践基地的建设,按照《昆山实践基地管理办法》做好实践项目的申报和管理工作。开展企业知识产权分类服务指导工作,深入开展专利提质扩面工程。通过整合资源的平台建设、借助专业队伍的服务指导、调整专利政策的引导方向,不断强化企业自主创新的主体地方,提高知识产权创造、运用、保护和管理的质量和水平,更好服务全市经济社会发展。

(张东营)

科技园区

【昆山留学人员创业园】 昆山留学人员创业园是吸引海外留学人员回国创业的科技园区，1998年10月由省人事厅、科技厅和昆山开发区联合创办，是全国首家设立在县级市的留学人员创业园和唯一设在县级市的“省部共建”创业园。至年底，昆山留学人员创业园建有科技广场（科技大厦）、现代广场、科技创业基地等载体，拥有孵化面积14万平方米，是年在建孵化面积10万平方米，新一代电子信息、智能装备、新材料、新环保等产业初具规模。

人才工作 年内，昆山留学人员创业园结合园区产业定位和产业基础，围绕战略性新兴产业、现代服务业等发展重点，突出招才引智，延伸人才集聚“支撑链”，以产业集群创新和科技型中小企业培育为核心，至是年底引进留学人员703名，科技企业392家，集聚各类领军人才近100名，“千人计划”人才项目30个，科技型企业开发新产品470项，提供就业岗位5 600个，实现利税2.4亿元。创通微电子杨磊入选青年拔尖人才支持计划。新增省创新团队1个，昆山市级以上“双创”人才17人。攀特电陶在“新三板”挂牌上市。

企业培育 年内，昆山留学人员创业园以助推企业科技创新产业化为目标，与中科创投、苏州融创担保、上海银行苏州支行等风投、银企建立良性互动关系，为科技企业“量身定制”科贷通、贷款资金池等金融产品，采用企业“联保联贷、互帮互助”方式解决小微科技企业融资难题，为企业获风投、担保资金超5 000万元。园区综合竞争力持续提升，产出效应明显，全年园区企业创下销售总额突破15亿元，销售过亿企业超3家，销售超5 000万元企业超10家，培育“新三板”意向企业达8家。把支持中小企业创新发展作为立园之本，强化科技服务职能，开展国家“科技服务标准化试点”，实行“1+3”企业联络机制，建立“创业导师＋专业孵化＋菜单式服务”的孵化模式，围绕人才项目转化、品牌建设、企业成长等方面积极向上争取，为100家企业争取上级资金1.08亿元。以平台建设增强发展动力，有效构建软件、新材料、智能装备等9个重点产业领域的公共技术服务平台和企业信息共享平台，开展技术服务和技术培训2 000多次，60%以上的园区企业与国内外高等院校、科研院所建立合作关系，构建供应链管理平台，协助企业开拓市场。积极承接全市高新技术产业的辐射，充分利用全市10条主导产业链上的6 000多家配套企业、26 000多个配套项目资源，园内24家企业与全市58家企业建立供应关系，完成合同金额近8 000万元。 （昆山开发区）

【阳澄湖科技园】 阳澄湖科技园始建于2002年。2014年明确定位为苏南自主创新示范区的昆山核心区、昆山高新技术开发区的核心区、昆山城市的副中心、绿色生态城市建设的样板区。区域范围在原8平方千米的基础上扩大到10平方千米。

5月，为进一步加快推进昆山阳澄湖大学科技园发展步伐，经市委市政府决定，成立昆山阳澄湖大学科技园管理委员会和昆山阳澄湖国家大学科技园建设领导小组，全面启动并实质性运作国家大学科技园的建设。9月，昆山杜克大学一期项目，会议中心和服务楼投入使用。同月，江苏省昆山中学搬入园区投入使用。10月，昆山市工业技术研究院三期工程含综合南楼及1栋孵化楼竣工投入使用，建筑面积46 396平方米，总计划投资为3亿，主要用于办公和研发。年底，为昆山各类创新创业人才量身打造的人才专墅“和风雅颂”完成二期高层B8的交房，已入住或定向购买的各类人才达290户左右。

至年底，园内共有昆山杜克大学、中共市委党校、解放军外国语学院昆山校区、登云科技职业学院、昆山第一中等专业学校、苏州福纳影视艺术学校等院校、江苏省昆山中学、加拿大国际学校。年内，昆山市第二中学西校区、昆山实验小学西校区全面开工建设，园区基本形成了一个涵盖从幼儿园到大学的基础教育体系框架。

（昆山阳澄湖科技园有限公司）

昆山市工业技术研究院

【概况】 年内，昆山市工业技术研究院（以下简称“工研院”）着力服务于昆山科技创新和产业转型升级，成效显著。年内，工研院荣获“全国社区侨务工作示范单位”“苏州市十大公共服务平台”、昆山市“创新型机关”和“廉洁型机关”等称号；小核酸产业基地被科技部认定为“创新型产业集群试点”；中科院微电子所昆山分所“车辆360度环境重构系统”荣获第七届国家发明展览会银奖。

【产业创新】 年内，工研院紧跟国际科技进步和产业变革的趋势，集聚创新资源，在新医药、机器人、新一代信息技术产业等领域取得重大突破，系统内涌现一批创新成果：1.1类抗肿瘤新药“泽普生”已进入临床II期；2个医疗器械（材料）取得二类外科医疗器械注册证并实现了批量生产和销售，4个医用器械准备申报临床。第三代刮墙机器人样机制造开创内墙水泥粉饰机器人在建筑行业中的应用先河。国内第一个3D打印生物义齿成型，多台3D打印设备完成开发，产业化准备工作已经启动。世界上首台新型无载自动高速手拉葫芦进

中科院微电子所昆山分所研制开发的e控系统在安凯新能源客车上使用。

一步完善纯机械式载荷感应自动变速技术，产业化准备工作基本完成。超级电池成功上路，视频云项目成功商用并正式对外发布。北斗智能导航系统、大型集卡环视安全系统属国际首创，并进入全球第一大港上海港测试。安凯e控系统车载大屏属国内首创。

【横向服务】 年内，工研院在横向合作与服务业态上突破创新，推动企业转型升级，形成创新合力。全院新增衍生公司和入孵企业20家，累计达到102家，年度销售额32 320.91万元。共签订横向技术合同48项，对外投资8个项目，出资金额2 928.2万元。系统内多家公司已在“新三板”挂牌。参与“智慧昆山”建设，成功开发交通信息处理软件、交通检测雷达协议转换产品和地理信息系统软件。以“智慧昆山企业公共服务平台”打造为抓手，在更高层次、更广格局上提升了服务全市企业的能力。模具平台顺利通过“省考”。科技创新平台、通信系统及高端芯片设计与测试平台、木制品及家具检测平台全年提供服务36.26万批次，服务企业3 823家。开展“浙江大学昆山科技周”，服务地方经济社会发展能力增强。全年举办12场“千家中小企业技术帮扶”活动和10场“阳澄湖创意沙龙”活动，参加人数达到1 687人次。

【协同创新】 年内，工研院抢抓时代发展机遇，拓展协同创新领域，助力战略性产业发展。小核酸所与陈润生院士达成初步协议，建立“陈润生院士研究室”；瑞博公司与美国夸克（QUARK）等国际知名公司合作，完成小核酸前端品种的初步布局。智能所与汉堡大学、北航机器人研究所及多家公司进行技术合作。南京大学昆山创新研究院联合台湾永光化学工业股份有限公司等5家企业共同进行“基于染料敏化太阳能电池汽车玻璃天窗产品”的联合开发。江苏省（昆山玉山）模具产业公共技术服务中心与王运赣等国内3D打印专家共建高分子生物医学器件3D打印研究中心。感知所与市公安局共建“智慧公安实验室”。

【科研产出】 年内，全院新增科技项目申报108个，立项96个，获资金支持3 344.85万元；人才项目申报28个，立项23个，获资金支持2 343万元；新增知识产权87项，受理142项。在IEEE国际会议及国内外核心刊物录用论文19篇。

【人才工作】 年内，工研院不断加强人才育成基地建设。全院新增省创新团队（千人计划研究院）1个，省创新创业领军人才4位，姑苏创新创业人才2位，苏州市市长奖获得者1位，昆山市创新创业领军人才12位，企业博士集聚计划2位，六大高峰计划人才2位。实施“青蓝人才计划”，建设“人才蓄水池”。西电昆山研究生院已实质运行，40名专业硕士全部进入昆山企业实习工作。

（唐秋菊）

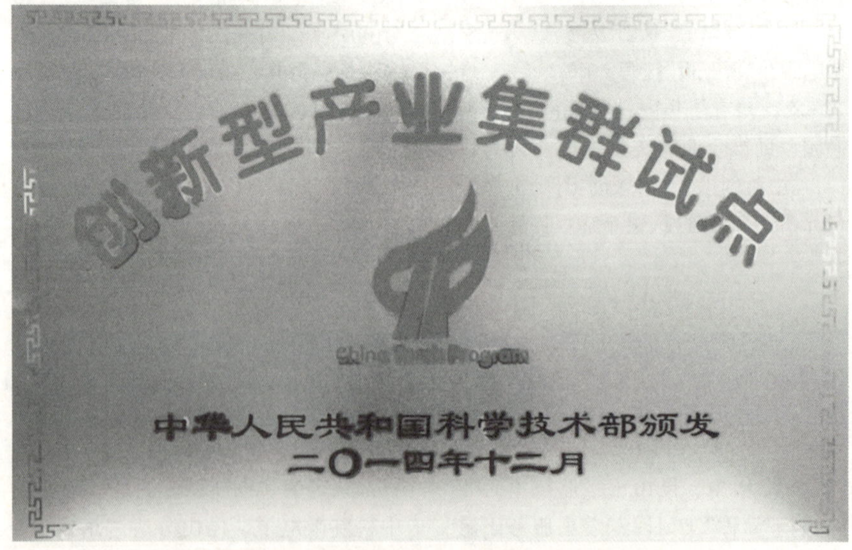

小核酸创新型产业集群入选科技部第二批创新型产业集群试点。

人才引进

【概况】 年内,市人社局组织 300 多家昆山市重点企业、高新技术企业赴武汉、成都、重庆、西安、南京、哈尔滨、广州等名牌大学、创新创业资源和高技能人才集聚地区开展昆山专场招聘,协助做好参会企业与高校相关院系及相关技职院校的产学研和人才培养对接。成功举办以“共育技能人才,齐推转型升级”为主题的“2014 中国·昆山人力资源合作洽谈会”。

人才载体

【两岸人才合作试验区】 年内,昆山市加强与电电公会等台湾地区权威行业协会、新竹清华大学等台湾地区名牌高校、新竹清华自强基金会和 1111 人力银行等台湾地区知名人力资源机构和职业培训机构的互动联络,在高校科研成果转化、优秀教师赴昆山任教、职业资格考试认定、人才培训等方面探讨合作内容和模式,引入台湾地区先进的人力资源服务理念。依托昆山市与清华大学全面战略合作关系,对接新竹清华大学,举办两岸清华校友在昆山创新创业论坛活动,邀请 100 多名两岸的清华校友云集昆山,共话创新创业。

【博士后科研工作站】 年内,全市累计建成国家级博士后科研工作站 8 个、分站 21 个,省级博士后科研工作站 8 个、分站 25 个。共有 10 人入选省“博士后集聚计划”,全市入围省“博士集聚计划”累计达 82 人,居全省县级市之首。

【专家申报工作】 年内,市人社局加强外专工作力度。1 名外国专家获得 2014 高端外国专家项目计划,1 名外国专家入选第一批江苏外专“百人计划”,6 个项目 7 名专家入选 2013 年度苏州“海鸥计划”。

人才培训

【高技能人才培训】 年内,市人社局根据各区镇产业转型发展需求设定工作目标,加强指导协调,加大培训资源整合力度,逐步构建企业、院校、培训机构三方联动的培训机制。在做好指导、服务工作的同时,鼓励企业针对自身需求,自主开展技能培训。支持企业建立完善企业内培训制度,开展新录用员工岗前培训 11.1 万人。年内培养高技能人才 3 845 人,其中技师 243 人。1 人入围省高技能人才引进计划项目,1 人获评省大师工作室,2 人获评省企业首席技师,推荐选拔 4 名优秀高技能人才赴德国培训。组织选手参加第二届省技能状元大赛,获得一个二等奖,一个三等奖,获奖质量列苏州各市区前列。

【城乡劳动力培训】 年内,市人社局针对下岗失业人员、农村转移就业劳动力和外来务工人员,组织再就业技能培训,帮助再就业人员拓展就业范围,提升就业质量。全年共开展城乡劳动力技能培训 227 期共 14 930 人。

【创业培训】 年内,市人社局开展以创业项目推介会、创业指导巡回讲座和创业能力提升培训为主要内容的活动安排,共组织近 1 300 名市民参加免费创业培训,发放 SYB 创业证书。开设“网络创业”培训班,特聘微软金牌认证讲师和阿里巴巴优秀讲师讲授网络平台、网店运营管理、站内推广销售、拍照和图片处理等操作技巧。

【职称评审工作】 年内,市人社局探索设立台籍专技人才职称申报绿色通道。进一步完善职称申报流程,初级职称的办理周期从之前 2 个月,缩短至 2 周。全年办理高级职称 246 人,中级职称 1 466 人,初级职称 3 598 人,合计 5 310 人次。

人才资源

【概况】 年内,全市共集聚 85 名国家“千人计划”人才、9 个省创新团队、68 名省双创人才、82 名省博士计划人才、23 名省 333 人才工程培养对象、82 名苏州姑苏人才等高层次人才在昆山市创新创业,全市大专以上人才保有量达 32 万人,每万人人才数 1 940 人,每万人劳动力高技能人才数达 645 人,全市人才贡献率达到 47%。人才结构日益优化,人才效益日渐凸显。

【人才政策】 年内,市人社局以高层次人才、高技能人才和紧缺急需人才为重点,出台《关于进一步加快集聚高层次

7 月 11 日，两岸清华校友创新创业论坛在市委党校举行。

优秀人才的若干意见(试行)》。实施《江苏省海外高层次人才居住证个人所得税奖励政策》，落实高层次人才待遇。出台《关于高技能人才计划的实施细则》。

【人才国际化】 年内，昆山市举办 2014 苏州国际精英周昆山专场暨两岸清华校友在昆山创新创业论坛活动大型海外人才交流活动，吸引海内外高层次人才带项目、带资金、带技术、带团队到我市创新创业。年内通过国际精英创业周平台集聚 80 名海内外高层次人才到昆创新创业，累计集聚高层次人才 288 名，居苏州各市区之首。利用昆山杜克大学、国家级海外高层次人才创新创业基地、省部共建国家级留学人员创业园等平台资源，集聚海内外高层次创新创业人才到昆对接、落户。发挥美国、日本、德国海外人才(昆山)工作站、北美清华校友会等留学人才协会等的作用，延伸和畅通海外招才引智“管道”，拓宽国际化人才引进渠道。

【校地人才合作】 年内，昆山市举办 2014 清华大学创新创业考察团、2014 清华大学“昆山周”系列活动、“昆山杯”第十六届清华大学创业计划大赛、“昆山季”清华大学艺术团表演等系列活动，提高昆山市集聚海内外清华校友的磁场效应。昆山市作为全国唯一的一个县级市代表参与由清华大学、投资界以及政府三方致力打造的清华大学创业服务平台“创 + 成长“平台，加速清华大学优秀创业团队在昆山市集聚。 (邹亚清)

人力资源服务

【概况】 年内，人力资源市场共为 3 万家企事业用人单位提供了专业的人力资源服务；直接引进大中专学历以上人才 4.9 万人，其中硕士及以上学历 762 人；帮助企业劳动用工 14 万人，同比增长 16.7%。设立首个行业性人力资源分市场——IT 分市场，在软件园设立人才开发工作站，开通政策、人才引育和产学研等三项“直通车”服务。推出“昆山人才”手机客户端，充实“智慧昆山”功能，在企业和人才之间搭建高效便捷的掌上交流对接平台，高级人才库储备突破 13 万人。实施高端人才招聘外包服务模式(RPO)，为企业成功招聘高端人才 668 名。组织精英预约洽谈会 47 期，约 3.6 万名通过预约及验证符合中高层次人才条件的应聘者与 505 家用人单位的 4 219 个中高层岗位、8 951 名人才需求进行对接，其中留学生创业园专场、昆山软件园专场、机械模具行业专场、市场营销类人才专场等 19 场主题招聘凸显特色服务，更好地满足了多种类型的招才需求。全年新增人事代理单位 525 家，新增人事代理 5 370 人，办理转正定级及职称评定 389 人；学历认证业务成为教育部江苏省受理点，办理学历验证 3 483 份；接收各类人事档案 8 930 份，人事档案突破 32 万份，开具各类证明材料和外调联系函 1.5 万份。充分利用昆山高校就业合作联盟的全国高校资源，有层次、分区域、有计划地组织全市 655 家企业赴南京、杭州、长春、沈阳、厦门等地高校举办“创新昆山高校行”校园招聘 99 场，提供岗位 1.6 万个，与 1.3 万名高校毕业生达成引进意向。向昆山市企业、省内外各级各类院校大力推介校企联合培养技能人才模式，面对中专层次校企合作班质量下降、数量萎缩的不利局面，加大大专层次冠名班的开发力度，组建大专以上层次冠名班 63 个，占新建冠名班的 66%，并成功组建 SMT、PCB、模具等一批特定专业的冠名班。新研发出“模块化课程教学模式”，提高校企对接的灵活性、针对性和有效性，克服了冠名班学生集中安排就业的难题。

【携纬创集团赴东北建教布局】 1 月 5 ~ 8 日，昆山人力资源市场携纬创集团一行专程赴吉林 10 多所大中专院校进行考察、交流、洽谈，并与多个地区的就业管理局以及职教中心就“政校企三赢合作模式”进行探讨并达成合作共识。三方代表签订了多项校企合作和生源开发合作协议。此举进一步促进了吉林地区优质人力资源供给基地和昆山企业的深度融合，对人力资源市场探索、推广“三位一体”人才开发培养模式具有深远意义。

【春季大型人才交流会】 2 月 14 ~ 16 日，“2014 年昆山春季大型人才交流会暨精英预约洽谈会”在人力资源市场举行。此次人才交流大会，包括南亚、纬创、仁宝、三一重机、好孩子、通力电梯等知名企业在内的约800家用人单位提供岗位3万多个，吸引全国各地4万余名求职者前来应聘。此次大会提供的总岗位数比上年同期增长15%，其余多项数据也均创历史新高。此次春季大型人才交流会需求岗位的学历层次明显提高。要求学历在大专及大专以上的岗位占比达49.61%，其中本科及本科以上学历需求占比10.02%，较上年同期增长184.7%，大专学历需求占比39.59%，较上年同期增长118.97%，中专及以下学历需求占比50.39%，较上年同期下降22.45%。其中，花桥国际商务城8家现代服务业企业提供大专以上应届毕业生岗位4 900个。大会同时还推出高校毕业生就业创业公益大讲堂、人才政策咨询、流动党员服务等系列活动。此外，微博、微信等信息化手段的得力运用，线上线下主动营销模式的开展，也助推了此次活动取得空前成功。

【女性招聘专场】 3月4日，市妇联、人力资源市场管委会、市总工会联合举办2014年“春风行动”——“三八架金桥，春风送岗位”昆山市女性专场招聘会。副市长金铭、市妇联、人力资源市场、市总工会等单位的有关领导出席此次活动。此次女性专场招聘活动以昆山人力资源市场为主会场，各区镇设分会场，邀请女企业家协会单位、花桥现代服务业单位等160多家企业参会，征集岗位3 623个，吸引了2 000多名女性求职者前来应聘，是历年来规模最大的一次。此次活动排名前三的需求岗位依次为：机械模具类、现代服务业营销客服类、电子信息工程类，其中前两位岗位需求数分别达760个和730个，占比21%和20%。

【“昆山人才”手机客户端上线】 3月8日，“智慧昆山”市民公共服务平台—“昆山人才”手机客户端上线推介会在人力资源市场五楼国际会议厅举行。人力资源市场和市文广新局相关领导出席会议，并与用人单位、求职者、媒体朋友就“昆山人才”手机客户端的应用说明及发展前景，进行了充分交流。“昆山人才”手机客户端作为2014年昆山市政府重点工程项目“智慧昆山”的重要子客户端，由昆山市智慧城市建设工作领导小组办公室、昆山市文广新局和昆山人力资源市场联合打造，该人力资源移动智能平台的上线运营，是加快建设智慧城市，打造智慧市场，引进智慧人才的又一创新举措。50多名用人单位和求职者代表参加推介会。“昆山人才”手机客户端的开发上线，为全市用人单位和广大求职者拓宽对接交流渠道，新型服务功能受到代表们一致好评。

【中鹿人力资源外包再次走入央企】 年初，昆山人力资源市场人力资源外包业务迎来开门红。在世界500强企业著名央企中铁建设集团华东区人力资源外包业务竞标中，下属的中鹿人力资源公司成功击败北京外企、金桥人力等8家国内知名人力资源服务商，以更细致完善的方案成为竞标胜出者。这是继与中交集团、中航集团等央企合作后，中鹿人力资源公司又一次将业务推入大型央企的成功典范。

【首届昆山“极致英才”猎聘会】 3月29日，昆山人力资源市场在昆山瑞士大酒店举办首届昆山“极致英才”猎聘会。猎聘会共有15家知名企业参加，提供95个高层次人才岗位，涉及市场营销总监、人力资源总监、平台运营总监以及计算机、电子、机械类、生物类等高端技术研发类岗位，岗位年薪在10万元~50万元，其中30万元左右的岗位年薪居多。猎聘会现场共有520名预约高端人才进场洽谈，达成意向率为68%。首届昆山“极致英才”猎聘会是国内首次在县级市举办的此类高端人才招聘活动，是将“人才招聘会”和“猎头”人才寻访模式相结合的一种新型高效的招聘模式。此次猎聘会不仅受到了求职者和参会企业的高度认可，还得到了《扬子晚报》《现代快报》《苏州日报》《昆山日报》、乐居昆山网等媒体的报道和好评。

【全国应届毕业生昆山站网络招聘月活动】 3月31日，为期一个月的“全国应届高校毕业生昆山站网络招聘月”活动正式落下帷幕。此次活动由国家人社部、全国公共招聘网(http://www.cjob.gov.cn)主办，全国各省市近300家公共就业和人才交流服务机构人才网站共同承办。作为昆山地区承办此次活动的昆山人才网(www.kshr.com.cn)是第二次参加活动，为此提供了大量单位及岗位，具体行业有IT信息、建筑建材、机械机电、医药卫生、电子电工、饮食餐饮、金融等多领域，涉及计算机类、电子机械类、建筑类、通讯类、文职类等岗位5万余个，上网人数超20万人，吸引了包括沪士电子、好孩子集团、富士康、仁宝电脑等1 200多家知名企业积极参会。

【“思享会–HR主题沙龙”系列活动】 4月11日，昆山市人力资源协会2014年首期“思享会–HR主题沙龙”系列活动在市人力资源市场举行。此次沙龙活动围绕“发展期的企业人力资源战略”的话题展开讨论，江苏建伟控股集团、三得利、华恒焊接、AB集团等14家协会会员单位的代表齐聚一堂，分享HR工作经验、畅谈从业心得故事。“思享会—HR主题沙龙”系列活动转变了以往以公开课形式来促进会员单位交流的方法，采取精细化分类服务的方式加强协会小组间的交流、联动，让会员单位联系更紧密、效果更突出。活动取名“思享会”旨在通过系列活动，将昆山市各行各业的HR精英汇聚一堂，有主题地共享人力资源管理领域的成功经验，在提升人力资源管理水平的同时，进一步增强了昆山市区域人力资源要素竞争力。

【组团参加上海春季人才交流洽谈会】 4月19日，昆山人力资源市场组织天瑞仪器、野宝车料等5家企业赴沪参加2014年上海春季人才交流洽谈会暨长三角地区高校毕业生就业招聘会。此次昆山市赴沪招才团共计提供高校毕业生需求岗位174个，其中计算机类、营销类、平面设计类占了较大比重。从招聘效果看，参会的5家企业都有所收获，嘉里大通物流共收到简历52份，并与其中的15人达成了进一步面试的意向。昆山市企业共计收到150多份简历,达成初步意向40人。

【女大学生就业指导进校园】 4月28日,由昆山市妇联、昆山人力资源市场联合举办的“2014女大学生就业指导进校园”公益活动在昆山开放大学举办。活动特邀国家注册人力资源管理师、国家二级心理咨询师李雪梅前来进行指导讲座。她主要围绕当前女大学生的就业形势、女大学生职业生涯规划和求职面试技巧等内容展开。通过一些简单案例,生动形象地向在座的女大学生们描述了职业规划的概念及重要性,阐述了把握好职业生涯管理的基本方法,进一步加深了女大学生对职业路径、职业规划的认识和了解。此外,还进行了面试场景模拟和提问互动环节,对面试中常遇到的问题进行分析和解答,现场气氛非常活跃。共有近200名女大学生参加了此次活动。

【组团参加省高校毕业生就业促进月招聘会】 5月11日,全省高校毕业生就业促进月南京主场招聘会在南京国际展览中心举办。昆山人力资源市场组织昆山市正新橡胶、飞力达物流、纬创资通等7家高校毕业生需求大户前往参会,在2014届高校毕业生招聘活动的尾声抓紧机遇、储备人才,也将年内昆山市赴外参加全省性高校毕业生综合类招聘会活动推向圆满。参加此次招聘会的昆山市企业共征集2014届高校毕业生就业岗位334个,其中研发技术类、生产储备类岗位占比三分之一,营销、客服、运营类岗位占比接近七成。从会后的数据反馈看,昆山市企业共收到各类简历105份,并与其中38人次达成了进一步面试的意向。从招聘效果看,生产制造型企业要明显优于外包服务型企业,其中江苏力好工程机械更是创造了企业赴外招聘达成意向率88%的高值。

【“红五月”大型人才交流会】 5月17~18日,2014年红五月大型人才交流会举办。在此次交流会上,包括南亚、纬创、统一、仁宝、世硕、好孩子、沪士等众多知名企业在内的425余家用人单位前来觅才,提供岗位16 000多个,同比上年增加18%。此次大会参会单位四成是民营企业,而港澳台资企业也超过30%。百人以上的企业多达66%,其中,千人以上的大型企业占比近25%。从岗位需求来看,产线工人和技术工种需求旺盛,占比超过40%。其次为机械、模具、机电类工程师岗位2 152个,电子、电器、半导体、仪器仪表类工程师岗位近1 000个。此次大型人才交流会已全面实现网上预约、在线发布功能,同时,现场二维码扫描、昆山人才APP等掌上求职软件也已全面开发使用,便捷、高效、专业化的服务获得了广大企业及求职者的认可与好评。

【毕业生夏季专场招聘会】 6月24日,2014年昆山市高校毕业生夏季专场招聘会活动成功举办。活动当天,共吸引2 582名高校毕业生参会,初步意向达成率43.7%。此次招聘会125家昆山企业提供了2 882个毕业生需求岗位,专业涉及机械模具、电子信息、金融投资、服务营销、食品化工、印刷包装、计算机、物流等多个领域。学历方面,本科生需求占比达28.2%,大专生需求占比为41.7%。相比往年,企业提供的毕业生薪资待遇均有不同程度的提升。

【首个民企招聘月活动】 6月,昆山市民营企业招聘月活动在昆山人力资源市场举行。招聘月活动中,昆山市952家民营企业现场提供21 883个岗位。招聘月期间,凡昆山市民营企业和小微企业都能享受人力资源市场的招聘优惠方案。对于首次注册开通网上订摊系统并办理会员卡的民营企业,充值即可免费参加一场招聘会,还可获赠网上会员体验服务。已办卡的民营企业,还可享受部分招聘会半价的优惠。招聘月期间,人力资源市场管委会还会同市私营个体经济协会,举办了民营企业公益招聘专场,通过区镇联动,专场当天吸引了135家民企前来招聘,提供操作、销售、行政、管理等需求岗位2 693个,吸引了数千人前来应聘。此次民营企业招聘月宣传服务延伸到了昆山各区镇工商分局窗口,使昆山市更多的民营企业,特别是新注册的个体工商户都能知晓和享受招聘月期间的优惠政策和活动。

【签订电子科技大学人才开发合作协议】 6月17日,昆山市人力资源市场和电子科技大学中山学院就进一步加强学校和昆山市的人才交流合作,为昆山市用人单位输送更多人才,推动大学生顺利就业,进行了深入广泛的交流,并签订了“人才开发合作协议”。在该学院就读的三位昆山籍的大一学生参加了此次座谈会。他们打算毕业后,参加昆山企业专场招聘会,回到故乡昆山工作。6月30日,该学院已经有200多名学生意向到昆就业,其中导光电、统一集团、山水动画等企业确定录取22名该学院的大学生。

【首届市场营销类岗位专场精英预洽会】 7月19日,首届市场营销类岗位专场精英预约洽谈会(以下简称“预洽会”)在市人力资源市场三楼精英广场举办。尼赛拉电子、日月光半导体、凯迪汽车等18家企业前来参会,共计提供中高层人才需求岗位75个,128名人才需求,近800名中高层人才进场应聘。此次市场营销类岗位专场预洽会是预约会举办至今首次以岗位命名的特色预洽会,开辟了预洽会举办的一种全新模式。

【应届高校毕业生报到工作】 年内,毕业生的报到情况呈现出报到时间紧、学历层次高、公有制人员录用人次多的特点。7月中旬开始,人事代理窗口受理人数明显增加,受理人员包括进入国企、私企、外企、民营等各类企业就业的毕业生以及暂未就业回原籍的昆山籍毕业生,每天的业务受理量达400余人次。为了更加高效优质地做好服务,昆山人力资源市场不断努力提高工作效率,优化服务质量。业务高峰期,除窗口以外的全体工作人员主动走入大厅,对还在排队等待的毕业生进行分流,直接提供咨询解答;同时,考虑到昆山籍应届生的报到手续流程相对简单、耗时相对较短，适时为其增开绿色通道，减少办事人员的堆积；另外，针对人事代理、人才调动、毕业生等工作，进行信息化管理的可行性研究，争取逐步实现网络远程办理。至7月15日，昆山人力资源市场人事代理窗口已办理毕业生报到超2 500人。

【女大学生就业导航行动培训班】 7月31日～8月1日，昆山人力资源市场联合市妇联在市委党校为2015年毕业的昆山籍女大学生开展了为期两天的就业导航行动培训班，培训项目包含应届毕业生就业政策宣讲及现场咨询、女大学生就业指导讲座及职业生涯规划个案咨询、成功就业创业女性经验分享座谈会、参观女性创业企业等内容。来自昆山各区镇的近60名2015年毕业的女大学生到场参加培训。

【夏季大型人才交流会】 8月15日，2014年昆山夏季大型人才交流会暨精英预约洽谈会在昆山人力资源市场开幕。来自机械、电子、五金模具、金融、地产、贸易、建筑、印刷、酒店等30多个行业的600家知名企业现场提供就业岗位18 000多个。此次参会单位中，民营企业招聘热情依然强劲，占比近四成。200多家民企与外企同台竞争招揽人才，大量的技术研发、市场拓展、管理类人才成为民企争抢的“香饽饽”。地产大军招聘势头强劲是此次交流会的一大特点。以房地产、市场推广、销售管理、国内外贸易为主的营销类岗位需求依然旺盛，占比达15.88%。其中尤以房地产招聘大军最为抢眼，主要提供置业顾问、房产经纪人、销售代表等招聘岗位1 092个，位居销售类岗位榜首。另外，昆山制造业企业所需的流动补缺性产线操作、技术工人需求占比近四成。从此次参会单位提供的招聘信息来看，除了机械设计与制造、市场营销、IT/电子商务、行政管理等热门岗位以外，此次交流会还提供了储备干部、储备管理、储备技工等应届毕业生需求岗位近千个。另一方面，企业对高技能岗位人才提供的月薪普遍在5 000元以上，部分管理岗位的月薪超过万元。

【“职介新干线”招工活动】 8月16日，昆山人力资源市场二楼“职介新干线”举办企业招工活动。30多家进场企业共提供一线作业员类岗位900多个，进场求职人数近1 500人次，现场达成意向人数超过200人。“职介新干线”为企业提供职介介绍、招工服务、校企合作、人才培训、保险服务、员工体检六类服务，形成专业的招聘外包服务新体系。

【江苏高新技术人才交流大会】 11月15～16日，2014年江苏高新技术人才交流大会暨精英预约洽谈会在昆山人力资源市场举办。此次高新技术人才交流会云集了六丰机械、南亚电子、富昱能源科技、建大橡胶、龙灯化学、华道数据等350家参会企业，提供机械/模具类、市场营销类、房地产类、电子类等岗位约13 000个，参会单位数和岗位数较上年同期基本持平，其中民营企业占比最高，达37%，竞相招揽大批技术、研发、营销以及一线操作工岗位人才。此期大会举办的同时，还同步举办了昆山人力资源市场IT分市场——昆山浦东软件园专场招聘会。6家昆山浦东软件园内知名企业参会，体现了昆山浦东软件园作为市场重要平台客户的地位。大会期间，还举办了英语沙龙和职业规划大讲堂活动。

【“创新昆山高校行”走进福建】 11月19～21日，“创新昆山高校行”厦门线招聘活动在福建省厦门市的厦门大学等3所高校先后成功举办。星海企业、华恒焊接、圆达医疗等8家昆山市企业在3场昆山专场招聘会中共计收到简历255份，达成初步就业意向75人。此次活动有三个特点：首次走进了“985工程”高校厦门大学，扩大了“创新昆山高校行”品牌活动的影响力；其次，通过与厦门高校毕业生的直接交流，了解到他们有较强的到长三角地区就业的意向，为将来市场组团赴厦门高校招聘建立了信心；第三，昆山市参会企业与高校建立了联系，为昆山市企业开辟厦门高校毕业生就业市场打好了前站。

【2014苏湘(昆山)校企合作论坛】 12月19日，昆山人力资源市场管委会和湖南省大中专学校学生信息咨询与就业指导中心在昆山市场联合举办2014苏湘(昆山)校企合作论坛，副市长管凤良参加论坛活动并做昆山推介。管凤良代表市政府对湖南省教育厅及湖南省各高校就业处的有关领导表示热烈欢迎，对湖南省教育厅主动牵线，搭建湖南高校与昆山市间的人才供需交流平台表示赞赏。湖南大学和湘潭大学、优诺乳业和华道数据分别作为湖南高校代表和企业代表做了发言。昆山高校就业合作联盟介绍了开展校园招聘、校企合作以及高校联盟的情况。在校企对接中，企业和院校代表分组交流，活动现场气氛热烈，企业和高校纷纷表示收获颇丰。湖南20所高校和昆山市30家用人单位参加了此次论坛。

人力资源市场

【企业招工用人工作恳谈会】 2月21日，昆山人力资源市场、昆山人力资源协会邀请昆山市纬创集团、沪士电子、微盟电子、正新橡胶等25家企业，针对在保持经济平稳较快增长、推进产业结构不断优化的进程中，如何应对昆山市企业持续性、阶段性、突发性用工需求，提高企业职工的稳定性和满意度的课题进行了交流探讨。会上昆山市25家企业代表介绍了各自人力资源管理部门如何适应时代需要，从员工薪资福利、职业规划、生活保障、精神文化等多个方面，实行更完善更人性化的管理方法。分享他们在招工引才、员工管理、用人留人方面的心得体会。市场也在“飞鹰行动”、人才工作、行业状况等方面同与会企业代表作了交流，并现场调查了与会企业的年后招工情况。

【人力资源外包业务发展内训】 3月11日，市场举办人力资源外包业务发展内训，由外包总监许卓平面授，共同探讨如何把握外包业务发展新机遇，实现外包业的创新发展。内训中，许总监从创新形式载体、丰富服务产品及打造行业品牌三方面进行详细阐释。从社会派遣职介业务的三级供应格局到第三代人事事务外包产品的陆续推出，让大家进一步明确了市场整体外包业务的框架，而目前企业人力资源部门逐渐由事务职能部门向企业战略部门转变，人力资源管理职能外包将为外包业务发展指明新的方向。市场发展至今，已经成为昆山地区从事人事事务外包业务最大的单位，在长三角地区具备较强市场竞争力，服务与品牌是企业发展壮大的两大关键所在。市场外包业务将不断打造人力资源外包品牌，强化品牌建设，体现业务开展标志性，不断规范服务细节，提升品牌内涵，实现人力资源外包新发展。

【网上订摊系统上线】 作为昆山市人力资源配置的重要平台，昆山人力资源市场自创办起，每年都要举办近300场各类招聘会，接待3万家次用人单位前来设摊招聘。3月，针对用人单位预订招聘摊位的不便，人力资源市场积极探索信息化管理手段，实行了“公开展位信息、公示业务流程、接受在线咨询”的公开透明办公新模式，推出了招聘会网上订摊系统，这是继市场自主开发全国首个招聘会实时监测系统之后的又一个创新举措。该系统一改传统的人工办理、分散管理模式，用人单位只需网上注册提交审核资料，免费开通VIP会员卡，即可实现网上远程订摊。招聘信息甚至可以提前十天就通过网站，微信等对外发布。企业持VIP会员卡，实现刷卡签到入场，还可提前充值获取积分，享受市场提供的多重优惠服务。为配合推行网上订摊系统，市场新开通招聘会信息二维码，实现数据共享，使求职者可通过网站或二维码扫描抢先预览招聘会信息及各招聘单位的分布情况。

【《人才新天地》开播】 5月8日，昆山人力资源市场与昆山人民广播电台联合策划的《人才新天地》直播节目首次开播。并在此后的每周四上午11：00至11：30定期播出。《人才新天地》节目共分信息公告、人事人才政策、职来职往三大板块，以大中专毕业生、白领求职者为主要收听人群，融合招聘信息宣传、特色服务介绍、就业咨询指导、劳动法规解析等内容，结合市场强大的专业团队，通过与主持人活泼幽默的互动交流，及时有效地帮助在线的广大听众。

【IT分市场启用】 8月8日，昆山人力资源市场软件园IT分市场暨软件园人才开发工作站在园区内正式揭牌启用。昆山人力资源市场IT分市场设立于昆山软件园，集人事人才公共服务、高层次专业人才招聘与培养、政产学研交流平台搭建于一体，通过专人推送政策信息、举办入驻企业专场招聘会、赴重点院校开展毕业生引进和定向委培、提供高端职位猎头服务以及人才培训、人才测评、信息宣传、企业走访等一系列的措施，立足园区产业特色和实际需求，实施全方位的人才开发服务战略合作。

（人力资源市场）

发展计划管理

【概况】 年内,全市完成地区生产总值3 001亿元,比上年增长7.7%;工业总产值8 708.5亿元,下降1.8%;服务业增加值1 284.5亿元,增长11.8%;公共财政预算收入263.7亿元,增长8.3%,税比89.6%;全社会固定资产投资850.1亿元,增长1%;社会消费品零售总额650.1亿元,增长14.1%;进出口总额847.9亿美元,下降4.7%;居民人均可支配收入39 498元,增长9%。

【规划编制】 年内,市发改委正式启动"十三五"规划编制工作,与规划编制单位签订编制协议,分别召开区镇、相关部门座谈会,协调组织实地调研工作,了解区镇经济社会发展、重大载体建设情况。会同有关部门,广泛征集"十三五"规划前期研究重大课题和重点专项规划,确定34项重大课题和28项重点专项规划的编制任务,加快形成昆山市"十三五"发展基本思路。着力完善全市金融产业布局,加快推进市金融产业发展规划、昆山试验区投融资规划编制工作。

【经济研究】 年内,市发改委积极参与重大政策的谋划建议,深化对昆山试验区的功能定位、发展方向、重点领域、体制机制创新等进行再梳理、再细化、再研究,并密切跟踪平潭等特殊功能区发展动态,结合昆山市实际,以企业需求和问题为导向,梳理、储备一批政策建议。并结合全市经济社会发展的重点、难点和热点问题,深入开展调研工作,参与完成全市经济社会重大调研课题2篇,申报市社科联调研课题3项、软科学调研课题2项,为市委、市政府决策提供参考。

【项目审核报批】 年内,市发改委积极推进简政放权,依法合规做好对区镇审批权限的下放工作,将"权限内内资企业投资项目备案"等6个事项审批权限分2批下放至各开发区,确保相关手续在区内办结。持续优化审批流程,建立健全首问、首接负责制,整合项目审批信息管理平台,加强事中事后监管服务。完善信息共享机制,加强与环保、安监、规划、住建等审批关联部门沟通,形成项目编号共享、审批并联、信息互通的工作机制。扎实做好每月重点项目进度汇总和推进状况分析,较好地促进了重大项目开工建设。全年共办理项目立项989个,计划总投资918.1亿元。同时,着力加强项目评审工作,先后召开9次工业项目用地评审会,累计评审151个项目,其中104个项目通过评审,合计减少用地1 894亩;否决47个项目,否决供地计划1 136亩,对促进土地节约集约利用、提升项目质量效益发挥了积极作用。

【向上争取】 年内,市发改委做好上下沟通衔接,积极争取相关政策。昆山试验区部省际联席会议第二次会议于12月4日顺利召开,明确了六方面25条政策措施,特别是人民银行允许昆山试验区内台资企业可以直接向台湾银行机构借贷人民币、国家发改委牵头推动两岸电子商务经济合作实验区建设、食药监总局支持国际健康产业园先行先试等,具有较高含金量。同时,积极争取上级扶持资金,国显光电获新型显示产业关键共性技术联合研发专项资金2 000万元、省级战略性新兴产业发展专项资金3 000万元;飞力达国际物流昆山综合保税区物流园甩挂运输站场项目获资环类中央预算内投资(第一批)1 000万元;花桥污水处理厂一期迁建项目获重点流域水污染治理中央预算内投资1 310万元。全年累计争取现代服务业引导资金、太湖水环境治理专项资金等3.55亿元,惠及企业50多家。

【上市融资】 年内,市发改委积极培育上市后备梯队,切实落实上市扶持政策,营造企业良好的上市氛围,全力做好企业上市挂牌指导协调工作。新增11家企业成功上市挂牌,累计上市挂牌企业22家,募集资金64.98亿元人民币。其中,6家企业在境内A股上市、9家企业挂牌"新三板"、5家企业返台上市上柜、2家企业登陆香港联交所,初步形成了境内境外共同上市、梯度推进的良好格局。成功发行总额15亿元的"14昆高新债"、18亿元的"14昆山交发债",顺利完成"09昆创控债""11昆花桥债"的年度本息兑付工作。完成6家创业投资企业年检工作。

【生产要素供给】 年内,市发改委积极

推进华电昆山东部燃机热电联产项目前期工作，圆满完成迎峰度夏各项保电工作任务，着力抓好电气油热等生产要素有序配置。全年供应汽油34万吨，柴油22.4万吨，天然气6.7亿立方。加快推进电子政务和“12345”政府公共服务平台项目建设，拓展市民卡应用，编制完成《“智慧昆山”战略发展规划》和《“智慧昆山”三年行动计划》，智慧卫生、智慧交通、智慧政务、宏观经济数据库、“智慧昆山”市民公共服务平台等5个重点项目有序推进，入选“宽带中国”示范城市。（林利剑）

财　政

【概况】 年内，全市完成公共财政预算收入263.7亿元，同比增长8.3%，税收占比89.6%，比上年提高2.1个百分点，收入占GDP的比重为8.8%，比上年提高0.5个百分点。收入总量、增量、质量均位居全省县级第一。年内，市财政部门贯彻实施积极财政政策，持续深化财税体制改革，较好地完成了全年各项目标任务，获得了省预算绩效管理工作先进集体、省政府采购监管工作一等奖、市级机关效能考核三等功、市级机关“十佳党组织工作法”等多项荣誉。

【收入征管】 年内，市财政局重点分析省体制调整对昆山市财力的影响，积极应对。建立区镇财政收入预测机制，实现区镇收入预测常态化管理。加强产业、行业、重点企业经济运行情况分析，及时反馈税收变动情况；依托税收征管保障平台和财税库银联网系统，加强税源变化的实时监控和动态分析，累计采集涉税信息20.8万条，保障收入足额入库。推进收费年审及票据年检工作，依法依规开展非税收入征缴，确保非税收入应收尽收。主动加强与国税、地税、人民银行等部门的协作与联系，完善信息沟通、数据交流、情况通报的工作机制。

【节约政策】 年内，市财政局从源头上压缩预算，对市级行政事业单位的公用经费在上年压缩基础上再压缩5%，对经常性项目经费在上年压缩基础上再压缩20%，工作经费再压缩40%。建立规范公务支出的制度体系，制定出台会议费、培训费、差旅费、出国（境）经费等管理办法。严格执行公务接待定点饭店制度，明确公务卡使用范围。定期督查实效。对“三公”经费和会议活动等经费实行月报统计制度，及时监控执行情况，保障压缩实效，全年“三公”经费下降29.7%。

【监管预算执行】 年内，市财政局实行支出进度“双月”通报制度，督促各部门加快项目实施，提高预算执行率。建立结余结转资金定期清理机制，盘活存量资金，印发《关于加强预算执行建立结余结转资金定期清理机制的通知》，7月份、11月份、12月份分三次对各单位的结余结转资金进行清理，全年累计收回公共预算结余结转资金21.5亿元，统筹用于民生支出、急需项目等。全面开展“贯彻执行中央八项规定严肃财经纪律”和“小金库”专项治理工作。全市139个党政机关、580个事业单位、87个社会团体共806个单位进行了自查，在此基础上，对6个系统进行了重点检查。

【企业减负政策】 年内，市财政局编制昆山市行政事业性收费项目、涉企行政事业性收费目录等，明确现行84项行政事业性收费项目。全面落实“营改增”、小微企业免征、减征等结构性减税政策。取消行政事业性收费6项，免征1项，减免收费4 000万元。加大政策公开力度，通过媒体网站等渠道公开上述目录文件，帮助企业了解涉企收费政策。

【支持经济发展】 年内，市财政局整合产业扶持资金，对2001年以来仍在执行的50多项政策、239条条款进行比对、筛选，制定出台“4+1”系列产业扶持政策，全年拨付企业发展专项资金11.8亿元，重点支持科技创新、鼓励做大做强、发展现代服务业、引进培养创新创业人才等方面。

【强农惠农政策】 年内，市财政局继续加大“三农”投入力度，全年安排农口资金9亿元。大力支持农业稳定发展、农民持续增收，全市共有约1.5万户种粮农民通过“一折通”享受到财政粮食直补。整合村庄环境整治资金，推动率先实现规划布点村庄三星级康居乡村标准全覆盖的总目标。

【社会基本保障】 年内，市财政局调整基础性养老金发放标准，提高居民社会养老保险待遇。支持完善基层医疗卫生服务体系，推进8家社区卫生服务中心（站）建设，实现居民基本医疗保险筹资标准和门诊报销比例双提高。

【预算管理改革】 年内，市财政局推进全口径预算编制，研究国有资本经营预算试行意见，首次向市人大提交审查政府性基金预算和社保基金预算。推进预决算信息公开，年内财政局等9个部门的部门预算、“三公经费”预算和市本级政府预决算向社会全面公开。推进财政资金在“阳光下运行”，收费清单目录和财政专项目录予以公开。

【资金绩效管理】 年内，市财政局对65个市级项目实行绩效目标管理，开展农村最低生活保障等10个项目的绩效评价工作，对小农水建设资金项目开展全过程绩效管理。创新绩效评价方式，首次引进第三方社会专业机构参与财政项目资金绩效评价，评价结果更加客观、公正。

【政府采购服务】 年内，市财政局积极推进政府向社会购买服务，制定《昆山市政府向社会购买服务实施办法》，加快形成改善公共服务的合力，有效缓解部分领域公共服务产品短缺、质量和效率不高等问题。推动公共资源交易平台建设,将卫生分中心医疗设备采购项目并入市政府采购中心。

【政府债务管理】 年内,昆山市出台《昆山市政府性债务管理暂行办法》,对举债行为、债务偿还、融资成本、风险控制、监督管理等进行制度化约束。制定考核细则,将区镇的债务考核纳入全市经济社会发展目标考核体系。积极争取土地储备融资规模卡额度50亿元,有效缓解政府压力。开展政府债务清理甄别工作,为政府性债务纳入预算管理奠定基础。

【投资评审转型】 年内,市财政局建设阳光评审系统,实现对项目的全流程动态监管。贯彻《苏州市财政投资评审管理办法》,进一步规范财政投资评审行为。开展阳澄湖中小学项目概(预)算评审试点工作,探索建立财政投资项目成本指标归集及运用机制。

【政策资金争取】 年内,市财政局认真研究上级财政各项扶持政策,争取深化两岸产业合作试验区、国显光电享受分期纳税等财税政策。贯彻昆山试验区第二次部省际联席会议精神,切实抓好政策落地工作。及时跟进花桥现代服务业综合试点项目,配合各部门做好对上资金申报工作,全年向上争取各类资金超过12亿元。 (钱文彧)

国有资产监督管理

【概况】 年内,市国资办优化国有经济布局、深化国资国企改革、做强做优国有企业、促进国有资产保值增值。至年底,全市国有监管企业资产总额1 580.92亿元,比上年增长12.62%,负债总额964.19亿元,比上年增长15.54%,所有者权益616.73亿元,比上年增长8.34%。全年亏损3 846.91万元。

【健全国企架构体系】 年内,市国资办研究制定工研院公司升级为市属国有独资公司方案,并协助公司组织实施。成立旅游度假区发展有限公司。推进经营性国有资产集中监管工作,包括交通局下属企业的二次重组、公安机关所属保安押运企业的脱钩改制及市级行政事业单位经营性房地资产移交国资公司等工作。无偿划转轨道交通公司和土地开发中心所持股票至交发公司、森林会所划转至城投公司,理顺国有企业产权关系。协助维信诺公司改革重组,促进搭建有源矩阵有机发光二极体面板(AMOLED)项目建设平台。

【推进国企服务民生】 年内,创业控股公司充分运用创业股权投资、基金投资、融资担保、再担保、科技小贷、融资租赁等平台资源,为科技型企业发展提供全方位、全程化的专业服务。工业资产经营公司进一步整合、加大投资力度,探索高新企业、区镇联动发展和商业地块项目运作。城投公司稳步推进城市功能性项目建设、保障性住房建设和生态环境建设,建成投用昆山中学新校区等一批功能性项目,前进中路综合广场、西部服务中心和市福利院分院土建主体结构基本完成。交发公司高质量推进工程建设,中环快速化改造、沪宁高速昆山高新区互通、公交场站建设顺利推进。工研院公司促进产业创新发展,通过平台增强服务企业能力,人才高地加速形成,工业机器人、"智慧昆山"、小核酸等项目获得突破。昆山宾馆面对严峻的市场形势和2号楼装修给经营带来的影响,努力稳定经营业务,提高经营业绩,做好服务工作。开发区资产经营公司全年新增融资105亿元,净增融资22亿元,保障区内基础设施建设需求,并加快金融街、汇设计一创意设计平台、创业园大厦等一批功能载体项目建设。高新区资产经营公司加快资产整合,规范经营,优化管理,为高新区承担了资金融通平台和项目建设主体的功能。花桥商务城资产公司全力以赴组织融资,控制风险,保障商务城基础设施建设和推进商务城产业转型升级。旅游度假区公司作为新成立的公司,完善内部建设,明确定位职能,探索对外拓展投资。

【引导企业参与资本市场】 年内,市国资办协助企业完善向银行间交易商协会和国家发改委发行中期票据、短期融资券、企业债券等申报材料,交发公司18亿元和高新区资产经营公司15亿元企业债券成功发行,开发区资产经营公司23亿中票、20亿短融和创业控股公司20亿短融、12亿私募债券成功获批。协助创业控股公司、花桥商务城公司做好债券发行的期后管理。协助荣腾精密科技公司、特斯达电子科技公司、鹿城村镇银行做好新三板上市的前期申报工作。

【完善国企治理结构】 年内,市国资办研究制定《昆山市国有监管企业监事会工作规则》《2014年度国有监管企业监事会工作要点》,提升监事会工作规范化、制度化水平;完善监事会组织架构,调整建立由国资办委派的监事会,由财务总监转任监事会主席,并配备专(兼)职监事。统一组织指导监事会开展银行账户及工资总额两项专项检查活动,推动监事会工作的开展。拟定《昆山市国有独资公司董事会工作规则》并征求意见。

【国资基础管理】 年内,市国资办完成全市国家出资企业产权重新登记工作,实现产权登记信息化。做好国有企业年度统计报表编制和相关的财务分析工作。加强国有资产评估报告的审核和备案,做到对重大国有评估项目事前介入、事中跟踪。加大授权力度,年内新增授权资产18.3亿元,增强公司融资能力。强化收益收缴,全年共收缴国有资产收益2.7亿元。

【业绩考核和薪酬管理】 年内，市国资办印发《昆山市国有监管企业负责人年度经营业绩考核及薪酬管理办法》，将纳入市国资办考核范围的企业划分为经营管理类和功能建设类两种类型实行分类考核。按基本指标、分类指标、管理指标、专项工作等四项内容确定符合企业经营实际的业绩考核指标体系。

【国企监督管理】 年内，市国资办加强重要项目投资前可行性分析，包括其他投资方情况、投资资金来源、投资后成本回收期及预期效益，从源头上规范投资行为。按照国资管理要求规范股权转让操作程序，即先对转让行为进行论证、审批，经批准后由产权持有方委托有资质的中介机构审计评估，以评估价作为挂牌底价，按照“公开、公平、公正”的原则，进入产权市场交易。年内股权转让4户，成交金额8 600万元，投资收益率177%。 （钱文彧）

审　计

【概况】 年内，市审计局围绕审计监督全覆盖，完成审计和审计调查项目101项，提出审计建议255条，查出各类违规和管理不规范金额215 857万元，促进增收节支金额20 213万元，核减工程款14 682.28万元，审计文书被市领导批示18篇(次)。年内，市审计局宣传通联工作荣获全国、省审计系统先进集体，内审指导工作荣获苏州市审计系统表彰单位。

【一条鞭项目审计】 年内，市审计局完成审计署统一实施的一条鞭审计项目3项。分别是：土地出让金和耕地保护项目审计，组成14人审计组赴启东进行为期两个半月的审计，同时配合审计署特派办对昆山市开展的国土出让金、财政存量资金和彩票公益金等全国性审计项目；援疆建设项目审计，2014年是昆山第二批援疆工作组入疆工作的第一年，市审计局派出审计组赴阿图什进行现场跟踪审计，及时向新一批援疆领导汇报前三年援疆任务完成情况，并就2014年援疆项目进行对接；保障性安居工程项目审计，促进相关部门建立“昆山市保障性住房管理系统”，出台申请救助家庭经济状况核对、老城区定销商品房建设销售管理、住房保障政府货币化补贴等方面的规范性制度，对于审计发现多发、错发、重复发放问题，督促职能部门及时予以停发和扣回。

【财政审计】 年内，市审计局关注财政存量资金、关注地税征管质量、关注八项规定政策执行情况，突出预算执行和决算审计。年内，实施了对昆山市2013年度预算执行及其他财政收支情况审计、昆山市地方税务局2013年度税收征管情况审计及财务收支审计，以及周市镇、锦溪镇、千灯镇2013年度财政决算审计。累计查出管理不规范资金78 835.32万元，查处违纪金额46 826.69万元，其中：应入库预算收入44 123.48万元、抽查企业应补入库税费2 703.21万元。

【经济责任审计】 年内，市审计局完成经济责任审计10项，其中，任中审计2项、离任审计8项，查出违纪违规金额624.02万元，管理不规范金额29 194.15万元，提出审计建议38条，促使被审计单位出台和健全管理制度25项。创新经济责任审计工作，首次将自然资源资产负债表纳入领导干部经济责任审计评价体系，从基本农田、重要湿地、生态公益林、湖泊四个方面对领导干部任期内的自然资源状况进行审计。实现与监察审计室良好互动，在对锦溪镇、市水利局等单位实施审计项目时，将区镇和部门监察审计室人员编入审计组，以“跟班审计”方式开展业务指导，同时发挥监察审计人员熟悉本单位业务的优势，更好地把握审计重点，实现双方业务“双促进、共提高”。结合中央八项规定和厉行节约反对浪费等规定，加大对三公经费使用、津补贴规定执行等的审查力度，揭露和查处严重铺张浪费、重大资源毁损及效益低下问题。制定《昆山市党政主要领导干部经济责任审计对象分类管理办法(试行)》，按照干部管理权限纳入经济责任审计范围的对象，按照所在单位性质、职能、经济活动、资金情况等不同特点进行分类，分清重点和一般，进行差别化管理。

【政府公共工程审计】 年内，市审计局完成工程审计项目281项，送审金额227 296.52万元，审定造价212 614.24万元，核减金额14 682.28万元，平均核减率6.46%。工程项目审计中，构建信息化管理平台，与财政评审中心资源共享，启用“昆山市政府投资项目评审信息平台”，将所有结算审计项目纳入平台管理，对项目送审和评审等各个环节进行实时监控，实现对审计人员和审计过程关键节点的“点对点”对接。加大与建设管理部门交流，将强化建设管理部门和项目建设单位管理作为审计重要内容，召开花桥国际商务城工程审计通报会，与花桥规建局及下属管理机构就商务城全程跟踪审计过程中存在的问题、解决的方法和需要完善的环节进行面对面交流，发挥“审、帮、促”作用。深化协审单位廉政建设，召开政府公共工程协审造价咨询机构廉政建设会议，进一步明确协审单位和协审人员在廉政建设中应承担的责任以及责任考核、追究办法，与协审单位负责人签订廉政建设责任状。推进第三方质量监督，与太仓市审计局建立互通平台，对政府投资建设项目造价审计实施第三方监督机制，完成千灯沿沪小学项目A标工程等2个审计项目的抽查复审。“创新举措，不断加大政府投资工程审计制衡力”经验做法被市纪委、监察局授予“纪检监察优秀创新项目”称号。

【民生项目审计】 年内，市审计局重点审计与民生相关的公交运营、动迁安置、社会保障、环境保护、保障房建设等领域民生资金使用和政策执行情况。积极运用信息化手段，在医疗保险基金支出情况专项审计调查中，通过架设局域网、搭建数据分析平台等方法，对上万种药品出入库情况进行详查，提升审计效率。大力推动建章立制，跟踪审计全市10个区镇74条黑臭河道整治情况，审计报告得到市领导批示，整改情况列入效能考核范围，有关部门采纳审计建议出台了《河道管理“河长制”工作实施意见》和《河道长效管理办法（试行）》等指导性文件。深化审计结果公告制度，坚持“审前公开征集项目建议，审后加大结果公开力度”的经验做法。年初通过各种渠道征集2014年度项目建议26条，内容涵盖社会保障、资源环保、经济建设等领域，通过媒体向社会公告城镇保障性安居工程、黑臭河道综合整治、七项社会保险基金等民生审计结果7项，公开政务信息200多条。

【审计整改】 年内，市监察、审计、财政（国资）等部门联合对市审计局2013年度实施的110项审计项目发现问题的整改落实情况开展了专项督查。对市审计局2013年度出具90份审计决定，作出处理（处罚）金额308 690万元。其中：上交财政4 103万元，减少财政拨款28 550万元，归还原渠道资金1 769万元，调账处理金额274 268万元，均已督办执行完毕；对市审计局2013年度提出的111条审计建议，以及提交的审计（调查）报告被市领导批示23篇（次），各被审单位和相关部门按照审计整改联合督查组的要求，及时全面落实领导批示和审计建议，制定和完善管理制度51项，审计建议采纳率达94%以上。

【内审指导】 年内，全市11个区镇和17个部门监察审计室完成内部审计项目379项，出具审计报告335份、提出审计建议746条、出台制度和规定21个、纠正或处理违规金额1 403.76万元，多个监察审计室被评为省、苏州市内审先进集体。举办全市监察审计室专职审计人员南京审计学院学习班，组织内审干部参加省内审协会“固定资产审计与内部审计准则”“绩效审计和企业审计”主题班次，邀请南京审计学院教授为90余名内审人员讲授新修订的《中国内部审计准则》。市审计局制定出台《关于抽调监察审计室人员参与审计工作的管理办法》，明确内审人员每年参与审计项目的数量、类型、纪律等，形成“以实代训”开展内审指导的长效机制。组织内审人员参加省内审协会“内审增加组织价值”课题研究，共选送内审论文16篇，7篇论文获奖。年内，市审计局将昆山市2012～2013年优秀审计理论与实务文章汇编成册，印发150册供全市内审人员学习，编发《昆山内审简报》8期，刊登内审工作信息和动态40余条，被上级采用13篇次。此外，昆山市审计学会首次开展对农商行“内部审计质量外部评估”工作。 （徐开盛）

安全生产监督管理

【概况】 年内，市安监局坚持“安全第一，预防为主，综合治理”方针，牢固树立安全发展观和“红线”意识。同时，深刻吸取“8·2”事故惨痛教训，建立健全“党政同责、一岗双责、齐抓共管”工作机制，全面开展安全生产监管各项工作。全市除“8·2”特别重大事故外，共发生生产安全亡人事故37起，死亡38人。全市安全生产形势十分严峻。

【“8·2”特别重大爆炸事故】 8月2日7时34分，昆山中荣金属制品有限公司抛光二车间1号除尘器发生爆炸。爆炸冲击波沿除尘管道向车间传播，扬起的除尘系统内和车间集聚的铝粉尘发生系列爆炸。当场造成47人死亡、当天经送医院抢救无效死亡28人，185人受伤，事故车间和车间内的生产设备被损毁。

7时35分，昆山市公安消防部门接到报警，立即启动应急预案，第一辆消防车于8分钟内抵达，先后调集7个中队、21辆车辆、111人，组织了25个小组赶现场救援。8时03分，现场明火被扑灭，共救出被困人员130人。交通运输部门调度8辆公交车、3辆卡车运送伤员至昆山各医院救治。环境保护部门立即关闭雨水总排口和工业废水总排口，防止消防废水排入外环境，并开展水体、大气应急监测。安全监管部门迅速检查事故车间内是否使用危险化学品，防范发生次生事故。

事故发生后，党中央、国务院高度

2014年8月2日，江苏昆山中荣金属制品有限公司发生特别重大铝粉尘爆炸事故，事发当晚众多市民祈福。

重视，习近平总书记、李克强总理立即作出重要批示，要求全力救治伤员，做好遇难者亲属安抚工作，查明事故原因，追究责任人责任，吸取血的教训，强化安全生产责任制，保障人民群众生命财产安全。张高丽、刘延东、马凯副总理，杨晶、郭声琨、王勇国务委员也都作出重要批示。受习近平总书记、李克强总理委派，8月2日下午王勇国务委员带领国务院相关部门负责同志赶赴现场，组织指挥抢险救援，全力开展对受伤人员的救治，调动全国数十名专家支持医疗救助工作，到11家医院慰问受伤人员，对做好善后处理和事故调查工作提出了明确要求。

江苏省及苏州市人民政府接到报告后，立即启动了应急预案，省委书记罗志军、省长李学勇，省委副书记、苏州市委书记石泰峰等同志迅速带领省、市有关领导及有关部门负责同志赶赴事故现场，及时成立现场指挥部，组织开展应急救援和伤员救治工作。苏州军分区、昆山人武部和解放军一〇〇医院等先后出动120余人投入事故救援和伤员救治工作。地方党委政府及有关部门千方百计做好医疗救治、事故伤亡人员家属接待及安抚、遇难者身份确认和赔偿等工作，按照医疗救治、善后安抚两个“一对一”的要求，对遇难者家属、受伤人员及其家属分步骤进行了心理疏导，全力开展善后工作，保持了社会稳定。

事故发生后30日报告期，共有97人死亡、163人受伤（至12月30日，经全力抢救医治无效陆续死亡49人，尚有95名伤员在医院治疗，病情基本稳定），直接经济损失3.51亿元。

【监管建设】 年内，市安委办根据市委《关于严格落实安全生产“党政同责、一岗双责”的通知》《关于进一步增强安全生产意识落实安全生产责任的通知》《关于进一步落实安全生产责任的意见》等文件要求，推动各区镇、各有关部门构筑安全生产“党政同责、一岗双责、齐抓共管”监管责任体系。同时，由市安委会牵头推动，从市长到部门、区镇主要负责人，再到街道、行政村、社区以及企事业单位，层层签订安全生产责任书5 660多份，实现了安全责任层层传导，达到了安全责任层层落实的工作要求。市安委会成员单位由原来的42个扩充到目前的53个。

【打非治违】 8月开始，市安监局根据国务院、省、苏州市安委会部署，严格按照“全覆盖、零容忍、严执法、重实效”的总体要求，全面落实停产整顿、关闭取缔、上限处罚、严厉追责“四个一律”（对非法生产经营建设和经停产整顿仍未达到要求的，一律关闭取缔；对非法违法生产经营建设的有关单位和责任人，一律按规定上限予以经济处罚；对存在违法生产经营建设行为的单位，一律责令停产整顿，并严格落实监管措施；对触犯法律的有关单位和人员，一律依法严格追究法律责任。）的执法措施，扎实部署开展“六打六治”打非治违专项行动，集中打击、整治非法违法、违规违章行为，全面规范安全生产法治秩序。市四套班子领导率市各有关部门人员，组成11个督查组，对3区8镇“六打六治”打非治违专项行动等工作情况进行定期督查。10月下旬，组织了“回头看”行动。各督查组采取“四不两直”的方式，累计抽查企业单位场所296家，对发现的问题和隐患，当场勒令整改，并列出问题清单，及时向所在区镇政府（管委会）进行反馈，督促区镇政府（管委会）明确跟踪督办责任部门和责任人，整改情况及时向督查组和市安委办反馈。至年底，全市累计检查企业单位17 023家次，市镇两级组织联合执法检查717次，查处隐患18 388处，责令三停132家，关闭取缔33家，打击查处各类非法违法行为3 377起，对1 609家企业单位的违章建筑进行了拆除。

【挂牌隐患】 年内，市安委办建立市级安全生产隐患排查治理信息系统管理终端1个，推动各行业主管部门、专项监管部门、各区镇管理建立终端36个，村居用户终端268个，企业用户终端6 594家，企业单位累计自查自改自报隐患12 159条，已整改12 022条。同时，市安委办组织对年度57处“三级政府”挂牌督办重大隐患进行了2次督查，全市57处“三级政府”挂牌督办整改重大隐患已全部完成。

【专项整治】 “8·2”事故发生后，市安监局在市委、市政府关于伤员救治、家属安抚、安全生产、社会稳定等总体工作任务部署下，全面开展安全生产隐患大排查、大整治行动，切实消除各种安全隐患，全力以赴保障人民群众生命财产安全。“8·2”事故当天，责令54家同类企业全部停产停业整顿，并连续组织日查、夜查，确保停产到位。8月5日后，市安监局连续转发国务院、省、苏州市《关于立即开展铝镁制品机加工企业安全专项检查的紧急通知》《关于铝镁制品机加工企业专项检查的补充通知》《关于做好对全市铝镁制品机加工产生金属粉尘企业整改情况验收的通知》等通知，层转国家安监总局《严防粉尘爆炸五项规定》及释义，督促全市各有关部门、区镇、企业负责人及时组织学习贯彻。经排查，全市共核实上报铝镁制品机加工企业79家，其他粉尘企业192家，通过“8·2”事故现场教育、观看《粉尘防爆安全知识及预防措施》视频和联合检查验收等形式，落实事故警示教育，普及粉尘爆炸常识，督促企业自查整改。至年底，全市79家铝镁制品机加工企业中，已关闭车间、取消工艺或拆除相关设备的企业共53家，整改后需申请复工验收的8家。

市安监局开展危险化学品安全专项整治和监管攻坚战。严格执行化工行业发展规划政策，加快推进化工企业“进区入园”。关闭化工生产企业2家，搬迁进化工园区企业2家，搬迁进工业区1家。向企业发放7 000本隐患排查台账和2 000本危险作业审批票证，企业上报自查隐患4 825条，整改4 584条，投入整改资金388.4万元。检查危险化学品企业835家次，查处隐患2 104条，出具责令停产停业指令书67份，查处危险化学品违法行为22起。146家企业上报了设计诊断报告或专篇，85家企业完成设计诊断整改工作。

市安监局推进109家存在重点监管危险化学品生产储存装置的企业实

施自动化改造，完成自动化改造 78 家。全市 257 家重点危化品企业中，244 家开展了互查互评，另外 13 家处于长期停产状态。抽查 80 家危化品标准化达标企业。建立安全标准化二级达标企业 3 家。开展危险化学品“六打六治”打非治违专项行动，纠正 3 张危险化学品安全生产许可证、292 张危险化学品经营许可证、88 份非药品类易制毒化学品经营备案超期行为，责令 4 家单位停产停业整顿，行政处罚 8 起，罚款 62.1 万元。

市安监局加强作业场所职业卫生监管。开展职业卫生“三同时”（建设项目职业病防护设施必须与主体工程同时设计、同时施工、同时投入生产和使用）项目审查 52 个，检查 1 065 家职业危害重点监管企业，整改隐患 6 774 条。开展职业卫生基础年建设活动，向企业发放《职业卫生基础建设基本要求及自查情况表》，开展 10 个大项、25 个子项目的隐患自查自纠活动。开展职业卫生监督执法年活动，检查用人单位 2 296 家，下达执法文书 872 份，发现问题或隐患 7 334 项，责令当场改正 5 799 项，责令限期改正 582 项。2 004 家企业登录市职业卫生管理信息系统，向系统申请职业病危害因素检测企业 219 家，检测点 1 720 个；向系统申请职业健康体检企业 358 家，体检 11 497 人。举办职业卫生培训班 13 期，培训 2 534 名企业负责人和职业卫生管理人员。治理了 5 家水泥生产企业和 5 家石材加工企业。

【应急救援】 5 月，市安监局根据《昆山市突发公共事件总体应急预案》和《昆山市生产安全事故应急预案》要求，结合《昆山市安全生产专家组管理办法》，成立了昆山市生产安全事故应急处置专家咨询委员会，明确了专家咨询委员会的主要职责，加强生产安全事故应急处置的科学性、专业性和有效性，提升全市生产安全事故应急处置能力。落实安全生产领导带班和 24 小时专人在岗值班制度以及重要时期、节日期间安全生产情况“零报告”制度。督促和指导高风险企业建立事故风险评估与控制机制，制定和完善事故应急预案，建立初期事故自救抢险队伍，加强事故应急救援演练，并纳入当地政府事故应急救援体系，确保事故后第一时间赶赴现场，组织事故救援和调查处置。

【宣传教育】 年内，市安监局通过“安全生产月”“《职业病防治法》宣传周”等活动，在全市先后组织了广场咨询、安全警示教育电影巡演、安全宣传展板巡展和安全宣传六进等活动，广泛宣传安全生产法律法规、方针政策和安全知识。全市各区镇申报创建安全社区 12 个，安全文化建设示范企业 20 家，并通过验收考评。年内，培训企业负责人、安全管理人员、特种作业人员 18 000 多人次。第 8 年组织开展“送法进企业活动”，培训人数 7 万多人次。

11 月下旬，市安监局组织召开新《安全生产法》媒体宣传协调会，12 月 1 日起，全市各大媒体集中宣传新《安全生产法》，《昆山日报》整版宣传新安法，并开设专栏，分 10 期解读重点条款；昆山电视台、昆山广播电台及时跟踪报道，昆山人民广播电台每周对新安法重点条款解读；乐居昆山网站每周播发新安法重点条款解读。同时，发放新《安全生产法》读本 30 000 册，发放《致企业安全生产公开信》做到企业“全覆盖”，成立新《安全生产法》宣讲小组，开展新安法辅导讲座 55 场次，宣传媒体每周解读新安法重点条款，各社区、企业单位电子屏每天滚动播放新安法宣传标语，常态化宣传贯彻新《安全生产法》。

（马奕超）

6 月 15 日，2014 年昆山市安全生产月现场咨询日活动在昆山乐购广场举行。

统 计 管 理

【综合监测】 年内，市统计局围绕指标监测，着力推进转型升级、城乡一体化指标体系修订更新，更加全面、客观、准确反映现实状况。制定实施《昆山市基本单位名录库建设维护方案》，建立全市规范统一、准确完整、不重不漏的动态维护更新机制，实现全市分级管理、适时更新和信息共享。

【统计调查】 第三次全国经济普查工作取得圆满成果　年内，市统计局多次召开主任会议落实登记任务，借助部门力量开展集中登记，建立多项制度稳抓登记质量，共完成登记 53 622 家法人单位，3 677 家产业活动单位，110 365 家个体经营户。部署、开展普查区数据质量抽查，加强数据审核，完成上级各项审核查询要求，保障普查数据质量。利用一报两台、户外广告和官方微博等多种媒介，面向领导、调查对象和社会公众进行全面经普宣传。刊发《经普简报》34期。做好专题分析撰写、课题研究、数据资料汇编、普查公报等各项经普资料开发工作，为各级党委和政府及社会各界提供优质决策参考和信息咨询服务。昆山市“三经普”工作得到上级部门充分肯定，市经普办被评为“三经普”国家级先进集体，39人荣获省级先进个人、38人荣获苏州市级先进个人、75人荣获昆山市级先进个人。

实施城乡一体化住户调查　年内，市统计局圆满完成20个社区（村）200户住户的一体化住户常规调查和样本轮换工作，完成周市镇市北村的“千村调查”、农民工就医及技能培训状况等专题调研。

开展统计调查工作　年内，昆山统计调查系统认真贯彻落实市委市政府和上级统计部门工作要求和统一部署，扎实做好统计年定报和各项统计调查工作。高效完成第三次全国经济普查5 885户个体经营户的抽样调查；同时认真完成农产量调查、规模以下工业和规模以下服务业的抽样调查以及工业生产者价格、采购经理、限下贸易抽样等其他各项国家调查任务。调查队荣获“2014年全省住户调查基础工作示范点”荣誉称号，并在全省调查系统年度考核中多专业获得“优秀”等次荣誉。

【统计基础建设】　年内，市统计局进一步夯实基础，强化保障，努力提高数据质量。

统计基层基础规范化建设　年内，市统计局在发改委等14个部门中进一步开展统计基础规范化建设工作，并将此项工作列入年内局重点工作，通过有效地督促指导，14个部门全部达标，其中经信委、粮食局成功创建省级部门统计规范化建设示范单位。启动并顺利通过新一轮ISO9001质量管理体系认证，将统计内部规范化建设引向深入。市统计局连续三年被评为省级示范单位，花桥经济开发区统计站被评为2014年度省级示范单位。同时加大“数海求真，优质高效”服务品牌建设力度，积极争创五星级，开展第三批统计服务品牌向区镇延伸工作，实现品牌区镇全覆盖。

统计信息化建设　年内，市统计局开发建设汇集全市近50个政府部门数据资源的宏观经济数据库，打造满足各部门以及社会公众信息需求的综合化平台。该项目被昆山市政府列入2014年全市重点实事工程，成为“智慧昆山”建设重要组成之一。它通过2个数据库、5个平台、8个应用系统，推进昆山经济社会发展主要数据指标的科学化管理与便捷化服务。

建章立制　年内，市统计局建立完善“昆山市统计局领导干部挂钩联系区镇工作制度”“昆山市统计局ISO9001质量管理体系”“昆山市基层统计人员调整备案制度”“公务员基本能力提升主题培训活动实施方案”等多项建章立制重点工作，努力以制度机制的完善推动作风效能的提升。

【统计服务】　加大分析力度　年内，市统计局定期召开经济运行分析会，及时解析经济社会发展的特点、规律及存在的薄弱环节，并提出有针对性的意见和建议。全年共编撰统计分析50期、统计快讯150余则、统计内参12期，大量分析、信息被上级统计部门网站以及市委、市政府刊物录用，《昆山中型企业发展前景分析》《从文教、工美、体育和娱乐用品制造业看传统民生用品制造产业转型升级之路》等20余篇统计分析资料获得了市委、市政府主要领导的批示肯定，《昆山对外贸易结构转型分析》获苏州市第十二次哲学社会科学优秀成果三等奖。编辑出版2011～2013年《昆山统计分析报告选编》。

探索制度优化　年内，市统计局拟定出台《昆山市基层统计人员调整报备制度》，全面及时掌握全市统计人员信息；根据中央八项规定等要求，修订完善行政管理制度；结合当前工作情况，完善修订《昆山市统计调查系统应急工作方案（试行）》；开发新一套视频会议系统，拓展信息化技术应用程度和水平，进一步降本增效。

完善统计载体　年内，市统计局通过《统计年鉴》《统计月讯》《统计公报》《今日昆山》《统计内参》等各类载体，为社会各界提供优质数据信息服务。为适应昆山外向型经济发展需要，改版发行中英文双语版《统计年鉴》。同时推行《统计年鉴》《统计月报》电子版并上传至门户网站。编辑印发2期《昆山记账户之友》，收到了为住户调查“助沟通、助理解、助提高、助留存”的良好效果。积极借助微博平台，发布原创微博304条，转载424条，实现统计与社会公众的实时沟通。

（顾向民　朱良红　徐　磊）

物价管理

【概况】　年内，昆山市居民消费价格指数（CPI）为101.9，低于苏州市区0.2个百分点、江苏省0.3个百分点，低于全年价格调控预期目标1.6个百分点。从具体分类来看，构成CPI的八大类商品及服务价格同比6升2降，其中涨幅居首的是居住类，上涨3.13%，其次为衣着类上涨2.71%，医疗保健和个人用品类上涨2.58%，食品类上涨2.38%，家庭设备用品类上涨1.80%，娱乐教育文化用品及服务类上涨0.75%；下跌的是交通和通讯类，下跌0.70%，烟酒类下跌0.35%。从具体调控品种来看，与群众生活密切相关的粮油、猪肉、蔬菜、食糖、鸡蛋、药品、医疗服务、中小学教育、幼儿园保育、公房租赁、市内公交及民用电、管道天然气、自来水等15种主要商品和服务价格均控制在年度价格调控水平（升幅）以内。公安、民政、人社、农委、交通、住建、商务、卫生、教育、工商等涉及行政事业性收费的部门均执行国家和省收费政策规定，顺利实现年度价格调控预期目标。年内，市物价局荣

1~12月份昆山市居民消费价格指数走势情况

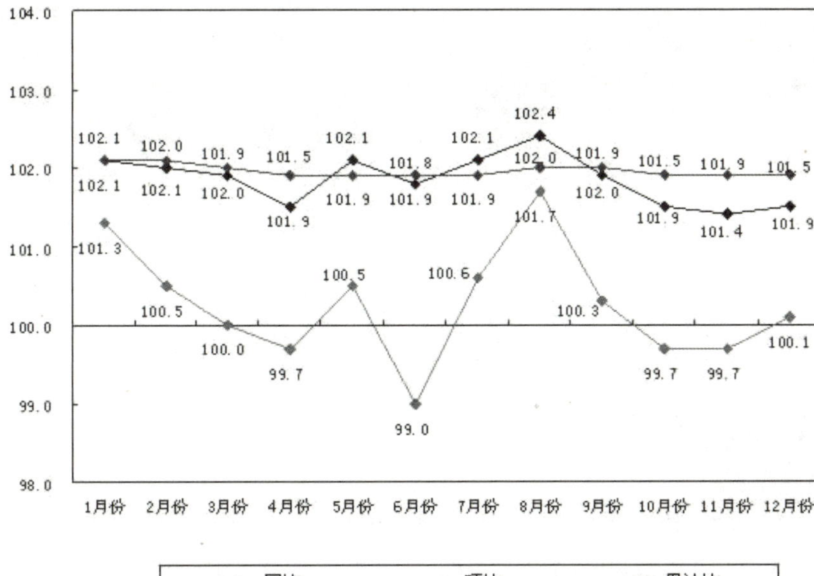

获全省价格工作先进单位，昆山市服务型机关、关爱型机关及四星级服务品牌单位等荣誉。

【价格调控】 年内，市物价局制定《昆山市2014年价格调控目标责任制实施意见》，组织全市18个相关部门签订价格调控目标责任书。调整昆山市价格调控领导小组，建立价格调控责任单位工作例会制、联络员制和督促考核制。依托100多家价格监测点，利用价格监测信息申报及分析系统软件，抓好重要农副产品、日常消费品和服务价格、生产资料等群众生活必需品价格监测，编制居民消费价格指数12期、编发《昆山价格监测》简报12期。落实社会救助和保障标准与物价上涨挂钩联动机制，发放价格补贴资金1 898.8万元。利用网络、报刊、电视和广播等载体，及时公布市场价格形势及动态，正面回应价格热点与难题，突出宣传党和政府采取的价格惠民措施及成效，稳定市场价格预期，促进消费者理性消费。

【价格管理】 3月1日起，昆山市实施居民生活用水阶梯式价格政策。市物价局在成本监审基础上，根据国家和省的有关规定拟订方案，按规定程序召开调整居民生活用天然气价格并实行阶梯式气价听证会，广泛听取意见和建议。12月1日起，居民用天然气销售基准价格上调0.25元/立方米，即从2.2元/立方米调整至2.45元/立方米，调幅11.4%。并对居民天然气用户按年用气量分三档实行阶梯式气价。调价后由各天然气公司对上述家庭每户每月补贴5立方米天然气。建立民用天然气上下游气价联动机制。根据《昆山市煤热联动暂行办法》自5月26日用气量起蒸汽销售价格由194.8元/吨下调至188元/吨。6月1日起调整了车用压缩天然气的销售价格。8月中旬国家下发通知调整非居民存量气价格，按照国家和省有关要求，将非居民用天然气销售价格由每立方米3.44元调整为3.76元。车用柴油10月1日零时起升级。根据国家部署年内先后18次调整成品油销售价格，其中14次降低4次提高。

年内，市物价局开展了周庄游船、6家天然气公司、国际学校住宿费和自来水供水成本监审；对第一人民医院的蒸汽成本进行了调查；对农户存粮情况和购买农资进行了专项调查；对小麦、水稻成本收益进行预测调查分析和汇总工作。1月1日起，分批启动全市14家公立医院医药价格综合改革，遵循“总量控制、结构调整、总体上不增加患者负担”原则，破除“以药补医”机制，着力缓解医疗服务价格结构性矛盾。贯彻《省物价局关于试行医疗服务价格动态管理的通知》要求，会同市卫生局建立常态化的考核指标监测制度，密切跟踪、关注每月动态监测数据变动情况，逐步理顺医疗服务价格比价关系。贯彻《省物价局关于加强公立医院医药价格综合改革评估工作的通知》要求，开展4家县级公立医院医药价格综合改革阶段性评估，及时掌握改革前后公立医院运行、补偿和工作情况。评估结果显示，通过提高医疗服务价格和财政拨付，药品差价补偿率达到89.87%，与医改方案中确定的90%基本持平，4家医院药占比同比上年下降6.43%，改革成效明显。修订完善《昆山市物业服务收费管理实施细则》，并经市政府常务会议讨论通过，于2015年1月1日起实施。

9月10日，调整居民生活用天然气销售价格并实行阶梯式气价听证会召开。

【收费管理】 年内,市物价局完成2013年度行政事业性收费年审工作。全市33个部门(系统)360个收费执收单位2013年收费总额为287 276.81万元,比上年256 059.6万元增长12.19%,涉企收费总额逐年下降,2013年比2012年占比下降3.13%。会同市财政局重新修订公布《昆山市行政事业性收费项目目录》,共涉及全市21个部门84项收费;在此基础上对现行涉企行政事业性收费进行全面梳理,先后制定公布了《昆山市涉企行政事业性收费项目目录》《昆山市行政事业性收费取消、免征、降低标准项目对照目录》和《昆山市涉企行政事业性收费政策汇编》,对全市14个部门53项涉企行政事业性收费实行目录清单管理。对全市33个部门360家收费执收单位建立收费诚信档案,重点将执收单位是否存在超越权限擅自设立收费项目、扩大收费范围或提高收费标准、搭车收费、强制收费、不按行政事业性收费"最低标准"规定执行等违规收费情况纳入诚信档案内容,由主管部门对本部门及其下属单位收费行为规范性负责。制定下发《昆山市涉企交费监测点及监测员管理办法》,向30家重点监测企业财务人员发放聘书;组建昆山市涉企交费监测员QQ群,设立企业负担情况调查信息平台,加强与监测企业沟通交流,每周至少发布1条以上收费政策信息,在线解读政策,解答相关咨询。落实市政府《关于开展减轻企业负担促进企业降本增效专项整治行动的通知》要求,联合相关部门开展专项治理行动。通过对照涉企收费目录清单,取消不合法涉企收费项目,降低过高收费标准,规范行业协会、市场中介组织涉企服务和收费行为,落实各项惠企政策措施,建立减轻企业负担工作长效机制,为企业健康发展营造良好外部环境。全年共取消涉企行政事业性收费项目6项、免征1项,年减轻企业负担约4 000万元。结合省物价局行政权力梳理"三统一"要求,梳理出61项行政权力并及时对外公布。进一步简化服务流程,物业服务收费由原发文形式简化为表格形式,由6个工作日办结缩短为即办件,社会力量培训由原审批性备案变为告知性备案,取消民办幼儿园价格认证程序并不再颁发《收费许可证》。通过行政权力库在用项目梳理和行政服务流程简化,行政效率提升38.46%。

9月5日,市物价局在全市范围组织开展节日市场价格检查。

【价格监督检查】 年内,市物价局以规范价费秩序、减轻企业和群众负担为重点,组织开展商业银行服务价格、汽车销售和维修行业明码标价、涉车收费、涉企收费、酒店宾馆明码标价等专项检查。全年查处各类价格违法案件7件,实施经济制裁89.10万元,其中退还缴费者1.15万元,没收违法所得16.93万元,罚款71.02万元。创新制定出台填写式价格行政执法警示函,前移监管关口,规范价格执法行为,提升行政执法效能。结合"市场价格行为规范年"活动开展,重点围绕与群众生活密切相关的主副食品价格、常用药品价格、成品油价格、客运票价、停车场收费、旅游市场价格等开展市场巡查。结合元旦、春节等重要节假日和第三届中国(昆山)品牌产品进口交易会、中高考等重大活动,开展针对性市场检查。全年共出动检查人员5 000余人次。深入开展明码标价诚信经营示范单位、示范街创建工作,定期回访指导督查,不断巩固创建成果。组织开展省价格诚信单位专项抽查工作,抽查面达60%。根据《江苏省物价局2014年价格信用体系建设工作要点和目标任务》要求,着手价格信用平台建设,通过采集、建档、管理、使用等系列工作,逐步建立经营者价格信用信息数据库。

【价格认证】 年内,价格认证中心共受理价格鉴证1 397件,其中标的额131 722 430元,刑事案件1 189件,标的额23 541 684元;民事价格鉴证援助8件,标的金额1 649 556元;行政案件232件,标的额2 929 330元,其中车损案件26件,涉及金额269 350元;完成涉税调解20件,金额23 855 000元;完成涉税认定9件,金额80 158 000元;海关废弃物价格认定8件;其他价格认证14件,涉及金额12 313 771元。畅通捐赠物资价格认证绿色通道,依法、规范、高效、无偿地对企事业单位、社会团体和公民向各类慈善公益组织的无偿捐赠,用于抗震救灾、救助困难群众或兴办福利事业的各类物资进行价格水平合理性认证,完成捐赠物资价格认定3件,标的额206 000元。完善价格争议调解工作室建设和管理,制定出台《昆山市价格争议调解工作室管理办法》和《创建昆山市规范化价格争议调解工作室考核细则》,健全价格争议调解与人民调解、行政调解、司法调解对接工作机制,推动社会管理创新,全年成功调解价格争议案件25起。

【价格惠民】 年内,市物价局细化考核办法,强化日常监督检查,引入第三方评估机制,开展门店运营绩效评估,推动平价商店管理质效提升和门店长远发展。年内,全市21家农产品平价直销店(区)供应粮油蛋类商品和各类平价蔬菜359万多千克,让利金额792万元。完善民生商品价格信息采集网络,定期公布城乡农贸市场主要农副产品零售价格和重点批发市场批发价格;开展零售药店常用药品价格对比,增加节日性、季节性和群众日常用品价格的采集发布,服务群众日常生活需求。全年发布民生商品价格信息120期,编发《昆山价格信息》33期。严格实施普通商品房价格管理备案制、公示制、"一价清"制,全年共受理普通商品房价格备案81批次,面积379万平方米;加强政策性保障住房价格管理;强化教育收费管理,调整4家民办幼儿园保育教育费标准和1家公立学校住宿费标准,对学前儿童看护点开展现场评审,制定全市校车收费标准;加强交通运价管理,做好客运票价监管,取消客运出租汽车非高峰时段"5分钟等候时间免收等候费"规定,切实维护群众价格权益。巩固价格举报中心、社会价格监督服务站、社会价格监督服务点(台)"三位一体"的维权平台;实现"12358"价格举报热线资源与昆山市政府"12345"公共平台无缝对接,形成新的价格维权通道;完善电话、来访、信件、电子邮件等价格举报受理网络;畅通价格鉴证公益服务绿色通道,保障弱势群体无成本价格维权。全年共受理价格咨询举报961件,回复率、办结率达100%;受理人大代表建议和政协委员提案6件,见面率、办结率、解决率和满意率均达100%。

表53　2014年昆山市农产品平价直销网点一览表

序号	平价商店(直销店、区)名称	详细地址
1	大润发朝阳店直销区	朝阳中路518号
2	家乐福直销区	中山路138号
3	欧尚直销区	白马泾路46号
4	乐购直销区	柏庐南路999号
5	卜蜂莲花直销区	长江北路128号
6	大润发千灯店直销区	千灯镇尚书路与机场路交叉口
7	华润万家直销区	前进西路501号
8	玉叶中华园常发直销店	中华园西路常发香城名园1552号
9	玉叶中华园直销店	开发区宝岭路8号
10	玉叶寰庆路直销店	寰庆路1273号
11	玉叶合兴直销店	合兴路723号
12	都市朝阳直销店	南城河岸19号
13	都市亭林直销店	震川西路500号
14	都市珠江直销店	合兴路343号
15	都市城北直销店	花园路1346号
16	都市同丰直销店	同丰西路100–160号
17	益群枫景苑直销店	枫景苑路46–48号
18	益群同心直销店	紫竹路186号
19	益群康城直销店	萧林路129号
20	益群长江直销店	爱华路9号
21	益群虹桥直销店	马鞍山路231号

(陈志明)

海　关

【概况】 年内,昆山海关共计审核报关单151.1万份,占整个南京关区报关单量的四分之一;实际监管货运量91.4万吨,实际监管货值602.9亿美元;税收入库54.8亿元,减免税1.01亿元;废料交易平台全年成交金额8.2亿元,占南京关区38.1%;新增海关注册企业1 430家。年内,昆山海关向昆山市委、市政府报送《昆山海关工作专报》10篇,获得市委、市政府领导批示7次;撰写的进出口监测预警信息被海关总署《海关要情》录用20篇，被中央领导批示2篇，为国家宏观调控提供了决策依据。

【综合监管】 年内，昆山海关制定操作细则，规范单耗申报，规范彻、抽查，提高掏箱比例，优化综保区“分批送货、集中报关”操作流程，强化二线货物监管。加强归类、原产地管理等基础工作，原产地证书审核、贸易管制执行正确率均为100%。提升加工贸易监管质量，专项调研辖区进出口量较大的液晶面板等商品工艺流程；新增加工贸易联网监管企业13家，新设保税监管仓库2家；以“保税工厂”方式开展维修业务货值1 187万美元。主动衔接地方政府，积极推动查验车场硬件建设和信息化系统建设，论证完善监管方案。引导企业诚信守法，新增高级认证企业与一般认证企业43家，推进差别化稽查作业模式，专项稽查查发率达77.7%，45家自律管理试点企业完成自查报告。重点开展打击骗取出口退税等走私违法行为，全年办理刑事案件2起，协查案件5起，行政案件立案541起，同比增长35.9%，罚没入库235万元。通过“绿风”专项行动查发涉嫌违规线索1条，案值600万元。

【助推经济转型升级】 促进区域经济转型 年内，昆山海关支持深化两岸产业合作试验区建设，为跨境电子商务、冷链物流等合作项目提供监管配套，协调推动试验区内企业开展保税展示交易，完善海峡两岸（昆山）商贸示范区贸易功能得到南京海关支持。依托沪宁海关合作机制简化进口转关手续，完成第三届品牌产品进口交易会监管保障任务，促进进口平台建设，优化进口商品结构。

促进通关便利 年内，昆山海关启动长江经济带区域通关一体化改革，在关区率先取得实效。无纸化通关单率突破92%，列关区前列。在关区首批开展集中汇总纳税试点，涉及税款483.5万元，无纸化税单率突破90%。启动无纸化报核试点，取消纸质随附单证的反复递交，减少企业报送纸质单证近120万份。

7月1日，昆山海关在昆山市委纪念中国共产党成立93周年暨昆山市“机关服务品牌”创建10周年大会上作交流发言。

特殊监管区域改革 年内，昆山海关成功复制“批次进出、集中申报”“智能化卡口验放”“集中汇总纳税”等7项中国（上海）自由贸易试验区海关监管创新制度，荣获2014年度昆山市机关效能建设创新奖。率先开展特殊区域间货物流转，货值11.4亿美元，经验做法2次在全国海关培训班上作情况介绍。内销产品返区维修业务在全国海关同批单位中率先实现常态化运作。物流信息化系统全面应用，卡口自动放行比例超过90%。关区版特殊监管区域信息化管理系统切换首家实现全覆盖。

【“金钥匙”服务品牌】 年内，昆山海关落实干部与区镇联系“三个一”制度：一是主动联系区镇听取意见建议、宣传最新政策法规，每月至少一次；二是开展实地走访送法上门、解决企业难题，每季度至少一访；三是统筹安排区镇企业政策集中调研宣讲，每年至少一轮。年内，做好海关简政放权措施的政策宣讲和下放审批事项的承接，举办“简政放权、改革创新”主题巡讲，全市11个区镇12个专场共计500余家参加，全年受众超过4 200人。举办报关员知识更新培训，4个专场受众超过1 000人。开展“假如我是服务对象”大讨论，争创五星级“金钥匙”服务品牌，挂牌设立昆山市行政服务海关分中心；与昆山市机关工委等部门和研华科技等非公企业开展党务深度共建，党建经验在昆山市级机关党建品牌十周年大会上代表执法单位作交流发言。优化重点企业联络机制，政策提醒短信每周一发，实施重大政策项目“点对点”精确提醒；连续15年获评昆山市“企业诚信服务优良单位”。 （海　关）

检验检疫

【概况】 年内,昆山检验检疫局共受理出入境货物申报12.3万批、49.7亿美元,其中,出口13.9亿美元,进口35.8亿美元。检疫进境集装箱4.2万标箱,开展出入境人员传染病监测体检2 851人次,签发各类产地证5.4万份,为企业减免关税5 490万元人民币,其中ECFA早期收获原产地证书签证量和签证金额居全省第一。1月和4月,昆山检验检疫局分别从新加坡木质包装和韩国木质包装中检出截翅材小蠹和栎木芳小蠹,均为全国口岸首次截获。3月12日,局"检易通"服务品牌被表彰为昆山市四星级服务品牌。7月10日,局档案室顺利通过省档案五星级复查评审,实现了档案工作的规范化、制度化、科学化。年内,昆山检验检疫局蝉联省文明单位、苏州市文明行业称号。

【李学勇视察海峡两岸(昆山)产业合作试验区】 1月7日,省委副书记、省长李学勇调研海峡两岸(昆山)产业合作试验区。李学勇对昆山局在服务试验区建设中创新"风险可控、同等优先、适当放宽、高效监管"检验检疫监管模式、促进贸易便利化的举措充分肯定。并希望昆山局继续突显自身职能优势,利用新的合作平台,推进产业融合,实现互利共赢。

1月7日,省委副书记、省长李学勇(右二)在昆山听取创新监管模式、服务两岸合作试验区建设汇报。

【成立全国首个出口工业品质量技术促进委员会】 10月11日,全国出口自行车质量技术促进委员会成立大会在昆山召开,来自上海、南京、天津、厦门等地的60多家委员单位和业内企业代表参加了成立大会。这是检验检疫部门为转变政府职能,加强宏观质量管理,促进外贸出口成立的首个国家级出口工业产品质量技术促进委员会。

【自行车检测中心通过法国迪卡侬集团实验室比对】 12月9日,法国迪卡侬集团自行车产品专家克里斯多夫一行到昆山局自行车检测中心进行集团自行车检测实验室间检测能力比对。克里斯多夫作为自行车最新国际标准ISO4210-2014制定参与者之一,对于检测中心的检测设备和检测能力给予了充分的肯定,并当场反馈比对试验的结果在迪卡侬集团确定的自行车实验室中居于前列。年内,检测中心已经成为国内最快可以开展ISO4210-2014标准全项目检测的检测机构之一。

【服务亚洲自行车精品博览会】 10月10~12日,中国自行车文化节暨2014亚洲自行车精品博览会在昆山召开。自行车检测中心作为协办单位,不仅参与展会的组织协调工作,还协调全国自行车标准化中心共同举办ISO4210国际标准的解析专题讲座,为此届展会的论坛主题的内涵增加了技术含量。中国自行车行业协会理事长马中超高度评价昆山积极打造出口自行车质量安全示范区,推进自行车产业转型升级所作出的贡献。 (林越周)

国　税

【概况】 年内,市国税局坚持依法治税、兑现优惠、优化分析,不断增强服务发展大局能力,努力塑造法治、服务、责任、和谐、效能、廉洁的国税新形象。年内,获评2014年度江苏省"人民满意的公务员集体",在市级机关年度评估考核中名列执法监督与公共服务类优秀部门第一名,连续十六年高票当选"诚信服务优良单位","服务e站"品牌被评为市级机关五星级服务品牌。年内,市国税局强化税收分析预测,严格收入质量考评,努力挖潜增收,完成国税收入300.6亿元,同比增长13.2%;完成公共财政预算收入89.5亿元,同比增长13.8%。

【税收法治】 年内,市国税局全面推进税收管理改革,构建税企共赢新格局。10月起,全面实施税收管理改革,初步建立起以"前台办理、后台支撑、风险指引、分类应对、过程控制"为特征的现代税收管理新格局。落实《税收职责清单》,对权力进行正面清单管理。取消省以下国税机关自行制定的全部监管事项，取消157个实地调查和46个审批事项。年内，减少各类调查1.6万户次，准期申报率和当月入库率保持在99.4%和98.5%。

年内，市国税局统一规范，提升依法服务能力。将分散在多部门、不同层级的调查核查、审核审批等职能全部整合前移到办税服务前台，做到了一个部门受理，一个口径答复，一个平台管理，调查辅导一次到位。根据《税收检查任务管理办法》，市国税局向纳税人郑重承诺，同一年度内对同一纳税人的到户检查一般不超过一次。纳税评估、反避税调查和税务稽查等各类税收检查，必须通过综合管理部门这个“总开关”，从根源上解决任意下户、随意执法的问题。该办法实施后，受到了广大纳税人的普遍欢迎，全系统下户检查减少了82%。进一步规范行政处罚裁量权，与地税局统一行政处罚裁量基准，推行特定税务行政行为“首违不罚”，税收执法规范性显著增强。

【税收征管】 年内，市国税局信息管税，税源风险管理初见成效。初步实现税源风险“一条龙”管理，建立起以“前台办理、后台支撑、风险指引、分类应对、过程控制”为特征的税收管理新格局。由征管科具体负责税收情报管理、风险辅助分析、风险应对任务统筹；其他分局和稽查局作为专业应对机构，负责事后风险防控和风险应对实施工作。依托省局数据情报综合管理平台和税源管理平台，加强事中、事后防控；明确分析监控职责，建立健全以“(省)市局分析为主、县级局分析为辅、县级局整合应对”为特征的分析监控机制，实施“先案头、后实地”，以案头检查为主的工作运行机制。组建分析团队，税源风险管理实体化运作，制作了8个风险分析项目，整合、发布498户风险应对任务。其中3个重点风险项目被省局数据情报平台智能分析模块引用。全年累计完成风险应对任务814户次，应对总成效4.88亿元，人均成效1 219万元。突出重点项目风险管理。对330户企业研发费用加计扣除和财产损失项目的备案资料，实施专业化审核，调减加计扣除金额1.9亿元。强化对中介机构鉴证质量的管理，不断提高鉴证报告质量。加强跨国税源重点风险监控，继续开展对外支付“点、线、面”核查，合计补税1.71亿元。发挥稽查威慑力，对311户企业立案稽查，共查补收入1亿元。其中，移送司法机关立案114件，追究刑事责任70件，起诉82人，打击了不法分子的嚣张气焰，震慑了涉税违法犯罪。同时，运用“纳税提醒”方式，辅导纳税人开展自查自纠、防范税收风险，每年为纳税人节约纳税成本近两亿元。

【纳税服务】 年内，市国税局依法兑现税收优惠政策，在稳增长、调结构、促改革、惠民生等方面充分发挥职能作用。年内通过减、免、退、抵等各种方式，兑现各项优惠113亿元，占同期国税入库总量近四成，惠及纳税人5.6万余户，真正打通全面落实各项税收优惠政策的“最后一公里”。(其中，办理出口退税95.8亿元，为昆山开放型经济的发展注入新的活力；全面落实结构性减税政策，通过营改增，累计减轻纳税人负担近8亿元，惠及纳税人5万余户；兑现小微企业扶持政策，每年为小微企业减免发票工本费约500万元，减免企业所得税近亿元；通过简并增值税增收率，每年为纳税人减少税收超过1.5亿元。)

年内，市国税局通过构建“多快好省”的纳税服务体系，不断简化优化办税流程，办税流程节点减少20%，办税时限缩短48%，报送资料减少7%。市国税局坚持提供多种方式供纳税人自由选择。“最快速度办成事”，对涉税事项勤梳理，对办理时限再压缩，实现全程服务再提速。搭建“微信平台”、开设“政策论坛”，提供统一答复，给纳税人提供最好的办税体验。将纳税提醒制度化和规范化，帮助企业及时发现涉税风险，有效提升税法遵从度。始终兑现出口退税“当月申报，当月退税”；完善涉税业务“同城通办”、全面进驻便民服务中心，积极为纳税人提供就近服务；一窗统办、国地税联办等措施，避免了纳税人多头跑，多次排队等问题。年内，市国税局涉税业务平均办理时间缩减至1.4天，低于全省国税系统统一标准。

(胡宏海)

地　　税

【概况】 年内，昆山地税深化征管改革，强化依法行政，优化纳税服务，全年共组织各项收入275.38亿元，比上年同期增收28.02亿元，增长11.33%，收入总量连续十年保持全省县级市首位。其中，税收收入178.49亿元，增长9.48%；非税收入96.90亿元，增长14.91%。完成一般公共预算收入146.69亿元，增长9.14%。年内，昆山地税获得全国税务行业标准化工作先进单位、全国五四红旗团支部、省文明单位、江苏地税20周年建功集体等荣誉称号，连续16年被评为昆山市诚信服务优良单位，荣立昆山市机关效能建设集体三等功。

【地税征管】 至年底，昆山地税局税务登记户数13.61万户，比上年同期增长15.53%，其中企业纳税人7.07万户。正常管户较上年同期增长1.74万户，达到12.92万户，增速达15.56%。按照必要和有效原则，昆山地税局对纳税服务、基础管理、风险应对等七大类近400个税源管理事项进行梳理。定期召开征管改革工作例会，集体讨论解决改革中的疑难问题。建立“征、评、管、查”信息传递及共享机制，将征管中发现的风险点及时反馈给风险应对部门，收集整理评估与稽查中发现的共性问题并反馈至征管部门集约应用。昆山地税局不断加强中、低等风险应对。成功构建个人独资合伙企业投资者税收风险识别模型，编撰完成通用行业、金融业风险应对指引，组织集体和个别相结合的自查辅导，加强重点税源分级分类管理，中等风险应对成效明显，全年共应对1 525户，评估有问题率96.25%，评估税款入库6.10亿元，居苏州地税系统首位。推行新型团队稽查，深化稽查案卷交叉复查制度，上报重审案件8件，涉案金额1 852.11万元。稽查局全年查补税款实现大幅提升，共入库7 671.84万元，位居苏州地税系统第二。优化档案集中管理模式。简并档案管理层级，由档案管理中心专职负责全局档案工作的统筹规划、组织实施和统一管理。完善档案管理制度，明确各环节工作流程，试行档案归档服务外包，稳步推进档案电子化管理。

表54

2014年昆山地方税务局组织收入情况表

项　目	金额(万元)	增减率(%)	项　目	金额(万元)	增减率(%)
地税部门组织收入总计	2 753 865	11.33	折算公共财政预算收入	1 466 941	9.14
一、税收收入合计	1 784 900	9.48	(二)省级收入	88 494	13.27
(一)市县级收入	1 696 406	9.29	二、非税收入合计	968 965	14.91
1.一般营业税	561 350	-1.56	(一)金库非税收入	134 359	9.83
2.企业所得税	119 956	1.68	1.教育费附加	78 164	10.43
3.个人所得税	262 305	14.52	2.地方教育附加	52 113	10.46
4.城市维护建设税	157 095	9.92	3.文化事业建设费	564	-14.42
5.房产税	113 500	14.61	4.残疾人就业保障金	3 434	-7.04
6.印花税	37 595	22.80	5.罚没收入	84	236.00
7.城镇土地使用税	70 444	9.60	(二)社保收入	805 491	16.01
8.土地增值税	187 421	23.64	(三)财政基金、费	29 115	9.57
9.车船税	11 599	16.73	1.防洪保安资金	29 103	16.03
10.耕地占用税	2 781	-16.39	2.人防建设基金	0	-100.00
11.契税	172 360	29.25	3.绿化费	5	-99.66

【依法行政】 昆山地税将2014年确定为依法行政巩固深化提升年，大力推进法治税务建设。编写发布《税收执法风险提示》简报12期，分析风险产生原因，提出风险消除建议。加强中等风险应对行政处罚案件审理，严把数据关、证据关和法律关，全年共审理罚款金额超过2 000元的税务行政处罚案件62件，罚款金额达69.87万元。严把税收执法重点部位和关键环节，规范执法告知、执法回访，全年共发放告知文书753份。编写行政处罚操作规范手册，完善行政调解工作机制，开展行政复议规范化建设，认真落实行政复议听证制度，顺利化解1起高尔夫球场行政复议案件。昆山地税还积极发挥专家团队作用。对内组建法律研讨团队，对新出台的税收法律、法规、规范性文件等进行分析解读、参与各类涉税文书的法律研讨、开展法律宣传教育等工作。对外组建法律、税务、财务三大顾问团队，定期开展各类涉税疑难业务以及行政问题的现场咨询活动，切实发挥顾问团队在重大决策和重大矛盾化解中的作用，有效规避执法风险。

【纳税服务】 年内，昆山地税不断推进实体办税建设。推动纳税服务平台载体各区镇全覆盖，办理税务登记、发票管理、建筑业项目管理、个体管理等所有涉税事项，全年实体办税服务厅办理业务逾100万件。认真对照《全国县级税务机关纳税服务规范》，梳理比对现行纳税服务的差距，有针对性地提升服务

1月，昆山地税为纳税人开出全省首张认缴制税务登记证。

水平。拓展网上办税功能。组建专业后台处理业务团队,及时审核处理网上涉税申请,基本做到当天办结。在全市各办税服务场所为纳税人提供免费上网服务,推广使用“掌上税务”客户端,引导纳税人积极使用网上办税功能,全年共受理网上办税事项2万余件。启用税收优惠政策服务平台,统计出应享受未享受优惠的纳税人3 087户,涉及税额7.36亿元,全年共办理各类减免税12.46亿元。加强税收宣传辅导。常态化做好新办企业培训工作,开展个人所得税自行申报、企业所得税汇算清缴、房产中介机构等专题培训,全年累计辅导纳税人约11 000人次。制作并发放新版《纳税指南》和宣传折页,在纳税人之家网站开设“税企心桥”栏目,为纳税人解答提问630个。年内,依托各类媒体、网络,打造税收宣传精品,被《中国税务报》等省级以上媒体录用稿件44篇,获评苏州地税系统网站信息工作突出贡献奖和税收宣传先进集体。服务地方发展大局。梳理服务地方经济发展清单,参与昆山试验区政策编写,跟踪调研上海自贸区、昆山试验区运行情况,提供数据分析和政策建议,相关材料得到国办、省、市领导的批示。在全市招商干部研修班开设地税课程,主动整理提供盘活土地、改组改制等转型升级中的涉税政策,为市政府当好参谋。 (刘 嘉)

工商行政管理

【概况】 年内,市工商局共开展各类行政指导项目1 194次,发放行政指导手册7 038份,共成功开展行政调解553件。市工商局被苏州市建设法治政府工作领导小组评为“2014~2015年市级依法行政示范单位”、被苏州工商局评为基层信息化三年达标活动“先进集体”;高新区分局、周庄分局、花桥分局被昆山市委、市政府评为昆山市文明单位;在昆山市诚信服务月评比活动中工商局连续第14年获得“昆山市十佳诚信服务优良单位”荣誉称号。

【登记注册】 年内,全市新注册私营企业10 944户,注册资本236.83亿元,同比分别增长40.33%、60.54%;个体工商户15 442户,资金总额10.48亿元,同比分别增长11.93%、4.90%;国有集体及其控股企业454户,注册资金69.69亿元,同比分别增长49.34%、53.88%;农民专业合作社14户,出资总额1 130万元,同比分别下降65%、92.31%。内资私营企业增资1 596户,增加注册资本134.85亿元。至年末,全市实有私营企业57 671户,注册资本1 819.19亿元,个体工商户75 980户,资金总额50.58亿元,国有集体及其控股企业3 968户,注册资金1 263.82亿元。落实企业注册资本登记制度改革。昆山作为省政府明确的改革先行试点地区之一,率先在全省出台《昆山市公司注册资本登记制度改革实施办法(试行)》,先行放宽公司注册资本登记条件和实施注册资本认缴制,并于2014年1月1日正式施行。1月2日,省首张注册资本实缴制改认缴制的企业法人营业执照在市行政服务中心(工商窗口)颁发。

5月,市行政服务中心正式设立了“企业设立一口式服务窗口”,实现一窗受理,同步审批,一并发照(证)目标。至年末,共有300多家企业通过“企业设立一口式服务窗口”一并领取了《工商营业执照》《组织机构代码证》和《税务登记证》。

年内,市工商局继续大力推行委托登记管理工作。至年末,昆山工商局下属的10个分局中,除陆家、周市分局于下年1月1日实施外,其他8个分局均已完成了注册资本800万元以内企业的委托核发部分《营业执照》工作。

年内,市工商局发挥股权出质登记职能,共办理内资企业股权出质登记273笔,同比增长2.2%,助企融资金额92.7亿元,同比增长95.7%。

【外商及港澳台投资企业登记管理】 1月,市工商局率先启动注册资本登记制度改革工作。新政施行后,外资企业发展势头强劲,年内,全市新注册外商投资企业237户,增加投资总额18.56亿美元,增加注册资本9.27亿美元,增加外方认缴7.80亿美元,同比分别上涨23.44%、9.82%、37.13%、30%。其中港、澳、台企业122户,投资总额9.52亿美元,注册资本4.37亿美元,外方认缴3.93亿美元。至年末,全市实有外商投资法人企业4 419户,投资总额586.76亿美元,注册资本279.66亿美元,外方认缴253.02亿美元。其中港、澳、台企业1 699户,投资总额175.19亿美元,注册资本88.37亿美元,外方认缴80.19亿美元。

年内,市工商局发挥股权出质登记职能,支持外商投资企业以股权出质形式融资,全年共办理外商投资企业股权出质10笔,出质股权4 823.11万美元,助企业融资金额5.48亿元人民币。

【商标管理】 年内,市工商局深入开展“护航品牌”行动,突出做好新《商标法》宣传培训、商标注册发展和商标专用权保护三项工作,深入推动品牌战略实施。1月,“玛吉斯”“周庄ZHOUZHUANG及图”商标被国家工商总局认定为中国驰名商标。年内,全市新认定省著名商标8件,苏州市知名商标18件。全市新申请注册商标4 439件,位列全省县(市)第一,有效注册2 884件。至年末,全市累计共有注册商标16 021件,其中中国驰名商标16件,省著名商标63件,苏州市知名商标103件。年内,开展“打击侵犯知识产权和制售假冒伪劣商品”暨“打假冒、保名优、促发展”专项执法行动,组织开展商标印制企业专项检查和南京青奥会标志保护专项行动,共查处商标案件130件,罚没款211.34万元。

表 55

2014 年昆山市新认定省著名商标一览表

序号	商标名称	商标注册人（利害关系人）	注册证号	类别	核定使用商品（服务）	所在地
1	京昆及图	昆山京昆油田化学科技开发公司	4284583	1	絮凝剂；印染用海藻酸钠；工业化学品等	周市
2	图形	优德精密工业（昆山）股份有限公司	1402987	7	铸模（机器部件）；冷冲模；压铸模等	城北
33	MU-COM 及图	村上精密制版（昆山）有限公司	6895190	7	制版机；晒版机；打样机等	千灯
4	领迅 LINGXUN	华迅工业（苏州）有限公司	7280521	9	电缆；电线；半导体器件等	花桥
5	GLM	昆山捷安特轻合金科技有限公司	5606237	12	自行车；自行车轮圈；手推车等	开发区
6	图形	江苏彩华包装集团公司	964321	16	塑料包装用品	张浦
7	柯瑞工程及图	江苏柯瑞机电工程有限公司	6093934	37	清洁建筑物（内部）；供暖设备的安装和修理；电器设备的安装与修理等	张浦
8	水妹子	江苏水乡周庄旅游股份有限公司	6046244	39	旅游安排	周庄

表 56

2014 年昆山市成功复评省著名商标一览表

序号	商标名称	商标注册人（利害关系人）	注册证号	类别	核定使用商品（服务）	所在地
1	ROTAM	江苏龙灯化学有限公司	623585	5	人用药品、农药	开发区
2	耐落	耐落螺丝（昆山）有限公司	640497	6	防松螺栓、金属螺栓、金属螺母等	开发区
3	KAIGONG	江苏凯宫机械股份有限公司	5025060	7	纺织机；纺纱机；织机（机器）等	城北
4	昆唐 KTTE	昆山市大唐通讯设备有限公司	1634330	9	条码读出器；信息处理机（中央处理装置）；光通讯设备等	巴城
5	台佳	昆山台佳机电有限公司	1271685	11	空气调节装置、空气净化装置、空气冷却装置等	城北
6	玛吉斯	正新橡胶（中国）有限公司	846305	12	轮胎	陆家
7	巴城葡萄及图	昆山市巴城镇农业服务中心	3254495	31	葡萄	巴城
8	周庄 ZHOUZHUANG 及图	江苏水乡周庄旅游股份有限公司	1804292	39	安排游览；安排游艇旅行；观光旅游等	周庄
9	建伟	昆山市建伟物流有限公司	3690948	39	货运、河运、海上运输等	周市
10	XINNING 及图	江苏新宁现代物流股份有限公司	4284664	39	送货；货运经纪；货物贮存等	张浦
11	shengtai 及图	江苏晟泰集团公司	1151814	42	印刷；胶印；照相排版等	淀山湖

表 57

2014 年昆山市新认定苏州市知名商标一览表

序号	商标	企业名称	商标注册号	类别	商　品	所在地
1	京昆 K	昆山京昆油田化学科技开发公司	4284583	1	絮凝剂、印染用海藻酸钠、工业化学品等	周市
2	GLM	昆山捷安特轻合金科技有限公司	5606237	12	自行车；自行车轮圈；手推车等	开发区
3	IVO	昆山龙腾光电有限公司	5056396	9	液晶面板、笔记本电脑、液晶显示器等	开发区
4	YONGXIN 永新	昆山永新玻璃制品有限公司	1992013	21	玻璃碗、日用玻璃器皿（包括杯、盘、壶、缸）、小玻璃瓶（容器）等	周市
5	图形	鲜活果汁工业（昆山）有限公司	6291308	32	无酒精果汁饮料、果汁饮料（饮料）、植物饮料等	张浦
6	D2D	苏州门对门购物配送有限公司	7566532	39	搬运；卸货；货物递送等	张浦
7	图形	震雄铜业集团有限公司	5187747	9	电线、电缆、电源材料（电线、电缆）等	花桥
8	图形	昆山金都（集团）有限公司	6282058	42	技术项目研究、建设项目的开发、室内装饰设计等	花桥
9	图形	宏大建设集团有限公司	7410221	37	建筑施工监督；建筑；商品房建造等	周市
10	CYC	昆山长鹰硬质合金有限公司	3414159	6	钴（未加工的）；粉末冶金；钨粉等	城北

续表

序号	商标	企业名称	商标注册号	类别	商　品	所在地
11	巴族及图	昆山市巴城镇阳澄湖巴族水产养殖场	3672467	31	蟹(活)	巴城
12	图形	昆山迈致治具科技有限公司	10711631	9	测量器械和仪器；精密测量仪器；测量水平仪等	城北
13	图形	昆山益群农产品有限公司	6617055	31	鲜葡萄;鲜水果;新鲜蔬菜等	高新区
14	bair 及图	昆山市贝尔儿童用品有限公司	5571133	12	自行车、婴儿车、手推椅等	千灯
15	图形	苏州领创激光科技有限公司	10013242	7	金属加工机械、机床、机床用夹持装置等	开发区
16	美骐	昆山美邦搪瓷有限公司	9148237	6	普通金属艺术品、金属建设材料、可移动金属建筑物等	城北
17	图形	苏州华韵红木家具有限公司	8070577	20	家具、餐具柜、写字台(家具)等	开发区
18	YOUJI	油机机械工业(中国)有限公司	866619	7	金属切割机、车床、铣床等	周市

表 58

2014 年昆山市成功复评苏州市知名商标一览表

序号	商标	企业名称	注册证号	类别	核准使用商品	所在地
1	ROTAM	江苏龙灯化学有限公司	623585	1	人用药品;农药	开发区
2	HENGYI 及图	苏州恒益医药原料有限公司	1810152	1	2- 乙醇基噻吩;氟甲喹	周市
3	KAIGONG	江苏凯宫机械股份有限公司	5025060	7	纺织机;纺纱车;织机(机器)等	城北
4	昆唐 KTTE	昆山市大唐通讯设备有限公司	1634330	9	条码读出器;信息处理机(中央处理装置);光通讯设备等	巴城
5	爱知电机	苏州爱知电机有限公司	3461068	9	配电箱(电);高低压开关板;配电盘(电)等	张浦
6	图形	昆山市苏元电子集团有限公司	4644803	9	印刷电路;集成电路;集成电路块	千灯
7	巴城葡萄	昆山市巴城镇农业服务中心	3254495	31	葡萄	巴城
8	宝果	昆山市星火农副业技术推广中心	3503579	31	鲜水果;提子;鲜葡萄等	张浦
9	建伟	昆山市建伟物流有限公司	3690948	39	货运;河运;海上运输等	周市
10	XINNING	江苏新宁现代物流股份有限公司	4284664	39	送货;货运经纪;货物贮存等	张浦

【合同管理】 年内,市工商局发挥动产抵押物登记职能，办理动产抵押登记374 件、抵押物总金额 452 亿元,抵押债权金额 22 亿元。市工商局积极推动“诚信昆山”建设,全市共有国家级“重合同守信用”企业 3 家、省级 33 家、苏州级150 家、昆山级 714 家;积极争创红盾强农惠农示范岗,全市共有合同助农指导站 76 个。年内,全市共受理拍卖委托书133 件,拍卖成交金额 1.44 亿元。开展合同格式条款专项整治,检查经营主体854 家,检查各类合同 740 份,对合同违法行为进行行政约谈 21 次，发出行政建议书 118 份,发出责令整改通知书 20份,合同争议行政调解 23 件,涉及金额915.86 万元,合同类案件立案 88 件,结案 66 件。格式条款合同备案企业 10家,备案合同样件 10 份,推广合同示范文本 1 801 份。

【广告管理】 年内,市工商局发挥监管执法联动机制作用,围绕广告监管与服务发展两大职能,抓住户外广告登记监管、广告重点领域专项整治、服务广告业发展三项重点,扎实开展房地产广告专项整治、互联网重点领域广告整治、电视购物广告专项整治、集资融资广告专项整治和广告经营单位信用等级评价等工作。年内，共登记户外广告 541件,监测媒体广告 13.69 万条次,监测网络广告 16 737 条次，查办广告案件 95件,罚没款 46.67 万元。新增 2 户国家二级资质广告企业,至年末共有 7 户国家二级资质广告企业。5 件广告作品获得第 21 届贵州国际广告节黄河奖,2 件广告作品获得长城奖。3 月,对符合苏州市广告资质企业参评条件的 7 家企业以及 2 家大众媒介单位进行评价,向苏州工商局申报 5 家单位为 AAA 级广告经营单位,2 家单位为 AA 级广告经营单位,2 家单位为 A 级广告经营单位。4月,召开房地产市场专项整治动员部署会议暨监管与执法联动机制启动会议,排查摸底检查昆山房地产开发单位 71家,房屋建设单位 25 家,房产咨询公司257 家,房产中介单位 422 家,房屋装饰装修单位 356 家，房地产评估单位 30家,房产物业管理单位 520 家,广告经营单位 361 家。共立案房地产专项整治案件 116 件，其中立案广告类案件 86件,查结 56 件房地产广告违法案件,罚没款 29.4 万元,向昆山电视台、昆山日报社发放房地产广告行政警示书 9 份。妥善处置五丰广场、清风华苑房地产广告投诉工作。5月，开展集资融资和虚假违法广告专项整治。在全市100多家主要农贸市场、商场超市张贴公益广告，向经营户印发防范和打击非法集资宣传资料，全面检查清理集资类户外广告、印刷品广告和互联网等广告。8月，根据《省工商局关于促进市场公平竞争维护市场正常秩序的实施意见》“放宽市场准入，取消工商系统内部实行的对开办广告经营企业和个体工商户的登记前置审查”的要求，取消对开办广告经营企业和个体工商户的登记前置审查。制发《有关广告工作实务调整的通知》，按照“规范、高效、便民”的工作要求，进一步规范户外广告登记审查材料，明确同一广告主在全市范围内同时多处发布的同一广告内容户外广告登记审批由局监管科统一审批。

年内，召开广告协会理事会4次，4月完成会长、理事等人员的调整工作。联合市文明办、工商局，由协会承办了全市“讲文明、树新风”公益广告设计大赛活动。组织参加省优秀广告作品参赛，参与昆山市户外广告规划设置论证会2次。7月，广告协会联合宣传部组织会员参加“国际传媒经济与新闻专业主义”专题讲座。

【市场管理】 年内，全市市场成交额185.5亿元，商品展销会备案10件。发展经纪人250名，其中农村经纪人200名、一般经纪人50名。4月起，对照活禽交易“四分离”(水禽与旱禽分开、活禽交易与宰杀分开、活禽交易区与其他交易区分开、光禽销售与宰杀区分开)的规定，推动农贸市场开展改造，组织市农委、商务等部门分批次对改造市场进行实地验收，共40个农贸市场通过“四分离”验收，同时加强通过市场的休市和消毒检查，确保禽流感防控工作有效展开。“8·2”事故发生后，立即要求各分局从即日起对全市所有市场包含小商品及工业品市场开展地毯式的安全检查，联合检查组对检查的内容以及发现的安全隐患予以记录并抄报区镇，要求市场对安全隐患立刻进行整改，同时强调对场内发现使用明火的情况必须立刻制止并清场。通过各区镇的联合检查，提高了市场负责人的安全意识。

结合文明城市创建、931行动等涉及市场环境整治的工作，制订昆山工商局市场环境综合整治活动实施方案，从4月起，利用8个月时间，在全市农贸市场开展市场环境综合整治。

严格按照最新《网络交易管理办法》的要求，结合基层分局工作特点，探索解决基层分局在网络监管执法中遇到的问题，提供规范的执法监管流程。年内，共查办网络案件17件；强化基础数据库的完善，共公示经营性网站2 977个、经营性网站挂标2 320个；全年共处理网络投诉13件（网络投诉6件、淘宝京东等7件）。

【行政执法】 年内，市工商局初步构建起“市局与分局之间、科室与科室之间、分局与分局之间、分局内部各条线之间、与公安、城管等兄弟单位之间”的“五联动”机制，共开展各类专项执法行动28次，立案查处各类经济违法案件499件，案值1.6亿元；查处取缔无证无照经营户490家，黑网吧93家，整改发照1 147家。开展对商业贿赂违法行为的查处，全年共查处商业贿赂案件10件，涉案金额9 296.08万元，罚款556.21万元，震慑从事违法行为的单位和个人，规范市场准入秩序。年内，按照全省房地产市场专项整治工作的要求，共查处房地产案件116件，案值251.51万元，罚没款180.12万元，促进了全市房地产市场的健康发展。

【消费者权益保护】 年内，市工商局采取“一个热线受理、一个平台流转、一支队伍处置、一套制度规范”的架构，把来自多个渠道、由不同科室处置的消费者投诉举报归拢到一个平台受理、分流并反馈，整合全局资源及时处置，全力打造“民生工商”服务品牌。至年末，服务民生平台共受理各类投诉、举报、咨询等3 826件，其中：受理投诉1 648件，比上年同期增长87.5%，已办结1 587件，为消费者挽回经济损失347.12万元；受理举报1 262件，比上年同期增长89.6%，已办结1 109件；受理咨询、建议等916件。在受理处办量大幅增长的基础上，市工商局进一步提高回访率，每周五下午对本周处办自行受理的有效投诉进行电话回访，回访率85%以上，满意率达到95%以上。

年内全市维权组织共解答消费者咨询23 105起，受理消费者投诉17 879件，处结率为98.4%，为消费者挽回经济损失425.6万元。完成人民调解案件21件，接到人民来信29件，接待人民来访127人次，发布消费警示186条。编辑《消费简报》12期。开展《消法》《家用汽车三包规定》培训、专题讲座、座谈会24次，发行“新消法 新权益 新责任”3·15特刊55 000份。

全年开展对流通领域商品质量抽检300批次，涉及孕妇服、电动车、人造板、珠宝、车用制冷剂、电动工具、暖手宝、儿童服装等22个类别的商品，不合格115批次(包含标识不合格)。全年共组织开展流通环节食品抽检2 096批次，涉及婴幼儿乳粉、熟肉制品、儿童食品、调味品、食用油、酒类等几十个种类，2 055个批次合格，合格率98%；开展农产品批发市场农药残留快速检测63 008余批次，在超市、食杂店开展各类预包装食品和散装食品快速检测1 125批次。

全年办结商品质量监测不合格案件37件；查结各类食品违法案件108件，罚没入库48.75万元。全年共核发食品流通许可2 496户，其中乳制品单独审核584户。至年末，全市有效持证经营户9 083户，其中持有效乳制品经营许可证2 004户。年内，重点开展农村食品市场“四打击四规范”专项整治行动，对校园周边、婴幼儿配方乳粉经营户、农村小超市、食杂店、区域性食品批发市场、乡镇集贸市场等重点场所进行集中监督检查，并开展牛栏牌婴幼儿乳粉、烤鱼片、鱼肝油、腐竹、绿豆沙冰、肉制品、进口食品等专项清查，共出动执法人员4 364人次，检查各类食品经营主体10 630户次。 （张建军）

质量技术监督

【概况】 年内，昆山质监局围绕建设“质量强市”目标，全面履行质监工作职能，服务转型升级，保障质量安全。年内，被评为2010-2012年度省文明单位，2009-2013年度省质量技术监督系统先进集体，被评为2013年度苏州质监系统先进集体，连续第14年被昆山市委、市政府评为昆山市诚信服务优良单位。

【质量管理】 质量强市 年内，昆山质监局组织和发动各区镇各部门开展质量强市活动，做好《国务院办公厅关于印发贯彻实施质量发展纲要2014年行动计划的通知》学习宣贯和组织实施工作。根据《省政府办公厅关于印发江苏省贯彻实施质量发展纲要2014年行动计划任务分工的通知》精神，制定《昆山市2014年贯彻实施质量发展纲要行动计划》和《昆山市贯彻实施质量发展纲要2014年行动计划任务分解表》。

名牌战略 年内，昆山质监局完善名牌培育机制。将名牌战略工作纳入地方政府对各区镇的绩效管理考核中；抓住重点，做好重点企业、服务业企业争创江苏名牌产品的宣传、发动、培育、申报工作；做好全过程服务，指导企业制定进度表、流程图，制作PPT、详细指南，举办专题辅导班，帮助企业办理销售统计、国税、地税、出口、环保、标准、计量、检验检测等各类证明。

表59 2014年新增江苏名牌产品名单

序号	企业(区域)名称	产品(产业)名称
1	江苏华东造纸机械有限公司	造纸机械
2	长兴化学工业(中国)有限公司	醇酸树脂
3	昆山市华升电路板有限公司	印制电路板
4	海虹老人涂料(昆山)有限公司	涂料
5	昆山京昆油田化学科技开发公司	羧甲基羟丙基瓜尔胶
6	昆山宏致电子有限公司	连接器
7	昆山新莱洁净应用材料股份有限公司	卫生设施用奥氏体不锈钢管件

表60 2014年复评江苏名牌产品名单

序号	企业(区域)名称	产品(产业)名称
1	摩卡食品有限公司	饮料(固体饮料、其他饮料)
2	苏州爱知电机有限公司	高低压成套开关设备
3	苏州爱知电机有限公司	高压/低压预装式变电站
4	台嘉玻璃纤维有限公司	电子级玻璃纤维布
5	昆山沪光汽车电器有限公司	汽车电线束
6	建滔积层板(昆山)有限公司	覆铜箔层压板
7	三一重机有限公司	液压挖掘机
8	真彩文具股份有限公司	文具
9	好孩子儿童用品有限公司	童车
10	江苏飞力达国际物流股份有限公司	进出口代理、仓储、运输

表61 2014年新增苏州名牌产品名单

序号	企业(区域)名称	产品(产业)名称
1	萨驰华辰机械(苏州)有限公司	半钢一次法成型机
2	长兴化学工业(中国)有限公司	丙烯酸树脂
3	昆山宏致电子有限公司	连接器
4	昆山美邦搪瓷有限公司	金属建筑材料
5	优德精密工业(昆山)股份有限公司	精密金属零部件

续表

序号	企业(区域)名称	产品(产业)名称
6	昆山台佳机电有限公司	高效水冷螺杆冷水机组
7	昆山长鹰硬质合金有限公司	硬质合金
8	昆山双桥传感器测控技术有限公司	传感器
9	昆山红墙新型建材有限公司	建筑新型墙材
10	昆山市周庄镇万三食品有限公司	酱腌菜
11	澳帕曼织带(昆山)有限公司	织带
12	昆山若宇检具工业有限公司	汽车检具
13	昆山凯雅家居有限公司	壁纸
14	昆山康沃内燃机动力有限公司	柴油机
15	昆山龙腾光电有限公司	平板电脑用液晶显示面板
16	昆山亚特曼化工有限公司	橡胶助剂
17	昆山市味众食品有限公司	调味料
18	江苏水乡周庄旅游股份有限公司	水妹子
19	昆山华瑞投资发展有限公司	仕泰隆

表 62　2014 年复评苏州名牌产品名单

序号	企业(区域)名称	产品(产业)名称
1	昆山康佳电子有限公司	液晶电视机
2	捷安特(中国)有限公司	自行车
3	昆山市佰奥自动化设备科技有限公司	自动组装设备
4	江苏中瀛涂料有限公司	TYPIC 牌工业涂料和涂料稀释剂
5	通力电梯有限公司	自动扶梯及自动人行道
6	通力电梯有限公司	电梯
7	信益陶瓷(中国)有限公司	陶瓷砖
8	昆山嘉华电子有限公司	电连接器
9	昆山巴城德隆塑料有限公司	PE 聚乙烯管材
10	富港电子(昆山)有限公司	电源适配器
11	江苏天瑞仪器股份有限公司	能量色散 X 荧光光谱仪
12	昆山时令毛纺有限公司	毛线、毛纱
13	苏州爱知电机有限公司	高低压成套开关设备
14	昆山周庄金伯果园有限公司	周庄冰梨
15	波力食品工业(昆山)有限公司	波力牌休闲食品
16	昆山市春阳门窗装潢工程有限公司	建筑门窗
17	环球木业(昆山)有限公司	人造板
18	渤扬复合面料科技(昆山)有限公司	服装及其配件
19	昆山圣星通讯器材有限公司	通信管道用硬聚氯乙烯(PVC-U)多孔管
20	昆山市青阳港水泥有限责任公司	普通硅酸盐水泥
21	鲜活果汁工业(昆山)有限公司	黑森林牌饮料
22	优比(中国)有限公司	办公家具

续表

序号	企业(区域)名称	产品(产业)名称
23	昆山金泰食品有限公司	烟熏三文鱼、冰冻三文鱼柳、腌制香草三文鱼
24	昆山华成织染有限公司	合成长纤维丝织物
25	江苏龙灯化学有限公司	杀菌剂
26	昆山加迪豪铝业有限公司	金属建筑材料(铝合金建筑型材)

卓越绩效管理　年内,昆山质监局按照分类指导、宣贯推动、逐步推进的原则,有计划、分步骤地指导各类重点产品企业、行业龙头企业推进卓越绩效管理模式,总结卓越绩效管理的成功经验,积极争创各级质量奖。同时,积极推动中小企业认识、接受、应用卓越绩效管理模式的积极性,提升其卓越意识。组织2家企业申报江苏省质量奖,2家企业申报苏州市市长质量奖,5家企业申报苏州市质量奖,1家企业获得苏州市质量奖。

质量信用评价　年内,昆山质监局做好标准、计量、认证认可、特种设备、稽查等部门协调配合,协力推进。建立质量信用档案,包括企业基本情况、质量管理体系、质量保证能力、质量基本状况、质量竞争优势、良好记录、不良记录及相关证明材料。加强社会诚信体系建设,全面推进《企业质量信用报告》主动发布制度,鼓励企业发布企业质量诚信承诺书。省级以上品牌企业的质量信用评价推进率保持100%,重点企业推进率达到60%。3家公司编写发布了《企业质量信用报告》,6家企业申报质量信用AA级企业,江苏龙灯化学有限公司申报质量信用AAA级的企业。

证后监管　年内,昆山质监局做好工业产品生产许可证企业及食品包装物生产许可证企业的申报工作和换发证工作。按照《江苏省工业产品生产许可证获证企业分类分级监督管理办法》《获证企业风险等级评估标准和分类监管要求》,结合昆山市实际编制《工业产品生产许可证获证企业监督检查表》,对近200家生产许可证获证企业按低中高风险进行分级分类,提高监管的针对性和有效性。共完成换发证61家企业,年审196家企业,年审合格率100%,巡查企业50家。

质量监督　年内,昆山质监局抓好国家、省、市三级抽查不合格的生产企业后处理工作,及时督促企业整改。加强质量预警,做好企业产品质量安全知识的宣传,加强对重点行业的监控,确保不出现区域性,行业性质量问题。加大省局《检验机构技术服务协议管理办法》的实施力度,检验机构严格按照规定开展委托检验,实施服务协议备案制度、监督抽查回避制度。对三家机动车安检机构检验资格及检验技术人员进行全面集中核查,提高机动车安全技术检验工作质量。做好优质产品生产示范区培育工作,按照政府领导、质监组织、部门配合、协会参与、企业联动的原则,落实责任,加强协作,强力推进。

认证认可　年内,全市新增质量管理体系认证582家,完成年度目标任务的1 293%;新增环境管理体系认证396家,完成年度目标任务的1 650%;新增职业健康管理体系认证178家。巡查管理体系获证组织60家,完成年度目标任务的120%;巡查3C获证企业88家,完成年度目标任务的110%。组织实验室监督评审13家,配合省局对7家实验室扩项的评审,完成省局布置的32家计量认证获证实验室的专项检查。举办2期ISO9001内审员培训班,1期3C低压成套设备技术负责人换版培训班,1期金牌班组长培训活动。组织市局20人次认证监管人员参加省局培训中心和方圆标志认证江苏分公司组织的认证监管业务知识培训。

【标准化工作】　标准基础工作　年内,昆山质监局按照《江苏省企业产品标准备案管理办法(试行)》的规定组织企业标准备案工作,共备案企业标准519项,备案质量合格率保持在98%以上。加强标准化培训工作,对企业标准化从业人员,开展企业产品标准的制订与编制方法、采用国际标准、标准化体系管理等内容的培训。

技术标准化战略　年内,昆山质监局积极引导各单位参与国际、国内标准化工作。2月,联合国粮农组织审议通过以龙灯化学有限公司为主要起草单位的《烟嘧磺隆原药》和《40g/L烟嘧磺隆油悬浮剂》标准新提案,并向全球发布实施,实现了昆山市在主导制定国外先进标准领域的突破。至年底,昆山市龙灯化学公司已有2项国际标准、6项(2项发布实施)国外先进标准获得立项,吉海公司参与了1项国际标准的制定,另外还有14家企业主导起草了4项国家标准、1项行业标准,参与起草了12项国家标准、8项行业标准发布实施。加强与中国标准化研究院合作,争取在昆山深化两岸产业合作试验区成立国家电子商务标准化总体组工作站,经过近一年的洽谈和协商,10月签订合作协议。

标准化试点　年内,昆山质监局围绕加快经济转升发展的现实需求,发挥质监部门在标准创新方面的行政指导作用,推进昆山经济转型升级,围绕服务业、农业、新兴产业方面申报了17项标准化试点项目。其中1项省战略新兴产业标准化试点、1项省服务业标准化试点获得立项,另有1项省服务业地方标准立项。

表 63　**2014 参与国家、行业标准起草单位名单**

序号	单位名称	标准名称	标准级别	参与程度
1	旺昌机械工业(昆山)有限公司	印刷机械　网版晒版机	JB/T5428-2013	参与修订
		印刷机械　印前设备类别划分	JB/T11946-2014	主要起草之一
2	双桥传感器	自动化控制系统可靠性技术评审程序	GB/T30093-2013	参与起草
		工业过程测量和控制系统用仪表可靠性技术报告编写导则	GB/T29821-2013	参与起草
3	苏州澳昆机器人技术有限公司	机械安全　应用 GB/T16855.1 和 GB28526 设计安全相关控制系统的指南	GB/T30175-2013/ISO/TR23849:2010	主导制定
4	江苏龙灯化学品有限公司	颗粒状农药粉尘测定方法	GB/T30360-2013	参与制定
5	昆山维信诺显示技术有限公司	有机发光二极管显示器 第 5-1 部分: 环境试验方法	SJ/T11461.5.1-2013/IEC62341-5:2009	主导制定
		有机发光二极管显示器　第 6-1 部分: 光学和光电参数测试方法	GB/T20871.61-2013/IEC62341-6-1:2009	参与制定
6	昆山凯意织针有限公司	纺织机械与附件　针织机用针术语 第一部分:舌针	GB/T30160.1-2013/ISO8119-1:1989	参与制定
		纺织机械与附件　针织机用针术语 第 2 部分:钩针	GB/T30160.2-2013/ISO8119-2:1989	参与制定
		纺织机械与附件　针织机用针术语 第 2 部分:复合针	GB/T30160.3-2013/ISO8119-3:1989	参与制定
		纺织机械与附件 针织机用舌针针杆厚度和针钩高度的对应尺寸	GB/T30165-2013/ISO11825:1995	参与制定
7	苏州王子包装有限公司	包装容器　重型瓦楞纸箱	GB/T16717-2013	参与修订
8	昆山密友机械密封有限公司	机械密封　第 2 部分:分类方法	JB/T4127.2-2013	参与修订
		搪玻璃设备　传动装置	HG/T 2052-2013	参与修订
9	江苏天瑞仪器股份有限公司	玩具镀层技术条件	GB/T29777-2013	参与制定
		玩具材料中可迁移元素锑、砷、钡、镉、铬、铅、汞、硒的测定 电感耦合等离子体原子发射光谱法	GB/T30419-2013	参与制定
10	昆山金发液压机械有限公司	座椅升降气弹簧　技术条件	GB/T29525-2013	参与制定
11	昆山东岸海洋工程有限公司	钢丝绳绳端　套管压制索具	GB/T30589-2014	主导制定
12	江苏金发科技新材料有限公司	塑料　聚苯乙烯再生改性专用料	GB/T29645-2013	主起草之一
		吹塑薄膜用改性聚酯类生物降解塑料	GB/T29646-2013	主起草之一
13	昆山京群焊材科技有限公司	压水堆核电厂用焊接材料 第 7 部分:1、2、3 级设备用不锈钢焊丝和填充丝	NB/T20009.7-2012	参与制定
		压水堆核电厂用焊接材料 第 8 部分:1、2、3 级设备用不锈钢焊丝和填充丝	NB/T20009.8-2012	参与制定
		压水堆核电厂用焊接材料 第 12 部分:1 级设备镍合金堆焊用焊带和焊剂	NB/T20009.12-2013	参与制定
		压水堆核电厂用焊接材料 第 14 部分:1、2、3 级设备用硬质合金堆焊焊接材料	NB/T20009.12-2013	参与制定
		钛及钛合金焊丝	GB/T30562-2014	参与制定
14	昆山市信和包装有限公司	联运通用平托盘　木质平托盘	GB/T31148-2014	参与制定

表 64　**标准化试点项目汇总表**

序号	项目内容	单位	备注
1	企业劳动用工风险评估服务业标准化试点 企业劳动用工风险评估规范(省服务业地方标准)	昆山市总工会	2014
2	车辆用新型复合材料高新技术自主创新标准化试点	昆山阿基里斯人造皮有限公司	2014

标准化工作平台　1月份，昆山质监局举行昆山标准化信息服务平台建设中期汇报会议，听取各方对平台建设的意见及建议，切实保证平台的服务性、技术性和高效性。10月初平台正式对外服务。平台整合了国内外标准馆藏资源，数据题录总量达100余万条，包括多层次、多类型的主题数据库以及服务平台系统。平台包括新闻公告、办事指南、业务公开、项目申报等多个模块，便于用户了解相关信息；设有WTO/TBT通报板块，用户可以进行定制设置，登录后只显示用户所关注的信息；此外平台下设海峡两岸子平台，突出展示海峡两岸标准、资讯以及企业概况等信息，为在两岸产业试验区的企业提供了极大的便利。

【计量管理】　专项检查　年内，昆山质监局开展春耕农资定量包装商品的计量专项监督检查，对农村市场销售的种子、农药、化肥、农膜四类农资定量包装商品进行检查。开展中小型"三相异步电动机"生产企业专项检查，有力地促进了电机能效的提升，为节约型社会提供计量技术保障。开展元旦、春节、二季度、中秋国庆定量包装生产企业和商品包装计量监督检查。对全市6家校准机构开展监督检查，促进了昆山市计量校准市场的规范、健康发展，保证了量值传递与量值溯源的准确可靠。联合市发改委、安监局、环保局、消防大队、公安对加油站安全用及贸易结算用计量器具和油气回收装置进行专项检查。联合市建设局燃气办、市供水集团公司组织开展民用三表的专项监督检查。

民生计量　年内，昆山质监局开展"江苏质监、计量惠民"服务品牌创建活动。制定2014年度"两免费"检定计划，对45个集贸市场的2 776台电子计价秤实施免费检定，对福利机构，村级卫生室、计生站、盲聋学校213台血压计实施免费检定。联合市工商局加强对农贸市场"四统一"计量器具的长效监管。利用"5·20世界计量日""3·15"活动、质量月及市局网格化服务等进行广泛宣传，宣传计量工作在集约化生产、实现物料核算、降低成本、提高产品质量、科学用能、安全生产和环境监测和日常生活等方面具有重要作用。特别是加大宣传计量在工业企业方面的作用，深受企业和百姓欢迎。组织20多家企业举行企业计量需求调研座谈会。

诚信计量　年内，昆山质监局继续开展"计量惠民生、诚信促和谐"双十工程，联合市工商局、市卫生局在商场(超市)、眼镜店、医院开展诚信计量自我承诺活动。活动期间共发放宣传资料300余份，媒体报道2次，组织人员培训63人次，活动得到了参与方的积极响应。在全市范围内开展诚信计量示范医院、加油站、集贸市场、商店(超市)、眼镜店、餐饮饭店的创建宣传、发动、培育工作。对98家单位开展诚信计量自我承诺。

能源计量　年内，昆山质监局按GB 17167《用能单位能源计量器具配备与管理通则》的要求，指导企业配备能源计量器具，提高能源计量器具的配备率和对能源计量检测过程的控制水平，完善能源计量数据的采集、处理、使用。督促38家重点用能单位实施能源计量数据网上填报工作。走访重点用能单位，听取企业负责人和能源管理员对能源计量工作方面的意见和建议。完成19家重点耗能企业能源计量审查，2家重点耗能企业能效测试、能耗对标。开展工业锅炉能效评估监管，有力地促进了锅炉的节能。开展贸易结算用蒸汽流量计的强制检定，保证能源计量数据的准确可靠。

【特种设备安全监察】　行政许可　年内，昆山质监局按照行政许可的要求，积极做好特种设备注册登记发证工作和特种设备作业人员资格许可工作，共注册登记特种设备4 863台(辆)，发放锅炉压力容器使用证1 012份，核发特种设备作业人员资格证件8 000多份。共受理各类设备的开工1 238项。

安全检查　年内，昆山质监局成立以主管局长为组长的特种设备安全大检查工作领导小组，制定特种设备安全大检查工作方案，由局领导带队分四个小组检查全市特种设备安全生产工作。开展公共聚集场所特种设备安全检查，开展快开门压力容器安全检查，开展特种设备生产单位监督检查。加强部门间联动，参加市住建局组织的燃气专项检查，参加市安监局组织的危化企业、粉尘企业专项检查，参加市发改委组织的能源企业安全检查，参加市旅游局组织的景区、旅游饭店的安全检查，联合市水利局、安监局、消防大队等部门督查淀山湖镇安全检查整改专项行动，协调市住建局、公安局、当地政府开展"青春雅居""罗马假日"小区等电梯隐患整改。对投诉举报和移交的安全隐患开展专项检查，处理各类举报投诉，共受理处理12345、市长信箱转交投诉89起，上级交办投诉64起，来电投诉近96起。对于每一起投诉都积极消除事故隐患，给予投诉人满意答复。

监管模式　年内，昆山质监局加强与区镇安全办的沟通和协作，进一步应对特种设备面临的新形势。加强对基本信息的管理，对数据库进行定期清理，充分发挥乡镇版《昆山市特种设备安全监察系统》的优势，让各区镇能够实时了解辖区内各类特种设备的信息，进一步完善监察、检验、乡镇安全办的特种设备安全管理网络。在专项检查过程中，建立监察、执法、检验相互协作机制，构建"三位一体"工作模式，促进专项整治工作的顺利开展。

专项整治　年内，昆山质监局组织

召开气瓶充装、检验单位、车用气瓶改装单位安全工作会议，通报气瓶信息化工作情况，并现场发放《昆山市气瓶充装、检验单位自查自纠表》。根据省局的气瓶信息化使用情况通报，坚决打击充装无码瓶、过期瓶、报废瓶行为和翻新修理气瓶行为。组织特检院、电梯维保单位、使用单位相关人员召开电梯安全隐患治理工作推进会。通报存在安全隐患的电梯情况，对如何落实整改提出工作方案。强化电梯应急管理，要求电梯使用单位完善安全管理制度和应急救援预案，要求维保单位在电梯轿厢内张贴应急救援电话，并确保24小时畅通，与公安消防联动开展电梯应急救援，指导消防官兵正确开展电梯救援工作。对大型冷链物流企业的氨制冷特种设备开展安全检查，重点检查企业"三落实、两有证、一应急"的落实情况。

宣传培训　年内，昆山质监局结合"安全生产月"的各项宣传活动，通过电视台、报纸等有效途径积极宣传特种设备法律法规和使用常识，营造关爱生命、关注特种设备的良好氛围。6月18日的昆山电视台"法制昆山"栏目播放特种设备安全法宣传片。6月26日的《昆山日报》开辟特种设备安全宣传专版。与昆山实验小学合作开展法治学校建设，安排工作人员在实验小学上一堂有关特种设备安全知识的专题课并组织开展"质监杯"电梯知识竞赛。参加市安委会组织的吉田广场咨询活动，向市民普及特种设备安全使用和应急救援常识。6月30日为全市物业公司举办了电梯使用和管理知识培训，来自昆山各物业公司的60余名电梯从业人员参加了培训。

【代码条码核发】　代码证工作走进了"无纸化时代"，自主研发的组织机构代码证网上咨询服务系统3月起试上线服务，标志着这一传统的业务借助互联网科技，走进了"无纸化时代"。年内，昆山质监局共发放代码证书33 975份，制作代码IC卡36 129张，新发展条码系统成员92户，续展132户。

【实验室工作】　省中心建设　年内，昆山质监局通过与高校、重点企业在高端人才、技术、设备等多方面的横向合作，体现模具中心"省内领先、国内一流"的特色项目进一步形成。非金属夹杂物分析，表面微观形貌分析，金属表面多镀层分析，失效分析评价，3D扫描检测等，已经对外开展服务工作。

国家中心建设　年内，国家模具质量监督检验中心实验室一期、二期采购的设备全部到位，并完成设备安装、调试、人员培训和取证工作。完成实验室平面图、实验室功能区块划分、恒温恒湿设计、实验室抗震抗静电设计、实验室气路和水路设计、实验室强弱电的安排布置、实验室通风设计、实验室安防监控设计以及实验室家具设计。

市级技术机构能力提升　年内，计量所8个计量检定项目经批准同意立项，输液泵校准装置等3项已通过考核，34个计量校准项目和2项检测项目已通过评审组现场考核，全年完成检验产品17 875批次。质检所新建四大类三十二项产品检验检测项目，全年完成检定、校准计量器具14.87万台(套)。在认真调研的基础上，积极开展2015年度储备项目计划申报工作，制订2015年度新建检验、新建检定、能力提升(技改)等方面计划，进一步加强基础能力建设，提高服务经济和社会发展的技术水平。　(费奇文)

食品安全监管

【概况】　年初，昆山市下达《2014年食品药品安全工作任务书》，将食品安全工作列入市政府七大目标任务考核之一，由市府办、市纪委牵头组织考核，形成以政府为主体、一级抓一级、层层抓落实的工作责任机制。食安办主任办公会议形成制度化，综合运用暗查暗访、联席会议、联合督查等多种手段，加强监督指导，有力推进全市食品安全监管工作。年内，食品安全监测点增至130个，新增食品监测点11个，全面形成覆盖种植养殖、生产、流通、餐饮四大环节的监测网络。完成机面、腐竹、酒类、茶叶、瓶桶装饮用水等重点食品监测7 020批次，合格率为98.49%；果蔬农药残留快检23.06万批次，合格率99.82%。完成监测信息通报12期，多渠道将监测信息及时公示。食药监局对全市100余家农村家宴进行集中管理，强化厨师培训，完善巡查和备案制度。市工商局推进检测体系建设，积极探索监测后续处理规范。市农委通过对水产养殖户投入品的使用、水质的监测和产品质量检测等信息实施记录和监管，建立水产品溯源体系。市质监局加强食品生产加工环节治理和监管，深化分类、分级、分等("三分")监管，强化地产食品源头治理。市食品安全网及食品安全监测预警体系网络平台与苏州信息、监测平台对接。全年开展"五项重点治理整顿"和"四打击四规范"的集中治理整顿行动，立案382起，罚没款108.7万元，取缔非法加工作坊65户，销毁不合格食品约5万千克，移送司法机关案件2起，采取强制措施3人。全市建成11个100亩以上菜园，拥有无公害农产品、绿色食品、有机农产品总量587个。规范生猪屠宰，取缔私屠滥宰窝点2家，完成了21家市场的肉菜追溯设施建设，开展100家集体用餐单位，8个肉及肉制品核心产销团体消费追溯体系建设。规范卤菜加工行业，取缔3家地下加工窝点，扶持1家卤菜加工作坊("骨里香"熟食加工店)和2家卤菜销售店完成"示范单位"的升级改造。全年在昆山电台录制食品安全专题节目2期，制作"四打击四规范"宣传标语通过社区媒体广泛宣传，积极举办各类食品安全专题培训，1万余人次接受培训，编发各类信息952余篇。

药品安全监管

【概况】 年内,市食药监局以"保安全"为工作中心,加强覆盖全过程的精细化监管,提高监管信息化水平,提高行政许可效率,探索分级分类管理和社会共治体系。全年完成零售药店设置申请立项43件,零售药店设置申请现场验收40件,零售药店《药品经营许可证》内容变更262件,零售药店《药品经营许可证》补证3件,零售药店《药品经营许可证》注销13件,零售药店《药品经营许可证》换证49件,开办医疗器械零售企业26件,《医疗器械经营许可证》(零售)内容变更6件,《医疗器械经营许可证》(零售)换证4件,《医疗器械经营许可证》(零售)缴销3件,《药品经营质量管理规范认证证书》申请材料审核25件,药学专业技术人员注册或备案材料审核406人次,医疗器械经营企业备案26件,医疗器械经营许可24件,执业药师注册200人次,I类医疗器械注册12件,药品零售企业药品经营许可(零售连锁)5件,医疗器械出口销售证明16件,第二、三类医疗器械生产企业许可证审批(仅换证)3家次,总计行政许可办件1 166件。有序开展药品GSP认证检查工作,上半年完成药品批发企业GSP认证2家,药品零售单体认证70家,药品零售连锁认证申请3家。开展新版GSP认证专题培训,面向药品零售单体、零售连锁和批发企业主要负责人及认证检查人员分级分类开展针对性培训和实训。开展药品零售连锁企业网上审方系统工作,4家药品零售连锁企业开发审方系统并正常运行。继续推进非无菌药品生产企业新版GMP申报认证,现已完成3家药品生产企业非无菌药品GMP认证,占比75%。保质保量完成涉药企业日常监管工作,尤其是对重点监管企业和品种的日常监管。完成基药生产、配送企业的年度巡查和抽样送检工作。

【药品稽查执法】 年内,市食药监局以保障安全为要务,始终保持打假治劣高压态势,加大对制售假劣药品、医疗器械打击力度。组织开展食品药品安全打假、医疗器械"五整治"等十多项专项整治活动,全年受理举报投诉80起(其中保化产品28起);立案50起(其中保化产品5起),移交公安1起,处罚137件(其中当场处罚101件),罚没款到账52.8万元;发出责令改正129件;药品抽样321批次(收到不合格报告11批次),药品快检3 497批次。持续做好全市药品不良反应和医疗器械不良事件监测,年度共计评价药品不良反应报告1 452例(其中新的或严重的占28.6%),医疗器械不良事件481例,在苏州地区位居前列。全年开展广告监测2 880小时,移交工商部门涉嫌虚假宣传违法广告3起;回收过期药品30余次。组织专业检测人员深入一线开展药品快检工作,全年共完成药品快检3 497批次,有效发挥药品快检车的技术支撑作用和打假治劣震慑作用。青奥会期间,对零售药店和学校医务室组织开展药械安全大检查,对药品零售企业药师不在岗、未凭处方销售处方药的行为进行当场行政处罚100件,发出责令改正119件。专项检查期间加强夜查和节假日突击查,查处了一批无证批发或从无资质企业购进药品案;对学校医务室存在药品质量安全管理方面的普遍性问题,以书面形式通报给教育局;对全市医疗机构开展调研和专项检查,发现并依法处理涉嫌从无证单位购进药品和使用过期药械案件8起。 (市场监督管理局)

住房公积金管理

【概况】 年内,苏州市住房公积金管理中心昆山分中心(以下简称"公积金昆山分中心")以扩面提质、服务优质、队伍素质为工作重点,扎实推进各项工作,助推"百姓安居"和"宜居昆山"建设,先后被评为"昆山市'三服务'满意单位""苏州市住房公积金系统先进集体"。

公积金归集 年内,昆山市新增住房公积金缴存单位963户,新增缴存人数20.2万人,年末缴存人数51.7万人,比上年净增4.6万人。全年归集住房公积金35.5亿元,比上年增加2.4亿元,增幅7%;历年累计归集189.5亿元,归集余额79.6亿元。年末月缴存额3亿元,稳居全省各县市同行业前列。

公积金使用 年内,公积金昆山分中心向6 452户职工家庭发放公积金贷款15.3亿元。其中,6 204户为首套房公积金贷款,贷款金额14.4亿元,分别占贷款总户数和总金额的91.6%和94.1%;4 752户为"新昆山人家庭"贷款,贷款金额10.7亿元,分别占73.1%和73.7%;191户为中低收入困难家庭公积金贷款,金额2 481万元。全市累计向46 161户职工家庭发放贷款106.8亿元,年末贷款余额70.7亿元。年末资金运用率为89.9%,贷款逾期率为"0",资金运行安全。全年提取住房公积金21.5亿元,比上年减少1.6亿元,下降7%,其中,用于职工购建、租赁自住住房、偿还住房贷款等住房消费提取14.2亿元,占提取总额的66%。历年累计提取109.8亿元。

公积金服务 年内,公积金昆山分中心开展"走基层,细服务,促提升"主题服务活动,增设交通银行、苏州银行两个公积金缴存提取服务网点;组织志愿者服务小组深入企业、社区开展政策咨询7次;为缴存企业、缴存职工、房产公司等提供上门服务14次;"云服务"平台用户覆盖面进一步扩大,增至5 051户;开展服务提升专项培训,进一步规范工作人员的仪容仪表、接待礼仪、服务手势和用语等服务礼仪，强化工作人员“开门迎客”“双手递送”“举手示意”“微笑服务”等规范执行。

【政策调整】 缴存政策 7月1日起，公积金昆山分中心对昆山市2013年12月31日前办理住房公积金缴存登记(开户)的各级机关、事业单位、各类企业、民办非企业单位、社会团体及其在职职工的住房公积金缴存基数进行调整。2014年的住房公积金月缴存基数按职工本人2013年度月平均工资收入(工资总额)核定。调整后的缴存基数最高不得超过苏州市2013年度职工月平均工资的3倍，即17 300元，最低不得低于当年昆山市社保最低缴费基数1 800元。

贷款政策 10月31日起，借款人在申请之日前连续按期足额缴存住房公积金的期限，从12个月(含)以上调整为6个月(含)以上；第二次办理住房公积金个人住房贷款的，首付款比例从不低于住房总价的50%调整为不低于住房总价的30%；取消住房公积金个人住房贷款担保收费项目。12月22日起，职工家庭首次使用公积金贷款，购买套型建筑面积90平方米(含)以内的普通住房，且住房总价不超过110万元的，新建住房的贷款最高可以贷到住房总价的80%；存量成套住房(二手房)的贷款最高可以贷到住房总价的70%。

提取政策 1月6日起，全面实行偿还住房贷款委托提取住房公积金方式，柜面不再受理偿还住房贷款提取住房公积金业务。3月1日起，对职工个人住房公积金账户开立五年以上（含五年），在个人账户销户前未办理过个人住房公积金贷款，且五年以上(含五年)未提取过住房公积金的长期未使用住房公积金的职工实行补贴机制。补贴金额按个人账户销户时的账户余额乘以补贴比例计算；补贴比例根据未使用年限分为两档：未使用年限在五年以上(含五年)至十年的，补贴比例为五年期定期存款基准利率与三个月定期存款基准利率之差；未使用年限在十年以上(含十年)的，补贴比例为五年期定期存款基准利率上浮20%后与三个月定期存款基准利率之差；补贴业务在职工个人账户销户时办理，补贴资金直接划转至本人有效借记卡；职工个人账户销户转移至苏州市以外及苏州工业园区的，补贴金额划转至转入地住房公积金管理机构中的个人账户；补贴金额在当年度住房公积金业务支出中列支；对发生过违规提取住房公积金行为的职工不予补贴。

【公积金贴息贷款业务】 12月8日起，公积金昆山分中心根据苏州市住房公积金管理中心《关于印发〈苏州市个人住房公积金贴息贷款管理办法(试行)〉的通知》和《关于办理个人住房公积金贴息贷款业务的通知》规定，开办个人住房公积金贴息贷款业务。即因阶段性资金紧张，不能为购房职工及时发放住房公积金贷款，转由商业银行按照商业性个人住房贷款发放，但职工仍然享受公积金贷款的各项权益，公积金贷款与商业性贷款的利息差额由公积金中心承担。 （许晓华）

经济运行

【概况】 年内，市发改委积极主动适应经济发展“新常态”，紧紧围绕转型升级、改革发展这条主线，坚持以提高经济发展质量和效益为中心，重点针对经济社会发展中出现的新情况、新问题和新特点，加强经济分析研判，提出政策建议，全面推进全市经济转型升级、创新发展。年内，全市完成服务业增加值1 284.5亿元，增长11.8%，占地区生产总值比重达42.8%；新兴产业产值3 433.6亿元、高新技术产业产值3 948亿元，分别占规模以上工业的42.7%和49.1%；新增实际利用外资12.8亿美元，注册内资255.4亿元，其中超亿美元外资项目10个、超亿元内资项目24个。

产业结构

【概况】 年内，全市实现地区生产总值3 001亿元，其中第一产业28.8亿元，第二产业1 687.8亿元，第三产业1 284.5亿元，比上年分别增长3.4%、5.1%、11.8%，三次产业比例为1.0∶56.2∶42.8。全市产业结构由电子信息产业“一业独大”向新兴产业、服务经济共同发展转变。服务业增加值占地区生产总值比重提高1.6个百分点。新兴产业、高新技术产业产值占规上工业比重分别提高2.1和2.6个百分点。接待游客1 926.8万人次，实现旅游收入223.5亿元，分别增长6%和5.4%。成功举办中国(昆山)品牌产品进口交易会、国际老字号精品展、中国零售商大会暨展会、昆山电子电机暨设备博览会、国际发明展等活动。巴城蟹舫苑成为中国特色商业街。周庄镇入选《纽约时报》全球最值得旅游地名录。新增绿色食品10个，引进示范农业新品种37个，农作物综合机械化水平达89%。粮油生产持续丰收，水稻、小麦单产再创历史新高。

（林利剑）

农　　业

【概况】 年内，全市农林牧渔业总产值达到49.16亿元，完成农业增加值28.76亿元，农业亩均效益3 244元。粮油生产获得丰收。昆山国家现代农业示范区建设力度加大，农业生产条件得到进一步改善。海峡两岸(昆山)农业合作试验区稳步推进，农业投资额持续增加，全市引进农业内外资项目14个，其中增资项目7个。成功举办2014海峡两岸(昆山)农产品展示展销会，展会设立组合展位4个，标准展位115个。百余家两岸农业企业带来了近千种优质农副产品。农业产业化经营发展较快，全市新认定苏州市农业龙头企业1家，昆山市级农业龙头企业8家。农产品质量不断提高，“三品”企业稳定发展。有20个产品获得有机认证证书。全市无公害农产品、绿色食品、有机农产品认证总量达到536只。启动绿色食品原料基地创建工作。

年内，农民人均纯收入30 821元，比上年同期增长11.02%；村均集体经济总收入751万元，比上年增长12.08%；竣工农民安置房247万平方米，农民动迁安置稳步推进；“推进农村社区股份专业合作社股权固化改革”被省委农村工作领导小组评为全省农业农村改革创新成果。

【农业生产】 粮油生产　全年生产粮油11.17万吨，其中水稻种植10.85万亩，产量6.8万吨；小麦种植11.67万亩，产量4.21万吨；油菜种植1万亩，产量0.16万吨。全市继续实施稻麦良种补贴项目，水稻以武运粳29当家，搭配南粳46和甬优8号，小麦以扬麦16为主，实发良种数量145.76万千克。全年组织试验示范新品种13只，其中水稻新品种(系)8只、小麦新品种5只，并对武运粳30、甬优1540、甬优1140、镇麦10号等4个稻麦高产品种开展了较大面积丰产试验。全市建成6个农作物病虫害综合防治技术示范区(包括专业化统防统治示范)，实施统防统治的规模经营面积2.19万亩。稻麦病虫害专业化防治比例达93%。开展植物检疫，全年累计实施粮油作物产地检疫面积3 675亩，种子134.63万千克；水稻调运检疫种子10千克、苗4 200株。粮油生产全面实施测土配方施肥技术，全市技术普及率达95%以上。全面推广以秸秆机械化全量还田为主的多种形式秸秆综合利用技术，全市秸秆综合利用率近100%，废弃物利用率达95%以上。

畜禽生产　全市县级以上规模畜禽养殖场230家，其中生猪养殖场204家，肉禽养殖场6家，蛋禽养殖场18家、奶牛养殖场2家。年末存栏生猪5.01万头，其中母猪1 404头，存栏家禽17.6万羽，奶牛2 747头。全年出栏生猪6.59万头，出栏家禽20.42万羽，鲜奶产量1.48万吨。组织开展畜禽养殖标准化示范创建活动，筛选确定昆山麻鸭原种场参与省农委组织的示范创建活动，麻鸭原种场基础设施建设不断完善，并依托江苏省家禽研究所在家禽育种科研领域的雄厚实力和科技力量，系统测定了昆山麻鸭体尺指标、繁殖性能、屠宰性能、生理生化指标。同时，对娄门鸭采取了抢救性保护措施，保护了珍贵的地方畜禽遗传资源。梅山猪保种场不断加大基础设施建设，对办公用房、猪舍等设施进行改造，进一步加强梅山猪的开发利用。继续强化畜禽疫病防控和畜产品安全监管工作，应免畜禽的免疫密度达到100%，免疫抗体合格率达85%以上。

渔业生产　渔业以淡水养殖为主。全市水产养殖面积16.33万亩，其中池塘养殖面积9.33万亩，特种水产养殖占池塘养殖面积的81.6%。全市水产品总产量4.29万吨，总产值11.66亿元，总效益4.44亿元，池塘养殖亩效4 382元。池塘水产养殖模式以虾蟹混养为主，以青虾、南美白对虾、甲鱼等特种水产养殖为辅。池塘养殖中，特种水产养殖7.61万亩，占池塘养殖的81.6%，其中青虾、河蟹养殖7.1万亩，占池塘养殖的76%。全面推广虾蟹混养、微孔增氧、微生物制剂水质调控和渔业投入品使用四项技术。加强水产品质量安全生产，实施昆山渔业园区智能技术推广与应用续建项目，进行设备安装、设备调试、系统应用软件开发，提高系统的运行质量和运行效果。市级水产苗种基地繁育四大家鱼鱼苗1.03亿尾，其它特种水产鱼类苗种2 000万尾，培育夏花鱼种7 200余万尾，培育扣蟹1万千克。

林果生产　全市大力开展绿化造林和生态环境建设。完成包括湿地林带修复工程、道路绿化工程、绿色水廊工程等“六大工程”0.8万亩，村庄升级改造成果明显。省村庄绿化标准化示范区建设通过省级验收。加快湿地保护小区建设和保护，促进湿地资源保护与恢复，湿地公园建设顺利推进，花桥天福湿地公园获批国家级湿地公园(试点)，锦溪湿地公园创建省级湿地公园，完成市级重要湿地认定，一般湿地认定有序进行。农村绿化养护重点打造由市镇村三级部门构成的绿化养护网络体系，高速公路绿化、农村绿化全年无重大病虫害发生。实现森林资源显著增长，生态环境持续改善，全面提升“绿色昆山”建设水平。全市果树种植面积1.51万亩，果品总产量1.5万吨，主要树种为葡萄、梨、桃、甜柿和蓝莓等特色果品。发动广大网民踊跃参与“昆山梨王”评选活动，反响热烈，昆山市“甘秋”甜柿在第七届全国柿生产和科研进展研讨会果品评比中喜获“十大优质产品”与“受欢迎产品”殊荣。果树标准园创建工作扎实开展，捷胜果园获得苏州市级果树标准园称号，全市果树种植结构调优，生产管理标准化、果品优质安全化得到进一步提升。

蔬菜生产　全市常年蔬菜面积1.59万亩，季节性蔬菜面积1.52万亩，全年蔬菜播种面积8.17万亩，蔬菜总产量达到15.36万吨。蔬菜效益与上年基本持平，菜农亩均蔬菜效益为5 240元。业务科站着力引导各区镇推进高效设施农业建设，全年完成建设保鲜库2个，张浦蔬菜基地包装车间3间，建设玉叶蔬菜基地芽菜生产设备1套。积极引进新品种开展试验示范工作，全年示范推广“苏椒20辣椒”“夏之光水果黄瓜”等新品种12个。申报并实施“现代农业(蔬菜)科技综合示范推广”“大棚辣椒新品种及优质安全高效栽培技术集成示范”等项目。组织举办果蔬产销对接会、樱桃番茄、水果黄瓜品鉴会，拓展销售渠道，发掘推介优新品种。

农业机械　年末，全市农机总动力18.1万千瓦，耕作机械保有大中型拖拉机443台，手拖162台，配套农机具分别为1 610台和208台；种植机械保有插秧机230台，水稻直播机285台；农用排灌动力机械保有1 819台，农用水泵1 690台；机动喷雾机保有2 281台；收获机械保有自走式联合收割机249台；农副产品加工机械保有309台；上道路运输拖拉机保有466台。农业综合机械化水平达90%。以农机安全隐患排查治理为抓手，先后开展农机安全生产大检查、农机事故隐患排查以及农村道路专项检查，全年共检查各类农机具1 037台次，纠正各类违章170起，排查并整改农机事故安全隐患143个。累计发送农机安全短信28 170条次。年内农田拖拉机投保政策性交强险和农机综合险各386台，联合收割机投保政策性交强险和农机综合险各234台，投保意外伤害险的农机驾驶人515人。农机综合保险期限由半年延长至全年，农机驾驶员意外伤害险保额也由原来的6万元提高到了15万元。

农业资源综合开发　全市农业综合开发紧紧围绕发展现代高效农业，推进现代农业园区建设为重点，以促进农业增效、农民增收为目标，坚持规模开发、产业开发、科技开发。全年争取农业综合开发项目2个，项目总投资1 390.25万元。其中，在淀山湖镇实施高标准农田项目1个，面积为5 000亩，项目总投资765.75万元；产业化财政补助项目1个，由昆山市正兴食用菌有限公司实施，项目总投资624.5万元。

渔政管理　全年查处各类渔业违

法案件696起，罚款114 380元，没收并现场回放渔获物806.5千克，没收电瓶、逆变器等电鱼工具1 121件，其他工具586件，违法捕捞行为得到有效遏制。年审核签《渔业捕捞许可证》506本，《渔业船舶证书》419本，《水域滩涂养殖证》91本；年检机动渔船419艘。继续开展水生生物资源增殖放流活动，全年共放流冬片鱼种7.4万千克、74.6万尾，主要品种为花鲢和白鲢，放流夏花鱼种3.7万千克、1 387.9万尾，放流品种除了鲤鱼、鲫鱼、花白鲢鱼等常规放流品种外还增加了鳜鱼、黄颡鱼、花鲴、蟹等经济品种，丰富了水生生物多样性，提升了水生生物资源增殖放流效果。加强渔业安全生产管理，开展安全生产大检查230次，出动执法人员950人次，发放渔业安全生产宣传材料750份，发送安全提醒短信共计16 680条。开展船员培训1次，培训船员50人。渔业互助保险参保渔民835人，购买保险3 516份，保费65 925元，总保额达到3 516万元。

农林执法　年内开展农资打假专项治理系列行动、农资打假"夏季百日行动"兽（渔）药市场专项检查、农产品质量安全执法检查、野生动物专项检查等11起专项执法行动。全年出动执法人员650人次，检查各类生产、经营场所420家（次），办理各类案件54起，办结率100%。抽检各类农业投入品73个批次，各类农产品134个批次。组织普法宣传3场，普法人次达1 000余人次。

农业产业化　年内新增苏州市农业龙头企业1家，昆山市级农业龙头企业8家。全市拥有各级农业产业化龙头企业40家，其中国家级农业龙头企业1家，省级3家，苏州市级14家，昆山市级22家。全市农业龙头企业销售收入达54.56亿元。

表65　**2014年省级以上农业产业化龙头企业一览表**

序号	单位名称	级别	序号	单位名称	级别
1	江苏三维园艺有限公司	国家级	3	昆山大唐农业生态有限公司	省级
2	昆山城区农副产品实业有限公司	省级	4	昆山益群农产品有限公司	省级

（农　委）

【农村改革】　年内，出台《关于推进农村社区股份专业合作社股权固化改革的实施意见》，把村级集体经营性资产折股量化给农民，以户为单位实行"增人不增股、减人不减股"，推进股权固化改革工作，保障农民的集体资产收益分配权。出台《关于全面推进农村土地承包经营权登记试点工作的实施意见》，在全国率先以"确权确股"的形式开展农村土地承包经营权确权登记颁证，依法赋予农民更加充分而有保障的土地承包经营权，促进农业规模化经营和农业现代化建设。全市114家农地股份合作社开展确权登记工作。出台《昆山市农村金融综合服务站建设推广指导意见》，与人民银行昆山支行联合推进农村金融综合服务站建设。通过银行机构业务下沉，为农村和农村社区居民提供支付结算、现金服务、征信采集、权益保护、国库类业务等服务，推进金融更好服务"三农"发展，让农民享受到更加便捷丰富的金融服务。已建成138家服务站。

【农村合作经济组织】　年内，全市农村股份合作经济组织涉及11个区镇、165个行政村和28个涉农社区，累计组建农村股份合作经济组织513家。其中：农村社区股份专业合作社178家，入社农户123 013户；农地股份专业合作社111家，入社农户53 311户，入股土地面积16.94万亩；富民合作社134家，入社农户18 714户；农民专业合作社76家，入社农户8 952户；劳务专业合作社14家，入社农户2 731户。全市扣除重复计算因素后入社农户为10.45万户，占全市农户的93.2%。

【城乡发展一体化】　年内，进一步深化城乡发展一体化的内涵，出台《关于全面深化改革进一步提升城乡发展一体化水平的意见》，通过"六推进、六提升"，进一步完善城乡联动、融合发展的新型工农城乡关系。强化督促检查，推进各区镇加快农民动迁安置房建设，全年签约拆迁农户2 100户，新开工安置房127.34万平方米，竣工247.42万平方米，均已完成年初预定任务。优化镇村布局规划，合理规划村庄布点。按照"重点村""特色村""一般村"对自然村庄进行分类指导，全市共确定规划发展村庄220个（特色村31个，重点村189个）。出台《关于加强保留村庄自建房建设管理的指导意见》，引导保留村庄农民按照规划自主翻建住房，避免过程性浪费。市财政投入2 000万元奖补资金，推进10个美丽村庄示范点和8个三星级康居乡村建设，提升村庄建设水平，实现保护利用、产业发展、农村繁荣的有机统一。

【富民强村】　年内，坚持外部支持和内生发展相结合，着力提高农民自主增收能力。全市发放城乡居民创业小额贷款33 615万元，助推2 507户城乡居民创业。坚持以服务当前经济转型升级和现代农业发展为要求，有序组织开展技能培训工作，全市发放技能培训获证补贴139.14万元。坚持均衡普惠和帮扶解困相结合，在建立富民增收长效机制的基础上，重点关注低收入农户增收。对3 283户低保户每户发放1 600元、3 902户低保边缘户每户发放800元的富民合作社干股红利，全市发放837.44万元，昆山开发区、昆山高新区、千灯镇增发91.78万元，全市全年实际发放干股红利929.22万元。安置困难群体就业2 996人，市镇（区）两级财政补贴资金432.72万元。

（王　磊）

制 造 业

【概况】 年内，现价工业总产值8 708.5亿元，其中规模以上企业完成8 041.8亿元，同比分别下降1.8%和1.8%；工业利税总额573亿元，同比增长5.6%；工业利润总额405.5亿元，同比增长4.5%；规上工业企业亏损额342 511万元，同比增长5.9%；规上工业经济效益综合指数226.48%，同比增长2.21个百分点。新兴产业完成产值3 433.6亿元，同比增长7.1%；新增注册外资13.5亿美元，同比增长39.2%，实际利用外资12.8亿美元，同比下降27%；新增内资注册资本255.4亿元，同比增长0.7%；完成工业投资271.2亿元，同比下降10.4%，其中技改投入177.8亿元，同比下降12.8%；完成进出口总额847.9亿美元，其中出口535.8亿美元，同比分别下降4.7%和2%；工业用电156亿千瓦时，同比增长3.6%。

【工业门类】 年内，全市工业完成总产值8 708.5亿元，同比下降1.8%。全市规模以上工业中完成工业总产值超100亿元的行业共13个，其中8个行业实现增长，5个行业出现下跌。增速居前的是文教、工美、体育和娱乐用品制造业，汽车制造业、印刷业和记录媒介复制业，分别比上年增长22.4%、16.6%和11.3%；计算机、通信和其他电子设备制造业、橡胶和塑料制品业则分别减少6.2%和3.5%。规模居前的计算机、通信和其他电子设备制造业4 709.6亿元，占规上工业总量的58.6%；通用设备制造业520.2亿元，比上年增长7.9%，占规上工业总量的6.5%；汽车制造业369.1亿元，占规上工业总量的4.6%。

【支柱产业】 昆山工业以电子信息和装备制造为两大支柱产业。年内合计完成工业总产值6 479.2亿元，占全市规上企业总量的80.6%，比上年下降3.1%。

表66 规模以上工业分行业工业总产值完成情况表

指标名称	2014年产值(万元)	比上年增减(万元)	占比(%)
总计	80 417 579	–1.8	100.0
造纸和纸制品业	1 364 118	2.7	1.7
印刷业和记录媒介复制业	742 999	11.3	0.9
文教、工美、体育和娱乐用品制造业	1232 027	22.4	1.5
化学原料和化学制品制造业	3 389 966	10.2	4.2
橡胶和塑料制品业	2 481 328	–3.5	3.1
非金属矿物制品业	1 570 035	5.9	2.0
有色金属冶炼和压延加工业	1 412 455	–0.1	1.8
金属制品业	1 237 473	–0.6	1.5
通用设备制造业	5 201 528	7.9	6.5
专用设备制造业	3 021 151	–0.2	3.8
汽车制造业	3 691 414	16.6	4.6
铁路、船舶、航空航天和其他交通运输设备制造业	1 088 020	3.1	1.4
电气机械及器材制造业	2 464 380	0.2	3.1
计算机、通信和其他电子设备制造业	47 096 366	–6.2	58.6
仪器仪表制造业	992 339	12.7	1.2

电子信息产业全年完成工业总产值4 709.6亿元，比上年减少6.2%，占全市规上工业总量的58.6%。从内部构成看，电子信息产业由产业链终端产品加工向产业链前端制造转移的趋势明显。笔记本电脑生产5 140.1万台，比上年减少22.1%；液晶显示屏生产1.98亿片，比上年增长81.2%；光电子组件生产2.79万只(片、套)，比上年增长55.8%；锂离子电池生产8 730.5万只，比上年增长34.9%。代表性企业有纬氏企业集团、仁宝企业集团、富士康企业集团和南亚电子集团、世硕电子等大企业(集团)。

装备制造产业在汽车制造的带动下继续保持较快增长，全年完成工业总产值1 769.6亿元，比上年增长6.3%，占全市规上工业总量的22%。代表性企业有通力电梯、牧田企业集团、三一企业集团、专用汽车厂和浦项(苏州)汽车配件制造有限公司等大企业(集团)。

【新兴产业】 年内，昆山市制造业领域新兴产业(不含软件产业)列统企业共486家，比上年同期增加43家，实现产值3 433.58亿元，新兴产业产值占规上工业总产值比重达到42.7%，比上年同期提升2.6个百分点；同比增速为7.1%，高于规上工业8.9个百分点；实现利润188.27亿元，实现利税267.03亿元。昆山市新兴产业产值列苏州市第一。全市新兴产业(制造业)以26.4%的规上企业占比，创造了42.7%的规上工业总产值，实现了47.9%的规上利润和49.1%的规上利税。

表67

2014年昆山市分行业效益情况汇总表

类别	产值（亿元）	产值增速（%）	利税（亿元）	利税增速（%）	利润（亿元）	利润增速（%）
高端装备制造	971.25	9.5	118.10	14.9	85.51	13.9
集成电路	123.26	22.6	10.27	41.7	6.73	64.7
节能环保	145.52	4.8	15.77	–11.3	11.78	18.7
生物技术和新医药	55.24	10.6	5.25	3.0	3.76	–2.4
新材料	607.79	8.0	54.58	11.7	34.50	2.7
新能源	124.45	15.1	6.70	–7.4	3.29	–31.7
新型平板显示	1 117.86	4.3	44.72	–9.7	34.84	–10.7
智能电网和物联网	288.22	0.5	11.63	0.8	7.87	–5.9
合计	3 433.58	7.1	267.03	6.8	188.27	5.4

表68

2014年昆山市各区镇产值完成情况汇总表

地区	本年目标值（亿元）	新兴产业产值（亿元）	完成比值（%）	增速（%）	规上工业总产值（亿元）	增速（%）	新兴产业产值占比(%)
全市	3 520	3 433.58	97.54	7.08	8 041.76	–1.8	42.70
开发区	1 720	1 538.19	89.43	6.55	4 474.03	–6.0	34.38
高新区	640	721.07	112.67	14.66	1 155.26	1.8	62.42
花桥经济开发区	22	25.48	115.82	3.75	120.16	–3.3	21.21
张浦	185	206.59	111.67	8.87	520.54	10.1	39.69
周市	252	231.12	91.71	1.43	447.74	3.4	51.62
陆家	170	161.37	94.92	–5.07	304.06	3.2	53.07
巴城	95	98.22	103.39	7.89	278.02	4.1	35.33
千灯	270	276.83	102.53	10.12	456.04	10.1	60.70
淀山湖	61	65.04	106.62	–0.03	146.43	2.0	44.42
周庄	5	6.08	121.60	11.24	8.42	11.8	72.21
锦溪	100	103.60	103.60	–4.84	131.04	–4.8	79.06

【重点企业】 江苏彩华包装集团公司 江苏彩华包装集团公司是江苏省首家包装集团公司，为股份合作制的省高新技术企业，注册资本：13 519.78万元人民币，法定代表人：夏嘉良。集团下属子公司：昆山市张浦彩印厂、昆山加浦包装材料有限公司、嘉合实业（苏州）有限公司、昆山嘉力普制版胶粘剂油墨有限公司、四川德阳德昆包装有限责任公司和世界包装责任有限公司(美国)。

该公司主要产品为软包装材料，包括多层共挤功能性膜/袋和非共挤（印刷复合）软包装膜、袋及软包装材料制造中使用的辅助材料，如印刷版辊、胶粘剂及油墨，产品主要面向国内外中高端市场。年内彩华集团销售收入112 557万元，利润13 473万元，税收5 307万元。

该企业致力于多层共挤功能性薄膜的研究与开发，拥有25项专利，其中发明专利12项（8项已获得，4项已进入实审阶段)，实用新型专利13项。企业设置"企业技术中心"，配置专职从事研发工作的专业技术人员70人，为企业的产品研发提供人才保障。该企业技术中心被认定为“江苏省技术中心”及“江苏省高分子软包装材料工程技术研究中心”。公司与江南大学签署了产学研联盟，合作开展研发材料改性、水性油墨的研发与应用、新型环保溶剂配方研究工作，共同推进产业化发展。

公司获得的各级荣誉主要有：中国塑料加工工业协会复合膜制品专业委员会理事长单位、全国百强包装印刷企业、2011年企业资信等级评定AAA级、“江苏省高新技术企业”。企业研发中心被认定为“苏州市企业研发机构”,代表行业参与制定了 9 项国家标准及 3 项行业标准，其中 8 项标准已颁布执行。获得“国家级星火计划项目证书”、省优秀民营企业、昆山市十佳内资纳税企业、昆山市国税纳税 A 级企业、昆山市最佳内资企业、省五星级数字化企业、省供应链管理示范企业、2013 年国家印刷示范企业等荣誉。公司产品获得了“2004、2005 杜邦中国包装奖” 特等奖、“2006 杜邦中国包装奖”三等奖、“第 18 届杜邦全球包装奖”银奖;获评全国优秀福利企业,解决了 319 名残疾人的就业问题。

苏州领创激光科技有限公司　苏州领创激光科技有限公司于 2010 年 12 月 15 日在昆山国家级高新技术开发园区注册成立,是专业研发、生产、销售大功率激光加工成套设备民营科技企业。公司注册资本 2 500 万元；现有总资产 19 790 万元,净资产 6 119 万元;现有员工 161 人,管理人员 29 人,占员工总人数的 18%,研发人员 81 人,占员工总数的 50.3%。公司主要产品为大功率激光切割机、激光焊接机等,广泛应用于工程机械、船舶、桥梁、航空航天、汽车、钢铁及军工等众多行业。超大幅面多功能高速数控激光切割机应用国际先进的激光技术和现代数控技术,汇多项核心技术于一身,集板材、型材、坡口、管材相贯线切割及板类异形零件加工功能于一体,实现切割幅面最宽、定位速度最快、定位精度最高、自由度更多,系目前国内高功率激光行业最高水准的高性能激光数控加工成套装备。产品填补了国内激光切割机在“超大幅面”及“多功能”方面的空白,拥有完全自主知识产权,打破了国外的技术垄断,使我国在该领域高端装备的研制水平跻身世界先进行列,可完全替代进口。产品优异的性价比不仅使这一高端装备得以在更多领域推广应用,而且大幅提升众多行业的制造能力、加工水平和生产效率,为我国由制造业大国迈向制造业强国提供有力的装备支撑。

昆山禾信质谱技术有限公司　昆山禾信质谱技术有限公司是专门从事质谱仪器的研发、制造、销售和服务,国内唯一具有飞行时间质谱仪器正向设计能力的公司,是中组部“千人计划”创业企业。公司研发团队获得江苏省创新团队,拥有多项完全自主知识产权的质谱核心技术。目前已研发出国内领先、国际先进的实时在线单颗粒气溶胶飞行时间质谱仪(SPMAS)、在线挥发性有机物质谱仪(SPIMS-1000)、PM2.5 在线源解析质谱监测系统（SPAMS 05 系列）、便携式在线四极杆质谱监测仪等多种质谱仪器。其中实时在线单颗粒气溶胶飞行时间质谱仪已入选“863”成果展,获得国家重点新产品、江苏省高新技术产品、苏州市科学技术三等奖、昆山市科学技术进步奖二等奖。SPAMS 仪器是目前国内外能进行 PM2.5 源解析的唯一工具,它可以对大气中的气溶胶颗粒物的粒径和成分进行实时、在线分析;同时,通过自主开发的多个软件系统快速对大气中存在的 PM2.5 颗粒的来源进行判识、分类和定位,实现 PM2.5 的源解析,这些将为环境治理的“关停并转”找到真正的污染源。SPIMS-1000 仪器为国内首次实现膜进样接口、单光子电离源以及垂直引入反射式飞行时间质量分析器联用，实时在线分析,避免离线分析样品前处理复杂、分析结果滞后等缺点;工业减震设计,大幅提高仪器的机动性能，保证仪器的现场应用的可靠性,整体技术达到国内领先水平。

【重点产品】　高效电动牙刷头自动组装设备　昆山市佰奥自动化设备科技有限公司研发的高效电动牙刷头自动组装设备,实现了电动牙刷头各个组件的全自动化组装功能。该设备获得省高新技术产品认定、省优秀新产品金奖和省省重点推广运用的新技术新产品(第四批)等荣誉证书。

高效电动牙刷头自动组装设备技术创新亮点主要有:(1) 凸轮快速梳毛分毛机构实现快速而稳定的梳毛分毛;(2)载具循环装置实现载具快速循环及快速定位;(3)高洁净硬质合金管冲铆铆头自动上油去污技术：利用棉绳自有的吸收能力和擦拭能力在铆头冲铆前对铆头进行上油并擦拭，起到去污上油的效果，使得冲铆时洁净铆头将油上到产品上;(4) 塑圈压装机构使塑圈与产品接入位置相接触时,受力分散,达到方便安装和不会产生断裂的有益效果;(5)利用高精度位移传感器、压力传感器与伺服压装系统相互配合来精确控制压装速度。

高效电动牙刷头自动组装设备的主要技术指标:(1) 生产速度:≤3 秒;(2) 压装误差:80 ± 1N;(3) 位移误差: ± 0.1mm;(4)梳毛速度:<2 秒;(5)组装重复精度:>100 件无误;(6) 分毛漏毛率小于 0.1%。

高效电动牙刷头自动组装设备整套设备功能实现方案：

Thick800A 仪器　Thick800A 是天瑞集多年的经验,专门研发用于镀层行业的一款仪器，可全自动软件操作,可多点测试，由软件控制仪器的测试点，以及移动平台。是一款功能强大的仪器,配上专门为其开发的软件,在镀层行业中可谓大展身手。

性能特点:(1) 满足各种不同厚度

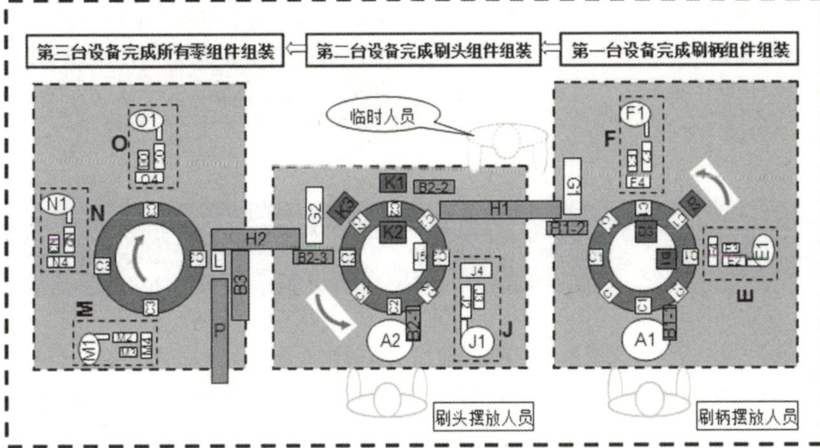

高效电动牙刷头自动组装流水线示意图

样品以及不规则表面样品的测试需求；(2)ф0.1mm的小孔准直器可以满足微小测试点的需求；(3)高精度移动平台可精确定位测试点，重复定位精度小于0.005mm；(4)采用高度定位激光，可自动定位测试高度；(5)定位激光确定定位光斑，确保测试点与光斑对齐；(6)鼠标可控制移动平台，鼠标点击的位置就是被测点；(7)高分辨率探头使分析结果更加精准；(8)良好的射线屏蔽作用；(9)测试口高度敏感性传感器保护。

技术指标：(1)型号：Thick 800A；(2)元素分析范围从硫(S)到铀(U)；(3)同时可以分析30种以上元素，五层镀层；(4)分析含量一般为ppm到99.9%；(5)镀层厚度一般在50μm以内（每种材料有所不同）；(6)任意多个可选择的分析和识别模型；(7)相互独立的基体效应校正模型；(8)多变量非线性回收程序；(9)度适应范围为15℃至30℃；(10)电源：交流220V±5V，建议配置交流净化稳压电源；(11)外观尺寸：576(W)×495(D)×545(H)mm；(12)样品室尺寸：500(W)×350(D)×140(H)mm；(13)重量：90kg。

应用领域：黄金，铂，银等贵金属和各种首饰的含量检测；金属镀层的厚度测量，电镀液和镀层含量的测定；主要用于贵金属加工和首饰加工行业；银行，首饰销售和检测机构；电镀行业。

（经信委）

建筑业

【概况】 年内，昆山市建筑业保持持续健康发展的良好态势，行业监管力度进一步加大，建设市场秩序平稳有序。全市新报建工程面积1 524.38万平方米，造价合计334.51亿元。其中外资项目累计报建面积340.75万平方米，内资项目累计报建面积1 183.63万平方米。全市建筑业企业完成施工总产值超过286亿元。全市总承包及各类专业承包建筑业企业486家，其中总承包一级企业13家，二级33家，三级27家；一、二级注册建造师5 759人，小型项目管理师3 525人；商品混凝土企业23家，检测企业16家（含桩基检测企业），监理企业54家。

【修订落实建筑企业信用综合评价实施细则】 结合昆山市建筑市场和施工现场的实际情况和管理办法，市住建局开展建筑企业信用综合评价实施细则的修订及贯彻落实工作，制订房屋建筑、建筑装饰专业信用考评打分内容，并根据建筑业企业基本信用考核内容和计分方法，对几个施工现场进行模拟打分，分别召集建筑业协会、装饰协会召开座谈会，征求信用评价意见。9月，局信用评价系统启用后，已录入全市214家房屋建筑、装饰施工企业的日常考核分及综合大检查分，形成企业信用评价分。

【部署全市工程质量治理两年行动工作】 根据住建部9月4日全国工程质量治理两年行动电视电话会议精神，市住建局召开全市工程质量治理两行动工作会议，全市建筑业协会、市政协会、装饰协会、监理咨询协会、勘察设计协会各常务理事单位的法人及技术负责人、协会驻会秘书长、各检测机构法人及技术负责人等260人左右参加会议，布置落实昆山市工程质量治理两年行动工作。结合住建部关于建筑工程五方责任主体项目负责人质量终身追究办法、建筑工程施工转包违法分包等违法行为认定查处管理办法及六项主要工作要求，11月份出台昆山市工程治理行动方案及相关配套文件，完成企业自查自纠，收到企业自查自纠表格467张。自质量行动开展以来，对全市240个项目进行了检查，查处违法发包分包事件2起，违法转包事件1起，并进行处罚；明确了五方责任主体项目负责人到场签承诺书制度，已签新建工程承诺书87份。

【项目监理机构人员备案实行无纸化网上申报】 年内，为进一步简化和规范办事流程，提高服务效率，节省社会资源，依托市住建局新开发的“昆山市住建局网上办事系统”平台，整合现有网上办公资源，延伸服务内容，实行监理企业项目监理机构备案无纸化网上申报。实行监理企业项目监理机构备案网上全程和无纸化申报以来，避免企业及办事人员在各部门之间往返，方便企业，节省办事时间，提高企业办事效率，受到企业和办事人员的一致好评。

（住建局）

服务业

【概况】 年内，全市完成服务业增加值1 284.5亿元，按可比价计算，比上年增长11.8%，增速比地区生产总值高4.1个百分点。服务业增加值占地区生产总值的比重达到42.8%，比上年底提高1.6个百分点。全市服务业实现入库税金169.4亿元，增长4.9%。服务业公共预算收入123.5亿元，增长5.7%。服务业公共预算收入占公共财政预算收入比重达到46.8%。

服务业投资平稳增长 全年完成服务业投资578.8亿元，增长7.3%，占全社会固定资产投资68.1%，比上年提高4.1个百分点。其中，生产性投资完成135.4亿元。当年全市45个重大服务业项目完成投资131亿元，完成94.4%。唯品会（二期）项目、美吉特灯具城已投入使用,金融街一期、宇培华东电子商务运营结算中心、神州数码电子商务产业园(一期)、金鹰国际商城(一期)主体完工,天环冷链物流基地、华润商业综合体等项目正抓紧主体建设。

服务业引资态势较好 年内,创新招商引资思路和策略,积极推动现有企业转型发展,加快培育服务业新业态。全市共新批服务业外资项目165个,增长43.5%,注册外资52 235万美元,增长45.8%,实际利用外资45 657万美元。新增服务业内资企业7 926个,增长41.8%,新增服务业内资企业注册资本170.6亿元,增长6.2%,期末服务业内资企业总数达到44 629个,增长21.6%。建大环宇(中国)投资有限公司、统实(中国)投资有限公司等先后设立。

现代服务业集聚区加快提升 经省、苏州市对服务业集聚区考评调整,千灯现代商贸物流园被认定为苏州市服务业集聚区。至年底,昆山市拥有花桥国际商务城、综合保税区物流中心、昆山软件园3个省服务业集聚区,阳澄湖科技园、昆山文化创意产业园、昆山商贸城、千灯现代商贸物流园4个苏州市服务业集聚区。年内,全市7个苏州市级以上集聚区实现销售收入1 483.4亿元,上缴税收超过80亿元。累计入驻企业超过1万家,累计就业22.6万人。花桥国际商务城实现服务业增加值152亿元,同比增长24.6%,占地区生产总值比重达到79%,其中主导产业实现增加值107亿元,同比增长25.8 %;完成服务业投资108.3亿元。引进较具规模的服务业项目113个,上海证交所花桥运营中心、浙江迪安诊断技术股份有限公司、软通动力网络科技、金博伟家居科技、中国惠农投资管理等项目先后落地。昆山综合保税区加快功能拓展,加快推动(跨境)电子商务平台、供应链金融等新型业态的发展和平台建设。实现进出口580亿美元,保税物流金额701亿美元,内销收入36亿元。昆山软件园积极构建智慧园区,加快公共平台建设。“智慧园区管理与服务公共服务平台”已经上线运营,APP和微信平台已进入测试阶段,3D渲染公共服务平台功能继续完善中。园区注重提高产出效益,积极构筑以软件、动漫和服务外包产业为主体的服务产业集群。昆山商贸城不断优化商贸业态,汽车服务产业链加快完善。万达广场正式动工,商务办公项目加快推进。新开汽车4S店9家,至年底,汽车4S店已超30家。中汽联合汽车零部件(昆山)国际贸易园建设稳步推进,成功引进中驰汽配电商项目。

总部经济

【概况】 依托昆山开发区、昆山高新区、花桥国际商务城等重点区域,完善政策环境,优化政务服务,通过引进培育、就地转型、企业上市等加快总部企业培育发展。年内,省商务厅先后认定第二批、第三批跨国公司地区总部和功能性机构,昆山市有正新橡胶(中国)有限公司、江苏龙灯化学有限公司等6家企业入选。统一商贸(昆山)有限公司、威富服饰(中国)有限公司被正式认定为苏州市总部企业。昆山润华商业有限公司、恩斯克投资有限公司两家总部企业入围省服务业百强。全市先后认定6批共107家总部企业,其中台资企业总部29家,在境内投资企业总资产超过500亿元,控股企业和分支机构600多家。

表69 2014年经省商务厅认定的跨国公司地区总部和功能性机构

序号	企业名称	批次
一、跨国公司地区总部		
1	正新橡胶(中国)有限公司	第二批
2	昆山富港投资有限公司	第三批
3	昆山广兴电子有限公司	第三批
二、跨国公司功能性机构		
4	江苏龙灯化学有限公司	第二批
5	丹尼斯克(中国)有限公司	第二批
6	竞陆电子(昆山)有限公司	第三批

(陈继稳)

服务外包

【概况】 全年新增服务外包项目116个,其中外资项目16个,注册外资3 543万美元。全市新增服务外包受训人数近7 992人。至年底,全市累计批准服务外包企业840家,注册资本20.8亿美元。全市拥有CMMI3国际认证服务外包企业44家,服务外包从业人员近3万人。成功引进如IBM、大连华信、戴尔信息成等一批知名服务外包项目。产出总量保持稳步增长。全市完成外包接包合同额15.82亿美元、离岸接包执行额5.25亿美元,分别增长24.7%和34.4%。两项指标的总量均居苏州全市第三位。

电子商务

【概况】 4月,昆山市电子商务扶持政策正式发布,将对企业应用、规模提升、平台建设、示范创建、跨境电商等五大方向予以扶持。8月初举办2014两岸电子商务产业合作及交流会议,吸引100多家大陆和台湾地区电子商务企业的

500多名代表参加。

特色平台有序建设。“两岸和商网”综合影响力达到国内领先，成功开发了一系列电商产品和服务。“昆山运筹网”是针对采购环节的专业网站，主要业务有订单融资、电子押标金、应收账款承购等。

龙头企业有力带动。年内，唯品会、亚马逊、京东商城分别完成零售额60.22亿元、15.93亿元和26.05亿元。好孩子电子商务开通手机客户端、微信微商城、O2O+B2C等模式，年内完成网络销售额7.53亿元，同比增长82.77%。胜道与京东总部合作建立“京东优品基地”，年内实现销售额超1亿元。

（马　维）

物流业

【概况】 至年底，全市共有专业运输企业507家，营运车辆16 578辆。其中，中国物流与采购联合会认定的5A级企业1家、4A级企业11家，3A级企业37家，省重点物流基地1家，省重点物流企业12家。全年社会物流总额1.52万亿元，累计完成道路货物运输量2 312.5万吨，社会物流总费用510亿元，占GDP比率约为15.1%，交通运输业增加值123.8亿元。

【公路无水港基地落地揭牌】 8月20日，昆山无水港基地揭牌。该基地位于312国道旁的日本工业园区内，占地71亩，紧靠出口加工园区，依托昆山康芸物流已有的硬件设施和业务基础，开展集装箱运输、暂落、堆存、调箱门、中转、甩挂等集装箱物流服务。

【扶持现代物流业发展】 11月，昆山市服务业发展引导资金（现代物流专项）正式获批兑现，昆山市政府向全市110家物流企业下发2 359.45万元现代物流业专项引导资金补助。

【交通物流基地建设】 11月5日，省交通运输厅下发《关于下达2014年交通物流基地建设投资奖励计划的通知》，明确天环冷链、海联中汇、三维园艺纳入省交通物流基地补助项目，共获得270万扶持资金。（陈春华　徐瀚洋）

银行业

【人民银行昆山市支行】 年内，昆山市金融运行平稳有序，银行存款增长趋缓，信贷平稳增长，不良贷款控制较好。至年底，昆山市银行业本外币存款余额3 210.79亿元，同比增长8.7%，增速比上年低2.3个百分点，比年初增加255.8亿元，同比少增37.75亿元。其中，人民币存款余额2 882.89亿元，同比增长7.8%，增速比上年低5个百分点，比年初增加208.31亿元，同比少增94.76亿元。昆山市银行本外币贷款余额2 257.18亿元，增长12.79%，较年初增加255.95亿元，同比多增129.98亿元。其中，人民币贷款余额2 043.47亿元，增长12.16%，比年初增长221.50亿元，同比多增3.99亿元。存贷款余额和增量在苏州各县（区）中均排第一。至年底，全市不良贷款本外币余额18.49亿元，比年初下降2.63亿元；不良率0.82%，较年初下降0.16个百分点。年内，辖区商业银行共处置不良贷款19.48亿元，其中，现金回收8.05亿元，核销5亿元，以物抵债1 144万元，打包出售4.78亿元，其他方式1.54亿元。

人行昆山市支行积极推动金融改革创新，大力支持地方经济发展，着力维护辖区金融稳定，持续深化昆山试验区跨境人民币业务试点。经人行南京分行同意，允许台资企业将其以流动资金设立的企业纳入企业集团范畴，参与跨境双向借款试点业务，进一步拓宽了政策覆盖面。年内，已有昆山萨卡尔机械有限公司等4家企业申请纳入集团双向借款范围，合计注册资金32 200万元。至年底，昆山试验区累计办理个人经常项下跨境人民币收支17 844万元，其中跨境收入12 625万元，跨境支出5 219万元。共有240家企业办理台资企业集团成员借放款专用账户备案，合计所有者权益924亿元，148家企业发生双向借放款业务，累计跨境借款收入72.04亿元，放款支出2.85亿元，累计对外还款27.96亿元。昆山试验区正成为台资金融机构和企业集团“立足长三角、布局大陆市场”的重要平台和示范基地。

全面完成农村金融综合服务站建设，在2012年ATM机具“村村通”基础上，与昆山市委农办联合出台《昆山市农村金融综合服务站建设推广指导意见》，为农民提供支付结算、现金、国库、征信、金融消费权益保护等服务，进一步改善农村金融环境。至年底，昆山有138家农村金融综合服务站挂牌，实现了全市行政村金融综合服务站全覆盖。

5月，昆山市金融系统矛盾纠纷人民调解委员会经昆山市司法局批准成立，负责对昆山市重大、疑难金融系统矛盾纠纷的调处、协调工作。调解委员会实行三级网络制，即全市成立调解委员会，昆山各银行、保险协会、证券公司成立调解小组，各金融机构网点设立调解联络员，通过化解矛盾纠纷，宣传金融相关法律、法规、规章和政策，加强金融消费权益保护工作。

【国家外汇管理局昆山市支局】 年内，国家外汇管理局昆山市支局全面履行外汇监管职责，依法行政，推进各项外汇管理改革与试点，加强跨境资金流动监测，强化资本项目管理。至年底，办理新设外汇登记235笔，FDI增义务变更登记355笔，FDI减义务变更登记4笔，FDI权益注销登记50笔；完成FDI流入权益确认共725笔，确权金额共11.51亿美元；FDI转股权益确认15笔；完成ODI义务登记10笔，ODI企业注销2笔；办理外债合同登记636笔；外债提款金额为24亿美元；总还本金额25亿美元；利息金额为0.7亿美元；至11月底外债余额51亿美元。

年内积极向上争取辖内两家法人制银行短期外债指标，使昆山农村商业银行实现了短债指标的零的突破。

年内为952家企业办理名录登记，注销756家企业名录资格，其中724家企业因连续两年未发生贸易外汇收支业务注销，29家企业因终止经营或不再从事对外贸易注销，3家企业为原C类企业因连续两年未发生外汇业务注销。

年内强化货物贸易现场核查，对98

家企业下发现场核查通知书，全年共完成101家企业现场核查。至年底，全辖共有B类企业71家，其中12家经现场核查被定为B类企业。

年内对1 497家企业进行非现场核查监测，完成非现场核查监测记录2 142条；共办理267笔报关单错误数据修正；为企业办理贸易信贷现场报告3 692笔；开立货物贸易外汇业务登记表113份，登记金额合计849万美元。

年内共办理国际收支申报314 592笔，金额715.19亿美元，其中跨境收入申报16 114笔，金额404.65亿美元，跨境支出申报153 478笔，金额310.54亿美元，均按规定办理了核查，申报准确率总体上有所提升。对5家银行进行国际收支现场核查，提出整改建议12条，保障了银行国际收支业务的顺利开展。

年内加强外汇检查工作，全年针对违反外汇管理法规行为立案3起，处罚3起，结案率100%，共处罚人民币47.5万元，处罚案件同比增加200%。

【中国农业发展银行昆山市支行】 年内，充分发挥支农的骨干和支柱作用，积极服务“三农”发展，昆山支行年末贷款余额18亿元，贷款日均余额22.08亿元，贷款利润率1.58%，达到标兵行标准。企事业存款余额4.35亿元，存款日均5.44亿元，比上年增长0.24亿元，全年实现账面利润4 649万元，经营性考核利润3 487万元，人均经营性考核利润217万元。实现中间业务收入168万元，其中160万元为融资顾问费、8万元为代理保险手续费收入，无不良贷款。年末表内欠息10.27万元，当年到期贷款12.39亿元，实际收回12.27亿元，到期贷款收回率99%。

2014年度被江苏省分行评为先进集体、先进基层党组织；获省分行一级行、信贷资产优质行荣誉称号。

【商业银行】 中国工商银行股份有限公司昆山分行　年内，中国工商银行股份有限公司昆山分行（以下简称市工行）加快经营转型，把增长模式与发展方式有效引向结构合理、内涵优化的可持续发展道路，全年本外币各项存款余额（含同业）342.73亿元，比上年增加1.84亿元，本外币各项贷款余额277.60亿元，比上年增加26.46亿元，融资支持中小企业客户501户，创新表外融资69.5亿元，个人贷款余额破百亿。实现国际结算212.84亿美元，以建设深化两岸产业合作试验区为契机，跨境人民币结算量达140.77亿元人民币，首破百亿大关。加快发展互联网金融，个人网上银行、手机银行、网银结汇、工银e支付等电子产品取得突破性发展，“融易购”电商平台成功推广，落地服务与线上服务互为结合，为客户带来现代化金融服务新体验。年末辖内营业网点29个，新增自动柜员机16台、累计247台；新增自助终端3台、累计70台；新增自助银行5家、累计47家。全年销售国债1.59亿元，信用卡新增发卡量38 166张。

年内被评为工行江苏省分行精品县（市）分行、省分行、苏州分行先进单位，一名员工荣获全国金融五一劳动奖章。

中国农业银行股份有限公司昆山分行　至年底，本外币各项存款余额610.52亿元，列系统、同业第一，本外币各项贷款余额373.61亿元，其中个人贷款余额186.15亿元，全年累计实现国际结算309亿美元，外汇交易77亿美元，累计跨境人民币结算146亿元。客户服务渠道不断完善，年内新建自助银行12家，新建精品自助银行2家，全辖布放自助设备总数达到411台；“三农”服务能力持续增强，新增“惠农通”有效服务点143个，挂牌65家“农村金融综合服务站”；针对客户需求开展一系列创新，在系统内首推两岸跨境人民币双向借贷业务、发放首张专门面向台胞客户的“台通卡”，自主开发设计“薪溢宝”产品、“安居宝”“店铺宝”产品组合，开展全员优质服务创建工程。资产质量保持稳定，不良贷款占比0.69%，全年未发生突发性的不良信用风险；全年成功防范75起电信诈骗，为客户挽回经济损失92.41万元，堵截假存单3起，涉案金额26.5万元，全省首个以个人命名的防范电信网络诈骗示范岗在蓬朗支行设立。年内获得全国农行精神文明建设工作先进单位、省农行“四好”领导班子、省农行安全保卫工作先进集体、苏州市平安金融示范单位等荣誉称号。

中国银行股份有限公司昆山分行　年内，中国银行股份有限公司昆山分行（以下简称市中行）本外币各项存款余额299.66亿元，比上年减3.59亿元，下降1.18%，其中人民币各类存款余额260.30亿元，比上年增11.50亿元，增长4.62%。本外币各项贷款余额264.09亿元，比上年增3.47亿元，增长1.33%，人民币各项贷款余额240.85亿元，比上年增6.22亿元，增长2.65%。全年对公国际结算量119.17亿美元。发放各类借记卡219 568张，累计发放1 691 729张。代理保险销售10 712万元、基金销售24.5亿元，证券资金第三方存管新增签约户1 374户。实现中间业务收入3.73亿元，比上年减少0.12亿元，下降3.19%。实现拨备前利润9.68亿元，比上年增长0.29亿元，增幅为3.11%。年内，市中行助力昆山市委市政府与中国银行总行在北京签订《金融支持昆山深化两岸产业合作试验区合作协议》，并先后接待了省委书记、省人大常委会主任罗志军，省委常委、省人大副主任、苏州市委书记蒋宏坤调研考察，荣获省平安金融示范单位、苏州市平安金融创建“示范单位（网点）”等称号。

中国建设银行股份有限公司昆山分行　年内，建设银行昆山分行实现本外币一般性存款余额452.36亿元，新增32.71亿元，其中对公、个人存款新增分别为18.5亿元、14.21亿元，人民币对公存款新增12.79亿元；各项贷款余额406.12亿元，新增54.09亿元；资产质量控制良好，不良贷款余额和比率实现“双降”且为四行最低；效益持续增长，实现主营业务收入16.28亿元，比上年增长9 945万元，增幅6.51%，实现拨备前利润11.9亿元。

全行有效客户新增188 252位，信用卡净增26 391张，实物金销售15.60万克，基金14.57亿（含类理财基金），保险实现2.15亿元；新增综合性支行一家，自助设备36台；共发放个人贷款10 841笔，金额47.44亿元；企业客户方面，销售亿元以上客户新增30户，新设注册千万以上客户新增119户，公司机构有效客户8 364户；实现跨境业务量157.07亿元人民币，办理海外代付业务265笔，表内外融资业务1 097笔。

年内荣获中国建设银行信访维稳工作先进单位、第四届中国建设银行文明单位、昆山市信贷工作先进单位、昆山市人民币流通满意工程先进单位、昆山市外汇管理考核A级行、昆山市平安金融创建工作先进单位、昆山市银行业金融机构信息工作先进单位、连续八年荣获昆山市效能建设“三服务”满意单位。

交通银行股份有限公司昆山分行 至年底，交行昆山分行本外币各项存款余额156.77亿元，较年初基数增长13.11亿元；本外币月均存款158.04亿元，较年初基数增长29.32亿元，超分行目标6.47亿元。本外币贷款余额93.03亿元，较年初增长3.31亿元，涨幅3.7%。人民币贷款85.04亿元，其中对公贷款57.85亿元，较年初增长4.04亿元；对私贷款31.65亿元，较年初增长0.4亿元。年内新增贷记卡3 220张，新增达标沃德客户376户，新增中高端客户2 979户，代发工资客户5 506户。年末，累计自助服务点89个，自助银行18家。年内昆山分行被昆山市金融工作协调领导小组授予“2014年度昆山市平安金融创建工作先进单位”的荣誉称号。

年内成立昆山分行综合治理领导小组，切实开展案防和专项治理活动，明确责任分工，严格落实检查监督机制，并把内控管理与外部防范有机结合起来，全面提升分行员工的合规操作意识、优质服务意识，防范各类风险隐患，负责全行操作风险和服务提升工作，明确综合治理目标。

中信银行昆山支行 至年底，全行实现各项存款余额合并人民币206.27亿元，增幅4.97%；本外币一般性存款余额194.21亿元，增幅10.19%；本外币贷款余额100.07亿元，增幅13.83%；其中本外币对公存款余额174.36亿元，增幅12.21%；实现税前利润3.47亿元，增幅8.34%。昆山辖内拥有5个网点，3家离行式自助银行，123台ATM机。

中国光大银行股份有限公司昆山支行 至年底，中国光大银行昆山支行各项存款余额799 191万元，较上年初增99 206万元，增幅14.17%；其中对公存款716 184万元，比年初增113 103万元；储蓄存款82 073万元，比年初减少14 759万元。八项资产余额20.06亿，较年初增长5.69亿。各项贷款余额424 242万元，较年初增1 182万元。年内昆山支行实现账面利润10 210万元，比上年同期增长247万元。国际结算方面，年内支行实现国际业务结算量130 810万美元，完成结售汇28 843万美元，开立资本金账户4户，外债户6户，结算户15户，人民币借款户2户。

年内，中国光大银行昆山支行加大业务创新，成功办理第一笔跨境人民币借款业务，成功开立海峡两岸双向借款账户。6月，与光大租赁合作，为龙腾光电成功投放近3亿元的融资租赁。每月设定一个主题活动，每周走进营业厅外的社区、企业、学校和大型商场进行宣传，开展多种丰富多彩的活动。年内，光大银行昆山支行被评为2014年中国银行业协会五星级营业网点，并获得2014年中国银行业文明规范服务千佳示范单位的荣誉称号。

华夏银行股份有限公司昆山支行 年内，华夏银行股份有限公司昆山支行年内总存款突破40亿元大关，储蓄存款踏上4亿元新台阶，至年底，一般性存款38.78亿元，比年初增加4.97亿元，其中：对公存款余额34.59亿元，比年初增3.90亿元，对公日均33.78亿元；储蓄存款余额4.19亿元，比年初增加1.07亿元，储蓄日均3.25亿元。完成国际结算13.46亿美元，比上年增加4.36亿美元。

12月18日，经中国银监会苏州监管分局批准，华夏银行股份有限公司昆山高新技术开发区支行开业，营业地址为昆山市白马泾路48号，并在上级行授权的业务范围内开展金融业务。一年来，华夏银行昆山支行各项工作运行平稳，主动案防能力有所提高，营销支持效果显现，工作基础进一步夯实，管理水平得到有效提升，被苏州华夏银行系统评为先进单位。

招商银行股份有限公司昆山支行 至年底，招商银行昆山支行全折人民币自营存款余额45.51亿元，自营贷款余额71.94亿元，全年实现考核利润近2亿元，位居当地股份制银行第二位。招行团队走出常规业务领域实践创新业务品种，转变经营方式发展票据业务、同业业务、股票质押业务，着眼并推进轻资本占用业务，同时寻找业务批量销售新渠道，2014年成功发行与昆山个私协会联名生意一卡通。

年内招行设有营业部和二级支行张浦支行两家营业网点，4家自助银行，5家ATM单点。年内招商银行昆山支行荣获昆山市征信工作优秀单位称号、效能建设“三服务”满意单位称号、招商银行苏州分行先进集体称号等多项荣誉。

上海浦东发展银行昆山支行 至年底，支行总资产规模108.48亿元，存款余额105.98亿元，在8家股份制银行中，增量第一、市场份额第二。全年累计实现营业净收入2.88亿元，税前实际利润1.98亿元。不良率0.22%，人均创利和人均存款连续多年列昆山同业之首。

年内，昆山支行坚持立行之本，竭尽全力抓负债营销，在扩大负债规模、提升竞争能力等方面做了大量工作，存款规模创造了前所未有的佳绩。信贷投放方面重点扶持符合国家产业政策和行业政策的中、外企业，重点支持优质制造业、科技型创新企业、现代服务业等具有发展前景的企业。

年底在中国银行业协会组织的文明规范服务评选活动中，昆山支行被评为2014年度五星级网点和中国银行业文明规范服务千佳示范单位，这已是昆山支行继2012年获评后再次获得此项殊荣。

兴业银行昆山支行 成立于2012年12月18日，内设企业金融部、零售业务部、综合部和营业部4个部门，员工共30人（含编外）。

至年底，支行本外币存款余额15.69亿元，其中对公存款14.72亿元；对私存款0.92亿元。本外币贷款余额15.46亿元。个人综合金融资产2.92亿元，比年初增长2.05亿元；VIP客户：钻石4户、黑金100户、白金159户、黄金177户，核心客户677户。全行拥有存取款一体机7台，ATM机9台，全年实现中间业务收入 50.17 万元。

2014 年 5 月，昆山市第一家社区银行柏庐社区支行顺利开业。

中国民生银行股份有限公司昆山支行 年内，中国民生银行昆山支行本外币各项存款余额 83.1 亿元，比上年增长 5.39 亿元，增幅 6.9%，其中人民币各项存款余额 82.12 亿元，比上年增长 6.64 亿元，增幅 8.8%。人民币各项贷款余额 50.07 亿元，比上年增长 9 亿元，增幅 22%。全年国际结算量汇入 1.04 亿美元，汇出 1.52 亿美元，结售汇 1.3 亿美元。全行现有 11 家全功能自助银行以及 5 家普通自助银行、存取一体机 38 台、存款机 3 台、取款机 6 台、自助终端 15 台。代理基金销售 2.47 亿元，理财产品 42.75 亿元。实现中间业务收入 3 316 万元，比上年增长 2 336 万元，增幅 238%。实现利润 26 755 万元，比上年增长 3 650 万元，增幅 16%。

上海银行股份有限公司昆山支行 至年底，全行本外币一般性存款余额 23.90 亿元，比年初新增 5.16 亿元。其中，本外币企业存款余额 22.50 亿元，比年初新增 4.66 亿元；本外币储蓄存款余额 1.40 亿元，比年初新增 0.50 亿元。各项贷款余额 20.77 亿元，比年初新增 6.69 亿元。

上海银行昆山支行践行专业化经营、精细化管理，在业界逐步形成稳健经营、规范管理的商业银行形象，连续两年获昆山市效能建设“三服务”满意单位，年内获昆山市征信工作先进单位，在苏州分行系统内也连续两年获优秀经营单位称号。

江苏银行股份有限公司昆山支行 年内，江苏银行昆山支行以江苏银行总行“五观”为导向，以战略转型“十二字方针”为指引，支行经营管理水平和主要业务指标完成情况良好。本外币存款余额 81.27 亿元，较年初增长 7.65 亿元，其中人民币对公存款余额 71.36 亿元，较年初增长 7.70 亿元，储蓄存款 5.18 亿元，较年初增长 1 448 万元；本外币贷款余额 53.79 亿元，较年初增长 3.27 亿元；完成国际结算量 188 319 万美元；结售汇 61 935 万美元；实现考核净利润 17 847 万元，人均效益 307.71 万元。

年内昆山支行先后被评为：中国银行业协会“2014 年度中国银行业文明规范服务千佳示范单位”、中国银行业协会“中国银行业文明规范服务五星级营业网点”、江苏省部属企事业工会“工人先锋号”、江苏银行苏州分行“2014 年度先进集体”、昆山市金融工作协调领导小组“2014 年度昆山市平安金融创建先进单位”、国家外汇管理局昆山市支局“2014 年昆山市银行机构执行外汇管理规定 A 类银行”、中国人民银行昆山市支行“2014 年度昆山市银行业金融机构信息工作先进单位”、中国人民银行昆山市支行“2014 年度昆山市金融统计工作通报表扬单位”、中国人民银行昆山市支行 “2014 年度信贷工作先进单位”等荣誉称号。

苏州银行股份有限公司昆山支行 至年底，各项人民币贷款余额 20.82 亿元，比年初增加 7.36 亿元，各项人民币存款时点余额 22.24 亿元，比年初增加 2.61 亿元。

至年底，在支行有授信余额的中小企业共 66 户，贷款余额 3.57 亿元，其中“卓越企业伴飞” 客户 8 户，大力推动“圈链流”业务，开发供应链核心企业客户 3 户，上下游授信客户 8 户。

2014 年下半年开办 “苏式微贷”以来，有授信余额的小微企业共 130 户，贷款余额 5 915 万元。

“金桂三农”企业贷款 8 户，贷款余额 1.13 亿元。“农发通”成功入围全国服务三农小微双二十佳金融产品。“锦绣融”客户 28 户，贷款余额 1.24 亿元。“锦绣融”品牌荣获“2014 年江苏省支持小微企业双十佳产品”。

多渠道探索科技金融业务模式，累计为昆山 31 家科技型企业提供融资支持，授信规模 6.9 亿元。

至年底，已在高新区、千灯、周市设立二级支行，覆盖重点镇区。

积极稳妥处置两个钢贸市场和千灯大唐等不良贷款，不良率由年初的 17.37%压降为 8.60%，当年不良贷款下降 14 397 万元。

宁波银行股份有限公司昆山支行 至年底，宁波银行昆山支行各项存款余额 179 960 万元，比年初增加 64 943 万元，其中储蓄 11 111 万元，比年初增加 3 083 万元；各项贷款余额 133 947 万元，比年初增加 56 407 万元。

至年底，支行共有员工 38 人，形成了行长室、公司业务部、零售公司部、个人银行部、业管部以及综合部一室六部的组织架构。宁波银行致力于服务中小企业和个人高端业务，在昆山市场“金色池塘”“白领通”等品牌已在业内享有盛誉。

支行信贷资产质量保持较优水平，授信执照执行情况得到分行一致认可，表内外授信余额达到近 25 亿元，不良贷款余额 109 万元。

全年共开展全员消防培训两次，防抢演练两次，警示教育培训一次以及防电信诈骗等安全教育，均取得良好效果。

10 月，支行“昆石基金”成立，“昆石基金”走进昆山市福利院，给老人和孩子送温暖，得到了良好的社会反响。

浙江泰隆商业银行昆山支行 年内昆山支行持续为广大客户提供专业、优质金融的服务，有效支持了昆山地区近 452 名个体户、农户、小微企业主。至年底，昆山支行各项存款余额 1.53 亿元，贷款余额 1.48 亿元，累计发放贷款 1.48 亿元，户均贷款 32.7 万元。通过社区化经营和精准的服务，体现了一个有效率、专为小微金融服务的专业银行。

上海农商银行昆山支行 至年底，上海农商银行昆山支行各项存贷总额 50.46 亿元，其中信贷投放额比年初增加 4.33 亿元。年内，个人按揭贷款较上年增加 159.35%，全年累计票据贴现 22 亿元，投放约 2.26 亿元银团贷款，国际结算业务实现了新的突破，贸易融资1 570 万美元，国际结算量 18 000 万美元。

7 月 28 日，新开设周市分理处，年内在昆有两个网点，全行在职员工 46 名。随着自身综合实力的增强，各项业务得到了可持续发展。

江苏昆山农村商业银行股份有限公司 至年底，全行本外币存款余额 435.52 亿元，比年初增加 52.69 亿元，同比增加 56.45 亿元，增幅 13.76%。其中，人民币存款比年初增加50.55亿元，在江苏省联社系统位居前列；外汇存款比年初增加3 479万美元，余额为8 697万美元，创历史新高。本外币贷款余额292.85亿元，其中人民币贷款余额290.39亿元，比年初增加24.58亿元。全年进出口结算量25.79亿美元，累计办理跨境人民币结算量5.96亿元，二者在苏州农商行系统均名列首位。全年实现净利润5.5亿元，同比增加0.6亿元，增长12.24%。根据客户不同需求，推出了村乐贷、建乐贷等“乐”系列产品，针对个人客户完成了定活通、易贷通、存抵贷、担保购机、理财收益权质押融资等产品创新，针对小微企业客户推出了“年审制周转贷”“易融贷”产品等。围绕更好地服务市民生活，以市民卡为载体，加快服务平台和渠道建设，完成水、电、煤气、通讯等代收代付项目的全面签约，加强“银医通”项目落地实施及全市公立医院的推广，扎实推进“智慧昆山”项目的对接。正式开通手机银行、微信银行等新的服务渠道，完成全天候客服中心的上线，为广大客户提供更为便捷和周到的服务。至年底，全行业务离柜率达58%。

中国邮政储蓄银行昆山市支行　至年底，全口径存款时点达到97.1亿元，本年净增18.62亿元，其中对公存款余额18.3亿元，本年净增6.08亿元，储蓄存款时点余额78.8亿元，本年净增12.54亿元。结存各类贷款26.17亿元，全年净增7.42亿元。

年内，中国邮政储蓄银行昆山市支行加大对公司国际新业务的开拓力度，成功办理了全省系统内第一笔买入跨省国内证福费廷业务、第一笔跨境人民币汇出汇款业务、第一笔公司客户大额美元协议存款、第二笔美元同业协议存款。

年内，房贷业务的贷款投放再创新高，全年共投放房贷金额8.8亿元，余额突破20亿元。

年内被昆山市金融工作协调领导小组评为2014年度昆山市平安金融创建工作先进单位。

昆山鹿城村镇银行　年内，昆山鹿城村镇银行继续以“打造全国一流社区银行”为愿景，保持全行各项业务稳中有进。至年底，资产规模达43.49亿元，存款余额为36.46亿元，贷款余额为35.57亿元，继续在全省村镇银行中保持存、贷款以及资产规模第一的位置，同时在全国1 000多家村镇银行中名列前茅。

年内，实施完成了以下重大事项：完成“有限责任公司”整体变更为“股份有限公司”的改制工作；提出“二次创业、转型升级”的战略部署，并在各部门、各条线开展一系列管理提升活动；进一步提升公司法人治理水平，于年内配置董事会秘书，增设董事会办公室和监事会办公室；不断延伸服务触角，分别于1月和8月开设陆家支行和周市支行两个网点；通过持续优化、重组部门职能，明确分工和职责，形成8个管理部门、6个营业网点、1个事业部制个人贷款中心的良好组织架构格局；启动标杆网点建设项目，全面提升文优服务水平。

此外，昆山鹿城村镇银行始终坚持服务三农、服务小微、服务社区的宗旨，进一步强化社区银行的发展定位，通过积极推进社区营销，认真践行村镇银行“普惠金融”的理念，让村镇银行的“草根特色”深入民心。同时，不断创新业务品种，于2014年对产品进行进一步梳理并加以创新，形成了小微企业的成长伴侣——“农户贷”“随心贷”“助业贷”“兴业贷”“宏业贷”系列产品。年内户均贷款余额降低到160万元左右，而个人贷款中心的户均贷款规模仅17万元左右，真正体现了村镇银行“扶小助微”的经营责任理念。

汇丰银行（中国）有限公司昆山支行　年内，汇丰银行（中国）有限公司昆山支行（以下简称汇丰昆山支行）配合当地的经济特色以及集团总部的工作目标，延续前几年的服务特点，利用汇丰的环球资源优势，一方面继续开发新的客户，另外一方面深挖现有客户的服务项目，力求提供给客户全方位的优质金融服务。

年内对于已在汇丰昆山支行开立了双向跨境人民币的客户积极主动寻求更多的合作空间，和客户一起分析跨境人民币业务给企业所带来的优势，寻求资金成本的最小化。在大家的共同努力下，双向跨境人民币的集团开户数量与累积借入金额都有了显著的提升。汇丰昆山支行也因此再次被评为昆山跨境人民币先进单位之一。

年内逐渐将商业承兑汇票转移到汇丰昆山支行为其进行仓储和兑付，远期商业承兑汇票的仓储量也相应增长，远期商业汇票的仓储作为汇丰昆山支行的一个优势项目向客户进行推荐。

东亚银行（中国）有限公司昆山支行　东亚银行（中国）有限公司昆山支行（以下简称东亚银行昆山支行）下设行长室、公司业务部、个人银行部、运营部等部门，共有编制员工11人；其中行长室1人，公司业务部6人，个人银行部1人，运营部4人。本科以上学历占到支行总人数的91%以上，是一家年轻的支行。

东亚银行昆山支行成立以来，秉承东亚银行“来自香港、服务全国”的企业文化理念，紧密贴合昆山经济实际，至年底，支行本外币存款余额4.66亿元，本外币贷款余额1.95亿元。此外，支行还开展了“反洗钱宣传”“反假宣传站”等便民活动，每年开展消防演习及群众处置演练，深度融入昆山现有市场，采取有效的针对措施，为昆山市民提供全方位的东亚特色服务，创造东亚银行品牌效应。

三井住友银行（中国）有限公司昆山支行　三井住友银行（中国）有限公司昆山支行经银监会批准于2014年2月14日正式挂牌对外营业，位于昆山经济技术开发区，是三井住友银行（中国）有限公司旗下苏州分行的下辖支行。三井住友银行（中国）有限公司是日本三大银行之一的三井住友银行株式会社于2009年4月27日由在华外国银行分行转制为现地法人银行，总部位于上海市，在中国已拥有8个分行以及6个支行，共14个营业网点。

昆山支行成立以来，本着“客户第一、合规经营”的理念，为昆山地区的客户提供全方位的服务，客户的范围也从日资企业为主扩大到台企、欧美企业以及其他外资企业、中资企业。近一年以来，客户基础稳步扩大，收益逐渐增加，综合而言,取得了良好的成绩。

企业银行(中国)有限公司昆山支行　至年底,企业银行(中国)有限公司昆山支行共有职员 11 名,营运资金为等值人民币 1 000 万元,负债总额折合人民币 63 136.41 万元。负债的主要构成为各项存款(期末余额折合人民币 33 910.78 万元、占负债总额的 53.71%),是支行除营运资金外最主要的资金来源,支行资产总额折合人民币 64 255.78 万元。从资产结构角度分析,其最主要的资产为普通贷款(期末余额折合人民币 23 619.25 万元,占全部资产总额的 36.76%)、贴现(期末余额折合人民币 4 167.59 万元,占 6.49%)。全年贷款企业仍以韩资企业为主,结合上年经济形势减少了电子行业企业贷款规模,增加了汽车零部件相关企业授信,平稳发展银行承兑汇票贴现业务,稳步做好贷款业务。

年内各项业务经营平稳展开,实现所得计提资产减值损失前利润总额折合人民币 271.33 万元。实现营业收入 902.58 万元,其中利息净收入折合人民币 781.87 万元,占收入总额的 86.63%;手续费净收入 85.99 万元,占收入总额的 9.53%;汇兑净收益 34.72 万元,占收入总额的 3.84%。营业支出为 631.25 万元,主要为业务及管理费 539.73 万元,占营业支出的 85.50%。全年实现所得税后净利润折合人民币 174.14 万元。

年内支行信贷总体情况稳定,无不良贷款发生。授信对象仍然以小微企业为主,至年底,授信客户共 27 家,小微企业 22 家;贷款客户主要为韩资客户或韩方出资 50%以上的合资企业;针对中资客户做的业务主要是银行承兑汇票贴现业务。商业贷款总额 2.36 亿元,包含韩国母公司信用担保在内的信用贷款有 1.2 亿元,其余采取房地产抵押、存款质押、备用信用证等担保方式。年内支行电子商业银行承兑汇票承兑以及贴现业务已经开展。

彰化商业银行股份有限公司昆山分行　至年底,彰化商业银行股份有限公司昆山分行账面本外币资产总额折合人民币 48.71 亿元,账面本外币负债总额折合人民币 38.26 亿元,营运资金为等值 10 亿元人民币,人民币资本充足率达 40.19%,累计实现利润折合人民币 0.83 亿元,资产收益率 1.04%。

在服务能力建设上,在四大重点方面实现了新的突破:协助总行在广东设立东莞分行和在福建筹建福州分行,在管理机制上实现了单一分行向中国境内管理行的转变;依托昆山深化两岸产业合作试验区的相关政策,成功开办了在昆台商集团内跨境人民币借贷业务;网上银行交易系统成功上线;在间接接入一代支付系统和加入苏州同城清算系统的基础上完成了直接加入二代支付系统的前期准备工作。

年内,分行行长翁一新被昆山市政府授予"荣誉市民"荣誉称号。

瑞穗银行(中国)有限公司昆山支行　瑞穗银行(中国)有限公司昆山支行成立于 2013 年 1 月,位于昆山市开发区,现有员工 15 人,至年末存款余额折合人民币 97 229.88 万元,贷款余额折合人民币 46 584.55 万元,客户数为 140 家。客户结构摆脱了单纯日资企业的模式,逐渐向多元化的客户结构发展,已出现一定比例的台资企业、中资企业、韩资企业等。

年内支行积极开展"员工管理年"主题活动,根据总行的安排并结合自身的特点,每月进行全体员工案防集中培训,内容主要涉及外发电子邮件注意事项、反洗钱系统知识、信息管理、主要法规和利益冲突管理培训。　(周爱民)

证 券 业

【东吴证券】　东吴证券股份有限公司昆山分公司是东吴证券股份有限公司(股票代码:601555)分支机构,辖昆山前进中路证券营业部、昆山环城北路证券营业部、昆山高新区前进西路证券营业部、昆山周市镇萧林东路证券营业部、昆山陆家镇童泾路证券营业部、昆山张浦证券营业部、昆山花桥证券营业部和昆山千灯证券营业部等八家证券营业部,东吴品牌覆盖至昆山各主要乡镇。业务范围包括:证券经纪业务、投资咨询业务、融资融券业务、代销金融产品业务、财务顾问业务、承销与保荐业务、资产管理业务等综合性业务,实现了业务全面覆盖。与工、农、中、建、交、光大、浦发、中信、民生、招商、华夏、上海、兴业、南京等多家银行建立了三方存管业务。

东吴证券昆山分公司坚持待人忠,办事诚,以德兴业的理念,围绕"建设以互联网财富管理为核心的现代证券控股集团"的公司新蓝图,合规经营,致力于根据地建设,全年零风险事故。至年底,共有员工 75 名,A 股账户总数近 97 000 户,客户资产规模达 140 亿元,全年实现股票基金交易量近 1 220 亿元,融资融券余额近 6 亿元。昆山前进中路证券营业部业务收入居苏州市营业部前二,昆山前进中路证券营业部、

6 月 9 日,东吴证券昆山花桥营业部揭牌。

昆山环城北路营业部业务收入分别排名昆山市营业部第一、二名，股票基金交易量分别排名昆山市第一、三名。

同时，东吴证券昆山分公司积极参与地方经济建设，大力推进企业上市、债券发行和新三板等综合金融业务，全年签约新三板财务顾问协议达9家。

（景璐艳）

【华泰证券昆山营业部】 至年底，华泰证券昆山营业部共有员工31人，开立A股账户总数近27 000户，融资融券开户总数近800户。开设A股、B股、债券、基金、权证、三板、H股等交易品种，提供网上交易、电话委托、手机炒股、页面委托等交易方式，与工商银行、农业银行、中国银行、建设银行、交通银行、浦发银行、招商银行、中信银行、民生银行等多家银行建立三方存管业务。昆山营业部一直很注重服务的细节，基于华泰证券总公司平台的支持，昆山营业部连续推出多项差异化、个性化的服务产品"涨乐"移动理财、"上证早知道"资讯服务、股市沙龙等等，全年实现交易额约700亿元。

（黄伟明）

保险业

【概况】 年内，全市共有保险机构49家，其中财产险公司21家，人身险公司23家，保险专业中介法人机构5家(新增保险机构2家)。全市各保险机构认真贯彻中国保监会"抓服务、严监管、防风险、促发展"的监管要求，扎实践行"守信用、担风险、重服务、合规范"的行业核心价值理念，行业转变发展方式成效明显。产险的服务领域快速拓宽，与民生相关和与企业转型升级相配套的保险产品和保险服务适时推进，为全市74.98万户籍人口承保了民生保险，5.18万户承保和谐家园保险，2 880户农户承保种植业、养殖业险，275家企业承保了科技保险，环污责任险和安责险，产险业在服务民生，助推昆山经济转型升级中发挥了作用。人身险业务的内涵价值有新的提升，寿险新单期缴保费增长迅速，健康、养老等保障性强的传统业务受到青睐，寿险销售模式快速拓展，银行代理保险业务向期缴转变，寿险业在社会保障体系中发挥了不可替代的作用，保险业务在高位上仍保持稳健发展。全年实现保费收入37.92亿元，同比增长20%，其中财产险保费收入19.93亿元，同比增长17.22%，人身险保费收入17.98亿元，同比增长23.20%，保险深度为1.26%，同比增长0.18个百分点，保险密度为2 302.53元/人。全年支付各类赔款和满期保险金11.86亿元，同比降4.28%，其中财产险赔款支出10.36亿元，同比降6.58%，人身险赔款支出和满期给付1.5亿元，同比增长15.38%。

表70

2014年昆山市主要财产保险机构经营情况一览表

公司名称(全称)	保费收入(万元)	保费同比增减(%)	市场份额(%)	理赔支出(万元)	赔付率同比增减(%)	缴税(万元)	同比增减(%)
中国人民财产保险股份有限公司昆山中心支公司	78 996.00	22.12	39.62	42 809.50	-8.35	4 217.93	18.86
中国太平洋财产保险股份有限公司昆山中心支公司	54 004.00	13.52	27.09	29 545.00	-4.95	2 850.00	8.28
中国平安财产保险股份有限公司昆山支公司	36 213.00	12.53	18.16	18 915.00	0.47	2 003.26	12.65
中华联合财产保险股份有限公司昆山支公司	1 085.00	-4.41	0.54	923.00	28.91	-	-
都邦财产保险股份有限公司昆山支公司	4 097.00	-5.69	2.05	2 099.00	-13.23	413.11	-6.03
中国大地财产保险股份有限公司昆山支公司	1 292.75	-19.42	0.65	950.12	-0.78	75.61	-17.31
太平财产保险有限公司昆山支公司	4 446.57	35.43	2.23	1 691.54	20.92	-	-
中国人寿财产保险股份有限公司昆山市支公司	7 351.07	19.52	3.69	4 108.59	14.06	502.08	21.66
国泰财产保险有限责任公司昆山营销服务部	1 362.00	-9.56	0.68	987.00	4.98	-	-
紫金财产保险股份有限公司昆山支公司	2 609.00	10.97	1.31	1 108.00	-31.98	-	-
浙商财产保险股份有限公司昆山支公司	2 752.99	601.87	1.38	482.92	17.54	78.22	163.79

表71

2014年昆山市主要人身保险机构经营情况一览表

公司名称(全称)	保费收入(万元)	保费同比增减(%)	市场份额(%)	理赔给付(万元)	赔付率(%)	其他各类给付(万元)	同比增减(%)
中国人寿保险股份有限公司昆山支公司	28 943.60	12.00	16.09	1 901.26	51.97	4 257.90	57.30
中国太平洋人寿保险股份有限公司昆山支公司	36 261.63	24.87	20.16	1 251.62	38.92	1 904.21	72.49
中国平安人寿保险股份有限公司昆山支公司	26 426.00	26.34	14.69	1 281.59	-	1 261.30	23.14
新华人寿保险股份有限公司苏州中心支公司昆山营销服务部	7 791.00	31.91	4.33	47.15	-	247.77	-47.81
友邦保险有限公司江苏分公司苏州市昆山营销服务部	21 525.34	39.30	11.97	1 198.51	5.57	86.61	51.23

续表

公司名称(全称)	保费收入(万元)	保费同比增减(%)	市场份额(%)	理赔给付(万元)	赔付率(%)	其他各类给付(万元)	同比增减(%)
太平人寿保险有限公司昆山支公司	36 789.41	49.36	20.46	92.58	–	1 693.75	49.58
陆家嘴国泰人寿保险有限责任公司江苏分公司昆山营销服务部	2 962.18	−0.85	1.65	1 392.17	65	50.36	52.42
中国人民人寿保险股份有限公司昆山市支公司	5 621.30	−33.41	3.13	9.93	16.9	0.42	0.05
富德生命人寿保险股份有限公司苏州分公司昆山营销服务部	10 197	100.14	5.67	0.56	–	25.06	–

（保险协会）

【保险机构】 中国人民财产保险股份有限公司昆山中心支公司　年内，公司正式员工共262人，下设开发区支公司1家，高新区营业部、千灯营业部、陆家营业部、周市营业部和锦溪营业部及花桥、巴城、张浦、淀山湖等19家营销服务部，另设综合部、财务会计部、销售管理部、三农保险部、运营支持部、理赔分中心六个职能部门以及车商一部、车商二部、重客业务一部、重客业务二部、重客业务三部五支专业销售团队。年内，共实现保费收入78 996万元，同比增加22.12%，其中车险保费60 906.37万元，占比77.10%，非车险保费18 089.63万元，占比22.90%，累计处理理赔案88 038件，赔付42 809.5万元。年内，公司新开设民生救助、夏季保淡绿叶菜价格指数保险、种(蛋)鸡养殖险、家福安康、汽车延保等多项险种，承保及服务范围遍及昆山所有乡镇；共为昆山市4 300多家企业，25万多户家庭，12.6万车辆提供超5 500亿元风险保障；先后参与了昆山市各行业的重点工程和重大项目的风险承保：如好孩子、龙腾光电、仁宝电脑、沪士电子等。公司总经理陶文清被评为昆山市劳动模范。

年内，公司以“人民保险服务人民”为宗旨，探索城乡居民基本民生保障模式。在服务三农方面，为农户提供政策性农业保险，保费收入956.84万元，其中各级财政补贴801.31万元，农户自付保费155.53万元。政策性农业保险为昆山市2 888户农户提供2.1亿元保险保障，风险保障类别涵盖水稻、小麦、油菜、葡萄、桃、梨、农业大棚、绿叶菜、能繁母猪、育肥猪、种(蛋)鸡、种(蛋)鸭、内塘养蟹13大类产品，保障险种增设至20个；在保障民生方面，构建了民生保障二级体系：一是民生保险方面，年内扩展了人身意外保障，增加了见义勇为未成年子女教育补偿、政府主导的抢险救灾伤亡责任，并对五类困难人群保障额度上浮20%，同时通过与民政部门共同协作，联合处理“民声110”中关于民生保险的问题；二是开展区镇弱势人群医疗救助，借助保险的社会管理功能，释放财政资金的聚集效应，进而减轻低保户和低保边缘户等困难群体的医疗负担，在强化了广大居民风险防范与管理意识的同时，探索出了独具昆山特色的由政府、居民与保险公司共建，涵盖人身意外、家财保障的城乡居民基本民生保障道路，取得了良好的社会效益。（刘　晴）

5月28日，昆山市夏季保淡绿叶菜价格指数保险签约。

中国太平洋财产保险股份有限公司昆山中心支公司　年内，公司下设总经理室及综合管理部、财务部、销售管理部、客户服务部4个职能部门、6个业务部以及花桥经济开发区支公司、淀山湖支公司、高新区支公司和张浦、千灯、陆家、开发区四个营销服务部，正式员工184人。全年实现保费收入54 004万元，同比增长13.52%，其中车险保费42 107万元，非车险保费11 897万元。理赔方面，累计支付赔款29 545万元，赔付率54.71%。公司实现利润4 677万元。为适应昆山经济结构转型升级以及社会民生对金融保险的新需求，公司积极探索险种创新、服务创新，以提升服务昆山经济社会发展的能力。自3月份起公司为危化行业百余家企业提供免费风险查勘服务，此举措得到昆山市政府、安监、环保等部门的高度重视与积极评价，“8·2”中荣爆炸事故发生后，公司履行保险人义务，积极配合政府做好事故善后理赔工作。

年内，公司获得苏州保监分局、苏州市保险行业协会颁发的2014年度苏州保险业“十佳文明服务窗口”荣誉称号，自2010～2014年连续五年获得苏州消费者权益保护委员会颁发的“消费者满意单位”荣誉称号，公司总经理庄惠明获评2013年度全国十大保险经理人荣誉称号。（周　琨）

中国平安财产保险股份有限公司昆山支公司　年内，公司下设总经理室、综合管理部、业务管理部、客服理赔

6月13日，太平洋产险为B类获奖者庄惠明先生颁奖。

部4个职能部门，6个业务部以及玉山、张浦、千灯3个营销服务部，从业人员155人。全年实现保费收入36 213万元，同比增长12.53%，其中车险保费收入32 000万元，占比88.36%。年内赔付18 915万元，赔付率52.23%。

年内公司在业内首推新一代车险理赔系统——“新高铁车险理赔项目”，该系统可实现分车、物、人任务流结案，大幅度简化理赔流程；年内公司全员推广“心关怀·新服务”——停车关怀服务，为平安以及非平安客户提供无差别的理赔关怀和现场处理建议，并继续为平安车险客户提供免费“724”小时百千米道路救援服务。（贾春子）

中华联合财产保险股份有限公司昆山支公司 年内，公司下设经理室、综管部、业管部、客服理赔部、业务部等部门，下辖1个锦溪营销服务部。有从业人员16人。公司经营的主要险种有车辆保险、企业财产保险、家庭财产保险、责任保险、工程保险、货运保险、意外伤害保险等。全年完成保费1 085万元，非车险261万，机动车辆险825万元。累计处理案件1 432件，理赔额923万元。加强了渠道业务的开发和建设，使渠道业务得到了较快发展。

（庞　英）

都邦财产保险股份有限公司昆山支公司 年内，公司下设总经理室、综管部、业管部、理赔部、业务部，有从业人员30人。全年完成保费收入4 097万元，同比下降5.66%，其中车险保费3 359.16万元，财产险保费518.26万元，意健险保费119.32万元，责任险保费92.12万元。累计赔付支出2 099万元，满期赔付率为47.63%，其中车险理赔支出1 939.21万元，财产险理赔支出122.65万元。综合成本率90.27%，全年实现利润390.68万元。车险保费收入及赔款占较大比重。（费　臻）

中国大地财产保险股份有限公司昆山支公司 年内，公司下设总经理室、综合管理部、业务管理部、客户服务部、车商渠道部、综合业务部，电商渠道部等，从业人员15名。全年实现保费收入1 292.75万元，同比下降19.42 %；其中车险保费收入974.4万元，占比75.37%，财产险收入174.6万元，意外及健康险收入63.1万元；理赔累计处理案件2 402件，理赔支出950.12万元，其中车险理赔支出858.45万元，财产险理赔支出57.08万元，意外及健康险支出23.94万元。综合赔付率为56.2%。

（周　勤）

太平财产保险有限公司昆山支公司 年内，公司下设总经理室、综合部、承保部、理赔部、直销渠道、车商渠道、银保渠道、综拓渠道8个部门，正式员工32名。公司全力发展各渠道业务，加强与4S店、银行及太平人寿的合作并取得了较好的成效。公司全年完成保费收入4 446.57万元，同比增长35.43%，其中非车险收入1 024.48万元，车险保费收入3 422.09万元，累计赔款支出1 691.54万元，赔付率为38.04%，其中车险理赔支出1 578.98万元，非车险理赔支出为112.56万元。（倪红英）

中国人寿财产保险股份有限公司昆山市支公司 年内，公司下设业管部、理赔客服分中心、财务部和综合管理部4个职能部门以及车商一部、车商二部、银保部、互动部、电销部、营业一部、营业二部、营业三部、张浦营业部、千灯营业部、周庄营业部和蓬朗营业部等业务销售部门；正式员工62人。公司经营的主要险种为机动车辆保险、财产损失保险、责任保险、信用保险、保证保险、短期健康保险和意外伤害保险。全年实现保费收入共计7 351.07万元，同比增长19.52%；其中车险保费收入5 796.46万元，占比78.85%；非车险保费收入1 554.61万元，占比21.15%。全年累计处理赔案9 139件，理赔支出4 108.59万元，赔付率为55.89%。公司还创新推出简易赔案“理赔四免”服务，即针对损失金额在3 000元以内仅涉及车损的案件，客户可享受“免资料，免上门，免等待，免证明”的“理赔四免”服务。

公司坚持业务发展与服务提升两手抓，依法合规经营，年内继续跻身中国人寿财险全国四级机构100强、全省30强，同时荣获“优秀基层党支部”。此外，公司致力创建文明单位，积极参与社会公益活动，将昆山市聋哑学校定为青年员工爱心教育基地，每年为该学校100多名残疾儿童免费提供学生平安系列保险保障；8月份，昆山中荣金属制品公司发生重大伤亡事故，公司随即组织员工无偿献血，得到了社会各界的好评。（杜　慧）

国泰财产保险有限责任公司江苏分公司昆山营销服务部 年内，公司下设总经理室、台商业务处、综合行政处等部门。从业人员18人，比上年减少1人，全年实现保费收入1 362万元，同比下降9.56%，其中车险保费收入399.14万元，运输险保费收入30.4万元，责任险保费收入391.2万元，财产险保费收入467万元，保费收入中财产险保费收入占比最大，为35.77%；累计处理赔案

1 168 件，赔付金额 987 万元，赔付率 72.47%，其中责任险赔付占比最大，为 55.83%。（邵竹楠）

紫金财产保险股份有限公司昆山支公司　年内，公司下设总经理室、综合管理部、业管部、客服部、理赔部以及 5 个业务部，从业人员 36 人。全年完成保费收入 2 609 万元，其中车险收入 1 963 万元，财产险收入 318 万元，意健险(意外险、健康险)收入 328 万元。保费收入中，车险占比最大，达到 75.2%。全年累计处理赔案 2 652 件，理赔支出 1 108 万元，赔付率 49.95%，其中车险理赔支出 878.89 万元，财产险理赔支出 142.25 万元，意健险理赔支出 14 万元。

年内，公司除了向社会提供专业高效的保险服务外，还承担了受托省政府作为江苏省道路交通事故社会救助基金的唯一管理人责任。紫金保险服务网点覆盖全省，具有专业的理赔队伍、先进的垫付支付手段，满足集中支付救助基金的需要，保障资金管理的安全性，有效提高救助基金处理的时效性；并全面开通统一客户服务热线 96019 短号电话，集中受理全省救助基金的咨询和投诉。全年，仅昆山地区受理点累计成功为 171 名交通事故的受害者垫付抢救费，垫付金额共计 689.9 万元，此举，为化解矛盾、保障民生、促进社会和谐，建设平安江苏发挥重要作用。

（陈　懿）

浙商财产保险股份有限公司昆山支公司　年内，公司位于前进东路 1008-170 号，公司设有区经理室，组训室、综管部、业管部、理赔部、业务部，从业人员 11 人，营销人员 7 人。全年实现保费收入 2 752.98 万元，同比增长 601.87%，其中车险保费 2 564.51 万元，占比 93.15%，支付赔款 482.92 万元，综合赔付率为 17.54%。年内，新开设昆山电销部。（周婷婷）

中国人寿保险股份有限公司昆山支公司　年内，公司下辖营业机构有陆杨、张浦、千灯、陆家等 4 个营业部，锦溪、花桥等 21 个营销服务部，网点遍布全市城乡。支公司下设管理机构有总经理室、综合部、客户服务中心、个险部、团险部、银行保险部等部门，从业人员 1 250 人，比上年增 606 人。

公司经营业务分为个人营销业务、团体业务、银行代理保险业务三大类，能满足不同层次的消费者需求。个人营销业务主要有康宁终身保险、个人养老、少儿系列保险、个人医疗保险等 70 余个主要险种；团体业务分为短期健康险、意外险、养老年金、工伤保险、团体年金、小额贷款险等 60 余个主要险种；银行代理保险业务主要有国寿鸿泰、国寿鸿丰、国寿鸿余等 40 余个主要险种。年内新增险种 50 个，公司累计共设险种达 400 余种。

全年完成保费收入 28 943.60 万元，比上年增长 12%，其中寿险首年保费收入 1.4 亿元，首年期交保费收入 5 759 万元，短险保费 2 961 万元，保费收入中，寿险首年保费收入占比最大，为 51%。年内累计处理赔案 6 092 件。比上年增 6.30%，理赔累计支出 1 901.26 万元，比上年增 26.67%，综合赔付 51.97%。理赔支出中，短险理赔支出 1 324.37 万元，短险中健康险支出占比最大，为 54%。

年内，个险渠道业务多项指标均名列苏州市分公司前三甲，个险队伍人员超千人，团险渠道业务超越发展，短险业务在昆山市场份额名列第一，银保渠道业务由传统的利益主导销售向保障主导销售转型，完成指标名列苏州市分公司第二。公司与员工实行双向选择，对现有岗位负责人和新设岗位负责人以及两乡网点负责人岗位实行竞聘上岗。年内客服中心获得苏州保险业 2014 年度“文明服务窗口”称号；2014 年公司获得省分公司“先进单位”称号、省分公司“成长快，管理好卓越领航”奖。

（徐建华）

中国太平洋人寿保险股份有限公司昆山支公司　年内，公司下设市区营业部和花桥、张浦、千灯 3 个营销服务部，从业人员 957 人，其中正式员工 57 人。公司荣获苏州保险业 2014 年度“文明服务窗口”荣誉称号。

公司全年完成保费收入 36 261.63 万元，比上年增 24.87%。其中个险新单保费收入 6 738 万元，同比增长 26.49%，期缴保费 6 040 万元，同比增长 34.55%，意外险保费 1 881 万元，同比下降 1.7%，直销新保收入 2 301 万元，同比下降 1.67%，银邮新保收入 6 692 万元，同比增长 60.67%，银邮期缴收入 864 万元，同比下降 6.9%，续期保费收入 2.05 亿元，同比增长 16.48%。从总保费来看，公司五年来占比持续增长，连续四年市场份额处于领先地位；从意外险来看，公司已连续六年保持市场份额第一的位置。年内，累计处理赔案 7 438 件，理赔支出 1 251.62 万元，赔付率 38.92%，其中意外险理赔支出 270.18 万元，健康险理赔支出 695.6 万元，个人寿险理赔支出 285.84 万元。理赔支出中，健康险理赔支出占比最大，为 55.58%。

此外，公司在积极追求可持续价值发展的同时，以做一家“负责任的保险公司”为使命，致力于各类公益活动，积极开展关爱孤残、捐资助学、扶贫赈灾等公益活动，履行企业公民的职责，得到了客户的一致好评并发挥了积极的社会作用。至年末，公司共为造血干细胞捐献者赠送人身意外保险累计 36 件，累计保额 1 080 万元。（周　溯）

中国平安人寿保险股份有限公司昆山支公司　年内，公司设有区经理室、组训室、保费部、业服柜面、12 个营业部，下辖有：张浦、花桥、千灯、周市、陆家和巴城 6 个网点，外勤人数为 820 人，内勤 22 人，在全体前后线员工的努力下，公司总保费收入（包含个、银、团、经代、电销）26 426 万元，个险总保费 24 856 万元，同比增长 13.6%，个险首年保费 9 059 万元，同比增长 34.1%，个险市场份额 23.9%。

中国平安秉承“专业创造价值”的文化理念，在为股东、员工、客户创造价值的同时，也积极履行企业的社会责任，追求与各利益相关方的合作双赢，共同进步，在重大灾难救助以及环境保护、教育慈善、红十字公益及社群服务等公益事业中持续投入，深耕发展。公司因此获得广泛的社会褒奖：连续十二年获评“中国最受尊敬企业”称号，连续八年荣获“最具责任感企业”赞誉；在上市公司社会责任报告评级中，平安企业社会责任报告连续五年夺得第一。

（俞亚亚）

新华人寿保险股份有限公司苏州中心支公司昆山营销服务部 年内,服务部搬迁至昆山开发区长江中路177号新都银座3号楼2002室,服务部下设个险部、续期部、银代部、财富部和团险交叉部等部门。年内新增财富部,该部门主要承担维护和服务银代趸交客户,并进行新客户的开发。年内新增险种5个,分别是健康福星增额(2014)重大疾病保险、金彩一生终身年金保险、畅行无忧两全保险、乐行无忧两全保险和惠鑫宝,累计共设险种50余种。全年实现保费收入7 791万元,同比增长31.91%,其中寿险首年保费收入3 723.57万元,首年期交保费收入923.91万元,短期保费收入42.8万元,保费收入中,寿险保费收入占比高达4 106.65万元,占比52.71%。年内,处理理赔案件98件,支付赔款和满期给付294.92万元。（李 芸）

友邦保险有限公司江苏分公司苏州市昆山营销服务部 年内,公司致力于以专业、诚信和爱,帮助家庭和企业抵御风险、积累财富、实现梦想,成为客户的首选;致力于深化销售渠道建设,坚持合规经营,全面落实监管规定,并坚守"保险回归保障根本"的经营理念,注重优质人才的筛选和精英团队的培养,不断提升核心竞争力。

公司共有员工19人,保险营销员754人,同比增加248人。全年总保费收入21 525.34万元,同比增加39.30%。理赔给付近1 200万元,赔付率5.57%。在产品方面,除继续推行友邦全佑系列重疾险外,还新增了传世经典终身寿险(分红型)、稳赢智选保险计划、友邦年年有余年金保险计划(分红型)、友邦传世经典(悦享版)、友邦传世经典(优享版)等产品,向客户展示"全面保障、乐享无忧人生"的全面保障概念,力争为客户打造老有所养、病有所医、亲有所护的全保保障解决方案。在积极应对市场竞争、不断拓展业务新领域的同时,我们还大力加强诚信教育,坚守培养"职业化、专业化、制度化、信息化"的四化新人。

友邦昆山营销服务部以其专业诚信的经营理念得到了越来越多昆山老百姓的认同,在昆山地区树立了良好的企业形象和口碑。（孙 英）

太平人寿保险有限公司昆山支公司 年内,公司下辖陆家营销服务部,有从业人员445人,其中保险代理人389人,比上年增加175人,正式员工56人,年内新增险种15款,分别为太平福利健康C款终身寿险,太平少儿守护一生两全保险(分红型),太平稳赢二号两全保险(分红型),太平悦享金生终身年金保险(分红型),太平盛世赢家终身年金保险(分红型),太平卓越世享终身年金保险(分红型),太平福利安康A款两全保险,太平金福享终身年金保险(分红型),太平福佑金生终身寿险(分红型),太平卓越优享终身年金保险(分红型),太平盈账户终身寿险(万能型),太平财富安馨意外伤害保险,太平财富恒安定期寿险,太平财富安泰终身寿险(分红型),太平财富成长幸福版年金保险(分红型)保险。全年实现保费收入36 789.41万元,同比增长49.36%,首年期缴保费为6 774.75万元,同比增长53.97%。全年保费收入中分红险为25 103.36万元,一般寿险为10 849.9万元,健康险为733.12万元,分红险收入占比最大,为68.24%,累计处理理赔案262件,理赔支出为92.58万元。年内,公司荣获太平人寿保险集团颁发的先进集体奖,银保期缴标保全国十强三级机构第一,公司总经理袁家林荣获太平人寿总公司特殊贡献奖,银保培训管理叶万虹荣获总公司优秀员工奖,综合行政李奕获总公司优秀合规联系人奖和行政系列优秀员工。（李 奕）

6月2日,友邦"真梦想快上场"友邦保险热刺球星见面会在昆山举行。

陆家嘴国泰人寿保险有限责任公司江苏分公司昆山营销服务部 年内,因股东由中国东方航空集团公司变更为上海陆家嘴金融发展有限公司,故公司名称变更为"陆家嘴国泰人寿保险有限责任公司江苏分公司昆山营销服务部"。公司下设营销玉山一部、团险一处、银保一处、综合管理处,从业人员51人,其中正式员工35人。年内公司新开设险种:美怡人生重大疾病保险、金如意年金保险。全年保费收入2 962.17万元,与上年同比下降0.8%,其中首年保费2 307.11万元。理赔支出1 392.17万元,理赔率65%,其他各类给付50.36万元。（王志刚）

中国人民人寿保险股份有限公司昆山市支公司 年内,公司下设总经理室、互动部、银保部、团险部及个险部等部门。从业人员12人,正式员工12人。年内新增险种5个,分别是富贵年年两全保险、健康一生两全保险、福寿年丰年金保险、美丽一生两全保险、无忧一生重大疾病保险。全年完成保费收入5 621.3万元,比上年减少33.41%。其中首年保费5 353.82万元,含首年期缴171.13万元,意外险保费58.73万元,累计处理理赔案252件,理赔支出9.93万元,综合赔付率16.9%。其他各类业务给付0.42万元。（王 栋）

富德生命人寿保险股份有限公司苏州分公司昆山营销服务部 公司于2005年5月正式开业,2014年12月由原生命人寿更名为富德生命人寿保险股份有限公司苏州分公司昆山营销服务部。公司自成立以来，一直紧紧跟随富德生命人寿总公司和苏州分公司的发展脚步，遵从“爱心、服务、创新、价值”的经营理念，秉持“内诚于心，外信于行”的核心价值观，紧跟市场脉搏，不断求新、求变、求发展。

年内，公司共设有营销部、银代部、综合部三个部门，内勤员工5名。全年实现保费收入10 197.36万元，同比增长100.14%，共为昆山市2 380名客户提供保险保障。

作为新起步的机构，先有强的内勤管理队伍，才会有强的业务团队。经过一段时期的筹备，年内，公司先后引进了以薛华东、薛汝凯为代表的优秀团队。新团队的入驻，加快了公司的发展速度。 （唐艳娟）

房地产业

【概况】 房地产业投资保持稳健态势，投资开发报建面积978.5万平方米，其中商品住宅629.22万平方米，商业用房191.42万平方米，动迁房157.86万平方米。市场交易较活跃，商品房销售面积468.3万平方米，同比减少24.34%；销售金额393.54亿元，同比减少25.25%。其中商品住宅销售面积415.68万平方米，同比减少20.94%；销售金额338.13亿元，同比减少21.51%。二手房成交面积269.61万平方米，同比减少18.81%；成交金额142.85亿元，同比减少22.54%。全年新申报房地产开发企业35家，办理资质延期、资质延续221家，核定等级11家、变更2家、升级4家、降低1家、注销后重办37家，截至年底，全市具备资质的房地产开发企业393家；年内新增备案房地产经纪机构48家，共有备案经纪机构325家；年底共有房地产价格评估企业19家，房地产测绘企业20家。

餐饮业

【概况】 市烹饪协会第五届理事会于年初任期届满，2月26日，市烹饪协会第六次会员代表大会成功举行，选举产生了新一届的常务理事会。巴城阳澄湖蟹舫苑成功创建中国特色商业街，银峰老鹅馆和周庄水之韵酒店成功创建“中华餐饮名店”。7月10日，中央电视台第二频道《消费主张》栏目播出昆山市银峰老鹅馆的水乡鹅宴节目。9月份，完成苏帮菜制作技艺在昆山的影像录制工作。启动《昆山名菜》编写工作，初步商定了书名、编写要求、菜品数量、任务分工和工作步骤等事宜。

商贸流通

【概况】 年内，社会消费品零售总额完成640.4亿元，增长14.1%，社零额增幅居苏州各县（市）区之首。23个商贸业重点项目完成投资99.2亿元，完成全年投资计划的108.2%。建立了5个社区农产品进社区直供店和23个社区直供点，推动了农村流通网络建设提档升级。巴城阳澄湖蟹舫苑成功创建“中国特色商业街”，巴城仁和社区和周市嘉和社区成功创建苏州市级社区商业示范社区。肉菜流通追溯体系建设顺利通过专家组验收。生猪、鸡蛋和白砂糖等民生消费品储备充足，价格稳定。 （马 维）

【粮食经营】 年内，市粮食局以粮食安全保供为中心，以推进粮食流通业现代化为工作主线，按照年初制定的工作目标，明确职责、落实举措，确保各项工作顺利推进并取得较好成效

抓粮源 全年共收购小麦3.4万吨，超预期收购量10%以上，粳稻近5万吨，创近几年新高，粮食部门牢牢掌握80%以上本地粮源。小麦、稻谷实施价外补贴，直接发放价外补贴助农增收1 535.6万元，受益农民873户。深入持久地开展产销衔接工作，巩固与苏北、东北建立的15万亩优质粮食采购基地。

保供应 粮食批发市场始终保持粮源充足、品种丰富、价格稳定，全年交易量28.53万吨，约占全市居民口粮的85%，成交金额12.39亿元。

强基础 稳步推进粮食储备分库建设，该工程预算投资1.55亿元，获得粮食现代物流项目2014年中央预算内投资550万元，年内已完成主体工程建设。“危仓老库”维修改造工程已通过省级验收，共计投入786万元。粮食物流园防汛改造工程作为全市防汛改造重点工程，年内也已基本完工。

依法管粮 进一步强化粮食行政执法大队建设，创新执法监督模式，与太仓实现区域联动的监督检查新机制，提升粮食流通检查的效率效果。主动联合工商、质监、物价等部门坚持对收购市场、粮食批发市场、放心粮店（柜）开展定期与不定期结合的计量、卫生等专项整治，对不合格产品坚决作退市处理。上半年专项整治活动中，对涉及短斤缺两等问题的21户商家按照违规情况依法处以1 000～1 500元不等的罚款处罚。继续坚持对粮食批发市场入场交易粮油实行市场准入和批批检测等制度。同时，加强对市粮油质量监测中心软硬件投入，不断完善检验仪器配置，提升检测人员技术水平，牢守入市粮油质量关。年内粮油质量监测中心成功创建国家级粮食质量监测站，市粮食局被评为2014年度全省粮食流通监督检查工作示范单位。

安全生产 深刻吸取“8·2”特大事故教训，开展“安全生产”系列活动，按照“全覆盖、零容忍、重整改”的要求，组织6个检查组反复排查，共检查出各类安全隐患61项，对暴露出来的安全隐患积极整改，年内已投入约200万元用于安全隐患项目改造。明确落实企业主体责任，加强对租赁企业的安全管理，完善安全生产层级监督管理责任体系，组织购销公司、蓬朗、千灯等粮企开展消防演习及药剂事故应急演练。责令陆杨粮管所一家存在易燃等安全隐患的租赁企业停产并解除租赁协议。

（孙炎华）

【供销】 年内，市供销合作总社下辖玉山、巴城、周市、花桥、陆家、淀山湖、千灯、张浦、锦溪、周庄等10个基层供销合作社以及昆山商厦、上海捷强昆山配销中心、农业生产资料有限公司、诚信电器有限公司、日杂烟花有限公司、物资回收利用有限公司、供销国际贸易有限公司、农业担保有限公司、上海石油昆山有限责任公司等9个参控股企业。

年内，供销社全系统实现销售总额53.73亿元，同比增长7.5%；实现利税1.1亿元，完成服务业增加值2.86亿元。全年全系统9家企业中6家销售超亿元。

农业生产资料供应　年内，供应各类化肥9 860吨、农药350吨、农用薄膜180吨、果蔬种子8大种类，160多个品种，销售15万包，金额16万元、中小农具1.2万件；印发宣传资料8 000余份；农技咨询200余人次；组织农户座谈会8场，农业生产资料保供率95%以上。

为农降本增效　年内，实施昆山市主要农作物农药价格补贴40%的惠农政策，建立全市农药集中配送的服务体系。以庄稼医院为平台，提升"双卡"（农药供应登记卡、农资服务联系卡）服务功能，建立完善供应服务台账和服务制度，全方位开展"放心农资送货下乡进村"活动。全年化肥直接让利189万元；三麦、水稻等主要农作物农药让利460万元。

"淡储旺供"平抑肥药供应价格　千灯化学品储备仓库是昆山唯一具有危险化学品仓储经营资质单位，仓库3 000多平方米储存面积，年内，仓库装卸总量6 300吨，为农业生产提高保障。被评为苏州市供销社系统2014年度为农服务创新示范点。

基层服务体系建设　年内，对6个为农服务社提档升级为三星级；新建高新区、巴城东阳澄湖村2个三星级为农服务社；新建3个专业合作社；重建千灯基层社。

城乡居民小额贷款担保　年内，农业担保公司注册资本增至1亿元，授信额度达到10亿元。完成担保业务4.7亿元，其中小额贷款担保3.36亿元，惠及农户2 507户（成长型市民创业小额贷款185户，担保金额8 865万元）。为农民专业合作社、农业企业、富民强村公司、特种水产养殖基地等企业贷款担保9 280万元。

便民诚信放心消费　年内，在捷强超市销售网点内开展昆卡通、汽车票、飞机票等代售服务和缴电费、手机充值等代办便民服务。坚持"五统一"（统一管理、统一配货、统一作价、统一标识、统一服饰）管理模式，严格执行商品准入制和索证制度以及《临近保质期（食品）商品销售管理制度》，签订食品安全管理责任书185份，从源头上把好食品安全关。

8月26日，省供销合作总社调研昆山供销社综合改革试点工作。

创新营销增强销售活力　年内，昆山商厦商品销售总额18.2亿元。全年开展整体性促销21场，各部门主题促销50余次。加快品牌提档升级，全年引进新品近百个，淘汰品牌60余个；撤销各楼层特卖场，开辟六楼特卖区，强化VMD视觉陈列，增设绿化休息椅，增强商场的通透性和舒适性；引进一批休闲餐饮品牌，六楼开设儿童娱乐区，另外还增值VIP功能、提供免费WIFI服务。

积极融入家装市场　年内，诚信电器改变只以批发为主、比较单一的销售模式，设立商用部，加强原有商用机销售渠道管理，拓展与地暖、家装行业单位的合作，扩大商用家装市场。完善售后服务工作规章制度，重审安装、维修完毕后回访制度。

烟花爆竹打假治劣　年内，在昆山地区烟花爆竹生产经营重大安全隐患专项整治行动中，日杂公司积极配合市安监局、公安局以及工商局等职能部门，共同打击假冒伪劣、私运、私储、私销烟花爆竹等一系列违法行为。日杂公司共派出安检人员300多人次，查获假冒伪劣烟花爆竹产品大小共计2 100箱左右。

党的群众路线教育实践活动　年内，制定《昆山市供销合作总社深入开展党的群众路线教育实践活动的实施方案》，围绕学习教育、听取意见，查摆问题、开展批评，整改落实、建章立制三个环节在全党深入开展以为民务实清廉为主要内容的党的群众路线教育实践活动。

一着不让抓安全　年内，系统召开7次安全生产专题会议，组织各类检查7次，发出整改通知书13份，提出整改意见20条，现基本整改完毕。

全面开展综合改革　年内，市供销总社被列为省供销社系统综合改革13个县级社试点之一。通过组织学习上级文件、分组走访收集建议，制定了与昆山市现代农业发展相适应的《昆山市供销合作社综合改革试点工作方案》，明确了市供销总社综合改革试点工作的总体要求。以"改造自我、服务农民"为导向，坚持合作制原则，以合作金融特色化、服务规模化、流通现代化为改革试点重点内容。（顾芳婷）

【烟草】　年内，市烟草专卖局（分公司）深入实施烟草行业"三大战略"，凝心聚力谋发展，一心一意搞经济，按照"保牌、稳价、规范、增效"的目标，规范市场经营行为，稳定市场价格，较好地完成了各项工作目标。全年共销售卷烟60 390箱，同比上年的59 699箱上涨了1.16%；销售金额156 783万元，同比上年149 606万元上升了4.8%；税利

44 279 万元，同比上年 41 432 万元上升了 6.87%。

年内，市烟草专卖局紧紧围绕行业“卷烟上水平”的战略任务，从提高专卖队伍建设和稽查人员素质入手，理清工作思路，强化专卖管理，规范执法行为，市场监管方面切实推行 APCD 工作法，始终坚持“守土有责、内管外打”工作方针，突出“端窝点、断源头、打网络、抓主犯”打假工作重点，充分发挥“大专卖”和“同城监管”的优势，不断完善多部门联合打假机制，加大打击力度。依法行政方面高度重视举报投诉工作，行政许可积极创新，坚持执法为民的服务理念。

全年共出动专卖检查 8 300 余人次，查获各类违法案件 256 起(同比 295 起减少 13.2%)，涉案卷烟共计 722.66 万支(同比 754 万支减少 4.2%)，涉案金额共计 769.95 万元，比上年(659 万元)同期增长 16.8%，罚没款 334.95 万元(比上年 109.75 万元增长 206.4%)。查获案值 5 万～20 万元案件 15 起，20 万～50 万元案件 4 起，50 万～100 万元案件 0 起，100 万元以上案件 2 起。移送公安机关案件 7 起，刑事拘留 4 人、逮捕 4 人、判刑 10 人。上报网络案件 3 起(“9.27”、“1.07”、“4.26”)。

全年共受理行政许可 1 277 份，其中新办申请 566 份，延续 660 份，变更 51 份，其中网上受理 785 份，网上受理率为 61%，完成年初制定的工作目标。全市专卖正常持证户 4 460 户。

在基层建设上，市烟草专卖局(分公司)继续落实“重心下移、着眼基层、突出服务、加强基础”的工作方针，有序推进基层服务站工作。通过定期召开联席会议，推行三员联动考核，发挥专卖、营销、配送相互间的协调互动，加强对销售大户的监控，提升终端整体形象，打牢市场管理基础。确定各基层服务站主要负责人，加强 7S 常态化管理工作，确保服务站卫生、安全无死角、无遗漏。在终端建设上，市烟草专卖局(分公司)根据现代终端四统一柜台陈列面小、广告画褪色、破损等问题，多次深入市场调研、听取零售户意见，对四统一店柜台统一进行了更新改造，进一步提高了现代终端功能的发挥，赢得了零售客户的一致好评。11 月份开始，昆山市局(分公司)按照苏州市局营销中心统一部署，开展苏州烟草微信公众平台的推广工作。年内，昆山地区已有 2 000 余家零售户、10 000 余名消费者关注了苏州烟草微信公众平台，成为广大零售户、消费者了解烟草行业动态的重要载体。

11 月，市烟草专卖局向零售户宣传苏州烟草微信公众平台。

(邓婷婷)

【盐业经营】 年内，江苏省苏盐连锁有限公司昆山分公司(昆山市盐务管理局)按照昆山市委、市政府和江苏省苏盐连锁有限公司统一部署，统筹抓好渠道建设、非盐经济和盐政管理等各项工作，较好地完成了各项重点工作，昆山市盐务管理局被苏州市盐务管理局评为年度先进集体。

全年实现盐销售 27 659 吨，其中小包装食盐 10 276 吨、其中低钠盐 2 072 吨，实现销售收入 7 674 万元，创利润 415 万元，带动了昆山地方人口就业 40 名。市盐务管理局加强对市场管理，着力维护盐业市场稳定。全年，盐政市场检查工作共计出动 1 001 人次，走访企业 212 家，检查农贸市场 243 家，检查零售商 1 890 家，检查食品加工企业(作坊)227 家，检查饭(酒)店、食堂 2 670 家。查处违法案件 66 起，扣押违法盐商品 1.7 吨，罚没金额 63 300 元。6 月份，会同市健康促进中心、市疾控中心、各区镇预防保健所，开展全民减盐行动。通过多种途径开展减盐科普知识宣传“六个一活动”。在强化宣传效果的基础上，向居民家庭免费发放“盐勺”，方便广大居民实施控盐措施，普及低盐膳食知识，强化居民减盐防控高血压意识。积极推广、合理扩大低钠食盐在市场的供应比例，大型商超开设低钠盐、专柜开设率达 90%以上。不断建立完善减盐效果监测与评价系统，动态了解食盐销售量、食品盐含量、居民食盐摄入量、行为危险因素水平、血压水平和心脑血管发病情况。多次会同公安开展联合执法行动，提升全市人民食盐安全意识，自觉抵制私盐、假盐、工业有害盐，确保人民的身体健康。

(卢静霞)

综 述

年内，昆山围绕“大旅游、大开发、大提升”的发展理念，积极构建智慧旅游、品牌提升、产业融合、旅游法治、旅游保障五大工程，全市旅游业保持了持续发展的良好势头。全年实现旅游收入223.5亿元，接待游客1 926.8万人次，分别同比增长5.42%和5.99%。昆山荣获“最美中国·生态旅游目的地城市”称号。

年内，全市在建旅游项目23个，总投资152亿元，完成计划投资29.5亿元。周庄康盛旅游综合体有序推进，巴城水之梦乐园旅游配套设施基本完善并已达开业迎客条件，花桥梦世界电影文化博览园、台湾商贸文化旅游综合体等重点旅游项目扎实推进。全年新增1个国家AAA级旅游景区（千灯五谷丰灯景区），1个省生态旅游区（巴城阳澄湖景区），1个省四星级乡村旅游点（花桥天福生态园），1个省工业旅游点（捷安特公司）。周庄“庄炉”荣获省首届“乐购江苏”旅游纪念品创意设计大赛银奖，是苏州地区唯一获奖的旅游商品。开展行业培训12期，参训1 200余人次。

景区建设

【周庄景区建设】 年内，周庄景区古镇旅游业态不断提升。古镇夜游灯光布置结束，夜周庄景观更具特色；“周庄声活”有声主播咖啡馆、南社百年书院、设计师工作室等项目已投入运营，景区观光和休闲业态逐渐区分；东庄24小时停车场、老牌楼游客中心、古镇核心区灯光改造、“莼鲈之思”度假酒店、水乡天空南湖湾度假社区木栈道等工程完工，水乡庄园项目主体结构封顶。古镇区实现无线网络覆盖并已启用，为游客提供个性化的服务。举办“周庄水乡风车季”活动，丰富水乡旅游文化特色，有效吸引了更多游客。全年周庄接待游客497.05万人次，同比增长9.8%，其中散客同比增长26%，游客总体过夜率上升2个百分点，约为27%，古镇区平均客房出租率为50.7%。

【锦溪景区建设】 年内，锦溪景区完成对昆山市级文物保护单位丁宅的修缮工程，并针对江南民居进行布馆。实行夜间灯光亮化工程，对锦溪古镇范围内的商业密集区域、休闲步行区域、住宿餐饮区域、佛教文化区域、湖景观赏区域等进行夜间灯光亮化，吸引游客夜游锦溪、留宿锦溪。同时，与同程、携程、驴妈妈、114票务网等合作，推出“一元游锦溪”活动，举办2014年锦溪旅游文化节、博物馆节系列活动，使“第一民间博物馆之乡”的品牌更加的深入人心，锦溪旅游的吸引力进一步提升。全年锦溪接待游客137.71万人次。

【千灯景区建设】 年内，千灯景区完成徐福纪念馆布馆工作，南市街廊立面改造，河东长廊吴皇靠修复工程，河西南街沿河护栏维修及油漆，顾炎武故居油漆维护，凝薰桥东侧污水管道改造工程，玉带商业广场游客接待中心装修工程，景区内翠弄堂及部分古建民房的修缮工程。年底，古镇区实现无线WIFI 100%全面覆盖，为智慧旅游工程奠定坚实基础。组织实施新年祈福、千灯文化旅游节等一系列文化主题活动，有效丰富了水乡旅游文化特色。年内千灯镇获评苏州市旅游工作先进集体。作为2014年南京青奥指定接待景区，在青奥期间，千灯古镇完成上级要求的各项任务和工作，开设青奥特许商品店1个，共接待相关游客1万余人，期间游客满意度为100%。千灯全年接待游客133.71万人次。

【巴城景区建设】 年内，阳澄湖景区成功创建省生态旅游区。全力服务项目建设，昆山水之梦乐园环评批复等相关审批手续全部办理完毕，各个项目设备均安装到位，旅游配套设施基本完善，达到开业迎客条件；巴城镇优质粮油观光基地项目已完成方案设计，进入环评和立项阶段；巴城老街改造提升工程有序推进，阳澄湖水上公园休闲娱乐项目建设完毕并投入运营。成功举办了2014年阳澄湖蟹文化节。

【五谷丰灯景区建设】 年内，五谷丰灯景区积极创建国家AAA级旅游景区，推进旅游基础设施建设。完成游客服务中心建设，配备相关工作人员及医疗间、邮政通讯设施、LED宣传屏、监控系统、旅游商店等；外部道路指示系统进一步升级，至景区的高速公路出口及主要道路交叉口总计设置了30块道路交通指示牌；完善游客休息设施和卫生设施，做到外观与景区协调一致，充分满足游客的需求。12月10日，五谷丰灯景区被省旅游景区质量等级评定委员会批准为国家3A级旅游景区。

表72　昆山市国家A级景区(点)名录

景区(点)等级	景区(点)名称	评定时间	批准文件
AAAAA	苏州市周庄古镇景区	2007年	全国旅游景区质量等级评定委员会公告(2007年第2号)
AAAA	苏州昆山市锦溪古镇	2005年	全国旅游景区质量等级评定委员会公告(2005年第1号)
AAAA	苏州昆山亭林园	2005年	全国旅游景区质量等级评定委员会公告(2005年第1号)
AAAA	昆山市千灯古镇游览区	2008年	全国旅游景区质量等级评定委员会公告(2008年第2号)
AAA	昆山巴城阳澄湖景区	2009年	苏旅规〔2009〕21号批复
AAA	昆山市城市生态森林公园景区	2013年	江苏省旅游景区质量等级评定委员会公告(苏景评〔2013〕7号)
AAA	昆山五谷丰灯景区	2014年	江苏省旅游景区质量等级评定委员会公告(苏景评〔2014〕7号)

市场开发

【旅游宣传】 以上海为重心，长三角为重点，通过各类主流媒体、平面媒体、网络媒体、户外广告及高铁动车、机场、地铁等不同渠道，不断丰富和拓宽宣传手段，进一步强化“江南片玉、灵秀昆山”的整体旅游形象和品牌影响力。在韩国首尔户外LED大屏、上海南京路小火车、上海社区300块宣传栏、上海人民广场地铁站LED灯箱、无锡硕放国际机场廊桥发布昆山旅游形象广告；与《中国旅游报》《昆山日报》《城市商报》、苏州电视台等媒体进行重点宣传；开展“游邮合作”，利用全市15个邮政网点的广告查询机播放昆山旅游视频及宣传画面，投递市民实用手册，及时发布昆山旅游信息；进一步丰富旅游宣传品，制作昆山旅游电子宣传册，出版《玩转昆山》路线指南、《昆山旅游》季刊及《我的旅游故事》文集等；加大网络营销，与新浪网开展旅游深度合作，“玩转昆山”微博获得2014全国最佳创新应用政务微博、2014江苏政务微博优秀运营奖，“玩转昆山”微信荣获“苏州市十大特色微信公众号”。

【市场推广】 充分利用活动平台，积极“走出去”宣传促销，通过2014南京国际度假旅游展览会、2014首届苏州国际旅游交易博览会、第三届苏州文化创意设计产业交易博览会、2014优秀自驾游目的地新闻发布会、“519中国旅游日”活动、畅游江苏乐享秋韵－江苏寻味之旅、2014中国旅游产业博览会、2014中国(上海)国际旅游交易会、2014北方旅游交易会等系列旅游交易会，在以上展会和活动中共发放宣传资料33万余份，累计接待游客和业内人士约22万人次，提升了昆山旅游产品的市场影响力和吸引力。开展昆山旅游韩国推广活动，在当地旅游界和媒体界引起热烈反响。开展长三角10城联动推广活动，围绕6条昆山旅游精品线路，开展业内恳谈和公众推广。发行昆山—吴中旅游套卡联动短线市场。

长三角10城联动推广活动　年内，先后赴南京、徐州、马鞍山、绍兴、宜兴、湖州、泰州、扬州、金华、上海10个重要旅游客源城市，开展昆山旅游精品线路宣传推广活动，重点推广昆山度假休闲和深度旅游的新产品、新线路，在当地主流媒体上做专题宣传报道，先后与150余家旅游企业开展业务洽谈，积极促成旅游企业的客源合作。向公众发放旅游优惠券5 000份，宣传资料3万份。

昆山旅游(韩国)推广活动　10月27日，昆山作为国内首个县级城市在首尔举办旅游推介会，韩国观光协会、首尔文化艺术交流协会等机构，HANA TOUR(韩国最大旅行社)、MODE TOUR等旅行社，以及prime经济、《文化日报》《东亚日报》等媒体嘉宾共70余人参加。中国国家旅游局驻首尔办事处主任范巨灵、韩国观光协会中央会委员长赵泰淑出席活动并致辞。现场通过多媒体展示、播放韩文旅游宣传片、发放韩文版旅游宣传册、线路指南等方式，全方位展现了昆山丰富多样的文化旅游资源。会后，《人民日报》韩文版等10余家媒体争相报道，在韩国引起了热烈反响。

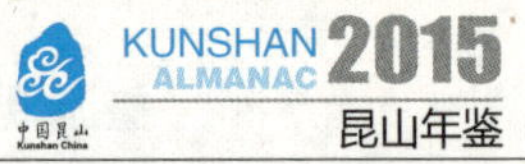

节庆活动

【2014 中国昆山国际文化旅游节】 4 月 27 日，2014 中国昆山国际文化旅游节在淀山湖环湖大道音乐广场开幕。此届文化旅游节以“智游天下、品味江南”为主题，以“玩入戏、活出味”为主线，开幕式以昆山旅游度假区“微发布”活动、《莲湘公主》微电影开拍仪式、A 级景区电子票务系统启动等活动作为精彩开篇。期间举办 5 个主要活动和 14 个系列活动，主要包括“尚美淀山湖”自行车异装骑游活动、新浪网金足迹（昆山）盛典、爱尚音乐节、昆山休闲旅游博览会、“欢乐昆山、多彩娄江”活动、“我们的家园”市民畅游昆山活动等，吸引了社会各界的踊跃参加。此外，周庄国际旅游节、千灯生态田园体验季、锦溪国际博物馆日、阳澄风·户外休闲大本营、森林花海文化艺术节、第四届姜里庙会等系列活动先后举办，精彩纷呈。

【2014 亭林园琼花艺术节】 4 月 20 日，作为 2014 中国昆山国际文化旅游节活动之一的第十四届昆山市琼花艺术节在亭林园正式开幕。此届琼花艺术节以“让老百姓笑容更灿烂”为主题，突出民间性、特色性和参与性，以琼花为媒介，打造一个集观赏、旅游、文化、美食为一体的节庆活动。艺术节期间推出了市青少年宫小琼花艺术团专场演出、中华经典诵读活动、市生态文明成果图文展、昆曲和地方戏曲大汇演、精彩互动游戏、风味美食等游园活动，让游客在玩乐中品味特有的昆山文化。

【2014 新浪金足迹智慧旅游（昆山）高峰论坛】 4 月 26 日，2014 新浪金足迹智慧旅游高峰论坛在昆山瑞士大酒店召开，该论坛由新浪微博和新浪旅游和江苏省旅游协会主办，新浪江苏、昆山市旅游协会联合承办。市委常委宣传部长、度假区管委会主任杭颖、省旅游协会会长左一晌出席并致辞。新浪微博副总裁解读《2013 旅游行业白皮书》。北大政府文化研究中心主任、中国节庆全国交流大会组委会主任邓峰做《节庆的文化力作用于旅游》的主旨演讲。与会的国内外学者、旅游局同志共同探讨推进智慧旅游的相关议题。大会颁发十大影响力省级旅游局官方微博、十大影响力市级旅游局官方微博、十大影响力境外旅游局官方微博、十大出境旅游热门目的地、昆山旅游精品目的地领主等奖项。新浪网金足迹是新浪网年度旅游行业盛典活动，已成功举办四届。此届金足迹盛典在昆山举办，进一步推动昆山市智慧旅游服务、智慧旅游建设和发展。

【2014 昆山阳澄湖蟹文化节】 9 月 23 日，2014 昆山阳澄湖蟹文化节暨阳澄湖大闸蟹开捕仪式在巴城镇阳澄湖畔举行。此届阳澄湖蟹文化节以“蟹肥秋意浓，畅享阳澄风”为主题，为期两个月。蟹文化节期间推出了“国庆戏曲周”“赶蟹大会”（蟹皇蟹后评选）、“阳澄曲会”“古琴演奏”“昆曲表演”“邂逅好运”微信抽奖、“‘邂逅幸福’之微拍达人秀”“群蟹起舞”广场舞大赛等一系列民间名俗文化活动，使游客在品尝阳澄湖大闸蟹美味的同时，充分感受到巴城这座千年古邑别样的风土人情和历史文化韵味。

4 月 26 日，2014 新浪金足迹智慧旅游高峰论坛在昆山瑞士大酒店召开。

休闲观光

【淀山湖度假中心】 年内，淀山湖度假中心积极推进旅游重点项目的建设进度。神州数码风情商业街开工建设，其中沿湖商业街，产业配套服务 4 号楼、滨湖商业 5 号楼主体施工完毕；景观大道商业街一期超市、汇鑫元餐饮、咖啡吧均已开业，淀山湖农副产品展销中心装修完成；六如墩农家乐项目基础设施建设基本到位，已有投资商入驻，部分农舍内部改造装修进入实施阶段；体育公园游船码头基本建设完毕，供水、供电设施安装和水面杂草清理工作取得显著进展。整体策划淀山湖旅游形象，多渠道宣传推介淀山湖形象，通过昆山旅游（徐州）推介会、2014 年中国上海旅交会、2014 淀山湖金秋养生季活动，展示淀山湖时尚活力的靓丽风采。

旅游服务

【星级饭店】 年内,昆山以星级饭店评定性复核为抓手,推动旅游饭店品质提升,威尼斯假日酒店通过四星级复核。强化星级饭店管理,玉峰大厦、周庄大酒店等6家单位取消了星级。精心组织饭店前厅服务及管理人才培训班、饭店英语培训等行业培训,推动行业素质和旅游服务质量的全面提升。积极推动星级旅游饭店参与2014第三届中国(昆山)品牌产品进口交易会等展会的旅游接待工作。年末,全市共有旅游星级饭店14家,其中四星级以上6家。全年接待游客36.41万人次,其中境外游客6.3万人次。

表73

2014年昆山市星级饭店接待情况一览表

序号	单位	地址	星级	接待总人数(人次)	其中境外游客(人次)
1	瑞士大酒店	前进中路387号	五	68 764	23 615
2	一醉皇冠酒店	前进中路216号	五	33 620	2 188
3	阳澄湖费尔蒙酒店	马鞍山西路3668号	五	27 239	3 432
4	昆山宾馆	人民北路99号	四	29 539	584
5	嘉顿国际饭店	马鞍山东路18号	四	14 190	358
6	威尼斯假日酒店	巴城民权路18号	四	19 055	——
7	华利大酒店	前进中路237号	三	17 495	3 172
8	周庄宾馆	周庄镇全福路108号	三	35 658	——
9	誉兴大酒店	合兴路555号	三	18 037	11 284
10	一醉宾馆	长江中路450号	三	47 303	18 363
11	金昆宾馆	环北路10号	三	15 290	16
12	凯盛商务酒店	朝阳西路2208号	三	19 987	——
13	阳澄湖度假村	巴城阳澄湖畔	三	14 405	——
14	明都大酒店	千灯镇秦峰南路20号	二	3 515	——

【乡村旅游点】 年内,花桥天福生态园被评为省四星级乡村旅游点。乐享四季张浦等乡村旅游点有序推进国家A级旅游景区创建工作。年内,昆山市已拥有星期九农庄、大唐生态园、张浦三家村水景桃园、金谷农庄、花桥天福生态园5家省星级乡村旅游点。另外,昆山还有全国特色旅游景观名镇(村)3个,全国农业旅游示范点5个,苏州市级以上星级农家乐12个,各类休闲农庄、农家乐餐馆等乡村旅游区点30多处,数量和规模在苏州地区名列前茅。

【旅行社】 年内,昆山积极强化旅行社行业管理。积极开展星级旅行社申报评选工作,共有星级旅行社18家,新增二星级旅行社(阳光旅行社)1家;在全市旅行社中推广新版旅游合同,促进旅行社行业规范经营;公布昆山市旅行社经营许可公告,实现旅行社服务承诺上墙,促进旅行社旅游服务质量和水平的全面提升。年内,全市共有旅行社35家,全年累计组团人数7.84万人次。

表74

2014年昆山市旅行社组团情况一览表

序号	单位	地址	人数
1	春秋国际旅行社	玉山镇北后街4号	2 319
2	青年国际旅行社	北后街8号	4 212
3	昆山旅行社	西园街26号	4 294
4	交通旅行社	红峰东路82-6号	5 921
5	天马旅行社	中山路48号	465
6	阳光旅行社	前进西路39号	4 749
7	假日旅行社	樾城路46号	2 861
8	康辉旅行社	北后街2号	834

续表

序号	单位	地址	人数
9	山水旅行社	紫竹路菊园对面	7 378
10	教育旅行社	西街 21 号	6 551
11	亭林旅行社	柏庐路 489 号	322
12	环球旅行社	西街 15 号	6 813
13	华逸旅行社	前进西路 520 号(昆城中欣广场)	3 463
14	华夏旅行社	娄苑路 177–11 号	2 099
15	世纪旅行社	同丰西路 238 号	1 273
16	金色假期旅行社	西塘街 10 号	571
17	风光旅行社	中山路 226 号	4 275
18	佛光旅行社	马鞍山东路 28 号华藏寺内	408
19	华通旅行社	前进西路 212 号	956
20	快乐假期旅行社	状元泾 12 号	2 364
21	新天地旅行社	汛塘商苑 13–1–101	1 781
22	康佳旅行社	花园路 62 号	2 798
23	安达天下旅行社	樾城路 62 号	2 385
24	飞扬旅行社	北后街 23 号	1 893
25	豪顺旅行社	仓潭街 1 号交通局附楼 3 楼	235
26	锦溪旅行社	锦溪镇菱荡湾 1 幢 1–2	399
27	金千灯旅行社	千灯镇北大街 10 号	1 222

【旅游人才】 年内，全面抓好各层次人才队伍建设。加强与上海旅专合作，开展饭店前厅人员培训班；组织开展旅游行业《公共危机处理和媒体应对》专题培训；联合市人社局、总工会、团市委、妇联等五部门，开展导游人员服务技能比赛，共吸引近 40 名导游参赛，历经 3 天理论课程和团队拓展训练，6 月 19 日 10 名选手进行最终决赛；加强行业英语培训，组织开展行业英语初中级培训班各 1 期，组织饭店英语等级考试报名 28 人；组织导游年审培训，安排导游员报名参加中、高级导游考试，全市 128 名导游员顺利通过年审；加强行业管理人员拓展培训，先后安排饭店管理人员、旅行社管理人员与导游比赛人员两场拓展培训。

2014 昆山市导游服务技能大赛 6 月 19 日，由市旅游局、人社局、团市委、总工会、妇联联合主办的 2014 全市导游服务技能大赛落下帷幕。森林公园导游苏园获一等奖。此次技能大赛旨在进一步强化全市导游服务理念，提升导游服务水平，激发导游敬业爱岗热情，培养优秀导游人才，促进全市导游行业健康快速发展。大赛分为初赛和决赛两个阶段，初赛选出 10 名选手进入到了最后的决赛。决赛中，选手们通过风采展示、模拟景点讲解和才艺展示等多个比赛环节进行激烈的竞争，最终决出胜负。

6 月 19 日，2014 昆山市导游服务技能大赛决赛在昆山宾馆举行。

【旅游公共设施】 年内，新建昆山首家旅游集散中心，新增马鞍山路、市民广场 2 处旅游咨询服务点，新设 15 处邮政网点旅游智能终端，整合 20 处游客中心，构建城区(枢纽)、乡镇、景点三级咨询网络。完善景区(点)流量监控系统，逐步推行 WIFI 覆盖、电子导游。

旅游行业管理

【概况】 年内,昆山市加强旅游市场监管力度,严格查处“黑导”“黑车”等无证经营行为,依法清理零负团费、虚假广告等违法行为。市旅委牵头,结合假日和重大活动,加大旅游安全工作力度,组织公安、安监、卫生、工商、消防等部门进行安全联合执法检查,全面排查各类安全事故隐患,杜绝旅游安全事故,确保全市旅游市场繁荣有序。全年开展旅游市场秩序检查30余次,出动检查人员100余人次,查处违法违规行为20余起;开展旅游安全联合执法检查10次,发出整改意见79条。

【旅游联合执法检查】 1月17日,副市长夏小良、金铭率旅游、安监、公安、消防、卫生、物价、交通(海事)、质监、工商、城管等部门,对周庄、锦溪、亭林园及部分星级饭店,进行全市节前旅游市场安全生产工作专题检查。2月21日,市旅委组织安监、公安、消防、环保、卫生、物价等有关职能部门,先后赴千灯、淀山湖镇进行旅游安全生产督查。7月24日,由市旅委牵头,旅游、安监、消防、卫监、质监、工商、住建等相关职能部门对亭林园、青年旅行社、誉兴大酒店、富贵大酒店等进行安全生产检查。8月21日、22日,由市旅委牵头,组织安监、消防、卫监、质监、住建(燃气)、旅游等部门对全市20家星级旅游饭店进行安全隐患自查自纠督查和联合执法检查。9月29日,副市长金铭带领旅游、交通(海事)、住建、安监、质监、消防等多个部门对亭林园、森林公园、周庄景区开展国庆黄金周旅游市场联合执法检查。

【旅游执法与质监培训班】 3月18日,市旅游局举办全市旅游执法与质监培训班,全市旅游质监执法工作人员及旅游景区、星级饭店、旅行社代表约100余人参加了培训。此次培训邀请了无锡旅游监察支队支队长李雪平主讲授课,培训通过案例与理论结合的方法,从旅行社、景区、星级饭店行业中的典型案例入手,深入浅出地为学员们分析解释,并组织学员进行深入交流与探讨。这次旅游质监执法业务培训是在《中华人民共和国旅游法》实施后,旅游从业人员在实践中产生困惑急需释疑的时期举行的,对进一步提高昆山市旅游行政执法人员依法行政能力和旅游企业规范经营能力,推进昆山市旅游质监执法体系建设具有重要意义。

【昆山市旅游协会第三次会员代表大会】 11月26日,昆山市旅游协会第三次会员代表大会在昆山宾馆举行。会议由市旅游局纪检组长张文英主持,市旅游局局长、党组书记吴恽出席会议并作讲话,市旅游局副局长严骎作第二届理事会工作报告和第三次会员代表大会筹备工作报告,市旅游局副局长梅幸华宣读换届选举办法和第三届理事会推荐名单。大会对《昆山市旅游协会章程》中的部分内容进行了修改。会议选举产生了新一届旅游协会会长、副会长、秘书长等人。市旅游协会自2002年换届以来,强化协会自身建设,全力发挥协会平台作用,为主管部门决策提供依据。

景区景点选介

【周庄】 周庄,是一个具有九百余年历史的江南古镇,“镇为泽国,四面环水,咫尺往来,皆须舟楫”。特有的自然环境造就了小桥流水人家的景色。1984年,陈逸飞以周庄双桥为素材创作油画《故乡的回忆》,同年11月,画廊主人美国西方石油公司董事长阿曼德·哈默访问中国时,将《故乡的回忆》作为礼物送给了邓小平同志,周庄由此名扬中外。近10多年间,周庄坚持“全面规划,严格保护,合理开发,永续利用”的原则,先后修复了宋代建筑澄虚道院、明代的张厅、清代的沈厅、清末的叶楚伧故居,又新建了南湖园、南湖秋月园、砖珩山庄等10多处人文景观,建筑面积达12万平方米,还修复了古桥10座,石驳岸5 100米,河埠201座,使古镇保持了江南水乡“小桥流水人家”的原始风貌。2001年春建造了“周庄舫”,时年6月6日APEC贸易部长非正式会议在这里举行,并有30名志愿者为部长们作导游。2002年以来又逐步建设和修复了蚬江渔唱渔家生活馆、纪念陈逸飞先生与周庄情缘的逸飞之家、民俗风情文化街、夜游周庄、江南人家、大型水乡原生态实景演出——“四季周庄”、江南采珠游、富贵园欢乐世界等新的旅游项目,开辟了古镇西线、万三水路、单车游、环镇水上游等新线路。1998年,周庄被联合国历史文化遗产中心列入世界文化遗产预备清单。2000年,古镇周庄荣获联合国人居中心授予的迪拜国际改善居住环境最佳范例奖。2007年,周庄成功创建成为全国首批5A级旅游景区,也是全国古镇、古村落中唯一入选的景区。年内,周庄接待游客497.05万人次,同比增长9.8%,门票收入11 119.21万元,同比增长15.7%。

【锦溪】 锦溪,古镇原有一溪,夹岸桃李纷披,晨霞夕辉,尽洒江面,满溪跃金,灿烂若锦带,所以得名锦溪。位于昆山市西南隅,与古镇周庄相邻。史载,南宋建都临安时,宋孝宗的宠妃陈妃病殁水葬于此,锦溪便改名陈墓,1993年,恢复锦溪古名。锦溪有众多名胜古迹,若隐若现的陈妃水冢,风铃悦耳的文昌古阁,蛟龙卧波的十眼长桥等,因为数众多的民间博物馆赢得了“中国民间博物馆之乡”的美誉。1999年,锦溪加大了旅游业的开发建设，重修了南宋时由民族英雄岳飞手书的“水乡佛国”的石牌坊，恢复了五保湖中的陈妃水冢，修建了莲池禅院，在古莲池堤外兴建了“三亭桥”，整修了十眼长桥，初步形成了一条从古莲池、文昌阁、陈妃水冢、古井风亭、十眼长桥连结古砖瓦博物馆、金龙花园的水乡古镇旅游线路。2001年，重修了锦溪老街上入口处的石牌坊，修建了200米的临水廊坊，重现了“窗街闹市，隔窗缆景，入水河埠，捣水声脆”的水乡风貌。2005年10月，锦溪创建成为国家4A级旅游景区。年内，锦溪接待游客137.71万人次，同比增长6.8%，门票收入1 396.64万元，同比增长6.8%。

【千灯】 千灯，位于昆山市东南。是明末清初杰出的思想家、爱国学者顾炎武的故乡，原名千墩。相传以吴淞江东北有墩九百九十九，与镇内一墩（少卿山）合成千数而名。清宣统二年（1910年）更名茜墩，1966年易名千灯。千灯为江南水乡古镇之一，镇内有省级文物保护单位——秦峰塔、少卿山和顾炎武墓，堪称为“千灯三宝”，绵延3华里的石板街为华东之最。镇内的释迦牟尼涅槃像，长8.9米、高2.45米、宽1.35米、重32吨，为世界第一大玉卧佛，2004年10月，被评为“大世界吉尼斯之最”。千灯古镇景区2005年5月对外开放，先后荣膺“全国优美乡镇”“全国爱国主义教育基地”“全国魅力名镇”等称号。2008年创建成为国家4A级旅游景区。年内，千灯接待游客133.71万人次，同比增长6.5%，门票收入1 637.59万元，同比增长7%。

【巴城】 阳澄湖水域面积119平方千米，湖光山色，四季如画。大闸蟹、虾和鳜鱼为湖产三宝。昆山旅游度假区阳澄湖旅游度假中心成立于1994年，度假中心成立后，先后兴建水上风情园、万人游泳场、巴王纪念馆等旅游设施和景点。1996年，上海市政府阳澄湖度假村、上海新时代度假村、中港文豪花园、阳澄硝湖庄、上海广播电影局影星别墅相继落成。1996年，开办了巴城阳澄湖大闸蟹交易市场。2001年，建成巴城阳澄湖美食一条街，形成了集吃、住、游、乐为一体的旅游度假中心。2002～2007年先后恢复和建设了崇宁古寺、阳澄湖水上公园、“渔家灯火”、巴城老街、东阳澄湖水上公园、名人文化村和星期九生态农庄等。2009年创建成为国家3A级旅游景区。

【亭林园】 （详见P6“名胜古迹”之“亭林园”条目）

【城市生态森林公园】 城市生态森林公园常年免费向公众开放，具有湿地保护、生态旅游度假、科普科研等功能，是国家城市湿地公园。年内，公园不断优化和完善配套设施，先后实施完成停车场改造、湿地入口改造、五一林园路改造、科普体验区园路拓宽改造、1#桥厕所改造等功能升级项目；引入景区智能客流统计分析平台，新建公园微信公众号，实现园内主要景点WIFI热点覆盖，添置休闲园椅和遮阳伞，为游客提供贴心的休憩服务。精心打造公园特色品牌活动——“昆山森林花海文化艺术节”，于3月22日～5月11日推出“森林花海——春之约”活动，9月6日～10月7日推出“森林花海——秋之韵”活动。公园全年免费接待游客216万人次。

（张静燕）

综　述

2014年，全市城镇人居环境进一步提升，城镇绿化覆盖率43.05%，城市污水处理率97.8%、康居乡村建设达标率100%，城镇和农村家庭住房成套比例分别为99.44%、95.34%。建筑房地产业保持较大规模，全年工程报建面积1 524.4万平方米，年末在建工程5 165.8万平方米、占苏州大市总量35%。商品房成交468.3万平方米，同比减少24.34%，其中住宅422万平方米、占苏州大市24%。住建系统获市级以上各类集体荣誉34项，房屋安全鉴定站被评为全国房屋安全鉴定先进单位，检测中心被评为全国建设工程质量检测行业先进单位。　　（住建局）

城市规划

【启动总体规划修编】　为应对上海自贸区设立、昆山试验区国批及昆山市“区镇联动”发展等新形势，解决城市空间利用、功能布局、资源环境、规划协调等方面的突出问题，结合新型城镇化和上位规划要求，4月起，市规划局委托省城市规划设计研究院，启动了新一轮昆山市城市总体规划修编，并将“三规合一”作为总规修编的重要内容，协调和整合经济社会发展规划、城乡总体规划、土地利用总体规划，努力形成全市一本规划、一张蓝图。全年主要开展了上一轮城市总体规划实施后评估，以及全市土地利用总体规划与城市总体规划在用地分类和技术协调方面的前期调研工作。

【全市单元规划】　4月，市规划局委托省城市规划设计研究院开展《全市单元规划（第一阶段）》方案编制。按照“无缝衔接、全域覆盖”的要求，根据不同地域的主导功能，结合自然地貌、主要道路、行政区划等要素进行单元的空间划分，将全市域划分为72个编制单元，包括城镇综合单元32个，工业单元16个，更新单元5个，郊野单元7个、生态单元12个。同时，对单元进行编码，并制定后续地块层面的编码要求，实现全市统一的编码规则。8月完成成果并上报市政府，10月经市政府批复同意实施。

【镇村布局规划】　4月，市规划局、市委农办委托省城市规划设计研究院开展新一轮《昆山市镇村布局规划》编制，依据“尊重居民意愿、保护乡土文化、增强发展活力、促进城乡共荣”的总体策略，探索村庄发展和建设的可持续道路。主要成果包括：昆山市村庄分类及引导策略、村庄分类调整结果、特色村名录、重点村名录等。

此次镇村布局规划开展了全面的现状调研工作，首先由市规划、农办、国

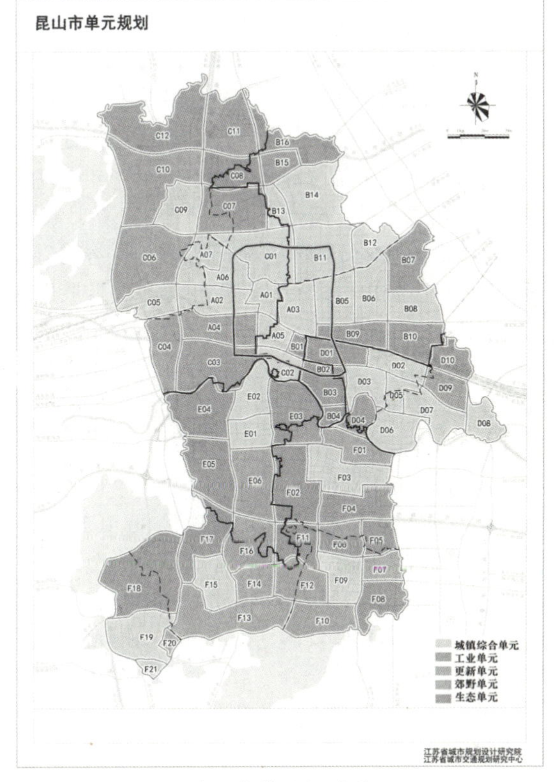

昆山市单元规划图

土、住建等部门提供全市的相关资料，而后经各区镇对相关资料进行核对。期间，项目组在村委会组织下深入到每一个自然村进行踏勘和村民访谈，广泛了解全市村庄的差异、村庄发展的动力、村民生活的意愿、相关政策执行情况等。7月，由市规划局牵头，会同11个区镇的分管领导及业务部门，开展区镇第一轮对接工作，主要包括对现状调研后梳理的村庄现状情况进行核实、讨论当前规划和政策执行情况和问题、对此次镇村布局规划的建议等。规划编制过程中适逢《省政府办公厅关于加快优化镇村布局规划的指导意见》及《苏州市村庄规划建设管理指导意见》等相关文件出台，在遵循相关文件的总体要求下，更多考虑到昆山发展现状，制定《昆山市村庄分类及引导策略征求意见稿》。经市农办、国土、住建等相关部门会商，报市分管领导同意后，向各区镇发放该征求意见稿及按照此稿自上而下初步筛选的村庄分类结果，供各区镇开展讨论。2014年9～10月，市规划局会同项目编制组逐个区镇开展第二轮对接，与各区镇主要领导深入探讨此次镇村布局规划的分类及策略。各村委会在充分征求村民意见的基础上，提出村庄分类初步方案上报区镇政府，区镇统筹研究提出本区镇的村庄布局方案，以书面形式反馈了自下而上申报的分类结果及对村庄分类引导策略的意见。

通过自上而下筛选和自下而上申报结果的比照分析后，汇总形成上下结合的昆山市镇村布局规划方案。根据市领导及各区镇提出的修改完善意见，在充分考虑村民生活需求、经济社会发展、生态环境保护、公共服务配套、城乡基础设施等因素的基础上，确定规划发展村庄220个（其中特色村31个、重点村189个），一般村219个，近期动迁村241个。11月14日，经市政府37次常务会审议通过。之后，经市委常委会审议通过。12月12日，民政复〔2014〕63号文件批复原则同意实施昆山市镇村布局规划。

此外，委托浙江大学建筑设计研究院编制完成以周庄三株浜特色村庄为代表的《昆山市美丽村庄策划方案与详细规划》。

【专项规划】 年内，市规划局主要完成以下专项规划。1月起，继续委托昆山杰思规划设计研究院有限公司编制《昆山市中心城区地下管线综合规划》，3月完成管线专项规划检讨工作，5月与各管线权属单位沟通，6月完成管线综合初步成果，至年末基本完成成果。规划主要根据不同区域和道路特点，统筹协调、集约设置各类市政管线，合理利用地下资源。1月起，委托艺普德（上海）城市设计咨询有限公司和澳大利亚CRC公司联合完成《昆山市中心城区核心区及中环沿线公共空间规划》，以中环沿线景观生态修复为契机，对中心城区规划和公共开放空间骨架系统进行梳理，使中环成为串联城市、服务群众的公共空间载体。4月起，委托省城市规划设计研究院开展《昆山市文教体卫专项规划》修编。规划按照“政策研究＋空间布局”并重的思路，明确各级文、教、体、卫设施建设标准，优化全市公共服务设施空间布局，科学引导民生工程建设。其中教育专项规划已完成，整体规划成果年内形成了中期方案。4月起，委托上海市政工期程设计研究总院（集团）有限公司编制《昆山市排水（雨水）防涝综合规划》，以城市低洼易涝地区为重点，结合土地利用及城市建设，因势利导，提出针对性的城市排水防涝方案，于2015年2月通过专家论证并上报省住建厅。7月起，委托弗莱（上海）建筑规划设计咨询有限公司和深圳市建筑科学研究院股份有限公司分别开展《城市通风廊道战略研究》，主要为应对大气雾霾对群众身体健康的危害，在城市建设中营造通风廊道，将市郊新鲜洁净的空气导入城市，使城市大气循环良性运转。

年内，市规划局还完成由未来都市（苏州工业园区）规划建筑设计事务所公司编制的《前进路周边地区城市设计概念方案》，并完成委托广州周保华环境规划咨询有限公司编制的《昆山市文体地块东范围概念规划》《昆山锦溪镇棋盘荡景观概念方案咨询》、委托汉嘉设计集团股份有限公司编制的《昆山锦溪镇棋盘荡启动区工程概念方案设计》《昆山黄泥山村周边用地修建性详细规划》、委托昆山花桥国际商务城规划建筑设计有限公司编制的《昆山市皇仓泾沿岸地区功能研究》、委托艺普德（上海）城市设计咨询有限公司编制的《昆山市民广场主入口景观设计》、委托上海联创建筑设计有限公司编制的《昆山体育中心乒羽馆规划设计方案》。

【交通规划】 年内，市规划局继续委托省交通规划设计研究院修编《昆山市轨道交通线网规划》，积极与苏州规划局等上级部门沟通，优化苏州市域轨道交通在昆山的布局，形成以苏州市域轨道交通和昆山中运量交通系统为骨干，常规公交为主体的轨道线网格局。4月起，委托上海市城乡建设和交通发展研究院编制《昆山市对外交通系统规划》，优化昆山大型交通枢纽布局，加强与周边城市交通基础设施对接，重点研究通过轨道交通衔接上海轨道17号线，力争最大程度地发挥昆山的区位优势，至年末基本完成。4月起，委托深圳市城市与交通规划设计研究中心编制《昆山市交通需求管理规划》，将停车管理作为重点，以“调结构、均供需、增效率”为目标，研究制定综合改善城市交通的政策和措施，至年末完成中期成果。此外，根据发展需要，进一步深化完成《昆山市综合交通系统整合规划》《昆山市旅游度假区交通系统详细规划》《昆山市中心城区核心区综合交通改善规划》《昆山市年度交通评估和实施计划》等成果。发挥交通研究办公室作用，不断加强交通问题研究，完成《马鞍山路桥贯通后取消大洋桥机动车交通功能研究》《昆山市公共自行车系统实施评估和优化建议》《玉峰实验学校周边地区交通组织研究》等。

【规划审批】 年内，市规划局制定出台《昆山市规划局“一书两证”审批规程》《昆山市规划局审批书证作废流程》《档案管理制度》等8项规章制度。经市委编办批准，新成立行政服务科，将用地规划、工程规划和市政规划审批流程进行重组、整合，进一步简化审批路径、合并流转节点、强化集中审批，抽调业务骨干进驻行政服务中心，进行窗口现场审批服务，实现项目审批“一个窗口受理、一个平台审查、一个口子办结”。全年完成重要规划方案审批66项；核发建设用地选址意见书42份，面积约101.6万平方米；核发建设用地规划许可证109份，总面积约391万平方米；核发建设工程规划许可证1 341份，面积约533.18万平方米。核发《建设工程规划核实合格证》180项，面积421.39万平方米；完成建设工程基础验线203项、708件。加大规划监察执法力度，深刻吸取“8·2”事故教训，积极参与全市“六打六治”打非治违专项整治行动，对到期临时建筑、各类违法建设进行全市大排查、大整治，立案查处美吉特项目、中茵世贸广场项目、华润国际社区等违法建设案件20件，认定并移交各类违法建设172项。

【规划信息化建设】 年内，市规划局完成地下管线修测1 500千米、1∶1000地形图修测80平方千米，做好城市测绘控制网维护，验收通过昆山正射影像图更新项目，完成2014年度新建建筑竣工数据、地下管线数据、电子地图数据等更新入库。3月起，按照区镇联动发展、全市统筹管理的要求，实施规划管理审批系统升级工程，6月底完成。通过构建全市规划管理信息平台，各区镇使用统一的规划管理系统，对全市“一书二证”的规划审批管理实时监管，至年末，昆山高新区、旅游度假区、张浦镇实现联网使用。3月起，委托省城市规划设计研究院和苏州市智慧城市规划研究应用中心有限公司联合开展《昆山市基础信息调查（高新区局部试点）》《昆山市控制性详细规划成果入库(老城单元试点)》，其中高新区试点单元面积为10平方千米，老城区试点单元面积为6.18平方千米，至年末皆完成。此外，完成《昆山市城市交通规划辅助决策系统》平台和《昆山市城市交通模型(一期、二期)》，为昆山城市交通规划、建设和管理提供智有化、定量化分析依据。利用地下管线信息系统和历年地下管线普查数据，开展城市地下管线安全间距分析，查明全市地下管线安全隐患点2 000余处，上报市政府，并协调各相关部门、管线单位进行排查处理。

（金 伟 高文云）

城市建设

【概况】 年内，全市投资175亿元用于50项重点实事工程建设，使城市功能进一步提升，城乡综合环境持续向好。黄河路跨娄江桥竣工通车，马鞍山路东延工程完成总工程量过半。老小区改造工程顺利完工。昆山杜克大学开学投用，档案馆新馆、公安局战训综合楼等功能设施加快建设。全市老小区、动迁小区管道天然气改造完成147个，惠及51 245户。美丽城镇49个项目完成。制订老城区商业用房征收货币补偿奖励办法和老城区定销商品房建设销售管理流程，推进房屋征收和搬迁工作，全市完成112.9万平方米，完成率186%。制订小区物业管理专项整治行动实施意见，推进物业服务提升。污水截流力度加大，完成老城区沿街商铺污水截流11家，全市铺设污水管网45.6千米，开工改扩建生活污水处理厂7座，新增生活污水日处理量2.2万立方米。推行绿色施工，制定实施建设工地扬尘集中整治“双百日”行动方案和考核办法，建立建设工地远程视频监控信息系统，加强动态督查，施工扬尘管控更为严格。推进建筑节能和绿色建筑发展，全市新增可再生能源建筑应用面积166万平方米、绿色建筑设计标识项目127万平方米。

【市政基础设施建设管理】 年内，全市完成市政工程230项（含小区配套88项），其中开发区42项、高新区47项、花桥24项，总投资约19亿元。完成黄河路娄江桥重建工程，工程总投资2 698万元。有序推进马鞍山路东延工程，工程总投资31 004.85万元，计划2016年3月份完工。年内，审核准予市政施工总承包三级资质20家，城市照明三级资质7家。通过初审上报市政施工总承包一级资质6家，城市照明二级资质1家，水利水电三级资质14家。年内，受理申请入围预选承包商昆山补充名录的施工企业59家，入围57家，昆山市政施工企业入围苏州名录的48家。

【老城区老旧小区改造】 3～7月，市住建局对后塘花园、后塘新村、合兴路776#、火车站15-1、周厅弄、察院前东西区、南后下塘、晒谷场、震川路90、97#、月城湾33#等6个老小区和6栋散住楼进行改造。涉及房屋67栋、居民1 544户、建筑面积16万平方米，投入资金5 842万元。改造内容包括房屋、市政、停车、景观等，共改造墙面面积10.3万平方米；建停车位189个、路灯63盏、楼号牌67块、监控设施76个、垃圾收集点35个、小游园2个、宣传栏5个、新增门卫2个；安装防盗门135樘；平改坡面积1 928平方米、坡改坡面积5 309平方米；改造市政道路24 395平方米，铺设雨污水管17 140米。

【保障房建设】 年内，全市新开工公共租赁住房、经济适用住房、限价商品房2 930套，分配经济适用住房191户、廉租住房7户，发放住房租赁补贴566户、330万元。年内获得中央和省下达的保障性住房建设补助和引导资金金额2 149万元，全部分解于政府投资的保障性住房建设项目。娄汀苑保障房小区竣工交付投入使用，该小区2011年开工建设，总建筑面积13万平方米，其中经济适用房848套，公租房(包括廉租房)424套。经市政府第36次常务会议讨论通过，《昆山市保障性住房政府货币化补贴与管理暂行办法》出台，住房保障的形式由实物分配转变为货币补贴。并将于2015年1月1日起施行。

（住建局）

公用事业

【供电】 年内，昆山全社会用电量194.35亿千瓦时，比上年增长2.28%；统调最高负荷336.51万千瓦，比上年增长2.73%；售电量178.34亿千瓦时，比上年增长3.81%；线损率2.06%，比上年下降1.84个百分点；主营业务收入114.99亿元，比上年增长3.36%；平均售电单价每千千瓦时623.76元，单位电量输配电成本每千千瓦时27.78元；完成业扩报装6.03万户，新增业扩报装容量162.48万千伏安。至年末，全市拥有220千伏公用变电站14座、110千伏公用变电站49座、35千伏公用变电站19座；35千伏及以上线路205条，线路长度1 659千米；10千伏线路924条，线路总长6 713千米。

淮南－南京－上海1000千伏交流特高压输变电工程首基试点 7月10日，淮南－南京－上海1000千伏交流特高压输变电工程1000千伏交流线路工程，开工典礼暨基础首基试点。该工程是国家重点项目，途径安徽、江苏、上海三省市。线路自常熟进入昆山境内，沿昆山－太仓边界走线进入特高压苏州站。在昆山境内约22.5千米，主要涉及周市、开发区、花桥3个行政区域，沿线共计塔基46基，其中周市境内26基、线路长度约12.78千米；开发区境内17基、线路长度约8.19千米；花桥境内3基、线路长度约1.53千米。

110千伏古南输变电工程竣工投运 3月31日，110千伏古南输变电工程竣工投运。古南变电站位于昆山市花桥经济开发区沿沪大道东侧，沪宁高速南侧，光明路以北，变电站占地5.26亩，项目总投资7 244万元。该变电站为全户内布置，主变压器本期2台50兆伏安，远景为3台80兆伏安，电压等级为110/10千伏。110千伏进线本期2回，远景6回，本期为线路变压器组环进环出接线。10千伏出线本期32回，远景48回。无功补偿本期装设10千伏，4800千乏并联电容器4组，远景每台主变配置2组4800千乏和1组6000千乏并联电容器装置。 （供电公司）

【供水】 年内，全市供水总量3.04亿立方米，同比增长0.89%。加强长江引水工程安全运行，继续实施傀儡湖水源地生态修复工程，完成2014年傀儡湖水源地防蓝藻设施更新维护工程，充分发挥双源供水成效；完成泾河水厂、第三水厂、第四水厂氯投加系统改造，不断优化和完善城市供水管网建设，确保全市供水安全。水质检测中心通过省质量技术监督局资质认定计量认证复评审，新增水质检测能力5项，水质检测能力达127项。铁南污水处理厂续建工程完工并投入运行，日处理能力由1.5万立方米增至3万立方米；樵依改(扩)建项目投入正式生产运行，生产能力实现翻番。加强供水服务建设，进一步完善便民服务体系。市自来水公司在昆山市2014年度具有服务功能国有企事业效能评估中排名第一，连续六年荣获“昆山市效能建设‘三服务’满意单位”，“水润鹿城，情系万家”服务品牌被评为“昆山市三星级机关服务品牌”，公司荣获“2014年度江苏省价格诚信单位”“省住房和城乡建设系统和谐劳动关系模范企业”“省住房和城乡建设系统先进基层工会”等荣誉称号。

【天然气供应】 年内，全市累计铺设天然气管道3 094.41千米，其中高压管道115.68千米，中压管道1 105.98千米，低压管道1 872.75千米。建成区域天然气门站4座，LNG储配站2座，天然气加气母站1座，CNG加气站4座，LNG加气站3座，LNG/CNG加气站1座。全年全市天然气总供应量6.72亿立方米，居民用户46.6万户，工业用户606户，商业(公福)用户779户。全市管道天然气气化率85.14%。

【生活污水处理】 年内，全市铺设污水管网45.6千米，累计建成1 544千米。建成投运20座城镇生活污水处理厂，总处理能力50.69万吨／日，覆盖全市各区镇，实际处理量达46.68万吨／日，城市生活污水处理率达97.8%。年内全市7座生活污水处理厂改扩建工程开工建设，其中昆山市自来水集团有限公司铁南污水处理厂扩建完工（1.5万吨／日）。农村生活污水处理项目共建成258处，其中自建独立设施171处、接管项目87处。生活污水处理厂污泥已全部实现无害化处置，工艺采用焚烧，年内，日均无害化处置污泥达290吨。 （住建局）

【生活垃圾处理】 年内，全市新购置扫路车等各类环卫收运车辆87辆，市环卫所在状元泾小区、红峰南北区、留晖山庄进行了垃圾直运试点工作，生活垃圾分类试点工作推广至小桃园等7个小区。全市累计焚烧处理垃圾70.9万吨，发电2.02亿度，城乡生活垃圾继续保持100%无害化处理。 （城管局）

环卫车辆升级改造

完工。

城建投资

【概况】 年内,昆山城市建设投资发展有限公司(以下简称“城投公司”)共承担了22项、总投资160亿元的重点实事工程项目。全年新开工项目3个,完工项目9个,新增绿化面积55万平方米,完成项目投资17.19亿元。至年末,城投公司共有7家二级全资子公司,7家三级子公司,集团总资产160亿元,总负债106.7亿元,净资产55.22亿元,资产负债率66.7%。

文化艺术中心一期工程荣获2014-2015年度中国建设工程“鲁班奖”,工程配套机电工程、智能化工程获2013-2014年度中国安装工程优质奖;西部服务中心荣获第四批全国建筑业绿色施工示范工程;前进西路景观亭荣获澳洲建筑师协会国际设计小项目提名奖;娄汀苑幼儿园成功申报“国家级绿色建筑”;阳澄湖公园等一批绿化养护工程获第四届“广玉兰杯”昆山市园林绿化优质工程。

【保障房建设】 年内,城投公司完成娄汀苑、金塘园、濒和苑二期、珠江新村二期4个保障房项目,共计建筑面积52.02万平方米,总户数3 634户。其中,娄汀苑位于朝阳路以北,娄江以南,总建筑面积13.74万平方米、1 324户,开工时间2011年9月,竣工时间2014年7月,10月正式交房。金塘园位于长江北路东侧、新纬路南侧、金浦路北侧、白塘路西侧,总建筑面积34万平方米、2 091户,项目于2012年5月开工,2014年12月竣工并交房。濒和苑二期位于朝阳西路南侧,小濒河东侧,沪宁铁路北侧,总建筑面积2.6万平方米、139户,开工时间2012年8月,竣工时间2014年12月。珠江新村二期位于前进南侧,珠江路西侧,总建筑面积1.68万平方米、80户,开工时间2011年9月,竣工时间2014年2月。续建柏盛园一期、万和苑2个项目,共计建筑面积18.07万平方米、1 528户。其中,柏盛园一期位于柏庐路西侧,跃进路东侧,合兴路南侧,总建筑面积为10.27万平方米、632户。开工时间2013年3月,计划竣工时间2015年9月。万和苑位于中华园西路北侧、锦淞路东侧,一期总建筑面积约7.8万平方米、896户。开工时间2013年11月,计划竣工时间2016年10月。

【功能性项目建设】 年内,城投公司完成昆山中学新校区、康居商业中心2个功能性项目,共计建筑面积19.6万平方米,总投资10.7亿元。其中,昆山中学新校区位于武汉大学路东侧,传是路北侧,用地面积20万平方米,总建筑面积12.46万平方米,总投资7.2亿元,包括图书楼、行政楼、艺术楼、教学楼、科学实验楼、操场、食堂、宿舍、国际交流中心等区域。开工时间2012年10月,竣工时间2014年8月。康居商业中心位于前进西路北侧,祖冲之南路东侧,总建筑面积6.5万平方米,总投资约6.32亿元,包括零售、餐饮、SOHO办公、健身中心等,项目于2011年9月开工,2014年年底完工。在建前进中路综合广场、西部服务中心和市福利院分院3个项目,共计建筑面积1万平方米,总投资1亿元。其中,前进中路综合广场项目位于前进中路与珠江路交叉口,总投资7.96亿元,总建筑面积约5.2万平方米,包括多功能剧院、电子阅览室、影院等公共文化设施及少量商业配套,项目于2011年12月开工,计划2016年12月完工;西部服务中心位于前进西路南侧、共青路西侧,总建筑面积10.2万平方米,包括服务大厅、办公区、展览和会议中心、地下车库等,总投资8.6亿元。项目于2012年6月开工,计划2015年12月完工;市福利院分院位于周市镇金塘路西侧、周市人民医院北侧,规划设计650张护理型床位,总建筑面积3.1万平方米,总投资1.9亿元。项目于2013年12月开工,计划2015年12月完工。

【基础设施和生态环境建设】 年内,城投公司新开新城路北延、环城西路—G312出入口景观整治和前进西路渔家灯火出入口景观整治3个项目。其中,新城路北延位于马鞍山路北侧,傀儡湖西侧,全长2 700米,总投资约5 300万元,项目于2014年7月开工,计划2015年6月完工。环城西路—G312出入口景观整治位于312国道与环城西路口环境整治。占地面积约为2.95万平方米及环城西路(G312-马鞍山西路段)道路改造约长2.3千米,总投资约6 700万元,项目于2014年6月开工,计划2015年9月完工。前进西路渔家灯火出入口景观整治位于阳澄湖大桥与前进西路交接处、渔家灯火门口两侧。占地面积约为2.01万平方米。其中陆地面积为1.41万平方米、水域面积约为0.60万平方米。总投资约1 500万元,项目2014年6月开工,2014年年底完工。完成前进西路渔家灯火出入口景观整治、朝阳路西延区域基础设施建设一期和西部引清工程3个项目。其中,朝阳路西延区域基础设施建设一期建设区域面积约10.69万平方米,总投资2.36亿元,2013年6月开工,2014年7月完工。西部引清工程总投资3.6亿元,于2013年1月开工,2014年12月完工。继续推进阳澄湖东部地区环境建设和锦溪白莲湖总部园区基础设施建设2个项目。其中,阳澄湖东部地区环境建设完成湖滨路改线周边景观绿化工程、阳澄湖傀儡湖生态绿地管理用房及周边景观工程和渔家灯火出入口景观整治。锦溪白莲湖总部园区基础设施建设完成园区纵一线道路、白莲湖湖心岛填土和白莲湖环湖道路生态A1岛工程。全年景观项目累计完成工程量约1.9亿元,新增景观、绿化面积约55万平方米。

【多元化投资】 7月,经市委市政府、国资办批准同意,城投公司与省城市规划设计研究院合资成立昆山市规划设计有限公司,主营业务为城市规划编制及咨询服务,城市规划管理服务,建筑工程设计，交通、市政工程设计，园林、景观工程设计，旅游规划编制及各类工程咨询服务。规划设计公司的成立，一方面增强了公司参与规划设计市场的能力，促进了公司的多元化投资发展；同时，也提高了公司设计工作的服务响应效率。

【融资工作】 年内，城投公司共计完成项目融资26.97亿元，新增授信额度15.58亿元。其中：农村商业银行新增1亿元；光大银行新增2.4亿元；平安银行新增1.5亿元；招商银行新增1亿元；民生银行新增4亿元，浦发银行新增1.4亿元；兴业银行新增3.28亿元，南京银行新增1亿元。年内共提贷款26.97亿元，归还到期贷款19.1亿元，支付利息3.6亿元。 （吕 卉）

城市管理

【概况】 年内，市城管局累计查处违法违章案件9.4万起，处置数字城管案件22.5万起，办结行政许可1 397件。市城管局获得“省城市环境综合整治工作先进集体”称号，前进中路成功创建省级“城市管理示范路”，花桥集善社区和周市花都社区成功创建省级“城市管理示范社区”。

【市容市貌管理】 年内，市城管局出台《昆山市便民疏导点管理办法（试行）》，新增各类临时便民疏导点48处（含季节性果蔬疏导点）。市容环卫责任制的商户“自我管理”模式从亭林路推广至柏庐路和周市镇金浦路，每季度开展检查评比表彰，引导沿街商户参与城市管理。马鞍山东路和周市镇商贸路成功创建苏州市城市管理示范路。完成果老弄等7条街巷的店招立面改造工作。市区汛塘路等39条支路街巷的“黑色广告”清理纳入市场化运作范围，清理各类“黑色广告”7.7万处。开展6次高速公路沿线广告设施检查，及时修复破损、拖挂广告。完成到期8处户外广告经营使用权的公开拍卖，成交金额411万元。

【环境综合整治】 年内，市城管局全力参与“931”行动，牵头开展城郊结合部、背街小巷整治和占道经营、户外广告规范，对陆家黄泥浜等3个城郊结合部、采莲街等13条街巷进行环境整治，完成49处户外广告的整治任务。采取片区联动、辖区整治、联合执法等方式，重点开展春夏季市容环境秩序、水果店（摊）占道经营、货运车辆占道设摊、夜间双休日环境专项整治，实施违法建设、占道经营及马路摊点专项整治行动，严管重罚，长效管理，着力解决管理顽症和民生诉求。同时参与城区机动车辆、打非治违、创建文明城市亟待解决问题等联合执法行动，提升城乡环境整体水平。年内立案查处流动摊贩9 243起、占道经营703起，拆除违法建设11.5万平方米、违章广告店招2.8万平方米。完成品牌产品交易会、零售商大会、绿色护考等执法保障任务136起。

采莲街店招店牌改造后一览

【城管执法管理】 年内，市城管局制订现场执法指南，加强文明用语规范、执法视频教程、执法冲突处置流程等实战演练，严格执行大队长分片包干、中队长勤务管控、队员“十必查”等制度。采取有事即联、定人派驻、分队进驻等方式，推进亭林、长江、同心、娄江辖区各社区“民生城管”联络员制度试点工作，有效整合社区管理资源力量，进一步实现执法管理重心下移。各基层中队通过苏州市规范化“三星级中队”复查，锦溪、城北等6个（累计15个）中队成功创建“省三星级档案管理单位”。年内累计投入使用移动执法PDA 443套、执法记录仪455台、车载视频监控23套。

【环境卫生管理】 年内，市城管局新建体育中心、市政府广场两座公厕，升级改造滨江公园、中央公园等11座公厕。投入130万元改造前浜和汛塘岸垃圾中转站，更新垃圾桶、果壳箱65只。投入587万元更新添置16辆环卫作业车辆，道路机械化清扫率达85.9%。开展全市环卫公厕管理专项整治提升行动，对全市公厕的内部设施、外立面、墙面小广告等进行修缮、清除。建成建筑垃圾临时消纳场，有效缓解中心城区建筑垃圾乱倾倒现象。发布市区公厕分布图，方便市民如厕。累计清理环境卫生死角3 160处（次）、无主建筑垃圾5 650吨。

【路灯管理】 年内，市城管局采用合同能源管理形式，完成柏庐路、震川路等3条道路628套LED路灯的改造。健全LED路灯测试机制。建立单灯控制技术测试平台，挑选三家企业提供产品进行现场测试。中环快速路高架立杆灯完成安装，吸顶灯安装完成85%，地面立杆灯安装完成90%。第一时间抢修损坏道路照明设施139次、修复电缆2 285米，加强夜间养护维修，确保灯亮率及设施完好率。完善周督查、月考核机制，落实景观照明设施的日常养护。

【道路市政设施养护】 年内，市城管局市政养护所建成市政设施数字化管理平台二期项目，完成辖区118条道路路面资料和下水管道资料的完善修正工作。在柏庐路试点安装新型窨井盖，初步消除城市道路“肚脐眼”现象。完成樾阁南路雨水井移位工程施工。柏庐南路被评为苏州市优质养护片。全年日常养护完成人行道板维修7 679.6平方米，沥青铣刨摊铺30 840平方米，窨井清淤29 510座，使用机械疏通及人工疏通管道131 629米，管道检测27 812米。

【数字城管】 年内，市城管局共开展区镇市政设施破损、文明城市迎检、绿化缺失、城区市政设施破损、优秀管理城市迎检等7次专项普查，解决一批突出问题。修订《信息采集阶段性指导意见》，明确部件问题无遗漏上报，轻微问题不予受理等要求。市公安局和交发公司完成二级平台建设，提高案件在单位内部的流转效率。交发公司与全市80%的区镇均已实现自采自考。数字城管市民APP投诉平台正式上线运行，共收到市民投诉问题210件，结案率100%。年内，累计上报城市管理事部件问题33.27万件，立案31.97万件，立案率96.09%，实际处置案件31.63万件，处置率98.94%，按期处置案件31.37万件，按期处置率98.12%。 （城管局）

水利建设

【概况】 年内，市水利局扎实做好各项水利工作，打造“安全水利、民生水利、资源水利、科技水利、现代水利、廉洁水利”，水利改革发展继续保持良好态势。连续3年投入超10亿元，基本形成“防洪、排涝、灌溉、供水、治污”五大工程体系，为全市经济社会持续健康发展提供可靠的水利保障。年内，市水利局启动编制《昆山水利发展十三五规划》《昆山市农田水利规划》《昆山市城市防洪规划》《昆山市蓝线保护规划》《昆山市水资源保护规划》等一系列规划，参与编制《昆山市城市排水规划》。

【水利工程建设】 年内，市水利局开展水利工程建设资金“以奖代补”管理考核，突出“二次考核、三次拨付”，明确考核结果的应用，鼓励各地先建后补。开展水利工程“诚信履约”考核，覆盖全市11个区镇52个标段，36家施工单位，5家监理单位。加强水利工程阶段验收和完工验收，规范农村河道疏浚整治验收，获苏州2014年度农村河道轮疏浚验收优秀等次，多项创新举措在苏州全市推广。完成水利工程104个标段的质监工作，形成质监活动现场抽查记录168份、隐蔽工程验收记录142份，下发水利工程质量整改通知书7份、停工整改通知书1份。年内市水利工程总投资11.29亿元，其中农田水利工程投资约3.79亿元，至7月底已全面完成；重点工程投资约7.5亿元，包括七浦塘拓浚整治工程（昆山段）、瓦浦河综合整治工程、河道综合整治工程（三期）、南部水乡岸线综合整治工程、杨林塘航道整治水利补偿工程、防汛重点薄弱隐患专项整治工程等8项工程。七浦塘拓浚整治工程（昆山段）总投资约12.09亿元，年内已完成90%工程量，计划于2015年5月完工通水；瓦浦河综合整治工程列入中央财政中小河流治理项目，已全部完工，配套建筑物计划于2015年5月完工；南部水乡岸线（明镜荡）综合整治工程已基本完工，其他项目按计划顺利推进。

【防汛抗旱】 年内，市水利局做好防汛日常工作，开展2014年汛前常规检查，落实区镇正副指挥59人，建立防汛抢险队196支、3 940人，配套建立防洪工程技术专家队伍、防汛巡查督查队伍，各类防汛物资储备到位。圆满完成“麦德姆”“娜基莉”“凤凰”等热带气旋和暴雨天气防汛任务。加强城市地下空间管理，市防指下发《关于汛期明确城市地下空间管理责任的通知》，明确督查部门、主管单位和责任单位的不同职责，落实工程管护和抢险救灾任务，提高城市内涝的快速处置能力，解决人民群众出行难问题。全面推进易积水区域整改，针对上年“菲特”台风后暴露的城市小区、道路积水问题，确定117个易积水区域整改任务，根据“一点一案”整改计划，因地制宜开展整改，年内经历多次短时强降雨，完成整改区域均无明显积水现象发生，整改工作成效明显。加大临时坝基清理力度，对因杨林塘、金鸡河、七浦塘、中环快速道路等市重点工程建设施工，造成多条骨干河道填、堵、淤、束等防汛隐患情况，市防指下发清除防汛隐患工作通知，制定工程项目防汛应急预案，落实应急拆坝和应急抢排措施。

【水政执法】 年内，市水利局出台《昆山市水行政执法巡查方案》《昆山市水利局行政指导工作实施意见（试行）》，建立“三级网格化”立体监管防控体系，查处各类水行政指导案件74起，水政监察体系通过ISO9001国际质量体系认证。探索水利联合执法，积极争取与公安、住建、环保、城管等多部门形成联动机制，构建“部门联动、条块结合、以块为主”的联合执法模式，探索建立水行政执法联动工作联席会议制度和协作平台，共同打击水事违规违法行为，维护区域正常水事秩序。积极开展边界水域联动执法合作，与上海市青浦区水务局、浙江省嘉善水利局签订《边界水事联动执法及联席会议制度》，开展水政巡查、信息互通与执法联动等合作，共同探索水行政执法与巡查互动机制。

【水资源管理】 年内，市水利局组织承办全省水资源管理工作座谈会。落实最严格水资源管理制度，出台《昆山市实行最严格水资源管理制度考核办法》，明确实行最严格水资源管理制度的责任主体与考核对象。严把取水许可审批、取水许可监督、入河排污达标三关，开展取排水全过程管理，规范水资源使用。做好水功能区全覆盖、地下水动态、水资源拓展、应急供水水源井水质四项监测，全方位掌握水资源状况。优化水源地蓝藻防控、打捞、巡查、演练四项机制，确保全市供水安全。开展节水载体建设，组织创建苏州市节水型学校、省节水型学校，组织申报省级节水型载体，开展以“珍爱生命之源、建设美丽昆山”为主题的全市中小学生节水征文比赛活动和教师节水教育多媒体课件评比活动。成功创建昆山明镜荡国家级水利风景区，成为昆山首个、2014年度苏州唯一的国家级水利风景区。积极推进水生态文明试点市建设，作为全省首批水生态文明城市建设试点市，《昆山市水生态文明城市建设试点实施方案》正式获批，明确水生态建设任务、配套工程和非工程措施，标志着昆山水生态文明城市建设试点工作进入实质性启动阶段。

【工程管理】 年内，市水利局做好日常管理，强化圩区管理考核，落实圩区管理经费预算，开展优秀联圩服务区创建和堤防达标管理工作，圩区内河道、堤防、站闸、绿化等一体化管理到位，苏州市堤防达标管理三年任务两年完成。做好河道日常管理工作，强化河道长效管理考核，累计出动人员78万余人次、船只42万余船次，打捞水生植物87万余吨、河道生活垃圾约12万余吨。在苏州全市考核中以第一名的成绩荣获2014年度农村河道长效管理优胜市，开发区等4个区镇荣获2014年度农村河道长效管理先进镇，周市等8个区镇荣获2014年度农村圩区达标建设管理先进镇。创新河道长效管理，出台《昆山市河道长效管理办法》，进一步完善河道长效管理机制，明确公安、交通、城管、农委、园林绿化、旅游、环保、财政等部门职责，严格河道管理监督考核，共同做好河道长效管理工作。出台《昆山市“河长制”管理办法》，全面推行河道管理“河长制”，列入省骨干河道名录的骨干河道、昆山市级骨干河道等27条河道，全面实行“河长制”。创新小型农田水利工程管理，出台《昆山市小型农田水利工程管理办法》，加强全市农村小型农田水利工程管理，保证小型农田水利工程设施的正常运行，提高灌排工程运行可靠性及效率，充分发挥小型农田水利工程的防洪、排涝、灌溉等综合效益，确保农业增产、农民增收。

【水利科技】 年内，市水利局开展科技研究，联合河海大学等多方技术人员，攻克数项技术难关，以低于市场十分之一的投入，成功研制“小型地埋式精密称重蒸渗仪”，顺利应用于千灯排灌试验基地。科研课题《太湖流域圩区稻田节水控污灌排技术与工程模式》，继上年获国家节水一等奖后，年内又获省水利厅优秀科技成果二等奖。主动邀请苏州大学专家，赴阳澄湖昆山水域实地考察调研湖区水生植物，分析研究水生植物与湖泊生态和水源水质的关系，基本摸清水生植物的种类、分布、生长状况。统筹整合平台系统，以“一个门户、一张地图、一个平台、一个中心、一套保障机制”设计理念，整合已有应用系统，拓展新信息化项目建设，提升现代水利信息化水平，逐步向数据及时感知、信息互联共享、智能指挥决策的“智慧水利”目标迈进。完成水资源信息化管理系统、圩区水利工程信息化管理系统、水利工程招投标管理系统等应用平台建设，启动开发水利地理信息开发系统，升级防汛指挥决策支持系统。 （水利局）

综　述

年内，市交通运输局坚持稳中求进的工作总基调，主动作为，以改革求突破、以改革促转型、以改革谋发展，全面开启职能转型新篇章。

理顺体制机制，加快职能转型　年内，市交通运输局推进交通运输系统事企分离改革，进一步厘清行业主管部门与经营性企业之间的关系，划清政府与市场之间的界限。出台行政审批服务改革实施意见，优化审批流程，推行“受理—审批”二级许可新模式，实现“部门围绕窗口转、窗口围绕群众转”的改革目标。整合执法权限和资源，组建水上、道路两支行政综合执法队伍，推动水陆交通形成各自对外一支队伍、一体执法、一门处理的模式。

注重履职尽责，改善行业治理　年内，市交通运输局完善交通专项规划体系，相继开展公路网规划修编、通用机场选址规划、物流业发展规划等一系列规划编制工作。完成全市1 254座桥梁定期检测和公路易积水路段勘查改造，加强下穿通道的积水隐患防范。以“百姓评公交”“啄木鸟”文明创建行动、客运驾驶员“红黑榜”等活动为载体，积极探索新常态下的行业管理和市场信用体系建设。稳步推进杨林塘航道整治工程前期征迁工作，牵头开展全市港口码头岸线综合整治行动。围绕“打非治违”“六打六治”等专项行动，严格落实运输企业“两客一危”车辆动态监管制度，全面加强公路安全设施、标志标线、施工路段、大型桥梁桥下空间安全的监管。

突出公共服务，提高保障能力　年内，市交通运输局牵头拟定现代交通体系建设实施意见和三年行动方案，扎实推进人大一号议案办理工作。制定城市公共交通发展三年行动计划和公交年度发展计划，完善公交基础设施建设，试点开通“定制公交”。推进公共交通行业成本规制研究，完成中环快速公交运营规划方案。启动运营公路无水港基地、白杨湾物流专线作业区，首批开通7大片区52条专线。更新1 270辆出租车电子营运证和服务评价系统，改造车载GPS系统终端577套。建成海事航道视频监控和电子抓拍系统，基本实现重点航道水域监控全覆盖。

公　路

【概况】　至年底，境内道路总里程达到2 490.3千米。其中公路总里程为1 794.7千米（国道63.5千米、省道155.8千米、县道234千米、乡道470千米、村道871.4千米），市政道路695.6千米。道路密度达267千米/百平方千米，干线公路优良路率保持100%。

铁　路

【沪宁铁路】　沪宁铁路昆山段全长34千米，停靠昆山火车站，日均办理列车268列，日均发送旅客0.6万人次，均为普通列车。1月28日、1月29日春运返乡高峰，开通两趟昆山站始发，前往西安、阜阳方向的临客专列，两趟临客专列将途经河南和安徽部分地区。

【沪宁城际高铁】　沪宁城际高铁在昆山境内与京沪高速铁路并线设置，长约31千米，沿途设21站，昆山境内设置阳澄湖站、昆山南站、花桥站。阳澄湖站日均办理列车2列，日均发送旅客70人次；昆山南站日均办理列车192列，日均发送旅客2万人次。花桥站日均办理列车2列。

【京沪高铁】　京沪高铁在昆山境内与沪宁城际高铁并线设置，长约31千米，设置昆山南站（与沪宁城际高铁并站）。

城市轨道

【概况】 年内，境内上海轨道交通11号线花桥段日均客流量约3.11万人次。全年单日客流量最高峰达到6.03万人次，全年累计客流量1 136.25万人次。

航站楼

【概况】 昆山航站楼位于前进东路388号，总面积2 300多平方米，包括2个贵宾室、6个服务柜台、8个值机柜台，集售票、值机、休息、行李收运、长途巴士等功能于一体，是国内第一家具备国际和地区航班值机功能的跨省市异地航站楼。年内，共发送旅客超过10.16万人次。至年底，东航、上航、国航、吉祥、厦门、海南、山东、河北、中华、长荣、南航等航空公司的上海航班可在昆山办理登机。 （陈春华　徐瀚洋）

交通设施建设

【2014年竣工项目】 东城大道绿地大道全互通扩建　采用全苜蓿叶方案，工程范围包括东城大道匝道桥梁1 297米，匝道路长1 661米，辅道总长2 591米，被交路绿地大道改造1 100米。项目总投资16 000万元。开工时间为2013年4月，竣工时间为2014年12月。

外青淞公路改扩建　与青浦、嘉定联接通道，全长3.9千米，其中嘉定段长2千米，青浦段长1.9千米。项目总投资8 500万元。开工时间为2013年4月，竣工时间为2015年1月。

城北大道汉浦路跨线桥　北起永平家园小区，上跨城北大道后顺接汉浦路。项目总投资1 624万元，开工时间为2013年10月，竣工时间2014年6月。

【2014年新建项目】 金阳路顶升　工程位于金阳路互通范围内，东城大道主线上，提升车辆净空。项目总投资900万元，开工时间为2014年10月，计划竣工时间为2015年1月。

沪宁高速昆山高新区互通　江浦路西侧增设沪宁高速单喇叭互通一处，四进十出，连接线700米，双向四车道。项目总投资39 000万元，开工时间为2014年4月，计划竣工时间2015年12月。

震川西路公铁立交改扩建　工程范围为十五甸互通至通澄路，全长约620米，双向4车道布置。项目总投资10 500万元。开工时间为2014年8月，计划竣工时间为2015年9月。

迎宾路改造二期　工程范围为西城大道至玉山交界处，双向4车道布置，道路宽40米，全长约4.6千米。项目总投资18 200万元。开工时间为2014年3月，计划竣工时间为2015年12月。 （交发公司）

迎宾路

公共交通

【概况】 年内，昆山市新辟公交线路7条、调整公交线路43条、加密公交线路22条、延时公交线路8条。年内，新购国Ⅳ排放标准公交车150辆，其中LNG公交车100辆。开通花桥－同里、青浦－周庄，青浦－花桥的毗邻公交。至年底，昆山市公交线路共216条，车辆1 409辆，公交线网总长度3 172.5千米，日均客流量47.8万人次。

【公交线路新辟】 年内,昆山市新辟公交线路 7 条。

时间	线路	始发站	终点站	线路走向
8 月 10 日	31 路	大学园区首末站	昆山南站	祖冲之路、登云路、院士路、马鞍山路、亭林路、前进西路、人民路、合兴路、柏庐南路、创业路
8 月 10 日	32 路	大学园区首末站	汽车客运南站	祖冲之路、前进路、柏庐路
9 月 1 日	357 路	淀山湖汽车站	石墩村	新乐路、中市路、淀兴路、黄浦江路、石墩路
10 月 15 日	89 路	火车站南广场	火车站南广场	人民南路、衡山路、柏庐路、创业路、站西路、站南路、小澞河路、创业路、柏庐路、中华园路、人民南路
11 月 1 日	156 路	张浦客运站	体育中心首末站	商秧路、京东路、银河路、新吴街、江浦路、前进路
11 月 16 日	155 路	巴城客运站	轨道交通光明路站	湖亭路、祖冲之路、萧林路、黄浦江路、前进路、东城大道、海星路、集善路、光明路
11 月 30 日	C2 线	汽车客运南站	界浦路	新南路、江浦路、元丰路、晨丰路、灯塔路、元丰路、中新大道、界浦路

【公交线路调整】 年内,昆山市调整公交线路 43 条。

时间	线路	时间	线路	时间	线路
1 月 1 日	210A 线延伸	5 月 30 日	281 路走向调整	10 月 18 日	2 路、11 路、29 路走向调整（出火车站南广场）、4 路、18 路、125 路走向调整(出昆山南站)、3 路(昆山南站始发)、111 路(火车站南广场始发)、16 路走向调整
1 月 15 日	122 路走向调整	5 月 31 日	103 路走向调整		
2 月 9 日	228 路走向调整	6 月 1 日	272 路走向调整		
2 月 18 日	352 路走向调整	6 月 30 日	9 路走向调整	10 月 31 日	152 路走向调整(延至太湖路)
3 月 1 日	322 路走向调整	8 月 28 日	19 路、22 路走向调整	11 月 1 日	118 路走向调整
3 月 26 日	273 路走向延伸	9 月 1 日	学生公交 1 号、2 号、4 号、6 号、7 号走向调整	11 月 17 日	学生公交 32 号线走向调整
4 月 7 日	257 路、263 路、265 路走向调整	9 月 15 日	222 路走向调整	11 月 30 日	220 路、222 路、229 路走向调整，25 路走向调整（延至体育中心）、58 路走向调整
4 月 25 日	253 路走向调整				
4 月 30 日	115 路、271 路走向调整	9 月 30 日	82 路走向调整	12 月 12 日	289 路走向调整

【公交班次加密】 年内,昆山市加密公交线路 21 条。

时间	线路	增加车辆	时间	线路	增加车辆	时间	线路	增加车辆
1 月 1 日	55 路	4 辆	6 月 16 日	101 路	4 辆	9 月 10 日	119 路	2 辆
1 月 1 日	151 路、游 7 路	各加 1 辆	8 月 31 日	253 路	3 辆	9 月 27 日	252 路	1 辆
1 月 6 日	27 路	2 辆	8 月 31 日	298 路	2 辆	9 月 30 日	82 路	2 辆
1 月 16 日	17 路	2 辆	9 月 1 日	225 路	2 辆	10 月 31 日	152 路	3 辆
2 月 17 日	130 路	4 辆	9 月 1 日	228 路	4 辆	11 月 1 日	101 路	2 辆
4 月 30 日	115 路	1 辆	9 月 1 日	22 路	2 辆	11 月 30 日	25 路	4 辆
5 月 1 日	127 路	2 辆	9 月 7 日	151 路	2 辆			

【公交班车延时】 年内,昆山市有 8 条公交线路营运时间延时。

时 间	线 路	时 间	线 路
1 月 1 日	C1 路末班 22：30 延至 22：55	9 月 1 日	225 路末班 19：00 延至 20：00
5 月 1 日	27 路末班 19：05 延至 20：00	9 月 10 日	119 路末班 20：00 延至 20：30
5 月 17 日	125 路末班 20：30 延至 21：00	9 月 27 日	252 路末班 18：00 延至 19：00
7 月 1 日	213 路末班 18：50 延至 20：00	11 月 1 日	101 路末班 20：00 延至 21：00

【公交场站亭建设】 年内，昆山市完成100个候车亭的建设和主城区15个候车亭港湾式改造，试点建成40个公交电子信息站牌。至年底，全市共有公交站点2 628个，其中候车亭1 502个(含港湾式候车亭234个)，公交首末站(含农村客运站)25个，公交车辆进站率达100%。

【开通毗邻公交】 年内，昆山市加强与上海、苏州等大城市公交对接，开通花桥至同里、青浦至周庄、青浦至花桥的毗邻公交。开通城际公交C2线(昆山汽车客运南站至苏州胜浦界浦路)，延伸区域公交272路至相城(巴城客运站至莫家甸)。

【开通定制公交】 6月，市交通运输局通过昆山BBS向市民征集乘坐定制公交意向。10月8日，试点开通“阳光世纪花园——锦溪客运站”定制公交线路。

【公交智能调度指挥中心】 4月初，公交智能调度指挥中心建成使用，实现一级监控。该中心主要包括调度指挥监控室、总机房、热线服务中心三大部分，依靠卫星定位、无线通信、视频监控等科技手段，实时采集公交运营车辆的位置和状态等信息。

【公交配套与保障服务】 年内，配套服务第九届中国现代零售业博览会、中国品牌产品进口交易会等7个大型展会活动，调整加密公交线路19条，配套接送包车260辆，开通专线巴士23条，接驳巴士10条，配套出租车425辆，保障各项活动顺利进行。圆满完成2014年高考学生运输任务，安排有接送高考学生资质的大巴客车55辆，接送参加高考学生达2 400人。认真做好“8·2”中荣事故处置车辆保障，征调客车663辆次，共输运事故伤亡人员家属362批次5 032人。完成2014年新兵运输计划，9月5～12日，运送新兵7批次251人。

【取消出租车免费等待】 3月1日起，市交通运输局取消出租车收费当中非高峰时段“5分钟免费等候”的规定，该次微调后，出租车起步价、车运价等基本运价均不做调整。

【推出泊站电调专用出租车】 5月15日，昆山市投放30辆电调专用出租车。至年底，全市共有6个出租车泊站点，分别是黄河北路、剧场路、三角塔、友谊医院、南亚电子、仁宝B区。电调专用出租车平均营收为325元/天，15次/天，其中业务量最高的泊站为黄河北路。

交通管理与服务

【交运系统事企分离】 年内，市交通运输局将交通工程有限公司、鹿通路桥有限公司等6家经营性企业和235名企业编制人员划归至交发公司，仅保留社会公益性相对较强的鹿通养护公司、汽车综合性能检测站、公路试验检测中心等3个企业。

【试行交通行政综合执法】 3月、4月，市交通运输局分别成立水上、路上两支执法大队，将交通运输领域内公路、运政、维管、海事、航道、港口各项行政权力分水、路两块区域，统一交由两支队伍行使，形成“上路巡查一辆车(一艘船)、处理问题一班人、出了问题找一家”的执法体系。

【交通运输执法】 年内，道路交通综合执法大队查获各类违法违规案件7 650起，其中非法营运1 712起，超限运输1 302起，机动车维修违规经营211起，其他案件4 425起。水上执法大队累计巡航2万余次，检查船舶10 102艘次，查获违章船舶412艘次，开展船舶停泊秩序维护50余次，排除航道及码头水域堵塞15次。综管所完成区镇交管所轻微违章处理系统平台搭建，统一交管所执法标志，进一步规范区镇交通运输执法行为。

【县道桥梁维修加固】 7月，市交通运输局启动8座交通部门管养县道桥梁维修加固工程，12月完工，总投资约1 570万元。工程对上年昆山市道及农村公路大型桥梁定期检查中发现的7座三类桥梁和1座四类桥梁进行维修加固。8座桥分别为东城大道：铁路跨线桥、沪宁高速跨线桥；江浦路：吴淞江大桥、苏沪高速跨线桥、跨铁路大桥、跨沪宁高速桥；古城路：十五甸立交桥；淀锦线：北管泾桥。

【224省道张浦段驳岸维修改造】 5月，市交通运输局启动总投资约2 800万元的224省道张浦段驳岸维修改造工程，11月完工。项目位于张浦镇，工程起点为吴淞江大桥以南200米（台玻路)，终点为机场路，全长5.5千米，对道路沿线驳岸进行维修加固改造。

【交通设施维修保养】 年内，市交通运输局开展昆山市公路易积水区域整改工程和昆山市公路安保工程。公路易积水区域整改工程：总投资约1 000万元，4月开工，7月完工，完成全市21处易积水点整改。公路安保工程：总投资约900万元，2014年7月开工，11月完工。对全市15条框架道路、周市锦溪两镇的35条公路安保设施进行完善。

【公路应急设施设备采购】 年内，市交通运输局根据省交通运输厅公路局公路养护一、二类工区机械设备标准化配置要求，结合昆山公路应急中心设备添置及“中环”保畅等实际情况，通过政府采购，购置高空作业车、综合养护车、多功能除雪车、高压水力破除机、大型挖掘机、滑移装载机、排水抢险车、应急电源车等28台套应急设备。总投资约1 580万元，至年底全部交付。

【修订《昆山市农村公路管理办法》】 年内，市交通运输局重新修订《昆山市农村公路管理办法》,6 月 16 日经昆山市政府第 32 次常务会议讨论通过,7 月 8 日发布生效。办法条款由原来的 34 条精简为 17 条，做到了进一步下放村镇建设道路的行政许可权限、减少收费项目,改变“谁建设谁养护”的传统区域管养模式,实行管养专业化。

【创建“农路管养”示范镇】 5 月,市交通运输局正式启动 2014 年度苏州市级“乡村公路管养及安保工程”示范镇创建工作。周市镇投入 8 350 万元、锦溪镇投入 637 万元,大力实施道路大中修改造、危桥整改、路肩整治、绿化美化等一系列公路环境综合整理工程。两乡镇于 2015 年 1 月通过验收,周市镇乡村道好路率从 81.84%上升至 83.91%；锦溪镇乡村道好路率从 84%上升至 89%。

【开展桥梁定期检测】 年内,市交通运输局完成 1 254 座农村公路及市政桥梁定期检测工作，共有 14 座大桥、264 座中桥、976 座小桥完成检测。从桥梁检测结果来看,一、二类桥梁 1 170 座,占比 93.3%;三、四类桥梁 84 座,占比 6.7%,无五类危桥。从全市桥梁运行状况来看,叶尤泾桥、徐泾桥等 8 座桥梁存在露筋锈蚀、桥梁上部结构强度不足等桥梁病害。

【完善区域养护应急体系】 年内,市交通运输局协调养护单位和相关责任单位做好汛期应急准备,重点防范全市 44 处下穿;重点整治公路热毁、水毁病害,全年共修补沥青路面 32 025.55 平方米,完成应急抢险 484 次。定期通报全市桥梁和下穿通道隐患检查情况,及时整改安全隐患。开展汛期下穿公路积水应急演练，完成高架桥养护应急方案。结合应急中心建设、昆山中环建设和现有服务区的布局,重新规划布局全市养护工区,基本形成昆山东南西北四个处于干线公路沿线的养护工区。

【开展“啄木鸟行动”“红黑榜”活动】 年内,市交通运输局以争创文明城市为契机,联合市文明办,聘请 30 名城市公共交通行风监督员，开展“啄木鸟”行动。建立城市公共交通驾驶员“红黑榜”制度,通过网络、报纸发布两期客运驾驶员“红黑榜”，共公布红榜驾驶员 11 人,黑榜驾驶员 13 人。

10 月 23 日,“旭鸿杯”全市教练员技能大赛现场。

【开展“金方向盘”评优活动】 8 月,市交通运输局联合市文明办、市公安局、昆山日报社开展第二届“金方向盘”评优活动。经公司推荐、网络投票、评审委员评审等环节,评选出“我最放心的驾驶员”“我最满意的公交司机”“我最喜爱的‘的哥的姐’”共 30 人。

【第五届教练员技能大赛】 10 月 23 日,第五届全市教练员暨“旭鸿杯”技能大赛在市旭鸿驾校隆重举行，来自全市五所驾校的 5 支参赛队伍共 30 名驾驶员参加比赛,省运管局、市总工会等方面领导出席开幕式并观看比赛。“旭鸿杯”技能大赛团体冠亚军分别被华鹰、旭鸿所夺得。个人前三名分别为:第一名华鹰驾校高雪华;第二名华鹰驾校陆建根、旭鸿驾校丁马山;第三名客运驾校陈鹤、旭鸿驾校朱建华、交运驾校季刚。

【重大活动水上安保】 年内,市交通运输局做好亚信峰会、青奥会等大型活动的水上安保任务。设置 2 个水上专项检查站、3 个船舶船员信息报送点,建立船舶信息实时报送、专项检查、联合安检三项工作制度，共实施船舶专项安检 209 艘次，办理入沪船舶签证及信息报送 4 031 起，联合公安登船核查船舶 394 艘次，船舶船员信息报送率达 100%,无一起缺陷船舶放行情况,圆满完成了水上交通安保远端控制任务。

【运泥船专项整治】 年内,市交通运输局采取“有效对接、源头治理,联合防控、严格审查,专人值班、强化监控”三项措施积极开展运泥船舶整治。在昆周线设置 2 个管控点,开展了为期一个月的 24 小时不间断集中整治。活动期间,共取缔非法上泥码头 8 处、非法泥浆点 3 处,劝离运泥船舶 400 余艘,强制拖离 32 艘,现场监管 46 次。

【吴淞江流域水环境整治】 年内,市交通运输局对吴淞江流域的无主沉船进行了集中调查统计,共排查出沉船水域 15 处、无主沉船 38 艘,并组织开展清障打捞工作。开展港口码头船舶生活垃圾送交专项督查、宣传教育活动 6 次,发放防污染手册 312 本,垃圾桶、垃圾袋 1 600 份,签发船舶垃圾接收单 1 500 余份,接收船舶生活垃圾近 5 吨。

【杨林塘航道整治】 杨林塘（金鸡河）航道整治工程为省重点航道工程,航道穿越巴城、周市、玉山和开发区,昆山境内长 28.22 千米，分为杨林塘段和金鸡河段,航道整治后河面宽为 70 米,航道等级为 3 级，可通航 500 吨级以上船舶。该工程于 2010 年 11 月正式开工,计划于 2015 年竣工。全年完成前期征迁总量的 92%,其中企业动迁 57 家,楼房拆除 624 户，平房拆除 79 户，农作物、虾蟹鱼塘理赔 3 467 亩，绿化迁移

23亩。完成实物工程量5.23亿元，其中实施一级挡墙25 287米，二级挡墙6 293米，土方疏浚318万方；完成桥梁钻孔灌注桩1 209根，承台系梁208个，立柱墩身563个，改良233个；完成服务区墙身290米。

【港口码头岸线综合整治】 7月起，市交通运输局启动全市港口码头岸线综合整治工作。至年底，全市共拆除违章码头20处。其中，开发区1处、高新区5处、张浦镇5处、周市镇1处、陆家镇1处、巴城镇5处、千灯镇1处、周庄镇1处。完成2014年工作计划的100%，占三年工作总计划的21.98%，整治工作得到稳步推进。

【"全国汽车维修质量服务月"活动】 3月14～16日，"全国汽车维修质量服务月暨'鹿城汽修诊所'3·15大型广场服务"活动在科博馆举办。市消保委、保险协会及"鹿城汽修诊所"的8名专家每天"坐诊"。共提供法律法规、维修价格、车辆保险等方面咨询200余次，受理汽修质量纠纷5起，发放各类汽修资料500份。

【汽车综合性能检测站搬迁】 9月15日，昆山市汽车综合性能检测站迁至周市镇宋家港路277号并投入运营。新站总占地面积35 873平方米，拥有4个检测车间，检测专用设备50台(套)，可检测项目参数36项，设有4条综合性能检测线，全程采用全自动计算机智能控制系统检测车辆，可同时允许12辆车上线检测，年检测能力达10万辆次。总在职从业人数38人，其中持证检测员20人。

【交通工程质量监督】 年内，市交通运输局重点加强以中环快速化改造为代表的在建重大项目的监管，2014年实施项目质监328项次，下发通知通报105份，监管工程质量优良率继续保持100%。昆山中环快速化改造工程三工区、四工区、五工区和S224昆山至张浦段养护工程等8个项目被评为2013年度省"平安工地"、中环快速化改造工程被评为2013年度省"平安工程"。东城大道快速化改造D4标、金阳路改建工程2个项目荣获2013年度"姑苏杯"优质工程奖，东城大道二期、元丰大道东延工程2个项目荣获2014年度 "姑苏杯"优质工程奖，东城大道快速化改造D2标、同周公路长白荡大桥、江浦路南延二期工程3个项目获得2013年度"省交通建设优质工程奖"，昆山市中环线快速化改造工程二工区、E-1标（六工区）和沪宁高速昆山高新区互通3个项目被评为2014年度"平安工地"建设省级"示范工地"。

【中环主体结构全线贯通】 11月7日，中环跨青阳港大桥最后一联箱梁浇筑完成，标志昆山市44.4千米的全高架、全立交中环线主体结构全线贯通。至年底，累计完成实物工程量90亿元。该工程于2012年6月19日正式开工建设，为昆山首条快速路。建成后的中环快速路将为昆山开发区、高新区、周市、张浦四大区域提供快速联系通道，缩短相邻区镇之间的出行距离和时间。

（陈春华　徐瀚洋）

资料链接

昆山市区上中环快速路指南

出发地点：市政府

- 从市政府出发到陆家，走同丰路，从中环同丰东路匝道口上高架，到黄浦江路陆家互通下。
- 从市政府出发到巴城，走长江路，从长江北路匝道口上高架，到萧林路匝道下。

出发地点：昆山宾馆

- 从昆山宾馆出发到陆家，从前进西路匝道口上高架，到黄浦江路陆家互通下。
- 从昆山宾馆出发到花桥，从前进西路匝道口上高架，到黄浦江路陆家互通下。
- 从昆山宾馆出发到周市，走亭林路马鞍山路，从中环马鞍山路匝道口上高架，到黄浦江路周市互通下。

出发地点：市委党校

- 从市委党校出发到陆家，走萧林路，从中环萧林路匝道口上高架，到黄浦江路陆家互通下。
- 从市委党校出发到花桥，走萧林路，从中环萧林路匝道口上高架，到黄浦江路陆家互通下。
- 从市委党校出发到周市，走萧林路，从中环萧林路匝道口上高架，到黄浦江路周市互通下。

出发地点：高铁南站

- 从高铁南站出发到陆家，走中华园路，从中环中华园路匝道口上高架，到黄浦江路陆家互通下。
- 从高铁南站出发到花桥，走中华园路，从中环中华园路匝道口上高架，到黄浦江路陆家互通下。
- 从高铁南站出发到周市，走中华园路，从中环中华园路匝道口上高架，到黄浦江路周市互通下。
- 从高铁南站出发到巴城，走中华园路，从中环中华园路匝道口上高架，到萧林路匝道下。

出发地点：亭林园

- 从亭林园出发到陆家，走马鞍山路，从中环马鞍山路匝道口上高架，到黄浦江路陆家互通下。
- 从亭林园出发到花桥，走马鞍山路，从中环马鞍山路匝道口上高架，到黄浦江路陆家互通下。
- 从亭林园出发到周市，走马鞍山路，从中环马鞍山路匝道口上高架，到黄浦江路周市互通下。

（摘自《昆山日报》）

信息化

【智慧城市】 12月15日,《智慧昆山战略发展规划》及《智慧昆山建设三年行动计划》通过评审。为实现“融合、创新、国际化”的愿景,《智慧昆山战略发展规划》提出建设“1334”工程,即:建设1个智慧数据枢纽,充分整合全市信息资源;优化3张网络,构建全市高速通达的宽带网络、无线网络和高清数字电视网络,夯实智慧城市发展网络基础;建设3个平台,建设企业创新服务平台、市民公共服务平台和城市运行管理平台,全面实现产城人融合;打造4类能力,即打造国际一流产业环境、强化源动力,构建以人为本服务体系、提升吸引力,建立高效城市运行机制、优化统筹力,创建开放科学的治理模式、提高竞争力。同时,智慧城市试点工程有序推进。

宏观数据库建设完成 建成2个数据库、5个平台和8个应用系统,加载了2010至2014年的宏观经济数据。

政务平台一期有序推进 功能覆盖各区镇、各部门的行政权力,并以行政审批权力清单的形式向企业和群众提供更加高效便捷的网上办事渠道。

市民公共服务平台功能完善 “昆山人才”、预约挂号等新版块、新功能陆续上线,至年底,“智慧昆山”APP手机下载量为80万,日活跃用户约2.8万,日点击数30万次,机顶盒服务覆盖用户9.25万。

“12345”政府公共服务平台投入运行 110个单位使用该平台,全年共办理工单34 172个。

智慧城市环保系统一期基本建成 包括环保物联网智能监控平台、阳澄湖蓝藻智能监测监控系统等,完成9家2万吨以上污水厂中控联网建设,获取了全市32个自动监测点位数据,形成了一个覆盖全市范围的环境质量综合监测监控系统。

智慧水利应用范围扩大 完成水资源信息化管理系统、圩区水利工程信息化管理系统、水利工程招投标管理系统等应用平台建设,建成水资源监测站41个、监测点65个,新增数据监测终端、通信模块78套,各类防雷设施77个、视屏球机25台、水位计2个。

智慧卫生建设成效显著 全市6家公立二级医院与区域心电中心实现互联,各基层单位诊疗数据与区域卫生信息平台间实现共享,全市9家二级以上公立医院开展网上预约挂号和手机端预约挂号。

智慧交通进一步深化 完成运行平台部署,提高交警部门动态交通运行管理的能力;同时,完成出租车改造项目,安装完善运输行业监控系统和海事航道监控系统,建成建构物健康监测系统和大桥交通状况监测系统,智能公交平台及公交车辆信息化系统投入试运行,停车诱导系统覆盖48个停车场、1 137个路面停车位。

智慧教育有序推进 完成云计算基础支撑平台扩展,基本建成综合管理服务平台、学生服务平台、家长服务平台、教师服务平台等四大服务平台,建成5个未来教室和1所生态校园。

【电子政务】 年底,市民卡累计发行约120万张(A卡约75万张、B卡约45万张),日均刷卡交易约50万笔,沉淀资金超过1 800万元。“银医一卡通”在市中医院进行试点,年内,挂号78.94万人次,收费91.08万人次,收费金额10 377万元,自费金额4 015.01万元。

年内,视频综合管理应用平台建成并投入使用,接入公安局及下属交警大队、城管局、交通运输局及下属运管处和海事处、水利局、农委下属渔政处及水产中心、公交公司等单位共计9 384个视频点位,加快了城市综合和应急处置联动。

市检察院抓好电子数据检验鉴定和软件自主研发工作、建设智能检察官系统等,不断推动技术与业务融合,进一步提升了信息化应用水平和法律监督能力,信息化工作始终走在了全省乃至全国的前列。

市公安局进一步加强对信息资源的整合共享、现有平台的深化应用和数据资源的潜力挖掘。主要建设内容涉及公安科技信息化建设、道路治安监控及高清车辆智能抓拍建设和110综合指挥系统及治安监控系统维护三大方面。

市人社局继续加大在信息化建设方面的工作力度,完善各项区镇业务联动,各项工作进一步下移基层服务窗口;进一步完善软件功能,做好苏州大市异地就医、劳务派遣公司合同、社保网上申报、人社部异地转移平台对接等软件开发；配合卫生部门做好银医通项目实施；完成社保证明等材料网上打印等多项工作。

市城管局统筹规划，加强行政执法、行政许可、城市基础管理养护等方面的建设，建成统一身份认证系统、局集中存储系统、市政设施数字化管理平台、执法大队车载视频监控系统、执法大队移动执法系统(三期)等，取得了明显成效。

市人力资源市场积极谋划建立人才网络招聘体系、用工服务平台、现场招聘服务平台、人才诚信平台、手机APP平台等一系列信息化平台，以高效、智能、规范的服务管理模式努力实现人力资源的最优配置。（王耐贤）

通　信

昆山电信分公司

【概况】 年内，昆山电信分公司围绕“有效益规模发展”的总目标，以“一去两化”(去电信化，市场化、差异化)促转型。不断加强自身创新意识，提升市场竞争力。通过优化产品体系、提升服务能力、加快网络覆盖等措施，为广大用户提供优质的通讯服务，为城市信息化提供了全方位的综合信息化支撑。全年完成业务收入12.43亿元，纳税4 966.6万元，为地方经济发展作出贡献。至年底，全市天翼手机用户突破71万户，宽带用户突破41万户。收入与用户规模在全国县级市中名列前茅。昆山电信分公司荣获“全国实施用户满意工程先进单位”“全国用户满意企业” 等荣誉称号。

【企业转型】 年内，昆山电信分公司以市场化为导向，通过优化组织架构与工作模式，不断提升企业运作效率。为适应移动互联网时代的市场需求，成立“创新业务与电子渠道运营中心”，该中心为各类用户信息化项目的实施与推进、用户关注的流量与热门应用等进行专门支撑。年内，昆山电信分公司还根据本地市场特点，新成立陆家、高新区、旅游度假区、综保区四个分局。分局的进一步细分提升了市场响应速度，推动客户服务能力同步提升。在工作模式方面，公司上下大力推进“划小核算单元”的承包模式，结合多劳多得的激励机制，有效调动了员工干事的积极性，年内，共有136位员工参与承包，占员工总数的33.4%。此外，自6月电信业营改增正式执行以来，昆山电信分公司认真落实相关要求，规范专票的开具、报账、审批流程，并建立完备的台账记录以备查验。

【智慧城市建设】 年内，昆山电信IDC中心(互联网数据中心)在花桥正式落成，完善的设施、安全可靠的服务吸引百度、IBM等大企业的入驻。6月首单政府云——财政局云项目正式落户IDC中心，标志着智慧政务正式进入云时代。昆山电信分公司聚焦智慧城市建设，紧盯时代热点，关注百姓生活。精心构筑“12345”政府公共服务热线，架起百姓与政府沟通的桥梁，为老百姓生活排忧解难，全年累计接听市民来电12余万个，接通率92.4%，满意率94%以上；助力智慧旅游，在昆山周庄、森林公园等景区建设智能客流分析系统，客源及时分流，提升景区游览舒适度；关注百姓日常生活，持续建设智慧卫生三期项目，涵盖电子病历、远程检查会诊系统等多项内容，方便市民问诊就医，推动全市医疗服务水平提升；建设水厂智慧管网系统，包括水质管理、取水点视频监控等，市民用水更安全。

【电信服务】 昆山电信分公司秉承“用户至上、用心服务”的理念，注重客户感知，将服务渠道延伸至家门口，着力提升服务内涵，让市民尽享电信品牌的优质服务。年内共拓展79家手机卖场，至年底，卖场总数已达149家。卖场覆盖全市城乡、商圈、社区、高校等区域，市民就近即可办理电信业务。为方便市民日常小额消费，大力推广翼支付业务。该业务可以使用开通翼支付功能的手机在昆山商厦、全家便利店、供美香面包房等各类商家消费，或在手机上缴水电煤、电话费用，市民消费更为便捷。至年末，累计活跃用户数已超10万人。为提升装维服务内涵，开展装维随销服务，用户足不出户即可由线务员上门进行业务办理、套餐升级。同时适时推出装维延伸服务，帮助用户解决室内布线、路由器等用户常见问题。年内共开展随销服务8 000余次，延伸服务6 000余次，服务受到用户好评。

【4G网络建设】 为接应主流4G网络落户昆山，分公司群策群力，年内，完成4G基站建设892个，4G网络快速形成规模。同时，在商场、校园等人流密集区域开展网络优化。对高铁沿线开展专项优化，延续“天翼高铁不掉线”的口碑。4G移动网络质量处于同行业领先水平。9月1日，随着天翼4G正式在昆山上市，分公司开启了“双百兆”时代(手机上网带宽一百兆、宽带上网带宽一百兆)。广大用户使用天翼4G手机即可方便查天气、看新闻、订车票、看电影、查路况、抢团购等等，信息生活其乐无穷，精彩无限。至年底，天翼4G用户已超9万人。

【网络支撑】 年内，昆山电信分公司持续建设、优化网络，保持网络领先优势，为用户提供优质服务打下坚实基础，为“宽带中国” 示范城市建设持续贡献力量。通过加快老小区线路改造等方式，累计完成12.9万户住宅光纤覆盖，至年底，光纤入户数达79.48万户。基本实现在全市范围内提供100兆宽带接入服务。至年底，昆山电信宽带用户户均带宽已达12.8兆，城域网出口带宽3060G。作为昆山本地主要通信运营商，分公司积极做好全市各类重大通信保障工作。年内,为全国电子竞技大赛、全国高考等大型活动提供了保障。并选派优秀保障团队参与南京亚洲青奥会网络保障工作,圆满完成了任务。大力推进小区通讯基础设施共建共享工作,年内,完成对159个建设项目的签订认领,其中128个项目已完成交验,交验户数达7.4户,有效提高了网络建设资源的利用效率。 (陆小丰)

昆山移动分公司

【概况】 年内,昆山移动分公司秉承"移动改变生活"的理念,围绕用户、4G、宽带三大核心,以品牌手机终端、实惠的资费套餐拓展新增用户,以优质的网络、上网体验及热门应用推动流量收入的持续提升,实现了公司的可持续发展。至年末,公司实现新增用户份额超60%,运营收入超18亿元,增幅2.76%。年内,公司成功签约樱花销服平台并突破了全区首条对台国际专线,完成智慧交通一期、圩区水利信息化系统三期、"乐仁昆山"志愿者管理平台、昆山开发区智慧社区平台等项目的建设,持续推进智慧交通二期建设。年内,公司获得"昆山市信息及安全服务先进单位""2014年度消费者满意单位""苏州市质量管理金奖"和"全国实施用户满意工程先进单位(企业类)"等荣誉称号。

【4G全覆盖】 年内,昆山移动分公司面向全业务运营和3、4G网络建设,优化调整运维组织构架,推进2/3/4G网络快速融合,加大网络优化力度,巩固网络品质优势。网络建设方面,全年深入开展4G二期、三期滚动建设。至年末,昆山全区建设4G站点数量超1 000个,仅用1年多时间完成2G网络10多年建设量,并且超过同期3G站点数量,实现昆山全境4G网络全覆盖。实体渠道建设方面,突出4G要素,于年初制定渠道装修规范,统一手机柜台样式、设置4G手机专柜,深入开展体验式服务,同时加入互联网电视布展,促成4G手机与4G套餐、宽带与互联网电视的融合销售,实现营业厅的全业务型转变;互联网渠道建设与拓展方面,公司积极拓展互联网渠道,通过微信公众号、12580商城、企业APP等,向广大用户推广移动4G业务,以"网选厅送"形式,将丰富多样的4G手机和实惠的4G业务送达有需要的客户。

【宽带规模发展】 年内,昆山移动分公司在驻地网建设方面,加快光纤小区建设,优化宽带套餐资费,拓展服务队伍规模,实现移动自建、铁通宽带全面提速至10M带宽;在丰富家庭用户体验方面,公司创新H-ZONE、宽带互联网电视等设备,提升客户的家庭无线体验、丰富客户的娱乐生活;在家庭服务方面,公司积极拓展多渠道宽带服务模式,从单一的营业厅宽带服务模式,到引入社区代理商的服务模式,与营业厅、社区代理商、外呼、客户经理、网厅等多种渠道发挥联动作用,实现客户足不出户办理移动宽带的目标。年内,全市宽带覆盖率超80%、宽带用户数净增领先行业、客户上线率保持第一,有效地推动了昆山"宽带中国"战略的落地。

12月,昆山移动分公司获得"全国实施用户满意工程先进单位"荣誉称号。

【行业管控】 年内,昆山移动分公司不断强化基础服务能力,持续提升服务品质。在垃圾短信治理方面,以发送源头为起点,开展日跟踪、周走访、月考核,每月下降80%以上。对于行业端口出现的超标投诉,严格落实关停与扣罚,实现点对点端口垃圾短信数量明显下降,提升了用户的使用体验和满意度。在实名制方面,公司积极贯彻落实国家相关法规和政策,严格控制用户入网信息的真实性,在上级公司抽查基础上,组建暗访队伍,每周安排3次暗访对营业网点进行监督,并通过数据分析监控违规的入网操作,实现新增号码入网资料完善率达100%。(池子安)

昆山联通分公司

【概况】 昆山联通分公司是江苏联通公司最大的县级分公司,至年末,全市建成3G基站787个,4G基站593个。移动用户50.2万户,宽带用户2.1万户,年内完成业务收入4.06亿元。下属自建营业厅3家、合作厅129家,中间渠道297家(含3G特约代理点),昆山地区范围内服务网点覆盖率已达100%。

"回城下乡"工作 昆山联通分公司自2004年开始,到2014年不间断持续11年,开展"回城下乡"工作。2月24日~3月31日,昆山联通工作人员以小组或团队形式,服务乡镇、社区、工地百姓,累计新增移动用户103 864户。

推进"智慧城市"建设 昆山联通分公司立足通信行业,运用宽带网络、信息技术等载体,通过"智慧公安""智慧医疗""智慧交通""智慧城建""智慧旅游"等项目建设,积极配合市政府推进智慧昆山建设。年内,昆山联通分公司和公交公司签订智慧公交战略合作伙伴书,在以人民路为代表的重点路段建设智慧电子公交站台,并将急救120中心的网络平台升级换代,切实为昆山市民提供更为便捷高效的民生服务。

"双微"服务 年内,昆山联通分公司加强微博、微信建设,全年增长28 329人。通过和当地政府宣传部门及报社、智慧昆山等部门合作,开展线上线下的俱乐部活动和"美拍昆山""青少年文明礼仪养成金点子"大赛等活动,扩大了昆山联通在当地的影响力,打造了优秀的品牌形象。

(昆山联通分公司)

邮　政

【概况】 年内,市邮政局实现邮政业务总收入 20 380 万元,总收入规模居全省县局第三;实现收支差额 2 753 万元,收入增幅、收支差绝对值位列全区县局第一,发展增幅超地方经济增速。全员劳产率 35.3 万元,全员有效收入劳产率 27.3 万元,分别排名全区县局的第二和第一。

【邮政业务】 年内,市邮政局代理金融业务实现收入 12 195 万元,同比增长 15.7%,增幅位列全区第一,收入规模在全省县局排名中前移一位,居全省第四。至年底,全局储蓄余额规模达 67.1 亿元,市场占有率 6.7%,比上年提高 0.5 个百分点;累计实现标保销售 4.5 亿元,同比增长 85.9%;全年销售理财类产品 7.1 亿元,同比增长 43.7%,理财保有量 3.5 亿元;发放有效绿卡 15.2 万张,新增电子银行客户 4.2 万户。

年内,市邮政局函件业务实现收入 5 001 万元,其中传统函件 2 493 万元,国内小包 565 万元,国际小包 1 943 万元。策划实施《昆山市民生活实用手册》邮寄、旅游信息查询机进城区和建制镇邮政网点、“嗨,与大圣一起过六一”主题活动、“变形金刚”主题展览、向全市 200 多个小区的 10 万户家庭免费寄送防范电信诈骗宣传手册系列活动。

年内,市邮政局报刊发行实现收入 1 096 万元,其中订阅收入 753 万元,规模列全区县局第二。集邮业务实现收入 369 万元,其中纪特邮票发行收入 86 万元,同比增长 154.1%,举办“教师节”邮票首发活动。电子商务实现业务收入 934 万元,规模跃居全省县局第二。

年内,市邮政局代理速递物流、包裹业务分别实现收入 213 万元、305 万元,规模继续保持全省县局第一。

【经营转型改革】 组织机构改革　年内,市邮政局成立包件业务部,制定包件业务操作、内部管理流程标准,开展两包业务独立损益核算;在电商产业集聚的花桥镇,着手包件分中心的筹备和客户营销。取消报刊零售独立机构设置,整合优化作业流程,将封发、配送、班务等职责并入北路投递班,释放原有作业场地。

提升客户维护能力　年内,市邮政局成立邮政客户俱乐部,运用积分制对客户进行分层管理,形成客户维护新平台,改善客户体验,有效提升客户黏度。坚持开展客户大走访活动,以成效为导向,有力提升了邮政知名度。各专业先后开通微信公众号,全力增加粉丝数量,定期向客户发送业务资讯及产品信息,试水 O2O 营销新模式。

促进技术业务融合　年内,市邮政局加强技术部门与业务部门的联系,成功开发智慧邮政系统、金融客户积分管理系统、职工考核管理系统等多款软件,有力引领企业的经营发展和管理变革。其中智慧邮政系统开创性地利用移动平台开发,实现电子考勤、动态派单、报刊分发、报刊签收、档案存储和查询电子化等五大功能,革新投递作业全流程。

【能力转型建设】 基础能力建设　年内,市邮政局按计划完成南港支局金融营业、人民南路邮政营业、张浦支局邮政营业等 8 处改造工程,青阳港支局金融营业、锦溪主题邮局项目进展顺利,累计投入改造资金 470 万元。统筹布放金融自助机具,新安装 4 台 CRS,调整 2 台 CRS 位置,首台离行式 ATM 成功落户唯品会。深化“游邮”战略合作,在城区和建制镇网点布放 15 台旅游信息查询机。推进邮政便民服务平台建设,新增邮政便民服务站 19 个、村邮站 7 个、邮件自提点 72 处,张浦蓝波湾小区智能包裹箱已正式投入运营。

作业流程优化　年内,市邮政局全面投入使用智慧邮政系统,通过电子点章、杂志分发、手机签收等功能的应用,传统投递作业模式得到变革,大幅提升工作效率。优化锦溪、花桥、正仪等农村网点投递作业,缩短外部投递时间,提升服务质量。完成所有网点补登折机的升级,增加自动填单功能。邮件组增配移动伸缩式输送带,减少转运人员来回拖袋的重复劳动,降低作业劳动强度。

【和谐企业建设】 年内,“苏邮惠民”缴费平台进社区运作良好,全市 82 个社区投入运营,比上年增加 29 个,累计代收费 14.9 万笔,总计 3 370.6 万元,分别同比增长 583.8%、493.4%。防范电

6 月 6 日,旅游信息查询机入驻昆山邮政网点。

信诈骗成绩突出，全年共成功防范59起，挽回群众损失48.2万元。1月16日，作为全省金融单位唯一代表，在省级金融安保会议上作“四个到位”防范电信诈骗经验介绍，受到监管部门高度肯定。继续承办好各类公益慈善项目，全市累计受捐“爱心包裹”“四季平安盒”4 926个，总计50.2万元，其中邮政员工捐赠4.8万元。年内，增建五条“爱心邮路”，为邮政投递区域内需要帮扶的孤寡老人提供用邮爱心服务。扎实推进各项创建工作，坚持开展好“公共文明行动日”、交通执勤等活动；成功通过中国质量协会“全国用户满意服务”称号的复评。（刘婷婷）

12月，市邮政局向10万家庭寄送防范电信诈骗宣传手册。

教育学习

综述

年内，全市共有各级各类学校223所，其中幼儿园112所、小学52所、九年一贯制学校8所、初中21所、普通高中7所、中等职业学校4所、社区教育中心校10所、特殊教育学校1所、地方高等院校7所。在校生227 130人，其中幼儿园48 413人、小学106 185人、初中30 226人、高中10 567人、中等职业学校7 985人、高校23 754人。义务教育阶段共有学生136 411人，其中外来工子女84 254人，占61.76%。在职教职工15 621人，其中专任教师12 799人。

【昆山杜克大学正式开学】 8月20日，昆山杜克大学举行首届开学典礼，于8月25日正式开课。该校首期开设的三个硕士项目分别是全球健康理学硕士，医学物理学硕士和管理学硕士，毕业生将获得杜克大学颁发的硕士学位。首届共招收了来自美国、中国、俄罗斯、阿根廷、肯尼亚和新加坡等国家的42名研究生。其中，管理学硕士的新生已于7月在位于美国北卡罗莱州达勒姆市的杜克大学提前开始了学习。

【中小学生获第八届国际发明展奖项85个】 11月19日，第八届国际发明展览会在昆山花桥国际会展中心开幕。昆山市105名中小学生的发明作品参加展会，经作品展示、学生答辩等，共获85个奖项，其中金奖17项、银奖32项、铜奖32项，位居全国县级市首位。城北中心校朱之凡、玉峰实验学校邓舒笑、昆山中学姜亦凡和沈达等四位同学荣获本次展会最高奖——“宝钢青少年发明专项奖”。

【举办首届中小学德育校长论坛】 11月28日，市教育局在培本实验小学西校区举办昆山市首届中小学德育校长论坛。李静琴、潘琴、周芳、郁美娟、毛杏英等五位分管德育的副校长分别交流发言，特邀专家张翔教授结合五位校长的发言，就如何培育学校德育特色进行了现场指导，并作《学校德育的边界与形态》专题讲座。

【“名师进校园”活动】 为发挥名师示范引领作用，加快促进青年教师成长，11月28日，市教育局在城北中学举办昆山市“名师进校园”活动启动仪式。省特级教师刘恩樵作为名师讲师团成员代表发言。年内，全市共有45位名师进校园开展了多种形式的辅导交流活动。

【千灯中心校新教育实验走出国门】 12月，世界教育创新峰会在卡塔尔首都多哈召开，由欧洲新闻台在肯尼亚、美国和中国制作的主题教育纪录片《Learning World》向100多个国家和地区1500多名教育专家展示，其中中国展示学校——新教育实验学校千灯中心小学的教学模式赢得好评，该纪律片将在126个国家和地区进行专题播放。

【昆山教育网站获全省考评第二名】 年末，2014年度全省教育门户网站绩效

8月20日，昆山杜克大学迎接首届新生。

考核测评活动结果揭晓,"昆山教育"网站获市(县、区)教育门户网站组别测评第二名,这是继2009年荣获"江苏省优秀教育门户网站"、2012年荣获"江苏省十佳教育门户网站" 后的又一荣誉称号。全省共有13个省辖市、36个县(市、区)教育门户网站参与了此次测评活动。

【学校食堂原材料集中采购定点配送】 9月1日起,市教育局通过公开招标确定3家配送公司为全市152所义务教育公办中小学及幼儿园食堂配送原材料。市教育局制定配送原材料目录,市物价局核定价格,做到配送原材料定品牌、定规格、定价格,选用知名品牌食品,所提供的食用油均为非转基因食用油。每日供应蔬菜由昆山市流通领域食品检测中心进行检测。

学前教育

【概况】 年内,全市共有幼儿园112所,其中公办独立建制34所、附属37所、部门办1所、集体办12所、民办28所。在园幼儿48 413人,其中外来工子女25 973人;教职工3 631人,其中专任教师2 479人。学前三年幼儿入园率达100%。建成省优质幼儿园47所、苏州市优质幼儿园23所,优质幼儿园比例为62.5%。

【省学前教育改革发展示范区考察评估】 1月21~23日,由江苏省教育厅副巡视员洪流担任组长的省学前教育改革发展示范区督导评估组,对昆山创建省学前教育改革发展示范区建设情况进行现场考察评估。苏州市教育局副局长李婧娟,昆山市副市长金铭,教育局局长褚志愿,副局长蔡惠林以及昆山市财政局、人社局、公安局、卫生局、计生委、编办、妇联、残联等相关部门负责人等分别参加了汇报会和通报会。专家组听取市政府创建情况汇报和教育局创建自评情况说明,查阅有关材料,考察和定点剖析了全市9个区镇30多所幼儿园,召开了有关部门负责人、幼儿园园长、教师、家长座谈和访谈会,全面检查了昆山学前教育事业的发展情况,专家组认为昆山学前教育改革发展的很多经验和做法走在了全省乃至全国前列。

义务教育

【概况】 年内,全市共有小学52所,在校生106 185人,其中外来工子女69 484人;教职工5 601人,其中专任教师5 217人。小学入学率、巩固率、毕业率连续多年保持100%。共有初中21所。在校生30 226人,其中外来工子女14 770人;教职工2 914人,其中专任教师2 302人。初中入学率、巩固率、毕业率均为100%,升学率99.47%。

【调整学区招生政策】 9月1日起,昆山市对义务教育阶段起始年级入学时提供的合法固定住所予以登记,此后每5年认定一名学区生(同一家庭符合计划生育政策的除外)。学生父母或其他法定监护人有多处合法固定住所的,原则上以相对稳定、具备长期生活条件的合法固定住所为依据;在有多处合法固定住所的情况下,人均面积低于18平方米的住房不能作为确定施教区的依据。

高中教育

【概况】 年内,全市共有普通高中7所,其中公办普通高中5所、民办普通高中2所。在校生10 567人,其中外来工子女3 542人;教职工1 132人,其中专任教师969人。高中阶段毛入学率100%,普通高中升学率97.20%。建成省四星级普通高中2所、三星级普通高中3所。

【昆山中学新校区正式启用】 9月1日,江苏省昆山中学举行开学典礼,2 047名学生入学,成为昆山中学新校的首批学生。昆山中学新校参照省五星级普通高中标准建设,设计规模为16轨48班,分教学区、运动区、生活区和景观区四个区域。学校地处阳澄湖科技园区,占地300亩,建筑面积124 591平方米,总投资7.2亿元。

表75 2014年昆山市高考录取情况表

参考人数	本一人数	本一录取率	本二人数	本二以上录取率	艺体人数	本三人数	本科合计	本科录取率	专科录取数	录取总数	总录取率
3 109	646	20.78%	1 010	53.26%	154	751	2 561	82.37%	461	3 022	97.20%

昆山中学新校区

表 76

2014 年昆山市名牌大学录取情况表

姓名	院校名称	专业名称	批次	科类	中学名称
吴宏毅	北京大学	经济学类	本科一批	理科	江苏省昆山中学
姜思雨	复旦大学医学院	临床医学	本科一批	理科	昆山震川高级中学
承轶伦	复旦大学	自然科学试验班	本科一批	理科	江苏省昆山中学
郎瑛莹	复旦大学	数学类	本科一批	理科	江苏省昆山中学
王丹青	复旦大学	技术科学试验班	本科一批	理科	江苏省昆山中学
邱歆轶	复旦大学	技术科学试验班	本科一批	理科	江苏省昆山中学
严骏超	南京大学	经济学类	本科一批	理科	昆山震川高级中学
庄　雨	南京大学	历史学类	本科一批	文科	江苏省昆山中学
张子逸	南京大学	经济学类	本科一批	文科	江苏省昆山中学
顾　超	南京大学	经济学类	本科一批	理科	昆山震川高级中学
房子乔	南京大学	经济学类	本科一批	理科	江苏省昆山中学
于海强	南京大学	软件工程	本科一批	理科	江苏省昆山中学
张财旺	南京大学	电子信息类	本科一批	理科	江苏省昆山中学
石逸飞	南京大学	地质学类	本科一批	理科	昆山震川高级中学
徐子岩	南京大学	临床医学	本科一批	理科	昆山震川高级中学
顾若茗	南京大学	信息管理与信息系统	本科一批	理科	江苏省昆山中学
谭宁杰	南京大学	数学类	本科一批	理科	昆山震川高级中学
刘心蓓	南京大学	软件工程	本科一批	理科	昆山震川高级中学
魏诗田	南京大学	化学类	本科一批	理科	昆山震川高级中学
陈　杰	浙江大学	临床医学	提前本科军事国防	理科	江苏省昆山中学
盛天泽	哈尔滨工业大学(威海)	光电信息科学与工程	本科一批	理科	江苏省昆山中学
王　刚	哈尔滨工业大学(威海)	机械设计制造及其自动化	本科一批	理科	昆山震川高级中学
刘月雯	哈尔滨工业大学(威海)	交通运输	本科一批	理科	江苏省昆山中学
毛俊涛	哈尔滨工业大学(威海)	电子信息工程	本科一批	理科	昆山震川高级中学
刘　梦	哈尔滨工业大学	工程力学	本科一批	理科	昆山震川高级中学
顾晨岚	西安交通大学	电气工程及其自动化	本科一批	理科	江苏省昆山中学
冯佳华	西安交通大学	机械工程	本科一批	理科	江苏省昆山中学
朱晓钰	西安交通大学	环境科学	本科一批	理科	江苏省昆山中学

续表

姓名	院校名称	专业名称	批次	科类	中学名称
陈思聪	西安交通大学	电子科学与技术	本科一批	理科	昆山震川高级中学
王韫佳	中国人民大学	物理学	本科一批	理科	江苏省昆山中学
范新楷	上海交通大学	设计学类	艺术公办2小批	艺术美术	昆山震川高级中学
陆　芃	上海交通大学	电子信息类	本科一批	理科	江苏省昆山中学
周震超	上海交通大学	工科试验班类	本科一批	理科	江苏省昆山中学
周颢炀	上海交通大学	机械类	本科一批	理科	江苏省昆山中学
范文韬	上海交通大学	软件工程	本科一批	理科	昆山震川高级中学
何轶天	上海交通大学	工业设计	本科一批	理科	江苏省昆山中学

高等教育

【概况】 年内，全市共有高等院校7所，其中公办院校2所、民办院校4所、中外合作举办大学1所。在校研究生、本专科学生23 754人；在职教职工1 636人，其中专任教师1 240人。建有数控、汽修、服装、电子、物流等现代化实训基地、实验室188个、校外实训基地355个、校企合作单位419个；设有数控技术、模具设计、电子商务、电子技术应用、计算机技术应用、汽车检测与维修、物流管理等本、专科专业60多个。高等教育自学考试年报名29 558人，继续列全省县级市首位。适龄人口高等教育毛入学率67.6%。

特殊教育

【概况】 年内，全市特教学校、特教班、随班就读适龄残疾儿童在校生452人，其中聋生39人、智障生413人。294人在普通学校特教班或在普通班随班就读，158人在市爱心学校就读。

【承办苏州市资源教室建设推进会】 11月14～15日，由昆山市特教指导中心承办的2014年苏州市第二期随班就读工作骨干教师培训班暨资源教室建设推进会在千灯中心校举行，苏州市教育局副局长李婧娟，各市区教育局分管局长，建有资源教室的学校领导、骨干教师以及各特殊教育学校代表280多人参加会议。昆山市教育局副局长蔡惠林致欢迎辞。昆山市教育局、苏州市盲聋学校、高新区枫桥中心小学、常熟市海虞中心小学作交流发言。

职业教育

【概况】 年内，全市共有中等职业学校4所，其中民办学校1所。在校生7 985人，其中外来工子女3 663人；在职教职工663人，其中专任教师559人。普高、职高招生之比4.4∶5.6。毕业生就业率98.41%。拥有国家级、省级实训基地各2个，省示范专业8个、品牌专业4个、特色专业2个，苏州市精品专业8个、优秀新专业4个。建成省四星级中等职业学校2所、三星级中等职业学校1所。

社区教育

【概况】 年内，全市共有省级社区培训学院1所，社区教育中心10个，居民学校308所。全市社区教育中心100%建成苏州市级社区教育中心。累计建成全国社区教育示范乡镇6个，省社区教育示范乡镇2个、标准化社区教育中心6个、农科教结合示范基地2个、标准化居民学校28所，苏州市社区教育示范乡镇5个、教育现代化乡镇老年大学8所。市民接受社区教育的比例76.5%，从业人员年培训率61.5%。老年教育普及率42.4%。

教师队伍

【概况】 年内,全市公办中小学幼儿园在编专任教师7 841人,其中幼儿教师1 164人、小学教师3 495人、初中教师1 751人、普通高中教师858人、中等专业学校教师530人、特殊教育教师43人。幼儿园、小学和初中教师高一层次学历分别为99.2%、94.1%和95%,幼儿园、小学教师本科学历的比例分别达51.3%和75%;普通高中和中等专业学校教师学历合格率分别为99.3%和98.3%,其中研究生学历比例分别为13.9%和26%;星级中等专业学校"双师型"教师比例62%。累计拥有人民教育家培养对象2人,省特级教师15人,正高级教师7人,省333工程培养对象9人,省职教领军型教育人才3人,苏州市名校长7人、名教师29人、学科(学术)带头人109人,昆山市名校长17人、名教师34人,学科(学术)带头人628人、教学能手1 063人、教坛新秀1 350人。3月,昆山市退休教师周火生当选"2014最美江苏教育人"。

【于洁获评全国模范教师】 9月9日,人力资源和社会保障部、教育部联合表彰了一批全国中小学、高校先进集体和个人。昆山市葛江中学语文教师于洁获全国模范教师荣誉称号,她也是昆山市教育系统唯一获此殊荣的教师。

教育科研

【概况】 年内,市教育局组织全市性教学观摩活动160次、学科中心组活动90次,开设专题讲座55次、学术报告27次。教师参加教学类竞赛,获省级一等奖21人次,苏州市级一等奖116人次;参加教技类竞赛,获全国一等奖16项、二等奖17项;参加教科类(论文)竞赛,获省级一等奖66篇,苏州市级一等奖143篇。教师出版个人专著7本、编写教育教学类书籍56本。

教育投入

【概况】 年内,全市财政经常性收入228.96亿元,比上年增长10.47%;全市教育经费总支出42.8亿元,其中公共财政预算教育经费支出33.99亿元,比上年增长10.53%,公共财政预算教育拨款增长高于财政经常性收入增长0.06个百分点,占全市公共财政预算支出222.98亿元的15.24%。小学、初中、高中公共财政预算生均教育事业费支出分别为13 895元、21 743元、34 400元;公共财政预算生均公用经费支出分别为3 913元、6 103元、11 538元。全市公办在编教师年均收入10.1万元。

表77

2014年全市学校建设竣工项目情况表

序号	学校名称	规　　模	建筑面积(平方米)	投资额(万元)
1	江苏省昆山中学	16轨48班	124 000	72 000
2	绿地幼儿园	8轨24班	11 252	4 000
3	石予小学	8轨48班	25 372	11 250
4	石予幼儿园	8轨24班	11 882	6 500
5	青淞幼儿园	6轨18班	5 400	990
6	娄汀苑幼儿园	4轨12班	4 200	2 000
7	水秀幼儿园	4轨12班	6 845	2 510
8	启航幼儿园	3轨9班	2 700	700
9	石牌中心校(一期扩建)	扩建2轨12班	10 518	4 030
10	石牌中学(一期)	10轨30班	10 207	8 800
11	菉溪小学	6轨36班	20 000	11 700
12	夏桥小学	6轨36班	18 000	9 170

续表

序号	学校名称	规　　模	建筑面积（平方米）	投资额（万元）
13	夏桥幼儿园	6 轨 18 班	7 800	2 830
14	张浦中心幼儿园英伦尊邸分园	3 轨 9 班	2 660	300
15	环湖区幼儿园	4 轨 12 班	4 500	2 500
16	新镇中学	18 轨 54 班	47 921	15 000
17	新镇中心校	6 轨 36 班	21 000	6 200
18	华城美地小学	扩建 2 轨 12 班	4 000	1 600

主要学校

【昆山杜克大学】 昆山杜克大学是经教育部批准成立的、由武汉大学与美国杜克大学合作建立的、具有独立法人资格的中外合作大学和非营利性社会组织。学校于 2014 年 8 月正式开学。学校位于昆山阳澄湖科技园杜克大道 8 号，总规划占地面积约 1 280 亩，建筑面积 45 万平方米。年内已完成建设的一期校园占地面积为 220 亩，建筑面积为 6.8 万平方米，投资额达 13 亿元人民币。作为国内拥有独立法人资格的 8 所中外合作大学之一，昆山杜克大学是中国“985 工程”重点建设的综合性大学与世界顶尖级大学的结晶，是利用两国最优质的教育资源，共同探索高等教育改革途径的重要尝试和创新。办学宗旨是立足昆山，服务长三角，辐射江苏、中国、亚洲乃至世界，全方位实施人才培养、科学研究、社会服务和文化传承与创新。目标定位是综合性、精英式、研究型、国际化与世界一流。人才培养目标是培养具有责任意识、使命感的高素质领军型人才；培养熟悉多元文化精髓、具有国际视野、通晓国际规则、富有国际竞争力的全面发展的人才；培养人文精神和科学精神高度融合、文理交融、德才兼备的富于创新、善于实干的人才。昆山杜克大学作为一种全新大学模式的探索与示范，承载着推动我国高等教育走向优质、多元、国际化的期待。

【昆山开放大学】 创办于 1979 年，2006 年成为江苏广播电视大学二级学院，2014 年 3 月更名为昆山开放大学。学校是昆山市唯一一所同时举办中专、五年制高职、高职高专、开放业余学历教育，职后培训和社区教育的主体型职业院校，是服务于昆山外向型经济建设的重要基地。学校占地 86 666.1 平方米，建筑面积 32 642 平方米。设电子信息系、机电工程系、商务贸易系、财经管理系和成人教育部等“四系一部”。年内，有教职工 236 人，专任教师 213 人，高级职称 58 人，博士 2 人；全日制在校 94 个教学班（在校班 77 个、实习班 17 个），学生 3 100 人，开放业余本、专科等学历教育 2 035 人。开设有电子技术应用、机电技术应用、计算机网络技术、汽车应用与维修、财会、物流管理、报关与国际货运、商务英语、商务日语、国际商务等近 20 个专业。学校是首批全国示范性基层电大、首批江苏省四星级中等职业学校、首批江苏省高水平示范性职业学校。

【江苏省昆山中学】 创办于 1946 年，2000 年被确认为国家级示范性普通高中，2004 年转评为省首批四星级普通高中。学校坐落于昆山市西部阳澄湖科教园区传是路 516 号，占地面积 300 亩，建筑面积 119 070 平方米。现有班级 49 个、学生 2 113 人，教职工 236 人，其中专任教师 217 人。学校弘扬“日知日行日成，求实求是求真”的昆中精神，秉承“让每一位学生都得到全面自主的发展”的办学宗旨，牢固确立“素质为本，质量立校”的办学理念，坚持以“弘扬爱国主义，提升人文素养，强化科学意识，造就优秀人才”为育人目标，形成了“求知、务实、勤奋、进取”的校风、“严谨求精”的教风和“勤奋求实”的学风，取得了优异的成绩，先后获教育部依法治校示范校、省文明单位、省和谐校园、省德育先进学校、省课程改革先进集体、省教育科研先进集体、省体育工作先进学校等 20 多个荣誉称号。

【震川高级中学】 创办于 1997 年，以明代散文家、昆山先贤归有光之别号命名。1998 年通过省重点高中评估，2003 年转评为省三星级普通高中，2005 年被评为省四星级普通高中，2010 年通过省四星复评。学校办学理念先进，以“真、恒”为校训，弘扬“启道明理、福泽桑梓”的震川精神，追求“让每一位师生在震川校园享受成功的喜悦”的办学目标。教学环境优美，绿化覆盖率达 45%，漫步校园，楼馆厅堂，布局合理，亭台轩榭，点缀其间；假山池沼，相映成趣，碧树绿草，鸥鸟翔集；文化长廊，集萃聚精。特色发展鲜明，积极推进省“积极心理教育”课程基地建设，开发具有时代特色、昆山唯一、震川独有的心理健康教育课程体系。学校先后获得“全国幸福学校共同体理事学校”“江苏省模范学校”“江苏省德育先进学校”“江苏省平安校园”“江苏省体育教育先进学校”“江苏省现代教育技术实验学校”等荣誉称号。

【昆山市第二中学】 创办于 1950 年，

坐落于玉山镇环城北路92号。校园占地面积53亩，建筑面积30 000多平方米，教学班56个，师生员工近3 000人。建有各类专用教室39个、配置交互式电子白板的普通教室56个。学校秉承“一切为了学生的终身发展”的办学宗旨，围绕“合格＋特长”的培养目标，遵循“质量强校、特色立校、科研兴校”的办学思路，全面实施素质教育，坚持走内涵发展之路，努力打造具有“轻负高效”特色的强校品牌。

【葛江中学】 创办于1987年，是一所由旅日爱国华侨葛江氏捐资、经省政府批准建造的全日制公办初级中学。位于合兴路764号，占地面积34 395平方米，建筑面积19 580平方米。现有教学班42个，在校学生2 251人，教职员工148人，其中中高级职称教师占82.6%，昆山市级及以上骨干教师占44.2%。学校坚持“全面提高学生素质，促进学生健康成长”的办学宗旨，以“葛江精神”为源动力，形成了“团结、求实、勤业、创新”的校风，“崇德、精业、严教、善导”的教风和“明理、勤学、广思、好问”的学风。新形势下，积极探索“成功教育”模式，确立了“成功教育在葛江”的办学理念，努力成就学生学业，成就教师事业，成就学校品牌，办学质量始终位居全市前列。

【娄江实验学校】 创办于2010年9月，是一所九年一贯制公办学校。校园占地面积8.2万平方米，建筑面积5.4万平方米。学校环境优美，教学设备先进，教学功能齐全。现有教学班64个，学生2 889人，专任教师195人，其中省特级教师1人，苏州市名教师1人，苏州市学科带头人3人。学校秉承“以人为本，和谐发展”的办学理念，以“特色办学，文化立校”为办学方向，将“良好的品德素养，扎实的文化知识，强健的身体素质，广泛的兴趣爱好，较强的创新能力，鲜明的个性特长”作为学生培养目标，以“上善若水，自强不息”为校训，倡导“融汇通达，至善致远”的校风，“和风细雨，润物无声”的教风，“探本溯源，积水成渊”的学风，在较短的时间内赢得了社会和家长的认可，先后获省平安学校、省健康促进学校、苏州市青少年校园足球活动先进单位、苏州市教育技术装备管理先进学校等称号。

【昆山市实验小学】 创办于1958年，1981年3月被命名为首批省实验小学。现有39个教学班，2 153名学生，117名教职工，其中专任教师110名，大专以上学历99.14%（含研究生2人，在读研究生7人），市级及以上骨干教师68名。学校始终秉承“尚德·启智”校训，以“智慧实小”教育品牌，追求智慧教育；构建智慧校园；打造智慧课堂；成就智慧教师；培育智慧学生。在办学过程中，学校先后获得“省模范学校”“全国首批科技体育传统学校”“省文明单位”等几十项荣誉。多名学生连续七次代表国家参加航空模型世界锦标赛，15名学生获得中国少年科学院小院士称号，31名学生获得发明专利，10多件作品获得省科技创新一等奖。

3月10日，葛江中学代表队获汉字书写苏州选拔赛第一名。

【培本实验小学】 创办于1905年，2005年学校百年校庆后正式改名为“昆山市培本实验小学”。先后获“全国优秀体育传统项目学校”“全国体育卫生先进单位”“国家级体育传统项目学校”“省文明单位”等称号。学校占地面积48 190平方米，建筑面积31 986平方米。教学班45个，学生2 169名，专任教师124人，其中中级以上职称教师比例为52.4%，高一学历教师比例达98.4%，拥有苏州市名校长、苏州市学科带头人3人。学校以体育为办学特色，先后培养输送了北京亚运会举重冠军施文、全运会柔道冠军徐志明、全国城运会跳远冠军徐蓓和亚锦赛区举重冠亚军黄文文等一大批优秀体育人才。

【实验幼儿园】 创办于1947年，是省首批17所实验示范园之一。2013年8月，开办澞和苑、金谷园两所分园，走上集团化办园发展道路。学校坚持以“服务家长、服务社会，促进幼儿素质全面提高”为指导思想，紧紧围绕“校园设施精品型、领导班子学者型、教师队伍科研型、幼儿能力复合型”的办园目标，深入贯彻“求实、创新、无私奉献”的园风和“善诱、挚爱、精益求精”的教风，成为昆山幼教的窗口学校，被誉为“幼教人才的摇篮”。先后被评为省示范性实验幼儿园、省“三八”红旗集体、省名幼儿园、省绿色幼儿园、省青年文明号、省和谐校园、省平安校园、省优秀家长学校，实现了昆山市教育综合考评九连冠。

（王文庆）

综　　述

年内，全市医疗卫生工作以深化医药卫生体制改革为动力，以转型升级为主线，努力推动改革升级、体系升级、能力升级、创新升级、监管升级和环境升级，全力打造医疗卫生服务升级版。昆山市人均期望寿命达82.86岁，千人医生数达2.55人，顺利通过全国农村中医工作先进市复核评审。

年内，市第二人民医院成功创建二级甲等医院，市老年病医院顺利启用并跻身二级医院创建单位，第三方检验检测权威机构——昆山迪安医学检验所投入运行。年内，市医疗卫生系统全力以赴做好“8·2”事故伤员救治工作，创造了国内国际烧伤救治史上的奇迹，得到了国家、省卫计委的高度肯定。

至年底，全市共有各级各类医疗卫生机构466所。其中医疗机构445所，包括三级医院2所，二级医院7所，一级医院4所，社区卫生服务机构163所（社区卫生服务中心21所、社区卫生服务站142所），社会办医疗机构269所（医院22家、门诊部98家、诊所73家、医务室76所）；公共卫生机构18家，包括市级专业公共卫生机构7家，区镇预防保健所11家；其他专业机构3家。全市共有卫生技术人员10 894人，实际开放床位6 516张。全年引进各类人才510名，其中硕士以上高学历人才70名，副高职称和硕士以上高端人才保有量位居全省同类城市首位。

医疗服务设施建设

【西部医疗中心规划建设】 西部医疗中心项目为2013年度昆山市重点实事工程。项目位于昆山高新区马鞍山路北侧、江浦路东侧、万步路南侧、鹿城路西侧，占地面积约197亩，设计总建筑面积约26.7万平方米，拟设病区40个，开放床位2 000张，能满足日门急诊7 000人次的医疗服务需求。西部医疗中心总投资超20亿元，是昆山市历史上投资规模最大的单体民生项目。工程于2013年12月26日开工奠基，将于2018年12月全面竣工并投入使用。

【康复医院二期工程】 康复医院二期建设项目为2012年度昆山市重点工程。项目位于长江北路东侧迎宾路北侧，规划占地40亩，建筑总面积35 000平方米，设置康复床位350张，工程投资总预算2.98亿元，2012年12月30日启动桩基工程，2014年5月完成主体结构封顶，预计2016年竣工。该项目按照国家三级康复医院标准和国家综合医院建设标准设计与建设，设置骨与关节康复科、神经康复科、脊髓损伤康复科、儿童康复科、老年康复科、听力视力康复科等，配备康复评定、运动治疗、作业治疗、物理因子治疗、认知、言语、传统康复治疗、康复工程、水疗等相关设施设备。

【市三院内科病房大楼】 市第三人民医院在原有建设发展预留用地上开工建设内科病房大楼。2013年7月，原大楼逐步拆除，2013年8月开工建设内科病房大楼。市第三人民医院内科病房大楼为一幢地上六层、地下 层的新建综合大楼，建筑面积约16 041.9平方米（其中地上建筑面积13 081.9平方米，地下建筑面积2 960平方米），占地面积为1 951平方米。至2014年年底，项目完成封顶，主体工程已全面完成，2015年初进行装饰部分，预计2015年底全面竣工启用。项目总投资11 699.39万元，项目建成后，将新增床位280个，地下停车位85个，这将大大缓解昆山市城北片区看病难、床位紧张的现状。新建病房大楼完工投入使用后，医院的总体床位将基本上满足国家二级综合床位设置的标准和要求。

【张浦镇南港社区卫生服务中心】 南港社区卫生服务中心建设项目于2014年被列入张浦镇社区卫生服务体系实事项目。中心位于昆山市张浦镇南港社区震阳路，建筑面积5 230平方米，按省级示范中心标准建设，工程总投资320万元，其中基建及装修费2 900万元，医疗设备300万元。中心设置全科门诊、妇儿保、中医康复、心理咨询、计免以及预防保健等科室,床位30张。建设工程于2013年12月正式开工,预计2015年下半年正式启用。

【张浦镇张浦社区卫生服务中心】 张浦社区卫生服务中心建设项目于2014年被列入张浦镇社区卫生服务体系实事项目。中心位于昆山市张浦镇商秧路与京东路交叉口,按省级标准中心建设,占地面积5 448平方米,建筑面积3 148平方米,工程总投资845元,其中装修费用545万元,医疗设备300万元。辖区区域面积47.39平方千米,覆盖8个行政村和6个居委会,服务人口约13万人,其中户籍人口约3.8万人。中心医务人员共有40人,其中大专及本科以上学历34人,中高级职称11人。中心设置全科诊疗科、妇科、中医康复科、药房、放射科、检验科、超声心电科、妇幼卫生科、疾病控制科、公共卫生科、社区卫生科、健康服务科等科室。建设工程于2014年5月开工,2015年3月23日正式投入使用。

【陆家镇合丰社区卫生服务中心】 合丰社区卫生服务中心改扩建工程于2014年被列入陆家镇政府实事工程项目。中心位于昆山市陆家镇金阳西路126号,建筑面积4 000平方米,其中新建2 500平方米,改建1 500平方米,按省级示范中心标准建设,工程总投资2 155万元。中心设置全科门诊、妇儿保、中医康复、心理咨询、计免以及预防保健等科室,日常病房床位46张。建设工程于2014年8月10日正式开工,2015年12月1日正式启用。

【巴城镇东阳澄湖社区卫生服务站】 东阳澄湖社区卫生服务站位于昆山市巴城镇东阳澄湖湖滨路,2014年8月进行内部改扩建,投入近20万资金,使用面积为从原来240平方米增加到近300平方米,2014年9月竣工启用。设有全科诊室、中医理疗室、输液室、药房等科室,为东阳澄湖村辖区居民提供优质的基本医疗和基本公共卫生服务。

【高新区中山社区卫生服务站】 高新区中山社区卫生服务站位于昆山市玉山镇棕榈泉小区东门,2013年12月进行迁建,投入近40万资金,使用面积为从原来100平方米增加到近350平方米,2014年2月竣工启用。设有全科诊疗室、中医推拿室、输液室、药房等科室,为高新区亭林街道中山、仓基社区辖区居民提供优质的基本医疗和基本公共卫生服务。

【淀山湖镇淀湖社区卫生服务站】 淀湖社区卫生服务站位于昆山市淀山湖镇淀湖社区中心,使用面积为398平方米,为镇政府下拨用房,2014年12月启用。设有全科诊室、输液留观室、药房等科室,为淀湖社区居民提供优质的基本医疗和基本公共卫生服务。

医疗科教管理

【概况】 年内,全市医疗服务总诊疗人次为1 521.65万人次,比上年增加65.45万人次,增长4.5%。全市各级各类医院出院总人次19.2万人次,比上年增长7.7%。1月1日,市区四家医院率先启动公立医院改革,1月21日,10家区镇医院也推进实施综合改革,实现药品零差率销售。市四院、千灯人民医院、市六院顺利通过苏州市二级医院中期评估。市老年病院于6月份搬迁挂牌,正逐步实现从一级医院向二级专科医院的转型升级。

【医疗质量安全监管】 年内,在原有九大质控中心的基础上,新增妇科、产科、儿科、"三合理"、单病种及临床路径五大质控中心,健全各中心专家库,召开各质控小组会议,建立工作制度,制定年度工作计划。由卫生局牵头,各质控中心有序开展质控活动,拟定质控标准,确定考核方案将检查结果汇总通报,并将最终评分纳入绩效考核。成立进一步推进等级医院建设工作小组和专家指导组,开展等级医院"回头看"工作。为切实保障医疗安全,消除事故隐患,市卫生局深入开展安全检查工作,年中和年末两次组织检查组从依法执业、病历书写、输血安全、危急值报告、特殊药品管理等多方面进行明查暗访。5月至8月期间,市局对全市医疗机构开展校验工作,通过依法执业、医疗文书书写、医院感染管理、医疗广告、医疗技术准入等方面全面督查,对限期整改的医疗机构进行校验复查,对存在严重违规现象及整改不到位的民营医疗机构下发暂缓校验同意书。

【重点病种调研】 年内,市卫生局开展全市公立医院2011-2013年度重点病种调研,对三年来各医院前十位的门急诊及住院重点病种进行梳理,同时开展核心技术开展能力的调查。结果发现:昆山市各级医院门急诊就诊患者病种类似,未实现"小病在社区、大病进医院、康复回社区"的分级诊疗模式;出院患者中,三级医院循环系统疾病以及复杂外、骨科手术比例高于其他医院,体现了重点专科优势,但在其他疾病方面优势不明显,且二级医院的重点病种未充分显示其专科优势。专科医院方面,市三院前十位疾病以血液性疾病、精神疾病为主,充分体现了专科特色;康复医院未体现其"大专科、小综合"的特点,出院患者未体现康复优势;各级医院技术开展情况分布合理,但存在部分医院技术能力薄弱,部分技术开展未准入等情况,下一步需在技术开展方面进一步规范,在内涵建设上不断提高。

【各类培训考核】 年内,市卫生局先后选派259名业务骨干赴国内外进修,首次选送8名业务骨干赴杜克大学全球研修中心进行为期三个月的深造,完成骨干医师培训班、适宜技术推广师资培训班、基层医务人员务实进修培训班等各类专题培训18期。510名医务人员接受了住院、全科医师规范化培训，其中101名住院医师通过了全省组织的公共科目考试，213名住院、全科医师通过了规范化培训理论考试，182名住院、全科医师通过了规范化培训实践考试。完成公立医院、民营医院、社区卫生服务中心医务人员的三基抽考，抽考人员531人，总体成绩与上年持平，7家二级医院和中医院参加了苏州市卫生局组织的三基考试，市康复医院、市三院在34所参考医院中取得第二名、第五名的好成绩。市一院参加了江苏省组织的三基考试，均分89.25分，在52家综合医院中处于中上水平。

【医疗技术内涵】 年内，市一院成为江苏大学昆山临床医学院和南京医科大学教学医院，市三院与上海市一院同质化合作管理成效凸显，市四院与上海中医药大学附属龙华医院等合作建立"上海名中医馆"，市六院与邵逸夫医院合作共建护理培训基地，市康复、老年等医院分别与国内或省内三甲医院建立紧密合作关系。国家973计划项目高脂血症脂肪肝工作站落户锦溪。先后举办各类学术活动179次，其中国家级7次，省级8次，苏州市级64次，卫生综合竞争力和影响力不断提升。

年内，新增苏州市重点学专科4个，1个国家中医重点专科、5个省中医重点专科通过复核；获国家自然科学基金项目1项、中国医师协会科研建设项目1项、省级科研项目5项、苏州市科研项目23项，昆山市科技合作协同创新项目1项、昆山市社会发展科技计划项目52项（实现医疗单位科研项目全覆盖）、昆山市软科学研究指导性项目2项、科普活动资助项目10项、学术活动资助项目6项，获省级医学新技术新项目二等奖1项、苏州市级医学新技术新项目一等奖1项、二等奖7项，江苏省医学科技奖三等奖1项、苏州市级科技进步奖三等奖1项、昆山市级科技进步奖二等奖1项、三等奖8项。值得一提的是市一院1个项目获省科技厅立项（昆山市卫生系统首个省科技厅立项项目、年内全省县级市唯一一个），并给予75万元的经费资助，市中医院1个国家中管局重点学科获得300万补助资金，有效提升了昆山市科教研创新的知名度和含金量。

12月16日，江苏大学昆山临床医学院在市一院挂牌。

表78 复评合格确认为苏州市级临床重点专科名单

文号	编号	专科名称	项目负责人	完成单位
苏卫医〔2014〕70号	6	血液科	吴鹏飞、孔　荣	市三院

表79 2014年苏州市中医重点专科名单

文号	编号	专科名称	项目负责人	完成单位
苏卫医〔2014〕87号	14	肺病科	李　红	市中医院
苏卫医〔2014〕87号	15	心血管科	刘庆军	市中医院
苏卫医〔2014〕87号	16	康复科	戴德纯	市中医院

表80 2014年江苏省医学科技三等奖

项目名称	完成单位	负责人	授予单位
活化AMPK的抗癌新策略在肿瘤药物诱导的细胞凋亡中作用及机制	市一院	陈敏斌	省医学会

表81 2013年度苏州市科学技术奖三等奖

文号	项目名称	项目负责人	主要完成单位
苏府〔2014〕6号	急性心肌梗死的应急处置模式研究：县级市医院与区域性医疗中心的双向转运	谷惠敏、杨向军、于宗良、顾　明、冯振勤	市一院

表 82

2013 年度昆山市科学技术奖

文号	项目名称	项目负责人	主要完成单位	等级
昆政发〔2014〕34 号	急性心肌梗死的应急处置模式研究:县级市医院与区域性医疗中心的双向转运	谷惠敏、杨向军、于宗良、顾　明、冯振勤	市一院	二等奖
	收缩压指标提高运动试验诊断冠心病准确性的临床研究	于宗良、谷惠敏、杨向军、朱玉春、邹　操、朱建中、许浩军、王国强、梁文慧	市一院	三等奖
	基于螺旋 CT 征象和后处理重建技术对消化道间质瘤恶性潜能的评估及其病理对照研究	朱玉春、王建良、邓志勇、吴志娟、张怀信、李国华	市一院	三等奖
	准分子激光治疗性角膜切削术治疗角膜浅层病变	周　欣、巫宇舟、刘俐利、胡乃民、王丽波、黄　菁、陈舒怿、孙红岚、王　懿	市一院	三等奖
	脂质代谢在非酒精性脂肪肝发病机制中的作用研究	王炳芳、冯　堃、陆永高、杨　英、苏　法、张　明、王庆华、戴　娜、包　洁	市一院	三等奖
	炎症因子的遗传多样性与幽门螺旋杆菌的交互作用致胃癌发生的分子流行病学研究	张　颖、冯全林、彭惠平、刘长明、张剑治	市中医院	三等奖
	益气养阴法治疗结肠黑变病的临床研究及实验研究	汤艳秋、翁时秋、黄丽慧、李　娟、夏爱军、徐　艳、徐佳一	市中医院	三等奖
	从“瘀”分证论治子宫内膜异位症的临床研究	汤雪琴、徐桂花、郭　吕、张慎雅、韦　艳、周夏蕾	市中医院	三等奖
	快速康复外科理念在临床护理的应用	陆喜荣、徐进康、徐宏伟、吴坚芳、许邹华、李　岩、陈文奇	市中医院	三等奖

表 83

2014 年度江苏省卫生厅医学新技术引进奖名单

文号	编号	项目名称	项目负责人	完成单位	等级
苏卫科教〔2014〕10 号	94	应用高通量血液透析、血液灌流、血液透析滤过序贯技术在尿毒症患者中的临床治疗	叶建明 郁丽霞 丁晓仙	市一院	二等奖

表 84

2014 年度苏州市医学新技术项目名单

文号	编号	项目名称	项目负责人	完成单位	等级
苏卫科教〔2014〕15 号	16	手足口病病原学 RT-PCR 检测及影响因素研究	王文明、薛黎坚、王　华	市疾控中心	一等奖
	47	ESS 嗜睡量表与白天多次小睡潜伏试验(MSLT)的相关性及其在评估睡眠呼吸暂停及低通气综合征(OSAHS)患者白天嗜睡程度中的应用	陆益民、蔡思洁、盛　祺	市一院	二等奖
	48	局部氧喷维生素 C 在难治性感染性伤口中的应用性研究	金学勤、张桂珍、李　海	市一院	二等奖
	49	CT 引导下靶向介入联合康复一体化治疗盘源性腰腿痛的临床应用	戴德纯、边联龙、杭方杰	市中医院	二等奖
	50	喉罩通气在临床麻醉中的综合应用	费建平、邵安民、王欢锋	市中医院	二等奖
苏卫科教〔2014〕15 号	51	Wolf F6/7.5 输尿管硬镜联合钬激光碎石在输尿管中上段结石中的应用	姚林亚、曾学明、胡　兵	市中医院	二等奖
	52	基因遗传变异检测在结直肠癌发病风险中的临床应用	张　颖、刘长明、彭惠平	市中医院	二等奖
	53	神经松动技术对腰椎间盘突出症坐骨神经痛的疗效	施加加、李　周	康复医院	二等奖

表 85

2014 年度国家自然科学基金项目

序号	项目名称	任务来源	承担单位	项目负责人
1	激活磷酸腺苷激活的蛋白激酶(AMPK)信号通路在伊曲康唑诱导的抗食管癌活性中的作用和机制研究	国家基金委	市一院	陈敏斌
2	苏南地区县级公立医院危机风险因素评估与应对体系研究	中国医师协会	市一院	陆妹娟

表 86

2014 年度江苏省级课题名单

项目名称	项目负责人	完成单位	授予单位	经费(万元)
腹腔镜术中发光导管实时标识管腔器官图文软件的开发其临床推广应用研究	李云龙	市一院	江苏省科技厅临床医学专项	50+25
基于 G 蛋白—MAPK 转导激活探讨推拿治疗颈源性眩晕颅—颈应答效应	戴德纯	市中医院	“六大人才高峰”高层次人才课题	3
外科缝合技能培训课程设计	吴晓峰、徐　锋	市中医院	南京中医药大学 2014 年度临床教育教学改革立项课题	

表 87

2014 年度江苏省医学科研招标立项课题名单

文号	编号	项目名称	项目负责人	完成单位
苏卫科教〔2014〕12 号	YG201403	增敏非小细胞肺癌新方法对提高紫杉醇化疗敏感性的临床应用研究	陆益民	市一院

表 88

2014 年度江苏省血地防应用性科研招标立项课题项目名单

文号	编号	项目名称	项目负责人	完成单位
苏卫疾控〔2014〕18 号	X201406	晚期血吸虫肝纤维化治疗临床路径的建设和效果评估	牛雪花	市三院

表 89

2014 年度江苏省妇幼保健科研课题立项项目名单

文号	编号	项目名称	项目负责人	完成单位
苏卫社妇〔2014〕17 号	F201446	Corin 蛋白与妊娠期高血压的回顾性巢氏病例对照研究	喻　茜	市妇保所

表 90

2014 年度苏州市临床重点病种诊疗技术专项项目名单

文号	项目编号	单位	科室	项目负责人	项目名称
苏卫科教〔2014〕14 号	LCZX201418	市一院	普外科	吴晓阳	多学科协作诊治模式下胃癌综合诊疗的全程管理
	LCZX201419	市中医院	消化内科	徐进康	血清 PG 检测联合特殊内镜技术提高胃癌的早期诊断率

表 91

2014 年度苏州市“科教兴卫”青年科技项目

文号	项目编号	单位	项目负责人	项目名称
苏卫科教〔2014〕13 号	KJXW2014047	市一院	刘　华	阿托伐他汀干预治疗慢性硬膜下血肿的临床研究
	KJXW2014048	市一院	钟隆飞	阿托伐他汀联合西地那非对高脂血症性大鼠勃起功能及阴茎海绵体组织的影响
	KJXW2014049	市一院	刘其锋、李莎莎	Klotho 抑制内质网应激反应减轻肾间质纤维化的机制研究
	KJXW2014050	市中医院	凌　峰	肺炎克雷伯菌质粒介导 AmpC 酶编码基因的表型分析及其表达蛋白的功能研究
	KJXW2014051	市妇保健所	牛晓虎	血清骨钙素水平与妊娠期糖尿病关系的巢式病例对照研究
	KJXW2014052	市卫监所	董万群	昆山市现制现售水质关键控制点分析及卫生应急网络构建

表 92

2014 年度苏州市科技发展计划项目名单(第二批)

文号	序号	项目编号	项目名称	承担单位	起止时间	负责人
苏科计〔2014〕101 号	1	SYSD2014023	血管壁 PDGF 的测定与蛛网膜下腔出血后脑血管痉挛关系的研究	市一院	2014.10–2017.6	王文明
	2	SYSD2014024	粗聚焦高能震波治疗骨质疏松性骨折的作用	市一院	2014.10–2017.6	蒋梁华
	3	SYSD2014025	乙肝大三阳孕妇抗病毒治疗预防母婴传播的研究	市一院	2014.10–2017.6	蒋 娜
	4	SYSD2014026	睫毛外翻式缝合术联合皮肤轮匝肌切除术治疗先天性下睑内翻	市一院	2014.10–2017.6	蔡世佳
	5	SYSD2014027	腹腔镜腹股沟疝日间手术的临床探索与实践	市中医院	2014.10–2017.6	朱景元
	6	SYSD2014028	关节镜下自体腘绳肌腱保留残端重建前交叉韧带	市中医院	2014.10–2017.6	徐 锋
	7	SYSD2014029	髋臼角测量器的设计与临床应用研究	市中医院	2014.10–2017.6	孙文阁
	8	SYSD2014030	吸气肌阻力训练法对稳定期中重度 COPD 患者康复训练的临床应用研究	市中医院	2014.10–2017.6	陈 泓
	9	SYSD2014031	血吸虫肝硬化 64 排 CT 肝脏灌注成像特征及其临床意义研究	市三院	2014.10–2017.6	杨文广
	10	SYSD2014032	创伤后应激障碍患者创伤后应激症状与自传体记忆过度概括化相关研究	市三院	2014.10–2017.6	沙东想
	11	SYSD2014033	阿托伐他汀对慢性心力衰竭患者心室复极变异的影响	花桥人民医院	2014.10–2017.6	闻加升

表 93

2014 年度苏州市科技发展计划项目名单(第三批)

文号	序号	项目编号	项目名称	承担单位	负责人	授予单位
苏科计〔2014〕263 号	1	SYSD2014151	静脉药物配置环境下 9 种中药注射剂配置后的稳定性研究	市一院	徐建民	苏州市药学会－常州四药临床药学科研基金
	2	SYSD2014152	胃炎片(Ⅰ)的临床前药学研究及初步药效学研究	市中医院	李青松	

表 94

2014 年度苏州市科技发展计划项目名单(第四批)

文号	序号	项目编号	项目名称	承担单位	负责人	授予单位
苏科计〔2014〕264 号	1	SYSD2014157	中药保留灌肠治疗血吸虫性结肠病的临床研究	市三院	牛雪花、李晓燕	苏州中西医结合学会、苏州市科技局
	2	SYSD2014158	健脾理气、活血化瘀调控 MAPK/ERK 通路抑制慢性萎缩性胃炎细胞异常增殖和分化的研究	市中医院	陆喜荣	
	3	SYSD2014169	口腔定位疗法联合特定穴位针刺治疗延髓卒中后吞咽障碍的临床研究	市中医院	杭方杰	
	4	SYSD2014170	针药治疗对干眼症患者泪液质、量的影响	市中医院	周鹏鹏	

表 95

2014 年度昆山市社会发展科技计划项目

文号	项目编号	项目名称	完成单位
昆科字〔2014〕122 号	KS1401	基于 KAP 角度对开发区实施基本公共卫生服务项目的可行性研究	昆山经济技术开发区预防保健所
	KS1402	社交焦虑儿童退缩行为的矫治与疗效研究	昆山经济技术开发区预防保健所
	KS1406	溃结 1 方保留灌肠治疗溃疡性结直肠炎的临床观察及其对血清 TNP-α 的影响	昆山市花桥人民医院
	KS1407	药物干预阳虚质 COPD 的临床观察	昆山市第六人民医院
	KS1409	口腔肌肉定位治疗结合传统语言治疗在儿童言语和语言发育障碍中的运用	昆山市康复医院
	KS1410	长期使用电脑人群颈椎生物力学变化与康复方法的研究	昆山市康复医院
	KS1411	医院 - 社区 - 家庭健康综合干预模式对胰岛素治疗患者依从性影响研究	昆山市第四人民医院
	KS1412	慢性心力衰竭患者的远程管理	昆山市巴城人民医院
	KS1413	社区糖尿病患者康复专科 - 全科联合管理模式研究	昆山市千灯镇预防保健所
	KS1414	STAT3,SOCS3,VEGF 在乳腺癌中的表达及临床意义	昆山市淀山湖人民医院
	KS1415	米非司酮联合米索前列醇终止过期流产的可行性研究	昆山市周庄人民医院
	KS1416	苏南发达地区农村老年骨质疏松流行病学调查	昆山市锦溪人民医院
	KS1417	发达地区农村老年女性妇女病疾病谱种类及相关性调查	昆山市锦溪人民医院
	KS1418	C6 神经酰胺增敏白花丹素诱导的肠癌细胞凋亡的机制研究	昆山市第一人民医院
	KS1419	肝癌中 MAGE-A9 的表达与临床特征的相关性研究	昆山市第一人民医院
	KS1420	SPARCL1 基因在肝癌中的表达及功能学研究	昆山市第一人民医院
	KS1421	基于心电信息管理及呼叫系统的区域协同治疗急性心肌梗死的模式研究	昆山市第一人民医院
	KS1422	低管电压 CT 低剂量尿路成像图像研究及其临床应用	昆山市第一人民医院
	KS1423	TOB1 在胃癌分子靶向治疗中的作用	昆山市第一人民医院
	KS1424	循环 miRNA 检测在急性冠脉综合征的诊断及预后判断中的意义	昆山市第一人民医院
	KS1425	细胞骨架蛋白 Actin 在结核分枝杆菌感染巨噬细胞后的功能机制初步研究	昆山市第一人民医院
	KS1426	姜黄素对人乳腺癌细胞自噬的影响及其机制研究	昆山市第一人民医院
	KS1427	SWI 在急性缺血性脑血管病出血转化中的应用	昆山市第一人民医院
	KS1428	非酒精性脂肪肝在肝癌发病中作用及机制的研究	昆山市第一人民医院
	KS1429	预防和处理失禁相关性皮炎的循证护理实践问题与对策的研究	昆山市第一人民医院
	KS1430	肝素联合阿司匹林在预防及治疗早发型重度子痫前期中的效果评价	昆山市第一人民医院
	KS1431	RSK2 对结直肠癌生物学特征的影响及机制研究	昆山市第一人民医院
	KS1432	MTHFR C677T 基因多态性与先天性心脏病发病风险的关联性研究	昆山市第一人民医院
	KS1433	预警评分在急诊危重病人转运中的应用	昆山市第一人民医院
	KS1434	口腔定位疗法治疗脑卒中后吞咽障碍的临床研究	昆山市中医医院
	KS1435	体检人群非酒精性脂肪性肝病患者中医证型与代谢综合征不同组分的关联性研究	昆山市中医医院
	KS1436	从 Cajal 间质细胞表达途径研究胃炎 I 号方治疗功能性消化不良的作用机制	昆山市中医医院

续表

文号	项目编号	项目名称	完成单位
昆科字〔2014〕122号	KS1437	穴位敷贴治疗功能性便秘对胃肠调节肽分泌影响的研究	昆山市中医医院
	KS1438	基于 Bcl-2/Bax,Dn-5 研究承气汤合大柴胡汤恢复重症胰腺炎肠粘膜屏障的作用机制	昆山市中医医院
	KS1439	脂联素及其受体与肥胖、IR 及 PCOS 相关性及应用研究	昆山市中医医院
	KS1440	腰硬联合麻醉和全麻对老年全髋置换手术患者肠道粘膜通透性的影响	昆山市中医医院
	KS1441	薄荷漱口液用于改良式口腔护理方法对经口气管插管机械通气患者口腔护理的效果研究	昆山市中医医院
	KS1442	血浆 1-3-β-D 葡聚糖检测在真菌性鼻窦炎诊断中的临床价值	昆山市中医医院
	KS1443	散清消通法治疗急性乳腺炎初期的疗效评价	昆山市中医医院
	KS1444	尿液 PCA3 联合血清 PSA 检测早期诊断前列腺癌的临床研究	昆山市中医医院
	KS1445	叶酸代谢基因遗传多样性与乳腺癌的风险及临床应用研究	昆山市中医医院
	KS1446	系统化培训提高基层医院低年资护士心电图运用能力的研究	昆山市第二人民医院
	KS1447	急性髓系白血病患者治疗前后血清 IP10、Ang-1、MIP-1α 的表达及意义	昆山市第三人民医院
	KS1448	腰椎前凸角度及骶角倾斜角度的观测对慢性下腰痛患者的临床价值评价	昆山市第三人民医院
	KS1449	食品药品安全探索性实验的开发及其推广应用	昆山市药品监督检验所
	KS1450	昆山市学校饮用水安全状况评估与干预	昆山市卫生监督所
	KS1451	昆山市医务人员健康素养水平现况调查及干预方法研究	昆山市健康促进中心
	KS1452	基于 ARIMA-GRNN 组合模型和 GIS 的时空双序列及环境风险分析在肺结核防控中的应用研究	昆山市疾病预防控制中心
	KS1453	昆山市游泳池水中氰尿酸含量调查及其对氯化消毒效果的影响研究	昆山市疾病预防控制中心
	KS1454	孕期心理干预对产后抑郁的影响及产后抑郁干预模式的探索	昆山市妇幼保健所
	KS1455	Corin 蛋白与妊娠期高血压的回顾性巢氏病例对照研究	昆山市妇幼保健所

表 96

2014 年度昆山市重大科普活动资助项目

文号	项目名称	承担单位	经费(万元)
昆科协〔2014〕41号	昆山市青少年暑期健康教育"四个一"活动	昆山市健康促进中心	1
	昆山市中医药科普巡讲活动	昆山市中医医院	1
	"健康昆山"微信公众平台开发、应用及推广	昆山市健康促进中心	0.8
	张浦镇老年课堂——高血压、糖尿病和老慢支的自我防控	昆山市第六人民医院	1
	健康班车村村行,便民桥梁户户通	昆山市锦溪人民医院	1
	关注机关工作人员心理健康	昆山市心理咨询师协会	1
	2 型糖尿病患者胰岛素治疗的疾病认知和生活经验研究	昆山市第二人民医院	1
	花桥地区高血压病"三率"提高项目	昆山市花桥人民医院	1
	糖尿病健康教育进社区	昆山市花桥人民医院	1
	开展社区、家属、医生、护士共同参与的"无缝化"干预模式提升社区居民对心理疾病的认知	昆山市第三人民医院	1

表 97　　2014 年度昆山市科协学术活动重点资助项目

文号	项目名称	申报单位	负责人	经费(万元)
昆科协〔2014〕42 号	护理专业与人文新理论新进展研讨会	昆山市第一人民医院	金学勤	3
	医学检验新技术在中医临床科研中的应用进展研讨会	昆山市中医医院	张　颖	2
	关于脑卒中偏瘫步态分析与康复治疗的学术交流活动	昆山市康复医院	罗　艳	2
	更年期妇女运动与骨质疏松的学术探讨交流会	昆山市第三人民医院	程　毅	2
	骨关节外科学术交流论坛	千灯人民医院	陈雪冲	1
	基层医疗机构急诊急救技能培训	昆山市第六人民医院	冯笔飞	1

【“8·2”事故伤员救治工作】 年内，市卫生局按照科学救治、精心救治、全力救治的要求，动员全系统力量参与，全力以赴做好“8·2”事故伤员救治工作。事故发生后，市卫生局第一时间启动突发事件医疗卫生应急救援预案，成立以局主要领导为组长的医疗救援工作领导小组，下设 6 个工作组，现场协调指挥伤员转运、伤员救治、车辆设备调度、药品血液保障等，有力有序做好医疗救援工作。事发 2 小时后，现场所有伤员已全部送至昆山市区 4 家医院和苏州市立医院北区接受治疗。7 位局领导分赴市区 4 家医院现场协调指挥伤员救治工作。积极协调省卫计委进行伤员转运工作，至 8 月 2 日傍晚，顺利完成了伤员转运，整个转运过程做到了零伤亡。市卫生局在伤员后续救治方面，借鉴哈尔滨等地重大事故伤员处置办法，提出多种不同的伤员后续治疗方案供市委、市政府参考，持续与省卫计委、专家组和前方各救治医院沟通，形成畅通无阻的协调工作机制。按照市委、市政府要求，昆山市集中医疗救治点正加快建设。全离岗职工体检方面，市卫生局成立以局主要领导为组长的职业健康体检工作领导小组，下设综合保障、体检工作和专家咨询 3 个组，专门邀请省疾控中心专家携带相关仪器，对体检工作进行全程指导及质量控制，妥善做好“8·2”事故企业 200 多名离岗人员的职业体检。经费结算等保障方面，紧急采购血滤机、呼吸机等价值 1 160 万元的医疗应急救治和血制品储备设备，有效满足昆山市临床治疗需求。第一时间协调市财政部门向各救治医院拨付了应急补助经费，拟定伤员救治医疗费用支付流程，并积极协调相关部门落实。

【通过全国农村中医工作先进市复核评审】 11 月 19～20 日，全国基层中医药工作先进单位专家组一行 4 人，对昆山市进行了全国基层中医药工作先进单位复核评审。专家组在听取昆山市中医药工作专题汇报后，分组进行审核台账材料、部门访谈。随机抽取市四院、蓬朗社区卫生服务中心、玉山镇朝阳社区卫生服务站及花桥集善社区卫生服务站等 4 个基层医疗机构实地考察、问卷调查。通过对照基本条件、基本人员、基础设施与基本设备、业务能力以及满意度等方面的考核标准，专家组一致认为，昆山市中医药工作各项工作成效显著，顺利通过全国基层中医药工作先进单位复核评审工作。

【实施“银医一卡通”项目】 为加快卫生惠民服务力度和覆盖范围，3 月起，市卫生部门启动“银医一卡通”项目。市中医院作为昆山首家试点单位，至年底，累计有 47 台自助终端机在市中医院投入使用，居民凭市民卡可实现预约挂号、就诊缴费、医保结算、健康记录、自助查询等功能。自 3 月在市中医院试点以来，每天约有 50%的就诊患者使用，至年底，已有超过 100 万人次的市民使用了医院自助缴费系统，患者门诊诊疗过程中的收费排队次数显著减少，有效缓解了病人排队现象，提高患者就诊满意度。“银医一卡通”项目获 2014 年度昆山市效能建设创新奖。

医药卫生体制改革

【公立医院改革】 年内，13 家公立医院全部实施补偿机制改革，将医院补偿途径从服务收费、药品加成和财政拨款等三个渠道转变为服务收费和财政补助两个渠道，药品全部实行零差率销售。联合上海交大，在苏州市率先建立医院绩效管理办法，对 20 名技术骨干进行系统培训，加快构建重技术、重实效、重贡献的奖励分配机制。新增妇科等五大质控中心，强化专项评估检查，医疗质量安全水平不断提升。

【药品供应保障】 年内，市卫生局在社区卫生服务机构 100%配备使用的基础上，着力推进二三级医院按比例配备使用国家基本药物。完善短缺药品信息收集和调剂等机制，努力缓解基层药品供应压力。强化医用仪器设备专家库建设，有效提高昆山市设备配置论证和进口设备配置管理水平。全年完成药品、医用耗材(试剂)、医用设备采购 18.10 亿元。

【基本公共卫生服务】 年内，全市基本公共卫生服务项目经费增长到 45 元／人，针对 11 类 43 项基本公共卫生服务项目和 4 项重大妇幼卫生项目分别制订实施方案，通过实行“三优化、三提升、三开放”等举措，不断提升项目实施质量和社会影响力，被省卫生厅和省财政厅授予“江苏省基本公共卫生服务先进单位”，成为苏州大市唯一一家获此殊荣的单位。

社区卫生服务

【概况】 年内，全市共有社区卫生服务中心21家，社区卫生服务站142家，新改扩建社区卫生服务机构6家。千灯石浦社区卫生服务中心顺利通过省级规范化社区卫生服务中心建设单位省级评估验收。巴城镇绰墩山、状元泾和花桥镇集善社区卫生服务站成功创建省示范村卫生室。市社管中心全面启动社区分类管理，对全市所有中心按A、B、C三类标准开展评估考核，在三年周期内实行动态管理。社区中心组织管理取得成效，开发区和玉山镇非独立法人社区中心均由一名副所长担任中心主任，加强责任落实。全市社区卫生服务机构已拥有从业人员1 430人，其中卫技人员1 212人，占84.76%。门急诊579.35万人次，较上年同期增长15.24 %，社区预防保健服务210万人次。全市基本公共卫生服务项目经费增长到45元/人，成为苏州大市唯一一家获得省卫生厅和省财政厅授予“江苏省基本公共卫生服务先进单位”殊荣的单位。年内市社管中心招录应届卫技毕业生59名，其中全科医学及中医学专业人员均按照国家要求参加全科医师规范化培训。所有社区中心均设置了中医科，50%的社区卫生服务中心推广应用10种及以上中医适宜技术。65岁以上老年人中医药健康管理服务覆盖率达50%以上，0～36个月儿童中医药健康管理服务覆盖率达80%以上，顺利通过了江苏省中医药基础能力建设督查和全国中医示范市复核。社区卫生服务机构全面实施家庭医生制度。玉山镇同心中心和周市镇陆杨中心试点建立精神病人社区康复点。组织全市社区卫生机构开展“333工程”，即“三优化、三提升、三开放”为主要内容的公共卫生服务满意工程，推出“社区卫生服务开放日”“窗口亮起来”“模拟体验门诊服务活动”“开放微信、微博等新媒体平台”等一批创新举措，有效提升了群众对社区卫生服务的认知度和满意度。

卫生监督

【概况】 年内，全市受理许可办件9 264件，网上点击办结，网上审批率保持100%。加强餐饮服务监管工作，切实保障食品安全卫生：将5S、6T等取得广泛好评的先进管理理念引入餐饮单位，开展23次餐饮安全整顿和治理行动，重大活动保障43次，开展食品安全标准跟踪试点管理工作，建立食品安全风险监测预警体系，监督监测抽检共1 999批次，合格1 938批次，合格率达96.95%。规范医疗服务市场秩序，严厉打击无证行医行为：设立非法行医监测哨点，开展连续2个月的专项整治，开展多种形式的宣传教育；医疗机构监管持续推进。继续创新管理服务模式，不断加强公共卫生监管：开展卫监系列(卫监1号、2号、3号)行动；强化游泳场所和生活饮用水监管；首次在住宿业试点推行“五常法”管理；开展公共场所控烟专项检查；职业健康进行监护，落实监管责任；结合新规要求，规范放射诊疗。全年共接到群众举报、投诉633起，审查各类案卷271份，当场行政处罚124起，罚款金额81万元，到账80.06万元。卫生局网站发布信息24篇，所网站发布信息359篇。开展卫生监督科研工作：发表论文10篇，承担2个昆山市级的科研项目1个苏州“科教兴卫”青年科技项目。

卫生防疫

【综合管理】 年内，市卫生防疫部门加快消除疟疾进程，全面落实各项防控措施，顺利通过消除疟疾省级达标验收。积极应对非洲埃博拉疫情和登革热疫情，有效控制疫情的传播、蔓延。加快推进全市计划免疫规范化管理，各项工作有了明显提升，数字化门诊基本实现全覆盖。年内，市疾控中心荣获苏州市疾病预防控制系统传染病防治技能竞赛团体一等奖和个人技能竞赛一等奖。

【重点疾病防治】 年内，全市艾滋病、结核病、血吸虫病等各项重点疾病防治工作成效显著。突出做好埃博拉防控工作，及时成立埃博拉防控工作领导小组及工作组织，制定专门防控方案，加强部门协作，全面落实各项防控措施。根据传染病疫情网络直报系统统计，全市年内无甲类传染病报告；乙类传染病报告12种计2 137例，报告发病率为109.30/十万，其中死亡1例，报告死亡率为0.05/十万，死亡病种为狂犬病；丙类传染病报告5种计2 200例，报告发病率为112.52/十万。

【公共卫生服务项目】 年内，在慢性病

防治方面，昆山市创新高血压管理模式，加强社区糖尿病患者管理，做好慢病报病及死因监测工作，做好死因核对、核查工作。免疫规划工作方面，年内昆山市通过采取各种措施，包括加强对电脑中账册资料的管理，加强宣传计免知识和加强流动儿童管理等措施，使全市适龄儿童各苗接种率一直维持在高水平。应急保障机制进一步健全，全年无突发公共卫生事件报告、无重大爆发疫情，无人员死亡。

【卫生监测监护】 年内，市疾控中心与周市人民医院联合开展职业健康检查68 415人次。食品卫生监测，对9类食品进行监测，共计采集样品219份，完成监测项目数为1 446项。主动开展食源性疾病监测情况，采集样品209份，完成社区居民食源性疾病负担调查表800份。消毒与病媒生物监测，全年完成对全市19家医疗机构进行了消毒效果监测评价，完成对21家托幼机构环境卫生消毒效果监测评价，监测覆盖率为100%。学校因病缺课监测，监测点学校扩大至87所，93个上报点，监测学生达15万余人。

妇幼保健

【概况】 年内，市卫生局以扎实开展“妇幼健康服务年”活动为抓手，开展全市妇幼保健从业人员岗位练兵，昆山市代表队获苏州市团体二等奖。对全市12家产科医院组织开展爱婴医院复核评审工作；签发出生医学证明18 684张；对57家托幼机构开展卫生保健评审校验工作；着力加强高危孕产妇、儿童管理；开展孕产妇死亡率、婴儿死亡率、出生缺陷发生率等重点指标的监测；规范实施基本及重大妇幼卫生项目，完成孕产妇建册36 617人，产后访视31 924人次，孕妇健康管理18 788人，健康管理率97.3%；0～3岁儿童系统管理39 232人，0～3岁儿童系统管理率97.2%。为3万余名0～3岁儿童进行先心病的免费筛查，免费心脏超声检查1 073人，确诊先天性心脏病儿童127人，通过上海复旦大学附属儿科医院绿色救治通道成功手术14人。在全市预防保健所、社区卫生服务中心等机构中普及推广小儿摩腹、捏脊等中医保健操作手法；完成“两癌”检查6 000例，确诊“宫颈癌前病变”20例，“宫颈癌”1例，“乳腺癌”3例；新增叶酸服用人数6 046人，住院分娩补助6 390人，为6 597例婚检男女、30 231例孕妇开展艾滋病、梅毒、乙肝免费咨询与筛查服务，筛查出艾滋病阳性病例1人、梅毒阳性13人，艾滋病、梅毒阳性病例均按要求进行了干预和随访管理。检出乙肝病毒感染孕产妇863例，所生活产863例，免费注射乙肝免疫球蛋白861人，注射率为99.8%。 （卫计委）

爱国卫生

【概况】 年内，昆山市深入贯彻《江苏省爱国卫生条例》，爱国卫生工作与生态文明建设、城乡一体化发展紧密结合，巩固提升卫生创建成果，大力开展城乡环境整洁行动，持续改善城乡环境卫生面貌。昆山市顺利通过省病媒生物先进城市复审考核，千灯镇顺利通过国家卫生镇复审，6个村通过省级卫生村复审。对照《昆山市村庄环境长效管理考核办法》，通过强化监督考核，提升昆山市村庄环境长效管理水平。

【巩固卫生城镇创建成果】 年内，市城乡卫生指导中心抓好国家卫生城市（镇、村）的创建成果巩固提升工作。与生态文明城市和美丽镇村建设相结合，协调各区镇开展小区环境、交通秩序、建筑工地、农贸市场等重点难点领域环境秩序专项整治，巩固国家卫生城市创建成果。为巩固卫生镇（村）创建成果，通过强化业务培训和现场督查指导，督促镇（村）完善长效管理措施，做好巩固提高工作。千灯镇顺利通过“国家卫生镇”苏州、省及全国爱卫办的复核评估。锦溪镇6个村通过“省级卫生村”苏州、省考核验收。

【村庄环境卫生长效管理】 年内，为提升昆山市村庄环境长效管理水平，推行“月督查、季考核、年排名”考评模式，市城乡卫生指导中心组织开展自查暗访11批次，牵头组织市农委、住建局、环保局、水利局、城管局等部门开展村庄环境联合督查4次，累计抽查自然村345个，优良率达93%，全面落实常态化管理机制。爱国卫生月在全市部署开展为期100天的“村庄环境百日整治活动”，改善环境卫生管理薄弱村的脏乱差面貌，提升群众满意度。

【病媒生物防制】 年内，市城乡卫生指导中心组织开展春秋季统一除害行动，降低四害密度，保障人民群众健康。部署全市企事业单位、街道社区开展环境专项整治，清理四害孳生场所。组织24家集贸市场、18家宾馆酒店及市区31家医疗卫生单位开展病媒生物防制业务培训，提高重点单位和窗口单位病媒生物防制水平。全年新增设标准化毒饵房6 500个，创建病媒生物防制示范小区74个。组织城区街道和PCO公司开展以宾馆饭店、五小行业为重点的免费集中灭蟑活动，进一步提升全市病媒生物防制水平。根据《江苏省病媒生物防制工作督导评估办法》要求，联合工商、城管、交通、住建、粮食等部门分11大

5月31日，市城乡卫生指导中心组织开展第27个“世界无烟日”宣传活动。

行业开展病媒生物防制督查。10月23日，昆山市顺利通过江苏省爱卫办组织的病媒生物先进城市复审考核。

【控烟工作】 年内，市城乡卫生指导中心联合教育局组织开展第27个“世界无烟日”宣传活动。以在校学生为主体，开展烟草危害主题讲座172场，制作发放控烟倡议书6.8万份。发动组织全市405名吸烟者参加昆山市戒烟竞赛活动。发放新制控烟折页6万份、禁烟标识2万张，禁烟桌牌1 000个。推进“无烟机关”创建活动，组织开展人员培训，指导无烟环境建设，规范禁烟标识，全市23家单位通过了创建无烟单位评估。在昆山市“两会”期间开展控烟宣传，为此届两会营造一个健康无烟环境。加大公共场所控烟力度，联合市文明办等单位组成控烟检查组，对全市机关、学校、医院、公共场所等84家重点禁烟场所开展控烟检查，联合媒体进行跟踪采访，并在政务OA系统中通报检查结果。配合全市“百日集中整治行动”，制定出台控烟专项工作方案，对火车站、汽车站、大型超市等重点公共场所开展控烟专项督导，营造无烟环境。

【宣传贯彻《江苏省爱国卫生条例》】 年内，市城乡卫生指导中心以江苏省爱国卫生信息管理系统为平台，加快推进爱国卫生工作信息化建设，获省爱卫办通报表扬。继续通过主流媒体、新媒体，深入宣传普及《江苏省爱国卫生条例》，昆山市代表队在苏州市举办的《江苏省爱国卫生条例》知识竞赛中，荣获团体和个人两项冠军。

健康城市建设

【概况】 年内，昆山市坚持“循序渐进，科学发展”原则，围绕《昆山市建设健康城市2013～2015年行动计划》，积极推进健康城市建设。依托健康促进的工作平台和各类传播渠道，进一步向公众普及健康知识，促进群众文明素质和健康水平不断提升。

【健康主题活动】 4月7日，在千灯镇炎武社区开展以“生活因健康而更加幸福”为主题的全国第26个爱国卫生月暨江苏省第18个健康教育宣传月广场宣传活动。爱卫月广泛发动群众，从清脏治乱、整治环境入手，扎实开展爱国卫生运动。期间各区镇发动群众参与治理1.3万余人次，清除暴露垃圾9 700余吨，清除卫生死角1 312个，清除乱张贴4 345处。

10月“健康城市月”期间，开展以“做文明昆山人，建健康昆山城”为主题的健康城市月活动。发动80家机关事业单位的358名机关工作人员参加健康素养网络学习测评活动。与市教育局联合举办“营”在校园学生营养午餐设计竞赛活动，全市42所学校参加竞赛，在乐居昆山网站设置的网络投票平台，收到市民投票达2.2万人次，玉峰实验小学等12所中小学校参加现场决赛。与市体育局联合举办全民健身进社区——社会体育指导员风采展示活动。

4月7日，在千灯镇炎武社区开展昆山市爱国卫生月暨世界卫生日活动。

全市 11 支企业代表队参加了在锦溪镇文体中心举办的企业健康素养知识与技能竞赛决赛，锦溪镇李氏集团获得一等奖。在苏州市举办的健康城市建设成果摄影大赛中，昆山组织投稿 400 余幅，包括荣获一等奖在内，共有 23 幅作品获奖，占总获奖数的 23%。

【全民健康促进】 年内，以服务基层、服务市民健康为目标，"健康班车"活动进镇村、社区、企业等场所，举办健康知识讲座 188 场，受益 2.9 万余人次，通过传播健康技能，提升城乡居民健康素养。"百名医务工作者进企业举办千场健康讲座"活动，深入企业一线开展健康知识讲座达 128 场，累计受益人数近 1.7 万人次。依托社区平台，开展青少年暑期健康教育"四个一"活动 374 场次，强化学生健康意识，全市 91 所中小学近 1.2 万名学生参加了全市中小学生健康素养基本知识与技能竞赛活动。依托图书馆"健康大讲坛""颐和鹿城·健康大讲堂"、青少年宫等平台累计开展公众健康咨询活动 417 场，受益 14.8 万人次。发放限盐罐 3 万只，指导居民家庭正确使用健康干预工具，推动城乡居民养成健康生活方式。全市 43 家单位推进全民健康生活方式示范场所创建，新江南社区等 3 家单位获"苏州市健康教育与健康促进基地"命名。申报创建省级健康促进学校金奖学校 5 所，银奖学校 4 所，带动一批学校开展健康教育特色项目。

【健康细胞建设】 年内，市城乡卫生指导中心开展培训与指导，巴城镇、锦溪镇建成苏州市健康镇，昆山市实现苏州健康镇全覆盖，全市 5 个村建成苏州市健康村。各区镇创新思路，积极推进健康环境建设，锦溪镇、巴城镇建成健康主题公园。周庄镇、锦溪镇、巴城镇、花桥分别建成"健康步道"，实现了健康步道全市覆盖。在开发区、高新区、花桥开发区推进 6 个昆山市健康自我管理示范社区创建，发放健康指导工具，指导开展自我学习，促进健康生活方式形成。组织开展第九批昆山市健康家庭命名、表彰工作，新增市健康家庭 500 户。组织开展昆山市第二届健康老人和"颐和鹿城·健康之星"评选活动，在各区镇、街道推荐的 100 名健康老人中推选 20 位老人为健康之星。根据市民关注的健康热点和健康需求，确定昆山市 2014 年度建设健康城市"健康项目"14 个。向 2014 年 WHO 第六届健康城市联盟大会提交 4 个健康项目参加奖项申报，其中《保护、促进和支持母乳喂养》项目获 WHO 健康城市最佳实践奖。周庄镇被世界卫生组织健康城市合作中心命名为"WHO 健康城市合作中心健康场所"。 (龚奎龙)

资料链接

现代健康的含义

现代健康的含义并不仅是传统所指的身体没有病而已，根据"世界卫生组织"的解释：健康不仅指一个人身体有没有出现疾病或虚弱现象，而是指一个人生理上、心理上和社会上的完好状态，这就是现代关于健康的较为完整的科学概念。

现代健康的含义是多元的、广泛的，包括生理、心理和社会适应性 3 个方面，其中社会适应性归根结底取决于生理和心理的素质状况。心理健康是身体健康的精神支柱，身体健康又是心理健康的物质基础。良好的情绪状态可以使生理功能处于最佳状态，反之则会降低或破坏某种功能而引起疾病。身体状况的改变可能带来相应的心理问题，生理上的缺陷、疾病，特别是痼疾，往往会使人产生烦恼、焦躁、忧虑、抑郁等不良情绪，导致各种不正常的心理状态。作为身心统一体的人，身体和心理是紧密依存的两个方面。

维护健康四大基石：合理膳食、适量运动、戒烟限酒、心理平衡。 (摘自《昆山日报》)

主要医院

【昆山市第一人民医院】 昆山市第一人民医院创办于 1925 年，是一所集医疗、科研、教学、康复、预防保健于一体的三级综合性公立医院。2014 年 1 月 1 日，医院全面实施药品零差价改革，正式启动医疗综合服务价格调整，经济运行结构进一步得到优化。年内，医院业务总收入 11.40 亿元，同比增长 10.04%；门急诊工作量 206.81 万人次，同比增长 8.68%；出院病人 5.27 万人次，同比增长 9.98%；手术例数 1.91 万例，同比增长 8.92%。

医院规模 2014 年 10 月 8 日，本部院区医辅楼顺利封顶，医辅楼为 7 层，总建设面积 9 986 平方米，下年将投入使用。医院拥有一院三区，总占地面积 120 亩，建筑面积 16.9 万平方米，设置床位 1 600 张。本部院区占地面积 50 亩，建筑面积 5.6 万平方米，开放床位近 800 张，为医教研核心区；友谊院区占地面积 50 亩，建筑面积 9.3 万平方米，床位 600 张，为妇科、产科、儿内科、儿外科、肾脏内科、血透室、肿瘤内科、健康体检特色区；广仁院区占地面积 20 亩，建筑面积 1.57 万平方米，设置床位 200 张，同时配套建有昆山市医学观察基地、昆山市感染性疾病实验室，是肝炎、结核病为特色的昆山市传染病医院。

人才队伍　年内，3名青年骨干被选送美国杜克大学研修，2人实现博士学历提升，2人实现硕士学历提升。6名学科带头人获"昆山名医"称号；新增省级专业学会委员15人，新增苏州市专业学会副主任2人。至年底，医院拥有在职职工1 816名，专业技术人员1 732名，高级职称376名，博士11名，硕士212名；拥有省百名医德之星1人，省"333高层次人才培养工程"4名，省六大人才高峰3名。有74名技术骨干担任苏州市级以上学术团体专业委员，拥有苏州名医1名，昆山名医16名，昆山首席医师13名。

学科建设　全院设有27个临床专科、33个病区、医技科室7个，其中，心血管内科、呼吸内科、妇科、普外科、消化内科、肾脏内科6个学科为苏州市级重点专科，肝胆外科、胃肠外科等30个专科为昆山市级重点专科。

科研教学　肾内科《应用高通量血液透析、血液灌流、血液透析滤过序贯技术在尿毒症患者中的临床治疗》获得省新技术引进二等奖；呼吸内科《ESS嗜睡量表与白天多次小睡潜伏试验(MSLT)的相关性及其在评估睡眠呼吸暂停及低通气综合征(OSAHS)患者白天嗜睡程度中的应用》、护理部的《局部氧喷维生素C在难治性感染性伤口中的应用性研究》两个项目获得苏州市新技术引进二等奖。年内共发表SCI论文26篇，中华级论文16篇。15人被评为江苏大学兼职教授(副教授)，新增江苏大学硕士生导师2人，55名医护骨干通过高校教师资格认定。12月16日，江苏大学昆山临床医学院正式成立，同时，江苏大学博士后培养基地以及南京医科大学教学医院揭牌成立。

医疗设备　全院设备资产约3亿。拥有64排128层、40排64层螺旋CT各一台、1.5T高场核磁共振、直线加速器、DSA、准分子激光治疗仪、心脏超声诊断仪、超声胃镜、BD细胞流式仪等先进设备。

支医工作　深化新疆和紫阳医院对口支援，选派医疗骨干倪春华赴新疆支援，为阿图什医院成功创建二甲医院立下功劳。选派以副院长李祥元为组长，泌尿外科王勇、小儿内科张海燕、眼科黄菁、妇产科顾星医疗骨干为组员的第二批援陕医疗队。

【昆山市中医医院】　昆山市中医医院创办于1985年1月，坐落于朝阳路189号，是一所现代化综合性三级中医医院。至2014年底，市中医医院在职在岗职工1 458人，开放床位982张，医疗设备总值2亿。全年完成门急诊总量207万人次，出院病人3.8万人次，手术例数1.5万例，接产3 722例，平均住院床日8.3天。年内，市中医医院荣获苏州市"人体器官捐献先进医院"，苏州市卫生系统优质服务品牌，陈海军荣获苏州市十佳白衣天使称号，蔡敏荣获昆山市劳动模范称号。

市中医院工作人员指导患者使用自助挂号机。

临床综合能力　强化与上海三甲医院专科技术合作，形成了定期定专家坐诊、会诊的常态机制。新增肺病科、心血管科、针推康复科为苏州市临床中医重点专科。亚专科培育愈加成熟，开设内分泌肾病科。妇产科重组设置5个主诊医师组。开展核心技术320项。

中医药特色　积极参与国家治未病科和康复科能力建设项目，实行中医药饮片指标单项考核。成立中医指导科，与7家区镇医疗机构签订中医药对口支援服务协议。举办中医药知识培训3期，开展基层中医药健康科普宣讲14场，选派33名青年骨干下乡服务。冬病夏治敷贴1.3万人次，膏方配制近6 000料。

科教研水平　新录用应届毕业生116名。新增"333"培养对象1名、省六大高峰人才1名，省名老中医药专家学术经验继承指导老师1名及学生2名。获评第三届昆山名医3名，优秀医生5名。选赴国外研修6名，国内进修32名。新增立项课题24项，其中省级1项；获苏州市级医学新技术奖4项。发表论文236篇，SCI论文7篇。

服务管理效能　全面实行药品零差价销售，平稳过渡绩效工资改革。启用银医通项目，引进自助挂号缴费机。改建代煎药房、引进小包装饮片智能配发机，改造急诊小区。深入开展党的群众路线教育实践活动，明确9项整改项目和35条具体整改措施。与泗洪魏营居委会结对共建。被确定为新一轮全国文明单位创建推荐单位，通过苏州文明委抽查。　（卫计委）

综　述

2014 年是“十二五”体育发展规划关键之年，是青奥会和省运会举办之年，也是“10 分钟体育健身圈”的推进之年。昆山体育工作充分体现了工作起步早、时间跨度大、参与覆盖广、宣传更全面、形式更创新、成效更显著等特点。年内，市体育局认真开展群众路线教育实践活动，不断深化教育活动成果，以深入开展群众体育和全民健身活动为基础，以“科学管理、开拓创新、真抓实干”为举措，着力抓好体育健身设施建设、大型体育赛事承办、后备人才培养、体育产业转型升级等工作。着力构建基本公共体育服务体系，体育设施不断完善，体育队伍建设不断加强，各级各类全民健身活动蓬勃开展，运动已成为市民时尚健康的生活方式。体育产业转型升级，年内，主营业务收入 208.49 亿元，较上年同期增长 3.64%，增加值 41.70 亿元。深化体教结合，充分发挥四星级少体校和国家高水平后备人才训练基地功能作用，进一步完善《教练员岗位责任考核办法》，业余训练水平进一步提高。

全民健身

【概况】 年内，市体育局深入实施体育设施建设，完善全民健身组织网络，壮大体育队伍，开展全民健身活动，不断满足群众对体育健身日益增长的需求。

体育组织建设　年内，全市体育组织的门类进一步丰富、触角不断延伸，基本做到了横向到边、纵向到底的组织网络格局，形成了由市体育总会、协会、俱乐部，区镇体育总会分会、协会(分会)、俱乐部，街道体育协会(分会)，社区、行政村体育俱乐部(运动站、点)，民间健身组织(经营场所)等组成的全民健身组织网络体系。年内，全市新成立市级体育单项协会 3 个、区镇级 28 个，新成立市级体育俱乐部 4 个、区镇级 1 个，目前全市拥有 1 个市级体育总会、11 个区镇体育总会，32 个市级单项体育协会、43 个区镇单项体育协会、12 个街道体育协会(分会)，37 个市级体育健身俱乐部、440 个区镇体育俱乐部、167 个社区、行政村体育俱乐部（运动站、点），拥有社会体育指导员 6 457 名，为全民健身活动深入开展提供了组织保证。

体育队伍建设　年内，市体育局加强对社会体育指导员队伍管理，为各健身点配套 865 套广场机，选送 260 余名一线社会体育指导员参加上级体育部门组织的体育技能再培训，为活跃在健身指导一线的 868 名指导员购买了人身意外险，并统一购置服装。加强体育

5 月 8 日，昆山市国民体质监测工作在幼儿园进行。

设施维管队伍建设，不断完善“市、镇、社区（村）”三级维护管理网络，为群众提供更加优质的体育服务。全市拥有全民健身设施维护管理人员400名，年内共维修全民健身设施510件次。

10分钟体育健身圈　2014年是“10分钟体育健身圈”推建设、保进度的重要阶段。年内，共投入体彩公益金2 000余万元，新建全民健身场地320片，配套健身器材567套。淀山湖、周庄、锦溪3个区镇文体中心已完成建设并投入使用，巴城、千灯、淀山湖、锦溪4座拆装式游泳池建成并投入运营，淀山湖农民康乐园投入使用，开发区体育公园开工建设。年内，全市11个区镇已有7个建成或正在建设文体中心，22个街道、办事处有21个已建成文体中心（花桥街道未建），全市除6个行政村（花桥3个、陆家3个因拆迁剩一个空壳）未建设文体活动中心，其他社区、村已全部建成文体活动中心，全市所有小区、保留自然村和公园健身设施的配置率分别达到67%、86%和82%。

国民体质监测　年内，市体育局制定全市国民体质监测方案。自5月起，全面展开国民体质测试监测工作，组织人员到各区镇监测站进行检查和指导。全年完成四类测试人群（分幼儿、学生、成年人和老年人四大类）共计13 000人，并为参加体质测试的市民人员开具运动处方，发放健身小器材和健身手册各13 000余份。

竞技体育

【概况】　年内，昆山市着力打造能够扩大城市影响、完善城市功能、展示城市形象的国际品牌赛事，通过市场运作与企业参与等模式，成功承办了世界女子水球联赛总决赛、全国羽毛球超级联赛、全国东西南北中羽毛球大赛、中欧男篮锦标赛、全国女子散打冠军赛、全国田径大奖赛、海峡两岸门球赛、中国足协中国之队国际足球赛、全国电子竞技大赛（Nest）等国家级以上赛事20多项。同时成功申办了2016年“汤尤杯”羽毛球团体赛，成为全国首个承办国际顶级赛事的县级市，开启了昆山体育走向世界的新征程。

【全国东西南北中羽毛球大赛】　3月22～23日，“奇瑞杯”全国东西南北中羽毛球大赛（昆山高新区站）昆山市体育中心体育馆举办。作为上届比赛总决赛的承办地，昆山承办了该年度首站比赛。该届比赛相比上年规模更大，跨度也是从3月一直到7月。在为期两天的比赛中，来自全国各地的500余位选手挥拍上阵，分为7个组别，717场比赛，共计25项冠军。全国东西南北中羽毛球大赛是由国家体育总局乒乓球羽毛球运动管理中心、中国羽毛球协会主办，是年内国内级别最高的全民健身羽毛球比赛。该赛事已连续5年在昆山举办，是年无论参赛人数还是场地片数都是最多的，其中昆山籍选手就有近100名。

【全国女子武术散打锦标赛】　4月9～12日，由国家体育总局武术运动管理中心主办，省体育竞赛管理中心、昆山市政府承办，昆山市体育局协办的“江苏中原杯”2014年全国女子武术散打锦标赛在昆山市体育中心体育馆举办。此次比赛共有来自全国29支代表队，110名选手参赛。比赛为女子团体赛、个人赛，采用单败淘汰制。竞赛项目分为7个重量级别：48公斤级、52公斤级、56公斤级、60公斤级、65公斤级、70公斤级、75公斤级。此次散打比赛是自全国运动会落幕后举办的首个全国性比赛，正式拉开了散打项目发展的新周期。据悉，此次比赛的参赛选手中除了国内知名的散打选手之外，还有36名首次参加全国比赛的新选手。经过4天激烈的角逐，各重量级别的冠军分别由云南队的代诗梦、上海队的章乱、吉林体院的刘玲玲、河南队的邵婷、上海队的蔡存存、江苏队的钟研、北京体育大学的李园获得。

【昆山慢投垒球大奖赛】　4月19日，由中国垒球协会、昆山市政府主办的“周市杯”昆山慢投垒球大奖赛在昆山拉开战幕。大奖赛吸引了来自海峡两岸的25支球队，其中8支来自台湾地区，比赛分为公开社会组和公开竞技组两个组

4月9～12日，“江苏中原杯”2014年全国女子武术散打锦标赛在昆山市体育中心举行。

别,均采用台湾地区慢速垒球协会的慢速垒球规则,展开为期两天的激烈竞技。同日,由江苏省台办发起成立的江苏省台商慢速垒球联盟,将会址正式设立在昆山,将在推动两岸慢垒运动交流、推广慢垒发展、优化资源配置等方面发挥积极作用。

7月18～20日,2014年中欧男篮锦标赛在昆山市体育中心体育馆举行。

【海峡两岸象棋大师赛】 4月29日,海峡两岸象棋大师赛在周庄水之韵酒店落下帷幕,内蒙古队的王天一在决赛中执红击败四川队郑惟桐,蝉联冠军。此次比赛的举办丰富了周庄旅游节内涵,弘扬了象棋文化、促进了象棋运动发展,实现了两岸象棋大师切磋棋艺、以棋会友的美好愿望,营造了海峡两岸象棋界团结、进步、和谐的良好氛围,成为加强海峡两岸交流与合作的又一平台。

【世界女子水球联赛】 6月10日,由国际游泳联合会主办,中国游泳协会、昆山市体育局承办,花桥国际商务城协办的"花桥国际商务城杯"2014年世界女子水球联赛总决赛在昆山市体育中心游泳综合馆拉开帷幕。此次比赛共有来自中国、美国、澳大利亚、巴西、加拿大、意大利、俄罗斯、西班牙等八支队伍参赛。经过6天激烈的角逐,最终美国队、意大利队和澳大利亚队分别获得前三名,中国队位列第四名。

【海峡两岸暨港澳地区门球邀请赛】 6月26日,由国家体育总局社会体育指导中心、中国门球协会主办的2014年"陆家杯"海峡两岸暨港澳地区门球邀请赛在陆家门球中心开幕。此次邀请赛共有来自香港、台湾、澳门地区,兄弟省市以及江苏省内12支队,130多名运动员、裁判员参赛。经过一天的激烈角逐,最终上海市高东镇门球队获得比赛第一名,昆山市门球队和昆山陆家门球队分获比赛第三名和第六名。

【昆山代表中国参加少年手球世锦赛】 6月20～28日,昆山市开发区实验小学手球队一行15人应邀前往克罗地亚代表中国参加"伊斯特拉杯"世界少年手球锦标赛。此次比赛共有来自全世界16支球队的700多名运动员参加。经过四天激烈而紧张的角逐,最终开发区实验小学手球队以11胜2负的成绩,获得了团体总分第三名。手球项目是开发区实验小学的体育特色项目,手球队多次获得苏州市小学生手球比赛冠军、苏州市手球学校比赛第一名及江浙沪手球学校邀请赛第一名的好成绩。至年底,开发区实验小学共为苏州体校输送了近10名运动员,先后被命名为"苏州市手球学校""江苏省手球传统项目学校"。

【中欧男篮锦标赛】 7月18～20日,2014年"玛吉斯轮胎杯"中欧男篮锦标赛在昆山市体育中心体育馆举行,中国国家队、德国国家队、黑山国家队和塞尔维亚国家队展开了3天6场的激烈角逐。最终,中国队以一胜两负的战绩结束昆山站的比赛。

【中国壁球巡回赛】 8月8～10日,由国家体育总局小球运动管理中心、中国壁球协会主办,昆山市体育局、昆山市体育总会承办的2014"长江绿岛杯"中国壁球巡回赛(昆山站)在昆山市金汇壁球馆举行。此次比赛分为男子和女子乙组单打比赛。韩国选手李周洪以3:0战胜中国北京选手任剑飞获得男子乙组冠军,段思羽以3:0战胜吴乙巧获得女子乙组冠军。

【全国青少年壁球巡回赛】 8月8～10日,由国家体育总局小球运动管理中心、中国壁球协会主办,昆山市体育局、昆山市体育总会承办,昆山市体育中心发展有限公司体育场和昆山市少年儿童业余体育学校协办的2014"长江绿岛杯"全国青少年壁球巡回赛(昆山站)在昆山市金汇壁球馆举行。庞智睿获得男子U11组冠军;张若彦获得女子U11组冠军;赵善权获得男子U13组冠军;徐黄桐玉获得男子U15组冠军;周立波获女子U15组冠军;曹毅军获得男子U17组冠军;杨天下获得男子U19组冠军。来自昆山的黄宇昊和杭州的孙一诺以及裁判员李慎辉分别获得体育道德风尚奖。

【全国慢投垒球健康赢活动】 9月20～21日,由国家体育总局手曲棒垒球中心、中国垒球协会、中国大学生体育协会棒垒球分会主办的为期两天的2014年全国慢投垒球健康赢活动总决赛在昆山市举行,有近600名慢投垒球运动爱好者参加此次比赛。此次总决赛共设4个组别32支参赛队伍(竞技社会组6支、竞技高校组6支、快乐社会组10支、快乐高校组10支),比赛采用分组循环加复赛赛制,设团体奖和单项奖。

【全国电子竞技大赛】 10月30日~11月2日,第二届全国电子竞技大赛总决赛在昆山国际会展中心举行。此次比赛由国家体育总局体育信息中心主办,是面对18岁以上电子竞技玩家的全新国家级电子竞技大赛。比赛项目包括英雄联盟、DOTA2、星际争霸2和FIFA ONLINE3,表演项目是英雄三国。四个正式比赛项目均由128支队伍报名参加,经过前期进行的淘汰赛,各个项目的前八强在昆山进行总决赛。当下国内知名的电竞战队如WE战队、OMG战队、EDG战队和DOTA2的NEWBEE战队等到昆对决。

10月30日~11月2日,第二届全国电子竞技大赛总决赛在昆山国际会展中心举行。

【昆山在中国青少年壁球锦标赛夺金】 11月23日,2014盛力瑛才中国青少年壁球锦标赛秋季杯(总决赛)在盛力瑛才浦东校区落幕。此次比赛共有40多位来自不同地区国家的选手参赛。昆山代表队派出7名选手参赛,共收获女子U11-15组第一名和男子U11-13组第一名两枚金牌,同时获得了男子U13国际国内合并组积分冠军和男子U15国内组积分亚军、季军。

【全国壁球锦标赛】 12月19~21日,由国家体育总局小球运动管理中心和中国壁球协会主办的2014“中大未来城杯”全国壁球锦标赛在昆山体育中心金汇壁球馆举行,这是昆山市第四次举办该项赛事。此次比赛共有来自南京、上海、昆山、武汉、北京的35名男女运动员参加。比赛共设男子甲、乙组,女子甲、乙组4个单项。经过两天激烈的比赛,最终王骏杰荣获男子甲组冠军;李东锦荣获女子甲组冠军;杨天下荣获男子乙组冠军;段思羽荣获女子乙组冠军。昆山籍选手储阳和曹秋梅在此次比赛中分获男子乙组第四名和女子乙组第六名。

学校体育

【概况】 年内,昆山业余训练工作以建设昆山体育人才后备训练基地为契机,努力构建体育人才培养网络。训练、竞赛、管理工作进一步规范,训练项目布局合理,教练员、运动员队伍结构不断优化,开设体育班,开创体教融合发展新格局。年内,共完成省注册运动员117名、苏州市注册运动员787名,注册人数相比上年同期有所增长。上年昆山市少体校体育班单招以来,昆山注重加强对运动员的管理,在原昆山中学(现实验小学)设置专门的运动员公寓楼,并安排专门的宿管人员和教师负责体育班学生的起居和学习,运动员训练成绩得到显著提升。年内在全市各学校又招收16名田径专业和篮球专业的学生。年内,积极组队参加苏州市各级比赛,共参加中、小学18个大项的比赛,获得166金,155银,132铜的成绩;省级比赛共参加6个项目的比赛,获得17金26银27铜的成绩;全国比赛共参加4个项目的比赛,获得7金7银7铜的成绩;在“伊斯特拉杯”世界少年手球锦标赛中,昆山开发区实验小学代表队获得团体第三的好成绩。

【组队参加省运会】 年内,在江苏省第十八届运动会中,昆山市组队承担了苏州队参加省运会男子篮球(丙组)比赛任务并圆满完成比赛目标,获得第六名。由昆山市输送的运动员代表苏州队在省运会中共获得28个第一名、14个第二名、16个第三名、16个第四名,折合奖牌数为28金14银16铜,而在2011~2014年周期的届运会中昆山市金牌总数为57.5块,位列苏州县市区第三名。

体育产业

【概况】 年内,市体育局全面推进体育产业转型升级,促进体育事业与体育产业协调发展。全年体育产业主营业务收入208.49亿元,较上年同期增长3.64%,增加值41.70亿元,占全市GDP比重1.3%。全市体育类企业2 916家,其中规模以上企业285家,主营业务超亿元的企业48家。

省级体育产业引导资金申报 经过省、苏州市两级筛选,昆山市吉纳尔、禧玛诺和市体育中心3家企业获得总额为250万元的资助。

组织参展第33届中国国际体育用品博览会 年内,市体育局组织昆山市7家体育企业参加第33届中国国际体育用品博览会,迈橙户外在此次展会上意向签约专业客户32家,其中欧洲客户4家(俄罗斯、芬兰、瑞士、法国),民族品牌国际化初现端倪。

发挥体育产业联合会作用 年内,市体育局以体育产业联合会为主导,全力推动户外体育俱乐部联盟建设,整合天下钓鱼、单车掌柜、百源软件和维信诺四家本土互联网企业,策划启动昆山智慧体育公共信息服务平台,以大数据、移动终端等创新平台为核心,不断推动体育产业模式升级,同时将体育人群作为目标客户提供专业科学的体育公益服务,引导科学积极的体育消费观,在积极有效的市场运作同时,对接各级政策扶持平台孵化昆山本土区域性体育产品推介和电子商务展示平台,全力推介具有昆山自主知识产权的智能健身器材、户外体育用品、专业渔具等体育类产品,推动相关体育产业链、供应链重构。

加快昆山体育旅游产业发展 年内,昆山市以梦莱茵游艇俱乐部、中国名流马会为重点,打造一批高端体育休闲旅游企业。梦莱茵游艇俱乐部作为中国体育旅游精品项目不断加强企业管理、提升配套服务质量。中国名流马会以“丝绸之路”国际马球巡回赛(昆山站)为序幕,正式亮相国际马业市场,项目总投资4亿元,集马球马术比赛、马秀(马文化表演与展示)、旅游度假、高端传媒于一体的综合性马业机构。加大招商选资力度,引入优质资本,以运作全球最大的水上乐园“昆山水之梦”为亮点,以四季嬉水为主题,打造集海洋主题酒店、休闲娱乐为一体的全民生态体育休闲综合体。

昆山自行车产业链 年内,昆山市不断优化城市公共自行车系统和区镇联动的城市慢行休闲系统,减压城市生活,构建宜居名城。加快捷安特自行车租赁站布局,并逐步向城市副中心延伸。以自行车骑游为媒介参与中法建交50周年交流活动,推动两国自行车民间组织互访交流。协助举办中国昆山自行车文化节、2014中国自行车文化发展论坛、第四届中国东方国际自行车精品博览会等相关产业活动。

体彩销售再创历史新高 年内,体彩中心以提高销量、扩大公益金筹集为中心任务,加大体彩管理和销售工作。年内,全市体彩累计销售7.21亿元,较上年增幅为28.4%,其中概率型销售1.45亿元,11选5销售2.89亿元,即开销售0.75亿元,竞彩销售1.96亿元,6位市民中百万元以上大奖,41位市民中十万元以上大奖,筹集公益金5 000万元,体彩销售总销量位居全省县级市第一。

【申办2016年“汤尤杯”羽毛球团体赛】 2014年2月,经国家体育总局、昆山市政府及上级有关部门同意,市体育局于正式向国际羽联递交了2016年“汤尤杯”的《申办报告》。5月25日,由副市长管凤良率领的昆山市代表团受国际羽联邀请,赴印度新德里参加2016年“汤尤杯”申办陈述会议。5月28日,当地时间下午5点20分,昆山代表团向国际羽联做陈述报告,播放昆山城市宣传片。经国际羽联官员投票表决,当地时间晚上7:10分,国际羽联主席拉尔森宣布中国昆山击败印尼首都雅加达,成功获得第29届2016年羽毛球“汤尤杯”的举办权,并向昆山代表团表示祝贺。申办成功后,市体育局及时组织人员制定完成2016年“汤尤杯”羽毛球团体赛总体方案及16个专项工作方案,并由市政府牵头成立了“汤尤杯”赛筹备工作委员会,召开筹备工作动员大会,为举办一届热烈、精彩、难忘、成功的大赛奠定坚实的基础。

体育场馆

【概况】 年内,市体育局所属场馆充分发挥场馆功能和体育特性,坚持“体育惠民”的发展方针,进一步完善功能定位,努力实现可持续发展,各项工作进入了新的发展阶段,累计接待各类健身人数60多万人次。

【全民健身中心游泳馆】 年内,全民健身中心游泳馆累计接待健身人群280 960人次(其中游泳馆206 202人次,俱乐部74 758人次);组织接待群众体育赛事活动12次。年内,主要对综合馆地板、室外儿童池添置不锈钢围网护栏、添置音响系统等软硬件方面进行了合理的添置和改造。扎实有效的做好安全管理工作,确保广大泳客及体育健身会员生命安全的保障。加强游泳救生队伍建设,开展泳池突发事件救生员联合演习活动。加强与市卫生防疫部门密切配合,认真执行水质标准,坚持对水质的检测(高峰期半小时测一次)。认真贯彻体育惠民政策,在乡区增加了四个拼装式泳池。

【体育中心体育馆】 年内，体育中心体育馆先后承办了全国东西南北中羽毛球赛、中国羽毛球俱乐部超级联赛、全国女子散打冠军赛、中欧男篮对抗赛等大型体育赛事。成功获得2016年“汤尤杯”羽毛球团体赛大赛承办权。积极开展全民健身运动，举办了多场企业单位活动、全民健身进机关、趣味运动会等娱乐活动。坚持服务民生的公益性质，全年365天全天候对外开放服务，年内，健身人数达到数万人次以上。国家法定假期期间免费开放羽毛球、乒乓球、篮球等运动项目，接待人数近千人。

【体育中心体育场】 年内，体育中心体育场承办大型赛事、活动共25项，其中体育赛事13项；全民健身赛事6项；汽车展览4项；裁判员培训1项；文艺演出1项。活动主次分明、形式多样、时间搭配合理，全年活动涉及人次110 000人左右。其中全国以上比赛有第二届“周市杯”昆山慢投垒球大奖赛，全国田径大奖赛，中国足协杯的第二轮、第三轮、第四轮，中国足协中国之队国际足球赛，中国壁球巡回赛和全国青少年壁球巡回赛昆山站，2014年全国慢投垒球健康赢活动总决赛，全国7人制橄榄球系列积分赛总决赛和全国7人制青年橄榄球总决赛及全国壁球锦标赛等。认真配合其他兄弟部门做好全民健身赛事，其中包含春、秋季的中小学生的田径运动会、小学生的软式垒球比赛、首届企业消防运动会等。坚持体育惠民的政策，全天候向市民开放室外田径场及东、南广场的篮球场等设施，以及在国家法定节假日期间，壁球馆和训练场的足球场及篮球场白天免费对外开放。年内，体育场在体育竞赛保障、观众看台及公共区域、弱点维修、路面维修、设备机房（弱电、强电）、停车场修缮以及顶棚钢结构桁架防锈维护等7个方面进行大型维修。此外还定期对音响、灯光、消防系统、LED显示屏等基础设施进行日常维护和保养，并且做好维护和保养的纪录。

【体育中心游泳综合馆】 年内，体育中心游泳综合馆累计接纳游泳、羽毛球、乒乓球、网球等各类健身人群235 781人次，各类培训2 520人。成功举办世界女子水球联赛总决赛和全国男子水球锦标赛，这是开馆以来首次举办全国性以上的大型赛事。强化红线意识，确保场馆安全，结合局统一部署，馆设立安全员制度，落实联合救生演练，按计划于每年5月联合兄弟场馆实施。实施安全服务责任书，增加管理巡查，杜绝危险源。大厅设置票卡窗口，实行购票、领取手牌钥匙分离，避免出现财务安全漏洞。完善泳客健康筛选服务台。抓好游泳培训班的安全工作，设立学员安全通道，要求教练提前组织学员列队入场，坚持课前、课中、课后“三点名”制度，确保学员人身安全。 （宋 佼）

社会建设

劳动就业

【概况】 年内，全市就业形势保持稳定，城镇登记失业率为2.24%，实有就业人数94.5万人，同比增加9.43%，净增就业8.14万人，新增初次到昆就业37.16万人。

促进高校毕业生就业 年内，昆山市出台《关于进一步加强普通高等学校毕业生就业创业工作的意见》以及实施细则。年内，市人社局开展“高校毕业生就业创业服务月”“政策宣传月”等活动，举办高校毕业生就业专场15场，提供毕业生岗位18 220个。定向采集就业见习岗位800多个，组织604人次毕业生参加见习，发放见习补贴近60万元。组建“就业指导专家团”，赴区镇开展10场“就业导航”巡回讲座，分析就业形势、讲解就业创业政策，帮助毕业生转变就业观念。高校毕业生实名登记率和享受就业服务率均达100%，2014届高校毕业生就业率达96.58%。

帮扶就业困难人员就业 年内，市人社局共受理并认定就业困难人员6 819人，帮助城乡就业困难人员实现再就业6 732人，昆山市灵活就业参保人数显著下降，正规就业比例达到61.31%。举办“公共招聘直通车”“就业援助月”等活动，举办残疾人就业专场、女性招聘专场、民营企业招聘周等专场招聘，年内共举办招聘会50场，有5 316家企业参加，提供各类就业岗位193 192个，进场求职应聘达188 715人次，近62 834人次与用人单位达成聘用意向。

加强创业带动就业 年内，市人社局对全市24家创业孵化基地进行规范管理，给创业者提供创业孵化和创业指导服务，降低创业成本，减少创业风险。全面落实创业补助、税费政策、小额担保贷款等政策。发放创业一次性补贴424.5万元，创业租金补贴21.5万元，小额担保贷款2 507笔，贷款金额3.36亿元，奖息金额1 644.6万元。

8月5日，举办2014年昆山市高校毕业生就业创业服务专场。

社会保障

【养老保险】 年内，全市企业职工养老保险累计参保129.43万人，比上年增加3.2万人。昆山市对全市14.8万多名符合调整条件的企业退休人员进行了调资，人均上调金额199.9元，调整后月人均养老金达到1 570.3元，增长幅度达14.6%。调整居民社会养老保险相关政策，年度缴费标准调整为2 400元，发放标准提高60元/月。社会保险缴费基数下限调整为1 800元/月，比上年提高270元/月，增长15%。

【医疗保险】 年内，全市城镇职工医疗保险累计参保120.6万人，比上年增加8.49万人。发放社会医疗年度救助、专项救助和困难人群住院自费医疗费用补助2 675万元，发放实时救助金额1 787万元，保费救助金额67万元，发放困难人群住院自费医疗费用补助798万元。调整居民基本医疗保险相关政策，筹资水平提高到700元，其中市财政265元、区镇财政235元、村级集体30元、个人170元。门诊统筹报销比例统一提高5%。制定《昆山市城乡居民大病补助暂行办法》，对恶性肿瘤（含白血病）等3类享受一类特病照顾的参保人员，年度内住院统筹自负、自理和自费医疗费用以及门诊统筹自负、自理医疗费用超过1万元的予以救助，报销比例从50%到72.5%，封顶10万元。对医保结算支付补偿政策进行调整，协同推进公立医院改革。将普通门诊诊察费纳入医保支付范围，其他调价项目全部按原规定比例纳入医保支付范围。出台护理院定点管理办法，将医疗护理纳入医保定点及支付范围。开展定点医疗机构和药店专项检查。深化定点零售药店和民营定点医疗机构的视频监控体系建设，加强异常情况筛选和主动比对，查实违规行为为18起，其中取消定点资格1家，暂停定点资格7家，警告10家。对涉及违规的医保定点单位医保医师和参保人员实行“黑名单”管理制度。

【工伤、失业、生育保险】 年内，全市工伤保险参保90.05万人，比上年增加9.32万人，完成工伤认定数9 033件，工伤鉴定5 068人次。对273家企业工伤保险费率调整到2.2%，对1 168家企业工伤保险费率调整到2.7%。失业保险参保90.05万人，比上年增加9.32万人，发放失业保险待遇25 137.23万元。职工生育保险参保90.05万人，比上年增加9.32万人，发放生育保险待遇14 266万元。参加昆山市职工基本医疗保险的灵活就业人员在正常享受职工基本医疗保险待遇期间，发生的生育医疗费用纳入医保基金支付范围，享受职工生育同等待遇。

【经办服务】 年内，转外就医登记和单笔2万元以下医疗费用报销可在区镇直接受理，并赴各区镇指导业务经办，规范业务操作，确保业务向前移，服务不走样。实施I类特殊病种门诊医疗费用和放化疗退药业务市镇两级定点医院直接划卡新模式，I类特殊病种2万元以下的门诊医疗费用以及特需用药全额报销部分，直接在市镇两级定点医院划卡结算。推进社会保障卡在社保待遇支付方面的应用，先后实现救助金额、医保报销费用等社会保障卡发放。扩大医疗费用现金报销银行卡支付范围。实现苏州大市范围实时划卡结算，累计划卡结算1 025人次，金额35.6万元。

（邹亚清）

资料链接

最低生活保障办理须知

一、办理依据

《昆山市居民最低生活保障制度实施办法》（昆政发〔2008〕73号）、《昆山市居民最低生活保障实施细则》（昆民〔2013〕218号）。

二、办事程序

（一）申请环节流程

1. 以家庭为单位，由户主或者其代理人以户主的名义向户籍所在地区镇人民政府（管委会）提出书面申请，并将申请书递交受委托的户籍地居（村）委会。家庭成员必须签订委托书，委托申请人代表家庭成员办理申请事项，申请人必须代表家庭成员签订授权书，授权相关部门进行家庭收入、财产的核查。

2. 受理机构向申请人解释相关政策，一次告知需要提供的申请材料的形式和内容，并向其提供相关证明表格。

3. 申请人按照要求准备相关申报、证明材料，将材料交至受委托的户籍所在地居（村）委会。

（二）受理环节流程

1. 区镇人民政府（管委会）对申请人提交的申请材料进行审查，根据材料审查和信息核对情况，作出相应处理。

2. 申请人提供的申请材料齐全、符合要求的，应当受理申请，并且向申请人出具书面受理通知书。申请人提供的申请材料不齐全或者不符合要求的，应当一次性告知申请人或者其代理人需要补齐所有规定材料；不告知的，自收到申请材料之日起即为受理。申请人明显不符合低保条件的，应当当场告知申请人不予受理，并且说明理由。

（三）调查、审核环节流程

1. 区镇人民政府（管委会）委托申请家庭户籍地居（村）委会协助进行家庭经济状况调查、组织民主评议和张榜公示。

2. 区镇人民政府（管委会）在户籍地社区居（村）委会协助下，对申请户进行入户走访；对申请户邻里进行访问调查；必要时对申请户在外地相关情况进行信函索证；组织有居民代表参加的民主评议；在申请家庭居住地将家庭成员名单及家庭收入情况等公示7日；必要时对特定或疑问信息请求上级专门机构进行查询比对，接收上级反馈信息比对结论。

3. 申请家庭居住地与户籍地不一致的，户籍地居（村）委会应联系实际居住地居（村）委会协助完成调查工作。

4. 区镇人民政府(管委会)根据调查、评议、公示情况提出书面审核意见,连同申请人材料一并报送市民政局审批。

(四)审批环节流程

1. 市民政局对区镇人民政府(管委会)报送的申请人材料进行审批,并进行入户抽查。

2. 暂未通过需补正材料或补充调查的,委托区镇人民政府(管委会)补充调查,或通知申请人补充材料。

3. 不符合条件、不予批准的,在做出审批决定后,通过区镇政府(管委会)书面告知申请人或者其代理人并说明理由。

4. 对拟予批准的,应当通知区镇人民政府(管委会)在申请人家庭常住地所在社区或者自然村(组)固定的政务公开栏、村(居)务公开栏、政务大厅中电子屏等位置,将拟批准家庭的户主姓名、家庭成员、保障人口、家庭收入及拟保障金额张榜公示。公示期满无异议的,作出书面批准决定,发放低保证;有异议的,市民政局将会同区镇人民政府(管委会)对申请人家庭收入和财产状况做进一步核查,根据核查结果作出批准或者不予批准的决定,并对拟批准的申请重新公示。

三、申报材料

1. 申请书。

2. 户口本、身份证、婚姻状况证明、疾病证明、残疾证、房产证、房屋租赁协议、土地承包经营证明、就业收入材料。

3. 失业人员,应当提供户籍所在地区镇人民政府(管委会)以上人力资源社会保障机构出具的就业失业登记证、培训和推荐就业记录材料。

4. 其他需要提供的有关材料。

四、计算公式

1. 一般低保对象家庭

低保金额按照被保障家庭人均收入低于本市低保标准之间的差额确定。计算公式为:

家庭月低保金额:(本市月低保标准 - 家庭月人均收入)× 保障人数

2. 特定低保对象家庭

低保家庭中的特定对象,其本人可以增发一定数额的保障金。同时符合两项以上救助条件和标准的对象,按照就高原则计算,不重复享受。计算公式为:

家庭月低保金额:(本市月低保标准 - 家庭月人均收入)× 保障人数+特定对象增发低保金额

五、办理时限

一般情况下,自收到申请全部有效材料后,在25个工作日内办结(不包括两次公示时间),情况较为复杂的,可依据相关政策适当延长。

六、收费项目 无。

七、办理地点 基层各居(村)委会。

八、咨询电话 57532097(市民政局救灾救助科)。 (摘自《民政事务通》)

社会救济

【概况】 7月起,低保标准按照苏州大市统一标准由660元/月提高为700元/月。7月,昆山市居民家庭经济状况核对中心正式挂牌成立,通过采用苏州市居民家庭经济状况核对系统在全市范围推进居民家庭经济状况核对工作,对新增及现有申请救助的近3万人次进行家庭经济状况信息核对,保障社会救助公平性。各区镇设置"一窗受理"社会救助窗口,"救急难"工作稳步推进。年内,低保边缘人群由13类拓展到15类,低收入家庭人员年度专项医疗救助待遇标准由60%提高到70%。至年底,全市共确认低保对象2 208户4 968人,发放低保补差资金3 105.19万元。

【居民家庭经济状况核对】 7月,市居民家庭经济状况核对中心正式成立,核定事业编制2名,公益性岗位6名,于当月由市政府牵头召开推进会,15个收入核对领导小组成员单位给予大力支持。市核对中心利用苏州市居民家庭经济状况核对系统对全市新增低保对象,就公积金中心(公积金缴费信息)、车管所(车辆信息)、总工会(特困职工信息)、残联(残疾人信息)、地税局(税务信息)、住建局(房产信息)、人社局(劳动合同信息和社保缴纳、发放信息)、交通局(出租车运营信息)、工商局(工商登记信息)9部门开展全面核对。对低保边缘、五保、重残、特残对象与住建局、车管所就房产信息和拥有车辆信息进行人工核对。通过核对,仅2014年下半年就为政府节省资金约4 000万元。

(民政局)

社会治安

【概况】 年内，市公安局相继组织开展“六打六治”打非治违、社会治安综合整治、打击治理“两盗一骗”、打击赌博违法犯罪、打击传销假币等专项工作，破坏侵财类案件3 143起、经济案件113起、涉恶案件315起、涉网案件56起，全年逮捕1 245人、直诉1 188人、提起公诉2 748人、抓获网上逃犯549人，提起公诉、追逃总量位列苏州五市区局第一。建强机动队、冲锋队、突击队，推行派出所巡面、巡特警控重点、卡口查报站分级值守的防控模式，按照火车站地区“1分钟处置”，其他重点部位“1分钟反应、3分钟出击、5分钟解决战斗”标准，组织武装巡逻。全市万人违法犯罪警情较前三年平均数下降1.77个万分点。建成智能指挥调度平台，升级110接警系统，加载报警手机定位、移车警情处置等特色应用，配套改造110接警大厅。编制常见警情接警、指挥调度流程，快速堵控抓获违法犯罪嫌疑人21名，截获嫌疑车辆95辆。新建高清监控566个、道路抓拍53套、社会面简易抓拍47套，改造视频专网，接入政府部门公共区域视频监控538个，在PGIS采集标注社会面自建监控信息1 500个，完成16万平方米老小区技防改造。

（公安局）

防灾减灾

【概况】 5月12日，民政、民防、地震、科技、水利、气象和红十字会等多家单位组织开展广场宣传咨询活动，现场参与咨询群众150余人，展示防灾宣传展板20余块，发放宣传资料近千份。5月12日下午，2014年度“5·12”防震减灾综合演练举行，现场群众接受救灾物资分发模拟训练。9月25日，省民政厅创建检查组对昆山市高新区泾河村创建全国综合减灾示范社区进行实地检查。10月，高新区泾河村社区和周市镇睦和社区进行创建全国综合减灾示范社区电子台账网上申报。11月，昆山市救灾物资储备中心建成投入使用，同时，救灾虚拟物资库完成与市内大型超市的供应物资协议签订。

（民政局）

城市应急

【概况】 年内，全市应急管理部门深入贯彻年初全市应急管理工作会议精神，扎实开展应急管理各项工作，落实《昆山市应急管理体系建设“十二五”规划》，重视应急管理组织体系建设，推进应急预案管理体系建设，推动24小时值守制度，开展风险隐患排查工作，加强监测预警体系建设，开展系列应急演练活动，严格信息报送制度，建立快速应对机制，做好善后安置工作，推进应急管理平台建设，加强各类应急资源管理，营造全社会应急文化氛围，构建全社会参与工作格局。应急管理综合能力得到不断提升，各类突发公共事件得到妥善处置。

【体制机制建设】 年内，昆山市紧紧围绕“应急管理深化推进年”主题，制定《关于加强全市应急管理工作的意见》，明确五个方面16项工作的具体要求，指导全市应急管理工作的开展。根据应急管理形势的变化，健全专项应急指挥部体系，成立市危险化学品安全生产攻坚工作领导小组、大气污染防治领导小组、埃博拉出血热疫情防控工作领导小组，调整完善医患纠纷人民调解工作领导小组、供水供气应急工作领导小组、农民工工资和工程款纠纷调处协调小组。依托110指挥中心，推进城市应急指挥中心建设，建立突发公共事件联动机制，联动单位扩大到全市56个区镇和部门，应急指挥调度更趋“扁平化”，响应速度和效率得到提升。各级各部门持续加强应急管理组织机构建设，周市镇、巴城镇、周庄镇实行党政领导负责制，市信访局、粮食局、科技局、国土局、体育局等单位将应急管理纳入单位重要议事日程，建立主要领导负总责、分管领导亲自抓的工作机制。

【预案管理与演练开展】 年内，全市应急管理部门编制（修订）7件专项预案、24件部门预案、27件区镇预案、125件街道、村(社区)、学校、企事业单位等基层组织预案和4件重大活动预案，开展各类演练488次。预案和演练实行分层分级管理。市应急办抓好市、区镇(部门)两级预案编制和演练，各区镇和相关行业主管部门抓好基层组织、企事业单位预案编制和演练工作，定期报备市应急办。先后组织编制、修订和印发《昆山市生产安全事故应急预案》《昆山市危险化学品事故应急预案》《昆山市烟花爆竹事故应急预案》《昆山市急性职业中毒事件安全生产监管应急预案》《昆山市地震应急预案》《昆山市自然灾害救助应急预案》《昆山市重污染天气应急预案》等7件专项预案。按照“演前有计划有方案、演后有总结有评估”的要求，在演练的内容上不断创新。“5·12”防震减灾综合演练增加了居民疏散、卫生防疫、心理疏导、危化洗消等环节，使用了生命探测仪等先进设备；饮用水水源污染事故应急演练动用了大型吸藻船、HACH 便携式测藻仪等先进设备；公交车防暴灭火实战演练邀请了群众参演。一次演练达到检验队伍、排摸物资、调试设备、科普宣传等多个目的。

【监测预警】 年内，昆山市建成空气质量监测预警平台，气象、环保部门共同会商发布每日空气质量预报；建成交通气象自动监测站，在全市范围内增设 26 块多媒体显示屏，即时发布气象预警信息。健全农产品质量安全检验检测体系，实现 3 亩以上蔬菜检测全覆盖，实行重大动物疫病强制性免疫注射；建立农产品质量安全信息库和信息报告系统，实现生产源头可追溯。市四套班子领导组成 11 个工作组，以“四不两直”的方式开展 7 轮督查行动，总计抽查企业单位场所 256 家，复查 52 家次。全市共排查核实上报铝镁制品机加工企业 79 家，其他粉尘企业 192 家，依法对其中 49 家采取关闭、取消相关车间或拆除相关设备等措施。打非治违专项行动期间，检查企业单位 5 640 家次，查处隐患 9 173 处，处理各类非法违法行为 892 起，责令“三停”116 家，关闭取缔企业 21 家。实行劳动关系预警预报制度，对存在拖欠工资、欠缴社保、裁员放假、停业关闭、搬迁等易引发劳资纠纷的重点企业进行排查、预警、稳控。延伸全市安全生产事故隐患排查治理信息系统，建立企业单位用户终端 6 189 家，行业覆盖危险化学品、冶金、工贸、建筑施工、道路运输、宾馆酒店、商场超市、文化娱乐、景区景点、学校医院等。督促企业单位组织开展日常隐患排查治理工作，上报自查整改隐患 12 053 条。

【应急保障能力建设】 年内，昆山市重视应急队伍建设，将区镇综合应急救援队和市级专家库建设纳入《昆山市 2014 年改革工作要点》中。在 11 个区镇挂牌成立综合应急救援队，实现区镇应急力量的整合。推动建立自然灾害、事故灾难、公共卫生、社会安全四大领域专家咨询委员会，不断提高应对突发事件复杂化、多样化能力。建成市应急视频综合管理应用平台，9 个部门 9 384 个视频资源实现共享。升级改造全市防汛视频会商系统，实现省、市、县、镇四级联动。正式启用校园综保平台，覆盖各中小学、成教校、幼儿园。人武部门与公安、城管等部门建立电话专线，并引入数字化城管信息。社会稳定风险评估系统上线运行，所有稳评项目实现网上申报。张浦镇应急管理信息平台延伸到村（社区），明确基层突发事件信息上报一律平台上处理。依托市民政救灾物资库，建成市应急物资储备库。与昆山润华商业有限公司大润发分公司签订救灾物资供应协议及赊销协议书，实现实物储备和协议储备相结合。

【宣教培训】 年内，昆山市在应急救护“百万培训”、安全生产月、食品安全周、防震减灾日期间，组织各类现场咨询活动 26 场次，发放宣传手册等资料 12 万份，展出宣传展板 200 余块。在昆山电视台、252 辆公交车上播放安全宣传动漫短片，60 多处公交站台、出租车停靠点、公共自行车停靠点张贴安全宣传海报，社区电子屏、气象预报电子屏、道路交通电子屏滚动播放安全宣传用语，发送安全提示和应急宣传短信 7 万条。举办网上舆论引导业务培训班，邀请中国传媒大学教授授课。先后组织人防专业队封闭培训、防灾减灾信息员培训、重大动物疫病采样监测技能大比武活动，累计参训人数达 500 余人次。开展“百场安全培训进企业活动”，发放各类宣传材料 1 200 余份、安全书籍 4 000 余本，接受 300 余人次咨询。应邀参加与全国 10 个省、地级市的应急预案编制指南研讨活动，与常熟、太仓等周边城市建立定期会商机制。 （林 珑）

社 会 福 利

【概况】 年内，昆山完善已有的儿童福利制度，将困境儿童、困境家庭儿童纳入重点保障对象。至年底，全市共有散居孤儿 27 名，集中在儿童福利院的孤儿 88 名。引导社会组织开展关爱困境儿童系列活动，带领困境儿童参与社会活动，拓展眼见和思路、丰富精神世界，为爱心人士、爱心企业搭建助孤平台。并将困境儿童的关爱纳入政府招投标项目，购买社会组织的专业服务。年内，认真落实养老机构“两规范一标准”“三有三能六达标” “江苏省星级敬老院标准”等指标要求，规范机构服务流程，做到分工明确，责任到人。部分养老机构试点购买服务方式，引入社会组织提供为老服务。全市养老机构工作人员参加省级养老机构工作人员培训，18 人参加中级护理员培训，5 人参加高级护理员培训，7 人参加机构负责人培训。10 月组织全市养老机构工作人员业务轮训，全面巩固提升养老机构工作人员业务水平。全年销售福利彩票超 6.3 亿元，筹集福彩公益金 7 118 万元。全市有 91 家福利企业，人员变动实现网上审批。

优抚安置

【概况】 年内，市民政局组织开展昆山市“十佳好军嫂”“十佳军属家庭”评选活动，走访慰问驻宁、苏、沪、太、昆部队和各类优抚对象。清明节，市四套班子领导集体祭扫革命烈士。9月30日，昆山市举行首个烈士纪念日公祭活动。扎实推进慰烈工程建设，张浦、巴城、淀山湖等镇烈士纪念设施改造工作全面推开。顺利完成2013年度义务兵优待金统筹发放工作，全市优待金标准提高到17 883元，发放总额达2 225.156万元。扎实做好新《残疾军人证》换发、新《烈士证明书》换（补）发工作。严格按政策规定接收和安置退役士兵，共接收2013年冬季退役士兵319人，发放退役士兵一次性经济补助金2 982.72万元，安置率100%。积极做好转业士官的安置工作，研究制定《昆山市转业士官积分选岗实施办法》，6名转业士官得到妥善安置。认真开展退役士兵职业教育和技能培训，应训参训率保持100%。

【省双拥模范城六连冠】 年内，昆山荣获省双拥模范城“六连冠”。昆山市委、市政府投入大量部队建设经费、地方专门机构工作经费和拥军优属、抚恤、慰问等专项经费，坚持为部队建设提供最大帮助和良好服务，积极探索科技拥军、文化拥军、实事拥军、服务拥军、慰问拥军等双拥工作新模式。对义务兵家庭优待金、“三属”家庭优待金、残疾军人医疗保障金、退役士兵货币安置金实行城乡统筹，统一标准。向全市重点优抚对象发放医疗优待证。认真安置好军转干部，抓好退役士兵安置、职业教育和技能培训工作，积极做好企业军转干部的帮困和稳定工作。开展过军事一日活动、国家安全形势讲座等国防主题教育宣传，抓住昆山解放63周年暨首次被命名全国双拥模范城、顾炎武诞辰400周年、纪念延安双拥运动70周年等重要时机进行宣传。全年组织35个群众性文艺社团上门为官兵开展文艺节目慰问。昆山驻军也积极投入地方现代化建设，开展“平安、参建、健康、希望、教育、暖心”等富有时代特色的六项拥政爱民工程活动，军政军民实现融合发展、和谐发展。

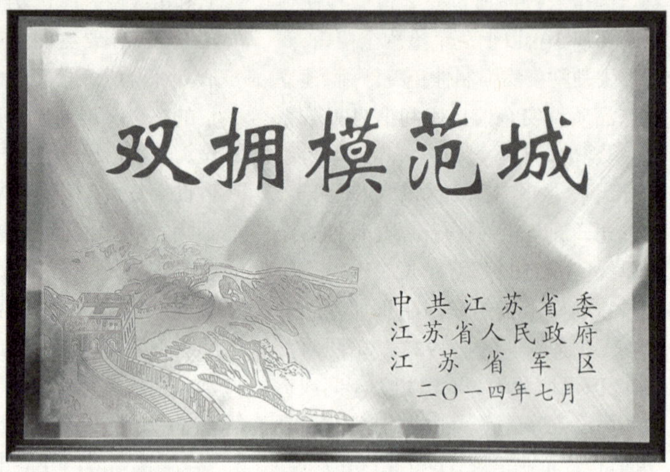

7月，昆山获评省双拥模范城，夺得“六连冠”。

民政事务

【概况】 民政行政审批事项继续精简，确认保留事项15个，暂停4个。压缩审批办理时限，16个在办项目全部7个工作日内办结，被评为行政服务工作先进集体。民政局婚姻登记处推进精细化服务，完善无障碍服务，业务总办件20 177件，登记合格率和满意率均达100%。市救助管理站积极开展未成年人社会保护试点工作，认真做好“夏季送清凉”和“寒冬送温暖”专项救助行动，对1 000多名生活无着的流浪乞讨人员及临时求助人员提供无偿救助。认真落实绿色殡葬管理要求，殡葬服务队伍得到加强。开展“破除封建迷信、倡导移风易俗”专项活动。各区镇加快区镇殡仪服务中心建设。开展第二次全国地名普查，完成苏昆线联合检查，加强地名公共服务，优化行政区划设置，启动吴文化地名保护名录编撰工作。

老龄事业

【概况】 年内，市福利院分院建设进展顺利，改扩建一批区镇敬老院。全市建成77家日间照料中心（助餐点），养老床位数列全省同类城市前列。新建老年大学启用，被评为省示范老年大学。全市9家日间照料中心交由4家社会组织运营。“生命的礼物”“乐巢”“康龄家园”等公益创投居家养老服务项目进驻社区，为老年人服务。乐惠居养老服务中心建成投入使用，开展虚拟养老服务，为主城区2 000多户老人提供个性化上门服务。将全市84周岁及以上老年人纳入政府居家养老补助服务范围，提供每月3小时免费养老服务；八类政府援助对象根据护理状况提供每月36小时或48小时的服务。

【新建老年大学投入使用】 3月，昆山市老年大学新校区正式开学。学校以“陶冶情操、康乐身心，增长知识、丰富人生，掌握技能、享受生活，与时俱进、服务社会”为办学宗旨，以“因需施教，寓教于乐”为教学原则，通过“灵活多样，互动多彩”的教学方法，不断提高老年教学水平和教学质量，得到在校老年人的普遍认可。市老年大学占地十亩，建筑面积12 000平方米，共有地下一层（车库）地面四层四合院式的苏州古典园林建筑风格校舍。配备书法，国画、烹饪、音乐、舞蹈、古筝、电子琴，钢琴等专用教室15间，通用标准教室13间。配备书报阅览室，书画摄影作品展示室，医务室、理发室、茶水间、大小会议室，办公室等20余间。教学用钢琴、电脑、古筝、电子琴等设备一应俱全，所有教室配置多媒体教学设施，整个校园环境优美、设施现代，为老年人老有所学提供全新的场所和资源。年底，市老年大学成功创建省示范老年大学。

（民政局）

资料链接

老年大学报名办法

一、报名事项：

1. 报名条件：凡身体健康，自愿并能坚持正常学习的居住在本市的退休人员（包括退养），以及社会老年人。

2. 报名材料：本人身份证或退休证（包括内退、退养证明）。（80岁以上的高龄老人或体弱多病的老人，需要子女或家属填写联系单）

3. 报名地点：市老年大学（中山路301号），咨询电话：36873985。

4. 统一报名时间：工作日接收报名（春季招生12月下旬至1月；秋季招生6月下旬至8月）。

二、学费规定：

学费规定设立依据：《关于规范培训收费管理的通知》（苏价费［2003］408号），《关于规范各类培训收费管理的通知》（苏价费字〔2004〕50号）。

三、转班与退学：

报名后，如有特殊情况，在开学二周内凭收据原件及身份证至教务处提出申请换班或休学手续，经学校批准盖章后方可生效，每人每学期可以换班一次。

人口和计划生育

【计生新政实施】 3月28日，江苏省正式启动实施“单独两孩”政策，昆山市下发了《昆山市单独两孩政策实施意见》及贯彻要求，明确适用程序、受理情形、配套政策、保障措施、便民举措和实施步骤。以“规范、简化、便民”为原则，着力简化审批程序，加强窗口一次性告知制，再生育审批实行全程委托、全程代理、服务上门，在上年提质增速的基础上，做到简易程序快速办、一般程序提速办，实现了再提速32%。1～12月，全市再生育审批共4 162对，其中单独两孩再生育审批3 398对，涉及新政1 255对，通过简易审批程序完成审批的有1 784对（含其他单独），占所有单独两孩再生育审批的52.5%。

【计生行政事务】 1月，市人口计生委创新开展计划生育网上申请办证渠道，在全省人口计生系统率先建立《独生子女父母光荣证》《再生育申请》网上申领工作，拓宽了办证渠道，方便了群众。全年累计为群众办理504件，实现了全市人口计生系统在申请办证领域上从“无在线”到“有在线”的突破。

【计生奖励帮扶】 年内，市人口计生委全面落实各项奖励扶助政策，全年共登记《持独生子女父母光荣证企业退休员工一次性奖励》11 492人，实施计划生育特别扶助1 045人，农村奖扶2 175人，发放奖励金和扶助金共计4 700余万元，计划生育各项奖扶政策兑现率达100%。创新开展计生特殊家庭享受补充医疗保险工作，惠及904人，惠及金额多达48万元。

【流动人口管理服务】 5月，市人口计生委研究制定《关于规范流动人口孕情、环情监测工作的通知》，进一步规范孕情、环情监测工作流程、通报工作和服务行为。精心打造1+X流动人口服务体系平台，以区镇为试点探索建立流动人口服务管理中心，并赋予其行政服务、宣传倡导、信息采集、药具发放、科技服务、活动培训等多项功能，年内，完善流动人口服务载体5家。按照《2014年苏州市流动人口计划生育专项治理活动的通知》的统一部署和要求，在全市范围内全面清查掌握流动人口现孕、生育情况底数。充分发挥市镇两级人口计生行政执法大队优势，与相关部门合作，重点做好“三巡查”（户籍地、生育孩次、避孕措施）、“三通报”（户籍地、现居住地政府、层级计生部门)、“三跟踪”(落实措施、立案查处、征收社会抚养费)和均等化服务。专项治理期间,当年流动人口怀孕、生育信息核实导入率达75%以上,政策外生育信息通报率达95%以上(其中,三孩及以上生育信息通报率达100%),有效控制和减少政策外生育现象。

【生育关怀服务活动】 3月,市人口计生委全面开展“生育关怀·服务到家”惠民活动,深入推进幸福家庭促进工程。建立并完善网上免费孕前优生健康检查预约系统,自开通以来,孕前优生网上预约累计达2 918例。全年共完成6 916人次拟孕人群的检查,完成年度目标任务的98.8%,共发现高风险人群634人,均提供了个性化咨询指导、转诊治疗和跟踪随访服务。加强与保险公司合作,充分发挥优生优育疾病保险作用,力争使符合条件对象都能享受政府的关爱。全年共为15 193对夫妇办理了优生优育疾病保险,理赔金额共计28余万,投保率达100%。开展按需服务科学育儿进家庭活动,婴幼儿关爱保障计划覆盖全市22 030户家庭。全市共开设了“科学育儿大讲堂”19期,授课教授层次高端、内容涉及面广、累计受众3 792人,反响热烈。充分发挥世代流动服务车优势进企业、进农村开展流动服务。扎实推进生殖道感染综合防治项目,全市共惠及18 973人次,进一步提升了群众满意度。加快推进智能化药具发售机建设,至年底已成功安装104台,启动开展药具管理系统试点运行,扎实做好免费药具网上配送服务,至年底已累计配送服务达1 000余件,进一步提高群众的健康保健意识。

【人口文化建设】 5月26日,市人口计生委成功举办第11届昆山人口文化节开幕式。在昆山人民广播电台开设每周一期《人生》栏目,策划出版《人·生》杂志4期,组织开展“人口计生杯”书法美术摄影展和人口计生微电影拍摄活动。高标准完成周市镇“关爱生命全过程”幸福15站、淀山湖镇淀湖花园幸福家庭生活馆、周庄镇“稚趣天地”亲子园、开发区青阳港中学青苹果之家等项目建设。进一步提高群众对人口计生工作参与度,扩大宣传的覆盖面和影响力。

(卫计委)

民族宗教事务

【民族工作】 民族团结事迹宣传 年内,市民族宗教局通过电视、报纸、网站等形式重点宣传了回族小伙李世鹏见义勇为的事迹和今日服饰公司吕荣兴五年来每年招聘50多名彝族同胞到企业工作的感人故事。

少数民族扶贫帮困 年内,市民族宗教局集聚社会各方力量,开展少数民族困难家庭新春送温暖活动。全年市民族宗教局走访慰问困难家庭近100户次,用于慈善救助的慰问金和慰问品价值8万余元,基本实现全市少数民族困难家庭全覆盖。年内,贯彻实施《江苏省少数民族权益保障条例》,组织开展外来少数民族子女未入学情况调查摸底工作,协调相关部门尽量解决了34名少数民族入学的问题。

妥善处理民族纠纷和矛盾 年内,市民族宗教局通过每季度召开穆斯林临时活动点负责人座谈会,询问在昆穆斯林生活工作状况,宣传党的民族政策和当前形势,希望通过他们正面影响广大伊斯兰教信众。年内共接待处理少数民族来访人员近百人,调处纠纷50多起。坚持做到热情接待、耐心解释,依法维护了少数民族合法权益。妥善处理矛盾纠纷,确保社会稳定。

做好伊斯兰教临时学习点工作 年内,市民族宗教局综合昆山目前伊斯兰教信众现状,计划在昆山市没有建立清真寺之前,建立伊斯兰教临时学习点,满足伊斯兰信众日常过宗教生活及学习的需要。年内,全市近1 500名穆斯林信众分别在4个临时礼拜点欢度了他们的传统节日“古尔邦节”及“开斋节”。节前,市民族宗教局会同市国保大队、少数民族联谊会对四个临时活动点开展了安全检查。重点对活动地点的消防、通风、疏散等安全情况进行检查。发现问题及时整改并对整改情况进行复查,做到不留死角、隐患,确保了活动的安全顺利进行。

【宗教工作】 宗教团体服务保障 年内,市民族宗教局全力做好佛教、道教、天主教、基督教的各项节庆活动,如烧头香、圣诞节、复活节、开斋节、古尔邦节以及天主教5月佘山朝圣等重大宗教活动的安全协调工作。做到思想重视,行动积极,认真组织实施、主动联系相关单位,确保了昆山市民族宗教领域的稳定安全有序,未发生一起事故。

宗教场所档案管理 年内,市民族宗教局通过与市档案局联合组织对全市寺观教堂类宗教场所档案工作进行调研摸底,逐一走访,了解现状,对下一步如何开展好星级评定工作制定切实可行的工作方案。六月中旬,与市档案局联合举办1期宗教场所档案管理员培训班。

宗教场所安全稳定 年内,市民族宗教局对全市29个宗教活动场所和2个穆斯林临时活动点进行全覆盖的安全检查。重点整改解决宗教活动人员密集场所、长期未得到根治的问题,指导场所抓好制度落实、督促整改、后续监管等具体工作。

妥善处理基督教私设点 年内,市民族宗教局会同市基督教“三自”会和市公安局国保大队,开展基督教私设聚会点依法治理工作的“回头看”。针对昆山市基督教私设聚会点这一现象,市民族宗教局进行全面细致的排查摸底和情况分析,完成了《关于我市基督教私设聚会点的调研报告》。

宗教场所建设 年内,市民族宗教局主动协调有关区镇和宗教团体,有效解决小横塘天主教堂、张浦天主堂、周庄基督堂、花桥基督堂等宗教场所的新建、扩建工程中的有关问题。会同巴城镇做好巴城天主堂和基督堂的选址工作。

整治全福寺经营管理　年内，根据省宗教局《关于整治昆山全福寺由投资公司经营管理问题的通知》和领导指示精神，市民族宗教局按照十部委《关于处理涉及佛教寺庙、道教宫观管理有关问题的意见》要求，经与周庄镇、市佛教协会充分协商讨论，制定了《关于对全福寺由投资公司经营管理问题的整治方案》。（民族宗教局）

信　访

【概况】 年内，全市信访总量4 198件（次），同比上升67.72%，信访热点、难点主要集中于动拆迁安置、住房与房地产纠纷、民工工资、事改企补偿等方面。其中来信544件，同比上升62.87%；接待个访211批357人次（其中市党政领导接待来访群众122批194人次），同比分别上升15.71%和17.43%；接待集访127批3 297人次（其中市党政领导接待来访群众41批773人次），同比分别上升92.42%和85.54%。受理“省委书记信箱”36件，“省长信箱”86件。年内，市信访局被苏州市信访工作领导小组评为“双百”专项行动先进单位。

【市领导接访下访】 年内，昆山市继续深化领导干部接访下访制度。落实市领导接待日制度，市四套班子领导每周三轮流到市信访局接待来访群众，全年共接访45次，接待来访群众163批967人次（其中个访122批194人次、集访41批773人次），全部按时办结，有效解决了一批群众反映强烈的突出问题，切实维护了群众的合法权益。结合群众路线教育实践活动，市政府7月又下发了《关于2014年下半年市政府领导下访工作意见》，进一步加强市领导干部下访工作。

【信访工作目标责任制】 年初，市委、市政府分别与12个区镇、13个主要职能部门签订《2014年度信访工作目标责任书》，提出全年信访工作的总体目标和工作要求，明确考核和责任追究办法，压实属地和主管责任，确保全市信访工作顺利开展。

【畅通信访渠道】 年内，市信访局依法按政策办理群众信访事项，提高初信初访办结率，做到“事事有回音，件件有着落”。完善办信、接访、复查、督查等流程，制定流程图，提升办信效能、接访水平，按照“依法办理与实事求是相结合、事要解决与教育疏导相结合、群众利益与注重实效相结合”的要求，妥善做好复查复核工作，切实维护群众合法权益。

12月17日，市委副书记张雪纯在市信访局接待来访群众。

【信访法治建设】 4月9日，国家信访局印发《关于进一步规范信访事项受理办理程序引导来访人依法逐级走访的办法》（以下简称《办法》），从5月1日起施行。市委常委会听取了对《办法》相关内容的解读，市信访局召开专题会议进行部署，各区镇、各部门大力宣传，引导群众依法逐级走访。围绕“依法解决群众诉求、依法规范信访秩序”的目标，运用法治思维和法治方式化解矛盾纠纷。

【工作创新】 开展“暖心工程”　年内，市信访局牵头在全市范围内开展“暖心工程”。充分发挥社会管理信息员队伍的作用，落实好信访信息预警预报和信访信息研判制度，密切掌握重点信访人员思想状况和去向，通过经常性的走访活动与其进行深入的思想交流，扎实做好思想疏导工作，切实关心他们的生活情况，为他们寻找解决问题的办法，并通过信访救助等形式解决他们的实际困难，让他们感受到党和政府对他们的关怀，逐步引导其停诉息访，回归正常生活。

健全联席会议制度　年内，按照市委、市政府的统一部署，全市11个区镇均建立健全信访联席会议，充分发挥联席会议在处理信访突出问题及群体性事件方面的综合协调职能，外部加强上下沟通，内部理顺各个专项小组的职能作用发挥，形成解决问题的合力，提高基层解决信访问题的能力和水平。

建设“阳光信访”系统　“阳光信

访”是江苏省的一项创新性做法，是符合当前信访形势需要、顺应信息社会发展的民心工程，也是深化信访工作制度改革的重要切入点。昆山市扎实推进“阳光信访”系统建设，已经完成前期准备工作，下一步将在全市各区镇、部门和街道办事处等96个单位，配置信访信息系统终端150台，将所有信访事项全部导入该系统进行处理，并与苏州、省和国家信访系统进行对接，实现信访信息全共享，同时实现网上信访、网上流转、网下处理、网上答复，促进信访事项处理全过程在阳光下运行，接受群众监督，有效提高信访工作效率。群众可以足不出户，在网上表达自身诉求，并通过系统平台查询事项处理情况，为群众维护自身权益开辟一条绿色通道，有效减少群众走访。

探索第三方参与矛盾化解机制 为有效化解交通、建筑工程等意外事故中因责任主体不明确或责任主体不具赔偿能力，导致受害人无法获得应有的经济补偿而引发的信访问题，市信访局会同保险公司起草了《昆山市无责任主体意外事故保险实施办法》，并经昆山市政府常务会议审议通过，于2014年7月1日开始正式实施。（徐　盛）

精神文明建设

【概况】 年内,全市精神文明建设工作深入贯彻党的十八届三中四中全会和习近平总书记系列重要讲话精神,认真落实市委十二届六次、七次全体(扩大)会议精神,以培育和践行社会主义核心价值观为主线,紧紧围绕中央文明办重点工作安排,深入开展群众性精神文明建设,着力提高市民文明素质和城乡文明程度,深化"道德之城、乐仁昆山"建设,为开创昆山深化改革和现代化建设新局面提供了强大的精神动力和良好的环境支撑。

【培育和践行社会主义核心价值观】

主题教育活动 年内,全市深入学习习近平总书记关于精神文明建设的系列重要讲话精神。围绕培育和践行社会主义核心价值观这条主线,各级各部门充分利用各类宣教载体,开展了一系列群众喜闻乐见的主题教育活动,深化中国特色社会主义和中国梦学习教育,叫响"三个倡导"24个字。常态化开展"我推荐、我评议'昆山好人'"活动,年内有27名个人和2个团队荣获"昆山好人"称号,4名市民入选"中国好人榜"。至年底,全市累计有16名市民获"中国好人"称号。年内,组织"爱国歌曲大家唱""市民看昆山"参观教育活动,将培育和践行社会主义核心价值观融入到精神文明建设的各项主题教育活动中。

丰富道德教育载体 年内,全市59个"乐仁学院"教学点以论坛、讲座、演讲、展览等形式培育和弘扬社会主义核心价值观,组织各类活动超过400场。在市级以上文明行业、文明单位、文明村和文明社区,设立54处"善行义举榜",每季度更新发布先进人物和事迹,用身边事教育身边人。制定实施《关于帮扶和礼遇道德模范的实施意见》,对道德模范给予政治上关怀、生活上关心,树立"好人有好报"的鲜明价值导向。市级主要媒体"一报两台一网"和新媒体开设专题专栏报道"好人"的先进事迹,让"平民英雄""凡人善举"成为道德教育的生动榜样和鲜活教材。

营造公益宣传氛围 年内,昆山制定实施《昆山市公益广告管理暂行办法》,明确相关部门和各区镇规划、审核、发布公益广告的工作职责,健全公益广告发布制度。召开户外公益广告现场推进会,在全市窗口单位张贴创建文明城市、"讲文明树新风"系列宣传海报6.6万幅。在全市公共场所、主干道、电子显示屏、路名牌、建筑围挡、灯杆灯箱和村、社区宣传栏设置"图说我们的价值观"公益广告超过20 000平方米,建成一批"图说我们的价值观"主题公园、街道、广场,在全社会营造了弘扬真善美,汇聚正能量的社会氛围。

【文明城市建设】 文明城市创建 年内,昆山市召开创建全国文明城市动员大会,根据《全国文明城市测评体系》(修订版)要求,分解落实责任。梳理文明建设过程中亟待解决的50类问题,组织9个专业工作组做好工作督导、跟踪问题整改,发放《整改通知书》,努力解决一批创建中的老大难问题。开展文明城市建设"集中行动月"活动,组织市领导、人大代表对全市文明城市创建成效开展督查。定期委托第三方开展文明程度指数模拟测评。做好第四届全国文明村镇、文明单位推荐评审和复查工作。组织2014–2015年度昆山市级文明单位创建规划申报工作。评选出第八批昆山市文明社区14个、第七批昆山市文明示范社区12个。在生产企业、商场集贸市场、食品行业、窗口行业开展诚信建设系列活动,举办全市经济型酒店文明规范服务培训,推进全市信用体系建设,营造诚实守信的社会环境。

公共文明行动 年内,全市开展"公共文明行动日"活动,组织驻昆部队参与公共文明行动,每期活动确定一个主题,努力提高活动的针对性和时效性。组织全市"学雷锋文明交通志愿服务周周行"活动和文明交通"六进"活动,发动干部群众在市区41个主要路口、区镇32个主要路口和中小学门口开展文明交通引导。以旅游景区为重点,通过媒体发布路况提示、开展文明旅游宣传,提升市民文明旅游素质。以"文明用餐、俭以养德"为主题,继续深化文明餐桌行动,向全市餐饮单位发放"不剩饭不剩菜"提示牌,评选出第二批"文明餐厅"8家、"文明食堂"14家。

城乡文明共建 年内,全市开展"破除封建迷信、倡导移风易俗"专项工作，规范丧葬服务行业，加强对封建迷信活动的整治，倡导勤俭节约的社会风气。组织开展“我们的节日”系列主题文化活动，元宵民间民俗文化展示、清明“祭奠先人、缅怀先烈”、端午娄江龙舟赛等活动在丰富市民节日文化生活的同时，传承了民族优秀文化传统。12个年度文明城市创建实事工程项目顺利完成，切实解决市民群众关心的热点、难点问题。深入开展巡访工作，全年处理市民巡访意见181份。社区邻里文化节、“三下乡”“欢乐文明百村行”“广场文艺周周演”“昆曲回故乡”等活动常态长效开展，深受群众欢迎。

【志愿服务项目化规范化】 *完善制度建设* 年内，昆山制定实施《昆山市志愿服务促进办法》，推进昆山市志愿服务制度化、规范化发展。推动各区镇成立志愿者总队，配备专兼职力量，统筹辖区各街道、社区志愿服务工作。建立完善志愿服务人员注册、登记、备案等制度。为全市文明交通志愿服务周周行的志愿者免费提供人身意外伤害险，从机制上保障志愿服务活动安全、规范开展。召开志愿服务工作推进大会，总结工作经验，表彰先进集体和个人。年内，市文明委表彰优秀志愿组织30个、优秀志愿者118名，志愿服务先进单位22个、志愿服务先进个人29名，在全社会树立了一批志愿服务先进典型。

拓展服务阵地 年内，昆山建设昆山志愿服务网络平台，“乐仁昆山”志愿服务手机客户端完成开发并上线运行，为志愿者和志愿组织提供便捷的网上智能服务，推动志愿服务数据网络管理和资源共享，成为全市志愿者的“移动之家”。年内，志愿服务手机客户端注册人数近4 000人。亭林园、客运中心站、铁路昆山站、铁路昆山南站学雷锋志愿服务站完成改造并常态化开展活动，通过专业化团队的自主运作，常年为市民提供交通咨询、旅游咨询等志愿服务，成为展示昆山市城市文明的窗口。各区镇学雷锋志愿服务站，各街道、社区志愿服务点实现全覆盖。

提升项目水平 年内，围绕“关爱他人、关爱社会、关爱自然”主题，以结对帮扶的形式，全市在社区开展邻里守望志愿服务，关爱社区老弱幼残。依托乡风文明志愿岗，开展移风易俗、好人评荐、爱心帮扶、邻里互助等活动。依托全市三级心理咨询服务体系，免费为群众提供心理咨询，为市民心海护航。在重大节庆日开展随手环保广场活动，提升市民环保意识。加强志愿服务项目的引导扶持，面向全社会征集确定并实施两批共25个社会志愿服务引导扶持项目，通过对项目的跟踪指导和考核评估，确保项目接地气，见实效。

【未成年人思想道德建设】 *教育实践活动* 年内，以“中国梦·价值观·礼仪行”为主题，全市开展形式多样的文明礼仪教育实践活动。通过选拔宣讲骨干、开展百项文明礼仪活动、培育千名小小志愿者、开展万名学生争当文明礼仪之星活动，努力让培育文明有礼小公民成为全社会的自觉行动。在全市中小学校组织开展入学仪式、成长仪式、青春仪式和成人仪式，举办全市中小学生礼仪小书生风采大赛，印发8 000幅文明礼仪公益海报，推进“八礼四仪”养成教育与培育和践行社会主义核心价值观、开展“三爱”活动、弘扬传统美德相结合。针对不同年龄段未成年人特点，编写幼儿园、小学（中、高年级）、初中和高中五个版本的校本教材，印发11 000册分发到各学校。未成年人健康成长指导中心开展心理辅导进校园活动22次、受众800多人次，个案咨询140例，为青少年心理健康保驾护航。

推进测评检查 年内，市文明办认真研究2014版《测评体系》，结合中央文明办重点工作部署，下发新版《测评体系责任分解表》，明确目标任务，落实责任分工。深入开展自查自纠，组织未成年人文化环境建设专业工作组开展定期专项督查，加强各行政执法部门的配合，强力推进集中专项行动，重点对网吧、电子游戏、非法出版物特别是校园周边环境进行整治，营造有利于未成年人健康成长的社会环境。

德育品牌建设 年内，市文明办组织全市34所学校参加“昆山好少年”校园舞台（课本）剧评比活动，进一步扩大“鹿城校园故事会”品牌影响力。开展优秀童谣征集活动，共征集到各类童谣300余首，评选优秀作品34首，编印《优秀童谣选编》10 000册赠送到各学校。开展“小琼花·礼仪伴我行”第五届中小学生作文大赛，激发学生作文兴趣和文学创作热情，培育文学新苗，推选一批“小琼花”文学之星。暑假期间，全市共组织开展620余项“七彩的夏日”系列活动，极大丰富了未成年人的假期生活。28个活动项目、13个单位和11个场馆分别被评为优秀活动项目、优秀组织单位和优秀活动场馆。关爱“小候鸟”等品牌活动在各区镇、相关部门常态化开展。“蒲公英圆梦行动”被苏州市委宣传部确定为“家在苏州”主体品牌二类项目。

宣传教育形式新颖多样 年内，市文明办围绕仪表、言谈、观赏、游览等八个方面的礼仪规范要求，设计创作了8分钟文明礼仪动漫宣传片，刻录光盘分发到各学校、各区镇，并在市电视台进行持续展播，扩大了文明礼仪宣教的影响力和覆盖面。开展微博、微信未成年人文明礼仪养成教育“金点子”征集、“昆山好少年”微电影、文明礼仪法制微电影创作等活动，通过线上线下的网友交流，引导广大市民自我参与、自我宣传、自我教育。全市有9所学校被命名为苏州市文明礼仪示范学校。文明礼仪金点子征集活动被评为苏州市未成年人思想道德建设工作创新案例一等奖。

（张紫屏）

文化事业

【概况】 年内,昆山市成功创建省公共文化服务体系示范区,巴城镇获得省级公共文化服务体系示范镇称号,周市野马渡文体中心获评"全国优秀文化站"。年内,全市举办各类群众性文化活动2 334场、书场演出4 196场。全年创作各类文艺作品840件,其中国家级获奖作品9件、省级39件、苏州市级48件。年内,电视中心累计在央视用稿32条,其中央视《新闻联播》录用5条,连续十年荣获江苏电视新闻繁荣奖。新增数字电视用户21 196户,新增高清互动机顶盒31 406台,新增有线宽带用户12 723户。社区电子屏总数达到395块,基本覆盖昆山社区居民。

【文化设施】 创建省公共文化服务体系示范区 年初,昆山市召开创建领导小组座谈会,调整小组成员,明确分工,对创建工作进行部署。4月17日,召开全市区镇创建省级公共文化服务体系示范区评估验收准备工作会。4月23日,省验收组对昆山市创建省示范区进行评估验收,验收组采取听取汇报、查看台账、实地查看、问卷调查等形式。5月23日,文广新局赴省文化厅作昆山市创建工作陈述汇报。最终获得省公共文化服务体系示范区称号。同时,巴城镇获得省级公共文化服务体系示范镇称号。

野马渡文体中心获评全国优秀文化站 12月19日,由文化部主办的"2014中国文化馆年会"在浙江隆重举行,来自全国文化厅局、第一、二批示范区文化局长、各级文化馆和乡镇文化站工作者近2 000人参加了这个盛大典礼。昆山市周市镇文体站作为江苏唯一的被文化部授命名的"优秀文化站",应邀参加了此次活动,并和来自全国各地接受颁奖的"十佳优秀文化馆(站)"一起上台,接受了文化部领导亲自颁发的奖杯和证书。

新昆山人文化俱乐部建设 年内,全市共规划建设10家区镇新昆山人俱乐部,总面积9 200平方米。至11月底,3家新建单位中,巴城已完成土建,开发区、陆家仍在施工建设中。6家改建单位周市、高新区、淀山湖、千灯、张浦、花桥,其中高新区内部装修完成,正在添置设备;周市内部装修收尾;张浦进场开始装修;花桥完成选址工作;千灯方案规划,进行调整;淀山湖暂缓。1个停工项目:锦溪。

【文化活动】 年内,全市举办各类群众性文化活动2 334场、书场演出4 196场,结合活动的蓬勃开展,各区镇均形成了独自的特色,文化惠民的成效进一步显现。组织了"三下乡"文艺演出。2月14~16日,在市民文化广场举办"2014元宵民间民俗文化展演展示文艺演出"。4月8日,在玉峰实验小学启动"昆曲回故乡—100场进校园、进企业、进社区演出"活动。10月1~3日,在亭林公园、市民文化广场举办"圆梦昆山·文化惠民"2014昆山戏曲节。实景园林版昆曲《牡丹亭》演出9场,百村行共演出80场,周周演24场,艺术培训走基层24场。10月中旬,举办"区镇创作节目文艺汇演""城区街道广场舞比赛"。

实景园林版昆曲《牡丹亭》演出现场

资料链接

昆曲简介

昆曲,原名"昆山腔""昆腔",是中国古老的戏曲声腔、剧种,清代以来被称为"昆曲",现又被称为"昆剧"。昆曲是中国汉族传统戏曲中最古老的剧种之一,也是中国汉族传统文化艺术,特别是戏曲艺术中的珍品,被称为百花园中的一朵"兰花"。

昆曲早在元朝末期(14世纪中叶)即产生于苏州昆山一带,它与起源于浙江的海盐腔、余姚腔和起源于江西的弋阳腔,被称为明代四大声腔,同属南戏系统。

昆山腔开始只是民间的清曲、小唱。其流布区域,开始只限于苏州一带,到了万历年间,便以苏州为中心扩展到长江以南和钱塘江以北各地，万历末年还流入北京。这样昆山腔便成为明代中叶至清代中叶影响最大的声腔剧种。

昆曲是明朝中叶至清代中叶戏曲中影响最大的声腔剧种，很多剧种都是在昆剧的基础上发展起来的，被称为"百戏之祖，百戏之师"，有"中国戏曲之母"的雅称。昆剧是中国戏曲史上具有最完整表演体系的剧种，它的基础深厚，遗产丰富，是中国汉族文化艺术高度发展的成果，在中国文学史、戏曲史、音乐史、舞蹈史上占有重要的地位。昆曲的表演，也有它独特的体系、风格，它最大的特点是抒情性强、动作细腻，歌唱与舞蹈的身段结合得巧妙而和谐。在语言上，该剧种原先分南曲和北曲：南昆以苏州白话为主，北昆以大都韵白和京白为主。

昆曲唱腔华丽婉转、念白儒雅、表演细腻、舞蹈飘逸，加上完美的舞台置景，可以说在戏曲表演的各个方面都达到了最高境界。正因如此，许多地方剧种，如晋剧、蒲剧、湘剧、川剧、赣剧、桂剧、越剧、闽剧等，都受到过昆剧艺术多方面哺育和滋养。昆曲中的许多剧本，如《牡丹亭》《长生殿》《桃花扇》等，都是古代戏曲文学中的不朽之作。昆曲曲文秉承了唐诗、宋词、元曲的文学传统，曲牌则有许多与宋词、元曲相同。这为昆曲的发展打下了良好的文化基础，也造就了一大批昆曲作家和音乐家，其中梁辰鱼、汤显祖、洪升、孔尚任、李玉、李渔、叶崖都是中国戏曲和文学史上的杰出代表。

18世纪之前的400年，是昆曲逐渐成熟并日趋鼎盛的时期。18世纪后期，地方戏开始兴起，它们的出现打破了长期以来形成的演出格局，戏曲的发展也由贵族化向大众化过渡，昆曲至此开始走下坡路。20世纪中叶，昆曲败落之势更显，许多昆曲艺人转行演出流行的京剧。1949年新中国成立，大力扶持和振兴中国传统的戏曲事业，昆曲才有幸得以重获新生。1956年，浙江昆剧团改编演出的《十五贯》在全国产生广泛的影响，周总理曾感慨地说："一出戏救活了一个剧种。"之后，全国许多地方相继恢复了昆曲剧团。

2001年5月18日，联合国教科文组织在巴黎宣布第一批"人类口头和非物质遗产代表作"名单，其中包括中国的昆曲艺术，中国成为首次获此殊荣的19个国家之一。

（摘自网络）

文化产业

【概况】 年内，全市完成文化产业增加值207.5亿元，比上年增长9.5%，占地区生产总值比重6.9%，实现文化出口35亿美元，比上年增长34.5%。"昆山文化艺术中心一期"等5个项目获中央文化产业专项资金共计1 680万元；"智慧昆山市民公共服务平台"等7个项目获省文化产业引导资金共计400万元；《粉墨宝贝》等4部影视作品获省优秀文化成果奖励130万元；"超薄金属化合材料生产线(二期)技改"项目被国家新闻出版广电总局列为"新闻出版改革发展项目"。昆山文创园被苏州市政府评为"2013年度苏州市服务业发展先进单位"；昆山智谷创意产业园和周庄台湾老街荣获长三角文化创意产业金鼎奖"优秀园区奖"。"好孩子Origin汽车安全座椅"等2个原创设计入选国际红点设计大奖；原创电视剧《叶问》先后荣获第27届电视金鹰奖优秀电视剧奖、省精神文明建设"五个一"工程作品；《山猫和吉咪》系列动漫片先后获2013年度省广播电视少儿精品影视动画片三等奖、中国文化艺术政府奖第二届动漫奖最佳国际市场开拓入围奖；4部影视作品获评省电视金凤凰奖；3部影视作品获评苏州市影视文艺金茉莉奖；原创动漫《粉墨宝贝·舞动巴城》《飞天螃蟹的中国梦》分别获第十届中国国际动漫节"金猴奖"最具潜力动画形象奖、最具潜力动画形象奖提名奖。

文化市场

【概况】 至年底，全市共有文化经营单位1 512家，其中网吧358家，歌舞娱乐场所136家，电子游戏游艺娱乐场所62家，演出经纪机构4家，民营文艺表演团体15家，艺术品经营单位62家，电影放映经营单位12家，印刷企业656家，出版物经营单位208家。

【奖励扶持民营文艺表演团体】 年内，昆山市出台《昆山市民营表演团体奖励办法》《关于鼓励申办民营文艺表演团体的通知》等一系列制度，优先对丰富群众生活作出贡献和排演优秀文艺节目的民营团体，给予一定的扶持和奖励，同时遵循先准入、再扶持、后壮大的原则，适当放宽民营文艺表演团体准入门槛。年内，全市新设立民营文艺表演团体15家。

【获评省"无小耳朵社区"先进县】 年内，市文广新局拟定下发《关于开展2014年度"无小耳朵社区"创建工作评查及卫星电视接收设施专项整治工作的通知》，并会同综治、公安局、工商、城管组成联合执法小组，开展创建督查工作。共组织联合执法100多次，取缔销售点68个，拆除非法"小耳朵"4 538个，赠送机顶盒、免初装费安装数字电视2 207户。电子显示屏滚动播放创建信息50 000余条次，悬挂横幅280条，发放《限拆通知书》21 718份，张贴《通告》2 018份。在宣传引导下，3 948户自行拆除非法"小耳朵"。年内，获得省"无小耳朵社区”创建工作先进县称号。

【影院公益宣传片共享工程】 年内，市文广新局在全市11家影院推行“影院公益宣传片共享工程”，要求各影院在影厅大屏幕及大厅电子显示屏滚动播放以保护环境、安全出行、帮助他人、孝老爱亲等为主题的公益宣传片，旨在通过高密度、广覆盖的公益宣传，扩大社会影响，弘扬社会主义价值观，倡导促进人的文明、城市文明、社会文明，全面提升全市精神文明建设水平，全年共计播出文明题材公益宣传片122 469条次。影院公益宣传片共享工程被市文明委评为2014年度昆山市文明城市创建优秀实事工程项目。

【文化市场监管】 年内，市文广新局结合国家、省关于取消和下放部分审批项目有关文件精神，先后3次对文广新局的审批项目和行政权力库进行梳理，取消、承接、合并了部分审批项目，审批时限提速9.6%。全年受理并办结行政审批事项1 383件，网上审批率100%、办结率100%。年内，立案查处违规经营行为43件，处罚金额175 000元；积极承办上级批转、督办和受理调处群众举报问题共146件，收缴非法音像制品65 300余盘、非法图书4 700余册。

【黑网吧整治】 年内，市文广新局制定并通过市政府办公室下发《市政府办公室关于进一步加强无证无照网吧治理整顿工作的意见》。编制并拍摄了“黑网吧”整治专题片，在昆山电视台播出。抽调工商、公安、电信、文广新等部门13名执法人员组建市级明抄队伍，自10月22日开始，每周进行1次市级明抄行动，保持“黑网吧”整治高压态势和打击力度。全市全年共执法取缔“黑网吧”387家次，暂扣或收缴违规经营电脑1 717台、上网设备729件，共抄告电信部门切除“黑网吧”IP地址777条。

（林　洁）

图书文博

【昆山图书馆】 至年底，昆山图书馆总藏量211.6万余册，总馆新增藏量7.1万余册，总流通人次约169万，书刊文献外借册次约238.5万册次，办证2.1万余张，举办各类活动200余场。开通读者服务QQ群、微博、微信。共享工程昆山市支中心对各基层服务点进行网络培训12次，累计6 228人次。年内共传递文献21 038篇。完成少儿室射频图书识别改造工程。获得中国图书馆学会“书友会”优秀案例征集二等奖，2014全国少年儿童阅读年系列活动之全国图书馆员绘本讲读大赛三等奖，省第六届公共图书馆优秀服务成果二等奖，省联合参考咨询网先进单位，省红领巾读书征文活动组织奖，省“全民阅读手拉手·春风行动”先进单位，第九届苏州阅读节优秀组织奖，2014年度苏州市全民阅读先进单位，2014年度苏州市全民阅读信息工作先进单位，苏州市上半年公共图书馆业务技能竞赛优秀组织奖，苏州市下半年公共图书馆业务技能竞赛优秀组织奖，苏州市图书馆学会第十一次科讨会征文优秀组织奖等荣誉。

各级图书流通体系建设　年末，昆山图书馆新建分馆3家，流通点14家，共配送图书13.5万余册，光盘3 432张。流动车出车112次，服务人数2 126人次。完成农家书屋信息核查上报工作，为农家书屋配送图书10 500册，周市镇市北村农家书屋被评为“江苏省五星级示范农家书屋”，张浦镇金华村农家书屋管理员获得“江苏省优秀农家书屋管理员”称号。昆山图书馆在省全民阅读办表彰的“全民阅读手拉手·春风行动”评比中被评选为先进单位。

少儿室RFID项目改造　年内，昆山图书馆完成少儿室射频图书识别改造工程，在少儿室设立24小时自助还书机和自助借还系统，读者可以不通过图书管理员，自助完成查询、借阅、归还等图书流通环节。

特色情报服务　年内，昆山图书馆开通读者服务QQ群、微博、微信，回复读者关于开馆时间、图书借阅、文献传递等相关咨询。年内，共传递文献21 038篇，全国图书馆参考咨询联盟共传递文献13 794篇，排名第15位，省联合参考咨询网共回复咨询传递文献6 914篇，排名第2位，馆内传递论文330篇，刊发情报产品《信息前沿》12期。用户提出信息咨询需求，应助时间平均在1小时以内，回复咨询时间均在12小时以内。

市民大讲坛活动　年内，昆山图书馆共完成讲座54场，其中精品讲座4场，名家讲座27场，视听讲座23场，讲座受众人数5 000人次。

全民阅读活动　第九届昆山阅读节活动以“阅读，让昆山更美丽”为主题，共开展40余项全民阅读活动，参与市民超50万人次。昆山图书馆组织了“书香鹿城”晒书会、“经典诵读·书香之夜”晚会、“书香昆山”摄影大赛等主题活动。

昆图朗诵团　至年底，昆图朗诵团发展成员近70人，定期开展活动，参与周庄国际旅游节、全市禁毒文艺汇演和周庄五月诗会等活动。

少儿活动　昆山图书馆“小书虫俱乐部”每周开展一场少儿活动。共举办“中华成语，我来听写”昆山市外来工子弟学校成语听写大赛、“七彩乐土—手工黏土DIY”“七彩夏日”等主题少儿活动，制作昆山民间故事绘本《马鞍山与文笔峰》，暑期与新城·域社区服务中心共同举办少儿活动。

（冀家乐）

【昆山博物馆】 年内，昆山博物馆共征集到瓷器、玉器、书画等各类文物128件：昆山籍书画名人夏令仪立轴等书画作品10件，清乾隆粉彩什锦盘等精美瓷器12件，明掐丝珐琅嵌玉插牌等玉器106件，丰富了藏品种类，填补了藏品空白，进一步满足了新馆开馆陈列展览的需要。

年内,昆山博物馆对馆藏文物资料进行整理研究,共整理出可展陈文物870件,涵盖石器、陶器、瓷器、钱币、铜器、玉器、书画、骨角器等十多个类别。其中石器154件、陶器258件、瓷器109件、钱币12件、铜器70件、玉器131件、书画93件、骨角器26件、杂项17件。在整理过程中,对馆藏文物的基本信息进行了规范登录,包括文物的名称、年代、来源地、质地、类别、数量、尺寸、重量等。

【昆仑堂美术馆】 馆内展览与学术交流 7月,昆仑堂美术馆举办"异代风流——馆藏历代人物画特展"。集中展示馆藏丰富的历代人物画。馆内所藏道释画、仕女画、肖像画、风俗画、历史故事画等一一展出。昆仑堂美术馆是专业性书画博物馆,其重要功能是对外展示书画藏品。此次展览,美术馆用心策划,精选五十余幅作品供大家欣赏,有助于观众对中国画有更深入的了解,以提高美育,陶冶情操。

学术研究和出版 年内,昆仑堂美术馆编辑刊印了《昆仑堂》期刊3期,总期数为40期。每期五万字,图版精美,印刷精良,学术含量高,在同类美术馆中鲜有。年内,出版《昆仑堂美术馆藏书画·人物卷》,为书画研究者、爱好者提供了丰富的欣赏内容。自2013年起,美术馆开始筹划编辑出版《昆仑堂美术馆藏书画系列》,经一年多时间的努力,《人物卷》告竣,由上海书画出版社出版发行。此书共收录馆藏人物画53件,每件作品均配赏析文字,图文并茂,十分精美。

收藏古代书画作品 年内,昆仑堂美术馆通过拍卖会,共收藏古代书画10件,其中有王学浩《夏山图》立轴、徐琬《花鸟册页》12开、吴偁《顾亭林先生小像》、蔡铣《桃花小鸟》以及明清佚名人物画6件。昆仑堂美术馆严格按照《国家文物法》《昆山市美术书法作品收藏基金管理办法》的规定来操作,把好鉴定关,认真使用好专款。年内,做好第一次全国可移动文物收藏普查,对700多件藏品进行拍照,并同相关信息上传至国家统一数据库。

举办第二届昆山青少年书画作文大赛 昆仑堂美术馆是省级爱国主义教育基地,为弘扬民族文化,歌颂朱福元夫妇的爱国主义精神,对未成年人进行书画艺术的熏陶和培养,美术馆定期组织未成年人来美术馆参观,举办介绍朱福元先生爱国事迹的讲座,组织未成年人观看由中央电视台拍摄录制的《国宝档案》栏目,向未成年人赠送《当代著名书画收藏家朱福元》画册,向未成年人介绍朱福元先生的事迹,宣传朱福元先生慷慨捐画的爱国情怀。年内,举办第二届"朱福元杯"昆山青少年书画作文大赛,与市儿童文学创作基地合作,增设作文项目。共收到全市中小学生书画作品310件,作文165篇,最终评出各类奖项作品132件。《第二届"朱福元杯"昆山青少年书画作文大赛作品集》,已由古吴轩出版社出版,共收录获奖书画96件,作文63篇。 (俞亚琴)

新闻出版

【概况】 年内,市文广新局完成"100家企业实现软件正版化,版权作品登记量达到10 000件,版权产业营收突破1 000亿元"三大指标。昆山市获得国家新闻出版广电总局颁发的新闻出版版权法规知识百题竞赛组织奖、中国国际版权博览会组委会颁发的金慧奖最佳组织奖以及苏州市知识产权工作先进集体等荣誉。年内,市文广新局组织举办11场版权知识集中宣讲活动,800多家企业的1 300多名版权从业人员参加;制作播放"笔笔皆创意,字字皆辛苦"版权公益广告;与费俊龙中学共建以版权为主题的法制教育基地;成立全省县级市首家版权登记中心,全市版权作品登记完成10 213件,同比增长19.5%;完成100家印刷企业软件正版化推进工作,对27个企业软件正版化项目进行资助,资助总额170万元,评选3家昆山市软件正版化示范单位,奖励总额1.5万元;组织版权企业参展第五届中国国际版权博览会、第三届苏州市文创会、首届江苏省版权产业展;与人民大学联合举办"2014年昆山市文化产权版权运营与管理高级研修班"。全年实现版权产业主营收入3 900亿元,增加值385亿元,占苏州全市的比重为39.4%和39.6%。完成"第四届江苏省印刷行业职业技能大赛"昆山选手的选拔推荐组织工作,两名选手在全省比赛中取得优异成绩,代表江苏队参加全国印刷职业技能大赛;完成记者证注销、审核、申领换证相关工作。

【印刷企业年度核验】 至年底,全市印刷企业共有656家,全年新增印刷企业35家。年内全市印刷企业销售总额达177.7亿元,其中年销售额超1亿元的34家,年销售额超10亿元的2家。利乐包装(昆山)有限公司2014年销售额超40亿元,同比增长5%,继续领跑全市印刷企业。

【未成年人健康阅读乐园】 年内,市文广新局在全市80多家书店开设"未成年人健康阅读乐园"专区,将未成年人读物与成人读物分开展示和销售。同时引导出版物经营单位在引进知识性、娱乐性、趣味性和教育性统一的适合未成年人阅读的优秀读物的基础上,杜绝从事一切不利于未成年人健康成长的出版物经营活动。"未成年人健康阅读乐园建设工程"被市文明办列为"2014年昆山市未成年人思想道德建设'阳光工程'实事项目"。 (林 洁)

广播电视

【概况】 年内,昆山广播电视台结合全年各阶段工作重点,策划推出不同的重点报道。“马年开门红”“力拼双过半”“奋战四季度”,把握时间节点,展现不同时间阶段的发展态势和目标任务完成情况。“新业态·新商机”系列,关注电商、大数据、融资租赁等新商业模式在昆山方兴未艾的发展格局。“践行群众路线”专栏报道了党的群众路线教育实践活动开展期间,全市党员干部转变作风,促改革谋发展,服务大局,为民解忧的活动成效。同时,对昆山杜克大学开学、中环竣工通车等关注度高的民生选题进行组合报道。年内,广播新闻播出3 100余条、电视新闻播出5 300余条;广播、电视公益广告270条,播出76 260条次。其中,广播在中央级媒体用稿52条;电视在中央台发稿32条。在发稿数量和稿件质量上与去年同期都有明显提升。年内,广播电视台被评为向省台发稿优秀单位和省新闻报道先进单位,电视台连续10年荣获江苏电视新闻繁荣奖。昆山市广播电视台47件作品在苏州市广播电视节目政府奖评优活动中获奖,其中获一等奖13件、二等奖18件、三等奖6件;在“苏州市影视文艺金茉莉奖”评选活动中,有5件作品获奖,在省金凤凰奖评比中有7件作品获奖。

年内,全市新增数字电视用户21 196户、有线宽带用户12 723户、高清互动用户31 416户,昆山社区电子宣传屏已覆盖370个小区,社区电子屏总数达到394块,影响范围达150万居民。年内,昆山视听网,逐步完备设施建设,版式版面科学改进,昆山网络广播电视台进入发展期。 (林 洁)

昆山日报

【概况】 年内,昆山日报社按照“内容为上、内涵提升”的工作要求,抓好舆论引领、转“新”发展,以“六昆一体”(“昆报”“昆网”“昆博”“昆信”“昆点”“昆屏”)融媒体互动矩阵推进媒体融合发展,进一步提高昆报传媒的影响力、传播力、公信力和服务力,当好主流舆论的区域首席代表。年内,《昆山日报》出版彩印对开八版周七刊,期发行量3.1万份,年出版期数348期。

年内,昆山日报社精心组织各类主题宣传、成就宣传和典型宣传,及时准确生动地反映昆山之路从头越的最新拓展、最新经验和最新思考。积极推进媒体融合发展,推出“六昆一体”跨平台、跨系统、跨终端融媒体传播矩阵,使《昆山日报》日信息传播量已从单张报纸的3万多份扩大到全媒体传播30万人以上,初步有了“新主流”媒体的雏形。积极拓展经营平台,推进融合经营,保持了经营创收基本稳定。不断深化“日报日新·贴近贴心”报社服务品牌,努力体现新闻更贴近、服务更贴心的办报理念和党报媒体的社会责任、服务功能。进一步加强内部管理,激发队伍活力,努力打造一支匹配报业传媒发展的新队伍。年内,昆山日报社获得新华报业传媒集团先进集体称号,《现代昆山》APP客户端本报获得省新媒体创新奖,消息《两岸“通汇”首笔业务在昆诞生》、新闻论文《优势互补,“报”出主流影响力——县(市)报数字化转型感悟》分别获得省报纸优秀作品一等奖,“构建‘六昆一体’融媒体传播矩阵”获得昆山市2014年度效能建设创新奖。

(昆山日报社)

文学艺术

【概况】 年内,市文联坚持文艺“二为”方向,贯彻文艺“双百”方针,把握文艺宣传导向,在组织建设、精品创作、文艺活动、惠民服务、人才培养、群众路线等方面做出了扎实有效的工作,为建设文化昆山作出了良好的成绩。年内,市文联先后荣获省文联系统先进集体、文联工作创新奖,苏州市文联系统先进集体、“四项工程建设”先进集体等荣誉。

【文艺活动】 *昆山摄影艺术展在台湾元宵灯会展出* 2月16~22日,“江南片玉·灵秀昆山”摄影艺术展在台湾南投“2014台湾元宵灯会”期间展出,受到南投观光、文化和艺术界人士的欢迎和好评。此次南投元宵灯会期间展出的99幅(组)摄影作品全部取材于昆山境内,内容涵盖城市风韵、古镇风光、民俗民风、宜居生活、生态环境以及昆山中秋灯会等。该展览为台湾观众认识昆山,了解昆山,加强交流合作起到了文化引领的作用。

会员联谊 年内,市文联提出了“尊重知识、尊重人才,尊重劳动、尊重创造,尊重文学、尊重艺术”的联谊工作要求,与来访的文艺家坦诚交心、真诚交友、平心交流。年内,市文联代表拜访前任领导,走访艺指老师,访谈文艺骨干,交友青年人才,接受各方建议,改善工作方法,调整激励措施,加大支持力度,提升服务水平,得到了文艺界的拥护和认同。

第四届“五月放歌”周庄诗会 5月

30日，第四届“五月放歌”周庄诗会在古戏台举行。诗会选择15首为周庄量身创作的诗篇，由专业朗诵团成员现场倾情演绎，部分诗歌由作者本人现场吟诵，诗会中间穿插文艺节目，烘托诗会氛围。来自市文联、市作协、周庄各条线的干部，以及外地游客共同度过了充满诗情画意的夜晚。

第二届“金千灯”诗会　7月16日，书香亭林·阅读千灯——第二届金千灯诗会在千灯科技培训中心举行。市文联领导、千灯镇党委领导、千灯镇相关部门代表、市各文艺协会、各区镇文联秘书长和参与金千灯主题创作的诗人参加活动。为了办好此次诗会，市文联和千灯镇文联组织诗人在千灯镇采风，集结出版了《美丽千灯》诗集，收入诗歌86首，由团结出版社出版发行。

第二届“野马渡”杯全国新故事征文大赛评奖　年内，由《乡土》杂志社、昆山市文联、周市镇人民政府联合举办的第二届“野马渡”杯全国新故事大奖赛受到了全国各省市故事作者的热情参与，共征集到有效作品600多篇。评委们仔细甄选，经过初评、复评、终评三轮筛选，评出一等奖1篇，二等奖3篇，三等奖6篇及优秀奖20篇。

昆山第二届动漫艺术节　9月20日，第二届动漫艺术节在市科博中心开幕。省电影家协会副主席兼秘书长陈国富、省动漫艺术家协会副主席兼秘书长包信源、省民间文艺家协会副主席兼秘书长张丹专程来昆山出席开幕式。

全市关爱老年人散文大赛颁奖　9月24日，昆山作家进医院文学讲座暨首届“老有良医”关爱老年人散文征文大赛颁奖仪式在昆山市老年医院举行。获奖作者代表、锦溪镇、市文联等领导和老年医院、锦溪镇人民医院的医护工作者100余人参加活动。仪式上，分别为等级奖的获得者代表进行了颁奖，特等奖获得者韩墨代表获奖者上台发言。

2014迎国庆书美摄作品展　10月1日，“中国梦·昆山情”2014迎国庆书美摄作品展在侯北人美术馆举行。这是全市书画摄影家创作的高水准展示，该作品展已成功举办两届，已经成为全市艺术家展示自己精品力作的重要平台。此次展览的作品由美术家协会、书法家协会，摄影家协会经过精心挑选产生，共计展出65件，其中美术、书法作品各20件，摄影作品25件。

第五届阳澄湖诗会　11月8日，由市文联、巴城镇政府联合举办的第五届阳澄湖诗会在巴城举行。此次诗会选取了昆山作家的20余篇诗作，从阳澄湖历史、人文、四季风光等多维度视角入笔，展现了阳澄湖优美的意境，再现巴城“玉山雅集”的盛况。

首届风景油画展　12月16日，昆山市首届风景油画展(暨昆山第五届油画展)在侯北人美术馆展出。参加此次展览的共有14位画家，展出风景油画作品52件，作品的表现手法、风格各异，精彩纷呈。

【文艺创作】　组织画师兴化采风　4月1日，昆山书画院组织书法组人员一行前往兴化市进行为期两天的学习采风活动。画师们参观了郑板桥纪念馆、刘熙载故居、兴化市博物馆、施耐庵纪念馆等历史人文景观。通过观赏书画墨迹、参观清代建筑，以及《概论》《四音定切》《说文双声》等文物资料的鉴赏，开阔了视野，积累了素材。

12名会员入选省新人书法篆刻作品展　年内，昆山书协组织动员书协会员和书法爱好者积极参与江苏省第九届新人书法篆刻作品展览，张斌、张丽芳、杜成福、汪月华、袁晓赋、夏俊、沈跃锋、金飚、胡尉文等9名书协会员作品入展，5月在无锡博物院展出，由此，昆山省书协会员将增到75名。

【文艺交流】　赴沭阳举办书画艺术交流　5月9日，市文联组织16名书画艺术家赴沭阳进行艺术交流活动，沭阳县16位书画艺术家与昆山艺术家进行艺术切磋和笔会交流。

昆曲唱腔交流　6月15日，昆曲专家、苏州昆剧院毛伟志老师应邀来到昆山高新区“昆玉堂”曲社，为昆山昆曲爱好者进行唱腔辅导，教唱的是《千忠戮·惨睹》，受到了大家欢迎和好评。

【文艺惠民】　作家校园授课　上半年，昆山市作家协会借助昆山少年文学院、昆山市少年作家协会等载体，组织十多名作家进城北中学、葛江中学、柏庐实验小学和新镇小学等进行文学讲座授课、写作评稿等形式的文学活动，对文学小学员进行文学创作和欣赏培训。

昆曲进外企　6月21日，省昆剧院的艺术家们冒雨来到昆山高新区台企富士康公司，为员工们送去了昆曲《牡丹亭》《十五贯》等经典折子戏。委婉的唱腔、优美的表演吸引了富士康公司的年轻人，国家一级演员、省昆剧院副院长王斌老师现场为员工讲解昆曲。

（市文联）

档案工作

【档案馆新馆建设】　年内，市档案馆新馆在2013年完成基桩施工的基础上，加快推进楼体建设进度。1～2月，完成土方开挖、基坑围护及垫层施工。3～12月，陆续完成地下室以及一至九层的结构施工。同时，市档案局按照《档案馆建筑设计规范》《档案馆建设标准》要求，在学习借鉴外地新馆建设经验的基础上，对新馆功能布局设计进行细化和完善，体现“五位一体”功能要求。

【档案资源建设】　接收　年内，市档案局配合档案新馆建设，把档案资源建设作为档案基础业务建设的重中之重，结合贯彻国家档案局9号令，修改完成《昆山市档案馆收集档案范围实施细则》，进一步丰富档案接收门类，体现应收尽收、能收则收、接收与征集并重等要求。积极推进新一轮档案移交进馆工作，组织对各区镇及市民政局、人社局、教育局等重点进馆单位进行档案整理情况摸底检查，加强对退伍军人、独生子女、外资审批、地名、劳动仲裁、学籍等专业档案规范整理的工作指导，对符合接收条件的62 000多卷(件)档案进行提前接收。

征集　年内，市档案局落实《昆山市档案资料征集办法》《昆山市重大活动档案管理办法》，细化、完善档案资料捐赠奖励制度。结合新馆爱国主义教育基地布展准备工作，进一步加强昆山地方特色档案资料征集工作，梳理全市所获各类荣誉，将市委办共91件实物荣誉档案、市政府办共131件实物档案征集进馆。开展"鹿城记忆"老照片征集活动，完成4 944张照片整理分类并上传至图片中心。继续推进昆山籍院士、将军、全国劳模等名人建档工作，其中，反映昆山五十余位著名人物生平的《馆藏昆山名人相册》编辑工作基本完成。

【馆藏档案管理】 馆藏管理　年内，市档案局接收档案、资料共计32 260卷、32 398件。包括：《震川先生集》《昆山文史》以及各地志书等图书资料132册；市环保局、市人社局、市婚姻登记处等单位业务档案31 870卷、30 585件；市委办、市政府外事办荣誉、对外交往礼品等实物档案共计251件；昆山籍名人丁善德、季聚兴、郑天如、朱永乐等档案1 697件；中国国际进出口博览会、昆山市国际文化旅游节等重大活动档案116件；照片、光盘等特殊载体档案7卷。至年底，馆藏名人档案全宗已增至14个；馆藏共计有8个全宗群，154个全宗，157 235卷、82 724件档案，另有图书资料9 915册。

开放划控　年内，市档案局完成1982年至1985年到期的5 087卷文书档案的划控工作，定出1 813卷为开放档案。其中，永久卷为613卷、长期卷为1 197卷、短期卷为3卷。另外的3 274卷档案则仍需继续控制利用。

【政府公开信息查阅中心】 年内，市档案局政府公开信息查阅中心切实加强相关制度建设和规范管理，不断提高服务水平，优化服务环境，为广大人民群众提供政务公开信息的查阅服务。全年接收各单位现行文件1 563件，全部整理上架并完成数字化处理和信息上传。

【档案利用】 年内，市档案局共接待3 098人次，调阅档案3 009卷，其中，接受电话查档251人次，接收信函查档42人次。为解决广大人民群众在工龄认定、工资福利、养老保险、财产继承、房屋拆迁、经济纠纷等方面的切身利益，维护社会的稳定，发挥了重要作用。做好"存史为民"机关服务品牌升级申报、落实工作，着重抓好查档接待窗口建设，2014年窗口被命名为市"文明示范窗口"。

【档案宣传】 年内，市档案局配合省档案局、《扬子晚报》完成一期"档案穿越"专栏的组稿、实地采访工作。利用馆藏档案编辑一期主题为"走进档案"的宣传展板用于2014年"国际档案日"期间走进社区、学校的宣传活动。帮助中华园街道宝岭社区办好暑期学生兴趣班，培养学生从小知档、爱档和建立家庭档案的良好习惯。全年开展四次"档案馆开放日"活动，组织学校学生、市民群众、社区老党员走进档案馆，了解档案和档案工作，参观爱国主义教育基地，提高社会群众的档案意识，扩大档案工作的社会影响力，市档案馆被命名为市"爱国主义教育示范基地"。通过数月数轮的收集、校对和修改，编印《档案法律法规汇编》(上、中、下)共600套，其中收录档案法律法规62篇，规范性文件46篇，档案行业标准18篇，共计45万余字715页。按月编写《昆山大事记》，与报社合作编辑《美丽昆山2014》，图文并茂反映昆山过去一年经济社会发展新成就。

【数字档案馆建设】 年内，市档案局大力推进档案信息化建设，切实提高档案科学管理和便民服务水平。在馆藏文书档案数字化全部完成的基础上，完成馆藏业务档案扫描27.8万页，馆藏档案数字化率达到85%。配合新一轮档案接收进馆工作，积极争取财政资金支持，协调指导市人社局、司法局、商务局、教育局等重点进馆单位档案数字化工作，累计扫描134万多页。在总结首批试运行单位经验基础上，进一步完善集中式数字档案室平台系统，对76家单位98名档案人员进行专题培训，累计完成46家单位平台部署和数据迁移工作。启动民生档案共享查阅系统主体开发工作，调资、独生子女、上山下乡三类专门档案将先行上线试用，并逐步扩大到婚姻、土地证等民生档案，满足市民就近查档需求。市档案馆图片中心建成使用，形成近1.1万张照片数据库，具有图片档案分类查看、搜索、播放等功能。

【基层档案工作】 星级测评　年内，全市共有68家单位档案工作通过星级测评和复查，其中人民银行、出入境检验检疫局顺利通过五星级复查，昆山法院档案工作晋升省五星级标准，34家按计划完成档案规范化建设，花桥经济开发区、张浦镇、淀山湖镇、千灯镇下辖8个行政村通过复查。

基层档案中心建设　年内，淀山湖镇、花桥开发区大力开展档案中心建设，支持档案事业发展。淀山湖镇档案管理中心总面积208平方米，设有29列密集架，配备除湿机、防磁柜等档案专业设备，室藏档案包括文书档案、低保、独生子女、退伍军人、人民调解、农村动迁安置房、会计、声像、实物等，陈列室完成设计二稿。花桥经济开发区档案管理中心新建档案库房400平方米，配置1 300立方米密集架，设有独立防火系统和空调设备，完成花桥商务城文件材料归档范围和保管期限表的编制工作。

其他领域档案工作　年内，市地税局简并税收档案管理层级，将原有"市局－分局"两级档案管理模式简并为市局一级管理模式，成立档案管理中心，中心占地面积350平方米，配备"八防"措施，打造多种门类载体档案电子化存储平台，推动地税电子档案在征、评、管、查等流程节点有序流转和高效利用。至年底，累计完成13万件涉税业务资料的统一归档工作，共计影印纸张124万页，形成档案13 122盒。

年内，市民政局召开民政系统档案工作推进会，要求进一步加大文书档案收集力度，规范重点民生专业档案整理、数字化扫描进程；配合做好殡葬档案归档办法等起草工作。对历年的地名档案、收养档案、婚姻登记档案、伤残抚恤档案、弃婴档案等多种专业档案进行梳理、调整和规范，为进馆工作做好准备。市住建局对住房保障档案、廉租房档案进行初步建档，真实记录住房政策落实情况。市自来水厂整理全套长江引水工程档案390卷4 255件，为全市接水用户29.9769万户建立用户供水档案27 328卷。市广播电视台网络中心整理数字电视、网络宽带业务档案26 707卷。市血站对献血、采血业务档案归档整理11 397卷。

档案业务培训　年内，市档案局组织上岗证培训，共有285名学员实名注册，140名学员获取网上合格证书并通过闭卷考试。

重点项目档案登记备案　全年共登记备案国家、省、苏州市重点建设项目29个，主要有昆山国显AMOLED一期、三一重工长三角制造基地、昆山海峡两岸商贸合作区、昆山首创青旅两岸城、中环快速路网建设、海峡两岸商贸示范区、花桥国际商务城基础设施建设二期等。　（朱　滢）

地方志工作

【概况】　年内，市地方志办公室以编纂出版《昆山年鉴（2014）》为工作重点，继续做好系列旧志整理和相关地情书编纂，同时加紧二轮修志扫尾，推进镇志、部门志编纂评审出版工作和陆家镇、淀山湖镇村志编纂指导工作。年内，市地方志办公室整理出版《弘治昆山县志》，编纂出版《昆山市村委会撤并调整实录》，完成《昆山市自然村变迁图志》系列全部分卷的出版，完成《苏州纪事2014》《画说苏州》《苏州寺院志》等书昆山部分的组稿和修改工作。年内，市地方志办公室认真做好《昆山市志（1981~2010）》的发行和读志用志工作，先后向全市各区镇、机关、企事业单位以及社会各界发放市志400多套，市志光盘近千份。5月下旬，开展地方志书进社区活动，在结对共建的宝岭社区，将300余册近期出版的地方志书发送到广大居民的手上。年内，市地方志办公室先后向国家图书馆、北京大学图书馆、清华大学图书馆等全国20多家知名图书馆赠送一批近期出版的昆山地方文献丛书，扩大昆山地方文化影响力和传播范围，为昆山的文化建设开拓了新领域。年内，《昆山年鉴（2014）》荣获第五届全国年鉴编纂出版质量评比地州区县组综合一等奖及框架设计、条目编写、装帧设计三个单项一等奖，第三届江苏省年鉴评选框架设计奖和综合二等奖；《周庄镇志》荣获首届江苏省优秀乡镇、村志评选唯一的镇志综合类特等奖。

【编纂出版《昆山年鉴（2014）》】　年初，市地方志办公室多次召开编辑部会议，对年鉴纲目作了优化调整，提出了进一步丰富内容、彰显特色、提升质量，努力打造精品年鉴的目标。3月初，市委办、市府办正式印发组稿通知，市地方志办公室随即分政治部类、经济部类和社会文化部类3组召开撰稿单位会议，分解落实具体的编纂任务，同时就年鉴条目撰写作了培训。4月下旬，省志办副主任牟国义专程赴昆山市地方志办公室调研，对《昆山年鉴（2014）》的编纂进行调研指导。6月底，完成全市123家撰稿单位初稿组稿。9月初，完成分纂和总纂统稿工作报送市委办、市政府办审稿。11月初，《昆山年鉴（2014）》由江苏凤凰科学技术出版社正式出版。全书共计120万字，设33个类目、220个分目、12个副分目，收录908个条目、161张图片、135张表格，并配有光盘。《昆山年鉴（2014）》增加了图片稿件的比重，正文部分首次配置随文照片，做到图文并茂；部分条目后增设"资料链接"，作为正文内容的补充和延伸，方便读者利用。

【镇志、部门志编纂】　年初，市地方志办公室开展了二轮地方志工作业务督查，重点对锦溪镇、千灯镇、周市镇和昆山开发区的修志工作进行督促检查和业务指导。年内，重点对《锦溪镇志》《周庄镇志》《千灯镇志》《张浦镇志》《昆山市佛教志》《昆山市人口和计划生育志》《昆山市工业志》《昆山市水利志》《昆山市卫生志》《苏州市昆山地方税务志》进行了审稿、修改和业务辅导。1月中旬，进行了《人口计划生育志》二审。4月中旬，与苏州市志办联合对《千灯镇志》进行了终审。5月初，对《昆山市工业志》进行了评审。6月，对《张浦镇志》进行了终审。9月，对《昆山市水利志》进行了终审。10月，对《昆山市人口和计划生育志》进行了终审。11月，对《苏州市昆山地方税务志》进行了评审，对《千灯镇志》《张浦镇志》进行了验收。12月，对《昆山市文广新志》进行了二审。年底，《周庄镇志》被中国地方志指导小组办公室列为《中国名镇志》丛书首批试点。年内，全市共出版《昆山市佛教志》《锦溪镇志》《周庄镇志》《昆山市工业志》《苏州市昆山地方税务志》等5部志书。至年底，全市二轮修志累计出版24部镇志、部门志。

【村志编纂】　年内，市地方志办公室通过下乡指导、电话交流等方式，重点开展指导村志编纂工作。2月中旬，调研陆家镇、淀山湖镇村志编纂工作，送去相关的法规教材，对具体编纂工作进行指导。陆家镇所辖8个村和淀山湖镇所辖10个村的修志工作进行顺利。8月，与苏州市志办联合对淀山湖镇《民和村志》进行评审，召集其他村志的编纂人员共同学习。8月下旬，又上门指导会后的修改工作。至年底，大部分村志稿进入统稿修改阶段。年内，市地方志办公室同时指导巴城镇镇志办开展《巴城镇自然村备忘录》的编修工作，记录巴城镇现存自然村的情况。

【5部镇志全省获奖】　年内，市地方志

办公室参加江苏省志办组织的首届江苏省优秀乡镇、村志评选，共报送《花桥镇志》《陆家镇志》《巴城镇志》《锦溪镇志》《周庄镇志》等5部镇志参评。《周庄镇志》荣获综合类特等奖和所有四个单项一等奖，是唯一一部荣获特等奖的乡镇志。《巴城镇志》《锦溪镇志》《陆家镇志》荣获综合类一等奖，《花桥镇志》荣获综合类二等奖。昆山市报送的5部镇志全部获奖，实现了"满堂红"。

（沈　明）

党史工作

【概况】 年内，市委党史研究室开展以编写地方党史三卷为重点的基础研究，完成《昆山党委工作纪事(2013)》《名家讲坛(2013)》的征编出版工作；组织摄制党史专题片和开展党史"六进"等活动，开展党史宣教，利用党史成果为现实服务，取得新的成效。

【党史正本征编】 年内，市委党史研究室推进地方党史三卷的编写工作。党史三卷专题资料分为上下两册，上册39个专题，下册41个专题篇，总共是80专题，平均每个专题2万字，总共约160万字。加大编研力量，开展新时期党史资料征集、专题研究等基础性工作，帮助有关单位撰写专题。

【党史宣教】 *党史"六进"活动* 年内，市委党史研究室利用党史书籍、党史专题片等党史成果服务基层，开展党史"六进"活动，加强与党史之外其他领域的合作交流。分别深入学校、社区、机关、企业等单位开展党史讲座；先后4次前往结对联系点开发区孔巷社区、张浦镇新吴社区和昆山市第一中学进行走访、座谈，为孔巷社区文化活动的开展提供党史宣传教育的资料；向基层赠送党史书籍30余套，光盘10多套；慰问社区贫困户，向市一中鸿志班贫困生捐资助学。

拍摄党史专题片 年内，市委党史研究室组织摄制了党史专题片"烽火青春，红色记忆"——记中共昆山县立中学地下党革命斗争史略，宣传昆山最早的共产党组织中共昆山独立支部在新中国成立前不畏艰险、不怕牺牲，开展党的工作和革命斗争的情况，学习弘扬革命先辈的英勇事迹。6月，完成前期老同志采访，形成电视脚本初稿，7月完成摄制。7月2～4日，该片在昆山电视台黄金时段播出。

革命纪念设施管理和利用 3月，市委党史研究室会同市委宣传部、市民政局对张浦镇、锦溪镇、周庄镇、淀山湖镇、巴城镇、亭林公园、市一中等11处爱国主义教育基地和革命纪念设施的保护利用和宣传教育工作进行联合检查，实地填写调查表，拍摄照片，并撰写调查报告，针对检查中所发现的问题提出整改意见，督促各基地和设施的建设、管理及利用情况，充分发展基地和设施的教育功能和作用。

【编纂成果】 *《名家讲坛（2013）》* 1月，完成基础资料收集、整理工作，2月，完成《名家讲坛(2013)》出版工作。全书总共21篇，约14万字，信息量大，涉及面广。涉及政治、经济、军事、生态等多个方面，较好地解读当前国际国内热点、重点、难点、亮点问题。

《昆山党委工作纪事（2013）》 3月，全面启动编辑出版《昆山党委工作纪事(2013)》一书的工作。向各级党组织发出通知，征集资料。6月，完成对近100篇来稿的编辑修改。12月，完成该书的出版工作。《纪事》主要收录2013年度市委扩大会议、市纪委工作会议，市委各部门、全市各系统、党委(党组)、各开发区和各镇党委，街道党工委以及学校、医院、村级、企业等党委工作总结材料，为各级党委(组)交流工作经验创建载体，提高执政能力构筑平台。

（钱燕华）

2014年出版的党史书籍和拍摄的党史专题片

网络传媒

【中国·昆山网】 年内，中国·昆山网从加强政府自身建设、提升政府形象出发，重视政府网站内容建设，不断完善网站的政府信息公开、政府信息发布、办事服务以及交流互动等功能，实现了高质量高水平运行。中国·昆山网全年发布昆山要闻3 072条、头条新闻341条、政府公告和便民公告113条；信息公开9 380条；公布行政权力6 307项，在线公开办件结果340 746条。年内，中国·昆山网在2014年中国优秀政府网站推荐及综合影响力评估活动中获“中国政府网站领先奖第十一名”，同时荣获2014年度苏州市优秀政府网站。

（王耐贤）

【昆山视窗】 年内，昆山视窗紧跟移动互联网发展趋势，全心经营，力求将昆山视窗作为本地“第一综合门户”的品牌价值提升到新的高度。年内，昆山视窗开展一系列大型公益行活动，先后组织300余位新老昆山人走进昆山各个乡镇。让网民在感受昆山之美的同时，对昆山视窗的认知度进一步提高。同时，昆山视窗顺应时代发展潮流，建立一系列微信公众号，与原有网站互补形成合力，使昆山视窗在传统网媒与移动端新媒体两个领域，都能为昆山网民提供更加丰富的资讯服务。此外，昆山视窗正逐步从昆山“第一综合门户”向“第一搜索门户”转型。旨在让用户成为网站资讯的提供主体，将用户有价值的信息通过昆山视窗进行整合。用户之间不仅可实现信息有效互通，还能够通过昆山视窗获得私人订制资讯服务，为昆山视窗的转型升级打下良好的基础。

（电信局）

附　2014年昆山电视台重要新闻目录

1. 昆山市第十六届人民代表大会第三次会议开幕（1月3日）

2. 中国人民政治协商会议昆山市第十四届委员会第三次会议开幕（1月3日）

3. 周乃翔来昆开展党的群众路线教育实践活动调研座谈（3月31日）

4. “区区联动”打造两岸合作大平台——昆山市代表团赴福建省平潭综合实验区、福州市学习考察（4月27日）

5. 共同提升两岸服务业国际竞争力——第四届海峡两岸服务业论坛在昆举行（5月28日）

6. 产业融合 互利双赢——昆山深化两岸产业合作试验区主题活动在台举行（5月27日）

7. 让“昆山之路”从头越——省委副书记、苏州市委书记石泰峰在昆调研（6月30日）

8. 2014全国电子竞技大赛在昆开战（10月30日）

9. 迎难而上 奋力攻坚 稳健转型——周乃翔来昆调研（11月27日）

10. 昆山市组织收听收看苏州市领导干部电视电话会议（12月31日）

（林　洁）

环境保护

【概况】 年内,全市环保工作紧紧围绕“民生环保、公众环保、智慧环保和法治环保”的现代环保理念,坚持以改善环境质量为核心,在全社会推进生态文明建设,在全过程控制污染物排放总量,在全方位优化环境质量,在全区域维护环境安全,完成了各项环保目标任务。年内,环保投入继续保持增长态势,全年环保投入119.2亿元,约占全年国内生产总值比重3.97%。全市环境质量基本保持稳定。完成年度污染物总量减排任务。生态文明重点工程、阳澄湖生态优化行动、吴淞江流域水环境整治、蓝天工程顺利推进。

【环境质量】 年内,全市饮用水源地水质达标率保持100%;三类以上地表水比例63.6%;水环境功能区断面达标比例53.49%,提高2.33%。环境空气质量(按省控点统计)AQI达标天数比例为75.0%,二氧化硫、二氧化氮、PM10、PM2.5平均浓度分别为34.45、82.51微克/立方米;与2013年相比,AQI达标天数比例提高4.56%,二氧化硫浓度下降12.82%,二氧化氮浓度下降2.17%,PM10浓度下降9.89%,PM2.5浓度下降8.93%。城市声环境功能区达标率保持100%。

【生态文明】 年内,昆山召开生态文明建设推进会暨环境保护工作会议,制定实施2014年度生态文明建设行动计划、市长环保目标及生态文明建设责任书、断面整治工程计划书、挂牌督办环境问题名单、主要污染物总量削减任务、太湖水污染防治目标责任书、阳澄湖生态优化行动、覆盖拉网式农村环境综合整治项目等任务。围绕《关于加快推进生态文明建设的实施意见》和《2014年生态文明建设行动计划》,全年环保投入119.2亿元,基本完成生态产业提升、生态环境保护、生态宜居优化、生态制度完善、生态文化推广等五个专项行动、21大类、95项工程。

【环保审批】 年内,全市环保共受理办结8 289件,网上申报率97.48%,即办件率40.29%。其中建设项目登记表审批935件、预审1 625件、报告表1 335件、报告书审批82件、固废审批3 328件、验收试生产申请398件、排污许可证191件。全市重大项目环评审批应批尽批。劝退项目18个,其中内资15个涉及资金约为34 197万元,外资项目3个,涉及资金约1 410万美元。

【主要污染物减排】 年内,全市完成上级下达的减排任务。突出抓好建邦北区污水处理厂5万吨、日中水回用、光电产业园污水处理分公司污水增量、南亚加工丝脱硝工程、机动车减排等十项重点工程,开展主要污染物总量减排监测体系建设运行工作。完成17家重点企业清洁生产验收、36家重点企业清洁生产中期评估、72家企业自愿清洁生产审核验收。

【环境监测】 年内,全市共获得手工监测数据25.5万个,比上年增长41.7%。累计建成13个空气自动站、18个水质自动站,五大类253项环境监测能力通过省级计量认证。开展全市12个区镇环境空气质量、集镇河道水质、178个行政村农村地表水监测,开展重点污染源监督监测、重点区域、重点流域、重点行业专项监测,完成建设项目环境影响评价监测项目1 194个,编制环境质量报告书和各类监测分析报告3 800多份。

【环境监察】 年内,全市共出动环境监察人员31 812人次,检查企业10 760厂次,对18件环境问题挂牌督办、1 412家企业全面督查、4家企业限期治理。加大环境违法案件查处力度,对143家企业立案处罚、罚款1 211万元,同比分别提高了3.4倍和2.8倍。组织开展大气污染防治、水源地、重点污染源环保治理设施、重点信访专项检查,开展化工行业、电镀行业专项整治,开展千灯化工园区、石牌苪沙塘地区、高新区唐龙村、张浦八贤庄专项督察。对中盐老厂区、港昆双龙等22家企业或车间(工段)实施关停,搬迁2家。

【环境司法】 两高司法解释颁布以来,环保部门向公安机关移交涉刑案件5起,全年公安部门立案4起,累计批捕8人。创新环境保护司法联动模式,联合司法部门对两家超标排污企业分别发出全国首例大气污染“执行令”和苏州首例污水排放“禁止令”。市法院全年审结环保案件8件，审查非诉行政执行案件5件，公开宣判苏州首起污染环境刑事案件，3名被告人均判处4年以上。市检察院在苏州检察机关中率先探索环境保护公益诉讼。

【传播生态文明理念】 年内，全市创建省级生态村5个、苏州市级1个。推出昆山市空气质量实时发布系统APP，将环境质量、国控重点污染源及所有新建项目环评信息向社会公开。开展全民环保节、“对话环保”网友见面会、蓝天工程市民恳谈会、纪念“6·5世界环境日”、万家企业学环保法等活动，开展507家企业环保信用评级，邀请市民参与“你点我查”环境执法活动。

省级生态村——巴城镇绰墩山村

资料链接

昆山市国家级、省级生态村

2014年底，昆山市拥有各级生态村138个，其中国家级生态村2个、省级生态村98个。

国家级生态村名单

千灯镇大唐村　周市镇市北村

省级生态村名单

周市镇市北村	周市镇新镇村	淀山湖镇晟泰村	锦溪镇周家浜村
周庄镇祁浜村	千灯镇大唐村	玉山镇泾河村	巴城镇东阳澄湖村
玉山镇新乐村	张浦镇金华村	陆家镇车塘村	陆家镇陆家村
陆家镇神童泾村	千灯镇大潭村	千灯镇陆家桥村	千灯镇西宿村
周庄镇南湖村	周庄镇东浜村	周庄镇高勇村	周庄镇全旺村
周庄镇龙凤村	周庄镇龙亭村	周庄镇双庙村	周庄镇复兴村
周庄镇云南村	淀山湖镇金家村	淀山湖镇度城村	淀山湖镇永新村
千灯镇吴桥村	千灯镇西横村	千灯镇石北村	张浦镇吴加村
张浦镇尚明甸村	张浦镇赵陵村	张浦镇新塘村	开发区增辉村
巴城镇黄泥山村	巴城镇绰墩山村	巴城镇巴城湖村	巴城镇龙潭湖村
花桥镇上岸村	陆家镇泗桥村	陆家镇陈巷村	玉山镇大同村
玉山镇新南村	玉山镇马庄村	玉山镇青淞村	玉山镇大渔村
玉山镇姜巷村	玉山镇火炬村	玉山镇景村	锦溪镇张家厍村
锦溪镇联湖村	锦溪镇计家墩村	周市镇东明村	周市镇陆桥村
周市镇永兴村	周市镇新塘村	周市镇斜塘村	巴城镇东岳村
巴城镇华社村	巴城镇环湖村	巴城镇新开河村	巴城镇西南村
花桥镇东泾村	花桥镇新胡村	锦溪镇马援庄村	陆家镇邹家角村
千灯镇前进村	千灯镇石浦村	玉山镇共青村	玉山镇广福村
玉山镇五联村	玉山镇唐龙村	花桥镇天福村	淀山湖镇安上村
千灯镇陶桥村	陆家镇夏桥村	周市镇小泾村	周市镇东方村
巴城镇武神潭村	张浦镇姜杭村	千灯镇施家泾村	玉山镇江浦村
锦溪镇袁甸村	巴城镇武城村	周市镇横娄村	张浦镇白米村
千灯镇盛家埭村	张浦镇新龙村	张浦镇南姚村	锦溪镇三联村
锦溪镇虬泽村	千灯镇歇马桥村	张浦镇安上村	张浦镇星金村
淀山湖镇红星村	周市镇许家村		

（摘自《昆山日报》）

资源保护

【用地保障】 年内，市国土资源局建议市政府制定出台了《关于加快全市土地利用管理方式改革促进土地集约高效利用的意见》，建立健全耕地资源保护、项目用地管理、依法依规用地、存量土地盘活、土地市场建设、土地储备管理等六大机制，全面促进节地水平和产出效益“双提升”。提高工业项目准入门槛，将投资总额强度标准提高到“8764”，即外资项目投资强度：综保区不低于80万美元/亩，开发区、高新区、花桥不低于70万美元/亩、其他区镇不低于60万美元/亩；内资项目不低于400万人民币/亩。全年全市新增建设用地内资投资强度达到460万元/亩，外资投资强度达到89万美元/亩。进一步加大存量土地盘活力度，继续深入开展已批未开发土地清理处置专项行动，通过“退二优二”“退二进三”等方式，提高土地利用效率，共盘活土地133宗，面积5 514亩。

【土地资源保护】 年内，市国土资源局围绕保红线刚性任务，扎实做好基础工作，层层签订责任状，落实耕地保护责任。建议市政府出台《关于进一步完善农业项目审核和设施农用地管理的通知》，严格控制涉农项目用地规模。大力开展土地整治。全年完成增减挂钩项目603亩，耕地占补平衡项目1 442亩。巴城、锦溪依托农田整理，加大复垦整理力度，两个乡镇完成了全市80%以上的耕地占补平衡指标。完成了农业“四个十万亩”落地上图、基本农田划定实施方案、土地利用总体规划一般性修改等规划和方案的编制工作，统筹发展要素，科学配置空间布局和资源要素，实现了基本农田集中连片，提升了基本农田的质量。 （王 敏）

【水资源保护】 年内，昆山市精心组织承办全省水资源管理工作座谈会。落实最严格水资源管理制度，出台《昆山市实行最严格水资源管理制度考核办法》，明确实行最严格水资源管理制度的责任主体与考核对象。严把取水许可审批、取水许可监督、入河排污达标三关，开展取排水全过程管理，规范水资源使用。年内，全市用水总量4.80亿立方米，万元工业增加值用水量12.71立方米，较上年下降5.15%，水功能区水质达标率达65%，较上年上升0.8%。

年内，市水利局做好水功能区全覆盖、地下水动态、水资源拓展、应急供水水源井水质四项监测，全方位掌握水资源状况。优化水源地蓝藻防控、打捞、巡查、演练四项机制，确保全市供水安全。开展节水载体建设，组织创建苏州市节水型学校、江苏省节水型学校，组织申报省级节水型载体，开展以“珍爱生命之源、建设美丽昆山”为主题的全市中小学生节水征文比赛活动和教师节水教育多媒体课件评比活动。建成节水企业、单位及社区10家，建成苏州市级节水型学校14家，省级节水型学校2家。

年内，市水利局通过开展河道蓝线保护规划编制，划定生态保护红线，实施水生生物增殖放流，开展河湖健康评估，进行河道长效保洁，建立生态补偿机制等一系列措施，河湖治理与生态修复体系建设取得长足进步。同时实施了阳澄湖生态优化行动方案、淀山湖水环境综合治理工程、吴淞江流域断面整治工程、七浦塘拓浚整治、黑臭河道与中小河流综合治理等重点水利工程建设和湿地恢复建设工程等一批工程，完成24条共34.34千米黑臭河道整治，河道疏浚26.51千米，河道综合整治60.94公里，生态护坡23.1千米，畅通工程33项，新增湿地恢复面积1 260亩，自然湿地保护率达48%。成功创建昆山明镜荡国家级水利风景区，成为昆山首个、2014年度苏州唯一的国家级水利风景区。积极推进水生态文明试点市建设，作为全省首批水生态文明城市建设试点市，《昆山市水生态文明城市建设试点实施方案》正式获批，明确水生态建设任务、配套工程和非工程措施，标志着昆山水生态文明城市建设试点工作进入实质性启动阶段。 （水利局）

资料链接

昆山市自然湿地情况

湿地被誉为“地球之肾”，是自然界最富生物多样性的生态景观和人类最重要的生存环境之一。可划分为洪泛平原湿地、水产养殖场、永久性淡水湖和永久性河流湿地4种类型。2014年底，昆山市共有湿地面积2.1万公顷，其中自然湿地面积9 951公顷。近年来，昆山市不断加强湿地保护工作，共规划建设了白莲湖、长白荡等23块苏州市级重要湿地，建设了天福国家湿地公园（试点）、锦溪省级湿地公园，阳澄湖、澄湖等6个湿地保护小区。在自然湿地面积中，已受保护的自然湿地面积5 135公顷，自然湿地保护率为51.6%。

（摘自《昆山日报》）

城乡绿化

【概况】 年内,昆山市以村庄、道路、河道、城镇绿化和成片林、林果经济林建设为重点,积极拓展绿化空间。全市新增绿地925.86万平方米,城市绿化覆盖率44.15%,城镇绿化覆盖率43.05%。重点实施了一批对昆山综合环境有重大影响的城乡绿化工程,包括开发区体育公园、锦溪白莲湖公园、少卿东苑公园、夏桥公园绿化、江浦南路南延绿化、新塘河绿化工程。市管绿地养护1 800万平方米高质量完成,年内,千灯镇被命名为2014年国家园林城镇。

【园林绿化管理】 年内,市园林局根据省管县工作安排以及园林绿化施工企业资质管理要求,共受理完成34家园林绿化资质的审核,制定了《昆山市园林绿化企业信用综合评价办法(试行)》。完成495个政府投资绿化工程的竣工验收备案,受理验收项目152个,新增绿地130.11万平方米。其中,住宅类47个,增加绿地48.15万平方米,平均绿地率达39.04%;企业(单位)105家,增加绿地81.96万平方米,平均绿地率达30.26%。 (园林局)

节能降耗

【概况】 年内,全市1 900家规模以上工业企业,完成工业总产值8 708.49亿元,同比下降1.8%;综合能源消费量319万吨标准煤,产值能耗0.04吨标煤/万元。其中,全市80家重点耗能企业综合能源消费量95.09万吨标准煤,同比下降13%,完成工业总产值738.27亿元,同比上升3.7%。年内,56家企业节能技改项目完成竣工验收,投入资金5.59亿元,全年可节约标准煤4.12万吨。共完成72家企业的清洁生产审核验收工作,年度新增培育循环经济示范企业13家,苏州市级工业循环经济示范企业1家,"能效之星"企业5家。 (经信委)

【建筑节能】 年内,全市新增节能建筑面积649.9万平方米,可再生能源建筑应用项目面积167万平方米。绿色建筑进一步发展,全市累计获得绿色建筑设计标识项目50项,建筑面积425万平方米,已建设完成28项,建筑面积218.7万平方米。全年新增绿色建筑设计标识项目14项,建筑面积127万平方米。国家可再生能源建筑应用示范项目基本建设完成。57个项目中有55个项目建设完成,已建设完成项目的面积为393.38万平方米,完工率为98.6%。积极推进2012年昆山市建筑节能与绿色建筑示范区项目建设。按实施方案,三年内(2013年至2015年)新开工项目25个,总建筑面积161.37万平方米,其中建成17个,建筑面积102.7万平方米。年末,5个项目建设完成(建筑面积18.0万平方),16个项目正在施工过程中(建筑面积115.6万平方),其余4个项目暂未开工(计划2015年开工建设)。11月,全市建筑节能行业社会组织从勘察设计协会建筑节能分会脱离,独立成立建筑节能协会。 (住建局)

环境污染防治

【大气污染防治】 年内,全市制定实施《昆山市大气污染防治行动方案》等有关大气污染防治方面的各类文件共14个,建立大气污染防治联防联控工作机制,成立大气污染防治领导小组和大气污染防治专项检查工作领导小组。开展大气污染防治专项检查、重点企业废气设施运行专项检查、化工行业废气污染专项整治和秸秆禁烧巡查工作。实施临时管控及强化方案全力做好青奥会期间、国家公祭日期间及第四季度环境空气质量保障工作。淘汰高污染燃料锅炉16个。新增新能源公交车150辆。监销报废机动车8 979辆。淘汰黄标车890辆。新增在线废气连续监测企业80家。

【水环境整治】 年内,全市建立河流"断面长制"长效管理机制,对全市53条主要河流、63个重点断面实行"断面长制"管理。开展集中式饮用水源地环境状况评估和地下水基础环境状况调查。强力推进太湖目标责任书和省国控断面、吴淞江、阳澄湖等201项水环境综合整治工程,疏拓浚河道87.5千米、整治黑臭河道30.9千米。新铺污水管网46.3千米,新增生活污水日处理量2.2万吨。

【固废与核辐射环境管理】 年内,全市开展线路板行业产排污系数调查、危废经营单位集中整治和专项执法检查工作,严厉打击危废倾倒违法行为。实施持久性有机污染物统计报表制度。开展6场1 200人次危险废物管理系统培训,对800家危险废物产生和处置企业实行网上申报登记和管理。建设放射源远程监控系统。做好核与辐射"省直管县"试点工作。开展南京"青奥会"期间辐射安全保障工作。参加苏州"环辐四号"应急演练,妥善处理输变电设施和移动通信基站的电磁辐射信访投诉。开展辐射安全执法检查,实现零辐射事故目标。

（环保局）

资料链接

绿色环保小知识

1. 节约用水

随时关上水龙头,别让水白流;看见漏水的龙头一定要拧紧它。尽量使用二次水。例如,淘米或洗菜的水可以浇花;洗脸、洗衣后的水可以留下来擦地、冲厕所。如果您家冲水马桶的容量较大,可以在水箱里放一个装满水的可乐瓶,你的这一小小行动每次可节约1.25升水。

2. 少用洗洁精

大部分洗涤剂是化学产品,会污染水源。洗餐具时如果油腻过多,可先将残余的油腻倒掉,再用热面汤或热肥皂水等清洗,这样就不会让油污过多地排入水道了。有重油污的厨房用具也可以用苏打加热水来清洗。

3. 节约用电

随手关灯、少用电器、少用空调,为减缓地球温暖化出一把力;不要让电视机长时间处于待机状态,只用遥控关闭,实际并没有完全切断电源。每台彩电待机状态耗电约1.2瓦/小时;使用节能灯,节能灯虽然价格贵,但比普通灯要省电。用温水、热水煮饭,可省电30%。

4. 交通工具

出行尽量选择公交车、地铁、自行车,少开私家车,减少尾气排放;有私家车的人尽量使用无铅汽油,因为铅会严重损害人的健康和智力。

5. 节约森林

少用快餐盒、纸杯、纸盘等,尤其要少用一次性筷子。一次性筷子是日本人发明的。日本的森林覆盖率高达65%,但他们的一次性筷子全靠进口,我国的森林覆盖率不到14%,却是出口一次性筷子的大国。

充分利用白纸,尽量使用再生纸,用过一面的纸可以翻过来做草稿纸、便条纸。拒绝接受那些随处散发的宣传物,制造这些宣传物既会大量浪费纸张,又会因为随处散发、张贴而破坏市容卫生。再生纸是用回收的废纸生产的。一吨废纸=800千克再生纸=17棵大树。

6. 选购绿色食品

很多蔬菜水果都喷洒过农药、化肥,还有很多食品使用了添加剂。这样的食品会危害健康和智力。所以,要选购不施农药、化肥的新鲜果蔬,少吃含防腐剂的方便快餐食品、有色素的饮料和添加剂的香脆零食。或者认准"绿色食品"标志选购食品也行。

7. 选无磷洗衣粉

含磷洗衣粉进入水源后,会引起水中藻类疯长,水中含氧量下降,水中生物因缺氧而死亡。水体也由此成为死水、臭水。

8. 用充电电池

我们日常使用的电池是靠化学作用,通俗地讲就是靠腐蚀作用产生电能的。当其被废弃在自然界时,这些物质便慢慢从电池中溢出,进入土壤或水源,再通过农作物进入人的食物链。用完的干电池攒到30公斤后,可联系当地垃圾回收中心回收。

9. 拒绝过度包装

不少商品如化妆品、保健品的包装费已占到成本的30%~50%。过度包装加重了消费者的经济负担,增加了垃圾量污染了环境。

10. 自带菜篮买菜

现在大型超市已经对购物袋进行收费,目的就是为了减少白色污染,买东西时少领取塑料购物袋,上街购物时带上布袋子或菜篮子。在超市买的购物袋也可以重复利用。

11. 保护野生动物

拒食野生动物、拒用野生动物制品,不去那些食用野生动物的饭店就餐。不穿珍稀动物毛皮服装,不使用野生动物植物制品,如象牙、虎骨、红木家具等,正所谓没有买卖,就没有杀害。

12. 利用好可回收物品

生活中有许多废物是可以再利用的,如果是完好的物品,可以在自己的城市二手市场卖给需要的人,可回收垃圾可再次生产利用。

可回收物品:

(1)废纸:报纸、书本纸、包装用纸、办公用纸、广告用纸、纸盒等;注意纸巾和厕所纸由于水溶性太强不可回收。

(2)塑料:各种塑料袋、塑料泡沫、塑料包装、一次性塑料餐盒餐具、硬塑料、塑料牙刷、塑料杯子、矿泉水瓶等。

(3)玻璃:玻璃瓶和碎玻璃片、镜子、灯泡、暖瓶等。

(4)金属:易拉罐、铁皮罐头盒、牙膏皮等。

(5)布料:主要包括废弃衣服、桌布、毛巾、布包等。

（摘自《昆山日报》）

张浦镇

【概况】 张浦镇东邻国际大都市上海，西依苏州，位于昆山市域中心，北接国家级昆山经济技术开发区、高新区和中心城区，南融昆山南部生态旅游片区，是全国经济发达镇行政管理体制改革试点镇、长江三角洲对外开放的重要城镇、苏州市城乡一体化发展综合配套改革试点工作先导区。全镇面积109.45平方千米，基本农田保护面积67 200亩，辖9个社区居委会，16个行政村。实际居住人口181 372人，户籍人口74 086人，外来暂住人口106 810人，常住境外人员476人。年内，张浦镇完成地区生产总值200.6亿元，比上年增长7.8%；工业总产值632.1亿元，增长3.6%；服务业增加值64.2亿元，增长12.4%；公共财政预算收入16.1亿元，增长12.5%；全社会固定资产投资68.2亿元，增长19.1%；外贸进出口总额18.0亿美元；农民人均纯收入31 583元，增长12%。“经济发达镇行政改革与流程再造”获第七届中国地方政府创新奖优胜奖。

【经济发展】 年内，中集华东空港基地项目、德国艾森曼等龙头型项目顺利落户。引进欧通精密、斯博泰科、华烨蓬房等16家欧美企业。全镇新增注册内资42亿元，到账外资1亿美元。全年完成新兴产业产值206.6亿元，占规模以上工业产值的39.7%，同比提高5.8个百分点。完成高新技术产业产值242.7亿元，占规模以上工业产值的46.6%。全镇产值超亿元工业企业达82家，税收超千万元企业达50家。规模以上工业企业利润总额同比增长8.3%；认定苏州市总部企业1家，昆山市总部企业2家。威富服饰总部项目开业投产，实现税收3.6亿元，成为全市纳税最大的批发业企业。全镇服务业增加值占GDP比重提高至33.7%，同比增加2%。火凤凰线缆成功挂牌“新三板”，信光泰实现返台上市，全镇累计上市挂牌企业达5家，占全市总量的1/5。并购重组企业4家；新签约企业7家。全年搬迁转移、盘活调整、停产关闭企业共14家，腾出空间625亩，申请奖励资金3 640万元。

年内，实施重点技改和节能技改9家，全镇投入技改资金22亿元。全年新增国家火炬计划项目2个、国家星火计划项目3个。新增省高新技术企业18家、高新技术产品62个，省级研发机构项目5个、省民营科技企业18家、省“科技副总”2名。创建省研究生工作站2家。新增姑苏双创人才1名。新增专利授权691件，其中发明专利授权51件。新增省名牌产品1个。德力铜业等8个市级重大产业项目全部开工建设。福格申机械等一批落地项目加紧筹备，中盐公司、彩华包装、恒源机械等开工项目加快建设。世界500强家乐氏食品项目开业投产。完成企业服务信息综合平台开发，注册限额以上企业315家。搭建6大片区23个子网格服务架构，动态走访重点企业600家(次)。

【人居环境】 年内，张浦镇完成125个村庄分类管理，选择性提升部分保留村落规划；完成“四个十万亩”发展规划上图落地工作，退塘还田860亩。合理规划市政管线，科学布置地下空间，基本完成《张浦镇地下市政管网规划》。开展卫片执法检查，24宗卫片监测图斑违法用地全部拆除。组织违法违规用地专项整治行动，整改土地2宗、1.59亩。开展已批未开发土地处置，全年完成处置50宗、2 443.9亩。加强土地出让金催缴，到账率达100%。配合完成国家土地出让金收支和耕地保护情况专项审计。

年内，张浦镇开展“931”行动，加强镇区重点领域区域整治力度，拆除违规广告牌647块。组织实施“环境整治月”行动，开展整治活动120次。拆除违章建筑4 547平方米，水泥地复耕26 264平方米。建立南港地区管理工作联席会议制度，开展南港地区专项整治行动。修订发布《张浦镇村庄环境长效管理考核办法》。拓展“五有做法”，金华村被推荐为全国文明村。姜杭村入选全国“美丽乡村”创建试点、省最具魅力休闲乡村。

年内，张浦镇制定吴淞江流域水环境综合整治方案，加强联合执法，取缔污染作坊68处。行政处罚15家环境问题突出企业；推进台玻减排治污项目建设；关闭畜禽养殖场40户。完成双洋湖水环境综合整治，实行全生态养殖，水质达到四类标准。疏浚河道2.8千米，完成新开河道及河道综合整治14.9千米，完成生态挡墙29.9千米，实施机场路北河等4条黑臭河道整治；完成长江路沿线等农田整治项目；新增绿化面积39.2万平方米。创建省级生态村2个，培育循环经济示范企业2家，清洁生产企业12家，新增国际环境管理体系认证企业6家。

【民生事业】 年内，全镇公共服务类支出达7.9亿元，同比增长12%，占公共财政支出比重达82.6%。推进社会保障体系建设，调整提高低保标准、最低工资标准、城乡居民大病补助标准和门诊统筹报销比例，有效提升保障水平。农村养老保险和居民医疗保险参保率均达100%。应届高校毕业生首次就业率达97.4%。搭建致富增收平台，农技培训1 100人次。发放农民创业小额贷款4 325万元。发放农机农资、土地补偿等各类补贴1.12亿元。全镇种植养殖面积37 714亩，实现农业净效益1.34亿元。吴淞江现代农业产业园获批苏州市级现代农业园区。完成白米村、安头村省资源开发项目。加强乐浦强村公司运作，促进抱团发展，增资扩股5 524.2万元，实现收入1 762万元。实现社区股份专业合作社全部分红，三大合作社分红总额4 352万元。全年实现村级经济总收入1.82亿元，同比增长14.5%，可支配收入1.15亿元，同比增长8%。举办昆山非遗展示暨第四届姜里庙会、第二届广场舞大赛、全民健身运动等文化体育活动。

年内，张浦镇完成农房预拆迁189户，清零43户。狠抓安置房建设，在建123万平方米，竣工35万平方米。完成枫情佳苑三期、心泊家园一期、馨园小区B、C标交房工作，交房面积41.42万平方米、2 944套，安置动迁户1 433户。期房安置增宅户420户。出台《张浦镇保留村庄规划建设实施细则（试行）》，有序推进保留村庄农房翻建工作，核准翻建76户。维修直管公房超过105处。

年内，张浦镇建立住宅小区管理联席会议制度、季度检查通报制度，强村公司所属物业公司接管动迁小区、老小区23个。启动智慧社区试点；积极参与公益创投、市政府购买社会服务；启动股权固化改革试点工作。开展农村土地承包经营权登记；完善村级资产发包管理，启动“三老”资产置换工作。

【改革创新】 年内，张浦镇承接第二批79项市级经济社会管理权限下放，停止行使191项行政处罚权。完善“一办一中心七局”联席会议制度，制定行政服务、综合执法标准化流程，规范前后台运行机制建设。创新开设生产经营、投资建设两个“一口式”服务窗口，审批服务再提速70%。全年受理各类办件149万件（次），平均办理时间2.8个工作日，按时办结率达100%。综合执法局全年处理综合执法案件1 694起，开展行政指导638起，整改指导504份；接处各类民生110、网上信访、市民来信来电等1 538起，办结率100%。行政管理体制改革试点工作顺利通过省、苏州市验收评估。

年内，张浦镇完善政府投资项目招投标制度和项目管理制度，全年政府采购中标金额2 023.2万元，项目招投标中标金额1 809.4万元，节约率分别达到13.2%和15.2%。评审项目375个，核减金额3 895万元，平均核减率7.4%。实行月报制，动态掌握债务情况，制订还款计划，将债务控制在合理范围。

年内，张浦镇开展群众路线教育实践活动、“12345”“进农户、听民声、解民忧”主题实践活动。开展“清风行动”，纠正“四风”问题。办理镇人大代表建议32件，政协委员建议5件，满意率100%。完善电子监察平台，强化效能督查，深化第三方评价；举办网友见面会、现场督办会4次。规范政府各项支出，严控三公经费，公用经费在下达预算时压缩10%。

【实事工程】 *教育设施工程* 年内，银河新都、舜江首府、英伦尊邸3个配套幼儿园投入使用；大市中心校、大市幼儿园完成主体建设。

公共交通工程 年内，公共自行车建设二期完工，投入使用；新开辟2条公交线路，车辆全部到位；公交站台建设因考虑全市统一化，纳入2015年度市公交公司统一建设。

平安建设工程 年内，全镇红绿灯、抓拍系统增设到位；镇区各村落、路口及周边高清监控设备全部完成设置；农村消防网络建设，针对8个社区先行试点，完成电动消防车等设备采购及农村应急消防队业务培训。

医疗卫生工程 年内，浦西社区卫生服务中心提升工程顺利完工，南港社区卫生服务中心完成主体建设。

文化建设工程 年内，全镇“10分钟健身圈”完成全年建设任务；大市新昆山人俱乐部全面竣工。

社会保障工程 年内，张浦殡仪服务中心主体建设顺利推进。

【重要活动】 *获中国地方政府创新奖优胜奖* 1月11日，第七届（2013–2014年度）中国地方政府创新奖获奖项目在北京揭晓。经过现场陈述、答辩和选拔委员会投票协商后，评选出10个优胜奖和10个提名奖。张浦镇“经济发达镇行政改革与流程再造”荣获中国地方政府创新奖优胜奖。

年度“三下乡”活动 1月27日，张浦镇举行三下乡活动暨张浦镇迎新春文艺演出、“张浦好人”颁奖仪式。张浦镇文联、科技、卫生等10多个部门在张浦镇和合园广场举办为居民书写春联，并开展现场咨询、义诊服务等活动，同时举办“新江南城市——张浦”摄影作品展。活动结合2013年度“张浦好人”评选工作举办“张浦好人”颁奖环节，张浦镇团委、文联还结合冬训工作及文化三下乡活动，深入村、社区和企业，开展新春演出与服务。

华东空港基地项目落户张浦 2月9日，市委书记管爱国、市长路军在张浦镇会见了中集集团副总裁、中集天达空港设备有限公司董事长李胤辉一行，并举行了中集集团华东空港基地项目签约仪式。

人大建议交办会召开 2月13日，张浦镇召开十八届人大三次会议建议交办会。会议对37条建议进行了交办，并提出了办理要求。十八届人大三次会议期间共收到代表意见32件，政协特邀委员建议5件，涉及城市管理、生态

中集华东空港基地项目签约仪式

环境、道路交通、公共服务、农业农村等各个方面。根据建议、意见的性质和类别交23个相关职能部门处理，并要求将处理结果以书面形式反馈给建议人，同时在下一次人代会上向代表报告处理情况。

“春风行动”招聘会 2月18日，张浦镇举办“春风行动”招聘活动，参加招聘单位共计35家，提供各类岗位1 671个。招聘会现场，张浦镇妇联、团委、总工会等单位向前来参加招聘会的求职者发放“春风卡”、报纸、地图等材料200余份，解答就业、维权等方面的疑难问题30多个。据统计，此次招聘进场求职213人次，初步达成录用意向52人。

张浦镇第四届民歌赛 3月1日，张浦镇举行第四届民歌赛。22名民歌爱好者轮番上阵，演唱了《四个弯弯》《我唱山歌你来答》等民歌参与了比赛。经激烈角逐，姜杭村选手赵秋玲摘得桂冠。

党的群众路线教育实践活动动员会 3月1日，张浦镇召开党的群众路线教育实践活动动员大会。市委副书记、市长路军出席会议，并要求张浦镇把教育实践活动与全面深化改革结合起来，与完成好当前各项中心工作结合起来，与更好地保障和改善民生结合起来，把党员干部在活动中激发出的热情转化为干事创业的动力，以抓改革、促发展、惠民生的实际成效检验活动成效，汇聚全面深化改革和现代化建设强大力量。苏州市委督导组副组长吉克、昆山市委第五督导组组长陈建林参加会议。

市六院联姻浙江邵逸夫医院 3月21日，市第六人民医院与浙江邵逸夫医院合作签约仪式隆重举行，双方共同为“浙江大学医学院附属邵逸夫医院指导医院”“浙江大学医学院附属邵逸夫医院护理教育培训昆山基地”揭牌。据了解，这也是全省乡镇医院序列中首家实现的跨省“搭脉”。

张浦镇“智慧城市”方案通过论证 3月22日，张浦镇召开“智慧城市”规划建设设计论证会，多名专家学者、相关领导共同对方案进行了探讨论证。通过方案介绍、专家质询、内部讨论等多个环节，专家们一致表示该方案定位准确、思路清晰、符合国家要求和昆山实际，具有张浦特色。

昆山威富服饰正式开业投产 4月10日，位于张浦镇德国工业园的昆山威富服饰中国配送中心正式落成。该中心是美国威富集团在中国的最大投资项目，年销售额超过5亿美元，预计2017年销售额翻倍。

姜里庙会开幕 4月27日，昆山市“非遗”展示暨2014姜里庙会在张浦镇姜杭村开幕，各种民俗表演、文化展示、切磋比赛等吸引了四海宾朋的眼球，整个活动持续到4月29日。

张浦镇纪念“五四”运动95周年 5月4日，张浦镇举行“我耀青春”主题团日活动，隆重纪念“五四”运动95周年。活动内容有新老团员重温入团誓言，观看“五四”运动历史墙，投沙包、滚铁环等经典小游戏对抗，自编、自导、自演的文艺演出等。

张浦镇青年歌手大赛 5月20日，张浦镇“中国梦我的梦”青年歌手大赛决赛在和合园广场举行。大赛由张浦镇社会事业发展和管理局承办，张浦镇文联、工会、妇联、团委协办，吸引了40多位平均年龄在28岁左右的唱歌爱好者的踊跃参与，经过严格海选选拔，共有17位优秀青年选手登上决赛舞台。经过比拼，大赛产生了十佳歌手。

安全隐患排查 8月25日，张浦镇综合执法局对辖区内某危化品企业展开整改复查，确保整改措施落实到位，消除事故隐患。8月3日以来，张浦镇组成8个检查组，对企业生产安全、建设施工、道路交通运输、消防安全、公共安全等五大重点领域展开地毯式、网格式排查。

党员轮训 9月10日，张浦镇举行践行核心价值观专题讲座，首期300名党员参加轮训，拉开了张浦镇2014年度党员轮训帷幕。为激发全镇党员干部走在前列、干在实处，积极投身“新江南城市”的建设热情，9月中旬起，张浦镇先后分4批次对全镇4 500多名党员展开轮训，每期轮训不少于5天，整个活动持续到11月底。

优唯斯公司落户张浦 10月16日，优唯斯安全设备(昆山)有限公司正式落户张浦镇。该公司是世界上唯一一家专门提供从头到脚工业安全防护用品的国际品牌供应商。

爱杰姆公司启用新厂房 10月17日，位于张浦镇德国园内的爱杰姆汽车配件有限公司新厂房投入使用。新厂房面积8 300平方米，并增加了防静电等多种高端设备设施，预计年末该公司销售额达到3.5亿元，进出口总额达到5 000万美元。

张浦镇第九届群众文化艺术节开幕 10月18日，张浦镇第九届群众文化艺术节开幕式暨第二届创作文艺汇演在和合园广场举行。开幕式共有10个新创作的创意节目,均由各村社区文艺演出队自编自导,为现场近千名群众呈上了一场美妙的文化盛宴。第九届群众文化艺术节包含广场舞展演赛、少儿歌手大赛、民歌比赛等活动。

艾森曼落户德国工业园　12月3日，德国艾森曼集团中国项目执行人Timo与德国工业园正式签约,标志着该集团在张浦镇的投资项目正式落户。该项目总投资3 600万美元，注册资金1 200万美元,预计年销售额10亿元,将成为德国工业园规模最大的德资企业。

张浦台企间接上市　12月4日,位于张浦镇的昆山光丽光电科技有限公司、昆山信光泰光电科技有限公司通过开办“光丽光电科技股份有限公司”以间接上市方式在台湾证券交易所正式挂牌上市,成为全市第5家在昆山发展壮大后回台湾成功上市的台资企业,也成为全市第20家挂牌上市企业。

表98　2014年张浦镇各村(社区)基本情况表

村(社区)名	书记	主任	户数(户)	人口(人)	村集体收入(万元)	人均纯收入(元)
张浦社区	陈　华	许美弟	440	1 535	471	29 772
花园社区	陈培明	王　征	885	3 766	1 015	32 340
南港社区	吴永峰	陆慧文	353	1 250	528	30 807
大市社区	王引全	沈国华	773	2 999	691	31 266
大直社区	沈根明	沈根明	580	2 311	841	30 415
周巷社区	陈　华	陈　华	1 244	4 875	833	31 926
金华村	汤仁青	张月明	875	3 800	2 050	32 108
七桥村	赵向珍	朱　敏	489	2 052	881	34 722
赵陵村	陶贻诚	马志荣	517	2 083	545	31 082
吴加村	陈国华	郁志明	461	1 892	621	33 431
三家村	叶　东	叶　东	662	2 853	938	30 609
新塘村	陈　楠	邹桃根	737	3 002	1 005	30 659
星金村	陆燕青	顾正兵	1 030	3 317	606	31 382
新龙村	严炳荣	唐小荣	872	3 705	878	30 862
白米村	朱　剑	沈巧水	1 375	5 873	1 214	31 205
林庄村	许建清	金春花	518	2 354	595	31 344
安头村	赵彬彬	赵　敏	651	2 190	535	33 433
大市村	蔡三全	邹南弟	867	3 352	1 108	31 958
姜杭村	张勤超	杨新荣	419	1 697	770	31 354
尚明甸村	周吉明	郁新华	451	1 692	638	31 418
南吉山村	叶前进	张红琴	573	1 880	759	31 849
南姚村	朱林宏	王祖民	428	1 666	665	30 703

(姚　琪)

周　市　镇

【概况】　周市镇地处昆山、太仓、常熟三市交界,紧靠昆山市区、昆山开发区和昆山高新区,距上海虹桥机场42千米,距浦东国际机场92千米,20分钟内可达沪宁高铁和沪宁高速公路。苏昆太高速和昆山市中环高架穿境而过。全镇总面积81.56平方千米,耕地面积8 806亩,辖新镇、陆杨两个办事处、21个社区和14个行政村，总人口219 930人,其中户籍人口63 930人。年内,面对复杂多变的宏观形势和各种矛盾困难及挑战,全镇上下学习贯彻习近平总书记系列重要讲话精神,贯彻落实中央和上级各项决策部署,以深入开展党的群众路线教育实践活动为强大动力，推动经济、政治、社会、文化、生态文明和党的建设全面协调发展，呈现出稳中有进、稳中向好的态势,“五大愿景”实践迈出新步伐、取得新进展。全年完成地区生产总值202.5亿元，同比增长9.4%;工业总产值536亿元，同比增长4.1%;服务业增加值75亿元，同比增长15.3%；公共财政预算收入19.45亿元，同比增长11%；全社会固定资产投资66.5亿元，同比增长4.8%。在2014年《中小城市绿皮书：中国中小城市发展报告》中，周市镇位列2014年度全国建制镇综合实力百强榜第43名。

【经济建设】 提高经济质量 年内，周市镇经济总量再上台阶。切实转变经济工作组织方式，认真完成第三次全国经济普查工作，更好研判当前经济形势、行业形势、企业态势，集中力量抓好项目建设，积极开展新一轮60家企业、88个转型升级项目培育行动，加快培育经济发展新动力，保持经济平稳健康运行，全年完成地区生产总值202.5亿元，增长9.4%；公共财政预算收入19.45亿元，增长11%；全社会固定资产投资66.5亿元，增长4.8%。

优化产业结构 年内，周市镇实现工业总产值536.41亿元，增长4.1%；高新技术产业、新兴产业产值占规模以上工业比重分别为49.9%和52.9%；实现服务业增加值75亿元，增长15.3%，占地区生产总值比重提高1.5个百分点。主导产业加速集聚。昆山高端装备制造产业基地通过科技部火炬中心复审，获批省科技兴贸出口创新基地、省两化融合实验区。不断推进商贸服务功能拓展和产业升级，大型城市综合体万达广场落户并开工建设，凯迪拉克、捷豹路虎等高端品牌汽车4S店相继开业，成功引入昆山市驾驶员考试中心，汽车服务产业链不断完善。企业活力不断迸发。华辰机器、数字城市、悦利电气三个公司的技术研发及技术改造项目入选国家级科技项目。新增苏州“海鸥计划”人才4名，数量为全市第一；新获评姑苏人才2名，引进培养高技能人才191名。引导国家“千人计划”专家谭方平博士和其担任顾问的企业合作，创办创弛电子科技有限公司，谭方平博士成为昆山首位由柔性合作变创业生根的“千人计划”专家。萨驰华辰公司成功研发国内首台轮胎成型“无人机”，专用汽车厂被列为国家两化融合试点企业，世名科技公司完成上市IPO预披露。新增省名牌产品2个、省著名商标1个，实现专利授权657件。

【社会建设】 增强富民强村活力 年内，周市镇构建长效富民机制。整合全镇范围内零星集体资产、资源，纳入镇强村富民经济发展公司统一规范运作，培育总投资2 230万元村级经济载体新镇村洞庭湖路商铺，启动东方菜场等村级经济发展新载体建设，全年预计收入1 900万元。完善“三大合作社”管理机制，预计全年可分红1 023万元。农民人均纯收入为32 339元，增长11%。切实强化“农村三资”管理。健全资产管理信息系统，建立农村资产双向台账，执行村级资产回收三年任务，收回资产、资源5宗，调高租金标准的27件。有序推进农村各项改革。全面开展农村土地承包经营权登记和农村社区股份专业合作社股权固化工作。认真做好征(使)用土地补偿工作。及时足额兑付土地补偿资金，全年补偿面积67 508亩，总计发放补偿资金5 710万元。积极推进农业生产。努力推广秸秆还田、水稻机插秧等技术，全面推广优质高产品种，完成市北稻麦丰产方建设，全镇收获小麦面积7 048亩，亩均产量355千克；全镇5 219亩水稻亩产635千克。

推动城乡融合发展 年内，周市镇优化空间布局。强化规划控制，实施村庄布局规划、振东侨乡特色村庄保护规划编制，启动昆山开发区和周市镇联动发展整体规划，认真落实土地卫片执法检查整改工作，坚决制止违规占地和违法建筑行为。平稳和谐有序推进动迁，完成民房拆迁453户、农副业理赔1 200亩，拆清拆净地块12处。积极腾出发展空间。全面开展已批未开发土地清理处置，清理已批未开发土地16宗；加大“退二进三”力度，签订企业搬迁协议6家，完成厂房拆除11家，累计腾退土地310.05亩。加快完善功能设施。交通路网体系不断优化提升，实施道路新建、改造8条，调整优化2条公交线路，新建公交候车亭10座、停靠站1对，启用金茂工业园公交首末站，339省道以北区域公共自行车系统有序运营。动迁房建设稳步推进，新开工动迁房17.6万平方米，全年竣工交房21.2万平方米，办理动迁房产权证1 718套，完成动迁房权属分割189件。

社区管理一体化 年内，周市镇努力推动城市社区提升、动迁小区规范和城乡社区融合发展，开展社区组织孵化基地建设，在全市率先成立业委协会，完成首届“善爱之家”社区公益助力活动，积极培育壮大各类草根组织，精心打造鑫茂东区等示范动迁小区。

保障和增进民生福祉 年内，周市镇兴办人民满意的教育。启动春晖小学、白塔幼儿园、鑫茂东区幼儿园等3所学校新建，以及周市中学二期扩建工程；昆山康复医院二期主体工程顺利完工，预计正式启用后病床位将增加350张，极大满足市民医疗、康复需求，进一步提高医院社会效益。继续开展45周岁户籍人口免费体检活动，累计体检17 810人，为居民健康保驾护航。不断完善公共服务功能。继续实施民生保险工程，为全镇户籍居民办理自然灾害险、团体人身意外险，全年人身意外险受益247人。成立市北村等7个村级慈善工作站。

维护社会安全稳定 年内，周市镇继续深化“平安周市”建设。基本实现动迁小区和老住宅小区技防建设全覆盖，努力提高平安建设现代化水平。成立镇国安办，尝试聘用社会保安人员充实一线巡防力量，出台执法辅助人员因执勤致伤亡关护办法，完善突发事件应急预案。周市镇被评为2012–2013年度法治苏州建设先进集体，

【文化活动】 年内，周市镇着力推进文化强镇建设。强化公民道德建设。广泛开展社会主义核心价值观实践活动，举办“中国梦”、十八届三中全会精神主题宣讲活动120场次，开展《周市力量》先进典型挖掘和宣传工作。深化全民学习活动。完善“社区学习圈”“三人行学习社”等学习载体和平台建设，组织“道德讲堂”45场，“学在周市” 全民学习品牌入选全国优秀教育活动品牌。推进城乡文明一体化发展。新创建昆山市文明社区1个、文明示范社区2个。开通“聚焦周市·网民议事”网络议事厅，加强“魅

野马渡文体中心

力周市”政务微博管理运营，强化网络舆情引导处置，大力宣传“五大愿景”实践新成果、新亮点，野马渡文体中心有序运营。出台《周市镇文化奖励实施意见》，成立“野马渡微电影工作室”。广泛开展群众文化艺术节等文化活动，主办第二届“周市杯”慢投垒球赛等大型赛事。成功创建“江苏省舞狮之乡”，镇文体站被评为2014全国十佳优秀文化站，为全省唯一获此荣誉的乡镇文体站。

【重要活动】 第十八届人民代表大会第四次会议 1月14日，周市镇召开第十八届人民代表大会第四次会议，代表们听取和审议了2013年镇政府工作、2013年财政预算执行情况和2014年财政预算草案、2014年人大主席团工作等报告。

转型升级推进会 3月27日，周市镇召开转型升级推进会，115家转型升级企业应邀参加。会上表彰了35家2013年度转型升级优秀企业，与昆山专用汽车等60家企业签订转型升级协议书，世名科技等6家企业代表先后进行交流发言。镇党委书记史红亮、镇长蔡力、镇党委副书记宋崎、人大副主席金伟出席会议。

第六届昆山周市樱花节 3月29日，“璀璨樱花、梦圆周市”第六届昆山周市樱花节在镇樱花园举行。昆山市委书记管爱国，副市长沈晓明，镇党委书记史红亮，镇党委副书记、镇长蔡力等出席活动。

省台商慢速垒球联盟授牌仪式 4月19日，省台商慢速垒球联盟授牌仪式暨第二届“周市杯”昆山慢投垒球大奖赛在周市镇体育生态公园棒垒球场举行。台盟第七届中央委员会副主席李敏宽，省台办主任王荣平，国际垒球联合会副主席谈莺，昆山市委副书记、市长路军，副市长金铭，市台协会会长李邦欣，镇党委书记史红亮、镇党委委员李晟出席活动。

首届善爱之家社区公益服务项目助力计划活动 6月27日，周市镇召开首届善爱之家社区公益服务项目助力计划活动启动仪式，共征集社区公益服务项目71个，确定签约社会组织28家29个项目，为全镇村社区居民提供妇儿、为老等23个类别的公益服务。

市北村试点开展专题组织生活会 7月19日，根据中组部要求，在苏州、昆山市委组织部指导下，周市镇市北村试点开展专题组织生活会和民主评议党员活动，受到中组部的充分肯定，为全国基层单位做出榜样。

全镇企业安全生产工作紧急会议 8月4日，周市镇组织全镇80家重点企业召开全镇企业安全生产工作紧急会议，要求企业吸取事故教训，严格落实安全生产主体责任，深化隐患自查自纠工作。镇党委副书记、镇长蔡力主持会议并讲话。

中央主流媒体调研周市镇 11月26日，由《人民日报》、新华社、《光明日报》等8家中央新闻媒体记者以及全国妇联、省妇联、苏州市妇联相关负责人组成的采访团，赴周市镇调研女性社会组织运作情况。昆山市妇联主席高苡平、镇党委副书记计华明陪同调研。

镇文体站获评“2014全国十佳优秀文化站” 12月19日，在文化部主办的“2014中国文化馆年会”颁奖典礼上，周市镇文体站被授予“2014全国十佳优秀文化站”称号，成为全省唯一获此殊荣的文化单位。

表99 2014年周市镇各村基本情况表

村名	书记	主任	总户数（户）	总人口（人）	户籍户数（户）	户籍人口（人）	经济总收入（万元）	人均纯收入（元）
市北村	吴根平	吴根平	1 457	4 313	850	2 876	1 244	35 939
东明村	朱群明	盛明华	1 544	4 571	799	2 833	833	33 080
斜塘村	盛振华	周春明	979	2 897	853	3 282	890	32 215
朱家湾村	周丽新	朱扬君	1 088	3 219	538	1 899	935	32 864
平庄村	贾文忠	朱　琴	1 697	5 022	587	2 102	816	35 915
永共村	邵明岗	陶　琪	5 350	15 837	656	2 207	904	33 029

续表

村名	书记	主任	总户数(户)	总人口(人)	户籍户数(户)	户籍人口(人)	经济总收入(万元)	人均纯收入(元)
珠泾村	陈耀国	张　英	1 131	3 348	600	2 078	548	32 223
新镇村	李　强	吴振华	2 262	6 696	577	1 899	888	32 789
东方村	凌惠明	黄建林	881	2 607	921	3 314	897	29 142
许家村	江　华	许建华	78	232	434	1 535	620	30 077
小泾村	冯凤根	严明元	631	1 867	685	2 605	989	29 819
陆桥村	陈凤民	朱巧根	1 631	4 829	531	1 830	778	31 566
横娄村	孙长明	王月芬	304	901	242	859	420	29 826
新瑭村	谈建明	花　芳	1 022	3 026	330	1 236	814	33 063

表 100

2014 年周市镇自然村变迁情况表

行政村	自然村	变迁时间	变迁原因	失地面积(亩)	总人数(人)	总户数(户)	迁徙地
斜塘村	林家宅	2014 年	动迁	20	160	32	市北锦苑鑫茂花园
斜塘村	陆家巷	2014 年	动迁	20	150	28	市北锦苑鑫茂花园
斜塘村	千步泾	2014 年	动迁	40	220	42	市北锦苑鑫茂花园
小泾村	中河泾	2014 年	动迁	458	61	19	鑫茂小区
中乐社区(村改居)	金家村	2014 年	动迁	600	80	15	金浦花园、新浦花园等

（陈文艳）

陆　家　镇

【概况】 陆家镇东与花桥经济开发区接壤，南濒吴淞江、千灯镇，西与昆山经济技术开发区、昆山国家综合保税区相依，北与昆山高新技术开发区毗邻。312国道、沪宁高速、沪宁铁路、沪宁城际高铁及京沪高铁均穿镇而过，其中，沪宁高速、沪宁城际高铁在镇内设站，交通便利，区位优越。区域面积 35.6 平方千米，建成区近 10 平方千米，下辖 8 个行政村、6 个社区居委会，户籍人口近 3 万，外来人口逾 8 万。先后被认定为全国小城镇改革试点镇、省新型示范小城镇、省教育现代化示范镇、省文明乡镇、国家卫生镇、国家级生态乡镇、中国特色文化(龙舞)之乡。全年完成地区生产总值 138 亿元，增长 6.7%；公共财政预算收入 13.08 亿元，增长 10.8%；固定资产投资 49 亿元；工业总产值 345 亿元；服务业增加值 52 亿元；进出口总额 16.7 亿美元，其中出口 12.3 亿美元。农村居民人均纯收入 318 77 元。

【经济发展】 年内，4 个市级重大产业项目和 18 个镇级产业项目按序时进度稳步推进。全年全镇各类企业完成技改投入 9 亿元，占工业投资的 90%。新兴产业、高新技术产业分别完成产值 161.5 亿元和 55 亿元。40 家规模以上自主品牌企业完成产值 233.1 亿元，占规模以上工业总产值比重 76.7%。服务业增加值占地区生产总值比重 37.7%，比上年提高 2.1 个百分点。正新公司被认定为省第二批跨国公司地区总部。好孩子集团海外并购两个国际品牌，完成品牌、人才和市场全球布局。新增玛吉斯、膳魔师 2 件中国驰名商标。新莱被认定为省名牌产品。好孩子集团获国际工业设计“红点”奖。增强“科技镇长团”产学研合作桥梁纽带作用，庞贝捷全球防火涂料研发中心投入使用，新增产学研合作项目 14 个。

【镇村建设】 年内，陆家镇完善老镇区、新镇区等 5 个控制性详细规划。环铁路延伸段、南圩路等道路基本完成。优化交通组织管理，加大交通设施投入，新建停车场 2 个、停车位 138 个。夏桥公交首末站建成运营，更新公交候车亭 18 座。优化公交线路 5 条。新增天然气用户 3 007 户。房屋征收工作稳步推进。动迁安置房新开工 5 万平方米、竣工 17.3 万平方米。开展水环境治理，完成光夏路河、新开河污水截流、河道整治，建成工业尾水氧化塘处理工程，运用生物技术提升木瓜河水质，排查生活污水管网总体情况，全镇水环境得到优化。新增绿化面积 12.6 万平方米，沙葛公园、夏桥公园投入使用。新建污水管网2.7千米，疏浚河道8.4千米，疏通雨、污水管道11.2千米。搬迁、关停污染企业6家。培育重点清洁生产企业1家、自愿清洁生产企业8家、循环经济示范企业2家。新增污水日处理量3 000吨,总量达到1.98万吨。规范便民疏导点设置和经营管理活动。动迁户“已签未搬”专项整治行动扎实推进、成效明显。拆除违章搭建2.3万平方米。数字城管二级平台与社区网格化管理有效融合。加强对小区物业公司的管理,物业服务水平得到提升。蒋巷南苑成功创建国家级小城镇宜居小区。

【社会建设】 年内,陆家镇推进就业创业,高校毕业生就业率97.5%,175名就业困难人员实现再就业,发放创业小额贷款1 600万元，获评苏州市首批就业高质型乡镇。开展各类扶贫帮困活动,累计发放各类救助金544万元、惠及困难群众1 984人。强村联合公司健康运营，全年实现村级集体经济收入3 807万元，完成5个农地股份合作社、2 073户农户农村土地承包经营权确权登记。夏桥小学、幼儿园建成启用，菉溪小学加快建设。各类学校教学教育质量稳步提升,高考、中考再创佳绩。制定扶持奖励市四院提升医疗服务能力三年实施办法，合丰社区卫生服务中心改扩建、镇南路卫生服务站异地新建工程稳步推进。1人入围“中国好人榜”候选名单,2人获评2014年度“昆山好人”,评选出镇第三届道德标兵、第五届六星文明之家。全年开展各类文体活动800场次,承办“陆家杯”海峡两岸暨港澳地区门球邀请赛、全国象棋男子甲级联赛等重大赛事，举办镇第十四届文化艺术节、第九届全民健身节等大型文体活动。获评全国门球项目推广贡献奖。《段龙舞》获全国舞龙展演暨第十二届中国民间文艺山花奖银奖、省五星工程奖金奖。安全生产常抓不懈,汲取“8·2”事故沉痛教训,进一步规范了安全生产法治秩序,全镇安全生产形势总体平稳。调整社区管理区域,推进社区“减负增能”工程。加强治安重点地区、重点人群、重点领域的管控，有效维护社会治安平稳。设立7个房屋租赁服务站,吸纳出租房736套,“群租房”势头得到初步遏制。

【政治建设】 年内,陆家镇深入开展党的群众路线教育实践活动，聚焦反对“四风”,践行“三严三实”,落实即知即改,狠抓建章立制,推动作风转变成为新常态。注重收集社情民意,举办好居民组长、文体团长、网友代表三个座谈会,梳理汇总群众关心的问题,对合理要求落实马上办。深化两人贴心工程,普及社区流动办公点,推进“党员亮身份”,不断延伸服务触角。强化权力运行的制约和监督机制,规范行政事业单位财务管理,严格执行工程招投标、政府采购、责任审计等制度,加大监察审计力度。办理人大代表建议19件,满意率94.7%。完成重大事项社会稳定风险评估27项。组织村级重大事项决策听证会23场次,参与村民代表502人次,涉及资金82.8万元。认真做好政府信息公开。开通网上议事厅,政务微博、微信等网络平台运作良好。对镇级集体资产和农村“三资”管理开展针对性检查,强化制度执行,确保保值增值。

【实事工程】 老有颐养工程　年内,夏桥日间照料中心完成招投标;建成启用80岁以上老人“幸福一点通”呼叫服务工程。

住有宜居工程　年内,陆家镇完成邵村南苑、鹤塘新村、牧医新村、镇南路住宅等老小区改造工程;陈巷农贸市场完成前期建设手续;设立小区物业管理引导资金,制定出台小区物业公司管理奖励办法。

教育惠民工程　年内,陆家中学改扩建工程主体竣工;陆家高级中学校舍区改造工程完成招投标。

城市优化工程　年内,陆家镇完成合丰地区路灯改造工程；完成童泾路、友谊路、富荣路25座智能公交站建设。

文化建设工程　年内,青少年校外活动中心基本完成；新增6块电子阅报栏、3个图书流动点;实施业余文体团队专业能力提升服务项目,制定备案登记、文艺辅导、活动记录等扶持、管理制度。

1月24日,陆家镇小城镇人居环境建设项目获2013年中国人居环境范例奖。

【重要活动】 1月13日,正新公司使用在轮胎商品上的注册商标"玛吉斯"被国家工商总局商标评审委员会认定为中国驰名商标。

1月15日,苏州市举办首届"苏州市十大自主品牌"和"苏州市十大公共服务平台"颁奖活动。好孩子儿童用品有限公司的gb好孩子品牌获得"苏州市十大自主品牌"称号。

1月16日,陆家镇第十八届人民代表大会第三次会议在政府阶梯会议室顺利召开,共有59位代表和108位列席人员出席会议。会议听取和审议了方勇同志代表镇人民政府作的政府工作报告、李凤泉同志代表镇人大主席团作的人大主席团工作报告,审议和批准了镇财政预(决)报告,并通过了各项决议。

1月24日,住建部公布2013年中国人居环境奖获奖名单,全国共36个项目被授予2013年中国人居环境范例奖。陆家镇小城镇人居环境建设项目榜上有名。

3月7日,陆家镇在文化中心影剧院召开全镇党的群众路线教育实践活动动员大会。镇党委书记邹文元作动员部署,昆山市委常委、组织部部长杨军出席会议并讲话。

3月7日,陆家镇在文化中心影剧院召开全镇党建和效能建设工作会议。会议表彰了神童泾村(社区)、夏桥村、纪检办、综治办、社区管理办、邵村社区、合丰村、文体站、市第四人民医院、便民服务中心等10家单位2013年效能建设创新奖获奖单位,财政分局、国税四分局、地税六分局、陆家高级中学、建管所、经发委、供电所、国土分局、拆迁拆违办、司法所、交管所、宣传办、城管中队、工商分局、民政办、总工会、环保办等17家2013年效能建设提速奖获奖单位。

5月17日,陆家镇第九届全国健身节启动仪式暨绿色骑行活动在乐溪广场举行。

5月28日,2014全国象棋男子甲级联赛第七轮,江苏句容茅山象棋队与山东中国重汽象棋队的比赛在陆家镇举行。

6月26日,"陆家杯"海峡两岸暨港澳地区门球邀请赛在陆家镇成功举行,来自两岸各地的12支门球队130多名运动员参加比赛。经过角逐,上海市高东镇门球队获得第一名,昆山市门球队和昆山陆家门球队分获第三名和第六名。

7月22日,好孩子集团在上海召开新闻发布会,宣布正式全资并购德国著名高端儿童汽车座品牌Cybex和美国百年儿童用品品牌Evenflo。

9月25日,PPG涂料(昆山)有限公司的防火涂料研发中心正式启用。该中心为亚洲地区首个碳氢类防火涂料研发中心。

9月28日~10月24日,陆家镇成功举办陆家镇第十四届文化艺术节。该次文化艺术节以"百姓舞台·一路精彩"为主题,共开展5个系列、10多项活动。

10月1日,美吉特灯都正式开业。

10月30日,好孩子集团自主研发的一款"口袋车"被吉尼斯世界纪录官方授予"折叠后最小婴儿车"荣誉,"好孩子"成为现今唯一一个创造吉尼斯世界纪录的婴儿车品牌。

12月12日,第十一届省"五星工程奖"正式揭晓,陆家镇的广场舞《段龙舞》获表演艺术类广场舞蹈金奖。

表101

2014年陆家镇各村基本情况表

村名	书记	主任	户数(户)	人口(人)	村集体收入(万元)	人均纯收入(元)
神童泾	沈建珍	金　峰	639	2 358	299	34 007
泗桥	吴进峰	卜小龙	808	2 594	426	30 657
陆家	季卫忠	汪　冰	609	2 313	225	34 802
合丰	余小明	叶继红	922	3 981	518	33 763
陈巷	张惠元	卜建林	839	3 485	479	27 239
邹家角	—	陆月华	740	3 056	384	30 862
夏桥	苏建良	陆周琪	819	3 441	436	31 115
车塘	洪　良	洪　良	566	2 350	217	33 670

表102

2014年陆家镇自然村变迁情况表

行政村	自然村	变迁时间	变迁原因	失地面积(亩)	人口(人)	户数(户)	迁徙地
陆家村	韩泾村	2014.12	动迁	1.8	25	6	联谊花园
陆家村	黄泥浜	2014.12	动迁	0.6	10	2	香花苑
陈巷村	小浜9组	2014.4	动迁	0	65	17	陈巷花园
陈巷村	小浜8组	2014.5	动迁	0	150	33	陈巷花园
陈巷村	王家江7组	2014.9	动迁	0	102	22	陈巷花园
陈巷村	王家江6组	2014.11	动迁	0	127	26	陈巷花园

(荣毅强)

巴 城 镇

【概况】 巴城镇位于昆山市西北部，阳澄湖东岸，北与常熟市沙家浜镇、任阳镇相邻，东依玉山镇和周市镇，南临娄江河，西濒阳澄湖。全镇总面积157平方千米，实有耕地总面积7 309亩，辖3个办事处，22个行政村，5个社区居委会。有户籍人口64 034人，另有外来暂住人口68 222人。全镇全年实现地区生产总值138.9亿元，同比增长5.2%；公共财政预算收入13.5亿元，同比增长8.9%；进出口总额9.9亿美元；工业总产值330亿元，同比增长3.1%，服务业增加值70亿元，同比增长6.1%；完成全社会固定资产投资55.45亿元，其中工业投资18亿元；到账外资2 370万美元，注册内资26.4亿元。年内，获得全国重点镇、省公共文化服务体系示范区、省级生态旅游示范区、省科普示范乡镇等称号。

【经济发展】 年内，巴城镇完成规上企业产值278亿元，同比增长4%，其中，装备制造业完成产值136.9亿元，同比增长6.9%，增幅比规上平均水平高出2.8个百分点，占规上工业比重达49.2%。达亚汽车、盖尔瑞孚艾斯曼、同昌汽车新材料等年产值超亿元项目投入量产。一批主导产业项目成功落户，其中超千万美元外资项目1个，超亿元民资项目2个。全年完成新开工开业企业76家，其中新开工企业27家，建设面积34.3万平方米，新开业企业49家，预计产值9.6亿元。认定千人计划1人（累计5人）、认定省博士集聚计划1人（累计9人）、姑苏人才1人（累计12人）；申报各级各类科技项目340项，已立项165项，争取科技经费2 306万元；申请专利897件，其中发明专利282件，已授权657件，新增高新技术企业22家（累计68家），省工程技术中心3家（累计6家），省企业技术中心1家（累计4家），省外资研发机构2家（累计9家），省研究生工作站2家（累计6家），产学研联合体22家（累计130家）。成功获批省科普示范基地。美居客、国网自控2家企业挂牌上市，上市后备企业6家，制造业分离发展服务业5家。新认定苏州市知名商标1件（累计5件）。顺利完成巴城镇第三次全国经济普查工作。

年内，昆山软件园新批（增资）项目93家，注册资本2.9亿元，同比增长80%，其中，超千万元项目14个；浦东软件园生活三、四期前期报建及天大二期研发楼建设加快推进，索夫特研发培训基地3–6号楼、美居客教育科研大楼主体结构封顶；昆山人力资源市场软件园IT分市场正式挂牌成立；《山猫和吉米之全家乐》入围“中国文化艺术政府奖第二届动漫奖”最佳动漫国际市场开拓奖；福纳影视、山猫兄弟、魔卡童三家企业列入财政部2014年度中央文化产业发展专项资金拟支持项目（全市仅5家）；昆山软件园成为国家级科技企业孵化器。

年内，巴城镇完成水之梦昆山乐园一期建设，制定阳澄湖水上公园（巴解公园）功能提升工程规划方案，巴城智慧旅游网、微博、微信等“创意微营销”平台运行效果明显，巴城阳澄湖蟹舫苑成为中国特色商业街，巴城阳澄湖景区成功获批昆山市首家省级生态旅游示范区，全镇全年接待游客280万人次，同比增长8.9%，实现旅游收入19.3亿元，同比增长9.6%。

年内，现代渔业产业园三期项目（810亩）全面完成，武神潭百亩蔬菜基地建成投产，高标准优质粮油生产基地项目进入招投标程序。葡萄产业健康发展，全年完成葡萄销售总量520万斤，销售收入2 900万元，亩均效益3 500元。大闸蟹上市前期工作有序推进，同时，积极申报“巴城阳澄湖”特色农副产品（大闸蟹）的国家驰名商标。

【社会事业】 年内，新城幼儿园、石牌中心校、石牌中学一期顺利投入使用，巴城中心小学分校、红杨幼儿园等加快建设。装修改造正仪、石牌社区卫生服务中心，改建东阳澄湖、红杨河社区卫生服务站，完成全镇1.3万名65周岁以上老年人、退管居民健康体检工作。新建凤栖园日间照料中心主体竣工，实施高龄老人、弱势群体“三心”工程，出台了《巴城镇低收入人群民生医疗保险方案（试行）》《巴城镇弱势群体救助工程实施意见（试行）》等帮扶政策。推进“10分钟健身圈”建设，新建石牌临时游泳馆，完成篮球场等场地建设31项。举办长三角民歌邀请赛、陈东宝事迹小戏小品评弹巡演等各类群众性文体活动180多场，《大美昆曲》入选中宣部精神文明建设“五个一工程”优秀作品奖，成功创建省公共文化服务体系示范区（镇）。

年内，巴城镇科学编制发展规划，镇总体规划审批落实，调整优化保留村庄布局，城乡建设发展有规可依、有章可循；巴城镇区、巴城老街规划完成公示，送审报批；石牌镇区规划方案顺利完稿，加紧调整完善。基础设施加快建设，水之梦支三路、支四路，铁路林场支路工程如期完成，通澄花园提标改造进展顺利。全年完成民房搬迁220户，企业签约9家，农副业清理2 700多亩。新开工动迁安置房49万平方米，3 337套；竣工65万平方米，4 518套。完成56个公交候车亭智能化改造，新辟、优化、加密区域公交线路5条。着力推动基础设施和公共服务优化整合、功能集聚，不断优化发展环境。

年内，巴城镇按照昆山市2014年生态文明建设行动计划要求，深入开展阳澄湖水环境综合整治、七浦塘拓浚整治、杨林塘航道整治、茆沙塘水质恶化整治、主干道沿线集中整治、前进西路渔家灯火出入口景观整治、镇容镇貌长效整治等环境综合提升工程。全年疏浚河道5.4千米，综合治理6.8千米，铺设污水管网5.6千米，畅通桥涵9座，石牌污水处理厂改扩建工程进度过半。加快建设生态廊道、城市绿地、湿地公园，全年新增绿化面积100万平方米，完成造林面积665亩。加快推进固危废处置利用工程，年丰社区垃圾分类试点工作有

阳澄湖公园

序开展；完善垃圾收运体系建设，新增环卫车5辆。致力于打造彰显生态魅力的滨水城镇，整体提升巴城形象和美誉度。

年内，巴城镇加快盘活土地资源，完成第一批“腾空间”任务（约662亩）；开展神州通、莱克斯等企业闲置地块的土地清理工作，累计清理闲置土地918亩。大力发展循环经济，关停新建化工厂、港昆双龙蓄电池厂等高污染、高能耗企业，推动2家重点企业开展清洁生产，完成8家企业申报昆山市节能技改项目。持续开展镇域内异地经营企业摸底调查工作，责令限期整改企业98家。积极依托区镇联动平台，建立区镇项目信息共享机制，全年完成3个区镇联动项目的签约、会审工作。

年内，巴城镇严格贯彻落实保留村庄规划建设实施细则，切实提高农房翻建管理的操作性和实效性。村庄环境长效管理成效明显，华社村美丽村庄建设稳步开展。拆违控违工作不断深入，有效遏制各类违法建设行为。组织实施城市环境“931”综合整治行动，积极推进凤栖园大型便民疏导点建设，切实维护优美有序的城镇面貌。推进社区“减负增能”，加强办事处管理，实现城镇管理模式由条线为主、分工负责向条块结合、属地管理的重大调整，初步形成办事处牵头抓总、职能部门通力配合、基层村社区自主管理的新格局。以社区办职能调整为突破口，进一步理顺农民动迁社区管理机制，有效提升动迁社区管理水平。突出“智慧巴城”建设，打造以人为本、科技惠民的宜居城镇。成功创建绿色苏州先进集体和全国重点镇。

【人民生活】 年内，巴城镇农民人均纯收入比上年增长10%，达到30 362元。完成城乡劳动力培训2 560人次，城乡劳动力就业转移730人次，解决就业困难群体人群就业490人次，发放创业小额贷款3 323万元。全年实现村级经济总收入19 920万元，可支配收入9 550万元，分别同比增长12%和5.6%，村均可支配收入达434万元，较上年增长23.3万元，完成可支配收入超千万元村2个，超500万元村4个。村级联合发展实体实现可分配资金766万元，三大合作社实现分红2 353万元。完成14个农地股份合作社、3 179户农户农村土地承包经营权确权登记，完成黄泥山、马料江、东岳村3个社区股份专业合作社股权固化改革试点工作。

【重要活动】 **巴城镇召开第十八届人民代表大会第三次会议** 1月9日，巴城镇第十八届人民代表大会第三次会议在镇文体中心召开，来自全镇73名镇人大代表和183名列席人员参加此次会议。会议听取和审议通过《巴城镇人民政府工作报告》《巴城镇人大工作报告》和《巴城镇2013年财政预算执行情况和2014年财政预算草案的报告》。

希瑞造纸织物（中国）有限公司开工 2月18日，希瑞造纸织物（中国）有限公司开工典礼在巴城镇举行。希瑞集团首席财务官克里夫、昆山市委副书记张雪纯等出席典礼。希瑞公司总部位于美国北卡罗来纳州的罗利。巴城工厂注册资本3 500万美元，投资总额9 800万美元，将主要从事造纸织物、网毯、辊子覆层、弧形辊的生产，预计公司投产3年内产值可达3亿元人民币。

老字号合顺记·文魁斋试营业 4月3日，老字号点心店合顺记·文魁斋在巴城老街旅游景区重新开张。项目于2014年年初开工，占地面积300多平方米，设有现场展示区、堂吃品尝区，同时具备独立清洁、厨房加工、冷冻储存等区间，其中177平方米的露天堂吃休闲区更是集庭院美景、小吃美食和放松身心为一体的多功能文化休闲区。

巴城镇一动漫作品获“金猴奖” 4月28日，第十届中国国际动漫节上，昆山合谷数码科技有限公司的《粉墨宝贝·舞动巴城》获得“金猴奖”最具潜力奖。另外，昆山卡带数字娱乐有限公司的《快递侠》、昆山金蟹动漫科技有限公司的《飞天螃蟹的中国梦》获“金猴奖”提名奖。

2014长三角民歌展演暨昆山巴城旅游文化节开幕 4月30日，2014年“巴城杯”长三角民歌交流展演暨第二届昆山巴城阳澄湖旅游文化节在巴城镇文体中心开幕，共有16只省内外民歌团队参加。

国务院办公厅、广电总局调研巴城镇动漫产业 5月14日，国务院办公厅应急办主任陈建安、国家新闻出版广电总局宣传司司长高长力等一行6人考察软件园动漫企业发展情况，参观调研合谷数码科技有限公司等企业，并召开重点动漫企业座谈会。会上，高司长希望软件园动漫产业基地继续做好先锋带头作用，充分发挥自身产业优势，为昆山市的动漫产业作出更大的贡献。

巴城镇在全国武术比赛中取得佳绩 5月17～19日，由国家体育总局武术运动管理中心、中国武术协会、江苏省体育局、徐州市人民政府主办的“淮海控股集团”杯2014年全国传统武术比赛暨全国农民武术比赛在江苏省徐州举办。由昆山市民生武术馆会员和巴城中心校学生组队的巴城代表队参加了此次比赛。巴城镇代表队经过顽强拼搏，在传统武术比赛中夺得个人2金、7银和4铜，在农民武术比赛中取得徒手集体项目三等奖的佳绩。

巴城镇石牌游泳馆开业 7月8日，巴城镇石牌游泳馆正式开业，巴城镇石牌游泳馆是市体育局为推进"10分钟体育健身圈"建设,特别是游泳设施建设水平,促进游泳运动的广泛开展而重点推广的建设项目,是市体育局与巴城镇合理的打造的惠及大众,服务人民的一项惠民工程。

巴城镇入选"全国重点镇" 7月21日,国家住建部、国家发改委等7部委共同公布最新一批3 675个全国重点镇,昆山市巴城镇被列入名单。

省环保厅调研巴城镇昆山软件园 7月25日,省环保厅厅长陈蒙蒙一行到软件园参观调研,先后走访禾信质谱技术有限公司和翔鸿无人飞行器有限公司,陈厅长对两家公司在环保领域内的作用给予肯定。

中国社科院调研巴城镇农村社会经济发展 7月25日,中国社会科学院农村发展研究所所长张晓山带领的调研组至仁和社区走访调研农村社会经济发展情况。实地查看便民设施、文化场馆后,调研组以座谈的形式,详细了解社区近几年的经济及社会事业发展情况。张所长对社区在为民办实事方面做出的努力给予高度赞赏。

2014昆山阳澄湖蟹文化节开幕 9月23日,2014昆山阳澄湖蟹文化节暨阳澄湖大闸蟹开捕新闻发布会在巴城镇阳澄湖畔举办。该届阳澄湖蟹文化节以"蟹肥秋意浓、畅享阳澄风"为主题。近年来,巴城镇精心规划,做大做强大闸蟹经济,已形成了一条从养殖到销售、再到加工的完整产业链,并将其成功打造成为致富一方百姓的大产业。巴城镇还推出"国庆戏曲周""赶蟹大会"(蟹王蟹后评选)、"阳澄曲会""昆曲表演""邂逅好运"微信抽奖、"'邂逅幸福'之微拍达人秀""群蟹起舞"广场舞大赛等一系列活动。

巴城镇举行文联换届选举大会 10月31日,巴城镇文学艺术界联合会第二次会员代表大会在镇文体中心召开。共有89人出席本次大会。会议全面总结巴城镇文联第一届理事会五年来在书法、昆曲、动漫影视等文艺特色方面取得的发展成果,并回顾巴城文艺由点到面的惠民普及推广工作。

巴城镇"幸福方舟"获全国"终身学习活动品牌"荣誉 11月4日,从2014年全民终身学习活动周全国总开幕式上传来喜讯,"幸福方舟 智慧巴城"获2014年全国"终身学习活动品牌"。

巴城镇第一届"赶蟹"大会 11月7日,巴城镇第一届"赶蟹"大会在阳澄湖蟹舫苑举行。此次"赶蟹"大会共分为抓蟹、扎蟹、取蟹粉、评选蟹王蟹后四个环节。最终,由金龙蟹王园养殖基地选送的重达1.03斤的公蟹获得"蟹皇"称号,华能养殖场选送的重0.79斤的母蟹摘得"蟹后"桂冠。

第五届阳澄湖诗会 11月8日,由昆山市文联、巴城镇人民政府联合举办的第五届阳澄湖诗会在巴城镇正仪晴碧园举行。

巴城荣获第二批省级生态旅游示范区 11月16日,2014年全省第二批省级生态旅游示范区名单出炉,巴城镇阳澄湖景区榜上有名,这也是昆山市首个省级生态旅游示范区。

俞玖林工作室落户巴城老街 12月13日,俞玖林工作室揭牌暨昆曲老街发展恳谈会在巴城镇巴城老街举办。

表103

2014年巴城镇各村(社区)基本情况表

村(社区)名	书记	主任	户数(户)	户籍人口(人)	村集体收入(万元)	人均纯收入(元)
武神潭村	蔡兴宝	蔡兴宝	481	2 030	514	26 640
新开河村	顾琛华	顾　平	458	1 893	555	26 589
东阳澄湖村	顾雪华	姚彩英	563	2 286	895	35 740
茅沙塘村	高凤鸣	张友兴	939	3 233	1 575	28 569
巴城湖村	顾惠康	王惠明	1602	5 172	1 425	33 821
龙潭湖村	陈　林	宫　斌	503	1 826	1 507	30 083
马料江村	高　峰	高　峰	635	1 890	612	25 400
红杨河村	罗兴根	王正林	412	1 314	875	30 951
凤凰村	高凤鸣	高凤鸣	915	3 442	624	27 426
东岳村	朱雪昆	朱雪昆	892	2 665	1 174	32 151
联民村	邹福良	孙雪其	454	1 603	482	26 921
华社村	董勇伟	董勇伟	358	1 169	681	29 192
方港村	许　东	吴卫东	398	1 440	394	26 267
夏东村	王雪明	温兆平	498	1 980	663	32 351
武城村	张建华	支陆强	460	1 859	268	25 391
西南村	沈　宏	张志强	337	1 307	525	27 202
环湖村	张友清	顾建平	519	2 029	875	30 848

续表

村(社区)名	书记	主任	户数(户)	户籍人口(人)	村集体收入(万元)	人均纯收入(元)
绰墩山村	刘雪龙	姚开明	924	3 532	2 807	35 832
阳澄湖村	翁建忠	朱建强	530	2 227	575	30 341
正仪村	柯小平	姚俊华	664	2 133	705	29 062
荣亭村	宗　伟	宗　伟	325	1 135	505	26 643
黄泥山村	李　强	佐惠平	892	3 646	1 629	32 902

表 104

2014 年巴城镇自然村变迁情况表

行政村	自然村名	变迁时间	变迁原因	失地面积(亩)	总人数(人)	总户数(户)	迁徙地
华社村	申泾	2014.1	水系调整	42.89	88	27	—
华社村	田荡	2014.1	水系调整	44.01	58	20	—
华社村	储巷	2014.1	水系调整	18.3	68	22	—
华社村	沈巷	2014.1	水系调整	33.46	162	46	—

（朱　红）

千　灯　镇

【概况】　千灯是昆山南部中心城镇，东临上海、西接苏州，区域面积 80 平方千米，常住人口 18 万人，其中户籍人口 6 万人，辖 1 个街道办事处、16 个行政村和 6 个社区。全年实现地区生产总值 157.6 亿元，公共财政预算收入 13.9 亿元，全社会固定资产投资 63.1 亿元，农民人均纯收入 31 275 元。顺利通过国家卫生镇复审，获评省科普示范乡镇，歇马桥村入选第三批中国传统村落名单。昆山中国—西班牙国际科技合作基地获评国家国际科技合作基地。

【经济发展】　年内，千灯镇完成工业总产值 545 亿元，增长 10%；服务业增加值 51.3 亿元，增长 11.5%；外贸进出口 22.9 亿美元，增长 15.1%；全社会固定资产投资 63.1 亿元，增长 12.3%，其中工业投资 29.7 亿元。

工业经济持续增长　年内，千灯镇内外资工业企业实现销售 538 亿元，增长 9.8%，其中外资销售 279 亿元，增长 7.8%，民营销售 259 亿元，增长 11.9%。汽车组件产业增势强劲。累计实现销售 23 亿元，增长 26%。机械产业增长较快。12 家主要企业中 11 家实现增长，累计销售 25 亿元，增幅达 25%。化工产业稳中有增。销售前十大化工企业累计销售 48 亿元，增长 14%，其中国都销售约 20 亿元，增长超 30%。电路板产业整合提升。累计销售 36.9 亿元，增长 6.4%。华新集团实现销售 8.9 亿元，增长 21%，纳税 4 547 万元，增长 43%。普诺威电子在新三板挂牌上市。

千灯镇现代农业生产

现代服务业快速发展　年内，千灯镇商贸物流加快集聚。京东商城实现异地租仓，完成开票 22.26 亿元；嘉里物流二期正式运营；入围苏州市服务业集聚区。大润发卖场实现销售 4.65 亿元；培育了巨川化学品、苏杭电子贸易等 6 家销售过亿元贸易企业。房地产开发有序推进。完成房地产投资 26.5 亿元，同比增长 52.4%，日月光科技城项目及建滔裕花园等高端房地项目加快建设。文化产业和旅游业持续发展。完成文化产业增加值 10.7 亿元，同比增长 17.6%，真彩文具、裕同印刷获得市文化产业引导资金 160 万元。加快融入旅游度假区旅游营销体系，全镇接待游客133万人次，门票收入1 638万元，保持稳步增长。

现代农业稳步提质　年内，千灯镇细化落实“四个十万亩”落地任务，粮食种植面积稳定在1.7万亩，夏熟小麦亩产357.7千克、秋收水稻亩产619千克。农业示范区启动“五谷丰灯”景区规划建设，实施大唐生态园、三维园艺、金谷农庄等项目提升工程，共完成投入5 600万元，其中引导企业完成投入2 800万元，建成一批旅游功能设施项目，成功创建国家农业旅游3A级景区。

【人民生活】　拆迁安置　年内，千灯镇加大对重点地区的拆迁动员，新增签约农户226户，35户重点户签订协议2户；强化政策落实，加快已安置农户房屋拆除，完成60户；坚持公平原则，适度照顾低保、低保边缘户等社会弱势群体，初步完成了2011年3月底前签约农户安置，共分配现房和期房约1 800套；动迁房建设稳步推进，全年建成21万平方米，其中大唐五期动迁房一期B1、B2地块8.8万平方米，锦景园二期6号组团4万平方米，大唐五期动迁房二期B地块8.12万平方米，“人等房”问题有所缓解。

富民强村　年内，全镇农民人均纯收入31 275元。累计发放农民创业小额贷款4 460万元，其中初创户278户；新增余项、前进、施家泾、陶桥4个村级扶强经济项目。完成三个村社区股份固化工作。村级资产公司经营收入1 700万元。“三大合作社”完成2013年度分红3 827万元。农地股份合作社完成8 482亩土地的竞争性发包；组建集体农场1家，经营面积300亩。村均总收入超760万元。核减低保户200户，低保边缘户392户；累计向各类困难救助对象发放补差金、救助金、补贴、慰问费等1 160万元，向低保、低保边缘户干股分红约84.4万元。积极落实“单独两孩”政策。代发农保养老金2 385万元，组织退管人员和老年人免费健康体检。2个公益项目入选公益创投。成立三家慈善工作站，开展慈善款定向捐赠。

【社会事业】　配套建设　年内，千灯镇建设秦峰路公交始末站，加密253路公交线，新建候车亭5座，优化区域公交352路。加快学校新建改造，千灯中心校南校区主体封顶；完成美景园幼儿园改造；启动实施亭林中学改造。推进善老服务中心改造，完成福利院改造，新增炎武社区日间照料中心1家。建成7.5万平方米卫泾公寓邻里中心、东江园农贸市场和喜事中心。

文化事业　年内，千灯中心校“新教育”成效显著，并承办全国新教育实验第十四届研讨会分会场活动，其乡村少年宫获中央专项资金扶持。石浦小学成功承办省青少年航空模型锦标赛并获团体一等奖。两个小昆班再获3朵小梅花金奖。成功举办镇第八届群众文化艺术节、“昆曲回故乡”等大型群众性活动，承办全国围棋甲级联赛千灯分站赛、“美丽中国”第二届江苏城市摄影擂台赛等品牌活动，完成数字电影《顾家姆妈》协作拍摄。累计举办各类文化惠民活动64场、体育比赛49场、放映公益电影306场。文学、书法、摄影等29件（篇）文艺作品在国家级刊物、赛事中发表、获奖、入展（选）。

社会治理　年内，千灯镇深入落实社会矛盾排查处置联席会议制度；完成20个风险评估事项报备。各村、社区扎实开展“无毒社区”“无邪教社区”创建，全面落实安置帮教、社区矫正等基础工作。4所学校被评为省级平安校园。歇马桥村、淞南社区成功创建省级民主法治示范村、社区。严格落实居住证管理制度，加强集聚地日常管理，真彩文具、日月光分别成功创建流动人口三星、四星级员工公寓示范点。

改善生态环境　年内，千灯镇重拳打击环境违法行为，累计检查企业1 739厂次，处罚企业42家，取缔了非法造粒工厂10家及擅上的9个非法项目。检查危险化学品企业364次，整改隐患1 845条；建成化工区监管平台、省界空气监测站。全年新增绿化38.3万平方米，全镇绿化覆盖率达35.12%，城镇绿化覆盖率达38.45%。农业示范区成功创建低碳园区、大洋电路板有限公司成功创建低碳企业、善景园成功创建低碳社区。实施吴淞江沿线整治三年行动计划，完成千灯固废回收、宏兴建材等项目拆除。开展盛家埭村“美丽村庄”创建。

【科技创新】　年内，千灯镇14家企业、79个产品分别获高新技术企业和高新技术产品认定，环鸿电子入围国家火炬计划重点高企申报名单；专利授权640件，其中发明专利25件，元素集申请国际专利；新增省级工程技术中心5家、省级研究生工作站1家、省外资研发机构1家。申报国家“千人计划”2名、省双创人才3名、省博士集聚计划3名、姑苏人才1名。成功创建省科普示范镇。实施技改17项，完成投入4.87亿元。

【重要活动】　第十届文化旅游节　3月底至5月底，千灯镇举办千灯生态田园体验季；4月，举办了“缅怀先贤　廉政教育”顾炎武祭扫活动；4月19日，举办2014昆山千灯第十届文化旅游节开幕式；4月25日，举办千灯小昆班成立十周年汇报演出；5月1日，邀请省昆剧院来昆进行“昆曲回故乡”千灯专场演出；“五一”期间，举办“节庆广场文艺天天演”活动。

第八届群众文化艺术节　9月26日，第八届群众文化艺术节在千灯镇旅游公司广场开幕。文化艺术节围绕“中国梦·千灯情”主题展开。

“美丽中国”第二届江苏城市摄影擂台赛　11月16日，“美丽中国”2014第二届江苏城市（团体）摄影擂台赛在千灯举行总决赛。该次活动由《中国摄影报社》江苏省摄影家协会主办，共设8个承办站点，近200人参加活动，千灯站是该项活动的最后一个站点。

全国围棋甲级联赛千灯分站赛　11月22日，“金立智能手机杯”中国围棋甲级联赛中国移动上海队对贵州百灵队昆山千灯专场在千灯镇大唐科技培训中心举行，经过一天的比赛，上海队4比1战胜贵州队。

表 105 2014 年千灯镇各村基本情况表

村名	书记	主任	户数(户)	人口(人)	经济总收入(万元)	人均纯收入(万元)
西宿	何淑娟	何淑娟	442	16 08	388	3.15
支浦	王　健	张金泉	199	873	340	3.08
前进	周泽华	徐建国	476	2 011	539	3.15
大潭	沈锡刚	陈宏珍	481	1 635	389	3.03
吴桥	朱惠林	陈　晨	538	2 012	780	3.00
陶桥	张建国	陆菊芳	529	2 150	533	3.08
大唐	陈云明	张雨元	809	3 218	3 019	3.51
石北	张善兴	张善兴	469	1 823	612	3.16
中节	孟佰生	钱正华	550	1 794	711	3.01
石浦	史文元	陈建良	445	1 531	504	3.22
余项	沈月锋	张惠元	281	1 078	363	3.04
歇马桥	吴建荣	叶才芳	468	1 730	588	3.12
陆家桥	赵月平	赵月平	288	946	359	2.98
新泾	沈雪其	张明元	487	1 573	642	2.98
施家泾	顾金明	顾金明	305	1 145	365	3.16
盛家埭	陈建良	金造红	587	2 048	666	2.98

（王　洁）

淀山湖镇

【概况】 淀山湖镇东邻上海市青浦工业园区，南与青浦区朱家角镇接壤，西临淀山湖，与锦溪镇隔湖相望，西北与张浦镇为邻，北与千灯镇相连。区域面积 65.84 平方千米，耕地 11 760 亩，其中高标准农田 8 490 亩；辖 10 个村委会、7 个社区居委会，常住人口50 718 人，其中户籍人口 25 628 人，外来从业人口 30 500 人；居民人均可支配收入 29 890 元。年内，实现公共财政预算收入 8.1 亿元，增长 10.4%；村级集体经济总收入突破 6 000 万元，增长 12.4%；全社会固定资产投资 42 亿元，增长 10.5%。荣获"国家园林城镇"称号；成功创建 2014-2016 年度中国民间文化艺术（戏曲）之乡；淀山湖成校"社区第一课"，获得全国农村成人教育优秀品牌称号；淀山湖小学获得一大批国家、省级各类竞赛奖。淀山湖社区荣获省"和谐社区建设示范社区""民主法治示范社区"称号；红星村评为江苏省生态村。

【经济发展】 年内，淀山湖镇实现地区生产总值 79.02 亿元，其中一产 1.80 亿元、二产 39.32 亿元、三产 37.90 亿元，一、二、三次产业分别占 2.28%、49.76%和 47.96%；财政总收入 18.29 亿元，其中公共财政收入 8.11 亿元，可用财政收入 7.82 亿元。

全镇农作物播种面积 26 475 亩，其中粮食作物播种面积 21 855 亩、油料作物播种面积 210 亩、蔬菜作物播种面积 162 亩，年产粮食 10 784 吨、油料 31 吨、蔬菜 3 260 吨，年产肉类 2 999 吨、禽蛋 10 吨、水产品 7 766 吨。

至年底，全镇共有工商注册企业 1 221 家，其中列统三上企业 151 家；注册企业中有工业企业 783 家，工业企业中有规模以上企业 110 家、高技术产业企业 27 家；商业企业中有 50 平方米以上超市 25 家、住宿餐饮业 14 家。工商企业应税销售收入 315.13 亿元，比上年增长 31.67%；企业实交税金 13.17 亿元，其中高技术产业企业上交 1.64 亿元，分别比上年增长 40.18%和 9.29%。工业总产值 185 亿元，其中规模以上企业总产值 146.43 亿元，分别比上年增长 1.93%和 4.98%；规模以上企业增加值 30.57 亿元，比上年增长 9.56%。全社会固定资产投资 42.02 亿元，比上年增长 10.44%。进出口总额 8.86 亿美元，其中出口 7.08 亿美元，分别比上年增长 13.07 和 11.32%。实际到账外资 5 186 万美元，比上年下降 43.23%。

【社会事业】 年内，全镇有中学 1 所、小学校 1 所、成人教育中心校 1 所，幼儿园和托儿所 4 所，有中学教师 62 名、小学教师118名，在校中学生583名、小学生1 990名。有文体站1个，图书馆3个，公共图书馆藏书量35千册，每册书流通约0.92次。有714只座椅、影剧院1个、LED大屏2块。公共文化设施面积1 350平方米。年内“百姓戏台”各类演出162场次，“百姓讲坛”32讲，书场演出240场次，周末剧场40场次，流动电影放映229场次。举办22项全民健身赛事；参加市百村篮球赛、乒乓赛等17项赛事，落实“10分钟体育健身圈”建设。

年内，全镇有体育场馆4个，门球场6片，公共体育设施面积30.61万平方米，各类体育场地总面积为357万平方米(包括高尔夫球场和梦莱茵水上运动)。有健身场所18个，建立晨练点40个，有门球、围棋、乒乓、篮球等各类体育类团体7个，拳功操、腰鼓、太极拳、轮滑等群众性体育健身团队22个，体育社会指导员74人。全镇有医疗卫生机构10个，拥有病床70张。敬老院1所，床位72张，收养老人39人。扩建镇福利院，新增床位200张，实现老人日间照料全覆盖。

【生态文明】 中心城镇建成区公共绿地450公顷。加强环境保护和污染治理，重点抓好水环境、空气质量、污染减排、环境执法、植树增绿和长效管理等工作。深入推进生态文明建设三年行动计划，完成15个生态专项计划。强化水环境防控和长效治理，邀请苏州科技学院实施镇域水环境调查分析，生态修复河道9条11千米，新建闸站5座，改造小型农田水利设施6处。实施南浜村、石墩工业区生活污水截流工程，完成120家企业生活污水接管。落实新一轮“蓝天工程”，推进工业废气治理，与青浦垃圾处理厂建立常态沟通机制，空气污染问题得到有效控制与改善。严厉打击各类环境违法行为，取缔关闭企业3家，停产整顿企业50家，建议立案企业20家。新增循环经济试点单位1家、清洁生产企业3家。推进“四个十万亩”计划，严守生态保护红线。林木覆盖率和建成区绿化覆盖率分别达22%和37.7%，新增绿化面积40.1万平方米。启动淀山湖花园垃圾分类收集试点。

淀山湖镇淀兴路东段鸟瞰

【人民生活】 年内，全镇农民人均纯收入29 890元，人均住房面积50平方米，楼房入住率99.2%，自来水用户12 933户、燃气用户12 933户，有线数字电视入户率100%，互联网宽带上网用户8 742户。参加新型农村社会养老保险2 569人、农村新型合作医疗6 136人，享受居民最低保障59人。

年内，淀山湖镇稳步推进一批实事工程，淀山湖花园乐苑、市民活动中心、尚苑与美苑喜事中心、社区医疗服务站、医院门诊大厅改造、露天游泳池和社区提升工程等，全部竣工交付使用。尚苑、美苑架空层项目、香馨佳园社区用房、安息堂、殡葬服务中心等工程实施中。基本完成动迁小区天然气全覆盖，东湖佳苑、曙光新城、东湖花园、淀兴小区、东湖新村5个小区即将通气。丰富养老服务功能，改造27个社区居家养老活动站，完成“孝善坊”建设，拓展康乐寿日间照料中心。

【道路交通】 年内，乡镇公路总里程372千米，公共交通客运站1个，淀山湖新客运站主体竣工。有淀山湖汽车站(以下简称汽车站)通往昆山客运南站(113路)、昆山客运北站(135路)、上海青浦客运站、锦溪周庄客运站(258路)出镇公交线路4条；周庄至上海轨道交通11号线江苏延伸段花桥站的游7公交车，镇内设有汽车站、曙光路双马路2个上下车站点；镇域内有汽车站通往红亮(255路)、汽车站通往金家庄(257路)、汽车站通往晟泰农民新村(353路)、小学途经镇区至马安新村(354)、小学途经镇区南侧淀辉新村至荷塘月色(355)、汽车站通往欧维五金(356路)，汽车站通往石墩(357路)、汽车站通往双桥环线(358路)、汽车站通往永新环线(359路)9条公交线路；有学生公交车6辆(6条专线)；大润发千灯店至淀山湖镇免费接送车，每天6班次。有17千米自行车专用车道，公共自行车系统年内新增借车站点11个，年末累计借车站点40个、借还车桩998个、投放自行车750辆。

【城镇协调】 年内，淀山湖镇统筹城乡发展，构建宜居宜业、产城融合的现代化城乡新格局。开展总体规划和控制性详规修编，优化镇村空间，研究重点村庄、特色村庄规划布局，出台村庄农房翻建管理实施意见，推行规划建设审批制度。美丽镇村建设取得明显成效，小泾村入围“苏州市美丽村庄”试点。实施新型城镇化和村庄环境整治行动，张家湾、东洋村等10个自然村环境整治全部完成，六如墩、东阳界入选“苏州市村庄环境长效管理示范村”。组织“六打六治”打非治违专项行动，推进“931”整治行动，重点整治镇容环境、市场秩序、城中村、"五小行业"，健全城乡一体防违、控违、治违工作体系，拆除违章建筑2.1万平方米。加强基础和配套设施建设，完成84.1千米雨污水管网疏浚养护、11条道路出新改造、25间公房居住环境改善，建立房屋安全动态跟踪机制，保障房屋居住安全。推进六如墩乡村旅游配套功能改造和乡村骑行观光带建设，神州数码商业街正式营业。

【民生普惠】 年内，淀山湖镇坚持民生导向，提高幸福水平，拓宽城乡居民增收渠道。全镇社会就业率97.5%，发放小额创业贷款2 097万元，强村公司全年可分配收益2 350万元。社会保障扩面提质，依法实施低保、低保边缘、重残、特残、五保户清查，解决群众临时救助、个性化医疗救助、贫困学生救助等问题，共发放各类救助金272万元，发放各类抚恤金、义务兵安置费及优待金335万元。提高养老服务水平，引进社会力量参与养老事业，联合昆山壹方慈善公益发展中心，举办首届孝老文化节。加强安置房等社区的物业管理，逐步提升社区生活环境。完善便民服务功能，镇便民服务中心增设2万元以下小额医药费报销业务。

【科学技术】 年内，淀山湖镇新成立各级各类研发机构18个，总投资4 600多万元。科技立项规模扩大，完成国家级2项、省级24项、苏州级7项和昆山级22项。新增国家星火计划项目2个，引进高层次人才172名，培育省双创人才1名。继续开展"教授博士柔性进企业"活动，14位博士对接9家企业，落户产学研项目资金超1亿元。申请专利1 857件，其中发明专利154件；授权专利400余件，其中发明专利授权8件。推进节能减排和环境保护，万元产值能耗下降率达到8.1%。

年内，淀山湖镇突出企业主体地位，完善科技创新体系。大力优化投资结构，完成工业投资11亿元，其中设备投入5.87亿元，新兴产业投资占工业投资比重53.2%。提高研发投入，实施重点产学研项目2个，新增国家火炬计划重点高新技术企业1家、省民营科技企业3家、省级高新技术企业7家，各级企业研发机构17家。全年获批科技成果国家级1项、省级28项、苏州级5项、昆山级18项，授权专利超400件，获批高新技术产品16件。古鳌"智能点钞、扎把一体机研发及产业化项目"获得省重大科技成果转化1 200万元资助。淀山湖镇入围第四批江苏省创新型试点乡镇。引进高层次人才13名，新增昆山"双创人才"3名。实施金泰纸业煤改气节能减排工程，万元产值能耗下降率3%。

【社会治理】 年内，淀山湖镇创新社会治理理念、体制、机制，完善多方参与的社会治理体系，和谐社会建设取得新成效。加大社区基层管理力度，探索12365社区治理机制，完善社区房屋租赁服务超市、"苏邮惠民"等特色功能。整合社区资源，健全服务网络，提升服务水平，实现社区扁平化管理全覆盖。人口服务管理得到加强。严格落实安全生产责任制，健全镇村两级安全生产监管网络，推动企业安全生产网格化建设，建立企业黑名单、安全隐患等级制等，安全生产形势保持稳定，无重特大事故发生。加强政法综治和平安建设，做好信访稳定保障，创新社会综治举措，深入开展信访问题排查和信访积案化解活动，集中解决了一批征地拆迁、环境污染、劳资纠纷等社会矛盾和问题，继续保持无进京赴省个访群访事件。淀山湖镇信访工作荣获苏州市"2013-2014年度信访工作先进集体"。

【重要活动】 1月16日，淀山湖镇第十八届人民代表大会第四次会议召开，56名镇人大代表出席会议，列席人员114名。大会听取和审议镇政府工作报告、2013年财政预算执行情况和2014年财政预算报告、人大主席团工作报告；会议号召全镇人民，深入贯彻落实科学发展观，团结带领全镇人民，牢牢抓住全面深化改革的重大机遇，为建设"尚美淀山湖"作出更大贡献。

4月27日，以"智游天下、品味江南"为主题，以"玩入戏、活出味"为主线的2014中国·昆山国际文化旅游节开幕暨"尚美淀山湖"自行车异装骑游活动在淀山湖环湖大道音乐广场拉开帷幕。

6月8日，唯品会华东物流中心6万平方米新仓（二期工程）正式投入使用，专场特卖会全部搬迁至新仓，老仓主要以仓储开放平台、售后退货及乐峰网为业务模块，实现更高效、更专业化的仓储运作。

6月9日，淀湖社区康乐寿日间照料中心的正式开放，与已建成的其他4处日间照料中心一起，为全镇350多名独居、"空巢"和困难老人，提供统一送餐上门服务，标志着淀山湖镇实现日间照料中心全覆盖。

12月2日，淀湖社区通过整合资源，完善"一站式"服务平台，让居民不出小区就能享受各类便民服务。便民菜场强调惠民，便民服务中心，市民可以缴水费、电费、固话费及手机通信费，还将根据居民需求，提供购买飞机票、火车票、汽车票等服务。紧挨便民服务中心的是新开业的淀湖社区卫生服务站。

表106

2014年淀山湖镇各村基本情况表

村名	书记	主任	户籍户数（户）	户籍人口（人）	常住户数（户）	常住人口（人）	村集体收入（万元）	人均纯收入（元）
晟泰	顾永元	曹　锋	705	2 404	1 023	3 824	1 411	28 596
金家庄	庄建红	吴玉光	764	2 476	184	588	492	26 190
度城	顾云福	冯伟雄	540	1 865	404	1 663	455	29 762
兴复	许永弟	黄　珏	524	1 760	381	1 136	478	27 568

续表

村名	书记	主任	户籍户数（户）	户籍人口（人）	常住户数（户）	常住人口（人）	村集体收入（万元）	人均纯收入（元）
永新	王文奎	陆志斌	816	3 069	758	2 434	580	28 912
红星	曹振华	陈建锋	554	1 850	818	2 716	608	31 895
双护	程　赟	汤雪林	504	1 666	2 678	8 568	311	30 380
安上	孙卫忠	叶　刚	577	1 887	1 598	5 953	611	30 457
杨湘泾	李　尧	许雪清	597	1 357	833	2 569	623	29 207
民和	陈红芳	周国平	785	2 351	1 605	5 028	480	29 928

表 107　　2014 年淀山湖镇自然村变迁情况表

行政村	自然村	变迁时间	变迁原因	失地面积（亩）	人口（人）	户数（户）	迁徙他
永新村	庄里	2014.5	土地整理	16	130	32	淀山湖花园
永新村	彭安泾	2014.5	土地整理	25	210	50	淀山湖花园
红星村	旺油车	2014.5	土地整理	18	160	37	淀山湖花园
晟泰村	何巷	2014.7	土地整理	26	220	52	淀山湖花园
安上村	顾家厍	2014.8	土地整理	8	80	16	淀山湖花园
安上村	西庙泾	2014.9	土地整理	5.5	50	11	淀山湖花园
金家庄	淀山	2014.11	土地整理	17	180	40	淀山湖花园

（张品荣）

周　庄　镇

【概况】 周庄镇位于昆山市西南隅，东邻上海市青浦区金泽镇，西接苏州市吴江区同里镇，南连吴江区汾湖开发区，北毗昆山市锦溪镇。周庄水陆交通便捷，经商周公路、同周公路、锦周公路分别可至上海、苏州、昆山，建设中的常嘉高速穿境而过，域内急水港属国家四级航道，是沟通苏沪浙皖等省市的重要水上通道。全镇总面积 38.96 平方千米，其中陆地面积 20.8 平方千米、水域面积 18.16 平方千米。下辖 10 个行政村和 3 个居委会，户籍人口 22 438 人。

周庄历史悠久、人文荟萃、风景秀丽，古镇区保存完整，双桥、沈厅等古迹驰名中外，素有“中国第一水乡”之称，是国家 AAAAA 级旅游景区和国家历史文化名镇。周庄环境优美，生态资源丰富，有澄湖、天花荡、太师淀、肖甸湖、白蚬湖和南湖等众多湖泊湿地，且境内保留自然村落和基本农田保护区众多，使江南水乡的原生态风貌得到了很好的保护。年内，周庄成功创建世界卫生组织（WHO）健康社区，美国《纽约时报》把周庄列入全球最值得旅游地名录。

年内，周庄镇实现地区生产总值 41.94 亿元，同比增长 6.3%；工业总产值 30.2 亿元，同比增长 4.1%；服务业增加值 36.2 亿元，同比增长 6.5%；公共财政预算收入 1.83 亿元，同比增长 10.9%；全社会固定资产投资 7.6 亿元，其中生产性服务业投资 1.5 亿元；农民人均纯收入 27 699 元，同比增长 10.3%。

【经济发展】 年内，周庄镇接待游客保持在 300 万人次以上，散客数量同比增长约 26%，占总游客数比例达 65%。“周庄声活”有声主播咖啡馆、南社百年书院、“乐活周庄”设计师工作室等一批项目相继开业。水乡庄园精品酒店完成主体建设，莼鲈之思度假酒店及多家较高品质民宿开业，民居客栈数增至 240 多家，游客过夜率和古镇区客房全年平均出租率约分别达到 27%和 51%。成功举办第十九届中国周庄国际旅游节、水乡风车季系列活动、第四届海峡两岸象棋大师赛、中国名镇名村（周庄）论坛等重大活动

年内，周庄镇引进 1314 摇篮影视文化、猫空投资等 18 个项目，其中工业项目 5 个、文化创意产业 7 个、服务业项目 6 个，总注册资本 1.09 亿元。完成申报科技项目 69 项，其中国家级 4 项、省级 16 项、苏州级 7 项。申报国家“万人计划”2 名、省“双创”人才 2 名、“姑苏人才”1 名、昆山市“双创”人才 1 名。新增昆山市高技能重点人才 3 名、昆山市高技能优秀人才 7 名。新增省级高新技术企业 4 家，省级高新技术产品 15 个，省级和苏州级工程技术研究中心各 2 个，苏州外资研发机构 2 个。获得各类专利授权 363 个，其中发明专利 9 个。

【镇村建设】 年内，周庄镇加强基础设施建设，新建污水管网 1.1 千米，改造污水提升泵站 3 个，完成首批天然气实用

点管道接通工程，启动4.7千米天然气二期工程建设，完成公交首末站主体工程建设，新建祁浜、龙亭等10个公交候车亭。新增200辆公共自行车和10个借车点，完成龙凤陈家浜、云南民营区等4个区域、8.1千米农村道路亮化，完成主要路口治安监控建设。推进美丽镇村建设，新增27个保留村庄，有序推进祁浜村三珠浜和东浜村东垞自然村美丽村庄建设，进一步加强长效管理，巩固原有"美丽村庄"和"康居村庄"建设成果，与59个自然村落签订保洁责任制，完成水利畅通工程3项，河道综合整治5条，防洪除涝工程2项，基本完成横港工程绿化建设。提升人居环境品质，完成蚬江花园安居小区9.5万平方米交付，完成新舟小区、桂花园等6个老小区综合改造，完成蚬江公园建设，大力推进植树造林，新增绿化38万平方米，实施古镇区河道水质提升工程，加强环境监测及保护，全年空气质量及水环境质量全市排名第一。

【社会事业】 年内，周庄镇文化惠民成果丰富，全年举办第九届群众文化艺术节、第三届连厢大比拼活动、"周庄好声音"青年歌手大赛等各类文艺活动130余场次、体育赛事10余项，免费送电影下乡290余场。文体中心建成启用，顺利通过省级公共文化服务示范区创建考核验收。完成2008版镇志出版刊印工作，《周庄镇志》入选第一批《中国名镇志丛书》。加快教育现代化建设步伐，中小学教学设施持续完善，龙凤幼儿园建成启用，周庄中学连续三年获综合考评优秀，成功承办全国青少年航海、建筑模型教育竞赛(江苏预选赛)。卫生事业取得新发展，周庄医院新增部分医疗及信息化设备，完成6 933人次乙肝接种。落实法治惠民工程，建立工业园区和复兴民营工业区2个企业联合调解工作室，积极做好社区矫正和帮教工作，深化互动式普法工作，开展"法治为故事"创作大赛。富民工作扎实开展，发放小额贷款2 295万元，178家创业户从中受益。社会保障持续增强，全年累计发放各类救助金、慰问金、优抚金、助学金等约938万元，开展劳动技能岗位

2014周庄水乡风车季

培训2 089人次，解决大龄劳动力就业233人。

【重要活动】 周庄镇第十八届人民代表大会第三次会议 1月9～10日，周庄镇第十八届人民代表大会第三次会议在镇政府会议中心顺利召开。来自全镇各行业的51名代表、111名列席代表参加了这次会议。与会代表听取并审议了镇《政府工作报告》《人大工作报告》《财政预结算报告》3个报告和各项决议决定，并依法选举蒋连红同志为镇人大主席。市人大副主任朱兴农、市检察院检察长皇甫觉新出席会议。

第六届中国物联网RFID发展年会 4月17日，第六届中国物联网RFID发展年会在周庄召开。来自国务院各相关部委(行业)代表，国内外物联网RFID业界的知名企事业单位和昆山传感器企业的代表200多人参加会议。国家金卡工程协调领导小组办公室主任、工信部电子科技委副主任张琪主持会议。

中国名镇名村（周庄）论坛 4月25～27日，众多古城镇保护领域的领导和专家学者再次相聚周庄，隆重举行中国名镇名村(周庄)论坛。论坛围绕"城镇化进程中的历史文化名镇名村的保护与发展"主题作深度研讨。"古镇保护与发展周庄论坛"已成功举办6届，论坛聚焦以江南水乡名镇为代表的中国历史文化名镇近30年来在保护与发展过程中遇到的各种问题，邀请国内外的专家和名城名镇名村代表共同参加，为中国名镇名村的保护和发展创立了一个交流平台，积极推动了中国名镇名村的保护与发展。

第十九届中国周庄国际旅游节 第十九届中国周庄国际旅游节暨2014周庄水乡风车季在周庄莼鲈之思度假酒店正式启动。2014年首次推出的周庄水乡风车季从4月15日起延续至7月15日，围绕"声""色""味"等主题连续举办十大系列活动。

第四届"周庄杯"海峡两岸象棋大师赛 4月26～29日，第四届"周庄杯"海峡两岸象棋大师赛在周庄举行，来自两岸的32位棋手相聚一堂，展开为期三天的激烈对弈，国内等级分第一人、卫冕冠军王天一执红击败新星郑惟桐，最终蝉联冠军。该项赛事已逐渐成为国内最高级别、最高水平的象棋赛事之一。

第一届南社百年书院阅读·写作节 4月30日，"首届南社百年书院阅读·写作节"在古镇周庄顺利举行。此次"阅读·写作节"由光明网、中国国际文化交流中心、光明日报出版社和江苏水乡周庄旅游股份公司联合主办，分为"首届南社百年书院阅读·写作节之全民阅读系列公益讲座"暨南社百年书院揭幕活动、高峰论坛、都市丽人爱情小说选拔赛开幕仪式三项活动。来自复旦大学、华东师范大学、上海交通大学、同济大

学等上海十余所高校的学生参加了活动。著名导演贾樟柯出席此次活动。

第四届"五月放歌"周庄诗会 5月30日，周庄镇第四届"五月放歌"周庄诗会在充满古风雅韵的古戏台举行。诗会上，主办方在众多为周庄量身创作的诗篇中选出15首由专业朗诵团成员现场倾情演绎，部分诗歌作者也参与吟诵，大家一起以诵读周庄迎接端午，以吟诗水乡抒发情怀。近千名周庄镇民及外地游客共同度过了一个充满诗情画意的夜晚。

表108

2014年周庄镇各村基本情况表

村名	书记	主任	户数(户)	人口(人)	经济总收入(万元)	人均纯收入(元)
东浜	严美勤	马春平	289	964	271	27 614
全旺	沈冬林	赵建平	317	1 247	276	27 434
高勇	费建华	张正华	640	2 487	366	27 710
云南	李　江	吕海滨	585	2 236	462	29 906
复兴	张　毅	张　闻	843	2 671	621	29 880
龙亭	杨培明	俞庆清	822	2 445	588	24 949
祁浜	吴洪生	韩建峰	545	2 029	622	26 875
双庙	吕冬生	陈巧林	494	1 824	321	27 648
龙凤	王海英	陆建文	995	2 686	403	27 208
南湖	沈建中	沈国方	298	1 126	294	27 385

（浦成强）

锦溪镇

【概况】 锦溪镇位于昆山市西南隅，东临淀山湖，西依澄湖，南与上海市青浦区金泽镇、昆山市周庄镇相接壤，北与吴中区甪直镇、昆山市张浦镇相毗连。1985年，由陈墓乡、淀西乡、陈墓镇撤并而成。政区总面积92.34平方千米，人口83 851人，其中常住人口43 920人，外来人口39 931人，下辖1个街道和21个行政村(社区)。锦溪自然环境独特，文化底蕴深厚。坐拥河流226条，大小湖荡16个，水域面积接近50%，有"水乡泽国"之称。菱、藕、茭白、慈姑等水生食物，鲈鱼、鳜鱼、鲃鱼、鳗鱼以及鳖、蟹、虾、螺等水中湖鲜，品种丰富，质嫩鲜美。0.51平方千米的古镇遗产保护区内，明清及民国历史建筑86 800平方米，占建筑总面积的86%。拥有锦溪宣卷国家级非物质文化遗产1项，祝甸古窑群遗址、古区公所等省级文保单位2处，陈妃水冢、通神庵、文昌阁等市级文保单位14处。先后开办了中国古砖瓦博物馆、古董馆、明清家具馆、紫砂馆、锦溪杰出人物馆、锦溪宣卷展示馆等民间收藏和文化艺术展览馆十余家。为中国历史文化名镇、中国民间文化艺术之乡、全国环境优美乡镇、国家卫生镇、中国人居环境范例奖、全国特色景观旅游名镇、中国最美小镇、中国十佳村镇慢游地、国家AAAA级旅游景区、中国世界文化遗产预备名单。

【经济发展】 年内，锦溪镇完成地区生产总值62.1亿元，比上年增长3.2%；完成工业总产值162.2亿元；完成服务业增加值30.1亿元，比上年增长3.8%；三次产业占比为3.2∶47∶49.8。规上企业58家，其中10亿元以上企业2家，2至5亿元区间企业9家，亿元以上企业22家。完成全社会固定资产投资32.9亿元，比上年增长13.3%，其中工业投资10.6亿元，比上年减少18.5%；完成进出口总额7.9亿美元，比上年下降2.8%；实际利用外资6 023万美元，与上年持平，新增注册内资10.4亿元，比上年增长1.2%；完成公共财政预算收入4.6亿元，比上年增长12.1%；农民人均纯收入26 864元，比上年增长10.7%。不失时机实施载体升级，在原白莲湖总部经济园基础上，规划建设海峡两岸国际健康产业园，打造经济发展升级版。全年新开业项目6个，开工项目14个，总面积15.27万平方米。昆山第一家台湾大陆投资总部、注册资本3 000万美元的富港投资公司正式运行；联滔电子15万平方米的新厂房投入使用，年产值达到23.5亿元，同比增长77.22%；总投资5亿元的丰岛电子已成功入驻，年产能有望突破10亿元；市级重大项目北楠动力年完成投资6 331万元，为全市确定年度计划投资额的105.5%；中青旅项目年完成投资1.38亿元，为全市确定年度计划投资额的138%。同时，通过"退二优二""腾笼换凤"，盘活存量土地560余亩，德朋电子、瑞雪机械、东丰健康等一批项目，或投资入驻，或增资扩股，为全镇经济增长注入新活力。获批国家火炬计划1个；新增省级高新技术企业6家，高新技术企业总数达到16家；成功获批省外资研发机构、省工程技术中心各1家，省企业技术中心2个；申请专利660件，授权专利418件、授权发明专利22件，分别完成市下达指标的139%和233%。高新技术产业产值实现102.2亿元，同比增长2.27%；新兴产业产值实现103.6亿元,同比增长1.39%;高新技术和新兴产业产值占规上工业总产值的77.98%和79.06%,同比提高4.37和3.79个百分点,荣获省创新型试点乡镇,生态产业区成功入选省信息化与工业化融合试验区名单。

【生态建设】 年内,锦溪镇实施“生态立镇”战略,覆盖全镇的“一廊多园”、串珠成链的水环境生态体系初步建立。总面积4.5平方千米,以湿地涵养为主题的五保湖生态湿地公园和总面积32平方千米,水域面积10.78平方千米的明镜荡水利公园框架已基本完成。总面积588.4亩的计家墩垂钓主题公园初步完工,预计2015年6月可开园迎客。总面积17.94平方千米,水域面积4.9平方千米的白莲湖郊野公园,“一纵一横”道路和“湖中三岛”基础设施建设已基本完成。全长30千米,融水利工程与文化休闲旅游于一体的、贯穿全镇五湖三荡的环湖生态慢行廊道,年内,完成7.8千米,计划2016年底全面建成。全镇主要河道水质达标率为96.9%,列全市第一。全年环境空气质量综合指数低于3.17,属优良区间,列苏州市前茅。扎实稳妥推进古镇遗产保护区污水截留工程。一期包括菱荡湾、长棣廊、莾荇街、南大街等周边区域,总投资2 100万元,铺设污水管网总长13.5千米,覆盖面积20.5公顷,目前已基本完成。二期工程总投资2 500万元,铺设污水管网总长16千米,覆盖面积12公顷,将于两年内实施完成。持续推进古镇区“退二进三”工作,实现淘汰落后产能、消除安全隐患、挖掘土地存量、腾出发展空间。完成签约企业和商户81家,拆除74家、建筑总面积6.85万平方米,腾出镇区土地面积321亩,新建街心公园2座,总面积1.27万平方米。万亩生态良田建设工程全面完成,工程总投资7 886万元,平整土地10 054亩,其中通过退塘还田、废弃地整治等新增耕地2 704亩。新建扩建电灌站15座,埋设地下管渠1.71千米,硬化田间道路3.65千米,新建改建桥梁10座,农业生产条件、农田抗灾抗风险能力和田容田貌都得到了根本改善,农业现代化程度明显提高,入选首批苏州市级现代农业园区。推行农地股份合作化经营新模式。在2013年长云农场试点获得成果基础上,全镇15个行政村成立了新型农地合作社,总入股土地13 175亩,全镇全年粮食总产达到1.26万吨,比上年增长4.2%;农民土地流转收入亩均达到819.79元,同比增长13.1%,村级经济可支配收入8 451万元,村均402.43万元,同比增长20.2%,实现了生态效益、经济效益和社会效益的三丰收。做好农村被动迁户补偿安置工作,进一步完善《锦溪镇农村增宅安置管理暂行办法》和《锦溪镇村庄规划建设实施意见》,基本完成大东厂国有土地房屋征收工作,动迁农房169户,动迁农副业经营户362户。按照相关政策和相关程序,安排多子女增宅户24户,离婚户29户,预拆迁21户,审批规划保留村落农房翻建129户,一批历史遗留问题得到逐步解决。

【文化旅游】 年内,锦溪镇大力开展公民思想道德教育,弘扬社会核心价值。积极选树典型,在全社会营造积极向上、崇文尚爱的良好风尚。张惠琴家庭被全国妇联授予全国“五好”文明家庭称号。组织开展第二届“锦溪好人”评选活动,评选出助人为乐、见义勇为、创业带富、爱岗敬业、孝老爱亲等“锦溪好人”10人,深化志愿服务工作,成立志愿者服务队10支。搭建“百姓大讲堂”等宣讲载体,着重提升农村公民道德水平和文明程度。进一步提升“公共文明行动日”的覆盖面和影响力,营造全民参与良好氛围,为两年一度的文明单位、文明镇村、文明社区创建打下基础。“锦溪宣卷”列入国家级非物质文化遗产保护名录,并入选省非遗记忆工程,进行数字化采集。完成省三星级档案室2家。完成二轮镇志修编,出版《锦溪镇志(1988~2006)》。镇文体中心槃亭广场、演艺中心、体育馆、综合服务大楼、简装式游泳馆已全面开放,成为百姓文化休闲和体育健身新去处。继续丰富完善“十分钟文体圈”建设,开辟延伸服务项目,实现文化资源效益最大化。镇老年门球队、乒乓队、秧歌队、舞蹈队等,参加全国及省市比赛,均获得不俗成绩。开展了“我们的节日”“民星大舞台”“公爵之夜”“富港好声音”等精彩活动,为全镇百姓和企业员工搭建交流展示平台。

年内,锦溪镇接待游客137.7万人次,同比增长6.8%;实现旅游收入1 596.1万元,同比增长6.1%。其中售出门票47.8万张,同比增长6.2%;实现门票收入1 097.4万元,同比增长6.1%。游客群体逐步由老年人向中青年转变;游客来源逐步由长三角向华南、华北地区扩散;游览方式逐步由团队游向家庭自驾游、背包客自由行拓展。成功举办2014锦溪“千纸鹤季”旅游文化艺术节、第三届“锦溪杯”全国新人新作摄影大赛、第九届群众文化艺术节等重大活动;中央电视台《美丽中国乡村行》栏目播出了锦溪专题片《高铁锦溪寻美之旅》,在国内产生较大影响;“锦溪古镇”旅游微信平台广被分享点赞,“江南宁静处,心灵休憩地”旅游品牌知名度和美誉度不断提升。

【社会治理】 年内,锦溪镇大力开展综治宣传月、法制宣传月活动。结合全镇实际,采用宣传车、宣传资料发放、短信微信平台、橱窗黑板报等形式,深入开展《安全生产法》《环保法》《劳动合同法》等相关法律的教育宣传。加强综治网格化管理,建立综治网格点92个。全镇平安景区、平安村(社区)、平安企业创建目标基本完成。投入128.95万元,实施古镇区技防升级改造工程,新增改建高清摄像监控点61个。加大娱乐复杂场所技防设备安装率,推进安装监控单位实现并网、监控共享。集中开展了打击“黄赌毒”专项行动,确保百姓生活安居乐业,社会秩序和谐稳定。

年内,锦溪镇深入开展“931”环境整治行动,探索建立长效管理机制,不断加强美丽村镇创建成果。城管、交警、各行政村(社区)等相关部门通力协作,对城中村、镇郊结合部、老旧小区等重点地区,梳理出疑难问题11个,通过专题会商,逐一得到了解决。工作中,还创造性地运用了地面巡查、远程抓拍、QQ微信取证等“陆、空一体化”手段,收到了良好效果。建立北管泾便民疏导点,设立摊位125个,形成备案申请、日常管理、定期考核和准入退出机制，占道经营、乱扔垃圾、销售劣质食品等脏乱差现象得到有效改观。创新信访接访工作机制，设立党政领导信访接待日，建立领导干部定期带案下访制度。完善首问负责制，信访案件交办、会办制，信访干部下访制。畅通拓展信访渠道，做到有访必接、有访必办、有访必果。全年共接待来信来访341件次，其中来信126件次，来访215批次，共计来访人员813人次，初访办结率98.67%。年内，锦溪镇对全镇247家企业及单位，开展了“拉网式”安全生产大排查。整顿安全隐患717处，整改职业危害企业84家，实行停产整改企业6家，坚决关停安全隐患企业6家。

锦溪宣卷表演现场

【民生事业】 年内，锦溪镇总投资1.98亿元、占地面积71亩、建筑面积2.94万平方米的锦溪人民医院异地新建工程全面完成，并已正式投入使用。锦溪花园年内完成投资额2.83亿元，13幢小高层740套，建筑总面积11.2万平方米，整体施工已基本结束，计划2015年8月开始交房。镇环湖幼儿园占地面积10.42亩，建筑面积6 578平方米，规划设计4轨、15班，总投资1 946万元，已基本完工并将择期投入使用。完成公共自行车服务系统一期建设，设置公共自行车服务点16个，投入车辆480辆。完成文昌路北延、昆开路南延、锦星路等道路工程。继续加强师德师风建设，中小学教育质量和群众满意度稳步提升。首次设立并颁发“朱文鑫”奖学金，倡导勤学尚贤校园文化。实施人才强医战略，引进中高级医务人员8名，新进医学类高校毕业生27名，选派上级医院进修11人，医疗技术得到加强。加大弱势群体帮扶力度。全年发放社会救助金、临时救助金、困难家庭慰问金及各类定补累计超过930.6万元。完成张家库、街道社区日间照料中心2个，新增福利院床位38张，社会化养老服务水平逐步提高。加大社会保障政府兜底扶持力度，镇级财政全年农保补贴426万元。在为全镇户籍居民办理“民生保险”基础上，政府全额出资购买户籍人口团体意外险，为百姓提供更多保障。高质量完成第三次全国经济普查工作。24名优秀青年应征入伍。保障农民利益，全面完成农村土地股权固化改革工作。引导组织农民推行股份合作化经营新模式，不断增加农民收益。稳妥做好被征地农民的征地补偿工作，全年累计发放补偿金4 470.28万元，惠及40 315人。加大困难人员就业扶持力度，实现本镇人员就业962人。发放创业小额贷款4 575万元，惠及各类创业户388户。加大“精细管理、亲情服务”力度，工业邻里中心和标准厂房实现收益1 110.78万元。

【重要活动】 党的群众路线教育实践活动 年内，锦溪镇全面深入开展党的群众路线教育实践活动，建立多个干部联系群众机制，包括定期走访老干部、老党员、高龄老人机制，班子领导与结对村定期联系机制等；完善大走访制度，每位村干部每年走访群众家庭，记录民情日记，将干部联系群众工作不断推向深入，干群关系从“面对面”变为“点对点”“肩并肩”“手牵手”。设立了镇党员关爱基金，每年“七一”前后集中进行帮扶，镇领导和部门负责人每人包干五、六户群众结对，定期上门扶持，镇组织部门开展班子领导做“一日村官”活动，由班子领导带领相关部门单位负责人到蹲点所在村，现场解答群众所提问题，现场解决群众所遇困难。

白莲湖健康产业园搭建转型新平台 年内，锦溪镇精心打造白莲湖健康产业园。园区规划打破传统工业区条块分割模式，“用活水资源”“做足水文章”，在原有自然河道基础上将白莲湖湖水引入园区，形成以水为界的近30个“全岛”或“半岛”。

两岸产业深度合作 3月28日，台湾正崴集团昆山富港投资管理有限公司在锦溪成功设立注册3 000万美元的富港投资公司，建立大陆集团总部财务结算中心和资金池，促进集团在大陆各子公司资金运作效率提升及加快企业转型升级，并使昆山富港投资管理有限公司逐步成为企业运营核心，这不仅标志着正崴集团借助两岸人民币通兑的便利，加速形成大陆投资总部，也标志着昆台产业合作的全新突破。

党员道德讲堂 年内，锦溪镇不断总结冬训工作丰富经验，积极探索，创造性地开设“党员道德讲堂”，在每个村定期举办，为加强基层组织和党员干部队伍建设寻找到了一个新平台。“党员道德讲堂”设置了温誓词、学模范、谈感悟、省吾身、送吉祥五个环节。重温入党誓词，学习道德楷模的先进事迹，彼此间交流和沟通，反思自我，改善不足，还将“党员道德讲堂”延续到冬训之外，在潜移默化中增强了每一位党员的党员意识和党性修养，使其时刻牢记责任和使命，切实发挥党员的先锋模范作用。

锦溪医院搬新址 6月8日，新锦

溪人民医院顺利完成搬迁运营，实现了医院发展史上华丽转身。新医院占地71亩，一期工程建筑面积约28 500平方米，开设床位260张。两年来，锦溪人民医院共引进142名应届毕业生和14名实用型人才，选送56名医护骨干赴省人民医院、上海华东医院、上海新华医院等三级医院进修学习，

锦溪宣卷传承保护　6月中旬，第四批国家级非物质文化遗产代表性项目名录和扩展项目名录公示，锦溪宣卷与同里宣卷、河阳宣卷、胜浦宣卷等组成的“吴地宝卷”进入扩展项目名录。锦溪宣卷有500多年历史，是江南民间曲艺的重要支流，也是吴方言地区民间宣卷的一个分支。

城乡一体化建设树立锦溪新样本　6月18日，苏州市深化城乡发展一体化会议在锦溪镇举办，该会议也是锦溪承办的规模最大、规格最高的苏州全市会议。

明镜荡水利风景区成为旅游新亮点　9月16日，水利部水利风景区建设与管理领导小组会议表决通过，锦溪镇明镜荡水利风景区正式创建为昆山市首个国家级水利风景区。

“朱文鑫奖学金”颁奖　10月13日，首届“朱文鑫奖学金”颁奖暨锦溪中学校史陈列馆揭牌仪式在锦溪中学举行，28名优秀锦溪学子共获19 500元奖励。不仅让锦溪学子感受到了家乡深厚的文化底蕴，更可以从前辈的事迹中汲取前进的方向和动力。

表109

2014年锦溪镇各村基本情况表

村名	书记	主任	户数(户)	人口(人)	村集体收入(万元)	人均纯收入(元)
虬泽	盛永兴	黄初新	1 034	3 105	368	26 649
盛塘	冯永勤	陈坤林	608	1 830	517	27 016
马援庄	宋　磊	王秋龙	492	1 512	274	28 770
红霞	赵学芳	蒋　峰	610	1 803	315	27 008
计家墩	薛冬生	蒋福元	366	1 096	385	26 020
张家厍	朱关根	陆建荣	574	1 666	296	25 846
阮家浜	冯永兴	金志成	412	1 229	142	26 906
北管泾	金卫根	黄雨新	361	1 088	254	26 885
干家甸	王全军	张桂林	433	1 141	175	27 500
孟子浜	冯全林	徐巧妹	931	2 926	593	26 232
联湖	钱　华	吴奕华	389	1 148	382	25 669
周家浜	朱喜华	朱解文	653	2 189	413	26 963
顾家浜	沈火全	沈新荣	478	1 422	224	24 230
朱浜	杨庆龙	徐秋生	1 049	2 925	467	28 502
三联	俞金叶	徐秋生	838	2 353	327	26 765
卫星	张建峰	陈群英	611	1 249	225	28 886
狭港	夏巧新	周明红	739	2 096	269	26 456
南前	平峥臻	陈国东	532	1 578	356	26 200
陆泾	陆小东	陆　敏	679	1 821	309	25 873
袁甸	胡三伟	顾天明	756	2 133	291	26 429
长云	於家金	陆罗金	610	1 796	567	26 043

（金明林）

2014 年“昆山好人”名单

序号	姓名	身份	事迹简介
1	朱巧玲	张浦镇尚明甸村村民	2006 年，她女儿被查出患上尿毒症，不得不离开校园，开始了漫长的治疗生活。5 年来，她精心照顾女儿，未喊过一声累。2011 年，女儿的病情急转直下急需换肾，她义无反顾把自己的一个肾给了女儿。2012 年底，她和女儿成功进行了换肾手术。正是因为有了这样伟大的母亲，才有女儿的第二次生命。
2	杨春海	高新区同心街道娄苑社区居民	他和老伴马菊芳六年来倾心照顾非亲非故且患有先天性智力障碍的太仓小姑娘晴晴。为了照顾好晴晴，他辞去门卫工作，和老伴分工当好晴晴的“保姆”，照顾晴晴的衣食住行。他每天备好三轮电瓶车，老伴则忙做早饭，帮晴晴洗漱，喂晴晴吃早饭。多年来，无论刮风下雨还是严寒酷暑，他每天都送晴晴上学、接晴晴回家。
3	李张寅	巴城镇正仪社区卫生服务中心护士	2014 年 3 月 22 日下午，一名男子在玉山镇南星渎茗景苑小区内突然倒地、昏迷不醒。路过的她用心肺复苏将这名男子抢救过来。事后她没有和任何人提起此事，直到一名网友将现场抢救的照片发到网上，经多家媒体报道，才引起了社会关注。她在社区工作七年间，长期义务为社区内压疮患者换药，赢得了患者的好评。
4	李 颖	陆家镇吉美川纤维科技有限公司职工	2014 年 7 月，在四川遂宁市发生了一起抢劫案，在陆家工作的四川遂宁籍青年李颖听到呼救声后第一时间冲上前与歹徒搏斗，被歹徒的匕首刺伤胸部，后因伤势过重不幸去世。一时间，他的事迹在江苏和四川两地传开，感动了全社会。7 月 15 日，他被遂宁市追授为“见义勇为勇士”称号，并入围 8 月“中国好人榜”候选人名单。
5	吴 娟	周庄旅游股份有限公司船娘	她被誉为“文化船娘”，是周庄水上游的文化使者。凭着对家乡旅游事业的热爱，她毅然放弃了收入丰厚的外企工作，选择当一名船娘。她乐观好学，用真诚的笑容、甜美的歌声、专业的服务，书写一段段与游客的动人故事。由于工作出色，她先后获得省、苏州、昆山多项荣誉。她所在的“万船娘”船队曾获“全国巾帼文明示范岗”“全国三八红旗集体”等荣誉称号。
6	张百生	开发区长江路街道樾城社区居民	他退休后于 2006 年创立朝阳书画艺术班，免费为社区群众提供绘画书法授课，丰富居民的业余生活。书画班每年都会安排义务写春联、画年画活动，为社区居民送上春节的祝福。书画班还创立“楼道文化”，先后在樾城社区凯悦花园、力高小区的楼道中挂上了老师和学员的作品。
7	陈玉坤	周庄中学教师	他是全国模范教师、优秀班主任和国家二级心理咨询师，他在学校建立心理咨询室，定期开设心理辅导课，把专业知识运用到班主任工作实践中。他常年坚持市镇心理咨询志愿服务，他是小区火灾现场的第一个救火群众，是市青少年宫未成年人心理咨询室的志愿者。
8	陈秀珊	昆达电脑科技有限公司工会主席	她是一名在昆山打工的新昆山人，虽然收入不高，但她热心公益。从 2010 年开始，她对青海省玉树称多县 3 个小朋友进行“一对一”助学，资助他们从小学到高中的学习生活费用，并发动身边的朋友一起资助了 25 位学生。2014 年 7 月，她参加了云南弥勒和东旺地区的助学志愿行，走访了当地二十几个贫困学生，并为孩子们带去了学习用品和御寒衣物。
9	陈 晨	千灯镇吴桥村村主任	他是一个在城里长大的 80 后。2010 年他来到吴桥村任大学生“村官”，将村里的各项工作做得有声有色。从一开始村民的质疑到之后的高度赞扬，他获得了村民的认可，先后被评为昆山市优秀团员、昆山市首届十佳进村大学生。2014 年度村里换届选举，他以高票当选吴桥村村主任。
10	沈雪芳	张浦镇金华村村民	她在丈夫遭遇车祸、行动不便后毅然挑起了家里的重担。她二十年如一日侍奉公婆，特别是对双目失明的公公更是照顾有加，端水送饭，洗脚按摩，无微不至。她是个热心人，免费为村里 70 岁以上的老人理发，至今已有 6 个年头。村民们称赞她：“村里来了个好嫂嫂，一村全学好。”

续表

序号	姓名	身份	事迹简介
11	汪秀英	千灯镇华强社区居民	她1999年退休以后,和丈夫一起为居民义诊,开了近2 000张处方。她也是个不折不扣的"邻里调解员",谁家有矛盾,她就主动上门调解。她还是个"文艺标兵",她组织社区居民跳广场舞、做健身操,获得周边居民的好评。
12	周先林	花桥经济开发区花安社区居民	他的岳父在50多岁时被诊断为癌症,言语不清,行动不便。他十几年如一日、任劳任怨照顾岳父。他在岳父的病床前铺设了一张床,每天重复着繁琐的护理工作。常言道"久病床前无孝子",更何况是女婿,而他却用自己的实际行动诠释着新时代孝老爱亲的美德。
13	周兴生	锦溪镇三联社区卫生服务站医生	他从"赤脚医生"到无怨无悔的"呼叫医生",再到挑起重担的社区医生,一干就是50年。由风华正茂的热血青年,到两鬓霜染的花甲老人,他将人生中最美好的时光留在了乡间,默默却坚定地为乡亲们排解病痛,守护健康。他自学成才练就看病本领,早过退休年龄却还在继续为村民看病,赢得了6 000多名村民的信赖。
14	周治国	港龙集团昆山公司、昆山赢家便民报刊发行有限公司总经理	他是港龙集团昆山公司和昆山赢家便民报刊发行有限公司总经理。他建设的公益招聘平台、供求平台、融资平台让百余企业受益。他热心公益,在玉山福利院、银桂山庄、民工子弟学校、市爱心助学基金捐赠现场、开发区捐资助学仪式、雅安地震捐赠……都留下了他捐资捐款的身影。近年来,他所在的企业累计向社会捐款捐物超过200万元。
15	周桃生	张浦镇三家村村民	2013年6月,一名儿童不慎落入河中,外出散步的他听到呼救声来不及多想就跳入河中救人,自己却因为踩到河中的玻璃碴而多处划伤,孩子救上岸苏醒后他却一声不响地走了。面对找上门表达感激之情的孩子父母,周桃生说:"这是我的本能,我只是做了对得起我良心的事。"并委婉拒绝了他们的钱财。
16	周惠明	裕腾建设集团有限公司董事长	他是一位热心公益、致富思源、有社会责任感的企业家。他创立公益国学堂,免费为未成年人讲授《三字经》《弟子规》等国学启蒙读本,并常年开设"幸福人生"公益讲座,受众群众数万人次。他不忘回馈社会,出资捐物数百万元,用于贫困助学、灾区家园重建、希望小学建设等。
17	胡耀星	高新区柏庐街道新阳社区居民	他从1994年开始无偿献血,20年来献血132次,总量达98 800毫升,位居昆山市无偿献血志愿者首位,并荣获2008~2011年昆山市无偿献血特别奉献奖、2011~2013年全国无偿献血特别奉献奖金奖。
18	洪惠珠	巴城镇巴城社区居民	她是一名退休妇女。丈夫患糖尿病,双目失明,日常生活全靠她照顾。2012年,8旬母亲因脑溢血中风瘫痪在床,祸不单行,自己又得了脑膜瘤。但困难没有压倒乐观的她,她一方面坚持做好康复治疗,另一方面还担起照顾丈夫和母亲的重任。
19	袁巧生	市公安局锦溪派出所警辅	他有着23年的警辅生涯、17年的献血之路,获得各项荣誉22项。他是所里的"活地图",解决群众纠纷的"老娘舅",同事眼中的"老法师"。哪里有纠纷,他一到场多半能定纷止争、做到双方心服口服。23年来,他坚守平凡的岗位,将本职工作当作"事业"来做,练就了一身"本事",伏击守候、盘查可疑、便衣跟踪,样样精通。除此以外,1997年至今,他共计献血达35 000毫升。
20	夏　青	市公安局交通警察大队淀山湖中队民警	他是市公安局交通警察大队淀山湖中队的民警。他将人文关怀融入到本职工作中,帮助车祸受伤无钱医治的外来民工申请救助基金,为讨薪遇阻的农民工四处奔波。2014年10月27日晚上,他在处理一起交通事故时,全程陪护受伤人员。了解到伤者经济困难,自己掏腰包垫付了全额费用。他以实际行动展示了"警民鱼水情"的公仆风采。
21	郭春波	市城市管理行政执法大队千灯中队分队长	2012年4月,他在工作中突遇某旅馆失火,在没有任何安全措施的情况下,他不顾个人生命安危,冲入火场救人,在火势得到控制后,自己却悄悄离开了现场。他五年内八次参加无偿献血,获得昆山市无偿献血银奖。
22	高根妹	高新区朝阳街道五星社区居民	她是一个普通的家庭妇女,当年她不顾家人的反对,嫁到家境不好的陆家,毅然挑起了家里的重担。她每天起早贪黑,照顾年迈多病的公婆,家里还有一个残疾的小叔生活不能自理,全靠她耐心照顾,这一干就是40多年。
23	曹坤元	巴城镇玉石社区居民	在大润发、欧尚、易初莲花三个大型超市位于石牌的免费班车始发站,有一位身穿反光马甲、手挥小红旗、口含哨子在指挥交通的退休老人,他就是被称为交通"老娘舅"的曹坤元。老人十多年来义务进行交通志愿服务,还在学校上学放学高峰期疏导交通。久而久之,周围居民都知道在他们身边有这样一位热心公益事业的退伍老军人。
24	谢兵朋	市公安局蓬朗派出所民警	他创设"谢兵朋流动法律咨询服务站",主动对接联系律师事务所、法院、劳动所等专业单位,利用下班、休息时段在人员往来密集处设立站点,帮助群众咨询问题。他组建"一站式公安服务点",将可委托办理业务前移,居民只需先期咨询,按照要求备齐相应业务所需的材料后,前往警务室交由工作人员代为办理。他推广"防范宣传套餐",将《法制宣教手册》、防骗宝典、宣传卷轴笔等宣传物件发放给大家翻阅;在小区、厂企内开展十分钟宣讲,向群众讲述安全防范知识,维护辖区社会稳定。

续表

序号	姓名	身份	事迹简介
25	蒋惠娟	高新区亭林街道里库社区居民	蒋惠娟老师退休后几十年如一日帮助社区工作，被称为社区的“编外主任”。她利用寒暑假，组织青少年开展社会实践活动。她动员小区部分退休老师，利用亭林互助会馆，开办“周三放心班”，解决放学后学生“无家可归”的问题。她关心周边空巢老人的生活，经常上门陪他们拉家常。她是一位业余通讯报道员，经常动手写稿，宣传身边的好人好事，《昆山日报》《亭林》等报刊经常能见到她的名字。
26	詹晓菊	陆家高级中学教师	她是陆家高级中学的一名教师。她认真钻研、一丝不苟，凭借高超的教学能力和高度的责任心在教学中取得骄人成绩。丈夫病倒瘫痪6年来，她在做好教学工作的同时，还要细心照顾好丈夫。她每天要和护工一起给丈夫洗澡擦身做运动，调配不同的营养餐送往医院。她经常是晚上在医院陪护丈夫，白天照常上班，在照顾好丈夫的同时从未耽误教学工作。
27	魏银霖	市红十字会血站员工	结婚7年来，她和身为军人的丈夫献血32次，总量达22 500毫升，还同时都参加了中华骨髓库，她本人也在2008年获得了全国无偿献血金奖。“8·2”事件发生后，她和丈夫、女儿立即从东北返回昆山。她马上投入到血站的工作中，丈夫也每天到血站参加志愿服务。她还资助淀山湖镇一个贫困家庭的儿童，从当年的小学二年级一直到现在的初中三年级。她表示将资助这个孩子一直到进入大学。
28	“生命相髓”造血干细胞捐献团队		2014年，全市新增由5位造血干细胞捐献者组成的一个捐献团队。该团队是一个勇敢者的集体，他们把生的希望送给了陌生人，在别人需要帮助时，义无反顾地捐出了他们的骨髓。他们是：刘永远、谢健、陈林、宗斌、胡青云。
29	见义勇为“三勇士”		2014年2月7日清晨，家住城北某小区的莫先生遭遇歹徒持刀抢劫，小区居民李小清、保安赵雪山和三一重工班车司机黄圣涛见状，勇敢上前与歹徒搏斗，李小清与赵雪山在与歹徒搏斗中被刀划伤，但两人不顾个人安危，忍着疼痛和黄圣涛一起将持刀歹徒摁倒在地，直到警察赶来将歹徒制服。

市领导与2014年“昆山好人”合影

第九批“昆山之友”

姓名	国家或地区	企业名称	职务
彭力信	美国	实耐宝公司	全球董事长、总裁兼首席执行官
傅耀生	新加坡	利星行机械(昆山)有限公司	董事长
西蒙	澳大利亚	威富集团亚太区分配系统	副总裁
凯文·斯图伯斯	英国	海斯坦普集团亚洲区	工程副总裁
罗杰文	西班牙	蒙德拉贡集团亚太区	总裁
陈文义	中国台湾	台湾区电机电子工业同业公会	秘书长

第二十批“昆山市荣誉市民”

姓名	国家或地区	企业名称	职务
陈　捷	美国	东电光电半导体设备(昆山)有限公司	总经理
金丞柱	韩国	昆山琉明光电有限公司	总经理
松仓聪	日本	昆山之富士机械制造有限公司	董事、总经理
金泽星	韩国	爱思恩梯大宇汽车部件(昆山)有限公司	总经理
康拓斯	德国	斯沃博达汽车电子(昆山)有限公司	总经理
翁一新	中国台湾	彰化银行昆山分行	行长
王幼章	中国台湾	中华开发国际租赁有限公司	董事长
南丁格	德国	劳士领集团董事、劳士领汽车配件亚洲区	副总裁
孙　强	美国	宾科精密部件(中国)有限公司宾科汽车固件(昆山)有限公司	董事长
陈海斌	中国	浙江迪安诊断技术股份有限公司	董事长
刘天文	中国	软通动力信息技术(集团)有限公司	董事长
郑　敏	中国	昆山若宇检具工业有限公司	董事长
廖恒宁	中国台湾	长兴化学工业(中国)有限公司	董事长
汤　琪	中国	昆山专用汽车制造厂有限公司	总裁
柳中冈	中国台湾	膳魔师(中国)家庭制品有限公司	董事长
林政德	中国台湾	昆山合谷数码科技有限公司	董事长
许志安	中国台湾	日月光半导体(昆山)有限公司	总经理
唐倚智	中国	唯品会(中国)有限公司	高级副总裁
朱坤华	中国	昆山凯尔光电科技有限公司	董事长
丹尼·科勒仁	比利时	内德史罗夫紧固件(昆山)有限公司	董事、总经理
陈振雷	美国	昆山三一动力有限公司发动机研究院	副院长、CAE 技术总监
尾坂明义	日本	昆山海普电子材料有限公司	技术总监
徐小平	美国	昆山海普过滤分离科技有限公司	总经理
刘经南	中国	昆山杜克大学	校长
席　真	中国	昆山市工业技术研究院小核酸生物技术研究所	副所长

（年鉴编辑部）

先 进 集 体

昆山市获得的综合荣誉

荣誉称号	授予单位
第三届中国城市公益慈善指数七星级城市	中民慈善捐助信息中心
第二届旅游业融合与创新论坛最美中国·生态旅游目的地城市	新华网
第三次全国经济普查先进集体	国务院第三次全国经济普查领导小组
省法治建设示范县(市、区)	省委、省政府
省法治县(市、区)创建工作先进单位	省委、省政府
省双拥模范城	省委、省政府、省军区
省工会信息工作十强(县)市	省总工会
2014年度省“无小耳朵社区”创建工作先进县(市、区)	省广播电影电视局

全国先进集体(含部级)

获奖单位	荣誉称号	授予单位
国税局	2014年税务标准化工作先进单位	国税总局网络安全和信息化办公室
地税局团总支	2013年度全国五四红旗团委(团支部)	共青团中央
统计局	第三次全国经济普查先进集体	国务院第三次全国经济普查领导小组
版权局	第五届中国国际版权博览会“金慧奖”最佳组织奖	第五届中国国际版权博览会组委会
检察院	全国检察机关先进集体,记集体一等功	最高人民检察院
检察院	全国检察机关派驻监管场所一级规范化检察室	最高人民检察院
法院	未成年人健康成长法治保障制度创新优秀事例	中央综治办、共青团中央
发改委	全国社会扶贫先进单位	国务院扶贫开发领导小组
电信公司	全国实施用户满意工程先进单位	中国质量协会
电信公司	用户满意企业	中国质量协会
昆山日报	2013～2014中国品牌媒体百强县(地)市区域报品牌10强	中国品牌媒体高峰论坛组委会
工研院“新侨之家”	全国社区侨务示范单位	国侨办
昆山中国－西班牙国际科技合作基地	国家国际科技合作基地	科技部国际合作司
小核酸产业基地	创新型产业集群试点	科技部
工业技术研究院	2014年度全国社区侨务工作示范单位	国务院侨办
明镜荡水利风景区	第十四批国家水利风景区	水利部
交警大队	车辆管理所全国优秀县级车辆管理所	公安部
交警大队	党的十八大消防安全保卫战公安机关成绩突出公安派出所	公安部
慈善基金会	2014年度慈善透明卓越组织	中民慈善捐助信息中心
慈善基金会	中华慈善突出贡献(组织)奖	中华慈善总会
供销合作总社	2014年度全国百强县级供销合作社第二名	全国供销合作总社
开发区蓬莱社区	全国和谐社区建设示范社区	民政部
巴城镇	全国重点镇	住建部、国家发展改革委
昆山软件园	国家级科技企业孵化器	科技部
巴城中心校	尝试教学全国示范实验学校	中国教育学会数学教育研究发展中心尝试教学理论研究会

获奖单位	荣誉称号	授予单位
正仪中心校	书法教育示范学校	中国教育学会书法专业委员会
千灯炎武小学	第五届"国戏杯"优秀组织奖	北京市教育委员会、中国戏曲学院
千灯中心小学校	全国百佳电视台	中央电教馆
千灯中心小学校	全国校园电视金奖	中央电教馆
张浦镇金华村	全国文明村	中央精神文明建设指导委员会
锦溪镇	国家卫生镇	全国爱国卫生运动委员会
周市镇文体站	2014 全国优秀文化站	中国文化馆年会组委会

全省先进集体(含厅级)

获奖单位	荣誉称号	授予单位
财政局	2013 年度政府采购监管工作考核一等奖	省财政厅
财政局	2013 年度全省财政信息工作先进单位	省财政厅
财政局	2013 年度法治财政建设标准化示范点	省财政厅
财政局	2013 年度全省企业财务会计决算工作先进单位	省财政厅
地税局	省地税 20 周年建功集体	省地税局
商务局	2014 年调研工作先进集体	省商务厅
民政局	2013 年度全省民政工作创优奖单位	省民政厅
民政局	2013 年度全省民政宣传工作先进集体	省民政厅
民政局	2013 年度全省福利彩票销售组织工作创优奖	省民政厅
统计局	2014 年度县级统计局规范化建设示范单位	省统计局
文广新局	省公共文化服务体系示范区	省文化厅、省财政厅
文广新局团委	第十六批"江苏省五四红旗团委创建单位"	共青团省委
科博中心接待服务部	省 2014 年青年文明号创建单位	共青团省委
文物管理所	省古籍收藏单位	省文化厅
广播电台	2014 年度向省台发稿优秀单位	江苏新闻广播协会
文化馆	省"构建现代公共文化服务体系"征文活动优秀组织奖	省群众文化学会
文化市场管理科	第四届江苏省服务农民服务基层文化建设先进集体荣誉奖	省委宣传部、省文化厅
图书馆	省红领巾读书征文活动组织奖	省文化厅
图书馆	省第六届公共图书馆优秀服务成果奖(二等奖)	省文化厅
图书馆	省联合参考咨询网先进单位	南京图书馆
图书馆	省"全民阅读手拉手春风行动"先进单位	省阅读办
人力资源市场团委	2012-2013 年度省级青年文明号	省团委
人武部	军事训练先进单位	省军区
检察院	省院信息直报点先进单位	省人民检察院
法 院	省"平安家庭"创建活动先进集体	省维护妇女儿童合法权益联席会议暨"平安家庭"创建活动领导小组
市第六人民医院团总支	2013 年度省五四红旗团支部(总支)	省共青团省委
公安局	省公安机关"210 工程"建设示范单位	省公安厅
公安局政治处	全省公安机关政工信息调研成绩突出集体	省公安厅政治部
城管局	全省城市环境综合整治工作先进集体	省城市环境综合整治工作推进小组
交警大队卡口中队	集体二等功	省公安厅
经侦大队	全省公安机关"打假行动"成绩突出集体	省公安厅政治部
河道管理处	2014 年省"职工书屋"示范点	省总工会
水利局行政服务科水利服务窗口	省工人先锋号	省总工会
农工办	全省农经农业系统工作效能建设成效显著单位	省农业委员会

获奖单位	荣誉称号	授予单位
粮食局	2014年第二批全省粮食流通监督检查示范单位	省粮食局
粮食局	省部门统计示范单位	省统计局
农委	科技入户工作先进集体	省海洋与渔业局
九三学社	2014年度宣传工作先进集体	九三学社省委
福利彩票发行中心	2013年度全省福利彩票销售十强县(市)奖	省福利彩票发行中心
供销合作总社	2014年度省“二十强县级供销合作社”第一名	省供销合作总社
供销合作总社	2014年度基层社建设优胜单位	省供销合作总社
花桥经济开发区	省侨界人才创新创业基地	省侨联
留学人员创业园	省社区侨务工作示范单位	省侨办
江苏远洋数据股份有限公司	省优秀民营企业	省委、省政府
亭林街道	省社区侨务工作示范单位	省侨办
前进中路花都社区	省城市管理示范路	省住房和城乡建设厅
前进中路集善社区	省城市管理示范社区	省住房和城乡建设厅
千灯镇政府	省科普示范乡镇	省科学技术协会
千灯司法所	省青少年维权岗	共青团省委、省司法厅
千灯炎武社区	党员干部现代远程教育示范站点	省委组织部
千灯淞南社区	省和谐社区	省民政厅
千灯淞南社区	省民主法治示范社区	省依法治省领导小组
千灯淞南社区	《江苏省机关团体企业事业单位档案工作规范》二星级标准	省档案局
千灯石浦社区	档案工作二级单位	省档案局
千灯歇马桥村	省生态村	省环保厅
千灯歇马桥村	省民主法治示范村	省依法治省领导小组
千灯歇马桥村	第三批中国传统村落	省住房城乡建设部办公厅
千灯中心小学校	省硬笔书法教育基地	省硬笔书法协会
千灯中心小学校	中国书法“写字”特色学校	省教育学会书法专业委员会
千灯亭林中学	省二星级档案学校	省档案局
千灯亭林中学	省平安学校	省教育厅
千灯炎武小学	省平安校园	省公安厅、省教育厅
锦溪镇	省创新型试点乡镇	省科技厅
锦溪镇生态产业区	省信息化与工业化融合试验区	省经济和信息化委员会
锦溪镇爱卫办	省爱国卫生先进单位	省爱国卫生运动委员会
花桥统计站	统计规范化建设示范单位	省统计局
花桥统计站	基层统计服务示范项目	省统计局
花桥花溪社区	省综合减灾示范社区	省减灾委员会
花桥集善社区	科普示范社区	省科协
周庄镇	2013-2014年度全省基层党员冬训工作示范乡(镇、街道)	省委组织部、省委宣传部
周庄镇(全福路)	江苏省城市管理示范路	省住房和城市建设厅
周庄小学	江苏省节水型学校	省教育厅、省水利厅
淀山湖防洪工程管理处	省二级水利工程管理单位	省水利厅
张浦镇大市村	省社会主义新农村建设示范村	省委农村工作领导小组
张浦镇金华村	省和谐社区建设示范村	省民政厅
张浦镇经济普查办公室	第三次全国经济普查省级先进集体	省第三次全国经济普查领导小组
张浦中心小学校	书法教育先进集体	省教育学会书法专业委员会
巴城镇	第二批江苏省公共文化服务体系示范区	省文化厅、江苏省财政厅
巴城镇	省科普示范乡镇	省科学技术协会
巴城镇阳澄湖景区	2014年省第二批省级生态旅游示范区	省旅游局、省环保厅

获奖单位	荣誉称号	授予单位
巴城镇文体站	全国乡镇综合一级文化站	省文化厅
巴城镇福利院	三星级敬老院	省民政厅
巴城镇社区教育中心	省标准化社区教育中心	省教育厅
武神潭村	省科普示范村	省科学技术协会
绰墩山村	省和谐社区建设示范村	省民政厅
东岳村	省民主法治示范村	省依法治省领导小组
巴城社区	省民主法治示范社区	省依法治省领导小组
阳澄湖现代渔业产业园	省高水平农科教结合富民示范基地	省教育厅
巴城湖林果专业合作社科普惠农服务站	省科普惠农服务站	省科学技术协会

先进个人

全国先进个人(含部级)

姓名	荣誉称号	授予单位	工作单位
郭喜明	全国特级优秀人民警察	人力资源和社会保障部、公安部	正仪派出所
张惠琴	全国“五好”文明家庭	全国妇联	锦溪镇文体站
张菊珍	全国农村五保供养工作先进个人	民政部	周庄镇福利院
金乃冰	组织工作先进个人	九三学社中央	市政协
王　培	2014 年税务标准化工作先进个人	国税总局网络安全和信息化办公室	地税局
沈友诚	2014 年税务标准化工作先进个人	国税总局网络安全和信息化办公室	地税局
刘锦芳	2014 年税务标准化工作先进个人	国税总局网络安全和信息化办公室	地税局
张　坚	2014 年税务标准化工作先进个人	国税总局网络安全和信息化办公室	地税局
宋玉山	全国工会经审工作优秀干部	全国总工会经费审查委员会	总工会
徐和芬	全国职工公共安全健康知识及竞赛活动“优秀组织者”	全国“安康杯”竞赛组委会	总工会
姚惠元	2013-2014 年度中国零售业年度人物	中国商业联合会	供销合作总社
杨　琳	中国电信集团优秀工会积极分子	中国电信股份有限公司集团工会	电信公司
邱　旻	《中国社会报》2014 年度全国民政宣传工作先进个人	中国社会报社	民政局

全省先进个人(含厅级)

姓 名	荣誉称号	授予单位	工作单位
彭建明	江苏省社会治安综合治理先进个人	省委、省政府	淀山湖镇镇党委
吴桂成	第七届省农业技术推广奖一等奖	省人民政府	农业技术推广中心
翟超群	第七届省农业技术推广奖一等奖	省人民政府	农业技术推广中心
沈博珩	省优秀民营企业家	省委、省政府	江苏远洋数据股份有限公司
江雪明	省五一劳动奖章	省总工会	若宇检具工业有限公司
陈　珺	省“三八”红旗手	省妇女联合会	检察院
皇甫觉	全省检察机关先进工作者	省检察院、省人力资源和社会保障厅	检察院
周文玉	业务能手	省人民检察院	检察院
居惠林	2012-2013 年度优秀人民法庭庭长	省高级人民法院	昆山法院花桥法庭
马歆璗	2014 年度全省法院系统信息工作先进个人	省高级人民法院	法院研究室

姓名	荣誉称号	授予单位	工作单位
朱晓明	个人二等功	省高级人民法院	法院民一庭
纪　珍	省“成长护航使者”	省综治委预防青少年违法犯罪工作领导小组、江苏省综治办	法院少年庭
钱建平	第二届“江苏最美警察”并记个人一等功	省公安厅	公安局信访科
曹庆华	省公安机关“210工程”建设示范个人	省公安厅	警保科
周雪刚	2011–2012年度全省公安派出所工作“111”工程优秀派出所长	省公安厅	张浦派出所
王久松	2011–2012年度全省公安派出所工作“111”工程社区民警能手	省公安厅	中华园派出所
黄振全	2011–2012年度全省公安派出所工作“112”工程社区民警能手	省公安厅	吴淞江派出所
刘　伟	个人二等功	省公安厅	公安局
赵　波	个人二等功	省公安厅	交警大队
崔严松	个人二等功	省公安厅	巡特警大队
黄洪武	个人二等功	省公安厅	刑警大队
唐嘉文	2013年度全省财政信息工作先进个人	省财政厅	财政局
王　琪	创建省三星级档案工作成绩显著奖	省财政厅	财政局
李　斌	省“六五”普法中期先进个人	省法制宣传教育领导小组	周庄司法所
金　敏	2014省第四届青少年发明家活动“十佳优秀发明辅导员”	省教育厅	千灯中心小学校
刘玉平	2013年度全省民政工作先进个人	省民政厅	民政局
朱文祥	第七批省市援疆工作先进个人	中共新疆维吾尔自治区委员会	水利局
戴新泉	社会服务工作先进个人	九三学社江苏省委	市中医院
朱　剑	组织工作先进个人	九三学社江苏省委	东吴证券昆山高新区营业部
宋建华	宣传工作先进个人	九三学社江苏省委	市财政局投资评审中心
吴　昊	2014年调研工作先进个人	省商务厅	商务局
张　胜	2014年度税收执法督察和内部审计先进个人	省地方税务局	地税局
顾向民	省第三次全国经济普查先进个人	省第三次全国经济普查领导小组	统计局
尤　军	省第三次全国经济普查先进个人	省第三次全国经济普查领导小组	统计局
朱建芬	省第三次全国经济普查先进个人	省第三次全国经济普查领导小组	统计局
严　敏	省第三次全国经济普查先进个人	省第三次全国经济普查领导小组	统计局
陈　羽	省第三次全国经济普查先进个人	省第三次全国经济普查领导小组	统计局
吕希玉	省第三次全国经济普查先进个人	省第三次全国经济普查领导小组	统计局
张晓芳	省第三次全国经济普查先进个人	省第三次全国经济普查领导小组	统计局
姚伟林	全省农工办系统先进工作者	省委农村工作领导小组办公室	农委
樊万朝	十佳管理工作者	新华报业传媒集团	昆山日报社
贺雅宜	优秀编辑	新华报业传媒集团	昆山日报社
茅玉东	优秀记者	新华报业传媒集团	昆山日报社
沈微微	优秀经营工作者	新华报业传媒集团	昆山日报社
杨利丽	省联合参考咨询网先进个人	南京图书馆	图书馆
李　青	省联合参考咨询网先进个人	南京图书馆	图书馆
王志宏	奉献之星	中国电信股份有限公司江苏分公司	电信公司
马雪芳	省优秀小巷总理	省妇女联合会	千灯炎武社区
朱永珍	省第一批基层统计岗位标兵	省统计局	千灯镇统计站
马兰芳	省第三次全国经济普查先进个人	省第三次全国经济普查领导小组	千灯秦峰社区
朱永珍	省第三次全国经济普查先进个人	省第三次全国经济普查领导小组	千灯镇统计站
沈建军	省人口抽样调查和劳动力调查先进个人	省统计局	千灯华强社区

姓名	荣誉称号	授予单位	工作单位
傅玲琴	全省人口变动调查和劳动力调查先进个人	省统计局	花桥星浜社区
李虹雨	最美普查员	省第三次全国经济普查领导小组	花桥徐公桥社区
李虹雨	省第三次全国经济普查先进个人	省第三次全国经济普查领导小组	花桥徐公桥社区
叶剑虹	先进优秀学员	省军区	周庄武装部
李　斌	省“六五”普法中期先进个人	省法制宣传教育领导小组	周庄司法所
陈火英	省双学双比先进工作者	省妇女“双学双比”竞赛活动领导小组	锦溪镇妇联

（各单位）

组织机构及领导人名录

市级机关

中国共产党昆山市委员会

书　　记　管爱国　2014.12 免
　　　　　徐惠民　2014.12 任
副 书 记　路　军　2014.12 免
　　　　　杜小刚　2014.12 任
　　　　　张雪纯
常　　委　杭　颖(女)
　　　　　张玉林　2014.12 免
　　　　　黄　健
　　　　　曹　萍(女)
　　　　　杨　军
　　　　　贺家红
　　　　　夏小良
　　　　　陈荣凯(挂职)

昆山市人民代表大会常务委员会

主　　任　沈黎明
副 主 任　任雪元　2014.11 免
　　　　　朱兴农
　　　　　沈保明
　　　　　李修昌
　　　　　张伟刚
市人大常委会委员(按姓氏笔画为序)
　　　　　王毓民
　　　　　归晓波
　　　　　叶凤生
　　　　　朱小英(女)
　　　　　朱元英(女)
　　　　　朱文荣
　　　　　汤惠明
　　　　　孙跃明
　　　　　吴艺明
　　　　　沈武平(女)
　　　　　张秀珍(女)
　　　　　陆泉元
　　　　　陈　琦
　　　　　周健生
　　　　　赵红骑
　　　　　赵雪根
　　　　　俞建良
　　　　　袁洪涛
　　　　　徐善平
　　　　　高苡平(女)
　　　　　浦建宏
　　　　　谈虹霞(女)
　　　　　韩建强
　　　　　戴新泉
党组书记　沈黎明
副 书 记　任雪元　2014.11 免

昆山市人民政府

市　　长　路　军
副 市 长　夏小良
　　　　　管凤良
　　　　　沈晓明
　　　　　汤土云
　　　　　江　皓
　　　　　金　铭(女)
　　　　　何苏华
　　　　　党建兵
　　　　　沈立新(援疆)
　　　　　陈荣凯(挂职)
　　　　　葛家胜(挂职)
　　　　　王荣才(挂职)　2014.09 免
　　　　　叶绪江(挂职)　2014.09 任
党组书记　路　军　2014.12 免
副 书 记　夏小良

中国人民政治协商会议昆山市委员会

主　　席　毛纯漪(女)
副 主 席　周雪荣
　　　　　金乃冰(女)
　　　　　朱玉明
　　　　　谈祥生
　　　　　吴卫东
副调研员　花敏先
秘 书 长　顾志中
市政协常务委员会委员(按姓氏笔画为序)
　　　　　丁梅根
　　　　　于德山
　　　　　王　清
　　　　　王建华
　　　　　朱　剑
　　　　　朱允中
　　　　　朱锦南
　　　　　刘　兵
　　　　　刘召贵
　　　　　杜维嘉
　　　　　吴　琳(女)
　　　　　吴有毅
　　　　　吴锦芳(女)
　　　　　何　燕(女)
　　　　　何翠英(女)
　　　　　邹建良
　　　　　沈昆岚
　　　　　宋建华
　　　　　张　殿
　　　　　张家文(女)
　　　　　陆陈军
　　　　　陆学清

陆建中
陈　刚
陈　森
陈卫斌
陈永芬(女)
陈向荣
陈庆越
陈进良
范文胜
连建新
金凤珍(女)
金建芳(女)
金建鸿
金振荣
胡　明
赵生根
秋　风
须建明
俞武军
晋林根
顾金彪
夏　瑜
钱呈兴
唐晓兵
彭雪元
蒋剑灵
傅茂英(女)
谢全林
窦丹若(女)
党组书记　毛纯漪(女)
副书记　周雪荣

中共昆山经济技术开发区工作委员会

书　记　管爱国　2014.12 免
　　　　徐惠民　2014.12 任
副书记　路　军　2014.12 免
　　　　杜小刚　2014.12 任
　　　　张玉林　2014.12 免
　　　　陆宗元
委　员　何　燕(女)
　　　　陈　艺　2014.09 停职
　　　　石　敏
　　　　潘建康
　　　　许玉连
　　　　盛雪东

昆山经济技术开发区管理委员会

主　任　路　军　2014.12 免
　　　　杜小刚　2014.12 任
副主任　张玉林　2014.12 免
　　　　陆宗元
　　　　何　燕(女)
　　　　陈　艺　2014.09 停职
　　　　石　敏
　　　　潘建康
　　　　许玉连
　　　　盛梦龙
　　　　盛雪东
　　　　肖建明(援疆)
副调研员　王文元
主任助理　沈　健　2014.11 免
　　　　许春根(挂职)　2014.09 免
　　　　董永春(挂职)　2014.09 任

中共昆山高新技术产业开发区工作委员会

书　记　黄　健
副书记　杜立新
委　员　张建文
　　　　褚志愿
　　　　金健宏
　　　　刘秋峰
　　　　孔维华

昆山高新技术产业开发区管理委员会

主　任　黄　健
副主任　杜立新
　　　　张建文
　　　　褚志愿
　　　　金健宏
　　　　孔维华
　　　　徐再高(挂职)　2014.04 免
　　　　刘　艳(挂职,女)　2014.04 任
主任助理　吴炜林　2014.11 免
　　　　程志明　2014.11 免
　　　　顾春明　2014.11 免
　　　　石　颖　2014.11 免
　　　　杨旭东(挂职)　2014.09 免
　　　　高　峰(挂职)　2014.09 任

中共江苏昆山花桥经济开发区(江苏国际商务中心)工作委员会

书　记　管爱国　2014.12 免
　　　　徐惠民　2014.12 任
副书记　沈华飞
委　员　张建平
　　　　张振跃
　　　　王建芬(女)
　　　　崇一星

江苏昆山花桥经济开发区(江苏国际商务中心)管理委员会

副主任　沈华飞
　　　　张振跃
　　　　王建芬(女)
　　　　崇一星
副调研员　唐乃新　2014.04 免
主任助理　赵　猛　2014.11 免
　　　　卢　斌　2014.12 免
　　　　许祥云(挂职)　2014.09 免
　　　　黄正多(挂职)　2014.04 任

中共昆山旅游度假区工作委员会

书　记　张雪纯
副书记　杭　颖(女)
委　员　程文荣
　　　　周建华　2014.02 免
　　　　宋德强
　　　　董建国
　　　　许振敏

昆山旅游度假区管理委员会

主　任　杭　颖(女)
副主任　程文荣
　　　　周建华　2014.02 免
　　　　宋德强
　　　　董建国
　　　　许振敏
　　　　杨国华(挂职)　2014.09 任
副调研员　周建华　2014.02 任

中国浦东干部学院昆山分院

院　长　张雪纯
常务副院长　杨　军
副院长　谈永磊
　　　　高红梅(女)

中共江苏省委党校昆山分校(江苏省行政学院昆山分院)

校(院)长　桑学成
副校(院)长　张雪纯
校(院)长助理　高红梅(女)

中共昆山人力资源市场委员会

书　记　朱元英(女)

昆山人力资源市场管理委员会

主　任　郁大林　2014.02 免
副调研员　郁大林　2014.02 任

中国共产党昆山市纪律检查委员会

书　记　曹　萍(女)
副书记　朱葛明
　　　　钱　建
常　委　陆　峰
　　　　陈志强
　　　　陈建中

花祝春　2014.07 任
办公室主任
高　勇
执法监察室主任
朱年华　2014.07 免
教育调研室主任
李龙江
信访室主任
嵇　纲
案件审理室主任
李文光(女)
第二纪检监察室主任
朱继东
纠风与效能监察室主任
董文芳(女)　2014.07 免
干部管理室主任
朱洁平
第三纪检监察室主任
朱年华　2014.07 任
案件监督管理室主任
高义成　2014.07 任
预防腐败室主任
潘霞峰(女)　2014.07 任
党风政风监察中心主任
朱葛明
纪检监察工作五室主任
陆　峰
纪检监察工作六室主任
陈建中

昆山市人民法院
院　　长　韦　炜
副 院 长　张建明
包　刚(挂职)　2014.03 任
党组书记　韦　炜
政治处主任
王洪富

昆山市人民法院张浦法庭
庭　　长　顾文华

昆山市人民法院周市法庭
庭　　长　李　军

昆山市人民检察院
检 察 长　皇甫觉新
副检察长　金建新
潘成刚
张大峰
齐晓琨(挂职)　2014.03 免
斯拉木江·吾斯曼(挂职)
2014.05 任，2014.08 免
党组书记　皇甫觉新
副 书 记　金建新
政治处主任
徐志龙

昆山市人民检察院反贪污贿赂局
局　　长　陈　珺(女)

昆山市人民检察院反渎职侵权局
局　　长　李学新

昆山市人民检察院公诉局
局　　长　宫为所

昆山市人民检察院派驻花桥经济开发区检察室
主　　任　高建强

昆山市人民检察院派驻巴城镇检察室
主　　任　归丽华(女)　2014.08 任

昆山市人民检察院派驻千灯镇检察室
主　　任　赵喜忠

昆山市人民检察院派驻张浦镇检察室
主　　任　董　滨

市级机关各部门

中共昆山市委办公室
秘 书 长　许玉连　2014.05 免
副秘书长　徐红生　2014.05 免
张伟嘉(女)　2014.05 免
王志刚　2014.05 免
金　琪(女)2014.05 免
管傲新　2014.05 免
主　　任　许玉连
副 主 任　徐红生　2014.05 免
张伟嘉(女)
王志刚
金　琪(女)
管傲新
何翠英(女)　2014.05 免
郑斌齐　2014.05 免
朱　健(女)
陈鲁勇　2014.07 免
江雪龙
万继民　2014.07 免

中共昆山市委研究室
主　　任　陈鲁勇
副 主 任　顾全荣
万继民
朱建忠
刘清涛
李　猛
左宝昌

中共昆山市委保密委员会办公室(市国家保密工作局)
主　　任(局长)
颜　安
副主任(副局长)
张　良

中共昆山市委机要局
局　　长　钱国萍(女)
副 局 长　江惠清

中共昆山市委组织部
部　　长　杨　军
副 部 长　朱元英(女)
陈向荣
荣毅龙

中共昆山市委老干部局
局　　长　陈向荣
副 局 长　戴觉敏(主持日常工作)
匡　中

中共昆山市委非公有制经济工作委员会
书　　记　陈向荣
副 书 记　荣毅龙
栾根玉
岳　俊
朱里萍(女)　2014.05 免
孟林玮　2014.05 免

昆山市机构编制委员会办公室
主　　任　朱元英(女)
副 主 任　冯小明
朱　贤(女)　2014.01 免
王陈磊(女)

中共昆山市委宣传部
部　　长　杭　颖(女)
副 部 长　周　鸣(女)
金建鸿
颜　安

昆山市精神文明建设指导委员会办公室
主　　任　金建鸿
副 主 任　杨卉明
陈敏雅(女)

昆山市对外宣传办公室
主　　任　周　鸣(女)

中共昆山市委统一战线工作部
部　　长　陈永芬(女)
副 部 长　郭　江
孙晓岚(女)
顾金彪
谢全林　2014.05 免

孟林玮

昆山市人民政府侨务办公室

主　　任　谢全林

副 主 任　姜　红(女)

　　　　　汤志轩

中共昆山市委政法委员会

书　　记　张雪纯

副 书 记　何苏华

　　　　　石　敏　2014.05 免

　　　　　张建中(主持日常工作)

　　　　　毛耀良　2014.07 免

　　　　　张焰林

昆山市社会治安综合治理委员会办公室

主　　任　张建中

副 主 任　杨佩华(女)

　　　　　唐秀峰

昆山市依法治市领导小组办公室

常务副主任

　　　　　毛耀良　2014.07 免

中共昆山市委农村工作办公室

主　　任　江雪龙

副 主 任　戴月英(女)

　　　　　姚伟林

　　　　　顾立新

中共昆山市委市级机关工作委员会

书　　记　郑斌齐

副 书 记　高学芳(女)

　　　　　吉文元

中共昆山市委台湾工作办公室

主　　任　何翠英(女)

副 主 任　陈　煜

　　　　　张　琴(女)

　　　　　吴　韬

　　　　　张工上(挂职)　2014.05 任

中共昆山市委党史研究室

主　　任　钱建荣

副 主 任　钱燕华(女)

昆山市档案局(档案馆)

局　长(馆长)

　　　　　蔡坤泉

副局长(副馆长)

　　　　　吴桂平

　　　　　章金兴

昆山市地方志编纂委员会办公室

主　　任　蔡坤泉

中共昆山市委市政府接待处

主　　任　金　琪(女)

副 主 任　吴向东

　　　　　张晓梅

中共昆山市委党校

校　　长　张雪纯

常务副校长

　　　　　高红梅(女)

副 校 长　王永进

　　　　　钱秋霞(女)

　　　　　陆翔远　2014.07 任

昆山市行政学校

校　　长　夏小良

昆山日报社

总 编 辑　樊万朝

副总编辑　王雅静(女)

　　　　　顾彩芳(女)

　　　　　杨报平

　　　　　朱品兴

　　　　　曹　勇

党组书记　樊万朝

昆山市总工会

主　　席　张伟刚

副 主 席　张志清

　　　　　许士忠

　　　　　顾　莹(女)

　　　　　吴学明

　　　　　朱里萍(女,不驻会)

　　　　　陈国平(不驻会)

党组书记　张伟刚

副 书 记　张志清

共青团昆山市委员会

书　　记　孙道寻

副 书 记　郁　新(女)

　　　　　李　凡

昆山市青年联合会

副 主 席　郁　新

　　　　　李　凡

　　　　　陈国洪

　　　　　龚奕奕(女)

　　　　　卿　胜

　　　　　马扬飚

　　　　　林嘉宏

　　　　　顾　工

　　　　　王建华(千灯)

　　　　　徐永琴(女)

昆山市妇女联合会

主　　席　高苡平(女)

副 主 席　吴锦芳(女)

　　　　　周红芳(女)

昆山市科学技术协会

主　　席　王海燕(女)

副 主 席　高　云

　　　　　陆陈军(不驻会)

　　　　　周雪明(不驻会)

　　　　　荀　标(不驻会)

昆山市工商业联合会

主　　席　吴卫东

副 主 席　孟林玮

　　　　　奚国锋

　　　　　刘海英

　　　　　张　异(女)

　　　　　王学良(不驻会)

　　　　　成三荣(不驻会)

　　　　　江　良(不驻会)

　　　　　吴建明(不驻会)

　　　　　邹建良(不驻会)

　　　　　沈素珍(女,不驻会)

　　　　　宋郑还(不驻会)

　　　　　张路飞(不驻会)

　　　　　张伯生(不驻会)

　　　　　金振荣(不驻会)

　　　　　周晨曦(不驻会)

　　　　　夏扣林(不驻会)

　　　　　谈义良(不驻会)

党组书记　孟林玮

副 书 记　奚国锋

昆山市文学艺术界联合会

主　　席　莫全明

副 主 席　黄劲松

　　　　　霍国强

　　　　　周可嘉(不驻会)　2014.04 免

　　　　　沈　明(不驻会)　2014.04 免

　　　　　俞建良(不驻会)　2014.04 免

　　　　　王金春(不驻会)

　　　　　朱立新(不驻会)

　　　　　居永良　2014.04 任

　　　　　陈　琰(女)　2014.04 任

党组书记　莫全明

副 书 记　黄劲松

昆山市哲学社会科学界联合会

主　　席　周　鸣(女)

昆山市归国华侨联合会

主　　席　谢全林

副 主 席　姜　红(女)

　　　　　汤志轩

　　　　　盛泽林(不驻会)

　　　　　徐小平(不驻会)

昆山市残疾人联合会

理 事 长　杨海人
副理事长　郁永明
　　　　　周建康
　　　　　岳舒程

昆山市红十字会

名誉会长　管爱国
会　　长　金　铭(女)
常务副会长
　　　　　陈青林
副 会 长　吴　莺(女)
　　　　　王云飞(不驻会)　2014.04 免
　　　　　石　敏(不驻会)　2014.04 免
　　　　　朱元英(女,不驻会)
　　　　　陈杏元(不驻会)
　　　　　范俊敏(女,不驻会)
　　　　　金建鸿(不驻会)
　　　　　何智勇(不驻会)　2014.04 免
　　　　　周雪明(不驻会)
　　　　　许祥友(不驻会)
　　　　　徐惠明(不驻会)　2014.04 任
　　　　　朱　斌(不驻会)　2014.04 任
　　　　　周　渝(女,不驻会)　2014.04 任

昆山市人大常委会办公室

主　　任　赵红骑
副 主 任　韩建强
　　　　　叶凤生
　　　　　张　颖(女)
　　　　　严雪康

昆山市人大常委会研究室

主　　任　叶凤生

昆山市人大常委会人事代表联络工作委员会

主　　任　张秀珍(女)
副 主 任　王毓民

昆山市人大常委会内务司法工作委员会

主　　任　沈武平(女)
副 主 任　尹光辉

昆山市人大常委会财政(农村)经济工作委员会

主　　任　陈　琦
副 主 任　谈虹霞(女)

昆山市人大常委会环境资源城乡建设工作委员会

主　　任　赵雪根
副 主 任　汤惠明

昆山市人大常委会教科文卫工作委员会

主　　任　孙跃明
副 主 任　胡银霞(女)

昆山市人大常委会外事民宗侨台工作委员会

主　　任　徐善平
副 主 任　杨雪平　2014.09 任

昆山市政协

副秘书长　陈　刚
　　　　　沈保元
　　　　　胡　明
　　　　　陆建中
　　　　　汪　琪
　　　　　吴锦芳(女,不驻会)

昆山市政协办公室

主　　任　陈　刚
副 主 任　汪　琪
　　　　　吴锦芳(女,不驻会)

昆山市政协提案委员会

主　　任　晋林根
副 主 任　陈　战
　　　　　何智勇(不驻会)

昆山市政协学习和文史委员会

主　　任　陈　刚
副 主 任　陆建中
　　　　　庄　吉
　　　　　莫全明(不驻会)

昆山市政协社会事业委员会

主　　任　连建新
副 主 任　郑　艳(女)
　　　　　俞菊明
　　　　　严雪林(不驻会)

昆山市政协城乡建设委员会

主　　任　丁梅根
副 主 任　陆云飞
　　　　　高昆毅　2004.11 任
　　　　　张建元(不驻会)

昆山市政协经济科技委员会

主　　任　陈卫斌
副 主 任　吴小麟
　　　　　陶建忠(不驻会)

昆山市政协港澳台侨(民族宗教)委员会

主　　任　朱锦南
副 主 任　胡　明
　　　　　吴　琳(女)
　　　　　谢全林(不驻会)

昆山市人民政府办公室

主　　任　金健宏
副 主 任　徐红生　2014.06 免
　　　　　朱维元
　　　　　金　琪(女)
　　　　　庞文红(女)
　　　　　何翠英(女)　2014.06 免
　　　　　高　峰　2014.06 免
　　　　　管鸣亮(兼)
　　　　　何智勇
　　　　　方雪华
　　　　　张学文　2014.06 免
　　　　　费文隽
　　　　　徐惠明
　　　　　江雪龙
　　　　　陈　磊
　　　　　张　隽

昆山市人民政府法制办公室

主　　任　朱维元
副 主 任　陆圣奇
　　　　　夏小明

昆山市人民政府研究室

主　　任　方雪华
副 主 任　宋修福

昆山市人民政府外事办公室

主　　任　金健宏
副 主 任　陈伟双(女)
　　　　　王遵山
　　　　　钱景霞(女)

昆山市发展和改革委员会

主　　任　宋德强
副 主 任　戴华方
　　　　　李志勤(女)
　　　　　施　灵
　　　　　陈根林
　　　　　苏秧林
　　　　　朱雪明
　　　　　孙剑波
党委副书记
　　　　　宋德强
　　　　　沈伟民

昆山市企业上市工作办公室

副 主 任　陈根林
　　　　　洪为民

昆山市服务业发展办公室

主　　任　戴华方
副 主 任　李志勤(女)
　　　　　陆文华
　　　　　杨世伟
　　　　　许　旻　2014.09 免

昆山市金融工作办公室

主　　任　宋德强
副 主 任　孙剑波

昆山市经济和信息化委员会

主　　任　陶林生
副 主 任　纪　明
　　　　　盛焕新
　　　　　孙　蓓(女)
　　　　　陶建忠
　　　　　陆祖元
　　　　　金　雄
党委书记　徐立平
副 书 记　陶林生
　　　　　刘　军

昆山市中小企业局

局　　长　纪　明
副 局 长　黄雪林
　　　　　窦丹若(女)
　　　　　陈嗣钧　2014.09 免
　　　　　陆为革

昆山市民资招商服务中心

主　　任　陶建忠
副 主 任　姜　峰
　　　　　陈嗣钧　2014.09 任

昆山市教育局

局　　长　褚志愿
副 局 长　陆　琪
　　　　　张　云
　　　　　周雪明
　　　　　林文平
　　　　　蔡惠林
党委书记　陆　琪
副 书 记　褚志愿
　　　　　陈伟莉(女)

昆山市科学技术局

局　　长　沈跃新
副 局 长　吕建坤(女)
　　　　　包建龙　2014.09 停职
　　　　　陆陈军
　　　　　孙洪涛
　　　　　王少纯(挂职)　2014.09 免
　　　　　李　微(挂职)　2014.09 任
党组副书记
　　　　　沈跃新

昆山市知识产权局

局　　长　吕建坤(女)
副 局 长　孙洪涛

昆山市公安局

局　　长　何苏华
副 局 长　张建中
　　　　　徐清平
　　　　　王金亮
　　　　　马俊友
　　　　　祁建华
　　　　　沈桃林
　　　　　施建良
　　　　　刘　伟
　　　　　江　涛
政治委员　陆迎芳
副政治委员
　　　　　高道亚
政治处主任
　　　　　韩国强
党委书记　何苏华
副 书 记　陆迎芳

中共昆山市委 610 办公室

主　　任　徐清平
副 主 任　陶小玉
　　　　　方　晖(援疆)　2014.01 免
　　　　　胡　敏(援疆)
　　　　　汤传龙　2014.01 任

昆山市监察局

局　　长　朱葛明
副 局 长　金凤珍(女)
　　　　　陆　峰
　　　　　花祝春　2014.09 免
　　　　　董文芳(女)　2014.09 任

昆山市民政局

局　　长　许祥友
副 局 长　严雪林
　　　　　龚　红(女)
　　　　　王雪坤
　　　　　朱叶华
　　　　　刘　平
　　　　　李　敏(女)
党委书记　卞海山
副 书 记　许祥友
　　　　　孙家根

昆山市司法局

局　　长　沈　清
副 局 长　宋爱明
　　　　　俞武军
　　　　　张惠娟(女)
　　　　　方　伟
党委书记　宋爱明
副 书 记　沈　清
　　　　　朱建亮

昆山市财政局

局　　长　李建英(女)
副 局 长　翁文忠
　　　　　范俊敏(女)
　　　　　张文晓
　　　　　夏明军
党组书记　李建英(女)

昆山市政府国有资产监督管理办公室

主　　任　李建英(女)
副 主 任　翁文忠
　　　　　王　琰(女)
　　　　　徐　康

昆山市人力资源和社会保障局

局　　长　孙旭明
副 局 长　葛晓华
　　　　　朱天舒
　　　　　梁海鹰(女)
　　　　　陈国平
　　　　　赵京斌
党委书记　毛国建
副 书 记　孙旭明
　　　　　王　丽(女)　2014.07 免

昆山市职称工作领导小组办公室

主　　任　朱天舒

昆山市军队转业干部安置工作领导小组办公室

主　　任　孙旭明
副 主 任　陆惠明

昆山市住房和城乡建设局

局　　长　陈辰扬
副 局 长　沈长根
　　　　　张建元
　　　　　钟振华
　　　　　许文漪(女)
　　　　　徐　怿
　　　　　黄毅恒
　　　　　胡　刚
　　　　　范晓玲(女)
党委书记　沈长根
副 书 记　陈辰扬
　　　　　黄晓辉

昆山市地震局

局　　长　钟振华

昆山市园林绿化管理局

局　　长　许文漪(女)
副 局 长　聂小明

昆山市规划局

局　　长　周继春
副 局 长　单俊炜
　　　　　邵桂林

　　　　马俊峰
党组书记　周继春　2014.07 任
副 书 记　周继春　2014.07 免

昆山市城市管理局
局　　长　石东兵
副 局 长　席大牛
　　　　安文娅(女)
　　　　郭永明
　　　　杨　杰
　　　　龚惠康
　　　　陈　强
党委书记　席大牛
副 书 记　石东兵
　　　　李　伟

昆山市城市管理行政执法局
局　　长　石东兵

昆山市交通运输局
局　　长　陈建中
副 局 长　朱国荣
　　　　陆孜敏
　　　　姚志鸿
党委副书记
　　　　陈建中
　　　　沈美男

昆山市港口管理局
局　　长　陈建中

昆山市水利局
局　　长　景惠中
副 局 长　凌伟建
　　　　高昆毅　2014.08 免
　　　　何　岩
　　　　陆小明
　　　　冯小明
党委书记　陈国洪　2014.01 停职
副 书 记　景惠中
　　　　赵文娟(女)

昆山市水务局
局　　长　景惠中

昆山市农业委员会
主　　任　顾理华
副 主 任　毛　伟
　　　　沈根明
　　　　姜雪明
　　　　于德山
　　　　高文伟
党委书记　毛耀良　2014.07 任
副 书 记　顾理华
　　　　王菊妹(女)

昆山市林业局
局　　长　顾理华

昆山市商务局
局　　长　张　峰
副 局 长　张雪花(女)
　　　　俞阿福
　　　　朱晓江
　　　　杨　波
党委书记　张　峰
副 书 记　陶建宏

昆山市外资招商服务中心
副 主 任　朱晓江
　　　　陶建宏　2014.08 免
　　　　严娅军(女)

中国国际贸易促进委员会昆山市支会
会　　长　张　峰

昆山市文化广电新闻出版局
局　　长　姚伟宏
副 局 长　金晓春(女)
　　　　周可嘉　2014.03 免
　　　　丰林荣
　　　　王　清
　　　　薛菊芳(女)
　　　　包　峰
党委书记　夏伟根
副 书 记　姚伟宏
　　　　储昭义

昆山市文物局
局　　长　姚伟宏

昆山市版权局
局　　长　金晓春(女)

昆山市广播电视台
台　　长　姚伟宏
副 台 长　丰林荣
　　　　王　清
　　　　包　峰

昆山市卫生局
局　　长　陈青林
副 局 长　张　殿
　　　　徐文学
　　　　刘　玮
党委书记　时凤英(女)
副 书 记　陈青林
　　　　顾　群

昆山市食品药品监督管理局
局　　长　陈青林
副 局 长　孙东晓

昆山市体育局
局　　长　闵红伟
副 局 长　张玉华
　　　　邹才楠　2014.09 停职
　　　　陆美萍(女)
　　　　孙列平
党组书记　闵红伟
副 书 记　张玉华

昆山市环境保护局
局　　长　徐宇斌
副 局 长　丁玉东　2014.09 停职
　　　　范兴荣
　　　　金建芳(女)
　　　　朱利星
　　　　汪　咫
党组书记　徐宇斌

昆山市旅游局
局　　长　吴　恽
副 局 长　严　骙
　　　　梅幸华
党组书记　吴　恽

昆山市人口和计划生育委员会
主　　任　王　瑜(女)
副 主 任　潘雪琴(女)
　　　　施　妍(女)
党组书记　王　瑜(女)

昆山市审计局
局　　长　钱许东
副 局 长　朱丽钰(女)
　　　　顾建平
　　　　赵生根
　　　　张　炜
党组书记　钱许东

昆山市安全生产监督管理局
局　　长　张　峻
副 局 长　郜继成
　　　　唐跃其　2014.03 免
　　　　陆冠峰　2014.09 停职
党组书记　张　峻　2014.12 免

昆山市统计局
局　　长　顾向民
副 局 长　宣　红(女)
　　　　朱良红
　　　　朱建芬(女)
党组书记　宣　红(女)
副 书 记　顾向民

昆山市物价局
局　　长　徐惠芳(女)
副 局 长　贾云娣(女)

　　　　蔡学文
　　　　金　慧
党组书记　徐惠芳(女)

昆山市粮食局

局　　长　沈利中
副 局 长　杨雪平　2014.09 免
　　　　陈海江
　　　　钱小峰
党委书记　陈铁峰
副 书 记　沈利中
　　　　顾雪金

昆山市信访局

局　　长　高　峰
副 局 长　许　征
　　　　陈　宏(女)
　　　　盛卫东
党组书记　高　峰

昆山市民防局

局　　长　赵　杰
副 局 长　吴国强
　　　　沈正华
　　　　金洪涛(援疆)
　　　　夏　强　2014.02 任
　　　　许晓云(兼)
党组书记　赵　杰

昆山市人民防空办公室

主　　任　赵　杰

昆山市民族宗教事务局

局　　长　顾金彪
副 局 长　陆　明
　　　　余　文

昆山市行政服务中心

主　　任　徐红生
副 主 任　韩晓燕(女)
　　　　丛　伟　2014.03 免
　　　　姚建荣
　　　　尹雪弟
党组书记　徐红生

昆山市市级机关事务管理中心

主　　任　张学文
副 主 任　周建中
　　　　李慰杰

昆山市城乡卫生指导中心

主　　任　时凤英(女)
副 主 任　李正猛
　　　　王矢啸

昆山市供销合作总社

主　　任　姚惠元
副 主 任　王学杰
　　　　奚震威
党委书记　姚惠元
副 书 记　张向华

昆山市企业投诉处理中心

主　　任　徐红生
副 主 任　潘海云
　　　　张　琴(女)

昆山市土地储备中心

主　　任　徐锁发
副 主 任　陈村艳(女)
　　　　杨　忠

昆山经济技术开发区各部门

开发区纪律检查工作委员会

书　记　何　燕(女)
副书记　顾本世

开发区监察审计室

主　任　顾本世

开发区党政办公室

主　任　沈　健
副主任　管文乾
　　　　刘青松
　　　　冯卫青

开发区督查室

主　任　管文乾

开发区机关党委

书　记　管文乾

开发区党群工作部

部　长　朱里萍(女)
副部长　王建群
　　　　吴小俊
　　　　程伟文
　　　　黄　梅(女)
　　　　邹引明

开发区外企党委

书　记　朱里萍(女)
副书记　黄　梅(女)
　　　　邹引明

开发区招商局

局　长　王金华
副局长　吴巧根　2014.09 免
　　　　孙智慧(女)　2014.09 免
　　　　冯元园(女)
　　　　陈　新(女)
　　　　蒋苏勤(女)
　　　　张清盛
　　　　许　晋
　　　　宋　崎(挂职)　2014.01 任
　　　　顾青安(挂职)　2014.05 任

开发区招商服务中心(机构更名)

主　任　王金华
副主任　孙智慧(女)　2014.09 免
　　　　张晓冬
　　　　张海秉

江苏贸易促进会昆山开发区分会

会　长　费国宝

开发区规划建设局

局　长　何剑鸣
副局长　周志明
　　　　曹保斌
　　　　朱建中
　　　　唐永林
　　　　王检阅
　　　　范兴东
　　　　印朝富
　　　　金卫星
　　　　时永刚(挂职)　2014.01 任

开发区人力资源和社会保障局

局　长　林建锋
副局长　顾雪平
　　　　童明桂
　　　　杨　扬(女)
　　　　杨永林

开发区经济发展和环境保护局

局　长　赵　伟　2014.12 免
副局长　陈　伟
　　　　沈月娟(女)
　　　　黄惠林　2014.09 停职
　　　　汪　偲
　　　　周　明
　　　　徐　东
　　　　金　伟(挂职)　2014.01 任

开发区内企党委

书　记　陈　伟
副书记　沈月娟(女)

开发区社会事业管理局

局　长　浦建宏
副局长　蒋　跃
　　　　张林晓
　　　　朱　斌
　　　　王　健
　　　　戴文明
　　　　顾　勇

党委书记　蒋　跃
副书记　浦建宏
　　　　张林晓
　　　　汤绣华(女)

开发区城管分局

局　长　董　枫
教导员　蒋　啸

开发区信访办公室

主　任　顾　勇

开发区总工会

主　席　朱里萍(女)
副主席　王建群
　　　　吴小俊
　　　　程伟文
　　　　孙　娟(女)
　　　　邹引明
　　　　沈月娟(女,不驻会)

开发区人民武装部

部　长　石　敏
副部长　王　健

昆山综合保税区

管委会主任
　　　　陆宗元
副主任　吴巧根
党委书记　朱雪泉
副书记　吴巧根

昆山综合保税区管理局

局　长　吴巧根
副局长　朱雪泉
　　　　庄友明
　　　　邱小建
　　　　李志强
　　　　陈雷东　2014.09 免
　　　　潘　翔

开发区留学人员创业园管理处

主　任　秦珊珊(女)
副主任　周　萍(女)

开发区科技局(知识产权局)

局　长　秦珊珊(女)
　　　　徐　杰

开发区台商投资服务办公室

主　任　孙智慧(女)
　　　　黄　健　2014.07 任

昆山高新技术产业开发区各部门

高新区纪律检查工作委员会

书　记　刘秋峰
副书记　瞿亚光

高新区监察室

主　任　瞿亚光

高新区党政办公室

主　任　陶桂荣
副主任　王云飞
　　　　鲍瑾蓓(女)

高新区机关党委

书　记　王云飞

高新区党群工作部

部　长　龚奕奕(女)
副部长　陈根荣
　　　　陆轶峰

高新区非公企业党委

书　记　陈根荣

高新区总工会

主　席　顾春明
副主席　丁　亮

高新区招商服务局

局　长　石　颖
副局长　赵　姝(女)
　　　　陈雷东
　　　　刘　平
　　　　吴振宇
　　　　周　鹏
　　　　王　庆
　　　　殷学敏(挂职)　2014.01 任

高新区台商投资服务办公室

主　任　何蓉蓉(女)

高新区规划建设局

局　长　顾宝昌
副局长　姚友良
　　　　陈立新
　　　　沈建林
　　　　丁成明(挂职)　2014.01 任
党委书记　陆春明

高新区经济发展与环境保护局

局　长　黄乃宏
副局长　王凤根
　　　　陶建华
　　　　朱振刚
　　　　王　晗
　　　　王　晔(挂职)　2014.01 任
党委书记　黄乃宏

高新区科技与知识产权局

局　长　孙亚平
副局长　唐　杰
　　　　谈颂松(女)
　　　　马　星(挂职)　2014.01 任

高新区人力资源和社会保障局

局　长　朱小林　2014.02 任
副局长　朱小林(主持工作)2014.02 免
　　　　陆泉根

高新区社会事业局

局　长　程志明
副局长　崔阿明
　　　　周　渝(女)
　　　　姜异华
　　　　景兴良
　　　　李月亮
党委书记　程志明
党委副书记
　　　　陈玉龙
　　　　崔阿明

昆山花桥经济开发区各部门

花桥经济开发区纪律检查工作委员会

书　记　张建平
副书记　吴卫中
委　员　李建春

花桥经济开发区党政办公室

主　任　赵　猛
副主任　王中民
　　　　孙信毅
　　　　马　炎
　　　　朱建平
　　　　黄定会

花桥经济开发区机关党委

书　记　吴卫中

花桥经济开发区组织人事局

局　长　陆泉元
副局长　陆　伟
　　　　赵海蓉(女)
　　　　李　欣

花桥经济开发区非公企业党委

书　记　陆泉元

花桥经济开发区招商局

局　长　邬辛夷
副局长　严伟俊
　　　　金卫强
　　　　顾志荣
　　　　杨　锋

花桥经济开发区规划建设局

局　　长　曾于祥
副 局 长　李　铭
　　　　　张　强
　　　　　张路军
　　　　　王卫东(挂职)　2014.01 任
总工程师　徐　挺

花桥经济开发区经济发展局

局　　长　沈仁龙
副 局 长　金坤良
　　　　　潘　峰
　　　　　林燕斌
　　　　　李凤泉(挂职)　2014.01 任

花桥经济开发区社会事业局

局　　长　冯善明
副 局 长　陈杏元
　　　　　魏　良
　　　　　任亚平
党委书记　冯善明
副 书 记　李建春

花桥经济开发区服务业发展局

局　　长　陈金龙
副 局 长　王　頵
　　　　　沈寒冰

花桥经济开发区台商投资服务办公室

主　　任　王晓东

花桥经济开发区人民武装部

部　　长　张建平
副 部 长　李月亮　2014.03 免

昆山旅游度假区党政办公室

主　　任　吴　忠
副 主 任　朱悦弋(女)

昆山旅游度假区规建局

副 局 长　武彦坤
　　　　　潘志勇

昆山旅游度假区招商局

副 局 长　吴卓慧(女)

昆山旅游度假区经济发展服务(财政和资产管理)局

副 局 长　朱南新

阳澄湖旅游度假中心

主　　任　顾继英(女)

中共江苏省委党校昆山分校

人力资源部主任
　　　　　费伟民
教研部主任
　　　　　张春光
副 主 任　王永进
办公室副主任
　　　　　陆翔远
培训部副主任
　　　　　钱秋霞(女)

昆山人力资源市场

管委会副主任
　　　　　孙旭明
　　　　　葛晓华
　　　　　林建锋　2014.09 免
　　　　　梁海鹰(女)
管委会主任助理
　　　　　童明桂　2014.11 免
党委副书记
　　　　　孙旭明
　　　　　葛晓华
　　　　　王　丽(女)　2014.07 任
党委委员　林建锋
　　　　　梁海鹰(女)
纪委书记　王　丽(女)　2014.07 任
纪委副书记
　　　　　邹　维
人才资信科科长
　　　　　王建龙
规划财务科科长
　　　　　柯金林

昆山市人才交流服务中心

主　　任　邹　维

沿沪产业园

党工委书记
　　　　　李　文
副 书 记　顾菊明
　　　　　张　晶
管委会主任
　　　　　顾菊明
副 主 任　张　晶
　　　　　许明华　2014.04 停职

沿沪产业园招商服务部

经　　理　张　晶
副 经 理　彭　良

沿沪产业园规划建设部

经　　理　许明华　2014.04 停职

沿沪产业园招商服务中心

主　　任　胡　捷

昆山市人民政府驻上海办事处

主　　任　俞　峰

昆山市人民政府驻南京办事处

主　　任　陈嗣钧

昆山市人民政府驻南方办事处

主　　任　王鹰霄

企事业单位

江苏广播电视大学昆山学院

校　　长　张国翔
副 校 长　张志勇
　　　　　王晓鹏
　　　　　宗　甄
党委副书记
　　　　　金　毅

江苏省昆山中学

校　　长　徐晓林
副 校 长　金伟明
　　　　　胡福林
　　　　　徐永琴(女)
　　　　　张永辉
党委书记　周雪明
副 书 记　徐晓林
　　　　　姜红珍(女)

昆山市震川高级中学

校　　长　王　阳
党总支书记
　　　　　王　阳

昆山市第一中学

校　　长　王志家
党总支书记
　　　　　赵　阳

昆山市第一中等专业学校

校　　长　顾进法　2014.09 免
　　　　　沈建兴　2014.09 任

昆山市第二中等专业学校

校　　长　张国翔

昆山市教师进修学校

校　　长　顾进法　2014.09 免

昆山市费俊龙中学

校　　长　胡祖光
党支部书记
　　　　　胡祖光

花桥国际商务城中等专业学校

校　　长　沈建兴　2014.09 免
党支部书记
　　　　　沈建兴　2014.09 免

昆山市张浦中学

校　　长　陆连荣
党支部书记
　　　　　陆连荣

昆山市锦溪中学

校　　长　陈祥龙
党支部书记
　　　　　陈祥龙
昆山市重点办
主　　任　陈　磊
昆山市应急办
主　　任　武　军
昆山市经济协作办公室
主　　任　陆文华　2014.01 免
昆山市公安局开发区分局
局　　长　沈东林
教 导 员　沈荣林
昆山市公安局指挥中心
指 挥 长　张巧平
教 导 员　王溪如(女)
昆山市公安局国内安全保卫大队
大 队 长　冯　益
教 导 员　朱寒谦(女)
昆山市公安局治安警察大队
大 队 长　顾建华
教 导 员　陆建民
昆山市公安局交警大队(机构更名)
大 队 长　冯剑凌
教 导 员　沈　镳
昆山市公安局刑事警察大队
大 队 长　张　刚
教 导 员　陆建平
昆山市公安局有组织犯罪侦查大队
大 队 长　袁　陈
教 导 员　范玉龙
昆山市公安局经济犯罪侦查大队
大 队 长　徐国平　2014.02 免
　　　　　张引弟　2014.02 任
教 导 员　华军威　2014.01 免
　　　　　徐国平　2014.01 任
昆山市公安局巡特警大队(机构更名)
大 队 长　方　晖　2014.02 任
教 导 员　杨　健
昆山市公安局监所管理大队(看守所)
大队长(所长)
　　　　　丁建春　2014.02 免
　　　　　华军威　2014.02 任
教 导 员　唐伟琳
昆山市公安局网络安全监察大队
大 队 长　项伯林
教 导 员　凌永芳(女)
昆山市公安局战训大队
大 队 长　何杏明
教 导 员　徐小军
昆山市公安局单位内部安全保卫大队
大 队 长　许晓清
教 导 员　吴　珏(女)　2014.01 任
昆山市公安局禁毒大队
大 队 长　乔文忠
教 导 员　葛忠奎　2014.01 免
　　　　　丁建春　2014.01 任
昆山市公安局出入境管理大队
大 队 长　刘　晖
教 导 员　许明生
昆山市公安局法制大队
大 队 长　程正东
教 导 员　赵　华　2014.01 任
昆山市公安局警务督察大队
大 队 长　徐建武　2014.02 免
　　　　　施建福　2014.02 任
教 导 员　高全兴
昆山市公安局人口管理大队
大 队 长　沈卫红(女)
教 导 员　袁雪强
昆山市公安局城中派出所
所　　长　陈凤良　2014.02 免
　　　　　张卫国　2014.02 任
教 导 员　俞燕娜(女)
昆山市公安局朝阳派出所
所　　长　陈敏坤　2014.02 免
　　　　　陈凤良　2014.02 任
教 导 员　吴永忠
昆山市公安局城北派出所
所　　长　王　斌
教 导 员　汤小弟
昆山市公安局同心派出所
所　　长　全勇明
教 导 员　朱晓松
昆山市公安局城西派出所
所　　长　胡　敏　2014.01 免
　　　　　徐建武　2014.02 任
教 导 员　蔡雪林
昆山市公安局科教园派出所
所　　长　蒋寅飞
教 导 员　赵　瑾(女)
昆山市公安局吴淞江派出所
所　　长　施海陵
教 导 员　王世华
昆山市公安局长江派出所
所　　长　李　青　2014.02 免
　　　　　陈敏坤　2014.02 任
教 导 员　沈金林
昆山市公安局青阳派出所
所　　长　张卫国　2014.02 免
　　　　　王水平　2014.02 任
教 导 员　尚修立
昆山市公安局兵希派出所
所　　长　彭卫平
教 导 员　吴　珏(女)　2014.01 免
　　　　　夏丽芬(女)　2014.01 任
昆山市公安局中华园派出所
所　　长　朱　剑
教 导 员　张　谦　2014.01 免
　　　　　郑　勇　2014.01 任
昆山市公安局综合保税区派出所
所　　长　陆宗武
教 导 员　徐　川
昆山市公安局蓬朗派出所
所　　长　何　刚
教 导 员　施建福　2014.01 免
　　　　　许玉鑫　2014.01 任
昆山市公安局陆家派出所
所　　长　王　勇
教 导 员　李雪良
昆山市公安局花桥派出所
所　　长　金培明
教 导 员　朱迎华
昆山市公安局曹安派出所
所　　长　赵　华　2014.02 免
　　　　　张晓华　2014.02 任
教 导 员　荣雨麟
昆山市公安局巴城派出所
所　　长　张晓华　2014.02 免
　　　　　袁亚平　2014.02 任
教 导 员　王　晓　2014.01 免
　　　　　史永刚　2014.01 任
昆山市公安局正仪派出所
所　　长　袁亚平　2014.02 免
　　　　　王　晓　2014.02 任
教 导 员　丁文明
昆山市公安局周市派出所
所　　长　王万忠　2014.02 免
　　　　　张　谦　2014.02 任
教 导 员　路云龙
昆山市公安局新镇派出所
所　　长　葛聚忠　2014.02 免
　　　　　王万忠　2014.02 任
教 导 员　胡备军　2014.01 任
昆山市公安局张浦派出所

所　　长　周雪刚　2014.02 免
李　青　2014.02 任
教 导 员　张晓敏
昆山市公安局千灯派出所
所　　长　沈晓夫
教 导 员　沈　剑
昆山市公安局石浦派出所
所　　长　陆志刚
教 导 员　朱永明
昆山市公安局淀山湖派出所
所　　长　韩建平
教 导 员　汤福元　2014.01 免
黄建忠　2014.01 任
昆山市公安局锦溪派出所
所　　长　余志刚
教 导 员　汤传龙　2014.01 免
陈　云　2014.01 任
昆山市公安局周庄派出所
所　　长　张引弟　2014.02 免
葛聚忠　2014.02 任
教 导 员　黄宁刚
昆山市公安局水上派出所（水警大队）
所长（大队长）
王建明
教 导 员　薄志威
昆山市公安局公交派出所
所　　长　王　昆
教 导 员　吴海福
昆山市维稳办公室
副 主 任　郭小虎
昆山市反恐办公室
副 主 任　尤学文
汤福元　2014.02 任
昆山市国库支付中心
主　　任　浦爱明
昆山市控制社会集团购买力办公室
主　　任　孙　锋　2014.02 免
昆山市财政局开发区分局
局　　长　王剑明
昆山市财政局高新区分局
局　　长　嵇敏旗
昆山市财政局巴城分局
局　　长　王建明
昆山市财政局周市分局
局　　长　汪　磊
昆山市财政局花桥分局
局　　长　管小明
昆山市财政局陆家分局
局　　长　夏　平
昆山市财政局千灯分局
局　　长　顾　良
昆山市财政局淀山湖分局（机构新设立）
局　　长　龚洪文　2014.09 任
昆山市财政局周庄分局（机构新设立）
局　　长　陆志林　2014.09 任
昆山市财政局锦溪分局（机构新设立）
局　　长　罗　军　2014.09 任
昆山市事业单位登记管理局
局　　长　冯小明
昆山市社保基金管理中心
主　　任　王利国
党总支书记
王利国
昆山市就业促进中心
主　　任　梁海鹰（女）
昆山市绿化委员会办公室
主　　任　许文漪（女）
昆山市住房制度改革办公室
主　　任　陈辰扬
昆山市人民政府房屋征收办公室
主　　任　张建元
昆山市建设工程招投标办公室
主　　任　陆剑珍（女）
昆山市“民声 110”城市服务中心
主　　任　杨宝兴　2014.09 免
昆山市城市管理行政执法大队
大 队 长　顾一青
教 导 员　马　伟
昆山市公路管理处
党总支书记
浦杨龙
昆山市交通运输管理处
主　　任　葛唯刚
党支部书记
余宥铖
昆山市航道管理处
主　　任　魏　巍　2014.09 免
党支部书记
阮映泉
昆山市地方海事处
主　　任　沈永林
党支部书记
沈永林
昆山市乡镇交通运输综合管理所（机构新设立）
所　　长　尚　萍（女）　2014.09 任
昆山市欧美投资促进中心
主　　任　蒋苏勤（女）
昆山市防汛防旱指挥部办公室
主　　任　魏　巍　2014.09 任
昆山市电视中心
总　　监　包　峰
昆山市网络中心
总　　监　丰林荣
昆山市广播中心
总　　监　沈　伟
昆山市图书馆
馆　　长　薛菊芳（女）
昆山市血防办公室
主　　任　陈青林
昆山市第一人民医院
院　　长　陈　健
党委书记　夏友良
昆山市中医医院
院　　长　冯全林
党委书记　姜金华
昆山市卫生监督所
所　　长　朱士新
党总支书记
陆砚青（女）
昆山市环保项目审批中心
主　　任　范兴荣
昆山市环境监察大队
大 队 长　仇建军　2014.09 停职
昆山市环境监测站
站　　长　金庆先
昆山市经济责任审计中心
主　　任　邵　芳（女）
昆山市物价检查分局
局　　长　吴献忠
昆山市昆仑堂美术馆
馆　　长　俞建良
昆山市侯北人美术馆
馆　　长　霍国强
昆山市亭林街道
党工委书记　陈志英（女）
办事处主任　李轶群
昆山市柏庐街道
党工委书记　李月亮
办事处主任　吴　纬
昆山市朝阳街道
党工委书记　季兆祥
办事处主任　蔡根良

昆山市城北街道
党工委书记　顾　宏
办事处主任　王　怡(女)
昆山市同心街道
党工委书记　张玉静(女)
办事处主任　王金栋
昆山市枫景苑街道
党工委书记　张素珍
办事处主任　吴邦达
昆山市娄江街道
办事处主任　赵国华
昆山市长江路街道
党工委书记　周菊英(女)
办事处主任　王文华
昆山市青阳街道
党工委书记　孔惠林
办事处主任　钱公平
昆山市中华园街道
党工委书记　傅惠民
办事处主任　陆丽萍(女)
昆山市兵希街道
党工委书记　唐永兴
办事处主任　周林元
昆山市蓬朗街道
党工委书记　陈　凯
办事处主任　杨彩红(女)

乡镇机构

张浦镇
党　委
书　记　李国良
副书记　王建华
　　　　徐　彬
　　　　张雪冬
　　　　王　亮
　　　　宿建光(挂职)　2014.09 免
委　员　朱文荣
　　　　周三宝(女)
　　　　苏卫新
　　　　陈　强
　　　　朱立新
　　　　黄　翊(女)
　　　　周雪刚
人　大
主　席　朱文荣
副主席　翁志成
政　府
镇　长　王建华
副镇长　周三宝(女)
　　　　苏卫星
　　　　王培铨
　　　　黄亚刚
　　　　秦微晰
　　　　郭金军
　　　　孙　军(挂职)　2014.05 任，2014.11 免
　　　　姜　冲(挂职)　2014.09 任
张浦镇党政办公室
主　任　周　红(女)
张浦镇组织人事和社会保障局
局　长　黄　翊(女)
张浦镇经济促进局
局　长　王　文　2014.01 免
　　　　张雪冬　2014.01 任
张浦镇建设与管理局
局　长　黄亚刚
张浦镇社会事业发展和管理局
局　长　周三宝(女)
党委书记　周　红(女)
张浦镇财政和资产管理局
局　长　李永华
张浦镇综合执法局
局　长　陈　强　2014.01 免
　　　　周雪刚　2014.01 任
张浦镇便民服务中心
主　任　王　霞(女)

周市镇
党　委
书　记　史红亮
副书记　蔡　力
　　　　张建根
　　　　计华明
　　　　宋　崎
　　　　吴根平(兼)
　　　　何仕均(挂职)　2014.09 任
委　员　陆根元
　　　　姚生龙
　　　　沈克勤
　　　　宋桂兰(女)
　　　　李　晟
　　　　杨　悦
人　大
主　席　陆根元
副主席　金　伟
政　府
镇　长　蔡　力
副镇长　宋　崎　2014.01 免
　　　　沈克勤
　　　　时永刚
　　　　朱张勇
　　　　周恩峰
　　　　曾忠平(挂职)　2014.09 免
周市镇陆杨办事处
主　任　王建东
党总支书记
　　　　陈竹琳
周市镇新镇办事处
主　任　胡全林
党总支书记
　　　　沈　希

陆家镇
党　委
书　记　邹文元
副书记　方　勇
　　　　王清文
　　　　王卫东
　　　　侯　洁(女,挂职)2014.09 免
　　　　范泽夫(挂职)　2014.09 任
委　员　李凤泉
　　　　时　强
　　　　苏培兰(女)
　　　　沈岳平
　　　　张利民
　　　　李建平
人　大
主　席　李凤泉
副主席　诸建德
政　府
镇　长　方　勇
副镇长　沈岳平
　　　　张利民
　　　　程　晔
　　　　沈　波

巴城镇
党　委
书　记　谷文华
副书记　钱翌(女)
　　　　陆梅林
　　　　张文明
　　　　时凤鸣
　　　　王　晔
　　　　苏　生(挂职)　2014.09 任
委　员　严建荣

屠祖荣
丁成明
马　星
邱　平
人　　大
主　　席　严建荣
副 主 席　金妹督（女）
政　　府
镇　　长　钱　翌（女）
副 镇 长　丁成明
金水根　2014.01 免
马　星
殷学敏
夏秧根
郁志华
姜宁康（挂职）2014.09 免

巴城镇正仪办事处

主　　任　邹三林
党总支书记
张学明

巴城镇石牌办事处

主　　任　邢　蓉（女）
党总支书记
周晓佳（女）

千灯镇

党　　委
书　　记　李　文
副 书 记　顾菊明
张　晶
许明华　2014.05 停职
罗　鸣
宋练刚（挂职）　2014.09 免
项瑞望（挂职）　2014.09 任
委　　员　杜建琴（女）
彭　良
朱雪华
姜贞爱（女）
盛爱红
董　梁
陈云明（兼）
人　　大
主　　席　杜建琴（女）
副 主 席　沈姐妹（女）
政　　府
镇　　长　顾菊明
副 镇 长　彭　良
姜贞爱（女）
朱南新　2014.01 免
毛朋夫
王勤彪
赵　飞
周　巍　2014.01 任

昆山市国家农业综合开发现代示范区管委会

主　　任　李　文
副 主 任　王惠弟
陈秋学

千灯镇石浦办事处

主　　任　姚品元
党总支书记
黄　黎（女）

淀山湖镇

党　　委
书　　记　徐敏中
副 书 记　李　晖（女）
潘　勇
罗　敏
刘　彬（挂职）2014.09 免
徐启东（挂职）2014.09 任
委　　员　彭建明
顾　剑
徐建波
许顺娟（女）
张晓东
李　斌
人　　大
主　　席　彭建明
副 主 席　吴进华
政　　府
镇　　长　李　晖（女）
副 镇 长　徐建波
金　雄　2014.01 免
曹国华
张宝扣
邓　华

周庄镇

党　　委
书　　记　赵坤元
副 书 记　唐　翱
诸小毛
卿　胜
王　军（挂职）　2014.09 免
宋振超（挂职）　2014.09 任
委　　员　蒋连红
陆中全
叶剑虹
陈惠芬（女）
徐学新
人　　大
主　　席　王海燕（女）　2014.01 免
蒋连红　2014.01 任
副 主 席　怀林弟
政　　府
镇　　长　唐　翱
副 镇 长　陆中全
任永东
袁美生
袁　挺
杨　波

锦溪镇

党　　委
书　　记　程文荣
副 书 记　王　文
张月根
陈　勇
王晓荣（挂职）　2014.09 任
委　　员　单雪龙
陆　庆
胡志寰
朱春浩
冯惠清
沈　强
吴　洁（女）
人　　大
主　　席　单雪龙
副 主 席　陆　庆
政　　府
镇　　长　肖建明　2014.01 免
王　文　2014.01 任
副 镇 长　朱春浩
吴　洁（女）　2014.01 任
顾　强
夏　强
王　瑜（女）　2014.01 免
殷　宏
朱云龙（挂职）　2014.09 免

玉山镇

党　　委
书　　记　黄　健
副 书 记　张建文
程志明
委　　员　陈玉龙
瞿亚光
崔阿明

周　渝(女)
姜异华
景兴良
人　　大
主　　席　陈玉龙
政　　府
镇　　长　张建文
副 镇 长　崔阿明
周　渝(女)
姜异华
景兴良

花桥镇

党　　委
书　　记　冯善明
委　　员　陈杏元
沈仁龙
李建春
魏　良
任亚平
人　　大
主　　席　吴卫中
副 主 席　李建春
政　　府
镇　　长　冯善明
副 镇 长　陈杏元
李月亮　2014.01 免

曹安街道

党工委书记
陈杏元
办事处主任
沈华新

花桥街道

办事处主任
唐小娥(女)

昆山市工业资产经营有限责任公司

董 事 长　薛仁民
总 经 理　王建平
副总经理　肖雪荣

昆山市创业控股有限公司

董 事 长　徐卫球
总 经 理　蒋春明
副总经理　唐　烨
党委书记　徐卫球

昆山城市建设投资发展有限公司

董 事 长　周继春　2014.10 免
总 经 理　石建刚

昆山市交通发展控股有限公司

董 事 长　王庆中
总 经 理　王庆中
副总经理　龚青峰
张　磊

昆山经济技术开发区资产经营有限公司

董 事 长　陶　园
总 经 理　孙　亮
副总经理　宋　波

昆山高新技术产业开发区资产经营有限公司

董 事 长　王炳良
总 经 理　周全明

花桥国际商务城资产经营公司

董 事 长　唐雪明
总 经 理　唐雪明

昆山旅游度度假区资产经营公司(机构新设立)

董 事 长　王文明　2014.03 任
总 经 理　丁绮文(女)　2014.03 任

昆山市工业技术研究院有限责任公司

董 事 长　沈　军
总 经 理　熊　伟

昆山人力资源市场集团公司

董 事 长　葛晓华
总 经 理　葛晓华

昆山宾馆

总 经 理　童雅雯(女)
党委书记　丁秋龙

垂直工作部门

昆山市人民武装部

部　　长　殷珊奇
政　　委　贺家红
副 部 长　许晓云　2014.04 免
娄建林
焦佃玉　2014.04 任

昆山海关

关长、党组书记
刘卫言

昆山出入境检验检疫局

局长、党组书记
袁　克　2014.12 免
李晓晋　2014.12 任

昆山市国家税务局

局长、党组书记
沈一华

苏州市昆山地方税务局

局长、党组书记
王　培

苏州市昆山工商行政管理局

局长、党组书记
江　良

苏州市昆山质量技术监督局

局长、党组书记
应忠伟

昆山市国土资源管理局

局长、党组书记
徐锁发

昆山市国家安全局

局长、党组书记
管鸣亮

国家统计局昆山调查队

队　　长　尤　军

昆山市电信局

局长、党委书记
尹　毅　2014.01 免
闻国耀　2014.01 任

昆山市邮政局

局长、党委书记
钟　健

昆山市移动公司

总 经 理　沈　军

昆山市联通公司

总 经 理　阮文伟

江苏省电力公司昆山供电公司

总 经 理　张志昌
党委书记　张　音　2014.10 免

昆山市气象局

局　　长　金建平

苏州市住房公积金管理中心昆山分中心

主　　任　吴建明

昆山市烟草专卖局(公司)

局长(经理)
邹国强

昆山市盐务管理局(江苏省盐业集团苏州有限公司昆山分公司)

局长(经理)
李克通

人民银行昆山市支行

行长、党组书记
李文华　2014.09 免
陈　军　2014.09 任

银监委昆山监管办

主　　任　盛小平

昆山市农村商业银行

董 事 长　刘　斌
党委书记　刘　斌
行　　长　张哲清
农业银行昆山市分行
行　　长　孙国强
农业发展银行昆山市支行
行　　长　金春萍(女)
浦东发展银行昆山支行
行　　长　蒋小芳(女)
光大银行昆山支行
行　　长　于秀东(女)
工商银行昆山市分行
行　　长　蔡小娟(女)
建设银行昆山市分行
行　　长　沈屏炎
交通银行昆山分行
行　　长　曹　俊
中国银行昆山分行
行　　长　虞　东
中信银行昆山支行
行　　长　徐卫龙
中信银行昆山开发区支行
行　　长　姜志强
中信银行昆山高科园支行
行　　长　梅晓昱
江苏银行昆山支行
行　　长　苏益伟
民生银行昆山支行
行　　长　徐意龙
招商银行昆山支行
行　　长　胡诗薇(女)
华夏银行昆山支行
行　　长　颜中伟
邮政储蓄银行昆山市支行
行　　长　俞培生　2014.01 免
　　　　　陈娟娟(女)　2014.01 任
昆山鹿城村镇银行
行　　长　杨懋劼
苏州银行昆山市支行
行　　长　孙神州
上海农村商业银行昆山支行
行　　长　梅水江　2014.01 免
　　　　　王　丰　2014.01 任
宁波银行昆山支行
行　　长　叶　正
上海银行昆山支行
行　　长　朱晓明
兴业银行昆山支行
行　　长　陈　建
东吴证券股份有限公司昆山分公司
总经理　方　敏(女)

民主党派

民主同盟昆山市委员会
主任委员　吴卫东
副主任委员
　　　　　吴锦芳(女)
　　　　　金凤珍(女)
　　　　　陆陈军
民主建国会昆山市委员会
主任委员　汤土云
副主任委员
　　　　　赵生根
　　　　　陈进良
　　　　　蒋剑灵
九三学社昆山市基层委员会
主任委员　金乃冰(女)
副主任委员
　　　　　戴新泉
　　　　　朱　剑
　　　　　宋建华
农工民主党昆山总支部委员会
主任委员　李修昌
副主任委员
　　　　　钱呈兴
　　　　　吴有毅
中国国民党革命委员会昆山市支部委员会
主任委员　吴　琳(女)
副主任委员
　　　　　胡　明
　　　　　吴艺明
昆山市无党派知识分子联谊会
会　　长　陆建中
副 会 长　金建芳(女)
　　　　　王　清
　　　　　于德山
　　　　　潘成华

(组织部)

1月

1日　昆山市公立医院综合改革启动，破除“以药补医”机制，取消药品加成政策，公立医院补偿由服务收费、药品加成收入和政府补助三个渠道变为服务收费和政府补助两个渠道。市第一人民医院、第二人民医院、第三人民医院、中医医院4家市级医院先行实施医改。

△　昆山市发放全省首张认缴制营业执照。江苏埃萨云派环境科技有限公司获得此执照。

3～5日　昆山市第十六届人民代表大会第三次会议召开，听取和审议了市人民政府工作报告、市人大常委会工作报告、市人民法院工作报告、市人民检察院工作报告，审议了市2013年财政预算执行情况和2014年财政预算草案报告，通过了有关决议。

△　中国人民政治协商会议昆山市第十四届委员会第三次会议召开。会议听取和审议了《政协昆山市第十四届委员会常务委员会工作报告》和《政协昆山市第十四届委员会常务委员会关于十四届二次会议以来提案工作报告》，通过了《政协昆山市第十四届委员会第三次会议决议》。

6日　市体育中心游泳综合馆成为国家女子水球队训练基地，中国国家女子水球队入队暨签约授牌仪式举行。

7日　省委副书记、省长李学勇到昆调研转型升级、创新发展情况，省委常委、苏州市委书记蒋宏坤等参加调研。

8日　由司法部、国家互联网信息办公室、全国普法办公室主办的第十届全国法制漫画动画微电影作品征集活动获奖名单揭晓。昆山市法制宣传教育中心选送的《假钱》《微信危信》《亲的威胁》分获法治微电影一、二、三等奖。

△　昆山经济技术开发区和周市镇举行第一次联席会议，在全市率先启动区镇联动发展相关工作。

9～10日　国家生态市省级复核考核组对昆山市国家生态市建设情况进行复核，昆山市顺利通过复核。

10日　省委常委、苏州市委书记蒋宏坤，苏州市委常委、秘书长王少东及省、苏州市相关部门领导赴锦溪镇福利院、周庄镇祁浜村和福利院，以及部分困难群众家庭看望慰问相关人员。

△　昆山市委政法委与江苏省社科院共同召开昆山平安法治建设课题研讨会，对《转型升级背景下昆山市企业与职工权益保障研究》《推进基本实现现代化的平安法治建设基本形态构建》两个课题报告进行专题研讨。江苏省社会科学院昆山平安法治建设研究基地同时挂牌。

11日　第七届（2013-2014年度）中国地方政府创新奖获奖项目在北京揭晓，昆山市张浦镇《经济发达镇行政改革与流程再造》获中国地方政府创新奖优胜奖。

△　由中国国际旅游文化展播办、中国城市旅游杂志社、中国休闲旅游文化研究中心联合举办的“中国新旅游时代——2013年度品牌推介盛典”在广西桂林举行。2013海峡两岸（昆山）中秋灯会被授予“中国最具特色文化旅游节庆奖”。

14日　淀山湖镇被住建部评为“国家园林城镇”。

15日　新华社、新华日报、解放日报、香港文汇报、台湾经济日报、第一财经等媒体记者，对昆山推进“五位一体”全面发展和转型升级情况进行集中采访报道。市委书记管爱国，市委常委、宣传部部长杭颖接受采访。

△　周庄镇天然气主干管道成功开通投运，昆山市实现市域范围内天然气全覆盖。

17日　国务院总理李克强在中南海主持召开教科文卫体人士和基层群众代表座谈会，征求对《政府工作报告（征求意见稿）》的意见和建议。嘉联益电子（昆山）有限公司员工段俊作为农民工代表参加座谈会。

△　台湾友达集团董事会通过变更昆山面板项目计划，原定在昆山设立的8.5代TFT-LCD面板生产线变更为6代低温多晶硅（LTPS）面板生产线，为中国大陆第一条全球最高世代低温多晶硅（LTPS）面板生产线。

19～26日　市委书记管爱国率昆山经贸合作代表团赴墨西哥、美国访问考察，先后拜访了墨西哥MEXEX公司、美国应用材料公司、戴尔公司高层，考察了德州医疗中心、7英亩犹太养老服务中心、杜克大学、硅谷创源－中美创业孵化器、美国HCA集团、纽交所、美中总商会、华平投资总部等，推介昆山城市和产业优势，推动与国际著名企业、组织、高校的全面合作。

21日 昆山市中心卫生院医药价格综合改革正式实施。

24日 昆山市江苏正佰电气股份有限公司和昆山三景科技股份有限公司正式挂牌"新三板"市场。

25日 《江苏省区域人才竞争力报告(2013)》正式发布，昆山人才综合竞争力居全省48县(市)首位。

26日 苏州市委副书记、市长周乃翔一行赴昆山市七浦塘二标段工程现场等地，就七浦塘拓浚整治工程进展情况进行调研。

28日 花桥经济开发区和陆家镇区镇联动工作会议召开，花桥和陆家区镇联动发展工作进入实质性阶段。

29日 全市财政工作会议召开。2013年，昆山市实现公共财政预算收入243.5亿元，同比增长10.6%，收入总量、增量继续位居全省县(市)第一。

是月 昆山(张浦)精密机械产业基地被科技部火炬中心认定为"国家火炬特色产业基地"。

△ 昆山工研院被工信部认定为第三批"国家中小企业公共服务示范平台"，同时荣获苏州市"十大公共服务平台"称号。

△ 昆山维信诺显示技术有限公司最新发布中国大陆首款低温多晶硅(LTPS)柔性AMOLED全彩显示屏。

2月

8日 市委书记管爱国，市委副书记、市长路军在张浦镇会见中集集团副总裁、中集天达空港设备有限公司董事长李胤辉一行，并举行中集集团华东空港基地项目签约仪式。

10日 2014昆山春季重大项目联合开工仪式在花桥经济开发区举行，83个联合开工项目总投资558亿元，当年计划投资157亿元。

△ 市委书记管爱国考察华东康桥国际学校项目，并在花桥主持召开重大项目推进会。2014年全市共安排重大产业项目80个，其中43个项目已开工建设。

12日 昆山高新区、巴城镇联动发展工作会议召开，全市区镇联动发展对接工作全面展开。

13日 昆山地税系统2014年度工作会议召开。2013年，昆山地税组织各项收入247.36亿元，同比增长12.19%；完成公共财政预算收入134.41亿元，同比增长12.65%，居全省各县市首位。

14～16日 2014年昆山春季大型人才交流会举行，800家企业进场招聘，共提供岗位3万个。

15～16日 两岸企业家峰会金融产业合作推进小组(大陆)召集人、银监会原主席刘明康，中国银行行长陈四清一行到昆，考察了中华开发国际租赁有限公司、飞力达物流、好孩子商贸、昆山光电产业园等地，并召开座谈会，听取昆山市委书记管爱国关于昆山深化两岸产业合作试验区情况汇报，以及统一、富士康、彰化银行、中华开发金控等台企负责人关于昆山试验区金融新政对企业发展带来的新变化、企业对未来新政的新需求等情况汇报。省委常委、常务副省长李云峰，省委常委、省人大常委会副主任、苏州市委书记蒋宏坤在昆会见刘明康一行。

17日 中共昆山市第十二届纪律检查委员会第四次全体(扩大)会议召开。市委书记管爱国出席会议并讲话。市委常委、纪委书记曹萍作工作报告。

18日 副省长傅自应一行到昆调研开放型经济发展、开发区建设及进口产品交易会筹备情况，实地考察了光电产业园、龙腾光电和东电光电。

19日 全市党的群众路线教育实践活动动员大会举行，全面部署昆山市党的群众路线教育实践活动。挂钩联系昆山的苏州市委副书记、市长周乃翔出席会议并对昆山市开展教育实践活动提出明确要求。省委督导组副组长、省国资委副主任王正宇参加会议。苏州市委督导组组长、苏州市人大常委会原副主任金明对昆山市开展教育实践活动提出要求。

27～28日 昆山市工会第十六次代表大会举行，来自全市各级工会的286名代表参加会议。张伟刚当选为第十六届委员会主席，张志清、顾莹、许士忠、吴学明、朱里萍、陈国平当选为副主席。

是月 陆家镇小城镇人居环境建设项目获2013年中国人居环境范例奖。

△ 天福湿地公园获批国家湿地公园试点。

△ 中组部公布第十批"千人计划"创业类人才名单。昆山高新区内企业亚超特工业有限公司董事长兼总经理彭跃南、昆山软件园内企业昆山海普电子材料有限公司董事长王广欣入选。

△ 昆山海峡两岸商贸合作区等5个服务业项目被列入省2014年重大项目、省现代服务业"十百千"行动计划重点项目投资计划，总投资428.66亿元，其中2014年计划投资51.8亿元。

3月

3日 建筑面积1.2万平方米的昆山市老年大学新校舍正式启用。

4日 省委副书记石泰峰到昆调研。

7日 昆山市铭佳利电子制品有限公司和阳澄实业有限公司在江苏股权交易中心正式挂牌，成为昆山市首批在该中心挂牌的企业。

10日 由好孩子昆山研发中心汽车座设计组设计的婴儿汽车座Origin(CS868)和欧洲研发中心设计的婴儿车Epoc(C3800)两款产品，摘得国际工业设计领域"奥斯卡奖"——"红点"设计大奖。

12日 市委书记管爱国,市委副书记、市长路军会见台湾奇美实业旗下奇美材料科技股份有限公司董事长何昭阳一行。昆山开发区管委会与奇美材料签约偏光片合作制造项目。

13日 中国银行与昆山市在北京签订金融支持昆山深化两岸产业合作试验区合作协议。

17日 昆山三一动力有限公司博士陈振雷,亚超特工业有限公司董事长、总经理彭跃南,昆山海普电子材料有限公司董事长王广欣入选第十批国家“千人计划”。昆山市国家“千人计划”人才总数位列苏州县市首位。

17~22日 市委副书记、市长路军率昆山市经贸代表团赴台湾开展交流合作活动。

19日 海关总署副署长孙毅彪率财政部、国土部、国税总局等11个国家部委组成的联合调研组,到昆调研海关特殊监管区域整合优化工作。南京海关关长李多宽等参加调研。

△ 苏南地区优化土地利用规划划定永久性农业及生态区域座谈会在苏州召开。会议期间,副省长徐鸣带领与会代表到昆就“四个十万亩”上图落地及村集体合作经营模式推进情况进行调研。

△ 由德国莱茵TUV集团在中国大陆设立的首个汽车技术培训基地——昆山莱茵汽车技术实训中心在昆山开发区投入运营。

21日 市委书记管爱国会见到昆参访的台湾中小企业总会理事长林慧瑛一行。

22日 昆山国际文化旅游节系列活动之一——2014中国·昆山森林花海文化艺术节在森林公园湿地生态园开幕。

23日 市委书记管爱国会见普华永道全球战略主管布莱尔·谢波德一行,就昆山杜克大学建设进展及昆山与普华永道合作等事宜进行交谈。

28日 全市党的群众路线教育实践活动“一把手”推进会举行,对教育实践活动的开展进行再部署再促进。

29日 中国侨联党组书记、主席林军一行到昆调研侨联工作。

31日 苏州市委副书记、市长周乃翔在昆主持召开群众路线教育实践活动调研座谈会,了解昆山市教育实践活动开展情况,并走访了周市花都艺墅小区。

是月 享有“数字电视国家队”之称的北京数字电视国家工程实验室与昆山开发区签约,设立昆山研发中心项目。

4月

1日 国家统计局副局长谢鸿光一行到昆,就当前经济形势及企业生产经营情况进行调研。

8日 由昆山市委宣传部主办、省演艺集团昆剧院昆曲表演艺术家担纲演出的“昆曲回故乡”高雅艺术进校园、进社区、进企业活动在玉峰实验学校启动。

8~9日 海峡创新银行筹备委员会专家组组长徐昌东一行到昆考察,参观慧聚寺、海峡两岸(昆山)商贸示范区规划展示馆等地。市委书记管爱国,市委副书记、市长路军会见徐昌东一行,双方就筹备海峡创新银行举行专题工作对接会。

9日 两岸企业家峰会成长型和中小企业合作推进小组在大陆方召集人蒋以任带领下到昆调研。

9~12日 “江苏中原杯”2014全国女子武术散打锦标赛在昆山市举行,来自全国29支代表队的110名选手参加比赛。

10日 市文联第九次代表大会召开,会议选举莫全明为市文联第九届委员会主席。

11日 沪宁高速公路昆山高新区互通开工建设。

△ 速连(昆山)自行车零件有限公司在张浦镇德国工业园开业。

13日 中航工业集团董事长、党组书记林左鸣到昆考察,实地参观了国际健康产业园、航空产业园、光电产业园。

15日 长三角地区发展改革系统外资工作座谈会在昆山市召开。

16日 昆山高新区与台北投资控股股份有限公司签约成立商业保理公司。市委副书记、市长路军,市委常委、昆山高新区党工委书记、管委会主任黄健,台北投资控股股份有限公司执行长游培勋出席签约仪式。

18日 教育部副部长、国家语言文字工作委员会主任李卫红一行到昆调研,结合党的群众路线教育实践活动,了解昆山市教育事业发展情况。

△ 江苏省高级人民法院院长许前飞一行到昆调研,听取市法院工作情况汇报,考察了海峡两岸(昆山)商贸示范区规划展示馆和花桥法庭等地。

△ 市红十字会第五次会员代表大会召开,246名会员代表参加大会。新一届理事会续聘市委书记管爱国为名誉会长。金铭任市红十字会会长。

19日 市政府召开第五次全体(扩大)会议,回顾总结一季度发展情况,分析研判当前形势,谋划部署下阶段工作。

△ 江苏省台商慢速垒球联盟授牌仪式暨第二届“周市杯”昆山慢投垒球大赛在昆举行。

21日 昆山通力电梯有限公司供应部电气扶梯控制柜获评2014年全国工人先锋号。

23日 由德国福伊特集团和昆山市政府共同出资建设的福伊特中国培训中心在昆山高新区落成。德国副总理兼经济和能源部部长西格玛尔·加布里尔等出席落成典礼。

△ 昆山市检察院荣立全国集体一等功。

24~25日 市委书记管爱国率昆山市代表团赴海南省海口

市、琼海市，学习考察由国务院审批的第三产业园区——海南博鳌乐城国际医疗旅游先行区。

24～27日 以“岁月淬炼、前瞻未来”为主题的2014昆山国际老字号精品展在花桥国际商务城博览中心举办。共有250家企业的近万件商品参展，3.5万人次观展。

26日 市委书记管爱国率昆山市代表团赴福建省平潭综合实验区学习考察。代表团同日考察福建省福州市鼓楼区“三坊七巷”城市改造项目，并与鼓楼区领导就城镇建设、文化保护和开发等事宜进行交流。

△ “2014新浪金足迹智慧旅游高峰论坛”在昆山举办。

27日 以“智游天下、品味江南”为主题，以“玩人戏、活出味”为主线的2014中国·昆山国际文化旅游节开幕式暨“尚美淀山湖”自行车异装骑游活动在淀山湖环湖大道音乐广场举行。

△ 市级机关在职党员统一服务日活动启动。30多个单位参加在柏庐广场举行的首场活动，听取市民意见，帮助市民解决问题。

△ 第十九届中国周庄国际旅游节暨2014周庄水乡风车季在周庄古镇启动。

28日 2014年昆山市广场文艺“周周演”暨“欢乐文明百村行”文艺巡回演出活动在市民文化广场首演。

30日 2011-2013年度昆山市劳动模范表彰大会召开，会议表彰了100名2011-2013年度昆山市劳动模范。

是月 科技部2013年创新人才推进计划入选名单正式公布，江苏天瑞仪器股份有限公司董事长刘召贵入选其中的“科技创新创业人才”，成为昆山市首位入选该计划人才。

5月

4日 昆山市纪念“五四”运动95周年暨第十二届昆山市十大杰出青年颁奖活动举行。王冰、王欣、平峥臻、苏学兵、沈恒山、张琼、陈科宇、夏瑜、顾忆恩、龚烨飞获评第十二届昆山市十大杰出青年。

5日 上海外高桥保税区英特尔贸易(上海)有限公司与昆山综保区内企业仁宝信息(昆山)有限公司的一批货物通过分送集报模式，在昆山海关实现跨关区通关，为南京关区首票采用集中申报实现跨关区快速流转的货物。

7日 国台办副主任龚清概到昆，就推进台企转型升级、促进两岸经贸合作进行调研。

8日 商务部国际贸易经济合作研究院副院长李光辉一行到昆，就自贸区申报工作进行调研。

△ 以“汇聚民智、疏导民意、改善民生”为宗旨的昆山网络议事厅(http://bbs.ljks.cn/wlyst/)正式上线。

10日 以“全民健身、你我同行”为主题的2014中国·昆山第八届国际徒步大会暨昆山市“全民健身日”体育节启动仪式在市民文化广场举行。5万多名城乡居民、1000多名台商代表及来自30多个国家和地区的100多名国际友人参加徒步大会。

14日 由商务部、中国贸促会和省政府主办，以“开放合作、转型升级”为主旨的2014中国(昆山)品牌产品进口交易会正式开馆。省委副书记、省长李学勇，副省长傅自应，中国贸促会、中国国际商会会长姜增伟等以及来自国际商会各国家和地区委员会、各国商协会、有关国家驻华使节、各国工商企业界代表参观现场。

△ 2014中国(昆山)品牌产品进口交易会在花桥国际商务城博览中心和昆山国际会展中心同时开幕。

△ 省委副书记、省长李学勇在昆会见前来参加2014中国(昆山)品牌产品进口交易会的国际商会主席哈罗德·麦格劳三世一行。

△ 以“亚太地区在全球经济治理所扮演的角色”为主题的第三届世界工商领袖(昆山)大会暨第二届国际商会亚太CEO峰会在昆举行。中国贸促会、中国国际商会会长姜增伟，国际商会主席哈罗德·麦格劳三世，国际商会亚太CEO峰会主席格拉胡·穆迪，墨西哥驻华大使胡利安·本图拉等以及来自国际商会各国家和地区委员会、各国商协会、有关国家驻华使节、各国工商企业界共300余名代表出席峰会开幕式。

14～16日 省委常委、省人大常委会副主任、苏州市委书记蒋宏坤结合党的群众路线教育实践活动，在昆开展“三访三促”蹲点调研。

17日 为期4天的2014中国(昆山)品牌产品进口交易会落幕，共有42个国家和地区的667家企业参展，约5万人次观展，40%参展企业达成合作意向。

17～18日 2014年“红五月”大型人才交流会在昆山人力资源市场举行，425家用人单位提供16000多个岗位。

20日 以“科学生活，创新圆梦”为主题的第26届科普宣传周开幕。

21日 市委书记、市委党的群众路线教育实践活动领导小组组长管爱国主持召开市委党的群众路线教育实践活动领导小组第二次会议，听取昆山市教育实践活动第一环节工作情况汇报，讨论审议昆山市教育实践活动第二环节实施办法和市委常委会第二环节主要活动安排。

21～22日 全国台联会长、台盟中央副主席、全国人大常委会委员、内务司法委员会副主任委员、中国侨联副主席汪毅夫率台湾省十二届全国人大代表到昆，对昆山市经济社会发展和对台工作情况进行视察。

24日 昆山市以“互联发展·转型升级”为主题，举办促进互联网产业发展研讨对接会。中国工程院院士、中国互联网协会理事长邬贺铨发表《互联网发展现状与趋势》的演讲。近百名企业代表应邀参加研讨对接会。

26日 市委书记管爱国率昆山市代表团赴台湾开展经贸交流活动。

27 日　由中国商业联合会和江苏省人民政府联合主办的第九届中国零售商大会暨展会、第四届海峡两岸服务业论坛在昆山开幕。第十届全国政协副主席、中国企业联合会会长王忠禹等出席开幕式。

△　"产业融合、互利双赢"——昆山深化两岸产业合作试验区主题活动在台北市举行。江苏省委副书记、省长李学勇,副省长傅自应出席活动。台湾"三三会"会长、两岸企业家峰会副理事长江丙坤,台湾金融总会理事长李述德,电电公会理事长郭台强等参加活动。

△　由中国企业联合会与中国商业联合会主办的中国品牌协同战略联席会议在昆山举行。第十届全国政协副主席、中国企业联合会会长王忠禹出席会议。

△　"2013～2014 中国零售业年度人物"和"第二届中国零售业十佳成长型企业"评选在第九届中国零售商大会暨展会开幕式上揭晓。昆山商厦董事长兼总经理姚惠元入选 2013～2014 中国零售业年度人物。

28 日　以"新突破、新服务、新篇章"为主题的第四届海峡两岸服务业论坛在昆举行。海峡两岸关系协会会长陈德铭,海峡交流基金会董事长林中森,中国商业联合会会长张志刚等出席论坛。商务部国贸经济合作研究院院长霍建国、建银国际(控股)有限公司总裁胡章宏、中华大学讲座教授尹启铭、北京富基融通科技有限公司董事长兼首席执行官颜艳春分别作专题演讲,探讨两岸服务业合作新路径。

△　国际羽联在印度新德里宣布,昆山获得 2016 年"汤尤杯"比赛举办权。

28～29 日　青海省委常委、副省长王晓率青海党政代表团到昆考察政府职能转变、行政审批改革等情况。

29 日　2014 中国国际物流科技博览会在昆山国际会展中心开展,来自境内外的近 400 家企业参展。

31 日　第九届中国零售商大会暨展会闭幕。共有 200 多家企业参展,1 600 多名两岸专家学者、产业精英参会。

是月　位于昆山开发区的民营企业苏州源泽光电有限公司自主研发的低成本 LED 芯片以及 360 度全发光 LED 球灯泡通过美国"能源之星"标章认证,同类产品中为国内首家。

6 月

2 日　由市委书记管爱国率领的昆山市代表团结束在台湾的经贸交流活动。在台期间,代表团成员拜访了中国国民党荣誉主席连战、吴伯雄等,举办了"产业融合、互利双赢——昆山深化两岸产业合作试验区主题活动",与富邦金控、中租控股等金融机构签约,合作发起设立合资全牌照证券公司、金融租赁公司等。

2～3 日　市委书记管爱国率昆山市代表团在福建省平潭综合实验区学习考察,签署《平潭综合实验区管委会与昆山市人民政府战略合作框架协议》。

4 日　省政协副主席、省委督导组组长张九汉一行到昆,考察了天瑞仪器、华恒焊接、研华科技、昆山光电产业园等地。

5 日　《昆山市党风廉政建设和反腐败工作监测指标(试行)》发布。

6 日　全国妇联书记处书记焦扬一行到昆调研巾帼成才行动、家庭文明建设、巾帼志愿服务等工作,并赴周市镇妇女儿童活动中心、睦和社区等地调研家庭文化建设、"最美家庭"活动开展情况。

10 日　为期 6 天的"花桥国际商务城杯"2014 年世界女子水球联赛总决赛在市体育中心游泳馆开赛。中国、意大利、美国、加拿大、澳大利亚、俄罗斯、西班牙、巴西等 8 支球队参赛。

11 日　昆山市首家内资商业保理公司——昆山金保利商业保理有限公司在昆山高新区成立。

△　市委书记管爱国,市委副书记、市长路军会见台湾仁宝集团董事长许胜雄一行,并陪同考察昆山杜克大学。

12 日　中共中央政治局委员、国务院副总理汪洋在省委书记罗志军,省委副书记、省长李学勇陪同下,到昆考察外贸发展情况。海关总署署长于广洲,国际贸易谈判代表兼商务部副部长钟山等陪同考察。

16 日　针对昆山鸿钧工艺品有限公司的五套废气治理设施不正常运行导致大气污染的违法行为,市人民法院发出全市首张大气污染执行令。

22 日　以"网连万家,智汇昆山"为主题的昆山市首届网络文化节在市文化艺术中心启动,"掌上昆山"APP 同时上线。

24 日　省委常委、副省长徐鸣到昆,专题调研高标准农田建设工作。

△　昆山市党外人士爱心服务团成立,并在昆山福利院进行首个爱心项目"有爱有温暖"——爱心助孤行动。

25 日　全国非公企业团建"活力工程"推进会在昆山市召开。共青团中央书记处书记汪鸿雁及 112 名国家级经济技术开发区团组织负责人参加会议。

26 日　在新疆克州调研考察对口支援工作的省委书记罗志军赴阿图什市昆山育才学校考察。

△　国台办赴台赠送"漆器妈祖"暨昆山"慧聚妈祖"回娘家典礼在昆山慧聚天后宫举行,自 2010 年分灵以来,昆山慧聚天后宫妈祖首次回台谒祖。28 日,"漆器妈祖"赠送暨安座典礼在台湾彰化鹿港天后宫举行。29 日,"慧聚妈祖"结束赴台鹿港天后宫的"回娘家"之旅,返回昆山慧聚天后宫安座。

27～28 日　2014"海外华侨华人高层次人才江苏行"走进昆山,来自美国、德国、瑞士、日本等国家的嘉宾考察了昆山创新创业环境。

29～30 日　"江苏台企自主品牌巡礼"两岸新闻媒体联合采访

团首站采访昆山。

30日 省委副书记、苏州市委书记石泰峰到昆调研，在昆会见中国国民党副主席洪秀柱一行。

7月

1日 昆山市举行纪念中国共产党成立93周年暨昆山市“机关服务品牌”创建10周年大会。

3日 农业部原部长、中国农技推广协会名誉会长陈耀邦一行到昆调研农业工作。

5日 由昆山市政府、台湾区电机电子工业同业公会联合主办的以“先进制造·智慧生活·开创未来”为主题的第五届昆山电子电机暨设备博览会在花桥国际商务城博览中心开幕。台湾区电机电子工业同业公会苏州(昆山)代表处同时揭牌。

7日 海峡两岸关系协会会长陈德铭一行到昆参观第五届昆博会，考察昆山台资企业、新兴产业发展情况。

8日 2014“海峡两岸青少年夏令营”及海外华裔青少年“中国寻根之旅”夏令营在昆山开营。

9日 市委书记管爱国，市委副书记、市长路军率领昆山市党政代表团赴中国（上海）自由贸易试验区学习考察，并在交通银行培训中心举行昆山试验区学习对接上海自贸区发展恳谈会。会上，昆山试验区对接上海自贸区10个产融合作重点项目签约。

△ 市委书记管爱国，市委副书记、市长路军率领昆山市党政代表团拜访交通银行总部，并签署交通银行金融支持昆山深化两岸产业合作试验区合作协议。

10日 全国政协科教文卫体委副主任陈小娅一行到昆，就“建立产学研协同创新机制，强化企业技术创新主体地位”情况进行专题调研。省政协副主席麻建国等接待调研组一行。

10～11日 市委书记管爱国率领昆山市党政代表团赴对口合作的贵州省铜仁市碧江区考察，并签订对口合作框架协议。

11日 国务院侨务办公室主任裘援平一行到昆调研，省侨办主任王华等陪同调研。

△ 2014年苏州国际精英创业周昆山专场暨两岸清华校友在昆山创新创业活动论坛开幕，300余名海内外高端人才参加论坛。

12日 昆山市首家获得正式许可经营的医学独立实验室——昆山迪安医学检验所在花桥金融服务外包园揭牌，昆山健康服务产业发展研讨会随后举行。中欧国际工商学院卫生管理与政策中心主任蔡江南教授、韩国韩诺医学基金会理事长李炅律围绕推进健康服务业发展主题作交流发言。

22日 由台湾光电巨头——奇美实业股份有限公司投资的昆山之奇美材料科技有限公司在昆山开发区光电产业园开工，项目总投资达10亿美元，将填补高端偏光片领域空白。

△ 好孩子(国际)控股有限公司召开新闻发布会，宣布正式全资并购德国Cybex公司和美国Evenflo公司。当天，Cybex公司正式在中国上市。

23日 南京海关正式出具保税仓库注册登记证书，宣布海峡两岸(昆山)商贸示范区保税仓库通过验收。

28日 由法制网、上海大学影视艺术技术学院、昆山市司法局共同举办的“身边故事·尚法梦想”——“琼花奖”2014中国·昆山第二届法治微电影创作大赛颁奖仪式举行。司法部副部长张彦珍出席活动。

30日 中共昆山市委十二届七次全体(扩大)会议召开。市委书记管爱国代表市委常委会作题为《求真务实抓改革，提质增效促转型，在践行群众路线中增创发展新优势》的工作报告。会议审议通过了全委会决议(草案)。

是月 昆山高新技术产业开发区被省协调劳动关系三方委员会命名为省模范劳动关系和谐工业园区。

8月

2日 7时34分，昆山中荣金属制品有限公司抛光二车间发生特别重大铝粉尘爆炸事故，当天造成75人死亡、185人受伤。事故发生后30日报告期，共有97人死亡、163人受伤(至12月30日，经全力抢救医治无效陆续死亡49人，尚有95名伤员在医院治疗，病情基本稳定)，直接经济损失3.51亿元。中共中央总书记、国家主席、中央军委主席习近平作出重要指示，要求全力做好伤员救治、遇难者亲属安抚等工作，强化安全生产责任制，切实保障人民群众生命财产安全。中共中央政治局常委、国务院总理李克强作出批示，要求全力组织搜救和受伤人员救治工作，排查安全隐患，防止发生次生事故，强化安全生产措施，遏制此类事故再度发生。

△ 受习近平总书记和李克强总理委派，国务委员王勇代表党中央、国务院，率国务院工作组到昆指导“8·2”事故应急救援、善后处理和事故调查工作，并宣布成立国务院事故调查组。

△ 省委书记罗志军，省委副书记、省长李学勇，省委副书记、苏州市委书记石泰峰，副省长张雷，苏州市委副书记、市长周乃翔等领导在“8·2”事故发生后，第一时间赶到现场指挥，并在事故现场临时救援指挥部召开会议，学习贯彻习近平总书记重要批示精神，部署伤员救治、家属抚慰、善后处置、事故原因调查等工作。省委、省政府成立昆山“8·2”事故应急处理领导小组，省委副书记、省长李学勇任组长。

△ 昆山市召开中荣金属制品有限公司特大事故新闻发布会，通报事故和伤员救治情况。

△ 苏州市成立昆山中荣金属制品有限公司安全生产事

故应急救援现场指挥部。省委副书记、苏州市委书记石泰峰任总指挥。指挥部下设现场搜救组、医疗救治组、事故善后组、事故调查组、新闻信息组等5个工作组。

3日　苏州市政府在昆举行“8·2”事故新闻发布会,通报事故处置和伤员救治进展情况。

4日　国务院“8·2”事故调查组召开全体会议。调查组明确事故责任主体是昆山中荣金属制品有限公司，主要责任人是企业法人代表、董事长吴基滔等相关负责人。

△　国务委员王勇在江苏省、苏州市、昆山市有关领导陪同下,在昆看望“8·2”事故遇难者家属。

△　兴业银行昆山柏庐广场社区支行从昆山工商局领取营业执照,成为昆山市首家社区银行。

5日　全市安全生产工作会议召开。市委书记管爱国通报“8·2”事故相关处置情况,并就做好全市安全生产工作提出要求。

△　国家卫计委副主任、中医药管理局局长王国强到市中医院看望“8·2”事故中的部分伤员,慰问抢救伤员的医护人员。

△　由中国互联网协会、中国服务贸易协会电子商务委员会、台湾财团法人信息工业策进会和台湾无店面零售商业同业公会共同主办，昆山市政府承办,以“共聚、共识、共融、共赢”为主题的2014两岸电子商务产业合作及交流会议在花桥经济开发区举行。

△　《人民日报》推出“前沿观察”:专题组织生活会怎么开?选取全国三个基层典型进行观察。昆山市周市镇市北村题为《辣出一身汗排毒一身轻》的报道入选。

7日　省委副书记、苏州市委书记石泰峰，苏州市委副书记、市长周乃翔看望慰问昆山“8·2”事故部分遇难者和受伤人员家属。

△　2014两岸冷链物流产业合作交流研讨会在花桥经济开发区举行。商务部流通业发展司副巡视员王选庆,商务部台港澳司副司长孙兆麟等出席会议。

14日　省委督导组组长、省政协原副主席张九汉一行到昆,就昆山市党的群众路线教育实践活动开展情况进行调研。

15~17日　2014年昆山夏季大型人才交流会暨精英预约洽谈会在人力资源市场举行,30多个行业的600多家企业提供就业岗位18000多个。

16日　第三届“中国城市公益慈善指数”发布典礼在北京举行,发布2012-2013年度中国294个城市的“城市公益慈善指数”和中国城市公益慈善百强榜。昆山蝉联城市综合排名最高奖项——“中国城市公益慈善七星城市”。

18日　全国工商联发布“2014中国民营企业500强”榜单,昆山震雄铜业集团列第265位。

20日　昆山杜克大学首届开学典礼举行。

25日　商务部、国台办联合发文,将昆山、北京、武汉列为两岸冷链物流产业合作第二批试点城市。

28日　《人民日报》刊登第十三届精神文明建设“五个一”工程(2012-2014年)入选作品名单。昆山作家杨守松作品《大美昆曲》入选。

是月　昆山市苏州能讯高能半导体有限公司、迅力光能(昆山)有限公司、昆山弗尔赛能源有限公司、昆山创通微电子有限公司、千人计划(昆山)生物医药产业研究院5个团队入选省创新团队资助项目。阿法拉伐(昆山)设备制造有限公司高级技师向家祥入选2014年度省高技能人才引进计划项目。

△　省委、省政府发文表彰2012~2013年“全省法治建设示范县(市、区)”和“全省法治县(市、区)创建工作先进单位”。昆山通过复核名列其中。

△　昆山市皓康科技发展有限公司的“昆山高新区皓康科技创业服务中心”、昆山智谷创意产业管理有限公司的“昆山智谷文创科技产业孵化中心”被省科技厅认定为省级科技企业孵化器。

△　千灯古镇入选青奥会指定接待景区，并授权经营青奥会特许商品。

9月

1日　江苏省昆山中学2014-2015学年第一学期开学典礼举行,昆山中学新校正式启用。

2日　教育部副部长、国家语委主任李卫红一行到昆调研市教育局党的群众路线教育实践活动开展情况,并考察了城北中心校、爱心学校、昆山中学等地。

3~4日　国台办副主任龚清概一行到昆，考察在昆台资企业生产经营及台商生活情况。

9日　人力资源和社会保障部、教育部表彰一批全国中小学、高校先进集体和个人,昆山市葛江中学语文教师于洁获全国模范教师荣誉称号。

16日　以“优选公交、绿色出行、文明交通、安全出行”为主题的2014年昆山市公交出行宣传周启动。

△　经水利部水利风景区建设与管理领导小组会议表决通过，位于锦溪镇的明镜荡水利风景区成为昆山市首个国家级水利风景区。

17日　国家发改委党组副书记、副主任朱之鑫一行到昆调研。

20日　厄瓜多尔国防部长玛丽亚·埃斯皮诺萨一行到昆,考察了淀山湖镇晟泰农民新村和周庄古镇。

21日　长江经济带海关区域通关一体化改革的首批7份试点报关单在昆山海关顺利通关，标志着昆山海关率先启动长江经济带海关区域通关一体化改革试点项目。

26日　以“目标与信心”为主题的2014年中国商飞公司客户大会在昆山市举行。来自国家商务部、中国民航局、国内主要航空公司、国内外知名金融租赁公司等40多家单位参加大会。

27日 市慈善总会(基金会)捐助义卖中心启用。

30日 昆山市在革命烈士陵园举行烈士纪念日公祭活动。市委书记管爱国宣读祭文。市四套班子领导，各区镇、部委办局、人民团体、直属单位主要负责人，老战士代表，在昆高校、市级机关党员干部代表，驻昆部队官兵代表，少先队员代表等参加公祭活动。

10月

1日 昆山市在城市广场举行升国旗仪式，庆祝新中国成立65周年。

1～3日 以“圆梦昆山，文化惠民”为主题的2014昆山戏曲节在亭林园举行。苏州市滑稽剧团、上海越剧院、上海市长宁沪剧院等8大剧团进行15场演出。

1～5日 以“新星崛起，放飞梦想”为主题的中国昆山国际动漫艺术博览会暨首届国际动画电影艺术展在花桥国际博览中心举行。

8日 昆山市首条定制公交线路投入运营，起点站城北阳光世纪花园，终点站锦溪镇正崴路百胜路。

9日 工信部与国家发改委联合发布2014年度“宽带中国”示范城市(城市群)名单，昆山入选。

10～12日 中国自行车文化节暨2014亚洲自行车精品博览会在昆山国际会展中心举行，120多家知名整车及零部件企业、200多个自行车品牌参展，近4万人次观展。

11日 昆山市举行第9批昆山之友，第20批昆山市荣誉市民，昆山市十佳转型升级企业、十佳绿色发展企业、十佳关爱员工企业、十大外资纳税企业、十大内资纳税企业及2013年度昆山市企业诚信服务优良单位授牌仪式。

△ 中国少年先锋队昆山市第八次代表大会举行，回顾总结过去三年市少代会的主要工作，研究部署今后三年的主要目标任务，选举产生新一届市少工委委员，通过《中国少年先锋队昆山市第八次代表大会关于工作报告的决议》。320名正式代表、列席代表参加会议。

12日 昆山市青年成人仪式暨第二届昆台青年单车成人礼举行。来自昆山国际学校、华东台商子女学校及昆山部分中学的200名16岁到18岁青年学生以单车骑行形式完成成人仪式。

12～15日 由海协会书画交流分会、台湾画院、昆山旅游度假区共同主办的2014“墨韵昆山·梦缘两岸”诗书画展在侯北人美术馆举行，共展出美术、书法、诗歌作品160件。

15日 “墨韵昆山·梦缘两岸”诗书画摄影交流活动——昆台摄影家采风作品观摩展在市文化艺术中心开展，共展出80余幅照片。

16日 由中国服务外包研究中心、昆山市人民政府主办，以“新金融·智服务”为主题的第六届中国金融外包峰会在花桥经济开发区举行。海峡两岸关系协会会长陈德铭等嘉宾发表专题演讲，来自台湾金融业、世界500强服务外包企业代表和相关领域专家出席峰会。台湾金融业代表团应邀与会共同探讨两岸金融业的合作与发展。30余家境内外金融机构、发包企业与服务业外包企业进行业务洽谈与项目对接。《中国服务外包发展报告2014》在峰会上发布。

△ 海峡两岸关系协会会长陈德铭一行前往昆山旅游度假区和淀山湖镇，考察海峡两岸(昆山)国际健康产业园规划建设项目。

△ “爱国歌曲大家唱”全市干部群众歌咏会在市文化艺术中心大剧院举行，来自市住建、财税、教育、城管等12个系统的1 000余名工作人员参加活动。

17日 昆山市召开全市党的群众路线教育实践活动总结大会。

△ 全国社会扶贫工作电视电话会议召开，昆山市发改委获得“全国社会扶贫先进集体”荣誉称号。

17～19日 2014海峡两岸(昆山)农产品展示展销会在市科技文化博览中心举行，共设4个组合展位、115个标准展位，昆台两地近千种优质农副产品参展。

18日 昆山经济技术开发区自费开发三十周年座谈会召开，回顾总结30年发展历程，继续弘扬“三创”精神，推动“昆山之路”从头越。

△ 市委书记管爱国会见到昆访问的德国德中科技交流基金会主席格奥尔格·斯蒂芬斯一行，双方就开展医疗健康合作事宜进行交谈。

△ 由昆山开发区电商企业191农资网主办的首届中国农资网商大会在昆山召开。小米科技微创新思想提出者金错刀、京东电商云高级总监徐旭、阿里巴巴O2O项目高级经理元强、1号店特产中国总经理程炜等参加大会，并分别作主题演讲。

20日 台湾区电机电子同业公会2014年中国大陆地区投资环境与风险调查评选结果公布。昆山连续第六次位居综合实力榜首。

△ 副市长沈晓明会见瑞典驻沪总领事维多利亚一行，双方就进一步推动友好关系、扩大出口交流合作进行交谈。

21日 副市长沈晓明会见以色列驻沪总领事柏安伦一行，就两地科技项目合作交换意见，并对进一步扩大两地间经贸合作进行会谈。

22日 国务院安委办第十五督查组到昆督查安全生产工作。

22～23日 南京海关关长薛金楼一行到昆调研。

25日 2014中国昆剧古琴研究会理事会在千灯镇开幕，文化部副部长项兆伦，中国昆剧古琴研究会会长、著名音乐家田青及近百位昆曲、古琴从艺者、研究者参加会议。

26日　昆山首届百家制造业名企逆向采购会在昆山国际会展中心举行,100家采购商设展台逆向采购。

27日　昆山市启动市人大代表"统一接待日"活动,全市11个区镇及市级机关共设置46个接待点,听取选民代表的意见和建议。

30日　由国家体育总局信息中心主办的第二届全国电子竞技大赛(NEST)总决赛在昆山国际会展中心开赛,进行DOTA2、星际争霸2、英雄联盟、FIFAON-LINE3等项目比赛。11月2日比赛闭幕,共有120名电竞选手参加比赛。

是月　经教育部、科技部认定,昆山高新技术创业服务中心获批为2013年度国家级高校学生科技创业实习基地。

11月

3日　博动(中国)高端康复辅具技术中心在市残疾人服务中心集爱之家启动运营。启动仪式前,市委书记管爱国会见博动集团母公司——瑞典银瑞达集团董事会主席雅各布·瓦伦堡一行,并就进一步开展深度合作进行交流。

5日　中法骑友交流昆山站活动在巴城阳澄湖水上公园举行,来自中法20个俱乐部的近300名骑行爱好者参加活动。

6日　海峡两岸(昆山)国际健康产业园杜克大学专家咨询会举行,美国杜克大学医疗系统代表团参加咨询会,并考察旅游度假区淀山湖两岸健康产业园、白莲湖地区国际健康产业园、市第一人民医院等地。

10~17日　首届浙江大学昆山科技周在昆山高新区机器人产业园举行,举办了政策推介会、科技成果展、科技对接会等活动。浙江大学常务副校长吴朝晖等出席启动仪式。

14日　2014年"昆山好人"颁奖典礼举行。朱巧玲等27人及生命相"髓"爱心团队、见义勇为"三勇士"团队获"昆山好人"荣誉称号。

14~15日　由市委宣传部主办的2014年"市民看昆山"活动举行,近千名市民代表参加活动。

15日　第七届中国品牌媒体高峰论坛在长沙举行,《昆山日报》荣列"中国品牌媒体县(地)市区域报品牌十强"。

15~17日　由中国桥牌协会、昆山市人民政府主办的2014年"昆山开发区杯"海峡两岸桥牌赛举行。来自长三角及台湾地区的30支队伍200多名选手参加比赛。

17日　昆山杜克大学校园正式启用。江苏省副省长曹卫星,教育部国际合作与交流司司长岑建君,美国驻华大使馆公使衔新闻文化参赞何志,杜克大学校长理查德·布罗德海德,武汉大学校长李晓红,昆山杜克大学校长刘经南等出席启用仪式。

△　副省长曹卫星到昆考察苏州大学应用技术学院。

18日　由市妇联、市文明办、昆山日报社等单位联合开展的文明和谐家庭表彰大会暨"最美家庭"风采展示活动举行,20户"文明和谐家庭示范户"和180户"文明和谐家庭"受到表彰。

19日　由中国发明协会、发明者协会国际联合会(IFIA)主办,江苏省发明协会、昆山市科学技术局和昆山市知识产权局承办,以"相聚美丽昆山·放飞发明梦想"为主题的第八届国际发明展览会在花桥国际博览中心开幕。发明者协会国际联合会主席安德拉斯出席开幕式并致辞。科技部原部长、中国发明协会理事长朱丽兰宣布展会开幕。科技部副部长李萌等出席开幕式。22日,展览会闭幕,共有30多个国家和地区的1000多个机构和发明人、近3000个最新技术发明参展,3万人次观展。

△　省委副书记、苏州市委书记石泰峰在昆会见科技部原部长、中国发明协会理事长朱丽兰,科技部副部长李萌,中国科协副主席、书记处书记张勤等参加第八届国际发明展览会的嘉宾和领导。

19~22日　科技部原部长、中国发明协会理事长朱丽兰实地考察维信诺、华恒焊接、龙腾光电等企业发展情况。

22日　江苏省(昆山)工业技术研究院首届技术委员会第四次工作会议在昆召开,审议江苏省产业技术研究院和工研院过去的工作,谋划工研院未来的发展。中科院院士、北京大学医学部药学院教授张礼和主持会议。中科院院士、中科院生物物理研究所研究员陈润生,中科院院士、清华大学党委常务副书记、副校长邱勇,中科院院士、南京工业大学校长黄维等技术委员会成员出席会议。

27日　苏州市委副书记、市长周乃翔到昆调研。

是月　巴城阳澄湖景区通过评审,成为省级生态旅游示范区。

12月

1日　市政府印发《昆山市保障性住房政府货币化补贴与管理暂行办法》,从2015年1月1日起,昆山市将取消原有的经济适用房实物分配方式,实行经济适用房政府购房补贴。

4日　昆山深化两岸产业合作试验区部省际联席会议第二次会议在北京召开。联席会议召集人、国家发展改革委主任徐绍史出席会议并讲话。科技部、工业和信息化部等17个联席会议成员单位及卫生计生委等单位有关负责人参加会议。会议听取了江苏省委常委、常务副省长李云峰关于昆山试验区建设总体情况的汇报。与会部委介绍了贯彻落实国函〔2013〕21号文的情况,并就江苏省提出的对昆山试验区继续给予政策支持的事项进行审议。

5日 昆山市举行2013-2014年度昆山市优秀志愿服务团队、优秀志愿者、志愿服务工作先进集体、个人表彰仪式。30个志愿服务组织获“昆山市优秀志愿服务团队”称号,118位志愿者获“昆山市优秀志愿者”称号,22个单位获“昆山市志愿服务工作先进集体”称号,29人获“昆山市志愿服务工作先进个人”称号。

△ 新疆维吾尔自治区克孜勒苏柯尔克孜自治州在昆举行招商引资项目推介会。

9日 苏州市委副书记、市长周乃翔带队到昆进行党风廉政建设责任制检查考核。

11日 市委书记管爱国率昆山党政代表团赴清华科技园学习考察。清华科技园发展中心主任、启迪控股股份有限公司董事长梅萌，启迪控股股份有限公司总裁王济武等接待代表团一行。

12日 清华大学党委常务副书记、副校长、中国科学院院士邱勇在清华大学工字厅与市委书记管爱国率领的昆山党政代表团座谈。清华大学党委研究生工作部部长张小平、清华大学团委书记赵博等参加座谈会,并见证合作项目签约。

△ 2014年清华大学“昆山周”系列活动之昆山经济社会发展情况推介会在清华科技园举行。昆山启迪科技园分别与清华科技园孵化团队、清华学生创业团队签约,腾歌科技(北京)有限公司、北京鉴芯微科技有限公司、湛清环保创业项目将落户昆山。

△ 美国华平投资集团与昆山高新区签约,启动华平(昆山）自动化装备制造产业园——工业4.0示范基地项目。

13日 “昆山杯”第十六届清华大学创业大赛决赛在清华科技园国际会议中心举行。

15日 福布斯中文版发布2014年中国大陆最佳商业城市排行榜和2014年中国大陆最具创新力的25个城市排名,昆山分别位居第38位和第13位,两项排名均列全国县级市首位。

17日 福布斯中文版发布2014年中国大陆最佳县级城市榜,共有30个城市上榜,昆山名列第一,实现“六连冠”。

20日 以“凝聚微能量,传递正能量”为主题的昆山首届微友节在欧尚超市大厅举行。

21日 市台湾同胞投资企业协会第十一届第二次会员大会举行。以“汇聚昆山台企之大爱,增进两岸社会之福祉”为宗旨的昆山台企慈善基金会揭牌。

27日 2014中国智慧城市推进大会暨第四届中国城市信息化50强发布会在四川成都举行,昆山位列中国城市信息化50强,排名县级市第一。

△ 2014昆山首届网络文化节闭幕式暨互联网协会年会举行。活动表彰了“昆山最佳文明网站”“昆山十大优秀版主”“昆山十大网络金点子” 等一批为昆山网络文化发展作出贡献的单位和网民。

30日 安监总局发布消息，国务院对江苏昆山市中荣金属制品有限公司“8·2”特别重大铝粉尘爆炸事故调查报告作出批复，认定该事故是一起生产安全责任事故，提出了对事故有关责任人员和责任单位的处理建议，涉嫌犯罪的18名责任人移送司法机关处理，其他35名责任人给予党纪、政纪处分。

是月 昆山花桥青年志愿者唐春弟被共青团中央、中国青年志愿者协会授予“第十届中国青年志愿者优秀个人”荣誉称号。

△ 科技部公布2014年度示范型国际科技合作基地名单，位于千灯沿沪产业带的昆山西班牙蒙德拉贡工业园被认定为“昆山中国—西班牙国际科技合作基地”。

求真务实抓改革 提质增效促转型 在践行群众路线中增创发展新优势

——在中共昆山市委十二届七次全体(扩大)会议上的讲话

管爱国

2014年7月30日

同志们:

这次全会的主要任务是,深入学习贯彻党的十八大、十八届三中全会和省委十二届七次全会、苏州市委十一届七次全会精神,回顾总结上半年工作,研究部署下半年及今后一个阶段改革发展任务,动员全市各级党组织、广大党员干部,进一步振奋精神、攻坚克难,求真务实抓改革,提质增效促转型,在践行群众路线中增创发展新优势,推动"昆山之路"从头越。

现在,我根据市委常委会研究的意见讲四个方面。

一、上半年全市各项工作扎实推进

今年以来,全市上下以开展党的群众路线教育实践活动为强大动力,统筹做好改革发展稳定各项工作,全市经济社会保持平稳发展。主要呈现以下特点:

1. 经济质量持续提高。制定出台促进服务业发展、加快技术创新体系建设、工业经济转型发展等一系列政策措施,转型升级推进力度不断加大。上半年完成地区生产总值1 380.1亿元,同比增长8.7%。产业结构不断优化,实现新兴产业产值1 654.6亿元,增长12.4%,占规上工业比重41.8%,同比提高3.2个百分点;高新技术产业产值1 961.7亿元,增长4.4%,占规上工业比重49.6%,较年初提高2.6个百分点。服务业加快发展,实现增加值576.1亿元,增长12.5%,占地区生产总值比重提高1.7个百分点;电子商务发展迅猛,对社会消费品零售总额增长的贡献率达43.2%。经济效益不断提高,实现公共财政预算收入135.3亿元,增长10.5%,占地区生产总值比重提高0.6个百分点,其中税收收入占比89.5%,同比增加1.5个百分点;工业产品销售率同比提高0.6个百分点,劳动生产率增长14.2%,工业、服务业企业利润分别增长20.2%和11%,每度电贡献税收增长4.9%。民营经济拉动作用明显,工业产值增长13.3%,占比提高1.1个百分点,对全市规上工业产值增长的贡献率达82.5%。贸易方式加快转变,一般贸易增长12.3%,占比提高1.4个百分点。载体功能创新突破,昆山试验区部省际联席会议确定的改革措施加快落地,相继推出外商投资合同章程审批权限下放、"先进区、后报关"等投资贸易便利化改革措施。创新驱动能力增强,新增国家863计划项目、科技重大专项、星火计划重点项目各1个;发明专利授权373件,占比提高0.2个百分点;新增国家"千人计划"人才6人,累计85人;新增上市企业5家,累计16家。

2. 文化建设扎实推进。深化社会主义核心价值观区域化实践,成功创建省公共文化服务体系示范区,台商大陆"精神家园"建设内涵不断丰富。全国文明城市创建有序开展,公共环境整治、公共秩序维护、志愿服务提升、文化环境净化、社会氛围宣传"五大"行动深入推进,"破除封建迷信、倡导移风易俗"专项工作扎实开展,志愿服务体系加快完善,见义勇为、助人为乐等行为不断涌现,社会正能量持续增强,市民文明素质进一步提升。成功举办国际文化旅游节,承办世界女子水球联赛总决赛等重大赛事,取得2016年"汤尤杯"世界羽毛球团体锦标赛举办权。

3. 社会建设水平不断提升。财政支出中公共服务比重81.6%,同比提高1.8个百分点,其中教育、卫生支出分别增长17.2%和45.5%。百姓消费信心渐显,实现居民人均可支配收入20 009元,增长9.1%;社会消费品零售总额307.1亿元,增长

15.8%，商品房住宅销售面积增长4.5%，其中90平方米以下增长48.9%。教育惠民工程加快实施，一批中小学、幼儿园开工建设，昆山中学新校、昆山杜克大学即将投入使用，高考成绩再创历史新高。医疗卫生服务水平持续提升，西部医疗中心、市康复医院二期工程以及一批社区卫生服务机构加快建设，公立医院综合改革全面实施。低保标准提高到每人每月700元。平安法治昆山建设不断深化，“六五”普法深入推进，打击暴恐、赌博等专项行动扎实开展，亚信峰会环沪“护城河”安保任务顺利完成。

4. *城乡发展一体化持续深化*。启动新一轮城市总体规划修编，开展经济社会发展规划、城市总体规划、土地利用规划“三规合一”试点工作。区镇联动发展综合效应逐步显现，规划、项目、资源、服务等领域对接不断深入，人员交流、学习培训等工作机制不断完善。放大经济发达镇行政管理体制改革试点效应，加大简政放权力度，下放一批行政审批权限。全面实施工商登记改革试点，推行企业登记设立“一口式”服务。安居宜居、环境改善等八大类实事工程，中环快速化改造等重点工程建设加快推进。美丽镇村建设水平不断提升，农村土地承包经营权登记试点有序开展，农村社区股份合作社股权固化改革稳步实施。苏州市深化城乡发展一体化暨推进新型城镇化现场会在我市成功举行。

5. *生态文明建设力度加大*。切实增强生态红线意识，实行最严格的生态保护制度。实施生态文明建设行动计划，全面推进五大类95项生态文明重点工程建设。加快已批未开发土地清理处置，制定促进土地高效集约利用的具体意见。推进吴淞江流域水环境整治，开展阳澄湖生态优化行动，加大黑臭河道整治力度，区域水环境逐步改善。开展空气质量预报和重污染天气预警体系建设。完成苏州“四个百万亩”昆山任务的上图落地，加快建设郊野公园、生态湿地，全市新增绿化面积497万平方米。上半年单位GDP能耗下降4%。

6. *党的建设取得新成效*。按照“四治四兴”的要求，扎实开展党的群众路线教育实践活动，市委常委会带头向社会作出十项承诺，开展以“为了谁、依靠谁、我是谁”以及“三严三实”为主题的大讨论。坚持开门搞活动，广泛征求意见建议，开展谈话谈心谈思想，深入查摆“四风”问题；召开高质量专题民主生活会，积极开展批评与自我批评。市委常委会、市政府党组班子及成员对照检查、开展批评和自我批评情况“好”和“较好”累计得票率均超过98%。选优配强领导干部，调整充实年轻后备干部，严格程序把好发展党员入口关。贯彻落实中央八项规定精神，上半年“三公经费”下降近一半。深入推进机关作风效能建设，发布实施党风廉政建设和反腐败工作监测指标，严肃查处了一批违纪违法案件。

在肯定成绩的同时，我们也必须清醒地看到发展中存在的困难和问题，主要是：受国际经济深度调整、国内区域竞争加剧、经济下行压力增大等影响，转型升级任务仍然艰巨，主要指标增幅偏缓，实现工业总产值4 316.7亿元，仅增长1.3%；进出口总额414.1亿美元，仅增长2.5%；固定资产投资424亿元，仅增长4.7%；生产性投资下降4.3%，其中工业投资下降7.7%；出口额下降1.5%；实际利用外资下降19.1%；金融机构存贷比下降3.7个百分点。全面深化改革虽然已经成为共识，但组织领导、政策配套、推进力度、保障机制等有待进一步加强；城市国际化功能仍不完善，环境保护和生态治理还要加大力度；人口集聚对教育、医疗、交通等社会事业发展造成极大压力，完善公共服务、推进社会治理现代化任重道远；社会诚信体系尚不健全，市民文明素质和城市文明程度还要进一步提高。从教育实践活动查摆的“四风”问题看：有些党员干部宗旨意识淡薄，脱离群众、不接地气；有些人滋长了“骄”、“娇”之气，甚至发出“为官不易”、“官不聊生”的感慨；有些人缺乏责任担当意识和干事创业激情，存在“多一事不如少一事”心态，存在“为官不为”现象，习惯于当“好好先生”；有些人艰苦奋斗精神弱化，勤俭节约意识不强，存在要面子、讲排场、铺张浪费现象；有些基层党组织软弱涣散，战斗堡垒作用没有充分发挥，基层基础管理存在薄弱环节。对于这些问题，我们将采取更加有力措施，认真加以研究解决。

二、坚定信心、求真务实，以发展实效取信于民

当前，昆山正处于改革发展、转型升级的关键阶段。振奋精气神、改革再发力，是我们的必然选择。“为政贵在行，以实则治”。我们要以时不我待的责任意识、舍我其谁的担当精神，大兴求真务实之风，聚焦、聚神、聚力抓落实，把自己的实际行动转化为昆山新一轮发展优势。

以实干精神推动发展。回顾昆山发展历程，我们所取得的成绩，无一不是干出来的、闯出来的。要在复杂多变的发展环境中逆势而上、稳中求进，必须依靠实干；要在率先发展中化解难题、打破瓶颈，必须依靠实干；要在激烈的区域竞争中保持领先、扩大优势，必须依靠实干；要在新一轮改革发展中抓住机遇、赢得红利，必须依靠实干。全市上下要把全部心思和劲头放在实干上，不争论、不等待，不自满、不懈怠，以“功成不必在我”的胸怀，朝着既定的目标，踏踏实实地干，确保干在实处、走在前列。

以务实态度深化改革。进一步强化“靠改革闯新路、不改革没出路”的共识，担负起率先改革的重任，努力走在全面深化改革的前列。推进改革，既要体现上级的部署要求，也要结合我市的发展实际，从具体的问题抓起、改起，需要顶层设计的积极向上争取，可以先行先试的不等不靠、大胆推进，少讲一些笼统的原则，多想一些管用的办法，多搞一些实在的试点。无论是昆山试验区功能创新、区镇联动发展、城乡发展一体化改革，还是加快简政放权、政社互动，探索实施大部门制，都要构建务实管用的制度体系，都要有人去管、去盯、去促、去干，确保善做善成，不断提升改革的针对性、实效性。

以质量意识推进转型。无论是经济转型，还是城市转型、社会转型，都要始终把提升质量效益作为最根本的评判标准。要坚定信心、攻克难关、排除万难，加快整合各类要素资源，更大力度推进转型发展，实现“凤凰涅槃”、“浴火重生”；要持之以恒推动产业结构优化升级，增强创新驱动力，提高产业综合竞争力，在构建新型产业体系中推动经济更有质量发展；要坚持城市升级引领转型发展，大力推进产业国际化、城市国际

化、人才国际化，加快构建与国际惯例接轨的服务体系，形成产业、城市、人才、生态相互促进、融合发展的新格局；要更多运用市场和社会力量，推进治理体系和治理能力现代化，让社会发展更趋公平、更加和谐、更具活力。

*以群众满意作为追求。*开展党的群众路线教育实践活动，关键要以作风改进的实际成效取信于民，以推动经济社会发展的现实成果惠及于民。要深入思考“为了谁、依靠谁、我是谁”这一根本命题，坚定理想信念，强化宗旨意识，怀着真诚的态度听取群众意见建议，带着深厚的感情做好群众工作，真心实意解决群众最忧、最急、最盼的问题，让群众收入更多、生活更好、满意度更高。

三、聚焦目标抓落实，全面完成全年各项工作任务

我们要认真贯彻落实省委、省政府和苏州市委、市政府的各项要求，围绕“三大名城”总定位，应势而动、顺势而为，改革创新、攻坚克难，全面完成全年各项目标任务，着手编制“十三五”规划，努力增创现代化建设新优势，全力打造苏州发展的“精装本”和“浓缩版”。

1. *坚持以质量效益为中心，在经济结构优化上求突破。*在更高水平上推进经济发展方式转变，在主动转型中防控经济失速风险，在创新发展中破解要素成本制约，推动经济更有效率、更加公平、更可持续发展。

确保经济量质并举。狠抓项目建设，严格落实重大项目领导领办制、协调会办制、督查问责制，加强要素保障，提高审批效率，确保已批项目开工率、开工项目产出率。突出有效投入，促进老企业增资投向技术改造、售后服务、品牌建设、研发设计、渠道拓展等高附加值环节，新项目引进突出引领产业转型、促进产业融合、土地集约利用、提高产出效益；政府投资彰显完善功能、优化布局、提升品质、改善民生的作用。稳定出口增长，落实各项政策，加大金融支持力度，优化出口退税服务，提高贸易便利化水平，健全财政激励机制，推动外贸稳中提质。释放消费潜力，积极拓展领域、改善体验、优化环境、降低成本，加快发展信息、健康、休闲、文化和体验消费等新业态，构筑多极支撑消费格局。

加快经济转型升级。坚持技术与市场融合，在加大研发投入、掌握核心技术、提升产品竞争力的同时，注重品牌培育，拓展销售渠道，把握市场竞争主动权。坚持制造与服务融合，大力发展电子商务、商贸物流、现代会展、工业设计、文化创意、企业咨询等服务业态，强化互联网思维，在嫁接与融合中增创实体经济发展新优势。坚持产业与要素融合，加强资本、人才、技术与市场的对接，做大做强光电显示、高端装备制造、生物技术等新兴产业，大力发展总部经济、服务外包等服务业态。加快旅游与健康、航空、创意等产业融合发展，提升旅游产业质量效益。加快淘汰“三高一低”落后产能步伐，加大已批未开发项目清理处置力度，为经济转型腾出发展空间。加强农业技术创新，大力培育职业农民，重点打造一批规模化现代农业产业基地。

强化创新驱动能力。把技术创新、信息化发展和人才队伍建设作为创新驱动发展的核心举措，构筑有利于重点突破的制度环境和政策体系。加大政府推动创新力度，支持工研院改革创新发展，健全区域创新体制机制。瞄准产业链部署创新链，围绕传统产业升级进行共性技术开发，针对新兴产业培育加强核心技术攻关。发挥企业创新主体作用，支持企业主导开展产学研协同创新，建立具有产品设计、技术开发和系统集成能力的工程化平台。提升信息化水平促进创新，实施智慧城市建设三年行动方案，促进移动互联网、云计算、大数据等广泛应用。优化人才队伍引领创新，聚焦领军人才、创新人才、管理人才、技能人才，培育创新创业文化，健全市场化人才引进机制，营造人尽其才、才尽其用的制度环境。

优化企业发展环境。以金融疏通实体经济“血脉”。做强金融街、财富广场、基金园载体功能，建设花桥台资金融、高新区科技金融集聚区，营造良好的金融生态环境。落实金融改革政策，创新金融服务手段，加大中小企业政策性担保力度，优化社会融资结构，降低中小微企业融资成本。以服务营造良好发展环境。建立涉企收费清单管理制度，落实税收减免政策，更大力度支持中小微企业发展。对国家、省、苏州和我市新出台的相关政策及时跟进、加强衔接，逐项抓好落实，确保政策“红利”转化为企业发展动力。落实企业项目专员制，提供个性化、集成化、菜单式的综合服务，打造“昆山服务”升级版。以防控筑牢经济风险“防火墙”。密切关注宏观政策变化、行业运行态势、企业经营状况、政府债务管理，健全企业债务担保、劳资纠纷、破产清算预警应急处置机制，提高经济组织协调的精准度、及时性。

2. *坚持以试验区建设为重点，在深化改革开放上求突破。*贯彻落实省委、省政府推进转变政府职能、完善现代市场体系、财税体制改革、金融体制改革、开放型经济体制改革的部署要求，学习借鉴上海自贸区创新举措，加快制度创新和功能突破，努力把昆山试验区打造成为深化改革开放的战略平台。

推进经济体制改革。按照苏州市委、市政府“市场化程度全面提升，国际化进程大大加快，法治化保障不断完善，有效发挥市场与政府作用的协同机制初具雏形”的“三化一机制”建设要求，全力推动经济体制改革率先取得突破。推进昆山试验区先行先试。积极筹备昆山试验区第二次部省际联席会议，继续推进“政策争取专案化、落地实施项目化”，努力向上争取一批含金量更高的改革措施。推动上海自贸区先行先试改革成果在试验区率先复制推广，营造适应新一轮对外开放要求、与国际接轨的营商环境。扩大投资领域开放。推进外商投资便利化改革，探索实施外商投资准入前国民待遇加负面清单管理模式。重点推进对台现代金融、技术研发、商贸物流、文化教育、医疗健康等服务业领域有序开放。加快编制空间产业发展规划，集聚国际国内优质医疗资源，建设两岸国际健康产业园。加大资金融通、财政补助、技术服务、人才培训等扶持力度，加快建设两岸青年创业园。激发市场主体活力。坚持市场化改革取向，通过股权多元、改制上市、共同投资、员工持股等多种形式，促进企业转变经营机制、完善现代企业制度，使国资、民资、外资等多种所有制资本取长补短、相互融合、共同发展。提升贸易便利化水平。推进综保区整合优化、转型发展，加

快打造制造、贸易、总部结算、物流分拨、研发、售后服务“六大中心”。大力发展跨境贸易电子商务，争取设立台湾小额商品交易市场，推动昆太台联动，推进两岸冷链物流产业合作。深化金融改革创新。积极争取国家“金改区”政策。拓宽跨境人民币业务台资企业集团认定范围，引导台资企业在昆设立运营中心。推动试验区人民币与新台币现汇项下完全可兑换，开展跨境人民币双向资金池业务试点。争取区内企业直接从台湾金融机构融资，推动开展外商投资企业资本金结汇管理方式改革试点。

深化行政体制改革。加快转变政府职能，进一步简政放权，努力建设法治政府和服务型政府。深化财政体制改革，优化区镇财税分配体系，有序推进“三公”经费预决算公开，实施全面规范、公开透明的预算制度，建立符合昆山发展需要的现代财政管理制度。深化行政审批制度改革，制定政府权力清单，编制行政审批事项目录，加快建设审批申报综合信息平台，实行并联审批制度。加强事中事后监管，抓紧建立抽查、责任追溯、黑名单等事中事后监管制度和综合执法体系，探索信用管理机制覆盖行政管理全过程的新监管模式。按照省委、省政府推进政府职能转变和机构改革要求，推广张浦镇行政管理体制改革做法，加快“大部门制”改革，优化机构设置、职能配置、工作流程，形成决策科学、执行坚决、监督有力的运行机制。

深入推进区镇联动发展。实施规划建设整合工程，实现区镇空间规划、产业布局、功能建设、项目用地的“一张图”，在全域范围内统筹布局产业、功能、民生项目。实施产业项目融入工程，探索“对外一区多园，对内协商布局，加深联合开发，实行利益共享”的产业联动发展机制，统一招商平台，整合项目信息，建立共享机制，按照产业规划合理安排项目。实施资源要素统筹工程，突破地域界限和行政分割，促进区镇之间资源要素的自由流通和高效配置，统筹共享企业用地、用电、融资等各类生产要素资源。实施队伍共育共建工程，选派优秀人才对调交流锻炼，实行科级干部交叉挂职。实施行政服务集成工程，借鉴“前台＋后台”的工作机制，推进各开发区行政审批制度改革，实现审批事项流程化高速办理、信息化高效对接、规范化高质管理。实施公共服务共享工程，统筹推进功能性项目和民生项目建设，在拆迁政策、社会福利，以及学校、医疗、文化资源统筹等方面加强对接，形成社会资源共享机制。

3.坚持以城乡发展一体化为导向，在新型城镇建设上求突破。牢牢把握新型城镇化和城乡发展一体化正确方向，坚持以城市升级引领各项事业转型，全面转入以提升质量为主的城市发展新阶段。

有序提高市民化发展水平。推进以人为核心的新型城镇化，着力提升人口素质和生活质量。统筹兼顾经济社会发展水平和城市综合承载能力，按照因地制宜、分步推进、存量优先原则，健全常住人口市民化推进机制，制定外来常住人口差别化落户政策。深入实施市民文明素质提升工程，以制度来规范人、引导人，以环境来影响人、改造人，培育形成城市化的思维方式、生活习惯、消费观念。加快构建转移人口职业培训、就业指导、创业扶持体系，努力把服务和教育、满足需求与提高素养结合起来，提高转移人口融入城市的能力素质。

持续优化城市功能布局。深入推进“三规合一”，以科学规划引领城市布局和功能优化。中心城区注重组团式发展，推动办公、商住、生态和交通等功能混合开发，把“一核五城”打造成既各有敞开空间、又能顺畅连接的城市组团，有效增强要素集聚、技术创新和高端服务功能。坚决把非核心功能从中心城区向外疏解和调整，推动各镇加快弥补功能短板，增强吸纳就业、集聚人口的能力，提升城市化、特色化水平。更加注重从制度层面推进城乡发展“八个一体化”建设，促进城乡生产要素平等交换，公共资源均衡配置，基础设施共建共享。强化道路交通的支撑作用，构建多层次、快速化交通网络。实行最严格的节约集约用地制度，更加注重在存量土地上做文章，提升土地开发质量。

着力彰显城市内涵品质。推动城市绿色发展，增强城市文化魅力，建设文化街区，打造更多既能融合传统元素、又能体现时尚特征的现代建筑精品，构建体系化的城市公共空间艺术骨架，培育具有时代特征和地域特色的城市环境风貌。守住自然生态的底线，深入实施环境建设“五大工程”，增加更多城市绿地和公共空间，加快健全市域生态补偿、资源有偿使用制度。守住历史文化保护的底线，活化传承昆山丰厚的优秀历史文化遗产，同时兼收并蓄现代国际元素，不断拓展台商大陆“精神家园”内涵，让昆山城市得到传统文化和现代文明的双重滋养，提高文化“识别度”。加强保留村庄和非保留村庄建设研究，构建符合群众需求的长效管理机制，加大历史文化名村和传统村落保护力度，精心建设各具特色的美丽镇村，打造具有浓郁江南水乡特色、“记得住乡愁”的家园。

加快提升城市管理水平。改革创新城市管理的思路举措，加快城市管理资源整合，理顺相关部门之间的权责关系，切实提高城市管理的合力和效率。加大信息技术在城市管理中的运用，不断提升信息基础设施和数字化城管平台建设水平。大力推进管理重心下移，赋予区镇和街道更大的管理权限，强化社区自治和服务功能，更多地调动社会组织、人民群众参与城市管理。加强物业管理，理顺行业主管部门、物业管理企业、街道社区和业主委员会之间的关系。扎实推进全国文明城市创建工作，深化“道德之城、乐仁昆山”建设，从根本上提升城市的文明基因，推动城市管理建立在市民的道德自律之上。

4.坚持以和谐稳定安全为目标，在社会治理创新上求突破。坚持民生优先，加强以民生改善和治理创新为重点的社会建设，全面增进群众幸福感受，最大限度解放和发展社会活力。

让发展成果更多更公平惠及民生。完善经济发展和扩大就业联动机制，优化城乡创业环境，推动实现更高质量的就业创业。深入实施扶强村级经济发展工作，推进农村经营体制、产权交易、股权固化等改革，持续完善富民强村长效机制。建立健全社会保障待遇确定和正常调整机制，推进医保支付方式改革，进一步提高社会保障统筹层次和水平。坚持尽力而为、量力而行，加快教育、医疗、养老、住房保障等社会事业均衡优质发展，不断提升民生幸福“五有”工程建设水平。扎实做好援疆工作。深化军民融合式发展。

加快形成政社互动的社会治理格局。改进社会治理方式，鼓励引导社会各方积极有序参与，实现政府治理和社会调节、居民自治良性互动。完善政府购买社会服务制度，鼓励引导社会力量、民营资本参与公共服务供给。大力引进培育和发展社会组织，加强专业社工人才培养和使用。深入实施社区“减负增能”，推进社区、社会组织、社工“三社联动”。因地制宜加快农村新型社区建设，实质性推进农村社区纳入城市社区管理工作，提升社区管理服务和居民自治水平。探索诚信建设“红黑榜”发布制度，持续加强社会诚信体系建设。

构建立体化的社会安全防控体系。健全重大决策、重点项目社会稳定风险评估机制，完善突发事件预警和应急处理机制。全面开展社会治安综合整治、矛盾纠纷排查化解、安全生产检查整改、环境保护、网上舆论引导等五大专项行动，依法严防和惩治各类违法犯罪活动。发挥基层干部、群防群治力量的优势，推进人民调解、行政调解、司法调解联动，改革信访工作制度，创新有效预防和化解社会矛盾机制。突出严格执法、公正司法，切实维护社会公平正义。

四、以教育实践活动为动力，提高党的建设科学化水平

深入开展党的群众路线教育实践活动，是新形势下坚持党要管党、从严治党的重大部署。要以教育实践活动为强大动力，突出“四治四兴”，全面加强党的执政能力建设、先进性和纯洁性建设，为改革发展提供坚强政治保证。

*1.践行群众路线，要落实到坚定理想信念上。*要把学习宣传贯彻习近平总书记系列重要讲话精神作为首要政治任务，用最新理论成果武装头脑、指导实践、推动工作。要把握好世界观、人生观、价值观这个“总开关”，加强马克思主义群众观点和党的群众路线教育，引导广大党员干部克服思想退化、责任淡化、能力弱化、纪律松懈等问题，切实坚定理想信念、强化宗旨意识、提升道德素质，防止干部成为西方道德价值的“应声虫”。深化中国特色社会主义和中国梦宣传教育，推进社会主义核心价值观区域化实践，进一步筑牢党员干部团结奋进的思想基础，形成同心同德、奋发向上的强大力量。

*2.践行群众路线，要落实到干部队伍建设上。*围绕“怎样是好干部、怎样成长为好干部、怎样把好干部用起来”等重大问题，进一步改进和完善干部的培养、考察、选拔、任用方式。始终坚持党管干部原则，抓好“一把手”和关键岗位干部的选配，加强年轻干部的党性锤炼和基层历练，加大党外干部和女干部培养力度，建设结构合理、素质优良的干部梯队。强化干部监督管理，完善干部考核评价体系，健全干部谈心谈话、诫勉谈话等制度；加大干部同级轮岗力度，着力培养一岗多能的“多面手”；逐步清理超职数配备干部，及时调整清退不胜任、不称职干部。加强干部教育培训工作，强化干部执行力，增强新形势下做好群众工作的能力。广大干部，特别是党员干部要主动抵制歪风邪气和不良思潮，在风言风语、是是非非面前保持定力、慎思明辨，带头弘扬正气，凝聚正能量。

*3.践行群众路线，要落实到强化基层组织建设上。*加强服务型党组织建设，创新基层党组织设置方式和工作机制，完善区域党建工作站等党建阵地建设，制定加强“村转社区”党建工作指导意见。完善基层党建联系制度，推动党员干部“亮身份”直接联系群众，推动机关服务品牌向区镇、行业系统、国有企业拓展延伸。坚持“控制总量、优化结构、提高质量、发挥作用”的原则，加强和改进党员队伍管理，建立健全流动党员党组织规范化管理办法和服务激励保障机制。完善基层党建工作评价体系，严格落实“三会一课”等基本组织制度。加强对少数软弱涣散基层党组织的治理和帮扶工作。认真组织区镇、部门专题民主生活会，抓好基层党组织专题组织生活会和民主评议党员工作。创新党工青妇“四位一体”联动机制，做好民族、宗教、外事、侨务、对台、档案等工作。

*4.践行群众路线，要落实到党风廉政建设上。*严明党的政治纪律和组织纪律。切实履行党委的主体责任和纪委的监督责任，加强党风廉政建设和反腐败监测工作。坚持以零容忍态度惩治腐败，切实解决发生在群众身边的腐败问题。以加强农村“三资”监管、落实惠民政策、整治不正之风为重点，进一步规范基层基础管理。加快建设数字化领导决策平台，确保政令畅通。引导党员干部认真践行“三严三实”要求，深入贯彻落实中央八项规定精神，针对“四风”突出问题，严格整改落实，注重建章立制，健全改进作风常态化机制，以作风建设的新成效取信于民。

同志们，我们要全面贯彻落实党的十八大和十八届三中全会精神，牢记习近平总书记对昆山现代化建设的殷切期望，不断强化“改革、开放、创新、责任、担当”意识，以开展党的群众路线教育实践活动为动力，坚定信心、主动作为，求真务实、真抓实干，努力开创深化改革和现代化建设新局面，让“昆山之路”越走越宽广！

积极适应新常态　打造发展升级版 全力推动“昆山之路”从头越

——在中共昆山市委十二届八次全体(扩大)会议上的讲话

徐惠民

2015年1月12日

同志们:

这次全会的主要任务是,以党的十八届三中、四中全会和习近平总书记系列重要讲话精神为指导,深入学习贯彻中央经济工作会议、省委十二届八次和九次全会、苏州市委十一届八次全会精神,回顾总结2014年工作,研究部署2015年及今后一个阶段发展任务,动员全市各级党组织、广大党员和干部群众,进一步振奋精神、主动作为,积极适应新常态,打造发展升级版,全力推动“昆山之路”从头越。

现在,我根据市委常委会研究的意见,讲两个方面。

一、以党的群众路线教育实践活动为总抓手,各项工作取得新成绩

下面,我代表市委常委会,向全委会报告2014年工作。

过去的一年,面对复杂多变的宏观形势和繁重艰巨的发展任务,我们不断强化“改革、开放、创新、责任、担当”意识,主动适应新常态,以深入开展党的群众路线教育实践活动为总抓手,协调推进经济建设、政治建设、文化建设、社会建设、生态文明建设和党的建设,各方面工作都取得了新的成绩。昆山荣获台湾电电公会大陆地区综合实力极力推荐城市、福布斯中国大陆最佳县级城市两个“六连冠”。

1. *深入开展党的群众路线教育实践活动*。紧扣“照镜子、正衣冠、洗洗澡、治治病”总要求,按照“三严三实”标准,聚焦反对“四风”,抓好“四治四兴”,扎实开展党的群众路线教育实践活动。全市共有4 088个基层党组织、61 919名党员参加活动。市委常委班子带头层层示范,作出“十项承诺”,严格执行中央八项规定,坚持问题导向真抓实改,敞开大门群众参与,上下互动统筹推进,分类指导从严督导,高标准严要求地组织落实。市委常委、党员副市长分别挂钩联系区镇和相关部门,组织动员、开展调研。集中开展安全生产、执法监管部门和窗口单位“庸懒散、不作为、乱作为”等19项专项治理行动。坚持破立并举,建立贯彻执行民主集中制、改进调查研究等制度规范,推进作风建设常态化、长效化。召开高质量的民主生活会和组织生活会,严肃开展批评与自我批评,起到了排毒治病、加油鼓劲的作用。周市镇市北村的基层组织生活会和民主评议党员工作得到中组部的充分肯定。通过教育实践活动,全市广大党员干部受到了深刻的思想政治洗礼,党性观念和宗旨意识明显增强,“四风”突出问题得到有效解决,群众感受到了作风新变化,党群干群关系更加密切。

2. *在促进经济平稳发展中加快转型升级*。加强经济分析研判,制定出台促进服务业发展、加快技术创新体系建设、工业经济转型发展等政策措施,保持经济运行稳中有进。全年预计完成地区生产总值3 001亿元,增长7.5%;公共财政预算收入263.7亿元,增长8.3%,其中税收占比89.6%;全社会固定资产投资850亿元,保持稳定;社会消费品零售总额640亿元,增长14%;进出口总额850亿美元,其中一般贸易增长10.6%,占进出口比重提高2个百分点;服务业增加值占地区生产总值的比重为42.8%,比上年提高1.6个百分点。成功举办中国(昆山)品牌产品进口交易会等活动。持续推进创新驱动战略,新兴产业、高新技术产业产值占规上工业比重均提高2个百分点;昆山高新区列入苏南国家自主创新示范区建设;小核酸产业集群被列为国家创新型产业集群试点;新增“千人计划”人才10人(累计89人),人才竞争力继续位居全省同类城市第一。积极推进昆山深化两岸产业合作试验区建设,第二次部省际联席会议新确定了25条改革措施。深化跨境人民币业务试点,240家台资企业集团开设人民币双向借款账户,双向借款规模达113亿元。昆山被列为两岸冷链物流产业和电子商务合作试点城市。

3. *切实加强宣传思想工作和文化强市建设*。深入推进习近平总书记系列重要讲话精神学习宣传,广泛开展中国特色社会主义和中国梦宣传教育。把社会主义核心价值观贯穿于文明城市建设,引导市民形成爱国、敬业、诚信、友善等价值准则。加强和改进典型宣传,累计16名市民荣获“中国好人”称号。推进群众性精神文明建设,举行农村思想道德“三评三讲”活动,开展“破除封建迷信、倡导移风易俗”专项工作。深入推进志愿服务、诚信制度化建设,重视未成年人文明礼仪养成教育,昆山蝉联“中国城市公益慈善七星城市”。牢牢把握正确舆论导向,加大正面宣传力度,稳妥应对敏感问题和突发事件。坚持文化惠民,完善公共文化设施网络,成功创建省公共文化服务体系示范区。承办世界女子水球联赛总决赛等国内外重

大赛事，取得2016年“汤尤杯”羽毛球团体赛举办权。积极推动精品文艺创作，《大美昆曲》荣获全国精神文明建设“五个一工程奖”。

4.扎实推进城乡发展一体化和新型城镇化建设。开展新一轮城市总体规划、镇村布局规划修编。深化区镇联动发展，组织实施规划建设整合、产业项目融入、资源要素统筹、队伍共育共建、行政服务集成、公共服务共享“六项工程”。着力构建现代化城市路网体系，中环快速化改造工程即将竣工通车，沪宁高速昆山高新区互通等工程建设扎实推进。加快城市国际化步伐，昆山杜克大学顺利开学。智慧城市试点项目有序实施，我市入选“宽带中国”示范城市。扎实推进“四个十万亩”上图落地，全力开展城市环境综合整治“931”行动，着力推进老居住小区提标改造和美丽镇村建设，加快吴淞江流域水环境综合整治，实施阳澄湖生态优化行动，推进七浦塘拓浚整治等重点水利工程建设，昆山获评最美中国生态旅游目的地城市。培育了一批循环经济示范企业、清洁生产重点企业、国际环境管理体系认证企业，单位地区生产总值能耗下降4.1%。出台促进土地集约高效利用意见，深入推进已批未开发土地清理处置、加快转型升级腾出发展空间等行动计划，腾出存量用地5 481亩。制定村级联合经济实体发展三年规划，深化农村“三大合作”组织改革，农村土地承包经营权确权登记和股权固化改革试点工作扎实推进，城乡发展一体化改革取得新的进展。

5.不断提升民生幸福水平。坚持公共服务均衡优质发展，深入实施“五有”工程，全市民生支出占公共财政支出比重超过55%，居民人均可支配收入达到39 500元，增长9%。着力提高就业质量，促进创业致富，高校毕业生就业率97.1%，3 470名城乡就业困难人员实现再就业，城镇登记失业率2.2%。统筹推进社会保障体系建设，企业最低工资标准提高到每月1 680元，低保标准提高到每月700元，同时，提高居民基本医疗保险筹资水平、城乡居民大病补助标准和门诊统筹报销比例。加快教育资源配置步伐，新建一批中小学校，昆山中学新校区启用，昆山开放大学新校启动建设。全面推开公立医院综合改革，药品全部实施零差率销售，西部医疗中心建设扎实推进，“单独两孩”政策全面平稳实施。完善养老服务体系，提升虚拟养老服务平台，每千人拥有养老床位数居全国同类城市前列。出台保障性住房货币化补贴办法，推进公共租赁住房、经济适用住房、动迁安置房建设。

6.着力加强民主政治和社会治理。坚持党的领导、人民当家做主和依法治市的有机统一，召开纪念人民代表大会制度建立60周年、人民政协成立65周年座谈会，支持人大加强改进监督工作、人民政协履行职能。巩固发展最广泛的爱国统一战线，加强同民主党派、工商联和无党派人士团结合作。举行昆山市侨联成立30周年系列活动。推动党员干部带头弘扬法治精神，带头依法办事，提高运用法治思维和法治方式解决问题的能力。稳步推进政府职能转变和机构改革工作。实施社会治理创新工程，推进社区“减负增能”，健全社会稳定风险评估制度，创新矛盾纠纷排查化解机制，加强交通、消防、食品药品等领域监管。深化平安法治建设，完善治安防控体系，严厉打击违法犯罪，推进“六五”普法工作，完善公共法律服务机制。2014年，昆山经受了“8·2”特大事故的严峻考验。我们认真贯彻落实习近平总书记、李克强总理的重要批示精神，在省委、省政府和苏州市委、市政府的坚强领导下，全市上下众志成城、团结协作，全力以赴、日夜奋战，依法科学及时有效开展事故救援、伤员救治、家属安抚和各项善后工作，涌现出了许多感人事迹，弘扬了社会正能量，展示了昆山精神。我们深刻总结反思，吸取惨痛教训，牢固树立正确的发展观、政绩观和利益观，全面落实安全生产“党政同责、一岗双责”要求，建立健全安全生产责任体系，严格按照“六打六治”的部署，对安全生产隐患进行拉网式排查，对部署的任务进行全面督查，最大程度地消除不稳定因素和安全隐患，保护人民群众生命财产安全。

7.聚精会神抓好党的建设。把坚定理想信念作为重中之重的任务，严明党的纪律特别是政治纪律，加强党员干部理论培训和党性教育，引导党员干部补好理想信念这个精神之“钙”，增强政治定力，坚定政治立场。推进党要管党、从严治党各项部署，落实党委抓党建工作的责任，统筹抓好各领域基层党建工作，开展区镇党(工)委书记基层党建工作述职评议考核，整顿软弱涣散基层党组织。按照“好干部”标准健全选人用人机制，抓好超职数配备领导干部、领导干部企业兼(任)职等专项治理工作。建立不合格公职人员退出机制。加强党员发展和教育管理工作，积极探索党代表发挥作用的办法途径。坚持标本兼治、统筹推进，扎实做好中央巡视反馈意见相关整改落实工作。严格落实“两个责任”，开展党风廉政建设和反腐败工作指标监测，深化科学监测和廉情预警，提高惩防体系制度执行力。加大惩治腐败的力度，坚持有腐必反、有贪必肃，坚决查处违纪违法行为，全年共查处党员干部121人，其中处级干部3人、科级干部16人。

同时，我们也清醒地看到，发展中还存在着一些问题和不足：一是产业结构不尽合理，经济增长动力不足，企业创新能力不强，转型升级任务艰巨。二是依法行政、依法管理水平亟待提升，简政放权力度还需加大，基层基础管理存在薄弱环节，社会稳定面临较大压力，社会治理能力和水平还需进一步提升。特别是“8·2”特大事故令人痛彻心扉，教训十分惨痛，充分暴露出我市在安全生产方面存在思想认识不到位、责任体系不完善、监管力度不够、企业主体责任没有得到落实等突出问题。三是教育、医疗、交通等社会事业发展相对滞后，环境保护和生态治理任重道远，城市国际化功能尚不完善，民生保障水平与群众期盼还有差距。四是城乡文明程度有待提升，城市精细化管理水平不高，诚信体系建设、市场综合管理、公共环境秩序、小区物业管理等有待进一步加强。五是“四风”顽症“树倒根存”，个别党员干部边整边犯、顶风违纪现象时有发生；有的党员干部固守习惯性思维，居功自傲，看不到别人长处、自身短处；有的“为官不为”，干事创业激情下降，创新服务意识淡化，艰苦奋斗精神弱化。对此，我们要高度重视，切实加以解决。

二、以习近平总书记重要讲话精神为强大动力，推动“昆山之路”从头越

2015年是全面深化改革的关键之年，是全面推进依法治国的开局之年，也是全面完成“十二五”规划的收官之年。全市各级党组织和广大党员干部要认真贯彻落实党的十八大和十八届三中、四中全会精神，以邓小平理论、“三个代表”重要思想、科学发展观为指导，以习近平总书记系列重要讲话精神为根本遵循，按照总书记对江苏工作的最新要求，围绕“两个率先”总目标和“迈上新台阶、建设新江苏”发展定位，坚持稳中求进工作总基调，坚持以提高经济发展质量和效益为中心，以全面深化改革为动力，以创新驱动为核心，以法治建设为保障，以民生福祉为根本，全力推进转型升级，促进经济平稳健康发展与社会和谐稳定，推动“昆山之路”从头越。

2015年全市经济社会发展的主要预期目标是：地区生产总值增长8%左右，公共财政预算收入增长8.5%左右，全社会固定资产投资820亿元左右，社会消费品零售总额增长13%左右，进出口总额和实际利用外资规模保持稳定，居民收入增幅与地区生产总值增长同步；全社会研发经费支出占地区生产总值的比重达到2.9%，城镇登记失业率控制在3%以内，单位地区生产总值能耗下降、主要污染物减排完成上级下达任务。

围绕上述目标任务，我们要着力抓好以下八个方面的工作：

1. *以习近平总书记重要讲话精神为强大动力，凝聚干事创业精气神*。前不久，习近平总书记到江苏考察调研，并发表了重要讲话。我们要深刻领会总书记对江苏提出的新要求，准确把握讲话蕴含的新思想新观点，切实以讲话精神统一思想和行动，使讲话精神成为昆山工作的根本遵循和行动指南，确保昆山走在建设“新江苏”的前列。

总书记在讲话中殷切希望江苏紧紧围绕率先全面建成小康社会、率先基本实现现代化的光荣使命，协调推进全面建成小康社会、全面深化改革、全面推进依法治国、全面从严治党，努力建设经济强、百姓富、环境美、社会文明程度高的新江苏，勉励江苏在扎实做好全面建成小康社会各项工作的基础上，积极探索开启率先基本实现现代化新征程这篇大文章。让我们倍感鼓舞的是，总书记还回忆了2009年考察江苏时，提出“像昆山这样的地方，包括苏州，现代化应该是一个可以去勾画的目标”。这既是对昆山发展成绩的充分肯定，也对昆山寄予了新的更高期许，更为我们未来发展指明了方向。

改革开放30多年来，昆山在一次次严峻挑战和考验面前不断攻坚克难、创新突破，成功走出了一条“昆山之路”。“昆山之路”已经成为苏州发展的三大法宝之一、“三创三先”新时期江苏精神的重要内容。在“8·2”特大事故发生后，我们加强应急管理，依法科学及时有效地开展事故抢险和善后处置工作，得到了中央领导和国务院事故调查组的充分肯定。省委副书记、苏州市委书记石泰峰同志也强调，不能因为这次事故否定“昆山之路”，“昆山之路”也不容否定。

但是，“8·2”事故发生后，一些党员干部创新突破的精神、责任担当的意识、主动作为的作风弱化了，甚至不愿担当、不敢担当；有的认为“多做多错、少做少错、不做不错”，感慨“为官不易”，存在不作为、慢作为、懒作为现象；有的服务意识淡化了，把依法行政和亲商服务对立起来，打着依法办事的旗号，寻找逃避责任的借口；有的片面强调困难和挑战，看不到自身优势和发展机遇，丧失了攻坚克难、争先创优的锐气。

推进“两个率先”，推动“昆山之路”从头越，关键在于我们的干部队伍。因此，解决干部队伍精神状态和发展信心问题，是当务之急。我们必须把思想认识统一到总书记的重要讲话精神上来，牢记总书记的殷切嘱托，增强“两个率先”的责任担当，继续大力弘扬“敢于争第一、勇于创唯一”的新昆山精神，强化“改革、开放、创新、责任、担当”理念，提振干事创业的精气神，保持昂扬向上的进取心。我们既不能妄自菲薄、丧失信心，更不能消极懈怠、一蹶不振，而要把“8·2”事故的深深伤痛转化为负重奋进、转型升级的强大力量。要进一步健全干部队伍考核激励的体制机制，营造鼓励创新、宽容失败的良好氛围，强化以科学发展论英雄、以服务实绩评优劣的正确导向，真正让我们的干部放下包袱、放开手脚，敢于负责、敢于担当、敢于创新，增创昆山发展新优势。

2. *保持合理增速，推动经济平稳健康发展*。新常态下，保持经济增速在合理区间，既有利于稳增长、促改革、惠民生，也能为转方式、调结构留出空间，还可以坚定全市上下的发展信心。我们必须科学把握速度、总量、质量、效益的关系，努力实现有质量的稳定增长、可持续的全面发展。

加大有效投入力度，推动投资结构转型，解决好投什么、谁来投、如何投的问题。加快推动友达、之奇美、世硕、茂迪等制造业项目投资落地、投产运营，促进老企业增资重点投向技术改造、研发设计、品牌建设、售后服务、市场拓展等高附加值环节。加大对新兴领域、新增长点的支持力度，确保今年新兴产业投入比重超过55%。加大招商选资力度，突出新项目引领产业转型、促进产业融合和集约利用土地的作用。鼓励民间资本参与重点领域建设，加快实施一批道路交通、农田水利、环境治理等重大基础设施项目。扩大消费需求，推动唯品会、京东、威富、亚马逊等电商做大做强，保持电子商务等新兴业态支撑消费的良好态势，积极培育旅游休闲、文化娱乐、健康服务等消费热点，充分挖掘并释放消费潜力。稳定外贸进出口，推动加工贸易转型升级，大力发展一般贸易和服务贸易。积极响应国家“一带一路”发展战略，支持彩华、好孩子集团等有条件的企业加快“走出去”发展。鼓励企业实施市场多元化战略，巩固拓展国际市场，不断扩大内销市场，用好进口贸易平台。大力推动民营经济发展，定向扶持企业科技创新、品牌培育、人才引进，释放发展活力、激发创业热情。强化金融、财税等政策扶持，鼓励和支持中小企业做精做专、做大做强。高度重视、积极防范政府性债务、企业负债、金融、房地产市场波动等潜在风险，对可能出现的问题做好应对之策。

3. *着力转变发展方式，加快经济转型升级*。习近平总书记强调，把经济发展抓好，关键还是转方式、调结构，推动产业结构加快由中低端向中高端迈进。而转方式、调结构，是昆山适应经济发展新常态的根本之策。

要认识新常态，树立新理念，深刻认识到新常态不是简单的速度换挡，更重要的是转方式、调结构，提升发展的质量和效益，推动发展方式从规模速度粗放型转向质量效率集约型；要适应新常态，把握新机遇，充分利用经济增速调整为提质增效留出的时间和空间，因势利导、顺势而为、乘势而上，推动党委政府转变经济工作方式、市场主体转变经营发展方式、社会层面转变传统思维方式；要引领新常态，实现新作为，准确把握改革发展稳定的平衡点、近期目标与长期发展的平衡点、经济社会发展和改善人民生活的结合点，勇闯新路、狠抓落实、奋发有为，打造发展升级版。

近年来，我们在转型升级、创新发展方面做了不少工作，也取得了一定成效。但客观地讲，昆山经济还没有摆脱粗放型发展方式。从经济结构看，制造业主要以劳动密集型、加工组装类为主，大多处于产业结构链条的中低端环节；服务业中房地产比重较大，现代服务业发展相对滞后、规模相对偏小；传统产业技术改造任务艰巨。从创新能力看，自主创新基础偏弱，核心竞争能力相对不足，创新资源集聚程度仍然不高，依靠市场力量推动创新要素流动的机制还不通畅，企业主体作用还没有充分发挥。从人才支撑看，城市功能、社会事业、人文宜居等人才关心的软环境亟待提升。

在转方式、调结构过程中，我们还要算好“土地账”，努力破解发展空间难以为继的瓶颈；要算好“生态账”，着力解决环境容量接近极限的问题；要算好“资源账”，切实提高资源集约节约利用的水平；要算好“人口账”，清醒看到不合理的人口结构带来的高额社会管理服务成本；要算好“能耗账”，加大节能减排力度，推动绿色低碳发展；要算好“差距账”，正视与苏州工业园区等先进地区相比在转型升级方面存在的短板和不足。

因此，我们要积极适应新常态，坚持质量、效益和结构优先导向，在充分调研的基础上，制定实施“转型升级六年行动计划”，统筹资源，集中力量，攥紧拳头，推动经济发展从要素和投资驱动，向创新和改革驱动转变。加快高端人才、高科技企业引进，以达到“插柳成荫”的效果；鼓励现有企业包括台资企业就地转型升级，以收到“老树开花”的成效；坚决淘汰落后产能、不达标企业，以实现“腾笼换鸟”的目的。

要加快产业结构调整，推动主导产业智能化、高端化，新兴产业精益化、规模化，服务产业集约化、品牌化，现代农业专业化、特色化发展，构建现代产业体系，突出产业链从中低端向中高端发展。发挥沿沪对台优势，积极抢抓苏南国家自主创新示范区、昆山深化两岸产业合作试验区建设机遇，深化与国内外高校、科研院所的产学研合作，集聚创新资源，搭建公共平台，创新体制机制，完善科技金融体系，抓好特色产业基地建设，不断提升开放条件下的自主创新能力。深化区镇联动，推进区域统筹，优化资源配置，提高行政效能，实现城乡一体、均衡发展。通过全面深化改革和推进法治建设，处理好政府与市场的关系，让市场既有活力、有动力，又有秩序、有责任，为企业发展营造稳定、透明、可预期的法治化环境。

4. 注重以人为本，提升城乡发展一体化水平。城乡发展一体化是最大的转方式、调结构，是社会发展方式的转变和社会结构的调整。目前，昆山城市化率已达到70.5%，土地开发强度达到极限，现有的自然村落、基本农田都是非常宝贵的资源，已经成为传统历史文化的“最后遗存”、江南水乡风貌的“最后记忆”、人居生态环境的“最后底线”，我们必须珍惜好、保护好。我们要认识到，推进城乡发展一体化，不是要城乡一样化，农村不能复制城市，城市也取代不了农村。我们要尊重历史、尊重自然、尊重规律、尊重群众意愿，推进城乡之间在经济收入、社会保障、公共服务、生活质量等方面均衡均等，在空间、产业、环境、文化形态等方面体现差异化，注重互补协调，使城市更像城市，农村更像农村。我们要遵循乡村发展演化规律，兼顾现实情况和长远发展需要，严格按照新修编的镇村布局规划，从严控制村庄撤并，对撤并村庄不下指标、不搞一刀切、不设时间表。要大力保护基本农田，稳妥推进村庄集约建设，科学引导村民建房。要做好农村传统村落和民居的保护，建设各具特色的美丽镇村，用活态的江南水乡风貌，让城乡居民“记得住乡愁”。

加快推进农业现代化。习近平总书记在江苏考察调研时强调，没有农业现代化，没有农村繁荣富强，没有农民安居乐业，国家现代化是不完整、不全面、不牢固的。同时，要求江苏在现代农业建设上带好头、领好向。实现农业现代化，是推进城乡发展一体化的重要途径。我们要大力发展高效农业、生态农业、都市农业，促进农业生产经营专业化、标准化、规模化、集约化。鼓励引导工商资本发展适合企业化经营的现代种养业，努力建设有文化、懂技术、会经营的新型农民队伍，积极培育专业大户、家庭农场、农民合作社、农业企业等新型经营主体。稳定粮油种植面积，提升高效园艺、特色水产发展水平，提高设施农业比重，培育优势农产品品牌，完善农业社会化服务，构建现代农业产业体系。深化农业基础设施建设，深入推进农村土地综合整治，推行农业标准化清洁生产，加快推动农业科技进步，不断提高农业物质装备和技术水平。

加快推进生态文明建设。优质生态环境是最好的公共产品，人民群众对良好生态环境的呼声和要求越来越高。要下更大的决心，拿出更硬的举措，锲而不舍地推进生态文明建设工程。针对群众关注的空气质量、水污染、垃圾处理等突出问题，扎扎实实开展系统治理，既要有立竿见影的成效，更要有长效性的制度安排。坚持治理和保护并重，扎实推进“四个十万亩”和重要生态功能保护区规划建设，大力实施开发园区生态化改造，实质性启动水生态文明城市创建，严守生态红线，打造“全域生态”。加快生态文明制度建设，在生态红线管理、绿色发展评估、环保企业信用评价等方面创新实践，积极构建有利于生态文明的投资、产业、财政、土地、环境等政策体系。把生态环境保护纳入法治化轨道，严格环境执法监管，深入开展专项整治和执法检查，切实提高生态环境违法违规成本。

加快提升城市功能品质。按照“多规合一”要求，加快形成统一衔接、功能互补、相互协调的规划体系。强化城市现代化、国际化、特色化发展导向，更大力度统筹好生产、生活、生态功能布局，使人、建筑、功能、环境的关系实现最优化，促进各板块在功能定位、产业发展上合作共赢，在公共服务、基础设施上共建共享，在资源开发、环境保护上统筹协调，使城乡特色更加鲜明，承载力和竞争力整体提升。坚持以智慧城市建设为抓手，扎实推进城市管理信息化、基础设施智能化，实现城市运营和服务的便利化、人性化。整合各类管理资源，加快构建联动协作、齐抓共管、共建共享的管理格局，实现城市环境清洁、运转顺畅、秩序优良。

5. 做优民生事业，提升群众幸福感受。在推进“两个率先”方面，习近平总书记强调，目前，主要精力还是要放在推动全面小康建设上，可在全面建成小康社会阶段做一些基本现代化需要做的事情，但不能匆匆忙忙往基本现代化赶，再回过头来补课。要扎扎实实提高全面建成小康社会质量和水平，使成果经得起实践、人民、历史检验。我们要按照总书记的最新要求，全面开展补短补软补缺，进一步加大民生投入力度，办好惠民实事，把功夫真正下在提高全面建成小康社会质量和水平上，努力让人民群众有更好的教育、更稳定的工作、更满意的收入、更可靠的社会保障、更高水平的医疗卫生服务、更舒适的居住条件、更优美的环境。

坚持问题导向，做实民生工程。要从群众最需要、最迫切的地方补起，从群众意见最大、矛盾最多的地方抓起，从群众反映最强烈、最不满意的地方改起，把有限的财力用到惠民实事上，一件接着一件办，一年接着一年干，确保每年办成几件实事。要坚持优质、均衡、普惠导向，以农村基层、薄弱领域、困难群体为重点，加强社会事业建设。教育是民生之基，要深入推进教育现代化，不断优化教育资源配置，加强教师队伍建设，努力办好人民满意的教育。医疗卫生服务直接关系人民身体健康，要深化医药卫生体制改革，加快完善现代医疗卫生体系，不断提升医疗卫生服务能力，为群众提供安全、有效、方便、价廉的公共卫生和基本医疗服务，解决好老百姓“看病难、看病贵”问题。深入开展全民健身活动，完善体育设施网络，创建江苏省公共体育服务体系示范区。加强养老服务平台和人才队伍建设，探索公建民营、医养融合等养老服务新模式。要稳妥推进动迁安置房建设，探索运用政府回购商品房、货币化补偿等多种方式进行动迁安置。加快建设农村新型社区，提升社区管理水平。

顺应转型需求，拓宽富民渠道。坚持富民为先、精准发力，把就业作为民生之本，整合出台更加有利于促进充分就业、稳定就业的政策措施，提升劳动者的就业技能和就业质量，缓解就业的结构性失衡问题。降低准入门槛，强化制度激励，积极营造全民创业的浓厚氛围，促进创业致富。社会保障是民生的安全阀，要坚持全覆盖、保基本、多层次、可持续方针，建立健全社会保障待遇确定和正常调整机制，不断提升社会保障水平。收入分配是改善民生最直接最有效的方式，要认真落实增收政策，深入推进农村股权固化改革，不断提升经济合作组织分红水平；加快农村产权交易市场和“一村两楼宇”建设，不断增加工资性、财产性、经营性、转移性收入。

坚持多元参与，提升公共服务。民生连着内需，连着发展，连着公平。要更加注重运用市场和社会的力量，增强民生事业发展活力和动力。创新公共服务供给方式，把更大空间、更多机会让渡给市场和社会，逐步实现低端全面保障、中端加大支持、高端依靠市场，形成政府主导、市场运作、社会参与的公共服务供给模式，满足人民群众多层次多样化需求。加快推进社会组织健康发展，加大政府购买公共服务力度，鼓励支持社会组织更加积极、广泛地参与公共服务。更大力度吸纳国际资本、民营资本、社会资本参与公共服务建设。

6. 强化法治思维，提升依法治市水平。我们要按照党的十八届四中全会提出的全面推进依法治国的总要求和总布局，进一步确立法治思维，运用法治方式，着力构建法治政府、法治市场、法治社会“三位一体”的法治建设先导区，不断提升法治昆山建设水平，让法治成为城市核心竞争力的重要标志。

强化权力规范和约束。紧紧抓住权力运行这个关键环节，充分发挥法治的引领、规范和保障作用，推进依法授权、规范用权、监督越权，把权力关进制度的笼子。推进行政机构、职能、权限、程序、责任规范化、透明化，加快建设法治政府。加大简政放权力度，对照政府权力清单、责任清单，最大限度地减少对微观事务的直接管理，更加注重事中事后监管，让错位的正位，让缺位的到位，让越位的归位。按照“法无授权不可为”、“法定职责必须为”的原则，坚持依法行政、依法办事。同时，正确处理依法管理服务和亲商安商富商的关系，在依法依规、公开透明的前提下，不断提升服务的针对性、精准度，丰富昆山依法服务、高效服务、特色服务的内涵。

切实维护社会公平正义。科学合理配置执法力量，完善权力放收相济机制，积极探索综合执法改革。加大执法监管力度，建立执法全过程记录制度，细化量化自由裁量标准，提升执法和服务水平。优化司法职权配置，支持法院、检察院依法独立公正行使审判权和检察权。完善审判、检务、警务公开，构建开放、动态、透明、便民的阳光司法机制。着眼于提高司法办案质量，探索人民群众参与、监督、评判司法的途径和方式，坚决杜绝关系案、人情案、金钱案，让人民群众在每一个司法案件中都感受到公平正义。依法保障群众人身权、财产权不受侵犯，经济、文化、社会等各项权利得到落实。

全力保障社会平安稳定。牢固树立安全发展红线意识和底线思维，认真落实新《安全生产法》。按照“党政同责、一岗双责、齐抓共管”要求，严格落实企业主体责任、政府属地监管责任、部门行业监管责任，完善安全生产责任体系。坚持“全覆盖、零容忍、严执法、见实效”，突出重点领域和环节，加强安全生产专项检查，深化安全隐患排查整改，坚决杜绝重大安全事故发生。健全立体化、现代化社会治安防控网络，依法严防和惩治各类违法犯罪活动，不断提升群众安全感。落实居住证管理办法，创新流动人口管理方式。健全社会矛盾预警机制、利益表达机制、协商沟通机制、救济救助机制。

增强全民守法意识。深入开展法制宣传教育，加强普法讲师团、普法志愿者队伍建设，引导全民自觉守法、办事依法、遇事找法、解决问题用法、化解矛盾靠法，使尊法守法成为全体市民的共同追求和自觉行动，不断提升群众对法治建设的满意度。积极构建集知识普及、观念引导、能力培养于一体的法治文化体系。加强道德诚信建设，强化规则意识，倡导契约精神，弘扬公序良俗，在全社会营造守法光荣、违法可耻的氛围。

7. 加强宣传思想工作，深入推进文化昆山建设。按照习近平总书记“做好各项工作，必须有强大的价值引导力、文化凝聚力、精神推动力的支撑”的要求，进一步加强宣传思想文化建设，广泛集聚改革发展的强大正能量。

深入推进社会主义核心价值观区域化实践。深入开展培育和践行社会主义核心价值观落细、落小、落实工作，使之内化于心、外化于行。善于从优秀传统文化中汲取营养，做好传统文化典籍整理工作，深度挖掘和大力弘扬顾炎武“天下兴亡、匹夫有责”的责任担当精神、朱柏庐的俭以养德思想，以及“百戏之祖”昆曲、江南水乡古镇等特色文化，不断扩大其影响力和感召力，使之成为涵养社会主义核心价值观的重要源泉。大力弘扬“昆山之路”精神，广泛开展昆山特色价值观宣传教育，使之成为践行社会主义核心价值观的生动内容。深入推进文明城市建设，加强外来常住人口的文化融合和乡土认同，促进社会和谐。持续深化社会公德、职业道德、家庭美德、个人品德教育，培育好人文化，推进“道德之城、乐仁昆山”建设，使之成为培育社会主义核心价值观的重要实践。

大力发展文化事业和文化产业。加快建设现代公共文化服务体系，广泛开展多层次、多样化的文化活动，满足群众日益增长的文化需求。大力推进“书香城市”创建工作，提升全民阅读参与率。坚持以人民为中心的导向，把社会效益放在首位，加强文艺精品创作，传递崇德向上的价值观，更好发挥文化引领作用。坚持市场化、国际化导向，进一步挖掘文化资源，培育文化企业，繁荣文化市场，加快构建现代文化产业体系，推动文化产业跨越发展。继续深化台商大陆“精神家园”建设。加强城市文化培植，促进传统文化与现代文化、本土文化与外来文化、大众文化与精品文化兼收并蓄、相互协调，让不同群体都能找到自己的精神归属。

加强新闻宣传和舆论引导。牢牢把握正确舆论导向，坚持团结鼓劲、正面宣传为主，唱响主旋律、汇聚正能量，确保热点敏感问题快捷协调、日常舆情常态共享、舆论引导联动有效。进一步贴近生活、贴近群众、贴近实际，切实增强新闻报道的亲和力、吸引力、感染力，更好回应社会关切。加快构建平面媒体、广播电视、门户网站、微博微信、网络客户端、户外传媒“六位一体”的传播平台，推动传统媒体和新兴媒体融合发展。拓展对外宣传广度深度，提升城市知名度、美誉度。

8. 落实全面从严治党新要求，构建良好的政治新常态。习近平总书记在江苏考察调研时，首次提出“全面从严治党”，并要求江苏有更强意识、更多举措、更大作为。全市各级党组织要贯彻落实全面从严治党要求，扎实做好中央巡视反馈意见相关整改落实工作，进一步巩固和拓展群众路线教育实践活动成果，依法治党、依规管党，不断健全党建工作长效化、常态化机制，为推动“昆山之路”从头越提供坚强保证。

在落实党建责任上从严，增强管党治党的使命担当。各级党组织要树立正确的政绩观，把工作着力点放在把握政治方向、密切联系群众、教育管理党员、督促依法履职上来。党组织书记要把抓好党建作为最大的政绩，带头落实党建工作责任制，做到“既挂帅、又出征”。党委(党组)成员要把分管领域党建责任履行好，真正成为党建工作的行家里手。要加强党建工作考核，进一步完善考核体系、改进考核办法、加大考核权重，对抓党建不严不力、严重失职的党委(党组)主要负责同志要严肃问责。支持人大及其常委会依法履职，完善询问监督工作机制，密切人大代表同群众的联系。支持人民政协履行政治协商、民主监督、参政议政职能，推进协商民主、基层民主制度化、规范化、程序化。推动军民融合深度发展，充分发挥工会、共青团、妇联等群团组织联系人民群众的桥梁纽带作用，凝聚改革发展、转型升级的强大合力。

在干部队伍管理上从严，锻造依法履职的中坚力量。认真落实习近平总书记提出的“管理要全面、标准要严格、环节要衔接、措施要配套、责任要分明”的要求，从严管理干部。坚持以严的标准选拔干部，注重德才兼备、以德为先，把能否遵守法律、依法办事作为考察干部的重要内容，从源头上预防“能人腐败”等问题发生。坚持以严的措施管理干部，实现从刚进入干部队伍的年轻同志到离退休干部全覆盖，特别是要管严管好各级领导干部和身处关键岗位、掌握大量公共资源的干部，严肃查处“带病提拔”、“带病上岗”等问题，坚决纠正超编制、超规格配备干部问题，及时调整清退不胜任、不称职干部。坚持以严的方式培养干部，加强对党员干部的思想政治教育，强化党的观念、党性观念和政治意识，旗帜鲜明地反对政治自由主义。加大干部定期轮岗交流力度，有计划地安排新提拔年轻干部到信访部门和基层一线岗位挂职锻炼，创新干部教育培训方式方法，切实提高领导干部履职能力和水平。坚持以严的纪律约束干部，做到抓早、抓小、抓苗头，加强干部谈心谈话和关爱提醒，强化对党员干部特别是“一把手”的监督，使广大干部心有所畏、言有所戒、行有所止。

在基层组织建设上从严，打造坚强有力的战斗堡垒。以基层服务型党组织建设为抓手，加强党组织书记、党代表、党务工作者、党员志愿者队伍建设，继续抓好软弱涣散基层党组织集中整顿，推动基层党组织成为团结带领群众的坚强堡垒。以推进联系服务群众常态化长效化为重点，深化机关服务品牌创建活动，完善党员干部直接联系服务群众机制。全面提升各领域党建工作水平，加强非公企业党建的分类指导、分类管理；深化村级“四有一责”建设，实施村书记“能力素质提升计划”；开展机关社区党组织、党员“双结对”活动。进一步加强基层党组织规范化建设，不断完善“三会一课”、民主生活会和民主评议党员机制。严肃党内政治生活，用足用好批评和自我批评这个武器，鼓励开展积极健康的思想斗争。

在加强作风建设上从严，健全服务群众的长效机制。教育实践活动收尾绝不是作风建设收场，贯彻党的群众路线、保持党同人民群众血肉联系永无止境。我们要深刻认识作风问题的顽固性反复性，持之以恒落实中央八项规定精神，常抓抓出习惯来，耐心抓抓出长效来。保持反“四风”高压态势，及时开展“回头看”，对边整边犯、顶风违纪的，要露头即纠、严查重处；对顽症难改、侵害群众利益的，要出重拳、下猛药，尽快见到成效；对好大喜功、盲目攀比甚至弄虚作假的，要严格教育、严格监督；对“四风”典型案例，要加大公开曝光力度；对不作为的，要严肃处理，造成恶劣影响的，要严肃追责。

在党风廉政建设上从严，营造风清气正的良好环境。要把零容忍的态度不变、猛药去疴的决心不减、刮骨疗毒的勇气不泄、严厉惩处的尺度不松“四个不”的刚性要求，落实到党风廉政建设和反腐败工作中，做到有腐必反、除恶务尽。牢固树立“党纪党规严于国家法律”的意识，把严守政治纪律和政治规矩贯穿各项工作始终，把执行政治纪律情况作为落实党风廉政建设责任制、领导班子民主生活会、基层党建工作述职评议考核的重要内容。全面落实党委主体责任和纪委监督责任，真正把责任扛起来、把担子挑起来。对发生重大腐败案件和严重违纪行为的单位，既要追究当事人责任，又要倒查追究相关领导责任，实行“一案双查”。纪检监察机关要加大案件查办力度，特别是要坚决查处十八大后仍不收敛不收手，问题反映集中、群众反映强烈的党员干部，治病树、拔烂树，强化不敢腐、不能腐、不想腐的氛围。要坚持不懈加强廉政教育，做到既干净干事、又勤勉干事，齐心协力谋发展。

今年还有一项重要工作，就是谋划编制好“十三五”发展规划。要认真总结“十二五”工作成效和发展经验，深入研究事关昆山发展全局的重大问题，以改革的精神、创新的理念和科学的方法编制好规划，努力使我市“十三五”发展规划更加适应时代要求、符合市情实际、反映人民意愿。

同志们，我们正处于一个革故鼎新、深刻变化的时代，新时代呼唤新作为、新业绩！让我们以党的十八大和十八届三中、四中全会精神为引领，深入贯彻落实习近平总书记系列重要讲话精神，围绕“两个率先”总目标，继续秉承“敢于争第一、勇于创唯一”的新昆山精神，进一步提振信心、主动作为，求真务实、奋勇拼搏，为推动“昆山之路”从头越而不懈奋斗！

政 府 工 作 报 告

——2015 年 2 月 15 日在昆山市第十六届人民代表大会第四次会议上

代市长　杜小刚

各位代表：

现在，我代表市人民政府，向大会作工作报告，请予审议，并请市政协各位委员和其他列席人员提出意见。

2014 年工作回顾

过去的一年，在中共昆山市委的正确领导下，全市上下深入贯彻党的十八大和十八届三中、四中全会，以及习近平总书记系列重要讲话精神，深入开展党的群众路线教育实践活动，大力弘扬“敢于争第一、勇于创唯一”的新昆山精神，协调推进经济、政治、文化、社会、生态文明建设，较好完成了市十六届人大第三次会议确定的各项目标任务。完成地区生产总值 3 001 亿元，比上年增长 7.7%；工业总产值 8 708.5 亿元，下降 1.8%；服务业增加值 1 284.5 亿元，增长 11.8%；公共财政预算收入 263.7 亿元，增长 8.3%，税比 89.6%；全社会固定资产投资 850.1 亿元，增长 1%；社会消费品零售总额 640.4 亿元，增长 14.1%；实现进出口 847.9 亿美元，下降 4.7%；居民人均可支配收入 39 498 元，增长 9%。实现台湾电电公会“大陆综合实力极力推荐城市”六连冠。连续六年排名福布斯中国大陆最佳县级城市第一。

一、注重质量效益，经济发展保持平稳

*发展后劲不断增强。*新增实际利用外资 12.8 亿美元，注册内资 255.4 亿元，其中超亿美元外资项目 10 个、超亿元内资项目 24 个。新增上市挂牌企业 11 家、省级跨国公司地区总部和功能性机构 3 家。金融机构本外币存款余额 3 210.8 亿元，本外币贷款余额 2 257.2 亿元，分别较年初增长 8.7%和 12.8%。三井住友银行、恒丰银行、齐鲁证券、东海证券设立开业。首款低温多晶硅柔性有机发光二极体面板全彩显示屏成功发布。凯宫高效能精梳关键技术及其产业化应用项目荣获国家科技进步二等奖。好孩子获国际工业设计“红点”奖。震雄铜业在中国民企 500 强排名中上升 75 位。

*产业结构逐步优化。*服务业增加值占地区生产总值比重提高 1.6 个百分点。新兴产业、高新技术产业产值占规上工业比重分别提高 2.1 和 2.6 个百分点。接待游客 1 926.8 万人次，实现旅游收入 223.5 亿元，分别增长 6%和 5.4%。成功举办中国(昆山)品牌产品进口交易会、国际老字号精品展、中国零售商大会暨展会、昆山电子电机暨设备博览会、国际发明展等活动。巴城蟹舫苑成为中国特色商业街。周庄镇入选《纽约时报》全球最值得旅游地名录。新增绿色食品 10 个，引进示范农业新品种 37 个，农作物综合机械化水平达 89%。粮油生产持续丰收，水稻、小麦单产再创历史新高。

*创新能力稳步提升。*全社会研发投入占地区生产总值比重达 2.9%。新增国家 863 计划项目 4 个，省工程技术研究中心 24 家、外资研发机构 19 家、产学研联合体 141 个。新增专利授权 9 867 件，其中发明专利 870 件。新认定高新技术企业 196 家、高新技术产品 639 个、中国驰名商标 2 件。昆山软件园、小核酸基地分别成为国家级科技企业孵化器和国家创新型产业集群试点。昆山高新技术创业服务中心跻身国家级高校学生科技创业实习基地。西电昆山研究生院实质性运作。科技镇长

团顺利交接,企业与高校院所产学研合作有序推进。成功举办海外华侨华人高层次人才昆山行等活动。新增国家“千人计划”人才10人、国家创新人才推进计划1人,省“双创”人才12人、创新团队5个、“外专百人计划”专家1人,省“千人计划”研究院1个、院士工作站1家、博士后科研工作站3家、研究生工作站24家、技能大师工作室1家。

二、增创发展优势,重点改革全面推进

载体功能加快完善。昆山试验区第二次部省际联席会议顺利召开,一批政策措施获国家、省级层面支持。组织上海自贸区学习对接恳谈活动,率先复制推广保税展示交易、境内外维修试点、集中汇总纳税、第三方检验结果采信、货物预检验等功能措施。启动长江经济带海关区域通关一体化改革试点,全省首票跨关区流转货物顺利通关,无纸化报核试点推广至综保区全部企业。两岸全牌照证券、台资金融租赁、综合金融服务营运中心、商业保理等项目有序推进。企业集团内部人民币跨境双向借款规模突破113亿元。昆山高新区纳入苏南国家自主创新示范区。花桥经济开发区现代服务业综合试点顺利推进。昆山成为两岸冷链物流产业合作试点城市和海峡两岸电子商务经济合作实验区。千灯西班牙工业园跻身年度示范型国际科技合作基地。

要素资源有效配置。实施规划建设整合、产业项目融入、资源要素统筹、队伍共育共建、行政服务集成、公共服务共享“六项工程”,促进区镇联动发展。推进已批未开发土地清理处置、加快转型升级腾出发展空间等专项行动,腾出存量用地5 481亩,亩均产出提高5%。出台促进土地集约高效利用相关意见,推进耕地资源保护。配合完成国家土地出让收支和耕地保护情况专项审计、财政存量资金审计及其他专项资金审计。落实土地融资规模控制卡制度,完善政府性债务管理制度,开展存量债务清理甄别,严控政府性债务增量。完成114个农地股份合作社、5.5万户农户农村土地承包经营权确权登记。确定58个社区股份专业合作社股权固化改革试点,涉及经营性净资产9亿元。加大“走出去”力度,新签境外承包合同额7亿美元,增长84.4%。

改革红利有序释放。制定出台行政审批事项目录清单、行政权力清单、专项资金管理清单和行政事业性收费目录清单。取消、暂停行政审批事项180项,14项改为备案管理。推进工商登记制度改革,企业设立实现“一口式”受理,新设企业数和注册资本分别增长49.3%、53.9%。推行建筑行业信用体系管理,建设工程交易逐步实现商务标、技术标、信用标“三标合一”。省直管县改革有序推进。张浦镇“经济发达镇行政改革与流程再造”获中国地方政府创新奖优胜奖。实施国有企业分类考核,完善国有监管企业负责人年度经营业绩考核及薪酬管理办法。推动交通运输系统事企分离、有线电视网络公司改革。

三、坚持成果共享,民生福祉持续改善

富民保障取得新进展。实施民生幸福工程,城乡公共服务支出占公共财政支出比重超过80%。城镇登记失业率2.2%,高校毕业生就业率97.1%,6 732名城乡就业困难人员实现再就业。发放居民创业小额贷款3.4亿元。新增企业职工社会保险参保12万人。最低工资、低保标准分别提高至每月1 680元和700元。提高70周岁以上居民基础养老金发放标准、居民基本医疗保险筹资水平、城乡居民大病补助标准和门诊统筹报销比例。完善低收入家庭经济状况核对和准入退出机制。推进村级联合经济体发展,村均集体经济总收入751万元,增长12%。深化农村“三大合作”组织改革,发放干股红利929.2万元,惠及7 185户农户。发放公积金贷款15.3亿元。出台保障性住房货币化补贴办法。开工建设公共租赁住房、经济适用住房、限价商品住房2 390套,竣工3 900套。新开工动迁安置房105.8万平方米、竣工298.9万平方米。分配经济适用住房191套、廉租房11套,对566户低收入、低保家庭发放住房补贴329万元。

公共服务实现新拓展。昆山杜克大学正式开学。昆山中学新校区、老年大学正式投用。建成中小学11所,幼儿园13所。公开招录新教师1 374名。新增全国道德模范教师1人。发放外来工子弟学校扶持和校车补助资金2 454万元。高考各项指标均创历史新高。市三院病房大楼、康复医院二期建设有序推进,市一院成为江苏大学首个区域外临床医学院,市二院通过二级甲等医院评审。公立医院综合改革全面推开,药品全部实施零差率销售。实施“银医一卡通”信息化建设工程,47台预约自助终端机投入使用。基本公共卫生服务均等化进程加快。周庄镇成功创建2014年世界卫生组织健康社区。有力有序做好人感染H7N9禽流感等传染病防控。新增食品监测点11个。完成公益性救护培训27 478人。建成乐惠居等居家养老信息服务平台,惠及服务对象2 500户。提高政府援助、补助服务价格至每小时22元,发放援助补助资金170.2万元。建成日间照料中心8家。新增社会保险定点护理院2家。启动书香城市建设,《大美昆曲》入选全国精神文明建设“五个一工程”奖,锦溪宣卷入选国家非物质文化遗产目录。举办“昆曲回故乡”等群众性文化活动2 334场。成立版权作品登记中心,登记作品10 230件。承办世界女子水球联赛总决赛、全国羽毛球超级联赛、中欧男篮锦标赛、全国电子竞技大赛等赛事,取得2016年世界羽联“汤尤杯”羽毛球团体赛举办权。实施“单独两孩”生育政策,完成再生育审批4 162对。4位市民入选中国好人榜。开通志愿服务网络平台、手机APP,推出两批25项志愿扶持项目。启用市残疾人服务中心。完成1 599例白内障患者复明手术和1 835人次重残救助,救助金额1 100.4万元。蝉联中国城市公益慈善七星城市奖。

社会治理得到新加强。实施“六五”普法规划,举办法治微电影大赛,打造“尚法昆山”法治文化品牌。开展“破除封建迷信、倡导移风易俗”专项活动。建设公共法律服务体系,促进人民调解与行政调解、司法调解联动对接,运作纠纷第三方调解机制。深入实施社区“减负增能”工程,积极推进基层群众自治组织依法履职。推行行业协会商会、科技团体、慈善公益、社区服务等四类社会组织直接登记。举办第三届公益创投和第二届公益服务项目招投标活动,51个公益服务项目落地社区,受益群众近万人。有力有序有效处置“8·2”特别重大安全生产事

故，将事故现场作为安全生产警示教育基地，设定每年8月2日为全市“安全生产警示日”。全面开展安全生产整治专项检查行动。制定消火栓管理办法。基本完成区镇消防安全“网格化”达标创建工作。扩大危险化学品运输车限行范围。启动建设项目职业卫生“三同时”联合审查机制。成立11支区镇综合应急救援队，组建自然灾害、公共卫生、社会安全等领域应急专家咨询委员会。深化平安示范区创建，加快技防城、技防社区、技防村建设。严厉打击有组织赌博等犯罪行为。圆满完成亚信峰会、青奥会安保任务。

四、突出一体发展，城乡统筹再上台阶

区域规划更趋协调。启动新一轮城市总体规划修编，完成全市单元规划、镇村布局规划，优化保留村庄布局。推进老城区更新研究。完成20个小区、42.4万平方米老小区提标改造。实行老城区商业性办公用房征收货币补偿奖励办法。规范老城区定销商品房建设销售管理流程。制定“智慧昆山”战略发展规划及三年行动计划，推进试点项目建设，拓展市民公共服务平台功能，入选“宽带中国”示范城市。出台进一步提升城乡发展一体化水平意见、加强保留村庄自建房管理规定等制度，推进新型城镇化发展。完成3个美丽城镇、10个美丽村庄示范点、8个三星级康居乡村建设。巴城镇入选全国重点镇。千灯镇歇马桥村成为中国传统村落。

基础设施更为完善。中环快速化改造高架基本贯通。黄河路跨娄江桥、东城大道绿地大道全互通扩建、外青淞公路改建工程竣工投用。沪宁高速昆山高新区互通、马鞍山路东延、杨林塘航道整治工程有序推进。档案馆新馆、机动车驾驶考试中心、公安局战训综合楼等设施加快建设。竣工民防工程12.9万平方米。成立汽车客运旅游集散中心，启用公交调度指挥中心。完成15个公交停靠站港湾式改造，新建、改建公交候车亭100座、候车信息牌40座。新辟、优化公交线路81条，新增公交车150辆，新投放区域出租车、泊站电调车70辆。完成117处易积水区域整改。开工建设7个区镇污水处理厂，铺设污水管网46.3公里。生活污水处理日均增量2.2万吨。完成老城区沿街11处店面污水截流。推进淮上线特高压工程建设，升级改造108个双电源。完成147个小区天然气管道改造工程，惠及居民51 245户。实现天然气市域内全覆盖。

城市管理更加精细。开展城市环境综合整治“931”行动，完成一批“城中村”、背街小巷、店招立面整治改造。初步建成城管勤务指挥信息系统。加强地下管线智能化管理。规范便民疏导点设置及经营管理活动。推进小区物业服务管理专项整治，强化流动人员管理与服务。餐厨垃圾处理厂项目完成招标。启动生活垃圾焚烧发电厂三期工程建设。推进生活垃圾分类试点。更新改造垃圾收运车87辆。新建改造公厕15座。试点安装新型窨井盖。规范户外广告设置。

五、加大治理保护，生态环境继续向好

专项整治深入开展。实施生态文明建设三年行动计划，推行“断面长制”管理，53条主要河流、63个重点断面落实专人负责。开展集中式饮用水源地环境状况评估和地下水基础环境状况调查。推进吴淞江流域水环境综合整治，实施阳澄湖生态优化行动。全面实行河道管理“河长制”，疏拓浚河道87.5公里、整治黑臭河道30.9公里。三类以上地表水比例保持63.6%，水环境功能区断面达标比例53.5%，提高2.3个百分点。建立大气污染联防联控机制，出台重污染天气应急预案、大气污染防治行动方案，开展大气污染源排放清单调查和大气污染防治专项检查。淘汰黄标车890辆。新增在线废气连续监测企业80家。扎实推进港口码头综合整治行动。

环境改善扎实有效。新增绿地926万平方米、成片林4 932亩，林木覆盖率达18.6%，城镇绿化覆盖率43.1%。完成东城大道附属绿地、前进西路渔家灯火出入口整治等一批景观工程。推进汉浦塘湿地氧化塘建设。亭林园设施修缮项目全面竣工。新增可再生能源建筑应用面积166万平方米、绿色建筑设计标识项目127万平方米。PM2.5浓度下降5.3%。环境空气质量优良天数比例75.9%，上升4.9个百分点。获评最美中国生态旅游目的地城市。6个村创建省级生态村。淀山湖镇成为国家园林城镇。陆家镇获中国人居环境范例奖。天福湿地公园获批国家湿地公园试点。明镜荡成为国家级水利风景区。

绿色发展成效显现。万元地区生产总值能耗0.39吨标煤，下降4.1%。化学需氧量、氨氮、二氧化硫、氮氧化物四类污染物总量减排完成年度任务。中水回用率提高到17%。劝退重污染项目18个，关停污染企业和车间（工段）22家，搬迁2家。淘汰高污染燃料锅炉16个。完成中盐昆山有限公司搬迁。验收通过清洁生产重点企业17家、自愿清洁生产企业72家、循环经济试点单位13家。创建三星级以上“能效之星”企业5家，完成节能重点技术改造项目58个，实现年节能量4.1万吨。新增国际环境管理体系认证企业37家。实施农药减量使用工程，推广应用测土配方技术，促进农业生态化发展。

六、加强自身建设，政务服务不断规范

作风转变进一步加快。深入开展党的群众路线教育实践活动，按照“照镜子、正衣冠、洗洗澡、治治病”总要求和“为民务实清廉”主题，聚焦反对“四风”，突出“四治四兴”，践行“三严三实”。制定11项专项整治行动和11项长效制度，推动作风建设常态化、长效化。加强“三公”经费使用专项审计，规范会议、差旅、培训、因公出国（境）经费管理，以及行政事业单位津补贴和办公用房管理。认真调研办理人大、政协一号议案提案，扎实做好人大代表、政协委员建议提案交办工作，办理人大代表建议115件、政协委员提案191件，满意率分别达99.1%和99%。完善政府门户网站、“中国昆山网”、“昆山发布”政务微博等载体。

服务体系进一步优化。推进权力事项网上集中进驻、网上服务集中提供、数据资源集中共享，促进网上审批服务的内容多样化和流程简约化。网上审批率达65.8%。涉企收费总额下降4.4%。97%的审批事项承诺时限压缩至7天以内。即办件比例提高到70%。平均承诺时限压缩至4.5天。优化“12345”政府公共服务平台，整合45个部门93条咨询、投诉热线，初步实现一个号码对外、一条热线贯通。网络议事厅正式上线，答复和办结满意率95%以上。数字化决策平台启动运行。实现全市农村金融综合服务站村村通，农村金融环境进一步改善。

依法行政进一步加强。坚持市政府常务会议学法制度。出台重大行政决策程序规定，推动参与式行政程序建设。推行市民听证会制度，听取居民生活用天然气、自来水阶梯式计价等民生领域决策的意见建议。建成政府投资项目阳光评审管理系统，健全政府购买公共服务机制。试运行宏观数据库。顺利完成第三次全国经济普查任务，荣获“第三次全国经济普查国家级先进集体”称号。完善全口径预算编制。9个市级部门试点实行预算公开。引入专业力量参与行业性人民调解。加强执法人员资格审查和执法检查。推动行政复议规范化建设，依法办理行政复议84件。主动做好行政应诉，行政机关负责人出庭率100%。完善规范性文件审查备案流程，全年审查备案规范性文件13件。完成新一轮政府规范性文件清理。

与此同时，双拥、老龄、科普、气象、民族宗教、妇女儿童、援疆、防震减灾、外事等工作都取得新的成绩。

一年来，我们保持了经济社会的稳中有进发展，这是全市人民在市委的正确领导下，求真务实抓改革，提质增效促转型的结果。在此，我代表市人民政府，向辛勤工作在各个领域的同志们，向市人大代表、政协委员，向离退休老领导、老同志，向各民主党派、工商联、无党派人士，向各人民团体，向驻昆解放军、武警和消防官兵，向所有参与、支持和关心昆山发展的海内外朋友们，表示衷心的感谢并致以崇高的敬意！

回顾过去的一年，我们也清醒地看到，全市经济社会发展中还存在一些问题和矛盾，主要表现在：经济质量效益提升尚有很大空间，产业结构不尽合理，经济增长动力不足，企业创新能力不强，产业用地容积率、亩均投入和人均产出等还不高，转型升级、内涵增长步伐有待进一步加快。安全生产思想认识不到位，责任体系不完善，监管力度不够，企业主体责任还没有得到有效落实。特别是“8·2”事故令人痛彻心扉，教训十分惨痛，依法行政、优化服务相辅相成的关系有待进一步理顺。教育、医疗和交通等社会事业发展与群众期盼存在差距，环境保护和生态治理任重道远，公共服务供给、诚信体系建设有待进一步加强。市容市貌精准管理水平不高，小区物业管理不到位，社会治理能力、城市文明程度有待进一步提升。干部队伍创新服务意识、干事创业激情和艰苦奋斗精神弱化，转变作风、服务发展的精气神有待进一步增强。对此，我们将采取更加有力的措施，认真加以研究解决。

2015年主要任务

2015年是全面深化改革的关键之年，是全面推进依法治国的开局之年，也是全面完成“十二五”规划的收官之年。去年12月，习近平总书记在视察江苏时作了重要讲话，明确了努力建设经济强、百姓富、环境美、社会文明程度高的新江苏最新定位。我们将以习近平总书记对江苏工作的总要求作为未来发展的总引领和各项工作的总纲领，以总书记系列重要讲话精神进一步统一思想和行动，凝聚干事创业精气神，确保昆山走在“迈上新台阶、建设新江苏”的前列。

今年政府工作的总体要求是：**认真贯彻落实党的十八大和十八届三中、四中全会精神，以邓小平理论、“三个代表”重要思想、科学发展观为指导，以习近平总书记系列重要讲话精神为根本遵循，按照习总书记对江苏工作的最新要求，围绕提高全面建成小康社会质量水平和“迈上新台阶、建设新江苏”的发展定位，坚持稳中求进工作总基调，以提高经济发展质量和效益为中心，以全面深化改革为动力，以创新驱动为核心，以法治建设为保障，以民生福祉为根本，以强化工作执行力为关键，全力推进转型升级，促进经济平稳健康发展与社会和谐稳定，推动“昆山之路”从头越。**

今年经济社会发展的主要预期目标是：**地区生产总值增长8%左右，公共财政预算收入增长8.5%左右，全社会固定资产投资820亿元左右，社会消费品零售总额增长13%左右，进出口总额和实际利用外资规模保持稳定，居民收入增幅与地区生产总值增长同步；居民消费价格涨幅3%左右；全社会研发经费支出占地区生产总值的比重达2.9%，城镇登记失业率控制在3%以内，单位地区生产总值能耗下降、主要污染物减排完成上级下达任务。**

为实现上述目标，我们将重点抓好以下七个方面的工作：

一、深化各项改革，努力形成更多内生发展的动力源泉

坚持效益优先。以处理好政府和市场关系为核心，推出一批既具有年度特点、又有利于长远制度安排的改革举措，赢得更多发展红利。充分调动区镇积极性，持续深化区镇联动发展。健全项目准入评价体系，严格工业项目进入门槛。推进已批未开发土地清理、淘汰落后产能等专项行动，力争盘活、腾出存量土地5 000亩。加大土地二次开发力度，除重大产业项目和市政功能设施建设外，项目新增建设用地“零增长”。健全国资公司激励和内控管理体系，增强国有企业造血功能，做大做强国有经济规模实力。加强政府性债务管理，严控融资成本和债务规模，多措并举、多管齐下，确保政府性债务平稳安全运行。

坚持整体推进。认真总结发展经验和特征，凝聚各方智慧，科学谋划、精心编制“十三五”规划纲要和专项规划。推动政府事务重组，加速部门简政放权。高标准建设公共资源交易平台，规范建设工程、政府采购、土地使用权出让、产权交易等要素市场。调整优化考核指标和评价体系，增强科学考核的导向作用。完善个人、企业、政府信用信息基础数据库，促进信息互联互通和共享共用。继续做好省直管县各项政策的争取和承接工作。放大张浦行政体制改革试点效应，推进区镇行政审批制度改革。

坚持联动监管。创新依法行政模式，丰富昆山服务内涵，努力做到在依法依规、公开透明前提下的精准、高效监管。加强部门联动监管和分段监管，完善群众投诉受理和及时处置平台，探索第三方监督机制。加快整合审批监管资源，加大信息化手段应用，推动服务流程再造，不断提升监管能力水平。深化工商登记制度改革，健全事中事后监管，稳步实现市场主体准入、经营、退出等全过程有效监管。探索建立科学的抽查、责任追溯、经营异常名单、失信企业黑名单等制度，健全企业、市民失信惩戒办法，逐步构建完善有效的社会信用体系，打造“诚信昆山”。

二、加快转型升级，努力构建更高质量效益的产业形态

增强载体功能。抢抓国家“一带一路”建设重大机遇，学习、对接、复制上海自贸区成功经验和做法，积极承接“溢出效应”，支持昆山开发区打造上海自贸区的重要承接地和复制推广先行先试区。落实昆山试验区部省际联席会议各项支持政策措施，推进试验区加快发展。积极争取贸易多元化、国际贸易“单一窗口”试点，完善关检合作“一次申报、一次查验、一次放行”模式，促进昆山综保区转型发展。建设外贸综合服务体系，支持中小微企业拓展进出口业务。发挥两岸金融创新合作试点效应，推动跨境人民币等金融业务创新。支持花桥国际商务城发挥沿沪区位优势，深化现代服务业综合试点建设，大力发展总部经济等现代服务产业，加快营造宜居宜业的生态环境，打造精致舒适、活力时尚的商务新城。建设中国苏州人力资源服务产业园昆山园区，促进人力资源服务业集聚。发展电子商务、冷链物流等新兴服务业态，推进海峡两岸电子商务经济合作实验区建设，推动企业创新营销模式，巩固拓展市场。优化“走出去”引导促进体系，支持有条件企业“走出去”投资、经营和发展。

推动转型升级。制定实施“转型升级六年行动计划”，算好土地、生态、资源、人口、能耗、差距等六本账，做好“加减乘除”四则运算，推动产业结构由中低端向中高端迈进。鼓励上下游企业集群配套，支持企业通过增资扩股、重组嫁接等途径盘活存量、就地转型，不断取得“老树开花”的成效。坚决淘汰落后产能、不达标企业，腾出更多发展空间。引导企业加快信息化技术和自动化设备改造，不断提高智能化装备水平和劳动生产率。巩固台资，主攻欧美日韩，着力引进产业链关键环节、高新技术项目，做大做强美国工业村、德国工业园、西班牙工业园等特色园区。推进友达、之奇美、世硕、三一动力、蓝月亮等重大制造业项目建设，完成工业投资260亿元，新兴产业投入占工业投入比重超过55%。发挥外事、侨务等桥梁纽带作用，不断深化对外交流合作和友城建设。落实各项中小微企业减负政策，支持民营企业、原创型企业发展。推动上海证券交易所第二中心、昆达总部、神州数码、京东商城等重大服务业项目发展，完成生产性服务业投资150亿元，服务业增加值占地区生产总值比重提高1个百分点左右。统筹旅游度假区资源，加快“东方湖区”水乡旅游综合体项目建设，打造串联古镇的新兴旅游发展轴。推广连锁化、品牌化、规模化经营，加快新老商圈提档升级。严格执行农业用地保护制度，巩固提升“四个十万亩”上图落地成果。积极引导工商资本参与适合企业化经营的现代种养业，加快农业龙头企业和优势品牌农产品引进培育，延长农业产业链，提高农业附加值，促进农业发展方式转变。强化市场导向，完善农业社会化服务体系，支持营销网络创新，培育新型经营主体和职业农民，提升农业现代化水平。

提升创新能力。抢抓苏南国家自主创新示范区建设、国务院更大范围推广中关村试点政策等机遇，加快科技、体制、业态等领域创新，优化创新生态环境，推动昆山高新区争先进位。整合阳澄湖科技园、工研院等创新载体，深化科技体制改革，促进科技同经济、创新成果同产业、创新项目同现实生产力、研发人员创新劳动同其利益收入“四个对接”。发挥科技镇长团作用，推动校地创新资源高效配置和综合集成。新增企业研发机构100家，制定国际和国家级标准15项以上。完成专利授权10 000件，其中发明专利授权800件。支持彩华集团、华辰机械、国显光电等56个项目技术改造，培育更多科技小巨人企业。新认定高新技术企业80家、民营科技企业100家、高新技术产品300个。组织开展各类人才交流活动，放大人力资源市场平台作用，加快人才引进培育。新增国家“千人计划”、高层次创新创业人才(团队)40人、高技能人才3 000人以上。完善人才投入、人才项目扶持政策绩效评价机制，提高人才创新创业成效，达到“插柳成荫”的效果。坚持服务人才和服务企业并重，切实解决人才工作生活中存在的问题，为人才扎根昆山创新创业营造良好环境。支持商业银行引入总行资源，创新“投贷保租证”组合金融服务链，运作创新型投融资服务中心，做大科技型中小企业贷款风险补偿资金池规模，完善科技投融资服务体系。力争新增金融机构5家、上市挂牌企业8家以上。

三、促进区域统筹，努力彰显更具特色品位的功能形象

提高全域化布局水平。进一步完善城乡规划集中统一管理体制，建立健全规划分级管理制度，统筹规划编制、审批、管理和全市重要规划单元、重要道路两侧、重点项目的规划布局。按照尊重历史、尊重自然、尊重规律和尊重群众意愿的要求，推进城乡之间在经济收入、社会保障、公共服务、生活质量等方面的均衡均等，在空间、产业、环境、文化形态等方面体现差异，统筹生产、生活、生态等功能布局，使城市更像城市，农村更像农村。修编新一轮城市总体规划，推进“四规合一”。完成一批重点区域控制性详细规划、重要地段城市设计，编制绿道网络、市政基础设施、湖泊蓝线等专项规划。珍惜传统历史文化的“最后遗存”和江南水乡的“最后记忆”，严格执行新修编镇村布局规划，做好农村传统村落和民居保护，从严控制动迁安置，科学引导村民建房，打造更多活态水乡风貌的美丽镇村。

推进一体化设施建设。完善老城区改造规划，有序实施更新改造工程，增加绿化面积和公共配套设施。按标准完成50万平方米、15个老小区改造。推进西部医疗中心、档案馆新馆、市福利院分院等项目建设。加快沪宁高速昆山高新区互通、马鞍山路东延等路桥工程和中环沿线道路系统建设。继续实施杨林塘航道整治工程。启动南部区域第二备用水源规划。丰富“智慧昆山”内涵，促进城市管理信息化、基础设施运营和服务智能化、便利化、人性化。加强施工管理，提高市政道路工程质量。排查核实动迁村农民房屋动迁、安置和建设情况，积极推进运用政府回购商品房、货币化补偿等多种方式进行动迁安置，多元化、多渠道解决动迁安置需求，力争做到每个动迁户至少安置一套房，基本解决“人等房”问题。

实施系统化精细管理。深化城市环境综合整治“931”行动，确保通过国家卫生城市复评。以新交通法规实施和中环通车为契机，优化市域交通组织，推动停车设施建设，加大排堵

促畅力度，提升城市交通畅行水平。拓展公交优先功能，试行“定制公交”服务模式，优化区镇公交管理，公共交通出行分担比例达到25%。完善城市慢行系统，加强公共自行车运营监管，实现全市域“通借通还”。推进基础地理信息系统建设，开展地下管网综合调查，实施老旧管网升级改造。整合执法资源，推行联动综合执法，提升网格化管理和城市综合治理水平。加强应急预案体系、安全管理制度和应急救援能力建设，提高全社会应急意识和自救互救能力。

四、持续改善民生，努力提升更为殷实和谐的幸福感受

健全富民增收机制。整合促进劳动者充分就业、稳定就业等政策措施，开展更具针对性的创业就业和再就业培训，提高市民创业技能和就业质量。落实集体合同和工资集体协商等制度，保障劳资双方合法权益。以建设首批省级创业示范城市为契机，促进创业带动就业，发放创业小额贷款3亿元以上。推进机关事业单位养老保险制度改革，完善居民社会养老保险正常调整机制。支持村级经济发展，确保新增年收入超千万元行政村5个。推进农村产权交易市场、“一村两楼宇”建设，提升农村集体资产运作和农村经济组织发展水平。继续推进社区股份专业合作社股权固化改革和土地承包经营权确权登记工作，完善专业合作社管理制度。建设区镇社会救助“一门受理、协同办理”平台，加大低收入家庭收入核对力度，促进社会救助公正公平。认真落实物价上涨动态补贴机制，强化价格监督检查，稳定物价总水平。

加快社会事业发展。新建、改扩建、续建中小学23所，幼儿园14所。改进教育管理方式，构建政府、学校、社会管办评分离的现代学校制度。推行“一校多区”办学模式，建立义务教育学校发展“共同体”。加大民办教育机构引进培育和扶持管理力度，促进民办教育规范特色发展。加强师资队伍建设，完善轮岗交流和绩效考核机制。强化职业教育市场驱动理念，增强专业设置针对性和适应性。统筹医保、医疗、医药“三医联动”综合改革，探索实施医师在全市范围内多点执业，加快推进以信息技术为纽带的医疗联合体建设，着力构建社区首诊、双向转诊的分级诊疗模式。加强本地医疗机构与上海知名医院在临床医技、医院管理等领域的交流合作，支持民营医疗机构发展，提升医疗机构整体水平。深入推进人事分配制度改革，加快构建适合卫生行业特点的人事薪酬制度。加大医务人员职业道德教育，完善医疗纠纷调处机制，促进医患关系和谐。整合城乡公共卫生服务资源，进一步提升基本公共卫生服务均等化水平。完善“8·2”事故后续工作长效机制，做好各项善后处置工作。加强流动人口计划生育服务管理。争创“十二五”省人口协调发展先进市。率先建成省公共体育服务体系示范区。做好2016年“汤尤杯”羽毛球赛各项准备工作。承办好全国跳水奥运选拔赛等赛事。优化养老服务设施布局，完善日间照料中心服务功能，支持发展医养融合型老年护理机构，鼓励社会力量参与发展居家养老和老年服务业。促进军民融合发展，争创全国双拥模范城“二连冠”。

提升社会治理能力。以全面实施新安全生产法为契机，严格落实安全生产“一岗双责”和安全生产责任制要求，强化安全生产企业主体责任和综合监管、属地监管、行业监管责任，高度自觉把安全生产各项制度措施落实到位。推进安全生产网格化管理，健全区镇、街道监管机构，加强信息化技术运用，探索安全生产第三方协同管理，形成安全生产监管长效机制。深化重点领域安全隐患排查整改，严厉查处安全生产领域各类违法违规行为，全力保持安全生产形势总体平稳。深化“政社互动”、“减负增能”工程，厘清政府与社会组织职能边界。编制政府转移职能事项和对接目录，完善政府购买社会服务内容，培育枢纽支持型、公益服务型社工机构。加强社会组织科学监管，制定政府购买服务绩效评价办法，推行第三方评估制度，促进社会组织健康有序发展。推动市、区镇（街道）两级社会管理服务中心和村（社区）社会管理服务站规范化建设，实现社区管理服务网络全覆盖。创新社区管理方法，提升社区管理水平，加快农村新型社区建设。健全区镇物业管理机构，完善物业管理市场化运作机制，推进物业管理服务的制度化、标准化。贯彻党的民族宗教政策，依法依规加强民族宗教事务管理。落实居住证管理办法，推行新市民积分管理，促进外来人员市民化。规范房屋中介服务，加大群租场所专项整治，促进房屋租赁市场健康有序发展。加强食品、农产品质量监管，保障食品安全。依法打击侵犯知识产权、制假售假、商业欺诈等行为，营造诚信消费环境。完善立体化、现代化社会治安防控体系，严厉打击各类违法犯罪行为，深化平安昆山建设。

五、繁荣文化事业，努力打造更富活力魅力的精神家园

大力弘扬法治精神。全面完成“六五”普法目标。落实“谁执法、谁普法”责任，深入推进法治宣传教育，营造全社会知法懂法守法的良好氛围。深化公共法律服务体系建设，推进优质法律服务资源向基层延伸，不断提高市民依法办事意识和能力。倡导契约精神，弘扬公序良俗，引导市民自觉履行法定义务、社会责任、家庭责任。坚持用法治思维、法治方式研究探索信访维权和化解矛盾纠纷机制，落实分级分责化解社会矛盾制度，确保人民群众的合理诉求得到及时回应、合法权益得到有效维护。

加快提升城市文明。细化工作方案和测评指标体系，深入践行社会主义核心价值观，使之内化于心、外化于行。推进“道德之城、乐仁昆山”建设，深化社会公德、职业道德、家庭美德、个人品德教育，加强和改进未成年人思想道德建设，加大“好家风好家训”宣传教育，打造“昆山人家”道德建设新品牌。组织第四届感动昆山道德模范评选宣传活动，引导人们见贤思齐、崇德向善。加大文明城市建设力度，开展市民文明素质提升专项行动，深化文明餐桌、文明旅游、文明交通、文明上网、文明观赛、文明传播等专项活动。完善志愿服务组织体系，促进志愿服务的专业化、项目化、团队化、品牌化。大力发展慈善和红十字事业，办好中秋公益慈善活动。

积极推进文化强市。坚持项目建设和运行管理并重，完成昆山博物馆选址工作，新建6个新昆山人文化俱乐部，加快特色文化街区建设，改造提升一批现有文化设施，健全现代公共文化服务体系。广泛开展形式灵活多样、群众喜闻乐见的文化活动，深化台商大陆“精神家园”建设，推进书香城市创建。实

施文艺创作繁荣工程，挖掘历史文化资源蕴含的思想内涵和精神基因，推出更多反映时代特点、具有地方特色的优秀文艺作品，增强特色文化的影响力和感召力。推进融媒体建设，加快建立与昆山发展相适应的现代传媒体系。完善文化产业发展各项引导和扶持政策，着力培育一批国家和省重点文化出口企业和项目。促进文化产业与旅游、科技融合发展，推动重点文化企业与网络运营商合作，做大文化产业实力。文化产业增加值占地区生产总值比重提高到7%以上。

六、加大管控治理，努力营造更加宜居宜业的生态环境

*严格项目准入。*严守耕地保护、开发强度、生态保护"三条红线"，创新生态红线管理、环保企业信用评价等举措，健全生态补偿、资源有偿使用等制度，完善生态文明目标体系、考核办法和长效机制。推行绿色招商转型升级环境准入指导目录，从严从紧控制"两高一资"、低水平重复建设和产能过剩项目。积极推广应用节能减排新技术、新产品，加快淘汰落后产能和排污不达标企业，确保完成"十二五"节能减排目标。大力发展循环经济，积极推行清洁生产，推进园区循环化和生态化改造。培育清洁生产审核企业60家、循环经济示范企业10家。开展污水处理厂尾水提标试点，建设污水处理和再生水利用工程，城市污水处理率提高0.2个百分点，非常规水资源利用率达到23.5%。

*实施生态修复。*扎实推进生态文明建设三年行动计划和"十大工程"。继续实施区域生态修复工程，扩大森林、湖泊、湿地等绿色生态空间，提升绿化质量水平，新增绿化面积500万平方米以上。发展绿色建筑、绿色交通，建设3个建筑节能和绿色建筑示范区，新增绿色建筑60万平方米。开展覆盖拉网式农村环境综合整治，推动农村环境质量再上新台阶。实质性启动水生态文明城市试点建设，落实最严格水资源管理制度。推进生态文明建设示范创建，争创国家级生态文明示范村1个，确保通过国家生态市复核。制定生活垃圾分类管理办法，加快建设生活垃圾处理设施，加强电器电子废弃物、建筑垃圾等资源化处置和回收利用，逐步实现垃圾减量化、资源化和无害化目标。

*重拳治理污染。*严格执行新环保法各项规定，依法加大专项整治和执法检查，严肃整治久拖不决的环境污染问题。落实大气污染防治行动方案，加强区域联动，加大复合治理，推进燃煤小锅炉整治、重点行业除尘提标改造，加大工业挥发性有机物治理、扬尘污染控制、黄标车淘汰力度。建设重点企业粉尘排放监控系统，确保PM2.5浓度下降达到省定目标。切实加强水源地保护，统筹推进吴淞江流域水环境综合整治、阳澄湖生态优化行动和淀山湖流域水环境优化工程，加强农村生活污水治理，不断改善提升水环境质量。严格控制农业面源污染，推广标准化循环养殖技术。加大生态文明宣传教育力度，深化随手环保文明行动，合力营造生态文明共建共享的良好局面。

七、强化依法履职，努力建设更加务实勤廉的法治政府

*着力推进科学民主决策。*以法治政府建设为目标，以体制机制创新为突破口，坚持运用法治思维和法治方式推动发展、处理问题，提高政府公信力和执行力。坚持将"亲民安民富民"作为"亲商安商富商"的出发点和落脚点，促进两者有机统一，提升服务能力水平。进一步厘清职能、权限、程序、责任等边界，逐步实现"法无授权不可为"、"法定职责必须为"和"目录之外无审批"、"目录之外无收费"。拓宽政务微博、网络议事厅等公开渠道，完善公众参与、专家论证、风险评估、合法性审查和集体讨论等决策机制，加强重大决策全程跟踪反馈和责任追究，不断健全科学民主决策制度。依法接受市人大及其常委会的监督，自觉接受市政协的民主监督，认真听取民主党派、工商联、无党派人士和人民团体的意见，主动接受司法监督和社会公众、新闻舆论监督。完善政府法律顾问制度，加强执法人员持证上岗管理，健全行政执法和刑事司法衔接机制，推进依法行政和司法公正。

着力提升服务管理绩效。"知屋漏者在宇下，知政失者在草野"。我们将进一步巩固党的群众路线教育实践活动成果，常态化、长效化推动作风效能转变。大力发展电子政务和信息化办公，促进政府信息资源共享。拓宽"12345"政府公共服务平台功能，进一步畅通民意表达渠道。延伸基层行政服务中心预约、自助等服务，推行一次告知、一次受理、信息流转、同步审批、一次发证等"一口式"服务。落实行政执法责任制，推进综合执法改革，完善执法全过程记录制度，提升执法水平，维护社会公平正义。以习近平总书记系列重要讲话精神和殷切嘱托为强大动力，引导机关干部尽快从"8·2"事故的伤痛中走出，放下包袱、负重奋进，不断增强发展信心，提振干事创业精气神，保持昂扬向上进取心。强化以科学发展论英雄、以服务实绩评优劣导向，进一步健全考核激励机制，切实增强责任意识，敢于负责、敢于担当、敢于创新，不断提升机关服务品牌创建质量，以"钉钉子"精神全力抓好各项工作落实，打造"昆山服务"升级版。

*着力加强勤政廉洁建设。*健全惩治和预防腐败体系，完善源头预防和制度监督体系。深入推进政务公开，深化建设工程招投标、政府采购、行政执法、城市管理等领域信息公开。落实预算法相关规定，稳步实施市级部门预决算、政府投资项目竣工决算审计等结果公开。从严控制财政支出，规范公务接待，改革公务用车制度，加强因公出国(境)管理，继续压缩"三公"经费。加强经济责任审计，强化审计监督。拓展电子监察平台，加大问责力度，加强绩效考核，提高行政效率和服务水平。深入开展廉政教育，大力倡导"吾日三省吾身"的自省自警自律精神，切实加大腐败案件查办力度，筑牢廉政防线，做到干部清正、政府清廉、政治清明。

各位代表，新常态带来新机遇，需要新作为。让我们在党的十八大和十八届三中、四中全会以及习近平总书记系列重要讲话精神指引下，在中共昆山市委的坚强领导下，继续秉承"敢于争第一、勇于创唯一"的新昆山精神，提振信心、主动作为，求真务实、砥砺奋进，为推动"昆山之路"从头越而不懈奋斗！

2014年昆山市国民经济和社会发展统计公报

2014年，在中共昆山市委、市政府的正确领导下，全市上下深入贯彻落实党的十八大和十八届三中、四中全会，以及习近平总书记系列重要讲话精神，大力弘扬“敢于争第一、勇于创唯一”的新昆山精神，协调推进经济、政治、文化、社会、生态文明建设。

综合经济

经济保持平稳增长。全市实现地区生产总值3 001.02亿元，按可比价计算，比上年增长7.7%。其中，第一产业增加值28.76亿元，增长3.4%；第二产业增加值1 687.75亿元，增长5.1%；第三产业增加值1 284.51亿元，增长11.8%，第三产业增加值占地区生产总值比重为42.8%，比上年提高1.6个百分点。按常住人口计算的人均地区生产总值达18.22万元。实现台湾电电公会“大陆综合实力极力推荐城市”六连冠。连续六年排名福布斯中国大陆最佳县级城市第一。

财政收入量质齐升。实现全口径财政收入661.11亿元，其中，公共财政预算收入263.66亿元，增长8.3%。公共财政预算收入中税收收入236.19亿元，增长10.9%，税收占比89.6%，比上年提高2.1个百分点。

农林牧渔业

现代农业发展水平不断提升。全市实现农林牧渔业总产值49.16亿元，比上年增长6.9%。进一步保护和发展优质水稻、特色水产、高效园艺、生态林地“四个十万亩”。粮食生产再获丰收，小麦亩产360.6千克，比上年增长2.7%；水稻亩产水平稳定，亩产627.2千克。全市水产品总产量4.39万吨，蔬菜总产量13.2万吨。年末生猪存栏5万头；全年生猪出栏6.33万头，家禽出栏22.99万羽；牛奶产量1.48万吨。新认定苏州市农业龙头企业1家、昆山市农业龙头企业8家，各级认定的农业龙头企业总数达40家。农产品质量不断提高。全市无公害农产品、绿色食品、有机农产品认证总量为536只。

工业经济

工业经济效益提升。全市实现工业总产值8 708.49亿元，比上年下降1.8%。实现利税总额573.04亿元，增长5.6%，其中，利润总额405.52亿元，增长4.5%。规模以上工业经济效益综合指数226.48，比上年提升2.21个百分点。

主导产业持续集聚。全市拥有1个千亿级产业集群和12个百亿级产业集群，其中千亿级集群IT产业（通信设备、计算机及其他电子设备）实现产值4 709.64亿元，总量占规模以上工业产值的58.6%，继续保持总量领先的优势。以通用设备制造和专用设备制造为首的六大装备制造产业较快增长，实现总产值1 645.88亿元，比上年增长6.8%。其中，汽车制造业实现产值369.14亿元，增长16.6%。全年生产电子计算机整机5 663.6万台、数码相机318.88万台；液晶显示屏产量19 775万片，比上年增长81.2%。

企业规模化发展持续推进。至年末，全市产值超亿元企业769家，其中，超10亿元企业119家，超百亿元企业8家。全市126家大型工业企业完成产值5 062.29亿元，占全市工业总产值的58.1%。

转型升级步伐加快。全市制造业新兴产业实现产值3 433.58亿元，比上年增长7.1%，占规模以上工业产值的比重达42.7%，比上年提高2.6个百分点。全市八大类新兴产业中，新型平板显示产值超千亿元，高端装备制造、新材料、智能电网和物联网、节能环保、新能源、软件和集成电路六个产业的产值超百亿元。

建筑业

建筑业持续健康发展。全市新报建工程面积1 524.38万平方米，比上年下降21.9%。全市资质以上建筑企业实现建筑业总产值277.13亿元，增长0.5%，其中：建筑工程产值241.44亿元，增长1.0%，安装工程产值33.98亿元，增长5.1%；实现建筑业营业收入280.05亿元，比上年增长1.1%，利税总额20.12亿元，下降6.6%。

运输邮电业

运输能力不断提高。年末全市拥有机动车辆39.4万辆，比上年末增长6.8%，其中汽车36.95万辆，增长16.3%。私家车拥有量29.77万辆，比上年末增长18.7%。众品冷链投入运营，生鲜食品进口取得突破，天环冷链物流基地加快建设，飞力达国际物流等重点企业加快转型升级。昆山成为两岸冷链物流产业合作试点城市。

邮电通信业平稳发展。全年实现邮电业务总量36.70亿元，比上年下降4.1%。年末，固定电话用户51.78万户，比上年减少3.36万户；移动电话用户277.85万户，比上年减少5.96万户；互联网宽带接入用户65.84万户，增长21.1%。

国内贸易

消费品市场增速平稳。实现全社会消费品零售总额650.09亿元，比上年增长14.1%。其中：批发零售业实现零售额524.50亿元，增长13.0%；住宿餐饮业实现零售额125.58亿元，增长18.9%。城镇实现社会消费品零售总额511.26亿元，比上年增长15.6%，增速较上年提高1.5个百分点。

金融业

金融服务体系进一步完善。三井住友银行、恒丰银行设立开业。台资金融中心、综合金融服务运营中心、商业保理等项目加快设立。至年末，全市金融机构本外币存款余额3 210.79亿元，比年初增加255.80亿元，增长8.0%；贷款余额2 257.18

亿元,比年初增加 255.94 亿元,增长 12.8%。

保险业健康发展。全年保费收入 37.92 亿元,比上年增长 20.0%,其中人寿保险保费收入 17.98 亿元,增长 23.2%。保险赔款和给付 11.86 亿元,比上年下降 4.3%;其中赔款支出 11.07 亿元,下降 5.7%。

融资渠道进一步拓宽。新增 11 家企业成功上市挂牌,到 2014 年底累计上市挂牌企业 22 家,募集资金 64.98 亿元人民币。其中,6 家企业在境内 A 股上市、9 家企业挂牌"新三板"、5 家企业返台上市上柜、2 家企业登陆香港联交所,初步形成了境内境外共同上市、梯度推进的良好格局。

房地产业

房地产市场发展有序。全年房屋竣工面积 423.17 万平方米,其中住宅 300.69 万平方米,分别比上年下降 5.8% 和 7.8%。商品房销售面积 446.73 万平方米,其中住宅 405.27 万平方米,分别比上年下降 18.1%和 13.6%;商品房销售额 367.34 亿元,其中住宅 323.64 亿元,分别下降 20.0%和 15.9%。二手房成交面积 269.57 万平方米,下降 18.8%;成交金额 142.85 亿元,下降 22.5%。

旅游业

旅游业转型发展。统筹旅游度假区资源,加快"东方湖区"水乡旅游综合体项目建设,打造串联古镇的新兴旅游发展轴。全年接待海内外游客 1 926.8 万人次,实现旅游收入 223.5 亿元,比上年分别增长 6.0%和 5.4%。巴城蟹舫苑成为中国特色商业街。周庄镇入选《纽约时报》全球最值得旅游地名录。昆山市荣获"最美中国·生态旅游目的地城市"称号。

内资经济

内资经济稳中有进。立足"高、特、新"要求,引进一批产业关联度大、行业带动性强、科技含量高、能耗低、环境影响小的优质项目,形成具有较强核心竞争力的高成长型企业群。全年新增注册内资 255.4 亿元,其中新增服务业注册资本 170.6 亿元,占注册资本总数的 66.8%。新增内资注册超亿元的项目 24 个,超 5 亿元的特大项目 5 个。

开放型经济

外贸结构发生转变。全市实现进出口总额 847.91 亿美元,比上年下降 4.7%。其中,出口 535.77 亿美元,进口 312.14 亿美元,分别下降 2.0%和 9.0%。完成一般贸易进出口 141.08 亿美元,增长 11.1%,占进出口总额的 16.6%,占比提升 2.3 个百分点。

对外合作稳步推进。全年实际利用外资 12.8 亿美元,其中服务业实际利用外资 4.57 亿美元。新签订对外承包工程合同 7.07 亿美元,实现营业额 2.3 亿美元,比上年分别增长 84.3% 和 5.2%。实现服务外包接包合同额 15.82 亿美元,离岸外包执行额 5.25 亿美元,分别增长 24.7%和 34.4%。

固定资产投资

固定资产投资平稳。全市完成固定资产投资额 850.05 亿元,比上年增长 1%,其中,工业投资 271.16 亿元。第三产业完成投资 578.81 亿元,增长 7.3%,占全社会固定投资总额的 68.1%,比上年提高 4.1 个百分点。

科技事业

技术创新能力增强。列入苏州市级以上科技项目 312 个,争取上级科技经费 2.06 亿元。3 个项目获得省科技成果转化专项资金省地联合招标项目立项,争取经费 1500 万元,实现该类项目零的突破。新增国家火炬计划重点高新技术企业 2 家、高新技术企业 196 家、民营科技企业 182 家、省重点文化科技企业 2 家,认定高新技术产品 639 只。新增专利申请 18 302 件,其中发明专利申请 7 790 件;新增专利授权 9 867 件,其中发明专利授权 870 件,获评中国专利奖优秀奖 4 项。江苏凯宫机械股份有限公司获评国家科技进步奖二等奖,江苏天瑞仪器股份有限公司获评省企业技术创新奖。

人才建设

人才引领优势明显。新增国家"千人计划"10 人。新增科技部创新人才推进计划 1 人、省"双创人才"11 人、"双创博士"2 人,姑苏创新创业领军人才 15 人。3 个团队入选省科技类"双创团队",省"双创团队"认定数量创历史新高。新增省院士工作站 1 家、省重点企业研发机构 28 家、省工程技术研究中心 24 家、省外资研发机构 19 家、省研究生工作站 24 家、苏州市企业研究院 1 家、苏州市工程技术研究中心 63 家。全市大中型工业企业建有研发机构数量 508 家,建有率 92.37%。新增产学研合作项目 180 项,产学研联合体 141 个。

教育事业

教育事业协调发展。2014 学年,在园幼儿 48 413 人,专任教师 2 479 人;小学在校学生 84 039 人,专任教师 5 217 人;初中在校学生 29 049 人,高中在校学生 9 432 人,初高中专任教师 3 271 人;中职学校在校学生 6 375 人,专任教师 559 人。0~3 岁婴幼儿早期教育覆盖率 85%,学前三年幼儿入园率 100%。义务教育入学率、巩固率继续保持 100%,外来务工子女公办学校吸纳率 72.3%;三类残疾儿童少年和贫困家庭学生入学率分别为 99.5%和 100%。高中阶段毛入学率 100%,普高与职高招生之比 4.4∶5.6;高等教育毛入学率 68%。中等专业学校毕业生就业率 98.4%。高等教育自学考试报名 29 558 人,报名总人数继续列全省县级市首位。城市和农村居民社区教育年参与率 68%。老年教育普及率 50%。昆山杜克大学正式开学,康桥国际学校建成招生。

文化事业

文化惠民深入推进。举办各类群众性文化活动 2 334 场、书场演出 4 196 场,新增图书分馆 3 家、流通点 14 个,精心组织开展第九届阅读节 36 项重大活动。全年创作各类文艺作品 840 件,其中国家级获奖作品 9 件、省级 39 件、苏州市级 48 件。原创作品《大美昆曲》荣获全国"五个一工程"奖;音乐剧《日历红了》等 13 件作品入围省"五星工程奖"决赛,荣获 3 金 3 银 3 铜的历史最好成绩。《粉墨宝贝》等 2 部原创动漫作品荣获中国国际动漫节"金猴奖"。全市累计放映电影 13.1 万场次,观影人数 326 万人次,影院票房收入首次突破 1 亿元。

卫生事业

医疗卫生服务体系不断完善。卫生服务体系健全率达到 100%。市老年病医院顺利启用,新改扩建社区卫生服务中心、站8家。全市共有各类医疗卫生机构466所，其中医疗机构445所，包括三级医院2所、二级医院7所、一级医院4所。拥有卫生技术人员10 894人，其中执业（助理）医师4 194人，千人拥有医生数为2.5人。全市拥有病床位6 516张，千人拥有医院床位3.95张。人口平均期望寿命为82.86岁，其中：男性80.55岁，女性85.14岁。孕产妇死亡率为5.18/10万，婴儿死亡率为2.69‰。

体育事业

体育事业持续发展。锦溪、周庄、淀山湖镇文体中心建成投入使用，巴城、千灯、淀山湖、锦溪4座拆装式游泳池投入运营，淀山湖农民康乐园投入使用，开发区体育公园开工建设。全市共举办各类体育赛事活动500多项，参与人数超100万人次。组队参加省级系列比赛，获得17金26银27铜的成绩；参加4项全国比赛，获得7金7银7铜的成绩。承办国家级以上赛事20多项。5月28日成功获得第29届2016年汤姆斯和尤伯杯羽毛球赛的举办权。全年昆山体彩发行量达7.21亿元，筹集体彩公益金5 000多万元。

基础设施建设

公交服务体系日益完善。中环快速化改造高架基本贯通。开通轨道交通11号线花桥站至同里旅游专线、客运北站至嘉定便捷化班线。11号线花桥段开通以来，平均日客流量2.75万人次，单日最高客流达6.03万人次。完成新辟公交线路7条，调整优化44条、加密延时30条。新增更新公交车150辆。至年底，全市公交线路共216条，车辆1 409辆，公交线网总长度3 172千米，日均客流量47.5万。试点开通“定制公交”线路1条。推出30辆泊站电调专用出租车，至年底，全市共有客运出租车1 596辆。启用公交智能调度中心，实时掌握全市公交车运营和客流情况。淘汰黄标车890辆，更新节能环保公交客运车辆150辆，促进天然气等清洁能源车辆推广应用。

电网供电形势平稳。全社会用电量194.35亿千瓦时，比上年增长2.3%。其中工业用电量155.99亿千瓦时，增长3.6%；城乡居民用电量15.61亿千瓦时，下降9.6%。全社会最高负荷346.62万千瓦时，增长2.6%。全年实现110千伏及以下电网基建投资3.74亿元，新增110千伏线路64千米、变电容量21.3万千伏安。至年末，全市拥有110千伏变电站49座，变电容量420.8万千伏安；35千伏变电站19座，变电容量66.15万千伏安。

环境保护和资源节约

生态环境总体稳定。明确7大类13个红线保护区域，全市生态功能区总面积达189.9平方公里，占市域面积的20.4%。水环境功能区达标比例53.5%，提高2.3个百分点，三类以上地表水63.6%。出台《昆山市大气污染防治行动方案》，将PM2.5控制目标作为经济社会发展的约束性指标。建立18个水质自动监测站、13个大气自动监测站、1 050套污染源在线监控系统，形成覆盖全市域的环保“智能天网”。环境空气质量优良天数比例75.9%。

能耗水平持续降低。坚持绿色发展、环保优先的原则，单位地区生产总值能耗持续下降。规模以上工业综合能源消费量319万吨标准煤，增长1.1%，完成苏州市下达的综合能源消费量控制目标。

集约用地水平提升。建立健全耕地资源保护、项目用地管理、依法依规用地、存量土地盘活、土地市场建设、土地储备管理等六大机制，全面促进节地水平和产出效益“双提升”。新增建设用地内资投资强度达到464万元/亩，外资投资强度达到67万美元/亩。深入开展已批未开发土地清理处置专项行动，共处置已批未开发土地8 900多亩。

质量技术监督

质量品牌标杆效应突出。复评江苏名牌产品10个、新增江苏名牌产品7个；复评苏州名牌产品26个、新增苏州名牌产品19个。中国移动通信集团江苏有限公司昆山分公司获苏州市质量奖。完成采用国际标准及国外先进标准44项，国际标准新增2项立项。食品省级监督抽查合格率97.95%；工业产品省级监督抽查合格率达96.94%。

体制改革

行政审批服务水平提升。市级中心受理各类办件50.11万件，比上年增长5.2%。11个区镇行政（便民）服务中心办结477.68万件，增长42%。住建、国土、地税、公安、公积金等9个行政服务分中心办理507万件，增长10%。重大项目绿色通道办件15 657件，是上年的2.3倍。网上审批办件率达65.8%，比上年提高10个百分点。

富民强村

富民强村工作实现新突破。全市发放城乡居民创业小额贷款33 615万元，助推2 507户城乡居民创业。村均集体经济总收入达到751万元，比上年增长12.1%；全市农村股份合作经济组织涉及11个区镇、165个行政村和28个涉农社区，累计组建农村股份合作经济组织513家。全市全面开展社区股份合作社“股权固化”工作。

人口和就业

人口规模保持稳定。全市出生人口9 965人，出生率为13.09‰；死亡人口4 305人，死亡率为5.65‰，人口自然增长率为7.43‰。年末全市户籍总人口769 746人，比上年末增加16 820人；年末外来暂住人口达126.98万人。

就业总体形势保持平稳。举办高校毕业生就业专场15场，提供毕业生岗位1.82万个，发放见习补贴近60万。昆山籍高校毕业生实名登记率和享受就业服务率均达100%。全年共举办招聘会50场，有5316家企业参加，提供各类就业岗位19.31万个，进场求职应聘达18.87万人次，近6.28万人次与用人单位达成聘用意向。累计建立人力资源合作基地达到233家，储备人力资源8.2万余人。年末城镇登记失业率2.24%。

社会保障

社会保障体系更加完善。最低工资标准提高到每月1 680元；低保边缘人群由13类拓展到15类，低保标准按苏州统一标准调整为每月700元。全市养老床位数达到6 058张，每千名老人拥有机构养老床位数40张。全市84周岁及以上老年人纳入政府居家养老补助服务范围。加大对低收入家庭帮扶力度，帮助城乡就业困难人员实现再就业3 470人。调整居民社会养老保险相关政策，年度缴费标准调整为 2 400 元，发放标准提高 60 元 / 月。调整居民基本医疗保险政策，筹资水平提高到 700 元。门诊统筹报销比例统一提高 5%。

住房公积金覆盖面有序扩大。年末住房公积金缴存人数 50.7 万人，比上年增长 7.4%，累计归集公积金 189.5 亿元。全年共向 6 452 户职工家庭发放住房公积金贷款 15.3 亿元，年末住房公积金贷款余额 70.7 亿元，增长 14.2%。

市场物价

居民消费价格涨幅回落。全年居民消费价格指数 101.9，涨幅比上年回落 0.1 个百分点。八大类消费价格呈现“六涨二降”：食品类上涨 2.4%、衣着类上涨 2.7%、家庭设备用品及维修服务类上涨 1.8%、医疗保健和个人用品类上涨 2.6%、文娱教育文化用品及服务类上涨 0.8%、居住类上涨 3.1%；烟酒类下降 0.4%、交通和通信类下降 0.7%。

人民生活

居民收入较快增长。居民人均可支配收入 39 498 元，比上年增长 9.0%，其中，城镇常住居民人均可支配收入 46 920 元，增长 8.7%；农村常住居民人均可支配收入 23 921 元，增长 10.1%。城镇非私营单位在岗职工平均工资 59 868 元，比上年增长 7.6%。

居民生活质量提高。居民人均生活消费支出 24 150 元，比上年增长 7.3%，其中，农村常住居民人均生活消费支出 15 374 元，增长 11.6%；城镇常住居民人均生活消费支出 28 332 元，增长 6.3%。农村和城镇常住居民文教娱乐支出占生活消费支出的比重分别为 19.2%和 19.6%。至年末，平均每百户居民家庭耐用消费品拥有量，城镇常住居民家庭：彩电 197 台、空调 231 台、电冰箱 103 台、移动电话 246 部、照相机 67 台、家用电脑 121 台、热水器 109 台、家用汽车 59 辆；农村居民家庭：彩电 200 台、空调 229 台、电冰箱 104 台、移动电话 292 部、家用电脑 117 台、热水器 117 台、家用汽车 43 辆。居住条件进一步改善。年末农村常住居民人均拥有住房面积 78.9 平方米，城镇常住居民人均拥有住房面积 47.6 平方米。

注：1. 公报中部分数据为预计数，最终以统计年鉴公布数据为准；

2. 地区生产总值和各产业、行业增加值绝对数按现价计算，增长速度按 2010 年为基准的不变价格计算。

表 110

2004~2014 年昆山市主要经济指标

指标名称	单位	2004 年	2005 年	2006 年	2007 年	2008 年	2009 年	2010 年	2011 年	2012 年	2013 年	2014 年	年均增幅 %
1. 地区生产总值	亿元	570.69	730.03	932.01	1 151.80	1 500.26	1 750.08	2 100.28	2 432.25	2 725.32	2 920.08	3 001.02	18.1
# 服务业增加值	亿元	171.58	220.26	289.07	378.40	509.08	595.08	735.02	900.02	1 069.61	1 202.05	1 284.51	22.3
2. 工业总产值	亿元	1 633.31	2 333.24	3 082.81	4 030.65	5 000.50	5 803.22	7 001.29	8 001.57	8 520.51	8 872.10	8 708.49	18.2
工业利税总额	亿元	97.21	121.01	175.62	252.05	358.73	416.26	512.16	539.30	553.23	542.62	573.04	19.4
3. 全社会固定资产投资	亿元	191.09	234.81	280.58	321.01	370.03	430.06	530.69	646.15	770.04	842.00	850.05	16.1
# 工业投资	亿元	80.84	131.60	169.03	184.38	190.28	192.94	221.80	250.33	300.13	303.10	271.16	12.9
4. 全社会用电量	亿千瓦时	61.81	79.88	102.11	123.16	131.95	132.20	161.91	174.63	181.91	190.03	194.35	12.1
# 工业用电	亿千瓦时	47.07	68.06	87.84	106.58	111.71	110.17	134.49	143.25	146.47	150.57	155.99	12.7
5. 社会消费品零售总额	亿元	98.01	122.65	153.67	195.52	255.70	298.05	356.64	421.84	493.62	569.92	640.40	20.6
6. 进出口总额	亿美元	235.42	332.19	427.45	534.35	613.50	618.55	821.24	855.30	865.68	889.84	847.91	13.7
# 出口总额	亿美元	128.40	179.46	243.66	323.17	386.64	407.59	533.37	533.38	555.17	546.73	535.77	15.4
7. 实际利用外资	亿美元	9.55	10.11	11.72	14.38	16.03	16.65	17.25	17.54	18.02	18.02	12.80	3.0
8. 公共财政预算收入	亿元	37.81	51.62	65.37	86.56	115.69	133.13	163.13	200.22	220.28	243.52	263.66	21.4
9. 年末各项存款	亿元	576.22	699.21	855.38	1 069.49	1 245.57	1 610.28	2 002.29	2 272.80	2 661.12	2 954.99	3 210.79	18.7
# 城乡居民储蓄余额	亿元	188.31	227.44	278.73	316.46	418.58	496.62	613.81	688.64	793.98	887.27	976.80	17.9
年末各项贷款	亿元	391.01	487.46	606.43	752.91	868.90	1 226.46	1 464.54	1 606.34	1 875.27	2 001.23	2 257.18	19.2

（统计局）

说 明

一、索引采用主题分析法编制,大部分选用关键词。

二、索引设有条目索引、表格索引二个分目,按标引词首字的汉语拼音音序排列,首字相同按第二字音序排列,以此类推。

三、由类目、分目提取的索引用黑体字标明,副分目提取的索引用蓝色宋体字标明,条目提取的索引用宋体标明。标引词后的阿拉伯数字表示内容所在的页码,数字的面的a、b、c分别表示从左至右第一、二、三栏。

四、综述、概况类的分目和条目未作索引,大事记、附录下面的内容未作索引。

五、为便于读者检索,昆山市的企事业单位以及在昆山市发生的事件名称,除易产生歧义者外,省略“昆山市”或“昆山”。

条目索引

D

E

F

G

表格索引

A

B

C

D

F

G

H

J

K

L

M

N

Q

R

S

T

W

X

Z